Albrecht Lohrbächer / Helmut Ruppel
Ingrid Schmidt / Jörg Thierfelder (Hrsg.)

Schoa –
Schweigen ist unmöglich

Erinnern, Lernen, Gedenken

Verlag W. Kohlhammer

Die Deutsche Bibliothek – CIP-Einheitsaufnahme

Schoa - Schweigen ist unmöglich : Erinnern, Lernen, Gedenken /
Albrecht Lohrbächer ... (Hrsg.). - Stuttgart ; Berlin ; Köln :
Kohlhammer, 1999
ISBN 3-17-014981-4

Alle Rechte vorbehalten
© 1999 W. Kohlhammer GmbH
Stuttgart Berlin Köln
Verlagsort: Stuttgart
Umschlag: Data Images GmbH
Reproduktionsvorlage: Textwerkstatt Werner Veith München
Gesamtherstellung:
W. Kohlhammer Druckerei GmbH + Co. Stuttgart
Printed in Germany

Inhaltsverzeichnis

Vorwort 15

Teil I

Die Notwendigkeit der Erinnerung

1. Stimmen 17

Die Verantwortung der schuldlos beladenen Söhne, Töchter und Enkel
  Die Stimme eines Überlebenden
  Ralph Giordano 17

Was geht Auschwitz mich an?
  Die Stimme eines Deutschen der Nachkriegsgeneration
  Hans-Peter Schwöbel 20

Schuld – Erinnerung – Verantwortung
  Eine Stimme aus der heutigen jungen Generation
  Cornelia Weber 40

2. Von der Notwendigkeit aktiven Gedenkens 46

„Leiden beredt werden zu lassen, ist die Bedingung aller Wahrheit"
  Johann Baptist Metz 46

Das Vermächtnis von Auschwitz oder
  Die Einzigartigkeit der Judenvernichtung
  Gunnar Heinsohn 52

Erinnern führt uns zusammen
  Ein Appell an die deutsche Jugend
  Elie Wiesel 55

3. Erinnern angesichts von Verharmlosung und Relativierung 57

Es war doch gar nicht so schlimm: Revisionismus und
  Vergangenheitsbewältigung
  Wolfgang Wippermann 57

Anti-Zionismus – ein neuer Antisemitismus?
  Israel verleugnen und verdrängen. Was sind die Folgen?
  Emanuel Hurwitz 68

Der als Anti-Zionismus verkleidete Antisemitismus bei der Linken
Ingrid Strobl 71

4. Erinnern zwischen Schuldgefühl und bleibender Verantwortung 74

Schuld-bewußte Geschichtsschreibung – eine deutsche theologische Spezialität?
Dietrich Ritschl 74

Erinnern, Vergeben und Vergessen in christlicher und jüdischer Tradition
Hans Maaß 83

5. *Erinnern und Gedenken in Israel und im Judentum* 86

Der Holocaust im israelischen Unterricht am Ende der neunziger Jahre
Nili Keren 86

Jeder Mensch hat einen Namen
Eine weltweite jüdische Erinnerungs-Aktion, an der teilzunehmen und
mitzuwirken auch Nichtjuden eingeladen sind
Albrecht Lohrbächer 92

Mit dem Rucksack der Erinnerungen und dem Stab meiner Hoffnung
Ezer Weizman 94

Jom HaSchoa
Der Tag des Gedenkens an den Holocaust und an den Heldenmut
Albrecht Lohrbächer 100

Yad Vashem – die nationale israelische Gedenkstätte für den Holocaust
und das Heldentum
Albrecht Lohrbächer 102

6. Folgerungen 104

Erinnern, Lernen, Gedenken
Eine Annäherung in fünf Schritten
Helmut Ruppel 104

Teil II

Steine reden – Steine schreien
Erinnern und Gedenken als Aufgabe im Unterricht
und in der außerschulischen Bildung

Die Herausforderung der Schoa
Ein Lernprozeß zwischen Betroffenen und Nachgeborenen
Diana Beckenbach und Albrecht Lohrbächer 121

Die Herausforderung der Schoa
 Positionen und Aufgaben in Schule und außerschulischer Bildung
 Albrecht Lohrbächer 133

Begriffe und Namen – Versuche, ein Geschehen zu fassen, das nicht faßbar ist
 Auschwitz – Holocaust – Schoa – Churban
 Peter Klemm und Helmut Ruppel 144

Esther – jüdisch und christlich erinnert
 Ingrid Schmidt und Rachel Bendavid-Korsten 147

„Schlagbilder" – Antijudaismen in der christlichen Kunst
 Ingrid Schmidt 171

Spurensuche und Erinnern 187

 1. Spurensuche und Erinnern – Motive und Ziele
 Albrecht Lohrbächer 187

 2. Spurensuche und Erinnern – Beispiel I:
 „...Dann nennt Ihren Namen" – eine Spurensuche in der Sportgeschichte
 Martin-Heinz Ehlert 189

 3. Spurensuche und Erinnern – Beispiel II:
 Suche nach 'unserer' Schulgeschichte – ein Schulprojekt
 Bernhard von Issendorff 201

 4. Spurensuche und Erinnern – Beispiel III:
 Juden in Mannheim – Berufsschüler auf Spurensuche
 Bernhard Staudter 204

 5. Spurensuche und Erinnern – Beispiel IV:
 Jüdische Geschichte in Deutschland – Jüdische Stadtgeschichte
 Anregungen zur Spurensuche in Worms und Berlin
 Albrecht Lohrbächer und Ingrid Schmidt 215

Das Gedenkbuchprojekt
 Albrecht Lohrbächer 237

„Die unsichtbaren Lager – Das Verschwinden der Vergangenheit im Gedenken"
 Unterrichtliche Anregungen zu Fotos von Reinhard Matz
 Ingrid Schmidt 241

Die „Gerechten unter den Völkern"
 Unterrichtsideen zu Helfer/innen und Retter/innen in der Zeit des
 nationalsozialistischen Terrors
 *Albrecht Lohrbächer unter Mitarbeit von Ingrid Schmidt
 und Jörg Thierfelder* 251

Schuld, Erinnerung und Verantwortung am Beispiel der
   Stuttgarter Schulderklärung
   Ein Unterrichtsentwurf
   Jörg Thierfelder und Dieter Petri 272

„Die Würde des Menschen ist unantastbar"
   Praxis des Erinnerns in einer Hauptschule
   Erika Liesenfeld 303

Neonazismus und Auschwitz-Leugnung
   Ideen zu einer unterrichtlichen Auseinandersetzung
   Albrecht Lohrbächer 305

„... aber trotzdem mag ich Deutschland!"
   Anstöße zu einem schwierigen Gespräch über nationale Identität
   Helmut Ruppel 316

Wenn Gefühle die Wahrnehmung beherrschen:
   Deutsche, Israelis und Palästinenser
   Unterrichtliche Ideen zu einer der Erinnerung an die Schoa verpflichteten
   Wahrnehmung des israelisch-palästinensischen Konflikts
   Albrecht Lohrbächer 329

Teil III

Erinnern und Gedenken gestalten:
Der 27. Januar und andere Anlässe – Beispiele und Anregungen

Ansprache des Bundespräsidenten Roman Herzog zum Gedenktag
   für die Opfer des Nationalsozialismus 351

Angemessen gedenken: Wege aus einem Dilemma
   Anregungen zu Gedenkfeiern, Gedenkritualen und zur Nacharbeit
   beim Gedenkstättenbesuch
   Albrecht Lohrbächer und Helmut Ruppel 357

Geschichte lernen und wachsen
   Besuch in einer KZ-Gedenkstätte
   Barbara Fenner 365

Die Auseinandersetzung annehmen
   Schreiben als Erinnerungsarbeit der Nachgeborenen
   Bärbel Gemmeke-Stenzel 378

Szenische Lesung anläßlich des 50. Jahrestags der Reichspogromnacht am
  9. November 1988 an der Pädagogischen Hochschule Heidelberg
  Joachim Maier und Jörg Thierfelder 387

Von der Last, ein Deutscher zu sein
  Szenische Lesung für 10 Stimmen
  Helmut Ruppel 400

Gottesdienst am Tag des Gedenkens an die Opfer des Nationalsozialismus
  27. Januar 1998 – Entwurf mit liturgischen Elementen, Texten und Musik
  Ulrich Koper SJ, Christine Schlund, Ingrid Schmidt 405

Teil IV

Kleine Mediothek zum Thema: „Erinnern – Lernen – Gedenken"
Albrecht Lohrbächer, Helmut Ruppel, Ingrid Schmidt

Internet: Adressen und Informationen 415
Regelmäßige Informationen 416
Theologie/Philosophie/Geschichte 417
Pädagogik und Religionspädagogik 419
Software für Unterricht und Selbststudium 422
Literatur und Kunst..422
Kinder- und Jugendbuchliteratur 424
Menschen – Orte – Institutionen 424

Sch'ma

Ihr, die ihr sicher wohnt
In euren gewärmten Häusern
Ihr, die ihr bei der Heimkehr am Abend
Warmes Essen findet und Freundesgesichter:

Fragt, ob das ein Mann ist
Der arbeitet im Schlamm:
Der kennt keinen Frieden
Der kämpft um ein Stück Brot.
Der stirbt auf ein Ja, auf ein Nein hin.
Fragt, ob das eine Frau ist:
Kahlgeschoren und ohne Namen
Ohne Kraft der Erinnerung mehr
Leer die Augen und kalt der Schoß
Wie eine Kröte im Winter

Denkt, daß dieses gewesen:
Diese Worte gebiete ich euch.
Ins Herz schärft sie euch ein,
Wenn ihr im Haus seid oder hinausgeht,
Wenn ihr euch niederlegt oder erhebt:
Sprecht sie wieder und wieder zu euren Söhnen.
Sonst sollen eure Häuser zerbersten,
Krankheiten über euch kommen.
Eure Nachgeborenen das Gesicht von euch wenden.

Primo Levi, 10. Januar 1946

Primo Levi, Zu ungewisser Stunde
Aus dem Italienischen von Moshe Kahn
© 1998 Carl Hanser Verlag, München - Wien.

Allen jenen Freunden, die die Schoa überlebten und uns
ihre schrecklichen Erinnerungen anvertraut haben,

und

allen jenen unbekannten Lerngruppen, die sich unverdrossen
und mit Umsicht an Erinnern und Gedenken wagen.

Vorwort

Die Bereitschaft, sich der Schoa zu erinnern, ihrer gar öffentlich zu gedenken, war in der Geschichte der beiden deutschen Staaten in großer Breite kaum vorhanden, sieht man von einigen wenigen Daten ab, wo ein Aufbruch in eine Kultur des Erinnerns als Möglichkeit aufschien, so z.B. 1978 und dann wieder 1988 und zuletzt 1998 zu den jeweiligen Jahrestagen der Reichspogromnacht. Ralph Giordano hat dieses kollektive Schweigen zu Recht „die zweite Schuld" bezeichnet. Heute, nach der Vereinigung 1989/90, nimmt im veränderten Deutschland die Bereitschaft zur Erinnerung eher ab, die Versuche zu relativieren nehmen zu, die Sorge der Überlebenden der Schoa ist darum berechtigt: „Wer wird sich nach unserem Tod noch unserer und der ermordeten Angehörigen und Freunde, all der namenlosen Ver-Nichteten erinnern (wollen)?"

Das Buch, als Sammelband mit den sehr unterschiedlichen Stimmen vieler konzipiert, will denen Mut machen, die sich von der allgemeinen Entmutigung und Relativierung nicht erfassen lassen wollen bzw. gegen sie konstruktiv angehen wollen. Die Autorinnen und Autoren wollen darum alle die ansprechen, die dem Vergessen des Völkermordes an den europäischen Juden keine Chance geben wollen, und die in ihrer Bildungsarbeit Anregungen suchen, wie man Erinnern und Gedenken auf den Weg bringen kann.

Es will im besonderen für den Bildungsbereich und darüber hinaus
- begründen, warum wir uns als Deutsche und Europäer erinnern müssen und weshalb wir dabei zwischen jenen, die Opfer des Völkermords waren, und jenen, die sich und andere danach auch als Opfer wahrnahmen, sehr wohl zu unterscheiden haben;
- deutlich machen, daß wir nicht stellvertretend Juden die Aufgabe zu erinnern zuschieben dürfen, wie dies Jahrzehnte der Fall war, sondern selbst die Aufgabe der Gestaltung von Erinnern und Gedenken haben;
- Anstöße geben, wie Erinnern in projektartigen Angeboten noch reale Chancen hat, auch die nächste Generation – ohne Schuldvorwurf – damit zu befassen;
- Ideen vermitteln, wie ohne Pathos, aber mit Eindringlichkeit Erinnern und Gedenken bei konkreten Anlässen, z.B. bei Gedenkstättenbesuchen oder an besonderen Gedenktagen, wie am 9./10. November oder am 27. Januar, gestaltet werden kann.

Es gibt bereits da und dort, meist verstreut in Broschüren mit geringer Auflage, zu vielen Aspekten von Erinnern und Gedenken Ideen und fertige Entwürfe, doch fehlte bislang ein solcher Sammelband, also ein Handbuch zum Lernen und Nachschlagen, zum Benutzen und Ergänzen, mit unterschiedlichen Akzenten, für unterschiedliche Alters- und Bildungsgruppen, für Schule und Erwachsenenbildung. Dieser Band ist also ein Versuch, möglichst umfassend all die Themen und Problemstellungen zu bearbeiten, bei denen das Erinnern an die Schoa eine Rolle spielt bzw. spielen sollte. Das Buch spannt den Bogen anders als andere Veröffentlichungen zum Thema sehr weit; es werden auch Themen verhandelt, wie der israelisch-palästinensische Konflikt, die Auseinandersetzung mit dem Neonazismus, die üblicherweise bei dem Thema Erinnern/Gedenken nicht angesprochen werden. Die Herausgeber sind der festen Überzeugung, daß der Kampf um die Erinnerung gegen das Vergessen bzw. gegen die Relativierung nur erfolgreich geführt werden kann, wenn dies auf allen Ebenen, bei allen nur denkbaren Themen geschieht.

Die Herausgeberin und die Herausgeber sind sich bewußt, daß sie bei vielen Aspekten und Themen erst angefangen haben zu begreifen, was Erinnern bedeutet und wie man Gedenken initiieren, motivieren und gestalten kann. Manches ist erprobt, das meiste angedacht und als Anstoß zu eigener kreativer Gestaltung vorgesehen.

Ein Dank ist allen auszusprechen, die uns zu dem Buch ermutigt haben, besonders der Hermann-Maass-Stiftung in Heidelberg; vor allem ihrem Initiator, Herrn Walter Norton,

London, ist die ideelle und materielle Unterstützung für die Entwicklung der Ideen und Entwürfe zu diesem Buch zu verdanken. Zu danken haben wir auch Herrn Prof. Dr. Ludwig Ehrlich, Riehen, Schweiz, für die Wegbereitung des Buchprojekts. Wir danken auch denen, die uns als Lehrer/innen und Schüler/innen Hilfe in Form von Anregungen, Ideen und kritischer Begleitung zuteil werden ließen.

Wir sind besonders erfreut darüber, daß es gelungen ist, in diesem Buch überzeugende Stimmen und Konzepte jüngerer Menschen aus Deutschland wiederzugeben, Stimmen, die uns die Zuversicht vermitteln, daß Erinnerungsarbeit eine generationsübergreifende ist und bleiben wird. Daß auch jüdische Freundinnen und Freunde mitgearbeitet haben, ist uns eine bleibende Verpflichtung, uns von allen Widerständen gegen die nötige Erinnerungsarbeit nicht beeindrucken zu lassen. Nicht zuletzt ist allen Autoren und Autorinnen zu danken, die selbstverständlich und ohne Honorar zu beanspruchen, Beiträge geschrieben haben bzw. sie zur Verfügung gestellt haben:

Diana Beckenbach, Weinheim, Studentin
Rachel Bendavid-Kosten, Berlin, Religionslehrerin in der Heinz Galinski-Schule, Berlin und Dozentin an der Jüdischen Volkshochschule, Berlin
Ruth David, Ames/Iowa, USA, Lehrerin
Martin-Heinz Ehlert, Berlin, Dozent am Institut für Katechetischen Dienst, Berlin
Barbara Fenner, Hofstetten, Historikerin und Oberstudienrätin am Ignaz-Kögler-Gymnasium, Landsberg
Bärbel Gemmeke-Stenzel, Bremen, didaktische Leiterin an der kooperativen Gesamtschule Kirchweyhe
Ralph Giordano, Köln, Schriftsteller
Gunnar Heinsohn, Bremen, Professor für Soziologie an der Universität Bremen
Roman Herzog, Bonn, Bundespräsident
Emmanuel Hurwitz, Zürich, Schweiz, Psychiater und Psychotherapeut, Schriftsteller
Bernhard von Issendorf, Wiesbaden, Pfarrer und Studienleiter
Nili Keren, Kiriat Ono, Israel, stellvertretende Direktorin des Lehrerseminars für die Kibbuzim in Tel Aviv
Peter Klemm, Berlin, Dozent am Institut für Katechetischen Dienst, Berlin
Ulrich Kober SJ, Religionslehrer am Canisius-Kolleg, Berlin
Erika Liesenfeld, Pfinztal, Lehrerin an einer Hauptschule
Hans Maaß, Karlsruhe, Kirchenrat i.R., Lehrbeauftragter an der Pädagogischen Hochschule Karlsruhe
Joachim Maier, Heidelberg, Professor an der Pädagogischen Hochschule Heidelberg
Johann Baptist Metz, Münster und Wien, Professor für Fundamentaltheologie und Philosophie
Dieter Petri, Bietigheim-Bissingen, evang. Schuldekan in Ludwigsburg
Dietrich Ritschl, Heidelberg, Professor für systematische Theologie an der Universität Heidelberg und Direktor des ökumenischen Instituts an dieser Universität
Christine Schlund, Berlin, Theologin
Hans-Peter Schwöbel, Mannheim, Professor für Soziologie, Schriftsteller und Kabarettist
Bernhard Staudter, Mannheim, Handelslehrer an einem Wirtschaftsgymnasium und einer Berufsschule
Ingrid Strobl, Köln, Journalistin, Schriftstellerin
Cornelia Weber, Rastatt, Theologin
Elie Wiesel, Boston, USA, Professor für Literatur, Friedensnobelpreisträger
Ezer Weizman, Jerusalem, Israel, Staatspräsident
Wolfgang Wippermann, Berlin, Professor für neuere Geschichte an der FU Berlin, Dozent am Institut für Katechetischen Dienst, Berlin

Teil I

Die Notwendigkeit der Erinnerung

1. Stimmen

Die Verantwortung der schuldlos beladenen Söhne, Töchter und Enkel[1]
Die Stimme eines Überlebenden

Ralph Giordano

Jede zweite Schuld setzt eine *erste* voraus – hier: die Schuld der Deutschen unter Hitler. Die *zweite* Schuld: die Verdrängung und Verleugnung nach 1945. Sie hat die politische Kultur der Bundesrepublik Deutschland bis auf den heutigen Tag wesentlich mitgeprägt, eine Hypothek, an der noch lange zu tragen sein wird...
Denn auch die Söhne, Töchter und Enkel tragen Verantwortung, sehr wohl, und sind keineswegs entlassen aus der schicksalhaften Auseinandersetzung mit dem Nationalsozialismus und seinem Erbe. Die Verantwortung der schuldlos Beladenen beginnt bei der Frage, wie sie zur Schuldbelastung ihrer Großeltern und Eltern stehen, zu dem, was diese getan und was sie gelassen haben. Bei der Frage, wie sie zum jüdischen und nichtjüdischen Holocaust stehen und zu seiner Voraussetzung, dem deutschen Angriffskrieg, zur Schuldverdrängung und -verleugnung ihrer Erzeuger und Mütter nach 1945, zum großen Frieden mit den Tätern und dem Verlust der humanen Orientierung – kurz, zur zweiten Schuld, deren Opfer sie selbst sind...
Während einer Diskussion mit Schülerinnen und Schülern der Oberstufe eines Gymnasiums sagt ein Mädchen: „Ich höre, lese und sehe immer so schreckliche Dinge aus der Zeit von damals. Wer hat die eigentlich begangen? Mein Opa und meine Oma – das sind *so liebe Menschen!*" Daraufhin frage ich: „Haben sie mit Ihnen auch über die Nazizeit gesprochen?" – Das Mädchen, zögernd, nachdenklich: „Nein..." Da nützt denn auch alle Liebheit nichts, vielmehr schließt sich der Kreis. Die alte Schizophrenie, das Kainszeichen der ersten Schuld, ist auch in der zweiten voll erhalten geblieben – die Spaltung der Persönlichkeit in eine privat humanitäre, politisch jedoch antihumanitäre Hälfte!

---

[1] Aus: Ralph Giordano, Die zweite Schuld, Hamburg 1987, S. 11; 359; 360 - 363; Text in Absprache mit dem Autor um der Lesbarkeit willen leicht verändert und gekürzt.

Mögen die Eltern und Großeltern ihren Kindern und Kindeskindern alle Liebe gegeben haben, ein Zuhause, Wärme, Geborgenheit, soziale Sicherheit – ihrer politischen Fürsorgepflicht sind sie nicht nachgekommen, jedenfalls ihre Mehrheit nicht. Der Generationenvertrag, das ist ja nicht nur eine Rentenangelegenheit, bei der die Werktätigen für die Ruheständler aufzukommen haben, so, wie diese einst die Pensionen der Vorgeneration gesichert hatten. Der Generationenvertrag bedeutet auch Vorsorge für die Nachkommen, für Zukunft, Glück und freien Lebenslauf – und ihn hat die zweite Schuld gebrochen. Ihre Träger haben ihr eigen Fleisch und Blut um der Unversehrtheit des Selbstbildnisses willen im Stich gelassen. Welche Motive sie immer hatten und noch haben, sich die Maske vors Gesicht zu halten – aus Eigenliebe, Schwäche, Trotz, Scham oder Uneinsichtigkeit: Was sie an Geschichtsbürde nicht abgetragen haben, das haben sie den Söhnen, Töchtern und Enkeln hinterlassen.

Zu der kollektiven Tragödie kommen die individuellen Katastrophen. Ich war nicht fähig, die „Spiegel"-Serie „Ich war's nicht, verdammt noch mal" in einem Zug durchzulesen, dieses Trauerspiel mit dem klärenden Untertitel „Wie Nazikinder mit der Vergangenheit ihrer Eltern leben", das Peter Sichrovsky in erschütternden Interviews oder, besser, Monologen der Betroffenen aufgenommen hat. Ich war selber Opfer – aber diese sind es auch, auf ihre Weise! Und beide Opfergattungen haben dieselben Verursacher. Hinter diesen Aussagen wurde eine Not sondergleichen sichtbar. Sie hat mich bis in die innere Lähmung hinein getroffen. Mag der Druck, der auf diesen Kindern von Nazis lastet, so konzentriert, so säulenhaft, so individuell auf die Allgemeinheit ihrer Altersgenossen nicht zutreffen, da eben nicht alle Eltern und Großeltern ehemalige KZ-Kommandanten oder sonstige Direkttäter waren: Das Schicksal der übrigen schuldlos beladenen Söhne, Töchter und Enkel unterscheidet sich nicht prinzipiell, sondern nur graduell von dem der interviewten Nazikinder und aller, für die sie stellvertretend gesprochen haben – Hunderttausende, Millionen...

Ich höre es förmlich, geraunt oder herausgeschrien: „Die zweite Schuld oder Von der Last, Deutscher zu sein" sei ein Werk vom Standpunkt des reinen „Anti", der Nichtzugehörigkeit, des Außerhalbs...

Ach, wäre es das doch nur! Dann könnte ich fliehen, einfach Schluß machen, entscheiden: Jene zwölf Jahre zwischen 1933 und 1945 und dann danach noch einmal die beschriebenen vierzig – das sei genug, übergenug. Aber, leider, ich kann es nicht. Ich bin... angenagelt an dieses Land, ans Deutsche. Es fragt mich nicht, was ich möchte, es hält mich fest, hoffnungslos und ohne jede Aussicht auf Änderung. Es hat mir meine Unlösbarkeit eingerichtet – wo immer ich auch hinginge, sie käme mir überall nach.

Aber ich will, daß meine Probleme in diesem Staat gesehen werden, weil es nicht nur die meinen sind. Die Bundesrepublik Deutschland hat einen Januskopf, ein Doppelantlitz, hat ihn immer gehabt, von Anfang an. Sie ist der freieste Staat in der Geschichte der Deutschen – und doch auch so, wie dieses Buch sie schildert. Weiß die bundesdeutsche Gesellschaft, daß ihr Januskopf den überlebenden Verfolgten immer unheimlich war, ist und so lange bleiben wird, wie er existiert?

Diese Gesellschaft soll wissen, daß unter ihr, immer noch und wohl bis übers Jahrhundertende hinaus, Augenzeugen weilen, die nicht vergessen können und wollen. Sie soll wissen, daß darunter Menschen sind, denen beim unfreiwilligen Einatmen der Auspuffschwaden im Stau des motorisierten Wohlstandsblechs unweigerlich Gedanken an die Gaskammern von Auschwitz, an die Gaswagen von Chelmno kommen. Menschen, die beim Anblick jeder Wunde, jedes Tropfen Blutes an Babi Jar, an Lidice, an Sobibor denken. Menschen, die zusammenzucken, wenn sie das ebenso begrifflos wie inflationär benutzte Wort „Einsatz" vernehmen – nachdem es die Mordkommandos der „Einsatzgruppen" gegeben hat. Sie benutzen auch diese Vokabel der „Lingua Tertii Imperii", der Sprache des Dritten Reiches, des Unmenschen, nie mehr – es sei denn bei einer notwendigen Demonstration wie dieser.

Die Generationen der zweiten Schuld werden sich eingestehen müssen, daß aus ihren Reihen auch immer *Gegenbeispiele* hervorgebracht worden sind – die eigentlichen Ankläger. Etwa Renate Finckh.

Sie ist das, was eine „einfache Frau und Mutter" genannt zu werden pflegt, Jahrgang 1926. Einst glühende Nationalsozialistin, schrieb sie ein 1978 erschienenes Buch über ihre „Frühverderbnis", wie sie ihr Leben in der Nazizeit nannte. Es trug den nicht besonders gelungenen Titel „Mit uns zieht die neue Zeit", ist aber eines der rücksichtslos-ehrlichsten Bekenntnisse, die mir je vor Augen gekommen sind. Über ihre Motivation dazu schrieb die Autorin:

„Ich habe viele Jahre gebraucht, nachdem der ganze Spuk des Naziregimes längst vorbei war, um nach einer solchen Jugend meine eigene Identität zu finden. Danach drückten mich Schuld und Scham und verschlossen mir lange Zeit den Mund. Doch auf ihre Fragen bekamen meine Kinder nirgends anders Antwort, höchstens von solchen, die es selbst nicht mehr erlebt haben. Da erkannte ich, daß ich mich, wenn ich weiterhin schweige, aufs neue schuldig machen würde. Deshalb will ich reden."

So lautet das Gegenprogramm zur zweiten Schuld. Hätten mehr Menschen bei uns den befreienden Mut dieser ehemaligen Nationalsozialistin gehabt, wäre mein Buch überflüssig gewesen und nie geschrieben worden.

Von der Last, Deutscher zu sein.[2]

---

[2] Aus: Ralph Giordano, Die zweite Schuld, Hamburg 1987, S.11, 359 - 363.

Was geht Auschwitz mich an?
Die Stimme eines Deutschen der Nachkriegsgeneration

Hans-Peter Schwöbel

Nicht schuldig

Ich wurde im November 1945 geboren. Als Täter der großen Vernichtung zwischen Januar 1933 und Mai 1945 komme ich so wenig in Frage wie jemand, der 1980 zur Welt kam oder im Jahre 2050 geboren werden wird. Bezogen auf Auschwitz, Buchenwald, Majdanek und all die anderen Orte des Grauens, bekenne ich mich nicht schuldig.

Dies Bekenntnis bedeutet allerdings wenig, denn niemand hat mich persönlich schuldig gesprochen. Weder habe ich den Vorwurf gelesen, noch sah ich einen Film, dem ich dies hätte entnehmen können, noch wurde es auf einer meiner Reisen, darunter Polen, Frankreich, Tschechoslowakei, USA, Niederlande und Israel zu mir gesagt oder angedeutet. Nie habe ich meine Nationalität verleugnet.

Ich habe Überlebende der Schoa kennengelernt. Sie begegnen mir mit Wärme, Zuwendung und Freundschaft. Manchen ist wichtig, gerade mir, einem Deutschen, zu klagen, was ihnen angetan wurde. Und deutlich spüre ich eine untergründige Verbundenheit, die selbst die große Vernichtung nicht vernichten konnte. Wohl sehe ich tiefe Verletzungen, Trauer und Nacht in vielen Augen – nicht jedoch den Vorwurf: Du bist schuld! So traf ich in Israel Juden, die der deutschen Sprache mächtig sind, sie aber nicht mehr sprechen und hören können, weil der Klang dieser Sprache mit Erfahrungen so schlimmen Leides verbunden ist, daß, wann immer sie zu Ohren kommt, die Alpträume in den folgenden Nächten umso heftiger wüten. Was ist daran unverständlich? Mag sein, mancher geht mir aus dem Wege, sobald er von meiner Nationalität erfährt. Was ist daran verwunderlich?

1. Kollektiv schuld?

Nach dem II. Weltkriege gab es Stimmen, die das deutsche Volk insgesamt in Verantwortung für Auschwitz nahmen. Ihre Schuldzuweisung richtete sich aber nicht gegen die Nachgeborenen, sondern gegen jene, die als Vorläufer, Mitläufer, Wegbereiter, und nach dem Kriege als Verharmloser und Leugner dabei waren/sind: aktive Organisatoren des Grauens, Wärter, Folterer und Mörder, aber auch Erzieher (Eltern, Lehrer, Professoren, Pfarrer), Publizisten, Politiker, Juristen, Mediziner, Autoren, Historiker, Administratoren, Polizisten, Soldaten, Freunde und Familienangehörige von Tätern, schweigende Zeugen, Relativierer, die mit schäbigen Gedanken, Worten und Taten die große Vernichtung vorbereiteten und/oder begleiteten und nachträgliche Einsicht und Trauerarbeit zu verhindern suchen.

Die Konzepte Schuld, Verantwortung und Freiheit können zunächst nur auf Individuen bezogen werden, weil nur sie in der Lage sind, Entscheidungen zu treffen. Dennoch ist auch der Begriff Kollektivschuld nicht unlogisch und irrational, wenn er verstanden wird als persönliche, individuelle Schuld einer sehr großen Zahl von Menschen, die über nachhaltige und komplexe Strukturen von Vorurteilen, Angst-/Haßprojektionen und anderen Neurosen vielfältig miteinander verwoben sind. Alle erwachsenen deutschen Zeitgenossen des Nationalsozialismus und nicht wenige aus anderen europäischen Völkern haben Auschwitz ermöglicht, außer jenen, die sich verweigerten, aktiven Widerstand leisteten, im Stillen halfen oder zumindest sich der Zustimmungsgesten enthielten.

Selbst jene, die damals noch Kinder waren und jüdische Klassenkameraden peinigten, werden nicht einfach in den Stand der Unschuld versetzt werden können. Aus Gesprächen mit Überlebenden der Schoa weiß ich, wie sehr gerade die 'kleinen' Gemeinheiten des Alltags kränkten und heute noch schmerzen.

Niemand verlangt, Menschen, die sich als Kinder solcher Übergriffe schuldig gemacht haben, heute dafür zur Rechenschaft zu ziehen. Dennoch muß der Sachverhalt ausgesprochen werden. Und für die Betreffenden wäre es ein Stück Anstand, wenn sie sich dieser Übergriffe erinnerten, und sie als Verfehlungen aussprechen würden.

Wenn uns jemand auf die Füße tritt und, statt sich zu entschuldigen, den Tritt mit einem frechen Grinsen, einem lauten 'Hoppla!' oder einem unschuldigen Blick in den Himmel begleitet, schmerzt uns dies mehr noch als der Tritt selbst. Weil dem so ist, muß der Vergebung durch das Opfer, soweit dieses noch in der Lage ist zu vergeben, das Eingeständnis und die Einsicht des Täters voraufgehen. Wo Täter zu feige sind, sich um diese Menschwerdung zu bemühen, oder wo ihre Verbrechen zu groß sind, müssen andere an ihrer Statt den Opfern gegenüber die nötigen Zeichen setzen, damit diese Achtung ihres Leides erfahren.

Der Kaiser und die kleinen Leute:
Hildegard, Peter, Marie, Johann und Wilhelm II.

Meine Eltern, Hildegard und Peter und meine Großeltern, Marie und Johann, die persönlich (meines Wissens) keine Verbrechen begingen, haben „Heil!" geschrien, Hitler gewählt, für Goebbels geschwärmt ('Er hatte eine so blumenreiche Sprache...!') und weggeschaut, wenn Juden, Zigeuner, Sozialisten, Kommunisten, andere politisch Unliebsame, Schwule und Behinderte aus ihrer Umgebung verschwanden. Selbstverständlich haben sie sich damit schuldig gemacht. Von meinen Eltern und Großeltern weiß ich, sie wurden zu (Un)-tätern nicht unter dem Druck von Drohungen, sondern weil sie sich willig verführen ließen. Dabei haben sie mir bestätigt, persönlich keinen Juden (auch niemanden aus den anderen verfolgten Gruppen) gekannt zu haben, der ihnen Übles zugefügt hätte. Dennoch unterstützten sie eine politische Ideologie, zu deren zentralen Bestandteilen ein menschenfresserischer Antisemitismus gehört.

Wilhelm II. war in vielen Phasen seines Lebens ein geifernder Antisemit, der das große Pogrom wohl nur nicht wagte, weil die Gesamtbedingungen es noch nicht zuließen. Jedenfalls dachte er schon an Gas als dem besten Mittel, sich der Juden zu entledigen.[1]

Ich stelle zwischen meinen Eltern und Großeltern, die 'kleine Leute' waren, und dem 'großen' Kaiser einen Zusammenhang her, um deutlich zu machen, wie sehr Fußvolk und Eliten austauschbar sind, wenn es um große kulturelle Strömungen geht, seien sie zum Wohle der Menschen oder zu ihrem Verderben. Was ihre individuellen Persönlichkeiten betrifft, handelten und dachten sie, ungeachtet ihrer sozialen Distanz, aus ähnlichen Motiven: Minderwertigkeitsgefühle..., Gleichgültigkeit..., Rache für mißlungenes eigenes Leben..., Gleichgültigkeit..., Nicht-Verstehen politischer, gesellschaftlicher und ökonomischer Entwicklungen..., Gleichgültigkeit..., Unverständnis gegenüber neuen künstlerischen, pädagogischen, wissenschaftlichen und anderen geistigen Strömungen..., Gleichgültigkeit..., im Hauptstrom mitschwimmen wollen..., Gleichgültigkeit..., Gefahren für sich selbst auf Kosten anderer abwenden..., Gleichgültigkeit... .

Was den gesellschaftlichen Kontext betrifft, partizipierten die 'Kleinen' wie die 'Großen' an heruntergekommenen Kommunikationsmustern, Wertvorstellungen, Normen, Einstellungen und Verhaltenstraditionen, die sie gefühlsbeladen und gedankenlos wiederkäuten: Vaterfiguren in der Politik, abgenutzte, unlogische und verlogene Sprachmuster, Selbstüberschätzung, gepaart mit Hochmut gegenüber anderen Völkern, von denen sie durchweg wenig wußten. In diesem Sinne erweisen sich Eliten wie Fußvolk als Mitläufer. Hierin besteht die wesentliche Schuld der vielen einzelnen.

Die 'Denk'-Figuren und Tatsachenbehauptungen des Antisemitismus hielten keiner kritischen Frage stand. Die Antisemiten hatten aber gar nicht nötig, Fragen an sich heranzulassen; denn sie waren in der Mehrheit – das genügte. Wilhelm II. war wohl von sehr bescheidener geistiger Kraft – dessen ungeachtet gehörte er zur Machtelite. Meine Eltern und Großeltern verfügten nicht über Macht – dessen ungeachtet bildeten auch sie die Basis, auf die die Mächtigen sich stützten, um ihre Ungeheuerlichkeiten zu inszenieren. Ohne dies Fundament wären die Mächtigen machtlos geblieben. Brechts berühmte „Fragen eines Lesenden Arbeiters" sind auch in diese Richtung zu stellen.[2]

Bezogen auf Hitler gilt das nämliche: Halb verführten er und seine Kumpane die Massen, halb schufen die Massen ihn und seine Clique als ihre 'Problemlöser'. Populismus in Reinkultur: Und werde euch führen, wohin Ihr mich wollt! An dieser Wechselbeziehung offenbart sich die besondere Realität des Gesellschaftlichen. Der Führer ist Medium der Geführten und umgekehrt. Der interessanteste Aspekt an dem Roman von George Orwell „1984" ist wohl, daß am Ende zweifelhaft wird, ob es den Großen Bruder als reale Person überhaupt gibt, ob er nicht einfach eine aus Angst, Hingebung, Fanatismus und Verantwortungslosigkeit erzeugte Fiktion ist[3].

Hitler war zweifellos eine wirkliche Person, zum Titanen aufgebläht von jenen, die ihm ergeben folgen wollten. Hätten nicht so viele sich von ihm ausgesprochen gefühlt, wäre er im Hinterzimmer einer Kneipe in München oder Wien dem Verges-

---

[1] s. C. G. Röhl: „Das beste wäre Gas!", DIE ZEIT, 25. 11. 1994.
[2] s. Bertolt Brecht, Gesammelte Werke 9, S. 656; edition suhrkamp. Frankfurt 1967.
[3] George Orwell: 1984. Ullstein 3253. Frankfurt 1976.

sen anheimgefallen. Alle nachträglichen Dämonisierungen dieses Dämons gehen fehl, wie sie sogar teilweise von den Opfern der Nazis vorgebracht werden: irgendetwas muß doch an diesem Kerl gewesen sein, soviel Elend kann doch nicht auf purer Dummheit beruhen. Oh doch, es kann. Dies ist, was Hannah Arendt wohl mit der Banalität des Bösen meinte.

Der durchdringende, herrische, 'charismatische' Blick, mit dem Hitler seine Feinde durchbohrt und seine Anhänger beeindruckt hat, ist das Ergebnis von Erfolgserlebnissen in Kommunikationssituationen. Man lese nur das brünstige Gestammel von Mitgliedern der Familie Wagner oder Goebbels' Ergüsse in seinem Tagebuch.[4] Wer soviel Unterwerfung erlebt, bekommt unvermeidlich den Führerblick.[5]

Wahn und Traditionen der Dummheit

Der Antisemitismus war/ist eine Phobie, ein Wahn, eine psycho-soziale Krankheit von Geist, Moral, Gefühl, sozialen Institutionen und Strukturen, die gegen tatsächliche Erfahrungen wirksam bleibt. Dies ist nicht ungewöhnlich. Da Phobien und Neurosen sich aus Realitätsverlusten speisen und in Rückkoppelungseffekten diese wieder verstärken, können sie durch bloße 'aufklärende' Information nicht überwunden werden.

---

[4] Vgl. Joachim C. Fest.: Das Gesicht des Dritten Reiches, 122. Piper, München 1963.

[5] s. Hans-Ulrich Thamer: Ein Führer, mehr geliebt als gefürchtet. In: DIE WELT, 29. April 1995. Hier sei eine Parallele zu Mao Dzedongs Kulturrevolution und die 'Viererbande' nach Mao erlaubt. Große Teile des chinesischen Volkes folgten Mao und später der Viererbande willig nach ähnlichen Mustern wie die Deutschen Hitler. Siehe hierzu den erhellenden Aufsatz von Zhang Yushu: Die Anfälligkeit der braven Bürger für die Kunst der Rattenfänger. Deutschland und China, die 'Führerbande' und die 'Viererbande' in: Frankfurter Rundschau, 27. Mai 1995.

Den Verweis auf Mao Dzedong möchte ich nicht anfügen, ohne ausgesprochen zu haben, wie sehr ich mich selbst einige Jahre für Mao und die chinesische Kulturrevolution erwärmt hatte. In den primitiven Führungsmustern Maos erkannte ich nicht Hitler und/oder Stalin wieder, sondern glaubte an die große Kommune: demokratisch, sozialistisch, human, selbstkritisch, philosophisch - ganz in Verkennung der tatsächlichen Situation in China. Erst als ich 1973 - 1975 Gelegenheit fand in Somalia, so etwas wie eine chinesische Innenpolitik unter Mohammed Siad Barre praktisch zu erleben, gingen mir die Augen auf. Der fast durchschnittene Hals eines chinesischen Kommilitonen, den ich 1977 in Saarbrücken kennenlernte, bestätigte dann nur noch, was ich inzwischen verstanden hatte.

Mir stockt der Atem, wenn ich daran denke, welcher kunst-, geist-, wissenschaftsfeindlichen und undemokratischen Strömung ich einige Jahre meine Begeisterung widmete - nicht nur auf fremdes Risiko. Mein gemäßigter 'Maoismus' (vielleicht war das 'gemäßigt' meine Rettung) hätte mich in die Reihen des bewaffneten Kampfes führen können mit allen bekannten Verirrungen. Im Raume Heidelberg-Mannheim gab es einige 'gute Gelegenheiten' hierzu.

So schreibe ich über Auschwitz auch wie der Reiter über dem Bodensee in der Ballade von Gustav Schwab. Es ist gerade nicht das Zeigen mit Fingern auf andere. Siehe Hans-Peter Schwöbel: Die Weiterentwicklung des Marxismus-Leninimus durch Mao Tsetung und die chinesische Kulturrevolution. Olzog Verlag, München 1973. Was ich in meinem Essay zu Lenins Demokratieverständnis (Olzog Verlag 1973) begriffen hatte, nämlich den unaufhebbaren Widerspruch zwischen Rätesystem (Kommune) einerseits und Diktatur der Partei andererseits, hatte ich bei Mao nicht verstanden, weil ich dem Irrtum erlegen war, Mao sei ein nichtstalinistischer, emanzipatorischer Politiker, Poet und Philosoph. Der unerträgliche Führerkult um ihn irritierte mich nur begrenzt. Ich hielt es für ein Übergangsphänomen.

Antisemitismus, Rassismus, Angst vor Andersartigkeit, Angst vor nicht vertrauten Formen von Liebe, Angst vor Freiheit, Wissenschaftsfeindlichkeit, Haß auf Kunst, sowie Feigheit und die Neigung, übergeordnete Instanzen für eigenes Verhalten verantwortlich zu machen („Befehlsnotstand"), erweisen sich als ausgeklügelte, untrennbar aufeinander bezogene Traditionen der Dummheit, ohne die akute wahnhafte Ausbrüche nicht möglich wären.

Im Bewußtsein des Individuums und in der Kommunikation des Kollektivs erfolgt diese Tradierung als teils heimtückisches, absichtsvolles und systematisches, teils gleichgültiges und gedankenloses Aufrechterhalten bösartiger Zuschreibungen und Lügen, wie etwa der jeder Intelligenz und Logik hohnsprechende Vorwurf des Gottesmördertums gegen die Juden, der von Generationen von 'christlichen' Theologen, Lehrern und Eltern weitergetragen wurde, so daß ganze Systeme von Diskriminierung und Denunziation entstanden. Oder denken wir an jene Unzahl von Politikern, Filmemachern, Journalisten und 'Wissenschaftlern', die gegen jede Erfahrung den Juden böse Eigenschaften, Absichten und Wirkungen nachsagten, während auch nur unbefangene Betrachtung hätte erkennen müssen, wie sehr Juden die Regionen und Völker, in denen sie lebten, in allen Belangen von Ökonomie, Kultur, Erziehung, Kunst und Wissenschaft positiv beeinflußten.

Sehr wohl ist hier logisch erlaubt, von Kollektivschuld zu sprechen, nicht anstelle individueller Schuld, sondern als Verweis auf strukturelle Verfestigungen, auf Geistes- und Seelenhaltungen, die zur weitverbreiteten Mentalität geronnen waren und damit zur Voraussetzung wurden für individuell und gemeinschaftlich begangene Verbrechen. An dieser Stelle verweben sich Persönlichkeit – das unverwechselbare, individuelle Wahrnehmungs-, Einstellungs-, Erlebnis- und Verhaltensmuster – und Gesellschaft, nämlich die übergreifenden Erwartungs-, Informations- und Handlungsmuster sowie die tradierenden Kommunikationsstrukturen. Genau hier kristallisiert sich das sozialpsychologische Interesse an den Funktionen der Erinnerung.

Kollektivschuld meint, nicht nur die unmittelbaren Folterer und Mörder haben sich Schuld aufgeladen, sondern all jene, die sich über die Zeiten hinweg an der Aufrechterhaltung und 'Pflege' von Traditionen der Verachtung und des Hasses beteiligten. Antisemitismus wurde über viele Jahrhunderte weitergereicht wie ein Glaubensbekenntnis, eine Sprache, eine musikalische Tradition oder eine Speisegewohnheit. In diesem Sinne haftet dem Konzept individueller Verantwortung und Schuld das Moment des gesellschaftlich Geformten, gemeinschaftlich Begangenen, Geduldeten an.

An diesem Verständnis von Kollektivschuld ist nichts abwegig, und die Aufregung darüber ist Heuchelei. Sie zu leugnen hieße, das Gesellschaftliche schlechthin zu leugnen, das wir sehr gerne und zu Recht in Anspruch nehmen, wenn es um positive Traditionen geht. Weil es diese Zusammenhänge zwischen jahrhundertewährenden kollektiven Traditionen der Dummheit und des Bösen einerseits und historisch konkreten Tendenzen individueller Persönlichkeitsentwicklung andererseits gibt, müssen wir uns weiter für Auschwitz interessieren; denn es geht dabei nicht nur um die Ereignisse selbst, sondern um die Bedingungen, die zu ihnen geführt haben, und von denen wir nicht annehmen können, sie hätten sich inzwischen in Nichts aufgelöst.

Noch einmal: Hildegard und Peter

Mein Vater war Nazi, meine Mutter war Nazi. Mein Vater schilderte mir glaubhaft, wie er Anfang der dreißiger Jahre in einer Wahlkampfveranstaltung der NSDAP sitzenblieb, während Hunderte um ihn herum aufstanden und „Heil!" brüllten. Dazu gehörte einiges. Ich glaube ihm diese Szene, weil ich ihn nie als Angeber erlebt habe, oder gar als einen, der sich zum antifaschistischen Widerstandskämpfer stilisierte. Im Gegenteil, er erzählte auch, wie er 1944 in einem Lokal einen Mann tätlich angriff, der gewagt hatte, die Niederlage der Deutschen in diesem Krieg 'vorherzusagen'. Vom Skeptiker war er zum glühenden Anhänger geworden. Wie viele 'kleine Leute' war er von der Machtentfaltung, vom Bombastischen, Auftrumpfenden der nationalsozialistischen Gaukler und Blender angetan. Da er, wie viele Deutsche, krank war vor Selbstmitleid und Gefühlen der Minderwertigkeit, wurde er sich trotz seines beachtlichen Verstandes, des Pathologischen und Infantilen dieser Imponier-, Auftrumpf-, Selbstbeweihräucherungs- und Rachefeldzugsästhetik während der Nazi-Zeit nicht bewußt.

Er kam als Gebrochener aus dem Kriege zurück, rauchte 60 - 80 Zigaretten pro Tag, war Alkoholiker, dazu medikamentenabhängig, verübte unzählige Selbstmordversuche vor unseren Augen und mißhandelte über viele Jahre unsere Mutter und uns Kinder massiv. Seine für ihn und uns lebensgefährlichen Depressionen, paranoischen Wahnvorstellungen, Phobien und gewalttätigen Aggressionen endeten 1952 abrupt unter dem Eindruck eines nächtlichen Bekehrungserlebnisses, in dem ihm Jesus im Traum erschienen war. Bis dahin war er ein lauthals bekennender Atheist gewesen.

Von nun an erwies er sich für einige Jahre als ein liebender und sorgender Vater. Er versah in diesen Jahren geschickt und sorgsam den Haushalt und war ein hervorragender Koch. Nach dem Kriege hatte er nie mehr gewagt, berufstätig zu sein, obwohl er körperlich und geistig, zumindest nach seiner Bekehrung, dazu in der Lage gewesen wäre. Er hatte Angst.

Ende der fünfziger Jahre kehrten die Dämonen zurück. Er begann wieder, uns zu bedrohen und zu mißhandeln. Seine paranoischen Ausbrüche häuften sich und wurden heftiger denn je. Oft zogen sie sich über Tage hin, ehe wir wieder ein wenig zur Ruhe kamen. Die Mißhandlungen hörten erst auf, als ich stark genug war zurückzuschlagen. Von nun an verbarrikadierte er sich immer wieder tage- und wochenlang in seinem Zimmer, um hinter verschlossenen Türen zu brüllen und das Mobiliar seinen Tobsüchten zu opfern. Ich konnte nie sicher sein, wenn ich nach Hause kam, ob er inzwischen nicht doch meiner Mutter etwas angetan, oder das Haus angezündet hatte. Meine Mutter wurde inmitten dieser Tragödien ebenfalls Alkoholikerin, was die Situation sehr verschlimmerte. Schließlich habe ich mich von zu Hause abgewandt und meinen Vater die letzten drei Jahre vor seinem Tode im Jahre 1971 nicht mehr gesehen. Sein Grab besuchte ich erstmals 7 Jahre nach seinem Tode.

Nicht mehr heimisch auf dieser Welt

Wer mißhandelt und gefoltert wurde, bleibt ein Leben lang einer, der mißhandelt und gefoltert wurde. Und seine Kinder und Enkel sind Kinder und Enkel eines, der gefoltert wurde. Das Ereignis verschwindet im Nichts, nicht aber, daß es geschehen ist. Der große jüdische, österreichische Schriftsteller Jean Améry, der sich 1978, also über 30 Jahre nach der großen Vernichtung, das Leben nahm, sagte: „Der Gefolterte kann nicht mehr heimisch werden in dieser Welt". Ich möchte hinzufügen: Auch der Folterer und seine Anstifter, Helfer und Mitläufer können ohne Hilfe, ohne Einsicht in ihr Tun und ohne dramatische Selbstveränderung nicht mehr heimisch werden, außer als Monstren: versteinert, verleugnend oder weiter rasend und brandstiftend.

Ge-miß-braucht-werden-wollen

Und meine Mutter? Sie war eine inbrünstig Liebende. Gerne hätte sie 'dem Führer' mindestens acht Kinder 'geschenkt'. War das die Zahl, bei der es das Mutterkreuz gab? Für solche Albernheiten war sie anfällig. Sie zitierte mit leuchtenden Augen Goebbels: „Wenn über dem Grabe eines jeden deutschen Soldaten das Lachen eines Kindes steht, wird das Reich nie untergehen!" Auf meine Vorhaltung, daß dieser „blumige" Satz mit dem Wort Kanonenfutter zu übersetzen sei, wußte sie keine Antwort.

Ende 1945 waren es dann 'nur' vier Kinder, und der, dem sie sie widmen wollte, hatte sich in Berlin die Kugel gegeben. Mein Vater kam 1946 aus französischer Gefangenschaft zurück und hatte keine Lust mehr, sich fortzupflanzen.

Meine Mutter war eine auffallende, dunkle Schönheit: schwarze Haare, dunkler Teint, schwarze Augen. Voller Stolz erzählte sie bis ins hohe Alter ein Erlebnis, das ihr als junges Mädchen zuteil wurde. Sie besuchte im Mannheimer Nationaltheater die Oper 'Carmen'. In der Pause flanierte sie im Foyer, als sie einer ebenfalls flanierenden Gruppe begegnete, aus deren Mitte ein Herr begeistert auf sie zeigte und rief: „Das ist die echte Carmen!"

Ihr Bruder, mein Onkel Hans, ebenfalls sehr gut aussehend, entsprach gar dem Bild, das sich die Nazis von einem typischen Juden machten: klein, schwarze Haare, schwarze Augen, dunkler Teint, gebogene Nase. Er erzählte von einer Schlägerei, die er, zusammen mit Kumpanen, im Lokal seiner Eltern anzettelte, weil Gäste ihn verdächtigten, Jude zu sein, bzw. seine Mutter, es mit einem Juden 'getrieben' zu haben. Aber selbst solch einschneidende Erlebnisse führten nicht zu einem Aha-Erlebnis, sondern nur zu noch mehr Ergebenheit.

Meine Mutter beteuerte, von Auschwitz nichts gewußt zu haben. Ich glaube ihr, hielt ihr aber entgegen, daß jeder Deutsche den 9./10. November 1938 erlebt hatte und sich insofern keine Illusionen machen konnte. Sie hob hervor, daß dieses Pogrom nicht spontan von den Bürgern angerichtet wurde, sondern vom organisierten Pöbel. So ist es wohl, und dieser Unterschied sollte in der Analyse nicht unbeachtet bleiben. Ich glaube, 1938 begannen sich die Beziehungen zwischen Begeisterung und Angst im deutschen Volke zu verändern. Aber das heißt natürlich auch, die Partei und der organisierte Pöbel waren stark genug, es zu tun, und die Bürger waren schwach genug, es zuzulassen.

Barbarei ist ein allgemeines Risiko menschlicher Gesellschaft. Die Art und Weise, wie sie sich ausbreitet, hängt aber von der Mentalität eines Volkes ab. Es gehörte zur Mentalität der Deutschen, den Anschein des Legalen zu wahren und das Pogrom geschehen zu lassen. Außerdem fehlten inzwischen weitgehend die Struktu-

ren, die auch nur einen passiven Widerstand hätten organisieren können. Es lief schließlich darauf hinaus, festzustellen: „Auf einmal, da waren sie weg".[6]
Große jüdische Philosophen, wie Martin Buber und Emmanuel Lévinas, haben den Menschen als Du-Wesen beschrieben, als einen, der sich immer auf ein Gegenüber bezieht. Mit diesem Du-Wesen Mensch hängt eines seiner inbrünstigsten Bedürfnisse zusammen, nämlich, Gebraucht-werden-wollen. Dieses Bedürfnis befähigt ihn zu heiligen Handlungen enormen Heldentums, großer Treue und Selbstaufopferung und ebenso zu Teufeleien; denn Gebrauchtwerden kann sich selbstverständlich auch als Mißbrauchtwerden vollziehen. Die großen Verbrechen der Menschheit wären ohne die leidenschaftliche Bereitschaft, ge-miß-braucht zu werden, nicht möglich gewesen.
Ich gedenke meiner Mutter oft mit Liebe und Trauer; denn sie war ein Mensch, ganz geschaffen, um zum Beispiel in einem Kibbuz zu leben. Nie wollte sie reich werden. Zu Geld hatte sie kein Verhältnis. Immer wollte sie geliebt, anerkannt und gebraucht werden. Folgt daraus nicht, die Nazis haben den Opferwillen und die Gemeinschaftsbedürfnisse der Menschen mißbraucht? Selbstverständlich haben sie das! Deshalb spreche ich den bösartigen Anführern der großen Verwirrung eine besonders schwere Schuld zu.
Dies entlastet Mitläufer aber nicht von ihrer Verantwortung. Meine Mutter spielte mit ihrer Schwärmerei für den Schwätzer und Großmeister der Lüge, Goebbels, den weiblichen Part bei der Stabilisierung barbarischer Herrschaft. Sie erzählte, wie sie meinem Vater einmal auf dem Paradeplatz in Mannheim eine Ohrfeige verpaßte, weil sie sich stritten, wer der größere Redner sei, Hitler oder Goebbels.
Waren meine Eltern nun Antisemiten oder nicht? Diese Frage kann ich mit einem klaren Ja und einem fast ebenso klaren Nein beantworten. Sie waren insofern Antisemiten, als sie eine verbrecherische, zu jedem Zeitpunkt offen und aggressiv antisemitische Bewegung unterstützten, die nie einen Zweifel daran ließ, was von den Juden zu halten, und wie mit ihnen umzugehen sei, auch wenn die 'Endlösung' nicht auf offenem Markte gehandelt wurde.
Indessen waren meine beiden Eltern keine aktiven Antisemiten in dem Sinne, daß sie persönliche Haß-, Rache- oder Demütigungswünsche gegenüber Juden hegten. Mein Vater berauschte sich an den Faktoren 'Größe', Macht und Volksgemeinschaft. Meine Mutter hatte ein erotisches Verhältnis zur Politik oder dem, was sie dafür hielt: Uniformen und Soldaten imponierten ihr gewaltig, knallende Flaggen im Wind, Marschmusik, starke Männer, strahlend gebärende Mütter... Hurra... Es war die Leni-Riefenstahl-Ästhetik, wie sie in dem Film 'Triumph des Willens' zelebriert wurde, vor der sie dahinschmolz. Die Abgründe dahinter hatten beide Eltern verdrängt.

---

[6] „Auf einmal, da waren sie weg" ist der Titel eines lehrreichen Buches, das junge Menschen in Mannheim unter Leitung des Stadtjugendamtes erarbeitet haben. Sie nannten den Text-Bildband im Untertitel „Spurensuche - Jüdische Spuren in Mannheim". Edition Quadrat, Mannheim 1995. Glücklicherweise wächst die Jüdische Gemeinde Mannheim inzwischen wieder.

Sind die Juden nicht selbst schuld?
Juden wurden mit unterschiedlicher Intensität und zu unterschiedlichen Zeiten in allen Völkern Europas und verschiedentlich auch in außereuropäischen Kulturen verfolgt. Dies führt zur Frage, ob dies nicht wohl auch durch sie selbst verursacht sein müsse. Die Frage scheint mir berechtigt. In der Tat hat die chronische aggressive Fixierung auf die Juden etwas mit diesen selbst zu tun: Sie gehören weltweit zu einer kleinen Zahl von Minderheiten, die angegriffen werden, weil sie ihrer Umgebung in vielen Belangen überlegen sind. Die Juden waren viel früher alphabetisiert als ihre Umgebung und in vielerlei Beziehung besser gebildet. Sehr früh schon in ihrer Geschichte entwickelten sie höchst anspruchsvolle und gedankenreiche religiöse, philosophische, rechtliche, künstlerische und gemeinwesenbildende Traditionen.
Das gesamte europäische Judentum war auf eine anrührende Weise positiv auf die deutsche Kultur orientiert. Dies war einer der Gründe, warum Juden in vielen Fällen zu spät oder gar nicht flohen, bzw. sich zu spät und nicht heftig genug bewaffnet zur Wehr setzten. Die meisten Juden im Osten sprachen neben Jiddisch (was im wesentlichen eine deutsche Sprache ist) deutsch.
Man hatte vielfach nicht verstanden, daß es kein homogenes, 'hochkultiviertes' deutsches Volk gab. Das deutsche Volk war in mehrere unterschiedlich große Teile zerfallen. Die Mehrheit, war, wie es der bedeutende Schriftsteller, Kulturpolitiker und Philosoph, Hermann Glaser, einmal formulierte, Anfang der dreißiger Jahre sehr verwahrlost im moralischen Sinne und auch im Hinblick auf Kulturtechniken. Beispiel Sprache: Viele Deutsche waren ihrer eigenen Sprache so entfremdet, daß hysterische Schreier, Lügner und Schwätzer, wie Hitler und seine Kumpane, die weder Kunst noch Moral, weder Wissenschaft noch Logik respektierten, als charismatische Redner durchgehen konnten. Die moralische Verwahrlosung vollzog sich in einem Gefühl, das neben Dummheit, Ge-miß-braucht-werden-wollen und Gleichgültigkeit besonders bedeutsam ist: Selbstmitleid. Wo Selbstmitleid ins Uferlose wächst, schwelt das Pogrom.

2. All das Vergangene?

Warum können wir Ereignisse nicht ruhen lassen, die 'so lange' zurückliegen?
Cäsar ist tot. Goethe ist tot. Der vor einer Sekunde verstorbene Nachbar oder Freund ist tot. Die Ermordeten von Auschwitz sind tot. Tot sein heißt, nicht (mehr) sein. Tot 'sein' bedeutet: nicht sein, Nicht-Existenz. Hierin besteht ja das Verbrechen von Mördern, ihre Opfer im wahrsten Sinne des Wortes aus-der-Welt-geschafft zu haben.
Die Persönlichkeit eines Dahingeschiedenen ist nicht (mehr). Hierin unterscheidet sich der Verstorbene nicht vom Ungeborenen. Sein Körper ist nicht mehr sein Körper, sondern Materie, die nur jene für eine kurze Weile noch für seinen Körper halten, die ihn kannten. Bereits jetzt hat sich die entscheidende Verwandlung vollzogen. Der Verstorbene existiert nur noch als Erinnerung und Wissen, dies allerdings im Unterschied zu den Ungeborenen, die nicht nur nicht sind, sondern auch nicht gewußt werden können. Und seine Existenz wirkt fort – unaufhörlich.

Bekanntlich haben wir besondere Schwierigkeiten, das Phänomen Zeit zu verstehen. Da sie so wenig anschaulich erscheint, behelfen wir uns mit Vergleichen aus der Raumerfahrung. Wir sagen von einem Ereignis, es 'liegt hinter uns' und von einem anderen, das wir erwarten, es 'liegt vor uns'. So als käme uns die Zukunft entgegen, und als könnten wir mit Hilfe geschärfter Augen und eines guten Fernglases in die Zukunft schauen, oder wenn wir uns nur umdrehen, in die Vergangenheit, die sich von uns entfernt. Unsere Raum-Zeit-Metaphern können leicht die Illusion eines dem Raumschiff entsprechenden Zeitschiffes erzeugen, mit dem wir durch die Zeit schweben, während die Ereignisse wie Himmelskörper auf uns zusegeln, näher kommen, vorübergleiten und in einen Raum entschweben, den wir Vergangenheit nennen.

Genauere Betrachtung läßt uns die Illusion erkennen. Das Künftige ist nicht, es kommt uns nicht entgegen und wir begegnen ihm nicht, wie einem Reisenden oder einem Haus am Straßenrand. Kinder kommen ihren Eltern nicht entgegen, sondern aus ihnen hervor. Das Vergehende erzeugt das Werdende.

Ich schlage folgendes Begriffsverständnis vor: Geschichte und Vergangenheit verwende ich gleichbedeutend. Es handelt sich dabei um zeitbezogene Bewußtseinshorizonte, die durch Erinnerung erzeugt werden. Diese Erinnerung ist eine Leistung meines Bewußtseins in der Gegenwart. Ich lese jetzt ein Buch über das Mittelalter. Ich sehe jetzt einen Film über Auschwitz. Ich stehe jetzt vor einer Burgruine etc. Das heißt, die Erinnerung bezieht sich auf etwas Vergangenes, aber sie findet in der Gegenwart statt. Geschichte ist Vergegenwärtigung von Vergangenem, mithin Gegenwart.

Die Zukunft ist ein zeitbezogener Bewußtseinshorizont, der durch Erwartungen, Hoffnungen, Vermutungen, Befürchtungen erzeugt wird. Aber auch diese Erwartungen etc. finden jetzt statt, als Ereignis in der Gegenwart. Und: Erwartungen sind aufs Künftige gerichtete Erfahrungen. Die Zukunft ist die Vergegenwärtigung von möglichen Ereignissen.

Hiervon möchte ich unterscheiden das Vergangene und das Künftige. Damit meine ich die Ereignisse, auf die sich unser historisches bzw. erwartendes Bewußtsein bezieht. Das Vergangene ist nicht mehr, das Künftige ist noch nicht.

Das Vergangene ist Nicht-Existenz wie das Künftige, aber...

Was ereignet sich in der Beziehung zwischen Vergangenem, Gegenwärtigem und Künftigem? Ein Beispiel: Ein Mensch erleidet einen Unfall, bei dem er ein Bein verliert. Der Unfall wird sofort Vergangenes, genauer: während er geschieht, verwandelt er sich in Vergehendes. Das Ereignis Unfall ist nur Sekunden vorhanden, gegenwärtig; dann ist es vergangen. Sobald es geschehen ist, geschieht es nicht mehr, ist nicht mehr.

Allerdings erzeugt der Unfall langewährende Wirkungen. Nach dem Unfall wird der Mensch wochenlang, monatelang, jahrelang Schmerzen haben. Er muß den Rest seines Lebens ohne das verlorene Bein auskommen. Sekundenweise, minutenweise, jahrzehntelang. Sein ganzes Leben und die Leben all jener, die direkt und selbst indirekt mit ihm zu tun bekommen, verlaufen anders als ohne den Unfall, der nur Bruchteile von Sekunden dauerte und längst vorbei ist, nicht mehr ist. Das heißt, Wirklichkeit besteht aus dauerhaften Wirkungen früherer Ereignisse. In diesen Wirkungen bleibt das Geschehene gegenwärtig, bleibt es existent.

Seit dem Urknall (so es ihn gegeben hat) erzeugt das Vergehende das Werdende. Die blutende Wunde zwischen Vergehendem und Werdendem ist die immerwährende Gegenwart. Das Vergangene ist nicht. Das Künftige ist nicht. Einzig die Gegenwart ist. Und sie ist immerwährend. Die Gegenwart eines Menschen währt z. B. 80 Jahre. In dieser Zeit ist er niemals nicht vorhanden, er ist immer da, auch wenn seine Geistesgegenwart sehr unterschiedliche Intensitäten von hellwach bis zum Tiefschlaf oder zu Bewußtlosigkeit durchläuft. Aber selbst bewußtlos ist er und wirkt.

Die Wirklichkeit entsteht und besteht aus Wirkungen

Die Gegenwart der Erde beträgt wohl ca. 5 Milliarden Jahre. In dieser Zeit war sie niemals nicht vorhanden. Sie war immer da. Allerdings hat sie in dieser langen Zeit gewaltige Veränderungen erfahren, so daß bestimmte Zustände der Erde und Ereignisse auf ihr vergangen sind, also nicht mehr sind. Dennoch ist die heutige Erde der Himmelskörper, der sie vor Milliarden von Jahren schon war, und alles Vergangene (das nicht mehr ist) bleibt präsent in seinen Wirkungen. Wir sprechen in diesem Zusammenhang von Identität als Einheit in der Verschiedenheit und Kontinuität im Wandel. Ohne dieses Phänomen wäre fortdauernde Existenz als Prozeß von Veränderung und Beharren, von Verschwinden und Bleiben nicht möglich.

Bestimmte Ereignisse blitzen auf und werden sofort Teil des Vergangenen, das heißt des Nichts. Ihre Wirkungen reichen aber als fortdauernde Gegenwart ins Künftige/Kommende. Der Verunglückte wird während seines Lebens niemals ehemaliges Unfallopfer. Er ist immer tatsächliches, das heißt gegenwärtiges Opfer. Die realen Leiden können mit zeitlichem Abstand zum Ereignis zunehmen. Wir beobachten dies beispielsweise bei Überlebenden von Hiroschima/Nagasaki und Tschernobyl. Das aufblitzende Ereignis entfaltet seine unheilvolle Wirkung in zeitlichem Abstand noch heftiger. Dem können wir auch nicht entgehen, indem wir einmalige Ereignisse 'vergessen'. Noch 50 Jahre nach dem Blitz über Hiroschima sterben Tausende von Menschen an diesem ultra-kurzen Ereignis (das natürlich selbst einen langen Vorlauf hatte), nachdem sie ein Leben lang darunter gelitten haben. Und Kinder werden zur Welt gebracht, die weiter leiden. Dasselbe gilt für die viel größeren Dimensionen der Schoa.

Jede Generation ist die Wirkung aller vorangegangener Generationen, im Guten wie im Bösen. Dem wäre auch so, wenn wir von diesen Vorfahren nichts wüßten. Daß wir aber von ihnen wissen, verstärkt ihre Wirkung auf uns; denn zu den materiell-energetischen Effekten gesellen sich informationelle. Daraus folgt, wir sind zwar Wirkungen aller vorangegangener Generationen (auch die nichtorganischer Prozesse und unserer tierischen Vorfahren!), aber keineswegs mechanische, sondern reflektierende. Wir reagieren auf eine komplexe Vorgeschichte selbst wieder komplex. Wir sind in der Lage, das, was uns hervorgebracht hat, dumm und unmoralisch zu verarbeiten oder intelligent, anspruchsvoll, verantwortungsbewußt Einfluß nehmend auf unsere eigene Entwicklung. In beiden Fällen erzeugen wir Wirkungen auf alle künftigen Ereignisse. Aber welch ein Unterschied in der Qualität und im Maße der Selbstbestimmung. Je wissender und verantwortungsbewußter wir aufnehmen und verarbeiten, was uns hervorgebracht hat, umso weniger sind wir Marionetten unserer Vorgeschichte und umso weniger sind jene unsere Marionetten, die uns folgen.

Auch in der Physik gilt, alle Zustände und Bewegungen sind die versammelten Wirkungen (nicht die Summe!) aller vorherigen Zustände und Bewegungen. Eine Welle im Meer ist nicht nur das Produkt aktueller Strömungs-, Druck-, Wind- und Temperaturverhältnisse, sondern mit diesen Ergebnis aller Ereignisse, die auf diesem Planeten und in seiner Umgebung jemals stattfanden. Hierin besteht der allzeit gegenwärtige, unauflösliche Zusammenhang zwischen dem, was war, ist und sein wird. Gegenwart und Vergangenheit, Vergehendes, Gegenwärtiges und Werdendes durchdringen einander, bilden eine Einheit.

Hätte in jener Linie, die auf mich zulief, auch nur eine Geburt nicht stattgefunden, gäbe es mich nicht. Dasselbe gilt für die Menschheit insgesamt und jeden einzelnen Menschen. Zeugung und Geburt, ja selbst das ganze Leben einzelner sind winzige Zeiträume (Aufblitzen), gemessen an der gewaltigen Entwicklung von Natur und Mensch. Unsere dauerhafte Realität ergibt sich aus unseren Wirkungen, die über unsere kurze Lebensspanne ins Unaufhörliche hinausreichen.

Es gibt nur wenige Kulturen, die so intensiv Erinnerung pflegen, wie die jüdische. Nur deshalb konnte sie überleben und nach fast zweitausend Jahren aus der Diaspora heimkehren in zwei zentrale Strukturen: ins Land und in die Sprache. Aus Glaube und Tradition hatten sich die Juden nie völlig vertreiben lassen. Der israelische Präsident Ezer Weizman führte in seiner Rede vor dem Deutschen Bundestag 1996 aus:

„Die Erinnerung verkürzt die Distanzen. Zweihundert Generationen sind seit den historischen Anfängen meines Volkes vergangen, und sie erscheinen mir wie einige Tage. Erst zweihundert Generationen sind vergangen seit Abraham aufstand, um sein Land und seine Heimat zu verlassen und in ein Land zu ziehen, das heute meine Heimat ist. Erst zweihundert Generationen sind vergangen, seit Abraham die Machpelah-Höhle in der Stadt Hebron kaufte, bis zu den schweren Konflikten, die sich dort in meiner Generation abspielen. Erst einhundertfünfzig Generationen sind vergangen von der Feuersäule des Auszugs aus Ägypten bis zu den Rauchsäulen der Shoah. Und ich, geboren aus den Nachkommen Abrahams – war überall mit dabei."[7]

Und da wagt jemand zu sagen: „Einmal muß Schluß sein"? Wo Gedächtnisverlust sich durchsetzen würde, würden wir uns in kauende Ungeheuer verwandeln, ohne kulturelle Substanz. Wenn Weizman sagt, er war immer dabei, ist dies nicht im übertragenen Sinne gemeint, sondern wörtlich. Er war als genetische Substanz dabei, als biologische Möglichkeit, und die Informationsbindung durch Tradition richtete sich immer schon an ihn. Können die beiden Kosmen des Menschen augenfälliger gemacht werden, nämlich die Natur und die Gesellschaft und ihre tiefe Verwobenheit? Jedes Stück Brot, das in den Jahrtausenden gegessen wurde, jeder Gedanke und jedes gesprochene Wort findet sich wieder in unserer Existenz. Und kann deutlicher werden, wie sehr Gegenwart nicht bloß ein Aufblitzen zwischen Vergehen und Werden ist, sondern fortdauernde Realität? Das Vergangene wirkt weiter als Folge und Substanz, das Künftige als Erwartung und Sog der Ereignisse.

---

[7] Vgl. die vollständige Rede Ezer Weizmans S. 94ff.

Und Auschwitz?

Die Menschen sind verbrannt, das Gas erstickt nicht mehr die Wehrlosen, die Öfen sind kalt. Auschwitz als Vernichtungsstätte ist nicht mehr. Es ist vergangen. Gewaltig aber sind seine Wirkungen und damit sein reales, nicht etwa metaphorisches Vorhandensein. Zunächst gibt es neben den vielen Ermordeten, den Aus-der-Welt-Geschafften, (worin aber gerade ihre Existenz besteht, nämlich in Form sichtbarer, fühlbarer Lücken in den Familien und in der Folge von Generationen!) noch deren Angehörige sowie Überlebende und deren Angehörige, Freunde etc. Sie alle sind nicht ehemalige Opfer, sondern bleiben täglich tatsächliche Opfer. Ihr gesamtes Leben verläuft bis zu ihrem Tode jeden Tag anders, als es ohne die große Barbarei verlaufen wäre. Ihre Leiden waren nicht, sie sind Gegenwart!

Auch Mörder, Wegseher, Schweiger, Jubler und Gehilfen leben noch und finden Nachfolger als Täter und Leugner. Wer Menschen umgebracht hat, bleibt deren Mörder. Der Begriff 'ehemaliger' Mörder ist logisch unsinnig. Dies ungeachtet juristischer Fragen der Verjährung, ja ernster Reue und tatsächlichen Verzeihens durch Angehörige der Opfer oder gar der Opfer selbst. Brutus bleibt der Mörder Cäsars. Kain war und bleibt Abels Mörder.

Gerade weil wir nicht in die Vergangenheit eingreifen, und Geschehenes ungeschehen machen können, bleibt sie unablösbarer Teil unserer gegenwärtigen Wirklichkeit. In diesem Sinne erscheint mir das Universum unerlösbar. Auch ein mögliches Paradies kann Auschwitz, und alles was darauf zulief, nicht ungeschehen machen. Und, wie zu Recht festgestellt wurde, die Toten können nicht vergeben, denn es gibt sie nicht mehr. Die Hinterbliebenen können nicht vergeben, weil dies niemand anstelle der Toten darf.

Ist Versöhnung dann gar nicht möglich? Mühen wir uns um etwas, was es gar nicht gibt? So ist es wohl. Versöhnung als Wiedererrichtung des Status vor der Entzweiung ist ausgeschlossen. Wir Nachgeborene können versuchen zu begreifen, was mit unseren Eltern als Tätern und Opfern geschah, was sie verführte und ihre Verantwortungsbereitschaft sowie Urteilskraft außer Kraft setzte. Wir können einander die Hand reichen. Vielleicht können wir uns in den Arm nehmen, um einander zu trösten. Dem muß aber voraufgehen das Bekenntnis dessen, was geschehen ist. Alleine hierin kann Versöhnung geschehen und neuer Anfang gemacht werden.

Auch aus meinem Leben gerissen

Aber auch die Toten sind mit meiner, mit unsrer Gegenwart und Zukunft ganz real verbunden; denn obwohl es mich noch nicht gab, wurden jene Menschen auch aus meinem Leben gerissen. Ich stelle mir vor: Die vielen Juden, die aus meiner Heimatstadt Mannheim und ihrer Umgebung verschleppt und getötet wurden, hätten ihr Leben in Würde hier weiterführen können. Viele von ihnen wären meine Zeitgenossen geworden und hätten Kinder gehabt, denen ich begegnet wäre. Daß dies nicht geschieht, verändert und verarmt auch mein Leben erheblich.[8]

---

[8] Die Geschichte der Mannheimer Juden wird differenziert und tiefgehend dargestellt in dem Text-Bild-Band von Volker Keller: Jüdisches Leben in Mannheim. Edition Quadrat, Mannheim 1995.
Auf Seite 17 dieses Buches werden historische Zeugen zitiert: „Es sollen, „wie man sagt, nun mehr Juden, alß Christen zu Mannheim wohnen", schrieb Prinzessin Liselotte von der Pfalz

Kann man um Menschen, die man nicht gekannt hat und um Ungeborene vernünftigerweise trauern? Ist das nicht abstraktes Gerede? Widerspreche ich hier nicht selbst meiner Aussage, man könne die Ungeborenen nicht wissen?

Das Judentum (der Glaube, die Gemeinschaft, die Tradition: das Kollektiv) und die Juden (die vielen einzelnen) in Deutschland und in Europa haben als Künstler, Wissenschaftler, Lehrer, Ärzte, Journalisten und in vielen anderen Tätigkeiten und Berufen (auch als Proletarier!) so herausragende Beiträge zu den jeweiligen nationalen, regionalen und lokalen Kulturen geleistet und so überdurchschnittlich viele begabte und interessante Menschen in ihren Reihen gehabt, daß meine eigene Heimat zweifellos mit den Juden, die von hier weggerissen wurden, vitaler und interessanter wäre, als ohne sie[9]. Das ist offenkundig, auch wenn man Ungeborene nicht konkret kennen kann. Dasselbe gilt für Deutschland, Europa, die Welt. Im Hinblick auf die Verarmung des gesellschaftlichen Potentials sind wir alle Opfer der Schoa, sogar jene, die in übertragenem und direktem Sinne heute den Juden wieder nach dem Leben trachten.

In seiner Rede gedenkt Ezer Weizman nicht nur der hochgeehrten Namen, sondern auch der Unbekannten: „Unter den Millionen Kindern meines Volkes, die die Nazis in den Tod geführt haben, waren weitere Namen, an die wir heute mit dem gleichen Maß an Ehrfurcht und Hochachtung erinnern könnten. Doch wir kennen diese Namen nicht. Wie viele Bücher, die niemals geschrieben wurden, sind mit ihnen gestorben? Wie viele Symphonien, die niemals komponiert wurden, sind in ihren Kehlen erstickt? Wie viele wissenschaftliche Entdeckungen konnten nicht in ihren Köpfen heranreifen? Jeder und jede einzelne von ihnen ist hier zweimal getötet worden. Einmal als Kind, das die Nazis in die Lager geschleppt haben, und einmal als Erwachsener, der er oder sie nicht sein konnten.

Der Nationalsozialismus hat sie nicht nur ihren Familien und den Angehörigen ihres Volkes entrissen, sondern der gesamten Menschheit. Als Präsident des Staates

---

1720 in einem Brief. Ein Frankfurter Reisender berichtet 1731 über seine Eindrücke von Mannheim: „Bei der Betrachtung gegenwärtiger Stadt mußte (ich) mich auch über die Menge der allhier in besonderer Freiheit lebenden Juden verwundern." Ein 'Engelländer' beschreibt 1790 den 'Mannheimer' als 'ein Gemische vom Franzosen und Juden, mit welch letzterem er auch sogar viel Ähnlichkeit im Sprachklang hat." Die Äußerungen dieser Zeitgenossen, die gewiß von subjektivem Erleben und auch von Ironie geprägt sind, beleuchten ein wenig das besondere Verhältnis von Juden und Christen im Mannheim der Kurfürstenzeit."

Diese Erfahrungen mit einer speziellen Form von Integration macht es den Juden umso schrecklicher und bitterer, was dann in diesem Jahrhundert geschah. Wer dies weiß, versteht besser die Einlassungen von Präsident Weizmann am Jahreswechsel 1995/96. Er hatte die deutschen Juden aufgefordert, nach Israel zu kommen und sein Unverständnis darüber bekundet, daß Juden noch in diesem Lande leben können. Ich teile seine Position nicht, aber ich verstehe sie.

[9] Bei der Rekonstruktion unserer Geschichte, darf neben den düsteren Kapiteln, nicht versäumt werden, das wunderbare Leuchten, die Wärme und Kreativität des Judentums in Europa wieder sichtbar zu machen. Für die Kurpfalz s. dazu: Siegfried Laux und Hans-Peter Schwöbel (Hg): Mannem, wann ich dein gedenk. Gedichte und Prosa in Pfälzer Mundart und Hochdeutsch von Ludwig Levy, Hermann Waldeck, Jakob Strauß, Ludwig Sinsheimer, Kurt Norbert Berg. Darin auch meinen Essay, Am Großen Strom: Linde und Feigenbaum. Versuch über Heimat und Dialekt. Gedanken zur Bedeutung der Juden für die Kurpfalz. Edition Quadrat, Mannheim 1997.

Israel kann ich über sie trauern und ihrer gedenken, aber ich kann nicht in ihrem Namen vergeben. Ich kann nur fordern, meine Damen und Herren Abgeordneten des Bundestages und Bundesrates, daß Sie im Wissen um die Vergangenheit Ihre Sinne auch auf die Zukunft richten. Daß Sie jede Regung des Rassismus wahrnehmen und jede Regung des Neo-Nazismus zerschlagen."[10]

Trauer, Trost, Neugierde, Versöhnung, Widerstand
Wie kann Versöhnung aus der Sicht der nach Auschwitz Geborenen aussehen?
1. Wir haben das Recht und die Pflicht, um die Opfer und um die Täter zu trauern. Um die Opfer, weil sie unseren Herzen und Gedanken nahe sind. Weil wir sie, auch wenn wir sie nicht kannten, lieben können. Um die Täter, weil sie sich für alle Zeiten mit unauslöschlicher Schuld beladen haben und ihr Leben ein verlorenes ist. Wer möchte seine Existenz mit der eines Hitler, Goebbels, Himmler, Mengele oder Eichmann tauschen?
2. Wir haben das Recht und die Pflicht, einander zu trösten. Trost setzt Anerkennung von Leid voraus.
3. Wir haben das Recht und die Pflicht, uns füreinander zu interessieren; denn Trauer und Trost gelingen nur auf der Basis wechselseitigen Verstehens.
In diesem Felde haben jene in den letzten Jahrzehnten Unersetzliches in und für Deutschland geleistet, die emotionale und geistige, moralische und politische Aufklärung betreiben, auf nationaler, regionaler und lokaler Ebene: Forscher und Studenten, Lehrer, Pfarrer, Journalisten, Schriftsteller, Gewerkschafter, Politiker und andere, die alleine, in Arbeitskreisen und Geschichtswerkstätten Spuren suchen und dabei demokratisches Heimat- und Geschichtsbewußtsein rekonstruieren. Sie sind die wahren Patrioten.
Dazu gehören auch jene, die wohlvorbereitete Gruppen nach Israel führen. Auf diese Weise ist ein feines Gewebe von Bewußtsein und Beziehungen entstanden. Sicher erreicht man dabei nur bestimmte Zielgruppen bzw. ganz bestimmte erreicht man nicht. Dennoch ist auch die Begegnung der schon Wohlgesonnenen mit dem Lande Israel und der jüdischen Kultur höchst bedeutsam. Wenn es um Völkerfreundschaft geht, können gar nicht genug Eulen nach Athen getragen werden. Wichtig ist, junge Menschen, die offenkundig nach rechts tendieren, nicht auszuschließen, sondern nach Möglichkeit zu integrieren. Neben Kirchen, Erwachsenenbildung und allen, die auf das Freizeitverhalten der jungen Menschen Einfluß haben, sind vor allem Lehrer und Schule gefragt.[11] Ich glaube, der breiten und sy-

---

[10] Ezer Weizman a. a. O.
[11] Die Lehrerin Susanna Martinez zum Beispiel erarbeitet im Fach Bildende Kunst mit zwölfjährigen Schülern und Schülerinnen Kalligraphien hebräischer Schriftzeichen. Die Kinder arbeiten voller Begeisterung und entfalten artistische Fähigkeiten. Die künstlerischen Aktivitäten orientieren sich an und werden verbunden mit den wunderschönen Kalligraphien und Kunstpostkarten aus Israel, die man sich von jeder Buchhandlung beschaffen lassen kann.
Eine weitere Übung in diesem Zusammenhang läßt sich so gestalten: Eine Kunstpostkarte wird auf eine große leere Seite gelegt, und ihre Strukturen und Farben werden von den Schülern nach außen weitergemalt und variiert. Dies fordert genaue Beobachtung der Postkarte heraus und stetige Weiterentwicklung handwerklich-künstlerischer Kompetenz; denn es kommt auf Genauigkeit an und haarfeine Führung von Pinsel und Stift. Ganz zwanglos lassen sich diese Übungen verbinden mit Religions-, Landes- und Kulturkunde. Alle Lernziele, In-

stematischen Entwicklung einer positiven Neugierde gegenüber der jeweils anderen Kultur kommt eine Schlüsselfunktion im Spannungsfeld Trauer, Trost, Kennenlernen und Versöhnung zu.
4. Wir sind fest entschlossen niemandem und nichts zu erlauben, uns dahin zu bringen, die Greuel der Vergangenheit zu wiederholen, wobei wir unser gemeinsames Augenmerk besonders auf die kleinen Versuchungen des Alltags legen wollen. Aus dem Geschehen leiten wir eine gemeinsame Wachsamkeit von Deutschen und Israelis, von Juden und Nicht-Juden ab und ein durchdringendes Gefühl besonderer Verbundenheit.

Erinnerungen sind der Ton, aus dem das Neue geformt wird
Ich wiederhole, Geschichte ist die Gegenwart des Vergangenen in unserem Bewußtsein. Ich erinnere mich jetzt. Das menschliche Bewußtsein kann sich gar nicht anders verfassen, denn als Erinnerung. Das Gedächtnis ist der Wahrnehmung nicht zeitlich und strukturell nachgeordnet, sondern von Beginn an integrierter und integrierender Bestandteil der Wahrnehmung. Ohne Gedächtnis wären wir nicht einmal in der Lage, einen einzelnen Ton in einer Musik zu erkennen; denn wir verstehen den Ton, weil wir uns an ihn erinnern und ihn in einem Kontext von Erinnerung zuordnen können. Das Musikstück selbst würde als akustisches Chaos ankommen, wenn Melodien und Rhythmen sich nicht als Erinnerung an Strukturen in unserer Wahrnehmung fügten. Daher muß man Musik auch hören lernen. Wir spüren das deutlich, wenn wir musikalische Grundformen hören, die uns bis dato fremd sind. Wir erleben diese Musik als störenden Lärm, weil es keine Erinnerungsmuster gibt, an denen wir das Gehörte ordnen können. Unser alltägliches Bewußtsein ist als historisches verfaßt. Wir sind gar nicht in der Lage, uns nicht zu erinnern.
Seit Menschengedenken interessieren wir uns für die Fragen: Wer sind wir, was machen wir, wie funktionieren wir? Was macht, daß wir so sind, wie wir sind und uns so verhalten, wie wir uns verhalten? Dabei gibt es Streit zwischen denen, die sagen, unsere Gene bestimmen, wer wir sind und was wir wie machen und jenen, die meinen, es ist die soziale Umwelt, die uns prägt. Andere suchen nach Wechselbeziehungen, Mischungsverhältnissen (gar Additionen) zwischen natürlichen und gesellschaftlichen Einflüssen. Mich erstaunen diese Debatten, weil sie so offenkundig am interessierenden Problem vorbeigehen.

---

halte und Gegenstände sind Teil des Lehrplans. Allerdings bedarf es zusätzlicher Bereitschaft des Lehreres, sich selbst zu informieren, weil die zugänglichen Unterrichtsbücher den Stoff nicht unmittelbar zur Verfügung stellen. In manchen Fällen wird auch möglich sein, Landes- und Kulturkundige in die Schule zu bitten, um zusätzliche Informationen zu bieten.
Schüler, die auf solche Weise mit einer bis dato fremden Kultur in Berührung kommen, werden den Verführungen des Hasses weniger zugänglich sein, sich später leichter für das Fremde interessieren und auch Reisen ins Land unternehmen.
Ähnliche Projekte könnten mit arabischen Schriftzeichen durchgeführt werden. Es würde Entspannung und Frieden fördern, wenn Muslime aktivere und breitere Neugierde an ihrer Kultur spüren könnten. Dem Tourismus in muslimische Länder würden Elemente, wie sie den deutschen Israel-Tourismus auszeichnen, guttun.

Die wichtigste Einsicht im Hinblick auf Zusammenhänge zwischen Wahrnehmung und Ausbildung von Identität, sei es als Individuen und/oder im Kollektiv, kann so gefaßt werden:
Sage mir, woran Du Dich erinnerst, und ich sage Dir, wer Du bist. Sage mir, woran Du Dich erinnerst, und ich sage Dir, was Du erwartest, was Dich erwartet, und wie Du Dich in einer bestimmten Situation wahrscheinlich verhalten wirst. Wer etwas Falsches erinnert, wird etwas Falsches erwarten. Fehlgeleitete Erinnerungen sind wichtige Elemente psycho-sozialer Pathologien. Und: Woran willst Du Dich erinnern – und warum?
Dies sind zentrale Aspekte von Persönlichkeitsentwicklung denen gegenüber biologische, soziale und sozialbiologische Faktoren, wie Rasse, Alter, Geschlecht, Intelligenz in ihrer Bedeutung sehr schrumpfen. Und es gilt nicht minder für's gemeinschaftliche Gedächtnis, zum Beispiel das eines Volkes: Sagt mir, woran Ihr Euch erinnert, welche Bedeutung diese Erinnerungen für Euch haben, und ich sage Euch, wie Ihr Eure Geschichte in den nächsten Jahren gestalten werdet.
Der Gehirnforscher Ernst Pöppel sagt dazu: „Ich möchte nun auf das Phänomen der neuronalen Prägung eingehen. Die neurobiologische Forschung hat nahegelegt, daß mit der Geburt eine übergroße Zahl möglicher Verbindungen zwischen den Nervenzellen besteht. Im Lauf der Ontogenese werden diese genetisch vorgegebenen Verbindungen festgelegt. Diese Festlegung führt dann zu einem irreversiblen Interagieren der betroffenen Nervenzellen. Wesentlich für Prägungsphänomene ist, daß in bestimmten frühkindlichen Phasen eine Offenheit des Systems für bestimmte Informationen besteht. Dies Informationsverhalten innerhalb dieser zeitlich definierten Phasen führt dann zur Festlegung des neuronalen Programms, so daß man im übrigen zwischen dem angeborenen Potential und der erworbenen Festlegung nicht mehr unterscheiden kann. Entscheidend für das Konzept des psychischen Repertoires ist – und ich spreche über alle Domänen des Erlebens – daß in jedem Falle Prägungserlebnisse abzulaufen scheinen. Prägung bezieht sich also nicht nur auf einzelne Emotionen, sondern die Möglichkeit zur Wahrnehmung, zur Erinnerung, zur gefühlsmäßigen Bewertung und auch zum Handeln ist zwar genetisch vorgegebenen, muß aber durch Erfahrung bestätigt und damit festgelegt werden. Die bei diesem Prägungsprozeß nicht festgelegten synaptischen Kontakte verlieren ihre Potenz. Sie gehen entweder verloren oder werden abgeschaltet. In diesem Zusammenhang ist notwendig, darauf hinzuweisen, daß die strukturelle Prägung des Gehirns in frühkindlichen Phasen natürlich nicht unabhängig ist vom kulturellen Kontext, in dem man lebt. Belohnung und Bestrafung bestimmter Verhaltensweisen sind auch von kulturellen Traditionen abhängig. Es wird damit deutlich, daß zum Beispiel die emotionale Prägung von vorgegeben Bezugssystemen, wie sie als wertvoll in einer Kultur angesehen werden, strukturell für das Gehirn bestimmend sein kann." [12]
Genau hier verläuft die Nahtstelle zwischen Körper, Persönlichkeit und Gesellschaft. Die, die Auschwitz leugnen und die große Vernichtung verharmlosen, versuchen eine Entkoppelung von Gesellschaft und Persönlichkeit, um beide neuer Prägung verfügbar zu machen.

---

[12] Ernst Pöppel: Wortsucht. Universitas 9, Stuttgart 1995, S. 829.

Am gleichen Holz: Barbarei und Humanum

Aus Einsicht in die Gemengelage individueller Antriebe und kollektiver Traditionen ergibt sich: Barbarei und Menschlichkeit kommen nicht säuberlich getrennt daher. Eines ist oft die andere Seite derselben Medaille. Heißt das, alles ist gleich, alle Katzen sind grau? Keineswegs. Unsere geistigen Traditionen erreichen uns wie Bilder eines Rorschachtestes. Wir nehmen sie wahr, wir lesen und interpretieren sie, wir heben hervor und vernachlässigen. Hieraus ergibt sich unsere unaufhebbare Verantwortung für unser Denken, Fühlen, Handeln und Unterlassen.

Die Hirn- und Gedächtnisforschung hat erkannt, daß das Gedächtnis nicht wie ein Lager funktioniert, aus dem wir nach Bedarf Gedächtnisinhalte mehr oder weniger unversehrt abrufen, sondern als Prozeß aktiver Konstruktion und Rekonstruktion. Was für das individuelle Gedächtnis zutrifft, gilt für kollektive Traditionen nicht minder. In jedem Falle konstruieren wir unsere Wirklichkeit. Daraus ergibt sich gerade nicht die Beliebigkeit persönlicher Erinnerung und gemeinsamer Geschichte. So Erinnerung seriös erfolgt, orientiert sie sich am Gebot der Wahrhaftigkeit (aussprechen, woran man sich tatsächlich erinnert). Sie nimmt Berichte, Dokumente, Zeugenaussagen, Untersuchungen von Texten und Materialien zu Hilfe etc. Die Konstruktion von Wirklichkeit erfolgt also nicht als Akt freischwebender Phantasie (die gibt es nicht!), sondern in Auseinandersetzung mit Sachverhalten außerhalb des individuellen Bewußtseins. Die Wirklichkeit in unseren Köpfen ist nicht identisch mit diesen Zuständen, aber auch nicht unabhängig von ihnen. Ohne diese Beziehung zwischen Realität und Wahrnehmung wären weder verläßliche Orientierung und Kommunikation im Alltag noch Wissenschaft oder Kunst möglich.

Für uns, in einer bestimmten Gegenwart Lebende, lautet die entscheidende Frage: „Was machen wir aus dem, was das Vergangene aus uns gemacht hat, was aus dem, was uns die Geschichte an Erfahrungen und Bildern zuspielt?"

Seit geraumer Zeit versuchen die sogenannten Revisionisten, das große Schänden, Foltern und Morden als gemeinsame Erinnerung der ganzen Welt, aber besonders von Deutschen, Polen, Israelis, Christen und Juden an der zentralen Stelle auszuhebeln: Auschwitz. Dies Wort liegt als gewaltige Last auf den nationalen Erinnerungen. Wenn gelänge nachzuweisen, Auschwitz habe gar nicht stattgefunden, wäre der Weg (scheinbar!) frei für eine unbelastete deutsche Identität und natürlich für ein 'unbefangenes' Aufleben nationalchauvinistischer Ideologien.

Es geht offenbar nicht um die Überwindung einer falschen Wahrheit, einer falschen Erinnerung, sondern darum, etwas, was offenkundig ist, zu verdecken. Einige versteigen sich dazu, sich mit Nikolaus Kopernikus und Galileo Galilei zu vergleichen, die ebenfalls gegen eine Mehrheit Recht behielten. Dabei unterschlagen sie, daß das geozentrische Weltbild im wesentlichen auf einer objektiven optischen Täuschung beruht, der wir auch heute noch erliegen.

Im Unterschied dazu ist Auschwitz, und alles was dorthin führte, tausendfach durch Zeugen und Dokumente auf unterschiedlichsten Ebenen belegt. Nach wie vor gibt es Aussagen von Tätern, Opfern, Familienangehörigen und anderen unmittelbaren Zeugen. Es existieren Tausende von Filmen und Abertausende von Fotos, Bestellisten, Befehlen, Berichten, Gerätschaften, Hinterlassenschaften, Planungs- und Projektunterlagen, Briefen, Tagebucheintragungen, Tatorte, Kilometer von

Regalen, gefüllt mit behördlichen Orginalunterlagen etc., die von unterschiedlichen Menschen, zu verschiedenen Zeiten, an verschiedenen Orten geschaffen wurden und immer dasselbe belegen: Völkermord an Juden, Sinti und Roma, Massacker an Kommunisten, Sozialisten, Demokraten, Christen, Schwulen. Kurz: Das große Schänden, Foltern und Morden gehört zu den am besten belegten Abschnitten der Weltgeschichte. Wenn wir dieser Fülle nicht trauen können, dann ist Geschichte insgesamt am Ende. Wie wollen wir uns noch zum Mittelalter oder zum Altertum äußern, wenn wir etwas, das in unserer unmittelbaren Zeugenschaft und zeitlichen Nähe passiert ist, nicht mehr rekonstruieren können. Die Vorstellung, diese Flut von Unterlagen sei von einer Bande von Verschwörern geschaffen worden, kann nur von kranken Gehirnen gedacht werden.

Unser gemeinsames Gedächtnis verteidigen

Ich komme auf meine Ausgangsfrage zurück: Was geht Auschwitz mich an, einen Deutschen, geboren 1945?
1. Es geht mir um die Verteidigung des Gedenkens derer, die ermordet wurden, aus unserer Mitte gerissen sind.
2. Und es geht um die Verteidigung der nationalen Identität der Deutschen. Wer Auschwitz in Abrede stellt, zerstört das kollektive Gedächtnis. Wenn wir Auschwitz nicht in unsere Erinnerung aufnehmen, wird es nichts mehr geben, was vor Auslöschung durch instrumentelles Vergessen sicher ist. Die Strategie instrumenteller Auslöschung entspricht eindeutig dem, was uns George Orwell in „1984" vorgeführt hat.
Zu Recht sagt Hermann Lübbe: „Nur durch Leistungen des historischen Bewußtseins sind wir in dynamischen Kulturen überhaupt in der Lage zu sagen, wer wir sind. Das historische Bewußtsein ist das Medium kultureller Identitätsvergewisserung."[13]
3. Und nicht zuletzt möchte ich mich Pinchas Lapide anschließen, der dafür plädiert, die Juden und Nichtjuden sollten es wieder miteinander versuchen. Natürlich ist dies ein unglaubliches Ansinnen, das nicht nur auf den Widerstand des Rechtsextremismus in Deutschland stößt, sondern auch auf Unverständnis bei vielen Juden in Israel (wofür ich Verständnis habe!).
Lapide schreibt: „Das Christentum ist die einzige Weltreligion, deren Heiland zeitlebens einer anderen Religion angehört hat: dem Judentum. Wir alle sollten auf Absolutheitsansprüche und Wahrheitsmonopole verzichten, wissend, daß jede Religion nur zu einem Zipfel der großen Wahrheit – die uns aber in ihrer Gänze verborgen bleibt – Zugang hat. Die Propheten im alten Israel, wie auch der Rabbi Jesus von Nazareth, pflegten die Hörer zu schelten und zu mahnen; an Mut und Zuversicht fehlt es jedoch in ihrer Botschaft niemals. Staatsverdrossenheit und Defätismus waren nicht ihre Empfehlungen. Eine solche Einstellung könnte uns allen weiterhelfen.

---

[13] Hermann Lübbe: Zeit-Verhältnisse. Über die veränderte Gegenwart von Zukunft und Vergangenheit. In: Rudolf Wendorff (Hrsg.): Im Netz der Zeit. Edition Universitas. Stuttgart 1989, S. 144.

Wenn die Bundesrepublik der jetzigen Schwierigkeiten Herr wird – wovon ich überzeugt bin – wird das dem Bestehen einer weiteren Bewährungsprobe gleichkommen: vor den Nachbarvölkern, vor aller Welt und vor ihrer eigenen Geschichte. Dann darf man auf einen behutsamen Beginn eines neuen Kapitels in der 1600jährigen Geschichte der deutschen Juden hoffen."[14]

---

[14] Pinchas Lapide: Die Zukunft der Juden in Deutschland. Plädoyer für ein gemeinsames Projekt, allen rechtsradikalen Umtrieben zum Trotz. Frankfurter Rundschau, 9. Mai 1995.

Schuld – Erinnerung – Verantwortung
Eine Stimme aus der heutigen jungen Generation

Cornelia Weber

Jerusalem, 2. Mai 1989, im Zentrum der Neustadt: Sirenen heulen, ein Land steht still und hält ein in Erinnerung an diejenigen Menschen, die in der Zeit der nationalsozialistischen Herrschaft unter den Deutschen gelitten haben, an diejenigen, die in der Schoa in Europa gestorben sind. Ein Land steht still, Autos stoppen, die Fahrer steigen aus und begehen in Ehrfurcht vor den Opfern eine Gedenkminute. Fußgänger bleiben mitten auf der Kreuzung stehen, in den Geschäften unterbrechen Verkäufer wie Käufer ihr Tun, auf den öffentlichen Plätzen und in den Kaffeehäusern erheben sich die Menschen in Erinnerung an diejenigen, die unter den Nationalsozialisten ermordet worden sind. Es ist der Jom HaSchoa, der Tag, an dem der Staat Israel offiziell der Opfer des Nationalsozialismus gedenkt[1].

Ich selbst – eine junge Deutsche – stehe zwischen den Menschen, die in Erinnerung an ihr eigenes Leben und im Gedenken an die vielen Opfer schweigen. Hinter den Gesichtern, denen ich begegne, steht ihre jeweils eigene Lebensgeschichte. Für viele ist sie mit der Zeit des Nationalsozialismus in Deutschland verbunden. Oft haben sie selbst durch die Deutschen großes Leid erfahren oder aber Familienangehörige und Freunde in der Schoa verloren.

Ich stehe mitten dazwischen und bin doch nicht Teil. Meine Erinnerung an die Opfer der nationalsozialistischen Verfolgungen ist eine andere. Sie ist verbunden mit der Geschichte meines eigenen Landes. Mit meiner Herkunft und meiner Sprache erinnere ich die Menschen hier an ihre Leidenszeit. Niemand macht mich verantwortlich für die Geschehnisse in der Zeit des Dritten Reichs und dennoch ruft meine Herkunft die Erinnerung an ihre Erlebnisse mit den Deutschen und an ihre eigenen Leiden und die der Eltern und Großeltern wach. Ich fühle mich deshalb fehl am Platz in der Zeremonie, in der die jüdische Bevölkerung Israels ihrer Angehörigen gedenkt, habe das Bedürfnis, mich zu verstecken.

Aber nicht nur an diesem Tag, sondern in einzelnen Begegnungen und Begebenheiten wird mir deutlich, wie tief das Leben in Israel von den Erfahrungen der nationalsozialistischen Gewalt geprägt ist. Durch die Erzählungen der Überlebenden bekomme ich eine Ahnung von dem, was sich hinter dem Ausdruck 'Drittes Reich' verbirgt. Es sind ihre Einzelschicksale, die erahnen lassen, was die Zeit der nationalsozialistischen Herrschaft für die Betroffenen bedeutet hat und heute noch bedeutet.

---

[1] Der Jom HaSchoa wird jährlich nach dem jüdischen Kalender am 27. Nissan als Holocaust- und Heldengedenktag begangen; vgl. S. 100f.

Von Menschen Geschichte erfahren – Begegnungen in Polen und Israel

Beth Sarah, das Krankenhaus und Altenheim des Kibbuz Tel Yosef[2]: Während ich Ruth[3] beim Baden helfe, erzählt sie mir von ihrer Jugendzeit in Heidelberg. Dort war sie aufgewachsen und dort lebte sie, bevor sie, wie sie es ausdrückt, „umgekommen ist". Sie erzählt von der Stadt, in der sie großgeworden ist, von ihrem geliebten Schwarzwald, den sie in Gedanken immer wieder durchwandert. Sie erzählt mir ihre Geschichte in unserer gemeinsamen Muttersprache. Das Hebräische, das sie nach ihrer Einwanderung nach Palästina mühsam hatte lernen müssen, ist im Alter fast wieder vergessen. Die Mitarbeiterinnen im Altenheim sind deshalb dankbar, daß ich bei ihnen arbeite. Denn sie können die Geschichten der alten Menschen nicht verstehen. Das Verlernen des Hebräischen im Alter macht eine Verständigung oft unmöglich. Die deutsche Muttersprache aber und die Erinnerung an die Heimat sind das, was Ruth auch im Alter bleiben. An ihrem Beispiel wird mir deutlich, wie tief der Bruch sein muß, den Juden und Jüdinnen empfinden, die aus Europa, aus ihrer Heimat, aus der ihnen liebgewordenen Umgebung herausgetrieben worden waren und die dann versuchen mußten, ihr Leben in Israel zu gestalten.

Jerusalem, Shlomo besucht uns. Jede Woche kommt er zu uns und schneidet aus unseren deutschen Zeitungen die Fotos von ehemaligen Nationalsozialisten aus. Er sammelt ihre Bilder und klebt sie in alte Telephonbücher ein. Bis heute kenne ich seine genaue Lebensgeschichte nicht. Er wuchs in Rumänien auf und seit er in Israel ist, lebt er in einem Heim für geistig behinderte Menschen. Was er dazwischen erleben mußte und was ihn so zerbrochen hat, kann ich nur erahnen. Ich bekomme eine Vorstellung davon, wenn ich seine Sammlung von Naziköpfen sehe.

Givat Savyon, eine der Vorstädte von Tel Aviv. Hier leben Maryla und Izaak, bei denen ich eine zweite Familie gefunden habe. Beide nehmen regen Anteil an meinem Leben, an meiner Familie und meinen Freundinnen und Freunden. Eine ganz normale und sehr freundschaftliche Beziehung. Menschen, bei denen ich mich zuhause fühle. Nur, daß eigentlich nichts daran normal ist. Maryla und Izaak sind beide 'Nizolei HaSchoa', Überlebende des Holocaust. Beide waren als junge Menschen von den Deutschen in Konzentrationslagern gefangengehalten worden, Maryla in Majdanek, Izaak in Auschwitz-Birkenau und in Buchenwald.

Von vielen Fahrten durch Polen kenne ich diese Orte, an denen einst die Konzentrationslager standen und die inzwischen zu staatlichen Museen geworden sind. Durch die Ausstellungen kann ich mir eine Vorstellung von der Größe dieser Vernichtungslager machen, von den Baracken, in die die Menschen zusammengepfercht wurden, und von den menschenunwürdigen sanitären Anlagen. Ich habe die Reste der Krematorien gesehen, mit denen die Todesmaschinerie funktionierte und in denen die Leichen der Gefangenen, die durch Arbeit, Krankheit, Hunger und Mord ihr Leben verloren, verbrannt worden waren. Und doch bleiben diese Muse-

---

[2] Tel Yosef in der Jesreel-Ebene zwischen Afula und Beth Shean ist einer der ältesten Kibbuzim in Israel. Er wurde 1921 von Einwanderen aus Rußland und Polen gegründet. Das Altenheim soll den Menschen die Möglichkeit geben, ihren Lebensabend im Kibbuz zu verbringen, wo sie einen großen Teil ihres Lebens gelebt haben.

[3] Personennamen wurden z.T. geändert.

en Chiffren für mich. Ich kann die Erklärungstafeln lesen und die Informationsbroschüren studieren und verstehe doch nicht, was innerhalb dieser, mit elektrischem Stacheldraht umzäunten, riesigen Flächen wirklich geschehen ist. Auch Zahlen und Fakten, die ich im Geschichtsunterricht gelernt habe, helfen mir da nicht weiter. Denn die Unfassbarkeit dessen, was dort geschehen ist, ist durch formales Wissen allein nicht aufzuheben.

In Givat Savyon sitzen wir zusammen beim Essen, und Maryla und Izaak erzählen aus ihrem Leben. Von ihrer Jugend, die sie in Polen verbracht haben. Sie wollen von mir wissen, wie es heute in ihrer Heimat aussieht und wie ich die Menschen dort erlebe. Und sie fragen mich nach Auschwitz und nach Majdanek. Ich versuche, ihnen zu schildern, was für mich in diesen Gedenkstätten noch zu sehen ist. Sie aber füllen meine Schilderung über die heute noch sichtbaren Überreste mit dem, was sie selbst in diesen Baracken erlebt haben: Hunger, Krankheit, Tod und vor allem die ständige Angst: Angst um den nächsten Tag, Angst um die Angehörigen, Angst um das eigene Leben.

Ich weiß, daß sie sich auch sonst gegenseitig von ihrer Zeit in den Konzentrationslagern erzählen. Aber ich fühle, daß ich viele Gespräche durch mein Hiersein auslöse, durch Erinnerungen, die meine Sprache in ihnen weckt, die die Erzählungen von meinen Reisen durch Polen und von der Geschichte meiner eigenen Familie provozieren. Sie erzählen mir ihr Leben, weil ich in ihnen Erinnerungen wecke, aber sie erzählen es mir nicht, um mich anzuklagen. Es ist ihnen ein Bedürfnis, denn ihre Erlebnisse füllen sie bis heute aus, prägen ihre Wahrnehmung und ihre Träume. Sie erzählen mir ihr Leben, weil uns die Zeit ihrer Gefangenschaft verbindet: Es ist ihre Lebensgeschichte und es ist die Geschichte des Landes, aus dem ich komme.

Polen, im Sommer 1989: Wir sind mit Maryla und Izaak nach Polen gefahren, in ihr Heimatland. Es ist das erste Mal, daß sie dorthin zurückkehren. Nach ihrer Befreiung aus den Konzentrationslagern und langer Suche nach überlebenden Angehörigen wanderten sie nach Palästina ein, um dort ein neues Zuhause zu finden. Jetzt gehen wir durch ihre Heimatstädte, und sie zeigen mir, wo sie ihre Kindheit verbracht haben, die Schulen und die Häuser, in denen sie einst ihre Großeltern besuchten. Von den jüdischen Gemeinden, die einst in den polnischen Städten und Dörfern lebten, ist meist nicht mehr viel zu sehen. Einzelne Synagogengebäude und jüdische Friedhöfe, wenige Gedenktafeln zeugen heute noch von der Welt der polnischen Juden, die die Deutschen fast völlig ausgelöscht haben. In Tarnow, wo Marylas Großeltern gelebt hatten, finden wir nur noch die Bimah[4] der alten Synagoge. Sie ist der einzige Überrest, der die Zerstörung überstanden hat. Wir suchen auch die Gebäude, in die sie aus den Ghettos gebracht und von wo aus sie schließlich in die Konzentrationslager abtransportiert wurden. Für Maryla und Izaak sind es schwere Tage, in denen nicht nur ihre so abrupt beendete Jugend wieder lebendig wird. Die Häuser, Straßen und Plätze erinnern sie vor allem an ihre umgekommenen Eltern und Verwandten.

---

[4] 'Bimah' bezeichnet den Lesepult in der Synagoge, auf den die Thorarolle gelegt wird, um daraus vorzulesen. In Tarnow steht die erhaltene Bima als Denkmal für die zerstörte Synagoge.

Gemeinsam gehen wir auch durch Auschwitz-Birkenau und durch Majdanek. Izaak, mit dem ich sonst meist deutsch rede, da ich zu Beginn unserer Bekanntschaft kaum Hebräisch verstand, fällt in Birkenau ganz ins Hebräische. Zu intim ist das, was er dort erlebt hat. Weder das Polnische, das ihn an seine zerbrochene Jugend erinnert, noch das Deutsche, das die Sprache der Henker war, scheinen hier zu passen. Ihm steht die damalige Zeit lebendig vor Augen, dort, wo heute auf einer großen Wildblumenwiese fast nur noch die Eckpfeiler der einstigen Baracken und das zerstörte Krematorium zu sehen sind.
In Majdanek zeigt mir Maryla den Ort der Lagergärtnerei, in der sie damals arbeiten mußte. Dort, so sagt sie, wurden die Kürbisse riesig, denn sie wurden mit Menschenasche gedüngt. Immer wieder bleibt Maryla stehen und zu jedem Platz, zu jedem Stein hat sie eine solche Geschichte zu erzählen.
Erst hier begreife ich wohl, was sich hinter den Zahlen und Fakten verbirgt, die auf den Erklärungstafeln und in vielen Büchern zu lesen sind. Erst die Erzählungen der Menschen, die diese Hölle selbst durchlebt haben, füllen die heute zu Gedenkstätten gewordenen Plätze mit dem, was damals wirklich geschehen ist und was sie als Menschen durch andere Menschen zu erleiden hatten.

Erinnerung bewahren

Mit Izaak suchen wir den jüdischen Friedhof von Radom, auf dem seine Großeltern begraben wurden. Doch was wir finden, ist ein großes leeres Feld, auf dem nur noch vereinzelte Reste von Grabsteinen sichtbar werden. Die anderen Steine liegen in kilometerweiter Entfernung fein säuberlich nebeneinander auf dem Boden. Hier hatten die Deutschen begonnen, eine Straße mit den Grabsteinen des jüdischen Friedhofs zu pflastern.
Wie in Radom haben die Nationalsozialisten und ihre Anhänger in vielen Städten und Gemeinden die jüdischen Friedhöfe verwüstet. Den Angehörigen ist damit die Möglichkeit genommen, an den Gräbern ihrer Toten zu gedenken. Hier wie auch in den Vernichtungslagern, in denen die Asche der Verstorbenen in Seen geworfen oder über Felder verstreut wurde, gibt es keinen Platz mehr, der einzelnen Toten zu gedenken. Dabei haben Trauerrituale und Friedhöfe gerade in der jüdischen Tradition eine besondere Bedeutung. Die Verstorbenen finden auf dem Friedhof, dem 'Haus des Lebens', als der er in der jüdischen Tradition bezeichnet wird, ihre Ruhe bis zum Kommen des Messias. Der Friedhof ist damit 'ewiger Ort', die Totenruhe ist heilig, die Grabstelle bietet die Möglichkeit, sich der Toten zu erinnern und ihrer Namen zu gedenken[5].
Denjenigen aber, die in einem der Vernichtungslager ihr Leben lassen mußten, wie auch den vielen, deren Todesort nicht bekannt ist, gedenkt man in Israel am Jom

---

[5] Nach jüdischem Verständnis bedeutet der Tod eine vorübergehende Trennung von Gott. Denn der Verstorbene kann Gott nicht mehr loben. Der Tote befindet sich bis zum Kommen des Messias in einem Wartezustand. Am Ende der Tage aber findet eine leibliche Auferstehung der Verstorbenen statt, die der Messias in seinem Reich versammeln wird. Um den Verstorbenen aber vor Gott lebendig zu halten, wird sein Name im Kaddish-Gebet vor Gott erinnert.

HaSchoa[6]. Und man erhält die Erinnerung an sie in Yad VaShem aufrecht, der zentralen Holocaust-Gedenkstätte Israels in Jerusalem[7]. Yad VaShem ist Ort des Gedenkens und gleichzeitig Ort der Lehre und des Lernens. Hier werden auf Gedenkblättern die vielen Namen derjenigen aufgeschrieben, die in der Schoa ihr Leben verloren haben, um so ihrer zu gedenken. Zugleich wird in einer großen Ausstellung die Geschichte der Schoa dargestellt und die Ergebnisse der wissenschaftlichen Forschung mit den Erzählungen der Überlebenden zusammengenommen. Damit aber erinnern sich die Besucher zum einen an die Leiden der Opfer, zum anderen werden ihre Blicke auf Gegenwart und Zukunft gerichtet. Aus dem 'Lernen über die Vergangenheit' soll ein 'Lernen aus der Vergangenheit' werden. Denn mit der Einrichtung des Jom HaSchoa und mit der Gründung der Gedenkstätte Yad VaShem hat der Staat Israel die Verantwortung übernommen, die Erinnerung an diejenigen wachzuhalten, die im nationalsozialistischen Europa ihr Leben lassen mußten, und so den gegenwärtigen Generationen die Geschichte lebendig zu halten.

Aus der Erinnerung die Zukunft gestalten

Die Menschen, denen ich in Polen und in Israel begegnete, haben oft furchtbar unter den Deutschen gelitten. Sie erzählten mir ihre Lebensgeschichte und gaben so ihre eigenen Erinnerungen an mich weiter. Immer wieder hatte und habe ich das Gefühl, daß dieses Weitergeben Vertrauen beinhaltet. Sie vertrauen mir soweit, daß sie mir auch von den dunklen Zeiten ihres Lebens erzählen. Ihre Erinnerungen schmerzen sie auch heute noch und trotzdem sprechen sie davon. Sie geben mir ihre Lebensgeschichte weiter, damit ich verantwortlich mit ihrer Erinnerung umgehe.

Für mich liegt diese Verantwortung im 'Lernen aus der Vergangenheit'. Lernen über und deshalb aus der Vergangenheit ist die Aufgabe, die wir als Vertreter der jüngeren Generation zu tragen haben. Vielleicht kann die Form des Erinnerns, wie sie in ihrer Vieldeutigkeit in der Gedenkstätte Yad VaShem umgesetzt wird, uns dabei einen Weg zeigen, wie auch wir mit der Geschichte unseres Landes, vor allem aber mit der Erinnerung der Betroffenen verantwortlich umgehen können:

Im Hören auf die Erinnerung derjenigen Menschen, die unter den Deutschen gelitten haben, im Hören auf ihre je eigene Lebensgeschichte müssen wir uns bemühen, die Zeit der Schoa wachzuhalten. Im Lernen über die Geschichte des eigenen Landes können wir versuchen, uns der Zeit der nationalsozialistischen Herrschaft in

---

[6] Im religiösen Judentum begeht man zusätzlich mit dem 10. Tewet einen Fastentag, als „Tag des allgemeinen Kaddish" im Gedenken an die Opfer der Schoa, deren Todestag unbekannt ist.

[7] Der Name für die Gedenkstätte 'Yad VaShem': Denkmal und Name ist Jes 56,5 entnommen und ist dort im Sinne eines ewigen Gedenkens zu verstehen, mit dem Gott der Menschen gedenkt, die selbst keine Nachkommen und somit keinen Menschen haben, der ihrer gedenken könnte; vgl. S. 102f.
Bereits auf dem ersten zionistischen Kongreß nach dem Kriege im Jahre 1945 in London plante man die Gründung einer Gedenkstätte für die Opfer, für die zerstörten jüdischen Gemeinden und für diejenigen, die gegen die Nationalsozialisten gekämpft hatten.

Deutschland anzunähern und wachsam für die Gegenwart zu werden. Aus diesem Lernen und aus der Erinnerung an die Schoa, in Erinnerung an Tod und Leid, wie sie so viele Menschen durch die Deutschen erfahren mußten, müssen wir die Zukunft gestalten.

Nachdem ich schon oft bei ihnen gewesen war, sagte mir Maryla einmal: „Hätte ich nicht mit Dir und Deinen Freunden, sondern mit Deutschen aus meiner eigenen Generation so viel Kontakt, so hätte ich ständig das Gefühl, die Vorwürfe meines eigenen Vaters und Großvaters zu hören." Mich hat dieser Satz sehr bewegt. Nicht nur, weil er mir wiederum verdeutlichte, wie wenig selbstverständlich das ist, was ich in dieser Freundschaft erleben darf. Sondern auch, weil es mir noch einmal die Verantwortung vor Augen führte, die wir als junge, „unbelastete" Generation gegenüber den Betroffenen und damit auch gegenüber der Geschichte unseres Volkes haben. Denn die Hoffnung der Überlebenden liegt in einer besseren Zukunft für ihre Kinder und Enkelkinder, ihre Hoffnung liegt auf der jüngeren Generation.

2. Von der Notwendigkeit aktiven Gedenkens

„Leiden beredt werden zu lassen, ist die
Bedingung aller Wahrheit"[1]

Johann Baptist Metz

Mag schon sein, daß wir im Zeitalter des Aufgangs zu einem neuen Europa leben. Europa-Definitionen werden formuliert und diskutiert. Auch ich habe von einer zu berichten. Vor einiger Zeit lief über die deutschen Bildschirme eine vierteilige Serie über das Schicksal der Juden im Europa der Nazikriegsherrschaft. Der letzte Satz im letzten Teil dieses Berichts lautete: „Europa – Friedhof der Juden". Auch das ist eine Definition Europas. Mit ihr soll nicht etwa abgelenkt werden von der Schuld der Deutschen am millionenfachen Judenmord, für den der Name Auschwitz steht; schließlich stand die ganze Sendung unter dem von Paul Celan entliehenen Titelwort „Der Tod ist ein Meister aus Deutschland". Auch sollte damit nicht in Frage gestellt sein, was die Reihe selbst belegt, daß es nämlich in manchen mit dem damaligen Deutschland verbündeten oder von ihm besetzten Ländern, vorweg in Italien, durchaus couragierten Widerstand gegen diese Vernichtungswelle gab.

„Europa – Friedhof der Juden": Wie gehen wir mit einer solchen Definition Europas um in einer Zeit, in der dieses Europa wieder in den Mittelpunkt unserer Interessen rückt? Schließlich läßt sich in rigoroser Verkürzung dies sagen: Was wir heute „Europa" nennen und als was wir es im Verlaufe einer zweitausendjährigen Geschichte kennengelernt haben, ist geprägt vom griechischen Geist einerseits und vom Christentum andererseits. Jüdischer Geist, so sieht es aus, gehört nicht zu dieser Definition Europas, hat kein Heimatrecht in ihm. Die seit der Aufklärung betriebene Emanzipation der Juden sollte nur möglich sein unter der Voraussetzung ihrer Emanzipation vom jüdischen Geist. Johann Gottlieb Fichte, Exponent eines deutschen Idealismus, der nicht nur deutschen Geist, sondern auch europäischen Geist beeinflußt hat, sagte das so: „Menschenrechte müssen sie (die Juden) haben..., aber ihnen Bürgerrechte zu geben, dazu sehe ich wenigstens kein anderes Mittel als das, in einer Nacht ihnen allen die Köpfe abzuschneiden und andere aufzusetzen, in denen auch nicht eine jüdische Idee sey."

Sehr früh setzte im Christentum eine bedenkliche und folgenreiche institutionelle und intellektuelle Enterbungsstrategie gegenüber Israel ein. Zum einen verstand sich das Christentum selbst als das „neue Israel", als das „neue Jerusalem", als das „eigentliche" Volk Gottes. Zu rasch wurde die wurzelhafte Bedeutung Israels für die Christen, wie sie Paulus im Römerbrief eindringlich anmahnt, verdrängt, die „Wurzel Jesse" wurde zu einer überholten heilsgeschichtlichen Voraussetzung des

---

[1] Der Vortrag, hier in Teilen wiedergegeben, wurde am 30. Oktober 1994 zur Eröffnung des Züricher Lehrhauses, einem Zentrum für christlich-jüdische Begegnung, gehalten. Auszug aus „Die Weltwoche", Zürich, Nummer 46/17 – November 1994.

Christentums herabgedeutet. Gleichzeitig setzte bei der Theologiewerdung des Christentums das ein, was ich „die Halbierung des Geistes des Christentums" nennen möchte. Man berief sich zwar auf die Glaubenstraditionen Israels, den Geist aber holte man sich ausschließlich aus Athen, oder genauer aus den hellenistischen Traditionen. Hatte denn Israel, hatten denn die jüdisch-biblischen Traditionen und die jüdischen Erfahrungen der nachbiblischen Zeit, des jüdischen Denkens bis in unsere Tage, kein Geistangebot an das Christentum und an den europäischen Geist? Es gibt dieses Angebot des jüdischen Geistes, und erst wenn es in Europa und im europäischen Geist wahrgenommen und angenommen ist, werden auch die Synagogen nicht nur geduldet, sondern anerkannt sein, und nur dann wird es auch neue Perspektiven für die Krise des europäischen Geistes überhaupt geben.

Ich mache mich auf die Spurensuche nach diesem Angebot im Blick auf die europäische Kultur, die europäische Moral... Vieles bleibt Andeutung, Mutmaßung – und Einladung zu weiteren, eindringlicheren Wahrnehmungen.

1. Europäische Kultur

Der Untertitel dieses Vortrags lautet: „Mit Juden aus dem befreienden Gedächtnis lernen". Diese Formulierung weckte bei mir spontan die Frage: Lernen und leben wir Europäer, wir europäischen Christen überhaupt noch aus unserem Gedächtnis, identifizieren wir uns noch aus unseren Geschichten oder immer mehr nur noch aus unseren Experimenten? Sind wir nicht immer mehr dem anonymen Druck einer richtungslosen Beschleunigung ausgesetzt, einer undurchsichtigen Mobilisierung unserer Lebenswelt? Die Beschleunigungsverhältnisse, in denen wir in Europa leben, der überstürzte Wechsel im Verbrauch und in den Moden, auch den geistigen und kulturellen, macht unsere Identität fraglich. Lebenslange Vertrautheiten, längerfristige Loyalitäten, vorbehaltlose Engagements usw. haben ein verschwindendes Dasein. Neue, sog. postmoderne Identitätsbilder sind im Umlauf. Sie wirken wie ein anthropologischer Reflex auf die undurchsichtige Herrschaft einer beginn- und endlosen Zeit: Seelenwanderungsvorstellungen zum Beispiel, die heute ebenso hilflos wie ungeniert aus nichteuropäischen Kulturen importiert und nachgeahmt werden, um Identität zu gewinnen in einer durch kein Gedächtnis mehr strukturierten Zeit.

Wo aber wäre in Europa eine Kultur des Eingedenkens, eine Gedächtniskultur zu finden, die den richtungslosen Turbulenzen unserer Beschleunigungsgesellschaft humane Identität abringt? Wie gehen wir Christen mit dieser Krisensituation um? Gewiß, auch für das Christentum gilt, daß es nicht nur ein Gedächtnis „hat", sondern daß es in seinem Kern ein Gedächtnis „ist": die Erinnerung des Leidens, des Todes und der Auferweckung des Christus. Und das Christentum hat diese Gedächtnisverfassung auch durchaus kultisch bewahrt und entfaltet. Aber hat es diese Gedächtnisverfassung seines Kultes auch hinreichend kultiviert? Offensichtlich kennt das gegenwärtige Christentum zwar eine kultische Anamnese, aber keine oder nur eine sehr schwach entwickelte anamnetische Kultur. Das Schisma zwischen kultischer Anamnese und anamnetischer Kultur im Christentum reicht m.E. bis in die Trennungsgeschichte vom Judentum zurück. Hat dabei, so frage ich mich immer wieder, das Christentum die biblische Erinnerungskultur nicht zu schnell und zu vorbehaltlos preisgegeben gegenüber einer reinen Ideenkultur hellenistischer Herkunft? So wäre denn in jedem Fall in Europa, im europäischen Christentum auf diese anamnetische Kultur im Judentum zu achten, die freilich ihrerseits wiederum im Kult, im Fest und im feierlichen Gedenken verwurzelt ist. Diese Erinnerungskultur widersteht jeder geschilderten Beschleunigungskultur, in der der europäische Mensch kaum mehr an jenem Gedächtnischwund leidet, an dem er leidet, so daß ihm in dieser allgemeinen Vergeßlichkeit, die nichts mehr vermißt, Gott und er sich selbst immer mehr abhanden kommen. Diese anamnetische Kultur widersteht nicht nur jenem Vergessen, das alle Spuren verwischen will, damit nichts erinnert werden kann (wie es etwa die Nazis mit der Vernichtung der Todeskammern versuchten); sie widersteht nicht nur der absichtlichen Verdrängung, sondern auch jenem Vergessen, das in jeder puren Historisierung der Vergangenheit nistet.

Wenn ich recht sehe, so hat sich seit dem sog. deutschen Historikerstreit (1986 - 1988) in der Geschichtswissenschaft der Standpunkt der „Historisierung" des Nationalsozialismus und seiner Verbrechen mehr oder minder durchgesetzt. Im Blick auf Auschwitz bleibt für mich freilich die Frage, wie ein Grauen, das sich der historischen Anschauung immer wieder zu entziehen droht, gleichwohl im Gedächtnis behalten werden kann. Das gelingt vermutlich nur einer Historiographie, die ihrerseits von einer anamnetischen Kultur gestützt ist, einer Gedächtniskultur also, die auch um jenes Vergessen weiß, das noch in jeder Vergegenständlichung herrscht. Indes, eine solche Kultur fehlt uns weithin in Europa, weil uns der Geist fehlt, der in Auschwitz endgültig ausgelöscht werden sollte. Schließlich ist der jüdische Geist der privilegierte Träger einer solchen anamnetischen Kultur. Ich neige dazu, von einer verdoppelten Vernichtung, gewissermaßen von einem doppelten Tod, im Holocaust zu sprechen. Nicht nur wurden die Juden in technisch-industrieller Perfektion massenhaft ermordet, es sollte mit ihnen auch jener Geist ausgelöscht und endgültig zerstört werden, der uns befähigt, dieses unvorstellbare Grauen zu erinnern und erinnernd gegenwärtig zu halten: eben diese anamnetische Kultur des Geistes. Und immer wieder habe ich mich gefragt, ob wir mit dem Holocaust nur deshalb so unsicher und zwiespältig umgehen, weil uns der anamnetisch verfaßte Geist fehlt, der nötig wäre, um angemessen wahrzunehmen und auszusagen, was in dieser Katastrophe auch mit uns – und dem, was wir „Geist" nennen und „Vernunft" – geschehen ist. Wichtig wäre hier der Beistand einer Literatur, die das geschichtliche Szenarium mit den Augen seiner Opfer wahrnehmen lehrt, wäre der Beistand einer Kunst, die sich gewissermaßen als eine in Anschauung verwirklichte Leidenserinnerung verstehen läßt. Und wichtig wäre vor allem auch, daß das Christentum sich im Angesicht des Judentums daran erinnern läßt, daß es schließlich auch seinerseits eine Erinnerungs- und Erzählgemeinschaft ist. Erzählungen verlangsamen unsere beschleunigte Welt.

2. Europäische Moral

Was ist los mit unserer europäischen Moral? Sollte am Ende Friedrich Nietzsche recht behalten, der im Herzen Europas den „Tod Gottes" verkündete und daran erinnert, „was alles, nachdem dieser Glaube untergraben ist, nunmehr einfallen muß, weil es auf ihn gebaut, an ihn gelehnt, in ihn hineingewachsen war: z.B. unsere ganze europäische Moral". Leben wir nicht in einem Stadium der moralischen Erschöpfung Europas?

Europäische Moral: Das war bisher – zumindest tendenziell und als Versprechen – die große moralische Perspektive, eine Art Menschheitsmoral, in die die Befehle vom Berg Sinai, die biblischen Zehn Gebote, ebenso eingegraben sind wie die Imperative der politischen Aufklärung. Und heute? Wie läßt sich unsere moralische Landschaft von heute in Europa zeichnen? Sie scheint geprägt von einem wachsenden Verzicht auf diese große moralische Perspektive, von der zunehmenden Vergleichgültigung gegenüber dem großen Konsens, von der Individualisierung und Biographisierung aller Konflikte, von der Skepsis gegenüber allen großen Moralbegriffen, von der Verdächtigung der Menschenrechtsethik als „moralischer Falle" (H.M.Enzensberger).

Jüdischer Geist und jüdisches Denken kennen eine aus der Erinnerung an das Leiden geborene universelle Moral. Ich könnte sie, im Anschluß an das zur Kultur Gesagte, auch „anamnetische Ethik" nennen. Als Gewährsmänner möchte ich hier nennen E. Levinas und den zu früh verstorbenen Theodor W.Adorno, von dem der bezeichnende Satz stammt, „Leiden beredt werden zu lassen, ist Bedingung aller Wahrheit".

Die wenigen prominenten Ansätze zu einer universellen Moral, wie z.B. der in Jürgen Habermas' vieldiskutierter Diskursethik, suchen ihre universelle Verbindlichkeit durch strikte Formalisierung, durch Beschränkung auf Verfahrensfragen zu gewinnen, d.h. aber auch durch den Ausschluß geschichtsbezogener Kategorien wie etwa derjenigen der Erinnerung oder der ihr zugeordneten anamnetischen Vernunft. Wie aber können die, so frage ich mich, eine der tiefreichendsten Wurzeln der Erschöpfung universeller Moral in Europa überhaupt ins Auge fassen? Ich meine die moralische Krise, die sich mit der Katastrophe von Auschwitz, mit der Schoa verbindet.

Gewiß, für viele ist Auschwitz längst hinter dem Horizont ihrer Erinnerungen verschwunden. Aber den anonymen Folgen dieser Katastrophe entgeht niemand. Was mich an der Situation „nach Auschwitz" immer besonders tief berührt und beunruhigt, das ist das Unglück und die Verzweiflung derer, die diese Katastrophe überlebt haben, das ist die Tatsache, daß sich nicht wenige der Überlebenden das Leben genommen haben. Sie sind an der Verzweiflung am Menschen gescheitert. Wie auch an den Menschen glauben, wenn man in Auschwitz erleben mußte, wozu „der Mensch" fähig ist? Auschwitz hat gewissermaßen die metaphysische und moralische Schamgrenze zwischen Mensch und Mensch tief abgesenkt. So etwas überstehen nur die Vergeßlichen. Oder die, die schon erfolgreich vergessen haben, daß sie etwas vergessen haben. Aber auch sie bleiben nicht ungeschoren. Denn man kann auf den Namen des Menschen nicht beliebig sündigen. Nicht nur der einzelne Mensch, auch die Idee des Menschen ist verletzbar. Nur wenige bringen die gegenwärtigen Humanitätskrisen mit Auschwitz in Verbindung, etwa die zunehmende Taubheit gegenüber allgemeinen und großen Ansprüchen und Wertungen, den Solidaritätsverfall, das anpassungsschlaue Sichkleinmachen, die zunehmende Weigerung, das Ich des Menschen mit moralischen Perspektiven überhaupt auszustatten usw. Sind das nicht auch alles Mißtrauensvoten gegen den Menschen und seine Moral? Beginnt hier womöglich die radikale Krise der europäischen Moral?

Leiden beredt werden zu lassen, wie Adorno forderte, ist Bedingung aller Wahrheit, ist Bedingung aller universellen Moral. Diese aus dem jüdischen Geist inspirierte Leidenserinnerung wird dadurch zum produktiven Vorbild für eine universelle Moral, daß sie die Leiden der anderen, die Leiden der Fremden und, unbedingt biblisch, sogar die Leiden der Feinde in Betracht zieht und nicht vergißt. Am Gelingen solcher Leidensmoral hängt es, ob unsere Welt eine brennende oder eine blühende multikulturelle Landschaft sein wird, ob Europa eine Friedenslandschaft oder eine Landschaft eskalierender Bürgerkriege sein wird.

Bekanntlich gibt es solche und solche Beispiele. Im ehemaligen Jugoslawien wurde die Leidenserinnerung inzwischen zum Leichentuch für ein ganzes Land und zur Garrotte für jeden interethnischen Verständigungsversuch. Hier wurde jeweils nur die eigene Leidensgeschichte erinnert, und so wurde die Leidenserinnerung nicht zum Organ der Verständigung und des Friedens, sondern zur Quelle der Verfeindung, des Hasses und der Gewalt. Vielleicht ist es bei dem Verständigungsversuch zwischen Israel und den Palästinensern am Ende doch anders. Denn dort hat man jedenfalls den Verständigungs- und Befriedungsversuch ausdrücklich damit begonnen, daß man nicht nur auf die eigenen Leiden schauen wolle, sondern daß man auch bereit sei, die Leiden der anderen, die Leiden der bisherigen Feinde, in Betracht zu ziehen. Und das wäre Friedenspolitik auf der Basis einer sog. anamnetischen Ethik. In diesem Zusammenhang sei an ein Gespräch zwischen dem deutschen Philosophen Jürgen Habermas und dem polnischen Schriftsteller Adam Michnik erinnert. Bei der Diskussion um die sog. „Vergangenheitsbewältigung" in Polen sagte Michnik, der jüdische Pole: „Da habe ich mir die Formel ausgedacht, daß man für Amnestie und gegen Amnesie sein muß... Anders kann man nicht leben. Man muß sich erinnern, aber man muß über den Horizont des eigenen Leidens hinausgehen können." Das, so meine ich, könnte die schlichte Grundformel für ein universelles Ethos sein – nicht auf der Basis eines kleinsten gemeinsamen Nenners, sondern auf der Basis eines immer neu zu erringenden Grundkonsenses zwischen den Völkern und Kulturen, inspiriert von dieser Memoria passionis. Und das Christentum könnte diese Perspektive stützen und unterstützen, wenn und insofern es sich nicht nur als Trägerin einer betont sündenempfindlichen, sondern auch und gerade einer leidempfindlichen Moral versteht – im Blick auf Jesus, dessen eigener erster Blick nicht der Sünde der anderen, sondern dem Leid der anderen galt und für den Sünde nicht zuletzt die Weigerung war, am Leid der anderen teilzunehmen.

Johann Baptist Metz, katholischer Theologe, begründet die Notwendigkeit des Erinnerns und Gedenkens im Blick auf die geistige Krise Europas:

- Die Einzigartigkeit der Schoa liegt in der durch sie ausgelösten Krise der Humanität und der Infragestellung der grundlegenden ethischen Werte der westlichen Zivilisation begründet. Diese Einzigartigkeit begründet auch unabdingbar die bleibende Notwendigkeit, sich dieser Krise zu erinnern.
- Angesichts der „richtungslosen Beschleunigung" aller Lebensverhältnisse bedarf es einer „Gedächtniskultur", die der Zeit, dem Leben wieder eine Struktur verleiht, die Humanität durch Erinnerung („anamnetische Kultur") ermöglicht. Diese „anamnetische Kultur" sollte mit der Vernichtung der Juden als den „privilegierten Trägern einer solchen anamnetischen Kultur" zugleich beseitigt werden.
„Und wichtig wäre vor allem auch, daß das Christentum sich im Angesicht des Judentums daran erinnern läßt, daß es schließlich auch seinerseits eine Erinnerungs- und Erzählgemeinschaft ist. Erzählungen verlangsamen unsere beschleunigte Welt."
- Angesichts der „Erschöpfung universeller Moral in Europa", die klare Folge der Schoa ist, weil in Auschwitz „die Schamgrenze zwischen Mensch und Mensch tief abgesenkt" wurde, weil in Auschwitz die Idee des Menschen grundlegend verletzt wurde, kann es nur „die aus jüdischem Geist inspirierte Leidenserinnerung" geben. Sie hält im Gedächtnis das Leiden aller, also nicht nur das eigene, auch das der unschuldig Ermordeten, also auch das Leiden der anderen. Diese stete Erinnerung an das Leiden der anderen ist die „Bedingung aller universellen Moral", nur, wer sich an die Leiden der Opfer der Schoa erinnert, kann Verständigung und Frieden über die Abgrenzungen, Haß und Verfeindung hinweg bewirken.
- Nicht gering geschätzt werden sollte die europäische Dimension der Erinnerungsaufgabe, wenn Europa seine Vereinigung plant und dabei eindeutig die Grenzen einer Wirtschaftsgemeinschaft zu überschreiten sucht. Die aus der Geschichte der Judenvernichtung sich ergebende Solidarität im Gedenken könnte eine lebendige Grundlage für den notwendigen europäischen Geist abgeben, die Deutschen hätten dabei einen besonders aktiven Part zu spielen.

A.L.

Das Vermächtnis von Auschwitz oder
Die Einzigartigkeit der Judenvernichtung[1]

Gunnar Heinsohn

Als Hitler die Behinderten tötete, deren Leben unantastbar war, weil das jüdische Gesetz selbst das Zerbrechliche noch schützte und auch in Deutschland in Geltung stand, wurde ihm am Ende mit eben diesem Gesetz widersprochen. Er hatte es schon in *Mein Kampf* mit dem heidnischen Recht herausgefordert, das im Jahre 318 durch das jüdische ersetzt worden war. In der ersten Auflage des ersten Bandes seiner Programmschrift von 1923, schrieb er: „Die Aussetzung kranker, schwächlicher, mißgestalteter Kinder, d.h. also deren Vernichtung war menschenwürdiger und in Wirklichkeit tausendmal humaner als der erbärmliche Irrtum unserer heutigen Zeit."[2]
Wo diese Praxis durch künstliche Geburtenkontrolle ersetzt werde, also jedes ungeborene Kind ein gewolltes sei, entstehe die „Sucht, auch das Schwächlichste, ja Krankhafteste um jeden Preis zu 'retten'. [...] Ein stärkeres Geschlecht wird die Schwachen verjagen, da der Drang zum Leben in seiner letzten Form alle lächerlichen Fesseln einer sogenannten Humanität der einzelnen immer wieder zerbrechen wird, um an seine Stelle die Humanität der Natur treten zu lassen, die die Schwäche vernichtet, um der Stärke den Platz zu schenken. Wer also dem deutschen Volke das Dasein sichern will auf dem Wege einer Selbstbeschränkung seiner Vermehrung, raubt ihm damit die Zukunft" (Hitler 1930).[3] Über den Urheber solcher naturwidrigen „Humanität" läßt Hitler niemanden im unklaren: „In Erkenntnis dieser Folgen ist es nicht zufällig in erster Linie immer der Jude, der solche todgefährlichen Gedankengänge in unser Volk hineinzupflanzen versucht und versteht" (Hitler 1930).[4]
Auf dem Nürnberger Parteitag von 1929 stellt Hitler sich in aller Öffentlichkeit solchen jüdischen Gedankengängen entgegen und beruft sich dabei auf älteres – indogermanisches – Recht: „Würde Deutschland jährlich eine Million Kinder bekommen und 700.000 bis 800.000 der Schwächsten beseitigen, dann würde am Ende das Ergebnis vielleicht sogar eine Kräftesteigerung sein. Das Gefährlichste ist, daß wir selbst den natürlichen Ausleseprozeß abschneiden (durch Pflege der Kranken und Schwachen). [...] der klarste Rassestaat der Geschichte, Sparta, hat diese Rassegesetze planmäßig durchgeführt".[5]
Hitlers Zuständiger für die württembergische Vergasungsanstalt Grafeneck, Ministerialrat Eugen Stähle, wird sich ein Jahrzehnt später Vorhaltungen des jüdischen Gesetzes nicht weniger deutlich verbeten, als sein Meister das immer getan hat. Am 4. Dezember 1940 weist er den Stuttgarter Oberkirchenrat Reinhold Sautter

---

[1] Gunnar Heinsohn, Warum Auschwitz?, Reinbek 1995 (Rowohlt) S. 156f, 167f, 171f.
[2] W. Hammer, Adolf Hitler – ein Prophet unserer Zeit?, München 1974, S. 21.
[3] Adolf Hitler, Mein Kampf, München 1930, S 145.
[4] Adolf Hitler, Mein Kampf, München 1930, S 149.
[5] H.-W. Schmuhl, Rassenhygiene, Nationalsozialismus, Euthanasie, Göttingen 1992, S. 152.

zurecht: „Das 5.Gebot: Du sollst nicht töten, ist gar kein Gebot Gottes, sondern eine jüdische Erfindung"[6]...

Hitler ist sich sehr wohl bewußt, daß Tötungsverbot und Lebensschutz, Liebes- und Gerechtigkeitsgebote, Mitleid und Gewissen, eben der ganze Kanon von der gleichen Würde aller Kinder Adams „den Juden" längst definiert hat, bevor es auch unter Börsianern und Demokraten, Kommunisten und Sozialisten, Parlamentariern und sowjetischen Kommissaren, Verteidigern von Schwarzen und Menschenrechten sowie unter Wissenschaftlern und Künstlern in herausragender Position Juden gibt. Sein antijüdischer Krieg zielt auf dieses ethisch-geistige Unterfutter, von dem in der Tat die halbe Welt bezaubert, in der Sicht Hitlers jedoch verseucht, vergiftet, geschwächt und tuberkulös gemacht wurde. Wie einen Erreger, der ein an sich resistentes Gewebe infiziert hat – wobei dieses Gesunde mal als imperiale Römer, mal als Germanen, mal als durchschnittliche Christen, mal als westliche Welt und mal als all dieses zusammen gefaßt wird –, bekämpft Hitler die jüdische Ethik. Als Träger dieser Erreger identifiziert er die Juden aus Fleisch und Blut. Wenn diese Aktivisten einmal durch radikalen Schnitt beseitigt seien, so würden die befallenen Körper für alle Zukunft geheilt sein, also nicht wieder rückfällig werden und deshalb beim Kampf um die Erde ihre Unbesiegbarkeit unter Beweis stellen. Bereits am 7. August 1920 formuliert er diese Vorstellung: „Denken Sie nicht, daß Sie eine Krankheit [den jüdischen Geist] bekämpfen können, ohne den Erreger zu töten, ohne den Bazillus zu vernichten, und denken Sie nicht, daß Sie die Rassentuberkulose bekämpfen können, ohne zu sorgen, daß das Volk frei wird von dem Erreger der Rassentuberkulose. Das Wirken des Judentums wird niemals vergehen, solange nicht der Erreger, der Jude, aus unserer Mitte entfernt ist".[7] Wann immer Juden mit einem anderen Volk in Kontakt kommen, werden sie seine Bereitschaft zu Rücksichtslosigkeit und Grausamkeit unterminieren und seine Fähigkeit zum Machtkampf schwächen – daran glaubt Hitler, und das will er für die Deutschen wieder rückgängig machen...

Zur Vorstellung, daß es vielleicht gerade die jüdische Ethik ist, die im Zentrum der abendländischen Zivilisation steht, und daß Hitler eben dieses weiß und angreift, kommt es [bei den meisten Holocaust-Forschern] nicht. Aus ihrem unverbrüchlichen Respekt für das universale Recht auf Leben verbieten die Forscher sich die Vorstellung, daß es bei Auschwitz nicht allein um Lebensrecht der dort ermordeten Juden ging, sondern daß das aus dem Judentum ins Abendland gelangte „Recht auf Leben" als solches das ultimative Kampfziel des deutschen Führers gewesen ist.
Die Einzigartigkeit von Auschwitz ergibt sich nicht aus der schieren Zahl der Opfer, die von den Megatötungen der marxistischen Regime um ein vielfaches übertroffen wird. Der Holocaust steht auch nicht deshalb allein in der Geschichte, weil ein Glauben durch Beseitigung der Gläubigen getilgt werden sollte. Mit der Judenvernichtung soll der Kern der abendländischen Zivilisation herausgeschnitten werden. Hitler hat die Liebes-, Gerechtigkeits- und Gleichheitsgebote des jüdischen Monotheismus und vor allem seinen unbedingten Schutz des menschlichen Lebens

---

[6] H.W. Schmuhl, Rassenhygiene, Nationalsozialismus, Euthanasie, Göttingen 1992, S. 321.
[7] E. Jäckel, A. Kuhn, Hg., Stuttgart 1980, S. 187f.

als die – in seinen Augen – schwächende Krankheit des Abendlandes ausgemacht. Durch ihre Wegoperation, deren Gelingen er sich von der Ausrottung aller Juden aus Fleisch und Blut erwartet, will er die Germanen zur schlagkräftigsten Formation im rücksichtslosen und ewigen Krieg um den irdischen Lebensraum heranziehen. In der Abstufung SS, Ostheer und Hitlerjugend sollen die Deutschen ein Recht auf Völkermord von neuem einüben. Diese große Umerziehung hält er für gefährdet, solange auch nur ein Jude den Gedanken an das Recht auf Leben gegenwärtig halten würde. Als verjudet verfolgt er dabei auch diejenigen Christen, die für den jüdischen Kern ihres Glaubens – also die Liebes- und Lebensethik – aktiv einstehen.

Hitlers kriegerische Vorteilssuche durch bewußtes Eliminieren des abendländischen Wertesystems steht bisher einzigartig da. Ob das so bleiben wird, kann nur die Zukunft erweisen. Allerdings ist die Vorstellung vom globalen Existenzkampf des „West against the rest",[8] des Krieges von einer Milliarde Menschen, die sich auf universale Menschenrechte zumindest verpflichtet haben, gegen die sieben Milliarden der übrigen Welt für den Beginn des 3. Jahrtausends schon heute Zentralthema der militärischen Debatten.

Hitler hat versucht, mit der genozidalen Ausrottung der jüdischen Ethik aus dem deutschen Volk einen entscheidenden strategischen Vorsprung für das globale Völkerringen zu gewinnen.

Gunnar Heinsohn, Sozialwissenschaftler in Bremen, begründet die Notwendigkeit zur dauernden Erinnerung mit der Absicht des Hitlerschen Nationalsozialismus, die jüdische Ethik durch Ausrottung der Juden zu beseitigen, um damit das Recht auf Töten wiederherzustellen.

Erinnern bedeutet dann:
- die Bestätigung und bleibende Bedeutung der jüdischen Ethik (Liebes-, Gerechtigkeits-, und Gleichheitsgebote des jüdischen Monotheismus) als Zentrum der abendländischen Zivilisation gegen alle nationalsozialistischen und immer neuen Versuche, sie zu beseitigen;
- die stets neue und notwendige Wahrnehmung der Einzigartigkeit der gegen die Juden gerichteten Vernichtungsabsicht, der Einzigartigkeit der Schoa gegenüber allen anderen furchtbaren Versuchen von Völkermord.

A.L.

---

[8] S.P. Huntington, The Coming Clash of Civilizations or The West Against the Rest, in: The New York Times, 6. Juni 1993.

Erinnern führt uns zusammen
Ein Appell an die deutsche Jugend[1]

Elie Wiesel

Sie werden mir gewiß zustimmen, daß diese Greueltaten, begangen unter dem Gesetz des „Dritten Reiches" nicht vergessen werden dürfen – und das versichere ich Ihnen: Sie werden auch nicht vergessen und vergeben. Als ich vor zwei Jahren hier war, da sagte ich und muß es heute wiederholen: Niemand, ganz sicherlich nicht ich, niemand hat das Recht, den Mördern zu vergeben, daß sie sechs Millionen Männer und Frauen vernichtet haben, nur weil sie zu meinem Volk gehörten, dem Volk der Ewigkeit und der Erinnerung. Nur die Toten könnten vergeben, und niemand hat das Recht, in ihrem Namen zu sprechen.
Aber ich muß Ihnen auch sagen, und zwar aus tiefster Überzeugung, daß nicht alle Bürger, die damals lebten, schuldig geworden sind. Als Jude, der seine Identität immer noch in der Tradition findet, glaube ich, daß es eine Kollektivschuld nicht gibt. Nur die Schuldigen waren schuldig. Kinder von Mördern sind keine Mörder, sondern Kinder. Schuld wie Unschuld ist persönlich.
Deshalb habe ich weder die Absicht noch das Recht, die junge Generation von heute für die unaussprechlichen Verbrechen zu verurteilen, die eine frühere, die Hitler-Generation begangen hat. Aber ich glaube auch, daß wir das Recht und die Pflicht haben, die junge Generation verantwortlich zu machen – nicht für die Vergangenheit, aber dafür, wie sie mit ihr umgeht, was sie mit den Erinnerungen tut, die ihr Erbteil sind. Sie sind verantwortlich zu machen für die Art und Weise, wie sie sich erinnert.
Erinnerung ist also das Schlüsselwort. Sie verbindet Vergangenheit und Gegenwart, Vergangenheit und Zukunft. Erinnerung heißt, den Glauben an die Menschheit zu erneuern, der Menschheit zum Trotz, und unserer schwachen Anstrengung Sinn zu verleihen. Das Erinnern gibt der Gerechtigkeit ihre Würde zurück: Gerechtigkeit ohne Erinnerung ist wie Schweigen ohne Worte.
Deshalb spreche ich heute und hier im Namen des Erinnerns zu Deutschlands Jugend. „Erinnere dich" heißt das Gebot, das jetzt überall das Leben junger Juden beherrscht: Stellen auch Sie Ihr Leben unter dieses Gebot! Wenn wir die Herausforderung der Erinnerung annehmen, können wir gemeinsam vorwärtsschreiten, etwas aufbauen auf allem Schmerz und Zorn. Ich glaube, eine große Botschaft der Menschlichkeit könnte so Gestalt annehmen. Bleiben Sie aber der Erinnerung verschlossen, so sind Sie unweigerlich auf immer gegen uns und gegen alles, wofür wir stehen...

---

[1] Aus: Rede Elie Wiesels im ehemaligen deutschen Reichstag zu Berlin, gehalten am 10. November 1987 – die wiedergegebenen Redeauszüge stammen aus: Elie Wiesel, Den Frieden feiern, Freiburg 1991, S. 45f.

Elie Wiesel, Überlebender der Schoa, Friedensnobelpreisträger, ist wie kaum ein anderer der Überlebenden mit dem Thema Erinnerung beschäftigt.

Auch wenn Erinnern das ureigenste Recht der Überlebenden ist – es sind die, die nicht vergessen können – so weist er in dieser programmatischen Rede an symbolischem Ort die nachgeborenen Deutschen darauf hin, daß sie nicht vergessen dürfen.
- Besonders bemerkenswert an seinem Appell ist die Chance für ein zukünftiges Miteinander von Juden und Nichtjuden, wenn beide das Gebot „Erinnere dich" befolgen. Allerdings ist das auch die Bedingung für ein Miteinander!
- Gleichermaßen wichtig ist auch, wie Wiesel mit Schuld und Vergebung umgeht – gegen die in christlicher Tradition übliche Überzeugung macht er deutlich, daß „nur die Toten vergeben könnten."
- Zugleich zeigt er eindringlich deutlich, daß bei der nächsten Generation nicht von Schuld gesprochen werden darf, dafür aber von der Verpflichtung, Verantwortung für das Weitertragen der Erinnerung zu übernehmen; daran können sie allerdings schuldig werden.
- Erinnern ist darum unumgänglich, weil sie den Menschen zu einem geschichtlichen Wesen macht, ihm darin Würde verleiht, ihn erst zukunftsfähig macht und schließlich der Gerechtigkeit in der Geschichte Raum verschafft.

A.L.

3. Erinnern angesichts von Verharmlosung und Relativierung

Es war doch gar nicht so schlimm: Revisionismus und Vergangenheitsbewältigung

Wolfgang Wippermann

„Bei den Protestanten ist Gott, sofern es ihn überhaupt noch gibt, vielfach zum Mitläufer der Linken geworden".[1] Dieser bemerkenswerte Satz steht in einem Interview, das der rechtslastige österreichische Philosophieprofessor Ernst Topitsch der noch rechtslastigeren Zeitschrift „Junge Freiheit" gegeben hat. Nach Topitsch gibt es immer noch eine „Attraktivität sozialistischer Ideen". Sozialisten würden Arm in Arm mit vielen Protestanten einen „linken Konformitätsdruck" ausüben, der dazu geführt habe, daß im Bereich der „Zeitgeschichte (...) vielfach Dogmen und Tabus, Denksperren und Frageverbote wirksam" seien.

„Tabus" und „Frageverbote" gebe es inbesondere beim Zweiten Weltkrieg. Würde doch immer noch behauptet, daß dieser Krieg von Deutschland begonnen und vor allem im Osten mit einer bis dahin nie dagewesenen Brutalität geführt worden sei. Nach Topitsch ist dies falsch. Der Zweite Weltkrieg sei nicht Hitlers, sondern „Stalins Krieg" gewesen. Hitler habe 1941 die Sowjetunion nicht überfallen, sondern sei nur einem unmittelbar bevorstehenden Angriff Stalins zuvorgekommen.[2] Mit dieser Behauptung hat sich Topitsch in die Reihe der Revisionisten eingeordnet.

Was ist Revisionismus?

Warum? Was ist Revisionismus und was haben Revisionisten wie Topitsch gegen Protestanten? Der Begriff Revisionismus hat viele Bedeutungen: Im Bereich der Politik bezeichnet er Bestrebungen, die auf eine Revision von Grenzen und Verträgen abzielen. Innerhalb der Wissenschaft im allgemeinen, der Geschichtswissenschaft im besonderen kann jede Veränderung und Infragestellung des jeweiligen Kenntnisstandes als revisionistisch charakterisiert werden.[3] Als revisionistisch im

---

[1] „Gott ist heute ein Mitläufer der Linken". Ernst Topitsch über Christentum, Marx und Krieg, in: Junge Freiheit 7/95, 17.2.1995, S. 3.
[2] Ernst Topitsch, Stalins Krieg. Die sowjetische Langzeitstrategie gegen den Westen als rationale Machtpolitik, München 1985.
[3] Hier ist sowohl auf die Auseinandersetzung über die Marxsche Theorie innerhalb der deutschen Sozialdemokratie hinzuweisen, die als Revisionismus-Streit in die Geschichte eingegangen ist, wie auf die Schule der Revisionisten, die unter Führung William Appleman Williams die damals weit verbreitete These von der Schuld der Sowjetunion am Ausbruch des Kalten Krieges revidierten.

engeren Sinne werden dagegen seit einiger Zeit Versuche bezeichnet, das – selbstverständlich – negative Bild des Dritten Reiches zu revidieren.[4] Dies kann durch die glatte Leugnung seiner Verbrechen – vom Rassenmord bis zum Rassenkrieg – mit Hilfe der sog. Auschwitz- und Kriegsschuldlüge geschehen.[5] Dies kann jedoch auch durch die Abschwächung und Relativierung der nationalsozialistischen Verbrechen erfolgen, indem man schlicht behauptet, daß 'alles nicht so schlimm' gewesen sei, weil das Dritte Reich auch „gute" und „progressive" Seiten gehabt habe, oder indem man auf die Verbrechen in anderen Regimen hinweist, die 'mindestens genauso schlimm' wie der NS-Staat gewesen seien.[6] Im Unterschied zu den „radikalen Revisionisten",[7] die die Existenz von Auschwitz und die deutsche Kriegsschuld leugnen, könnte man diejenigen, die sich für eine Modernisierung und vergleichende Verharmlosung des Dritten Reiches einsetzen, als 'gemäßigte Revisionisten' bezeichnen.

Was hat dies alles mit den Protestanten zu tun? Ganz einfach: Wer an der Existenz der Gaskammern zweifelt, die deutsche Kriegsschuld leugnet und die Schrecken des Dritten Reiches direkt und indirekt relativiert, der bestreitet auch die „Schuld", der sich die Protestanten schon 1945 angeklagt und die sie seitdem auch nicht verdrängt haben. Leugnen und Relativieren steht gegen Anklagen und Erinnern. Protestantismus und Revisionismus sind unvereinbar. Der Diskurs über Nationalsozia-

---

[4] Ähnliche Definition bei: Brigitte Bailer-Galanda, „Revisionismus" – pseudowissenschaftliche Propaganda des Rechtsextremismus, in: Brigitte Bailer-Galanda/Wolfgang Benz/Wolfgang Neugebauer (Hrsg.), Wahrheit und „Auschwitzlüge". Zur Bekämpfung revisionistischer Propaganda, Wien 1995, S. 16 - 32, S. 16: „Wir verstehen darunter (= unter Revisionismus) alle Bemühungen, Geschichte im Sinne einer Verharmlosung, Beschönigung, Rechtfertigung oder Entkriminalisierung des Nationalsozialismus für persönliche, vor allem politische Zwecke umzuschreiben bzw. durch Aufrechnung alliierter Grausamkeiten die Verbrechen des Nationalsozialismus zu relativieren."

[5] Vgl. dazu: Deborah E. Lipstadt, Betrifft: Leugnen des Holocaust, Zürich 1994 (zuerst: New York 1992); Till Bastian, Auschwitz und die „Auschwitz-Lüge". Massenmord und Geschichtsfälschung, München 1994; Wolfgang Benz, „Auschwitz-Lüge", in: Rolf Steininger (Hrsg.), Der Umgang mit dem Holocaust. Europa – USA – Israel, Köln 1994, S. 103 - 114; Wolfgang Wippermann, Von Rassinier bis Leuchter: Zur Genese und Funktion der Auschwitzlüge, in: Antifa 1995 / 1, S. 15 - 18; Klara Obermüller, Die „Auschwitz-Lüge", in: Gudrun Hentges u.a. (Hrsg.), Antisemitismus. Geschichte – Interessenstruktur – Aktualität, Heilbronn 1995, S. 152 - 168; Hermann Graml, Auschwitzlüge und Leuchter-Bericht, in: Heiner Lichtenstein/Otto R. Romberg (Hrsg.), Täter – Opfer – Folgen. Der Holocaust in Geschichte und Gegenwart, Bonn 1995, S. 91 - 100. In diesen Arbeiten wird die fast untrennbar mit der Auschwitzlüge verbundene Kriegsschuldlüge zu wenig berücksichtigt. Vgl. dazu die schon ältere Studie von: Hermann Graml, Alte und neue Apologeten Hitlers, in: Wolfgang Benz (Hrsg.), Rechtsextremismus in Deutschland, 2. Aufl., Frankfurt/M. 1989, S. 63 - 92.

[6] Vgl. dazu: Alfred Schobert, Geschichtsrevisionismus à la carte. Mit Nolte und Zitelmann gegen „Westextremismus", in: Helmut Kellershohn (Hrsg.), Das Plagiat. Der Völkische Nationalismus in der Jungen Freiheit, Duisburg 1994, S. 269 - 299; Wolfgang Wippermann, Revisionismus light. Die Modernisierung und „vergleichende Verharmlosung" des Dritten Reiches, in: Brigitte Bailer-Galanda/Wolfgang Benz/Wolfgang Neugebauer (Hrsg.), Die Auschwitzleugner, Berlin 1996, S. 237 - 251.

[7] Diesen Begriff benützt Ernst Nolte, Streitpunkte. Heutige und künftige Kontroversen um den Nationalsozialismus, Berlin 1993, S. 308.

lismus und Revisionismus hat eine religiöse Komponente.[8] Revisionisten wissen dies und verhehlen ihre antireligiöse Einstellung daher nicht.

Revisionismus und Antisemitismus

Dies gilt einmal für die antisemitischen Ressentiments,[9] mit denen die „radikalen Revisionisten" ihre Kernthese garnieren, wonach der Holocaust gar nicht stattgefunden habe, sondern der „Betrug des Jahrhunderts"[10] gewesen sei, mit dem die Juden von den Deutschen Milliarden von „Wiedergutmachungs"-Geldern „erschwindelt" bzw. „erpreßt" hätten.[11] Diese Behauptungen sind auch deshalb als perfide zu bezeichnen, wenn man bedenkt, daß den Juden noch nicht einmal das ihnen abgepreßte Geld wieder gegeben wurde. Außerdem sind sie natürlich völlig unwahr. Dennoch wurden und werden derartige Auschwitzlügen geglaubt! Dies erinnert an die mittelalterlichen Ritualmordlegenden, die ebenfalls noch nicht völlig überwunden sind und immer wieder auftauchen.[12]

Gewisse antisemitische Akzente findet man auch bei den 'gemäßigten Revisionisten', die die Existenz des Holocausts zwar nicht leugnen, aber den Juden vorwerfen, ihn für politische Zwecke instrumentalisiert zu haben.[13] Ein weiterer Vorwurf ist, daß sich die Juden für das ihnen angetanene Leid bei den Deutschen rächen wollten. In diesem Zusammenhang taucht dann vielfach das antijüdische Klischee von der „alttestamentarischen Strenge" und dem (angeblichen) Auge-um-Auge-Racheprinzip der Juden auf, das sich so negativ von dem christlichen Liebes-Gebot

---

[8] Dies ist in der in Anm. erwähnten Forschung über den Revisionismus nicht bemerkt worden, während es im protestantischen Schrifttum, so weit ich sehe, keine Reaktionen auf den Revisionismus gibt.

[9] Besonders ausgeprägt sind sie beim Altmeister der revisionistischen Geschichtslügen, dem Franzosen und ehemaligen Buchenwald-Häftling Paul Rassinier. Vgl.: Paul Rassinier, Le Mensonge d'Ulysses, Partis 1950 (dt. Ausgabe: Die Lüge des Odysseus, Wiesbaden 1959); ders., Was ist die Wahrheit? Die Juden und das Dritte Reich, Leoni 8. Aufl. 1982.

[10] So der Titel eines revisionistischen Standardwerkes: Arthur E. Butz, The Hoax of the Twentieth Century, Richmond-Surrey 1976 (dt. Ausgabe: Der Jahrhundertbetrug, Vlotho 1977).

[11] Beide Begriffe tauchen im Titel eines anderen revisionistischen 'Klassikers' auf: Austin J. App, The Six Million Swindle. Blackmailing the German People for Hard Marks with Fabricated Corpses, Tacoma Park 1973.

[12] In der rechtsextremen Publizistik trifft man permanent auf beide Lügen. Schon deshalb erscheint es lohnend und wichtig zu sein, diese funktional durchaus ähnlichen Lügen und Legenden einmal miteinander zu vergleichen. Dies ist sowohl in der Forschung über die „Auschwitzlüge" wie über die Ritualmordlegende bisher noch nicht geschehen. Zum letzteren vgl.: Stefan Rohrbacher/Michael Schmidt, Judenbilder. Kulturgeschichte antijüdischer Mythen und antisemitischer Vorurteile, Reinbek 1991.

[13] Ein Beispiel ist der schon erwähnte Politologe Eckhard Jesse, der in einem Aufsatz den Juden in der Bundesrepublik unterstellt, „aufgrund des unermeßlichen Leides" eine „vielfach privilegierte Stellung" errungen zu haben. Vgl.: Eckhard Jesse, Philosemitismus, Antisemitismus und Anti-Antisemitismus. Vergangenheitsbewältigung und Tabus, in: Backes/Jesse/Zitelmann (Hrsg.), Die Schatten der Vergangenheit, Frankfurt 1990, S. 543 - 567, S. 553f.

unterscheiden soll.[14] Dabei wird vor allem der amerikanische Finanzminister Henry Morgenthau genannt, der alle NS-Verbrecher streng bestrafen und Deutschland völlig entmachten wollte, wobei er auch an die gänzliche Ausschaltung der deutschen Rüstungsindustrie dachte. Diese Vorstellungen hat Morgenthau 1944 schriftlich niedergelegt und dem Präsidenten Roosevelt übergeben, der sie jedoch keineswegs übernahm und zur offiziellen Leitlinie seiner Deutschlandpolitik erklärte.

Dennoch wird immer wieder fälschlich von einem „Morgenthau-Plan" gesprochen, der angeblich auf eine völlige Reagrarisierung ganz Deutschlands abgezielt habe. Völlig übersehen wird dabei, daß diese Auslegung des angeblichen „Morgenthau-Plans" aus der Goebbelschen Propaganda stammt. Dem Hamburger Historiker Bernd Greiner ist die Widerlegung und Entlarvung dieser „Morgenthau-Legende" zu verdanken,[15] was die FAZ jedoch nicht hinderte, in ihrer äußerst negativen Rezension dieses so verdienstvollen Buches Morgenthau wieder als „Roosevelts Racheengel" zu titulieren.[16]

Ein weiterer jüdischer „Racheengel" ist der sonst völlig unbekannte und einflußlose amerikanische Journalist Theodore N. Kaufmann, der bereits 1940 ein Buch mit dem einprägsamen Titel „Germany must perish!" veröffentlichte, das in Amerika zwar kaum beachtet wurde, aber von den nationalsozialistischen Propagandisten geradezu begeistert aufgegriffen wurde, um ihre absurde These von den samt und sonders deutschfeindlichen und rachelüsternen Juden zu begründen.[17] Auch Kaufmann taucht in den entsprechenden revisionistischen Werken immer wieder auf, um die Behauptung zu 'beweisen', wonach die Juden schließlich Deutschland „den Krieg erklärt" hätten.

Ein anderer Beleg für die groteske These von einer „jüdischen Kriegserklärung"[18] an Deutschland ist ein Telegramm, das der damalige Präsident des (politisch ziemlich einflußlosen) Zionistischen Weltkongresses Chaim Weizmann am 29.8.1939 an den britischen Premier Chamberlain sandte, in dem er versicherte, „daß die Juden bei Großbritannien stehen und an der Seite der Demokratie kämpfen" wür-

---

[14] Interessanterweise greifen die Revisionisten damit antijudaistische Vorurteile auf, die im heutigen christlichen Diskurs überwunden und tabuisiert worden sind. Vgl.: Albrecht Lohrbächer/Helmut Ruppel/Ingrid Schmidt, Was Christen vom Judentum lernen können, Freiburg 1995.

[15] Bernd Greiner, Die Morgenthau-Legende. Zur Geschichte eines umstrittenen Plans, Hamburg 1995.

[16] Henning Schlüter, Roosevelts Racheengel. Das zweite Dänemark des Henry Morgenthau, in: FAZ 13.9.1995.

[17] Dazu die knappe, aber sehr verdienstvolle Widerlegung von: Wolfgang Benz, Judenvernichtung aus Notwehr? Vom langen Leben einer rechtsradikalen Legende, in: ders. (Hrsg.), Rechtsextremismus, Frankfurt 1989, S. 169 - 188.

[18] Ganz dezidiert wird dies u.a. von Ernst Nolte behauptet. Vgl.: Nolte, Streitpunkte, S. 396: „Ein Kämpfer war Chaim Weizmann, der sich nicht scheute, beim Ausbruch des Krieges die Solidarität des jüdischen Volkes mit England zu verkünden, und der als Oberhaupt der Jewish Agency, d.h. des in der Entstehung begriffenen jüdischen Staates, am ehesten das Recht zu einer solchen 'Kriegserklärung' hatte." In noch radikalerer Form hat Nolte diese These in seinem Buch „Der europäische Bürgerkrieg" 1917 - 1945, Berlin 1987, geäußert.

den.[19] Sollten sie etwa für Hitler und den Faschismus sein? – kann man da nur verblüfft fragen. Dennoch ist gerade Ernst Nolte von der Obsession getrieben, daß die Juden „keineswegs zufällig zum Feindbild der Nationalsozialisten" geworden seien, d.h. also 'irgendwie selber schuld gewesen' seien.[20]
Doch die jüdischen Opfer werden keineswegs nur für die vergangenen Taten der Deutschen verantwortlich gemacht, man wirft den überlebenden Juden darüber hinaus noch vor, die sog. „Vergangenheitsbewältigung" der Deutschen gefordert und gefördert zu haben. So hat der ehemalige Linke und Herausgeber der linken Zeitschrift „Konkret", Klaus Rainer Röhl, in einem Aufsatz einen Bogen von Morgenthau und Kaufmann zu den (jüdischen!) „Emigranten aus Deutschland" geschlagen, „die zuvor in der 'Abteilung für psychologische Kriegsführung' im amerikanischen Hauptquartier gearbeitet hätten, um dann für die „Re-Education" der Deutschen verantwortlich zu zeichnen.[21] In diesem Zusammenhang werden (jüdische!) „Sozialwissenschaftler" wie Theodor W. Adorno, Max Horkheimer und Herbert Marcuse genannt, die in den 60er und 70er Jahren nicht länger geruht hätten, bis der „antitotalitäre Konsens der Nachkriegsgesellschaft" durch „die alte Mogelpackung aus der Mottenkiste der kommunistischen Propaganda, den 'Antifaschismus', ersetzt worden" sei.[22] Außerdem hätten diese samt und sonders rachsüchtigen und deutschfeindlichen Juden dafür gesorgt, daß es bei den so auf die Vergangenheit fixierten armen Deutschen zu einer „Unfähigkeit, zu lieben, sich selbst, seine Sprache, seine Sitten und seine Geschichte" gekommen sei.[23]
Hier wird den 'notorisch rachsüchtigen' Juden allen Ernstes die Erinnerung an den Holocaust vorgeworfen. Diese Modernisierung des antijudaistischen Klischees vom rachsüchtigen Juden ist neu und zugleich ein Beweis für die Existenz eines Antisemitismus nach und wegen des Holocaust.[24] Eine derartige Argumentation nach dem Motto: 'Das mit dem Holocaust, das nehmen wir den Juden aber wirklich übel' – tauchte dann auch in der Kontroverse über Goldhagens Buch auf[25] dem allen Ernstes vorgeworfen wurde, sich wie ein (natürlich jüdischer) „Scharfrichter"[26] an „den Deutschen" rächen zu wollen und darüber hinaus eine

---

[19] Zur Kritik und Widerlegung dieser These: Hellmuth Auerbach, „Kriegserklärung" der Juden an Deutschland, in: Wolfgang Benz (Hrsg.), Legenden, Lügen, Vorurteile. Ein Lexikon zur Zeitgeschichte, München 1990, S. 118 - 121.

[20] Vgl. seinen Aufsatz „Abschließende Reflexionen über den sogenannten 'Historikerstreit'", in: ders., Streitpunkte, S. 225 - 249.

[21] Vgl.: Klaus Rainer Röhl, Morgenthau und die Antifa. Über den Selbsthaß der Deutschen, in: Heimo Schwilk/Ulrich Schacht (Hrsg.), Die selbstbewußte Nation, Berlin 1994, S. 85 - 100, S. 96f.

[22] Ebenda S. 90.

[23] Ebenda S. 94.

[24] Christhard Hoffmann, Das Judentum als Antithese. Zur Tradition eines kulturellen Deutungsmusters, in: Werner Bergmann/Rainer Erb (Hrsg.), Antisemitismus in der politischen Kultur nach 1945, Opladen 1990, S. 20 - 38.

[25] Ausführlich dazu: Wolfgang Wippermann, Wessen Schuld? Vom Historikerstreit zur Goldhagen-Kontroverse, Berlin 1997, S. 98ff.

[26] Rudolf Augstein, Der Soziologe als Scharfrichter, in: Der Spiegel 15.4.1996. In diesem Heft wird ein Bild Goldhagens mit der Unterschrift versehen „Henker Goldhagen".

„massive Attacke gegen das Christentum" geführt zu haben.[27] Erschreckend war, daß derartiges keineswegs nur in den Schriften von ausgesprochenen Revisionisten zu lesen war.

Revisionismus und Antiziganismus

Noch radikaler und schärfer sind die Angriffe der Revisionisten gegen die Sinti und Roma. Obwohl sie wie die Juden auch aus rassistischen Gründen verfolgt worden sind, ist dies bis heute keineswegs von allen anerkannt worden, weshalb nur sehr wenige Sinti und Roma (vor allem keine ausländischen) „Wiedergutmachung" erhalten haben.[28] Nicht genug damit, äußerten verschiedene Autoren ganz offen ihre Zweifel, ob es diesen 'zweiten Holocaust' überhaupt gegeben hat.[29] Rechtliche Schritte müssen sie dabei nicht befürchten, denn die Leugnung des Völkermordes an den Sinti und Roma fällt nicht unter das sog. Auschwitzlügen-Gesetz.[30] Revisionisten sowie auch einige als seriös geltende Wissenschaftler bezweifeln ferner, daß die Sinti und Roma aus „rassistischen" Gründen verfolgt worden sind.[31] Einige behaupten sogar frech, daß die Sinti und Roma selber schuld gewesen seien, denn schließlich habe es sich ja überwiegend um „Asoziale" gehandelt.[32] Organisationen der Sinti und Roma und anderer Bürgerrechtsbewegungen, die versuchen, den Sinti und Roma zu ihrem Recht zu verhelfen,[33] werden dann in geradezu unflätiger Weise beschimpft und linksradikaler Neigungen verdächtigt. Als sich die Evangelische Kirche bereit fand, auf dem Hamburger Kirchentag von 1981 über die ungesühnte Verfolgung der Sinti und Roma zu diskutieren, kannte der Zorn des „Zigeunerforschers" Hermann Arnold keine Grenzen. Spitz warf er der Evangeli-

---

[27] Werner Birkenmair, Ein zorniges, moralisches Buch, in: Stuttgarter Zeitung 16. 8.1996.
[28] Dazu: Wolfgang Wippermann, „Wie die Zigeuner". Antisemitismus und Antiziganismus im Vergleich, Berlin 1997, bes. S. 173ff.
[29] Beispielhaft ist die Schrift des „radikalen Revisionisten" Udo Walendy, Zigeuner bewältigen 1/2 Million, Vlotho 1985 (= Historische Tatsachen Nr. 23). Der Leiter der revisionistischen „Zeitgeschichtlichen Forschungsstelle Ingolstadt" und Träger des Bundesverdienstkreuzes, Alfred Schickel bezweifelte dagegen die Zahl der Opfer: Alfred Schickel, Zur „Sinti"-Frage. Merkwürdige Übertreibungen in der deutschen Zeitgeschichte, in: Criticón 63, Januar/Februar 1981, S. 36 - 38. Zu Schickel und dieser Forschungsstelle jetzt: Wolfgang Wippermann, Verdiente Revisionisten. Alfred Schickel und die „Zeitgeschichtliche Forschungsstelle Ingolstadt (ZFI)", in: Johannes Klotz/Ulrich Schneider (Hrsg.), Die selbstbewußte Nation und ihr Geschichtsbild, Köln 1997, S. 78 - 95.
[30] Folglich wird die Leugnung des Völkermordes an den Sinti und Roma in der in Anm. 5 zitierten Literatur über die sog. Auschwitzlüge gar nicht erwähnt.
[31] Siehe dazu: Wolfgang Wippermann, Sinti und Roma: Ihre Geschichte – unsere Geschichte, in: Rolf Busch (Hrsg.), Sinti, Roma und wir, Berlin 1994, S. 25 - 46.
[32] Vertreten und verbreitet wurde diese diffamierende These von dem Landauer Amtsarzt Hermann Arnold, der bis weit in die 70er Jahre hinein als der deutsche „Zigeunerforscher" angesehen wurde. Zu ihm: Joachim S. Hohmann, Die Forschungen des „Zigeunerexperten" Hermann Arnold, in: Zeitschrift für Sozialgeschichte des 20. und 21. Jahrhunderts 10, 1995, H. 3, S. 35 - 49.
[33] Dazu: Romani Rose, Bürgerrechte für Sinti und Roma. Das Buch zum Rassismus in Deutschland, Heidelberg 1987.

schen Kirche vor, „sich für die Interessen der Zigeuner stärker" zu engagieren, „als ihr obläge, sind doch weitaus die meisten europäischen Zigeuner dem katholischen Bekenntnis zugehörig."[34]

Revisionismus und „Vergangenheitsbewältigung"

Die Kritik an der angeblich viel zu intensiven „Vergangenheitsbewältigung"[35] mit ihren „Ritualen einer falschen Unterwürfigkeit" und „Bußbereitschaft" steht im Mittelpunkt der Argumentation der 'gemäßigten Revisionisten', die statt einer Aufarbeitung eine „Historisierung" des Nationalsozialismus einfordern.[36] Wenn sie sich dabei von den „moralischen",[37] „gesinnungsethischen"[38] und „volkspädagogischen"[39] Motiven und Zielen ihrer Gegner distanzieren, dann berufen sie sich meist auf Rankes Diktum, wonach es die eigentliche Aufgabe des Historikers sei, darzustellen, „wie es eigentlich gewesen" sei.[40] Dabei übersehen diese Revisionisten jedoch, daß Rankes Objektivismus kein Relativismus war. Ranke glaubte an Gott und sein Wirken in der Geschichte, wollte „Gottes Finger" in der Geschichte

---

[34] Hermann Arnold, Die NS-Zigeunerverfolgung. Ihre Ausdeutung und Ausbeutung, Aschaffenburg 1989, S. 64.

[35] Vgl. die Kritik des neurechten Ideologen Weißmann: Karlheinz Weißmann, Rückruf in die Geschichte. Die deutsche Herausforderung, Berlin 1992, S. 145: „Die NS-Vergangenheitsbewältigung war für den westdeutschen Staat ein Teil seiner Identität geworden. Sie band in einem erheblichem Umfang geistige Energien und diente gleichzeitig als Waffe im politischen Tageskampf. Mit dem drohenden Hinweis, daß immer noch nicht ausreichend 'bewältigt' wurde, hat man das Kollektiv schließlich in einen Zustand gebracht, der bei einem einzelnen Straftäter niemals geduldet würde: permanenter Verdacht trotz erwiesenen Wohlverhaltens, Fortschreibung der Buße ad infinitum".

[36] Vgl. dazu den programmatischen Aufsatz von: Uwe Backes/Eckhard Jesse/Rainer Zitelmann, Was heißt „Historisierung" des Nationalsozialismus?, in: diess. (Hrsg.), Die Schatten der Vergangenheit – Impulse zur Historisierung des Nationalsozialismus, Frankfurt/M. 1990, S. 25 - 57.

[37] Nach moralischen Kriterien zu urteilen, gilt als verwerflich. Man wird dann als „Moralist" beschimpft.

[38] Soweit ich sehe, hat der „Zigeunerforscher" Hermann Arnold diesen Begriff als erster als Vorwurf verwandt. Vgl., ders., Die NS-Zigeunerverfolgung, S. 30, wo er der gesamten NS-Forschung „gesinnungsethischen Rigorismus" vorwirft. Dem Mitarbeiter des Heidelbergers Zentralrats deutscher Sinti und Roma, Fritz Greußing, wird hier (S. 60) „radikale Gesinnungsethik" vorgeworfen. In den 90er Jahren wird der Begriff in der revisionistischen Literatur dann geradezu inflationär verwandt.

[39] Der Begriff wurde von Golo Mann in der Kontroverse über den Reichstagsbrand verwandt, als Mann die These von Fritz Tobias, wonach nicht die Nationalsozialisten, sondern der Holländer Marinus van der Lubbe angezündet habe, als „volkspädagogisch" problematisch bezeichnet. M.W. hat kein anderer Historiker diesen Begriff jemals verwandt, dennoch wird dies von den Revisionisten immer wieder behauptet.

[40] Leopold von Ranke, Geschichte der romanischen und germanischen Völker von 1494 bis 1534. Mit einem Anhang. Zur Kritik der neueren Geschichtsschreiber (1824), in: Ranke, Sämtliche Werke, Bd. 33/34, S. VII.

bemerkt haben und war der Meinung, daß „jede Epoche unmittelbar zu Gott" sei. Religiöse und moralische Kriterien der Urteilsbildung schloß Ranke nicht aus, ja er wollte sogar einen religiösen Sinn in der Geschichte sehen.[41]

Revisionismus und Protestantismus

Der geschichtsphilosophische Optimismus Rankes und des deutschen Historismus ist durch die Erfahrung der „deutschen Katastrophe"[42] zweifellos ins Wanken geraten. Doch an seine Stelle darf kein amoralischer Relativismus treten. Zeitgenossen wie Nachgeborene sind für das, was im deutschen Namen geschah und von Deutschen begangen worden ist, mitverantwortlich. Die Auseinandersetzung mit der Geschichte des Nationalsozialismus war und ist kein nur historiographisches, sondern zugleich ein moralisches, religiöses und eminent pädagogisches Problem.
Die Evangelische Kirche hat dies bereits am 19. Oktober 1945 erkannt, als sie sich in Stuttgart zur „Solidarität der Schuld" bekannte und sich anklagte, „nicht mutiger bekannt, nicht treuer gebetet, nicht fröhlicher geglaubt und nicht brennender geliebt (zu) haben."[43] Man mag das Stuttgarter Schuldbekenntnis für unzureichend halten, weil weder die Verbrecher noch die Opfer (das Wort Jude taucht bekanntlich überhaupt nicht auf) konkret benannt wurden, dennoch war dieses Schuldbekenntnis äußerst wichtig, weil es theologische Folgen hatte. Ich denke an die Diskussion über die Grenzen der Obrigkeitstreue in einer Situation, in der es nicht mehr ausreicht, die „Opfer unter dem Rad zu verbinden, sondern dem Rad in die Speichen zu greifen" (Bonhoeffer).[44] Ich denke vor allem an die „Theologie nach Auschwitz", d.h. das erneuerte Verhältnis zum Judentum, wozu vor allem der Verzicht auf die Judenmission gehört. Ich denke schließlich an die als „Sühnezeichen" verstandene Erinnerungsarbeit im schulischen und außerschulischen Bereich.
All dies hatte und hat einen spezifisch protestantischen Charakter und wäre ohne die von protestantischen Theologen wie Karl Barth aufgeworfene „Schuldfrage" nicht möglich gewesen. Gerade dies stört die Revisionisten, die diese Schuldfrage leugnen und zumindest relativieren, wobei sie die moralischen und religiösen Probleme bewußt aussparen. Die Revisionisten sind amoralisch und antireligiös und wollen einen moral- und religionsfreien Diskurs über unsere Vergangenheit führen. Sie relativieren nicht nur die Schrecken des Dritten Reiches, sie sind selber Vertre-

---

[41] Mehr zu Ranke und das Problem der Objektivität in der Geschichtsschreibung: George G. Iggers, Deutsche Geschichtswissenschaft. Eine Kritik der traditionellen Geschichtsauffassung von Herder bis zur Gegenwart, München 1971.

[42] Friedrich Meinecke, Die deutsche Katastrophe. Betrachtungen und Erinnerungen, Wiesbaden 1946. Vgl. dazu: Wolfgang Wippermann, Friedrich Meineckes „Die deutsche Katastrophe" – Ein Versuch zur deutschen Vergangenheitsbewältigung, in: Michael Erbe (Hrsg.), Friedrich Meinecke heute, Berlin 1981, S. 101 - 121.

[43] Zitiert nach: Martin Greschat (Hrsg.), Im Zeichen der Schuld. 40 Jahre Stuttgarter Schuldbekenntnis. Eine Dokumentation, Neukirchen-Vluyn 1985, S. 45f.

[44] Vgl. dazu: Helmut Ruppel/Ingrid Schmidt/Wolfgang Wippermann, „...stoßet nicht um weltlich Regiment"? Ein Erzähl- und Arbeitsbuch vom Widerstehen im Nationalsozialismus, Neukirchen-Vluyn 1986.

ter eines schrankenlosen Relativismus und eines moralischen Nihilismus. Deshalb wenden sie sich immer wieder mit besonderer Heftigkeit gegen die 'typisch protestantische' „Schuldbesessenheit", die mit einer „Machtvergessenheit"[45] korrespondiert und sich in „Betroffenheitsritualen"[46] manifestiert.

Besonders ausgeprägt ist diese Kritik bei Imanuel Geiss, der einstmals als linker Historiker gegolten hatte, sich jedoch im „Historikerstreit" vehement auf die Seite Noltes schlug und in einem extrem polemischen „unpolemischen Essay" über den, wie er witzelnd meinte, „Hysterikerstreit" nahezu alle relativierenden Argumente Noltes und seiner Anhänger übernahm: von der Gleichsetzung von Faschismus und Kommunismus über die relativierenden Hinweise auf die angeblich so tragische geographische „Mittellage" Deutschlands bis hin zur nahezu vollständigen „Entsorgung" der deutschen Geschichte und Preisung der deutschen Nation.[47]

In dieser historiographischen Debatte, auf die hier nicht weiter eingegangen werden soll, warf er seinen Kontrahenten vor, „linke Polit-Heilige" zu sein, die einen „linkssäkularisierten Fundamentalismus" verträten, der in der Geschichte von „Jesus, Joachim von Fiore, Münzer," bis hin zu „Marx, Engels, Bebel, die Liebknechts, Rosa Luxemburg, Lenin, Ulrike Meinhof, Fritz Teufel" und „Willy Brandt"(!) repräsentiert worden sei.[48] Mit besonderer Heftigkeit attackierte Geiss einmal die „jüdische Apokalyptik",[49] was bei ihm nicht ungewöhnlich ist, hielt er es doch in einem anderen Buch für angebracht, den Gott der Juden, die er hier als „typische semitische Halbnomaden" titulierte, als „Beduinen- und Sippengott" zu bezeichnen[50] und darüber hinaus noch die Ursprünge des Rassismus in der jüdschen Religion zu suchen.[51]

Geiss' zweites Feindbild ist der (protestantische) Pietismus, der nach Geiss vor allem in den „Mittelgebirgsregionen" beheimatet gewesen sein soll, die er als „Rückzugsgebiete für sektiererischen Radikalismus" bezeichnet.[52] Ein Zentrum sei Gummersbach „mit seinem besonders ausgeprägten elitär-missionarischen Lokalbewußtsein" gewesen. Warum gerade Gummersbach? Weil Geiss' Hauptbösewicht Hans-Ulrich Wehler aus Gummersbach stammt. Diesem Historiker kreidet Geiss

---

[45] Dieser Begriff wurde 1985 von dem konservativen Historiker Hans-Peter Schwarz geprägt und seitdem in der revisionistischen Literatur häufig zitiert. Vgl. Weißmann, Rückruf in die Geschichte, Berlin 1992, S. 172.

[46] Die Kritik an dem zugegebenermaßen etwas abgegriffenen Terminus „Betroffenheit" tauchte, wenn ich recht sehe, schon Ende der 80er Jahre in der „TAZ" auf und ist seitdem aus den zeitgeistigen Feuilletons von FAZ bis Tagesspiegel nicht mehr wegzudenken.

[47] Imanuel Geiss, Der Hysterikerstreit. Ein unpolemischer Essay, Bonn 1992.

[48] Ebenda S. 144.

[49] Ebenda S. 145.

[50] Imanuel Geiss, Geschichte des Rassismus, Frankfurt/M. 1988, S. 62. Geiss versteht unter diesen Ausführungen, mit denen er sowohl Juden wie Christen verletzt und beleidigt, eine „sozialgeschichtliche Interpretation altjüdischer Überlieferungen".

[51] Ebenda S. 203: „Die jüdische Lehre vom 'heiligen' und 'auserwählten Volk', gar noch im messianischen Ghetto, warf tiefe Gräben zwischen sich und der 'feindlichen' Welt auf, der Talmud interpretierte die Geschichte von Noahs Fluch gegen die Schwarzen rassistisch."

[52] Geiss, Hysterikerstreit, S. 146.

an, daß seine Sprache „mit Bildern aus pietistischer Bibelkenntnis" durchsetzt sei.[53] Generell wirft er der „progressiven" Geschichtswissenschaft vor, „genau zwischen 'Gut' und 'Böse' zu unterscheiden".[54]

Die Notwendigkeit der Erinnerung

Geiss ist kein Einzelfall. Auch andere Revisionisten kritisieren an der NS-Forschung und der „Vergangenheitsbewältigung" generell die Verwendung von Werturteilen und den Gebrauch und die Verwendung von religiösen, vor allem protestantischen Begriffen und Ritualen. Doch ist dies so falsch und verwerflich? Schließlich ist eine Historiographie, die auf die Verwendung ethischer und moralischer Wertmaßstäbe verzichtet, weder wünschenswert noch denkbar. Dies gilt vor allem bei der Darstellung der Geschichte des Dritten Reiches, denn dabei handelt es sich nicht um eine 'normale' historische Epoche. Die NS-Zeit markiert einen „absoluten Bruch",[55] sie stellt eine „Abweichung von allen Normen" dar, die daher „mit anderen Ereignissen nicht verglichen und in keiner Weise selbst 'normalisiert'" werden kann und darf,[56] „Auschwitz hat die Bedingungen für die Kontinuierung geschichtlicher Lebensumstände verändert", weil in Auschwitz etwas geschehen ist, „was bis dahin niemand auch nur für möglich halten konnte".[57]

Auch wenn Angehörige der deutschen „Täternation" (Saul Friedländer) meinen, daß diese Fragen durch die Wiedervereinigung, den Zusammenbruch des Kommunismus oder durch sonst ein Ereignis obsolet geworden sind, dann sollten sie jedenfalls auf die Gefühle und Empfindungen der Opfer Rücksicht nehmen, die, um noch einmal Saul Friedländer zu zitieren, die nationalsozialistische „Epoche (...) als einen absoluten Bruch erlebt" haben und die seitdem versuchen, „die Katastrophe in einen kohärenten zeitlichen" und, wie zu ergänzen ist, auch religiösen „Zusammenhang zu stellen",[58] und sich bemühen, „daß die moralischen Lehren aus der 'Endlösung' späteren Generationen nicht verloren gehen".[59] Wer auf derartige „Empfindungen der Opfer" keine Rücksicht nehmen will und darin nur eine „volkspädagogische Argumentation" sehen möchte, die „wissenschaftlicher Denkweise untergeordnet" werden muß, hat wirklich nichts begriffen und will es offensichtlich auch nicht.[60]

---

[53] Ebenda S. 147.
[54] Ebenda.
[55] Saul Friedländer, Die Last der Vergangenheit, in: Wolfgang Wippermann, Der konsequente Wahn. Ideologie und Politik Adolf Hitlers, München 1989, S. 242 - 259, S. 250.
[56] Ralf Dahrendorf, zitiert nach ebenda S. 253.
[57] Jürgen Habermas, zitiert nach ebenda S. 258.
[58] Ebenda S. 250.
[59] Vgl. dazu die Einleitung des israelischen Historikers Israel Gutmann zu: Eberhard Jäckel/Peter Longerich/Julius H. Schoeps (Hrsg.), Enzyklopädie des Holocaust. Die Verfolgung und Ermordung der europäischen Juden, Bd. 1 - 4, München 1995, Bd. 1, S. IX - XV. Mehr zu diesen Fragen bei: Dan Diner (Hrsg.), Ist der Nationalsozialismus Geschichte? Zur Historisierung und Historikerstreit, Frankfurt/M. 1987.
[60] So der bereits mehrfach erwähnte Politologe Eckhard Jesse. Vgl.: ders., Philosemitismus, Antisemitismus und Anti-Antisemitismus. Vergangenheitsbewältigung und Tabus, in: Backes/

Revisionistische Thesen werden heute nicht mehr nur von Antidemokraten, sondern auch von Personen vertreten, die sich als Demokraten verstehen und die durch die Leugnung und Relativierung der Verbrechen des Dritten Reiches eine 'Normalisierung' und Intensivierung des deutschen Nationalgefühls und eine neue Stellung Deutschlands in Europa und der Welt anstreben, die seiner wirtschaftlichen und politischen Bedeutung als einer potentiellen Großmacht entspräche. Bei dieser 'Überwältigung der Gegenwart' stört die Vergangenheit und der Versuch, sie aufzuarbeiten. Daher soll die Vergangenheit endlich vergehen und die „Vergangenheitsbewältigung" beendet werden.[61]

Doch beides ist vergeblich. Die propagierte neue „selbstbewußte Nation"[62] wird weiterhin im „Schatten der Vergangenheit"[63] stehen. Bei dem lauthals verkündeten „Rückruf in die Geschichte"[64] kann man die Geschichte des Nationalsozialismus weder ausklammern noch in irgendeiner Weise relativieren und revidieren. Geschichte ist nicht rückgängig zu machen. Jede Verfälschung der deutschen Geschichte zum Zwecke der Verherrlichung des deutschen Nationalismus ist und muß zum Scheitern verurteilt sein. Die „Notwendigkeit der Erinnerung" bleibt. Gerade Protestanten sollten dies erkennen und sich gegen die geschilderten Angriffe der Revisionisten wehren.

Jesse/Zitelmann (Hrsg.), Die Schatten der Vergangenheit, Frankfurt 1990, S. 543 - 567, S. 547.

[61] Der neurechte Ideologe Karlheinz Weißmann hat diese Zielsetzung folgendermaßen ausgedrückt: „Wenn die Nostalgiker mit ihren überständigen Beschwörungsformeln und ihrer Rückwärtsgewandtheit abtreten müßten oder zur Anpassung an die veränderte Lage gezwungen würden, gäbe es villeicht auch Möglichkeiten für die Erneuerung der politischen Klasse" (Weißmann, Rückruf in die Geschichte, S. 155).

[62] Heimo Schwilk / Ulrich Schacht (Hrsg.), Die selbstbewußte Nation. „Anschwellender Bocksgesang" und weitere Beiträge zu einer deutschen Debatte, Berlin 1994.

[63] Uwe Backes / Eckhard Jesse / Rainer Zitelmann (Hrsg.), Die Schatten der Vergangenheit. Impulse zur Historisierung des Nationalsozialismus, Frankfurt / M. 1990.

[64] Karlheinz Weißmann, Rückruf in die Geschichte. Die deutsche Herausforderung, Berlin 1992.

Anti-Zionismus – ein neuer Antisemitismus?
Israel verleugnen und verdrängen. Was sind die Folgen?

Emanuel Hurwitz

*Die Rede von den „Opfern (= Palästinenser) der Opfer
(= jüdische Israelis)" als Folge einer Abwehr von Schuldgefühlen
gegenüber den jüdischen Opfern der Schoa[1]*

Der Zürcher Psychotherapeut und Schriftsteller, Emanuel Hurwitz, setzt sich mit der Tatsache auseinander, daß seine „nichtjüdische (meist christliche, A.L.) Umwelt zur Entlastung von Schuldgefühlen die Juden zu neuen Tätern macht" und sich 'gute' Juden nur in der Rolle von Opfern vorzustellen vermag. Kurz nach dem Ende des zweiten Golfkrieges 1991 denkt er angesichts erlebter antisemitischer Angriffe über seine Auswanderung nach Israel nach:

Ich stelle meine Zeugnisse zusammen – über bestandene Prüfungen, meine Ausbildung, die bisherigen Stellen, die publizierten Arbeiten – und schicke sie an die zuständigen Instanzen nach Israel. Ich will wissen, ob ich dort meinen Beruf ausüben könnte. Mich selber frage ich allerdings, ob ich in der Lage wäre, in der fremden Sprache die Nuancen und Schattierungen der Worte aufzuspüren und zu erkennen. Meine Cousine R. hat ein Haus besichtigt, wunderschön, auf dem Lande, ideal für uns und die Kinder. Eine Praxis könnte man im Untergeschoß einrichten. Ist es richtig wegzugehen? Wir planen, für drei Wochen nach Israel zu reisen. Erholung am Meer und Erfahrung mit dem Land sollen verbunden werden, am Strand mit den Kindern baden und sich umsehen.
Eine Kollegin ist entsetzt. Du würdest vom Opfer zum Täter – könntest du das aushalten? Sie meint es gut. Oft versuche ich selber, mir vorzustellen, wie ich die politische Lage verkraften würde. Nur das Gerede von Opfern und Tätern ertrage ich schlecht. Es empört mich, wenn die nichtjüdische Umwelt zur Entlastung von Schuldgefühlen die Juden zu neuen Tätern macht. Ich finde es geschmacklos, wenn sie mir zur Opferrolle rät, weil nur so die Moral auf meiner Seite sei. Mit welchem Recht können wohlmeinende Menschen im Vollbesitz der Gnade ihrer späten Geburt behaupten, man wähle das Böse, wenn man sich für Israel entscheide?...

Schonzeit..., denke ich, ist es das, was ich jetzt brauche? Und für die Juden soll sie zu Ende sein? Der Ausspruch vom Ende der Schonzeit ist eine Verharmlosung. Ehrlicher wäre zuzugeben, daß die Jagd wieder begonnen hat. Wie sonst läßt sich die Hemmungslosigkeit begreifen, mit der die Juden – teils unter der Tarnung der Israelkritik – wieder verunglimpft werden. Der Philosemitismus der 'Schonzeit' schlägt wieder um in den alten, vertrauten Antisemitismus. Judenliebe und Judenhaß lösen sich periodisch ab, eine ewige Wiederkehr: mit der Liebe sühnt die Welt

---

[1] Aus: Emanuel Hurwitz, Christen und Juden, S. 19f.; 53 - 56 in Auszügen; 95f., Zürich 1991.

eine Zeitlang für die Exzesse vergangenen Hasses, mit dem Haß rächt sie sich für die durch Schuld aufgezwungene Liebe. Von Normalität oder 'normalisierter Beziehung' ist nichts zu spüren.

Diese Wechselbäder von Haß und Liebe zeigen, wie sehr die Beziehung der nichtjüdischen Umwelt zu 'ihren' Juden von Schuldgefühlen und ihrer Abwehr geprägt ist. In den Phasen des Philosemitismus, der jeweils die auf antijüdische Gewalttaten folgende Latenzzeit prägt, wird das Schuldgefühl durch Identifikation mit den Opfern abgewehrt. Das entlastet nicht nur die Täter, sondern auch die Angehörigen der schweigenden Mehrheit. Je mehr sich die Täter mit den Opfern identifizieren, um so eher verschwinden Schuld und Verantwortung aus dem Bewußtsein, und die Grenze zwischen Opfern und Tätern wird bis zur Unkenntlichkeit verwischt. Der Preis dafür ist die Depression, die eigentlich nur den Opfern anstünde. Sie wird in Kauf genommen. Aber Depression für eine entliehene Rolle ist letztlich unerträglich, vor allem, weil die Befreiung von Schuld doch nicht gelingt. Die unvermeidliche Folge ist Wut, die sich zur Frage ballt, wer denn den Tätern die Identifikation und die Depression aufgenötigt habe? Die Antwort ist schnell bei der Hand: die Opfer natürlich, die Juden – also gilt die Wut wieder ihnen. Aus der früheren Bangigkeit: wie können wir mit unserem Auschwitz weiterleben, ist die enervierte Zurückweisung geworden: Ihr mit eurem ewigen Auschwitz, könnt ihr uns damit nicht endlich in Ruhe lassen?

Lassen wir die Frage einmal außer acht, was mit dem Schuldgefühl gemeint ist. Nehmen wir einmal an, es handle sich wirklich um nichts anderes als um das schlechte Gewissen über die Verbrechen, die im Dritten Reich an den Juden verübt wurden. Auch diese Vereinfachung ändert nichts an der Periodizität der Abläufe: Während Jahren haben sich viele, denen die Leugnung der Verbrechen nicht möglich war, der Verantwortung entzogen, indem sie sich im Übermaß mit den Opfern identifizierten. Fast über Nacht wurden sie, die das Verschwinden der Juden noch eben ziemlich gleichgültig gelassen hatte, zu engagierten Judenfreunden. Sie trauerten mit den Juden, waren entsetzt und bedrückt mit den Juden, und betrieben durch eine prononciert judenfreundliche Beziehungskultur ihre persönliche Form der 'Wiedergutmachung'. Außerdem bewunderten sie die tapferen und mutigen Israelis, die ihnen den Protest gegen das noch vor kurzem akzeptierte Judenbild des 'Stürmers' abnahmen. Die Identifikation mit diesen neuen 'arischen' Juden machte die Schuld vollends ungeschehen. Dabei übersahen sie, daß gerade hier die Identifikation mit den Opfern versagen mußte, waren die doch so gar nicht mehr 'typisch jüdischen' Kämpfer leider auch keine Opfer mehr. Was immer unternommen wurde – das Schuldgefühl blieb hartnäckig bestehen und ließ sich durch nichts aus der Welt schaffen. Ich kann nicht ohne Rührung an all diese untauglichen Versuche denken, Belastungen loszuwerden, mit denen niemand leben und fertigwerden kann. Das Ausmaß ihrer Unerträglichkeit wird erst heute richtig einsehbar. Die 'Unfähigkeit zu trauern' zeitigt Spätfolgen.

Heute sind die Opfer in den Augen der Welt definitiv keine Opfer mehr, und die Lust ist allen vergangen, sich mit den Juden zu identifizieren. Nachdem sich das Schuldgefühl nicht verflüchtigt hat, muß das Experiment der depressiven Identifikation als gescheitert abgeschrieben werden. Nun lastet das alte Schuldgefühl wieder schwer auf der christlichen Seele. Doch der Zorn über das Scheitern der Schuldabwehr wendet sich schon wieder gegen die geplagten Juden, denen nun auch noch übelgenommen wird, daß sie sich als Opfer versagten und so schuld sind am Mißerfolg der Abwehr...

Die Identifikation mit Opfern ist ein zentrales Thema zahlreicher Konflikte. Linke wie Christen beziehen aus ihr die moralische Legitimation für ihr Engagement. Um sich aber mit Opfern identifizieren zu können, bedarf es eindeutiger Opfer. Und eindeutige Opfer kommen ohne eindeutige Täter nicht aus. Es liegt in der Natur einer solchen Konfliktstrategie, daß sie sich nicht nur die Reinheit der Opfer, sondern auch die Reinheit der Täter schaffen muß. Dazu ist unabdingbar, Differenzierungen über Bord zu werfen, sonst wird nicht nur die Eindeutigkeit der Opfer, sondern auch die eindeutige Identifikation mit ihnen fragwürdig. So wird der Befreiungskampf der Palästinenser als linke oder christliche Befreiungsbewegung wahrgenommen, wo es sich eigentlich um einen vorwiegend nationalen Kampf handelt, dem zur Erreichung seiner Ziele fast jedes Mittel recht ist. Ich denke dabei nicht nur an die Terrorangriffe auf Zivilisten, ich denke auch nicht an die Bruderküsse zwischen Arafat und dem Schlächter von Bagdad. Selbst im weniger dramatischen Propagandakrieg heiligt der Zweck die Mittel.
Daß der Nahostkonflikt facettenreich und komplex ist wie kaum ein anderer, wird weder von Linken noch von Christen bestritten. Dennoch sind gerade von dieser Seite seltsame Vereinfachungen zu hören, wie etwa die Behauptung, die Opfer von gestern seien die Täter von heute und hätten neue Opfer gefunden. Wenn das simplifizierende Schema vom unschuldigen Opfer und vom schuldigen Täter – selbst wider besseres Wissen – ausgerechnet auf diesen Konflikt angewandt werden muß, kann das kein Zufall sein. Die Unbedingtheit, die der christlichen Identifikation mit den Opfern zugrundeliegt, erinnert an den historischen Ursprung der christlich-jüdischen Auseinandersetzung. Der zentrale Inhalt der christlichen Heilsgeschichte ist ja der Opfertod seines Religionsstifters. Wer sich mit dem Opfertod Jesu identifiziert, hat Teil am Heil, steht in der direkten Nachfolge von Christus. Die Geschichte des früheren Christentums ist eine Geschichte von Märtyrern. Die Identifikation mit dem Sohne Gottes kann aber nur eine unbedingte sein. Die Identifikation mit dem Opfer als eine Imitatio Dei sive Dei filii ist bedingungslos. Wer Jesus als Sohn Gottes und als Messias versteht, kann weder Zweifel an seiner Botschaft noch Zweifel an seinem Opfertod zulassen. Für den Glauben gibt es keine Differenzierungen. Wenn sich heute viele Christen ihrer Feindseligkeit Israels gegenüber nicht bewußt sind und sich ganz selbstverständlich nur als gute, engagierte Menschen verstehen, haben sie einzig und allein ihre Solidarität mit dem (palästinensischen A.L.) Opfer im Blickfeld. Das ist moralisch so unantastbar, daß der gleichzeitig notwendige Haß, der das dämonisierte Täterbild schafft, abgespalten werden kann.

Der als Anti-Zionismus verkleidete Antisemitismus bei der Linken[1]

Ingrid Strobl

Ingrid Strobl, einmal bei der RAF aktiv, Schriftstellerin, setzt sich in ihrem Buch „Das Feld des Vergessens" mit der deutschen „Vergangenheitsbewältigung" auseinander. Sie analysiert dabei im besonderen „die mangelnde Auseinandersetzung" der nichtjüdischen deutschen Linken mit der Schoa; als Folge erkennt sie einen verbreiteten „als Antizionismus verkleideten Antisemitismus":

Eine Mischung aus Ignoranz, naiver Selbstgefälligkeit, historischer Ahnungslosigkeit und kaltem Desinteresse gegenüber der Schoa prägte ... die Haltung vieler deutscher Linker nach der 'Kehrtwende' 1967, als sich die Mehrheit der deutschen Linken von Israel ab- und 'den Palästinensern' zugewandt hatte. Nachdem die überlebenden Juden und ihre Nachkommen als Israelis zwei Kriege hintereinander gewonnen hatten, anstatt edel zu sterben, schlugen sich Teile der '68er', die für kurze Zeit die Opfer der Schoa zu quasi neuen Heiligen idealisiert hatten, enttäuscht und empört auf die Seite derer, die sie nun 'die Opfer der Opfer' nannten – der Palästinenser. Die erfüllten scheinbar die Kriterien, die Linke an Verfolgte stellen – sie kämpften um ihre Befreiung, und sie erfüllten darüber hinaus noch die Sehnsucht vor allem der radikalen Linken nach Kampf und Revolution und Identität.

Auf 'die' Palästinenser projizierten von der eigenen Erfolglosigkeit frustrierte, bundesdeutsche Linke ihre Träume und Hoffnungen, wie sie diese, ähnlich undifferenziert, auf viele andere Völker projizierten, von Vietnam bis Portugal, von Nicaragua bis Kurdistan. Die Palästinenser unterschieden sich jedoch in einem Punkt von allen anderen Unterdrückten und Verfolgten: sie wurden von Juden unterdrückt, und diese Tatsache reizte deutsche Linke wie den Stier das rote Tuch. Gerade die Juden, die doch in Auschwitz so Schreckliches erlitten hatten, hieß es von Leuten, die sich nie mit Auschwitz beschäftigt hatten, gerade die Juden müßten sich doch aller Ungerechtigkeit und Grausamkeit enthalten. So als sei, wie linke deutsche Juden bitter dagegen hielten, Auschwitz eine Besserungsanstalt gewesen.

Wie unbewußt auch immer, durch die israelische Politik gegen die Palästinenser fühlten sich viele deutsche Linke befreit von jeder Verantwortung, der sie sich als Nachkommen der Täter womöglich stellen müßten. Da jedoch die Ungeheuerlichkeit der Schoa selbst für diejenigen, die sich nie näher mit ihr konfrontiert haben, so ohne weiteres nicht zu ignorieren ist, mußte sie auf Teufel komm raus relativiert werden. Zwanghaft wurde alles, was Israelis Palästinensern antaten, mit dem verglichen, was Deutsche den Juden angetan haben. Als die israelische Armee im Libanon einmarschierte, sprachen deutsche Linke von der 'Endlösung der Palästi-

---

[1] Aus: Ingrid Strobl, Das Feld des Vergessens, Berlin 1994, Seite 109 - 111; S. 114f.

nenserfrage' (Tageszeitung), die Beispiele für derlei Gleichsetzungen sind zahlreich. Man beschränkte sich bald nicht mehr auf die Kritik dessen, was die israelische Regierung, die Armee oder einzelne Israelis taten, Israel selbst, 'das zionistische Gebilde', wurde zum Übel schlechthin erklärt, zum Feind der Menschheit. So diente der Antizionismus nicht nur der Entlastung von historischer Verantwortung, sondern befriedigte auch klammheimliche, antisemitische Bedürfnisse. Was den Eltern- und Großelterngenerationen der ewige Jude war, der nirgends seßhaft wird, der blutsaugerische Wucherer, der jüdische Parasit, der es darauf anlegt, das hilflose (arische) Wirtsvolk zu zersetzen und schließlich zu vertreiben, das war, wenn auch zutiefst unbewußt, linken Antizionist/inn/en das künstliche Gebilde Israel, das von Eindringlingen bewohnt wird, die in Wahrheit gar kein Volk sind, die jedoch mit blutigen Mitteln das seit Jahrtausenden ansässige Volk der Palästinenser vertreiben und als imperialistischer Brückenkopf das Verderben aller arabischen Völker im Nahen Osten betreiben. Die Politik keines anderen westlichen/imperialistischen Staates wurde so kontinuierlich mit solcher Wut und solcher Intensität von deutschen Linken angegriffen, wie die Politik des israelischen Staates, wie 'die Zionisten'.

Die angeblichen Fakten, mit denen die abgrundtiefe Schlechtigkeit und Verworfenheit 'der Zionisten' begründet werden sollten, stammen aus Quellen, von denen die Verfechter/innen der Palästinasolidarität in Deutschland keine Ahnung hatten, und die sie nicht hinterfragten. Das Material, aus dem sie blind schöpften, weil ihnen die Terminologie vertraut war und weil das Feindbild stimmte, stammte weitgehend aus dem Arsenal des stalinistischen und poststalinistischen Antisemitismus. Ein Großteil der 'Informationen', die in den Broschüren und Flugblättern der deutschen Linken der 70er und 80er Jahre verwendet wurden, um 'den Zionismus' zu entlarven, ist nichts als die jeweils aktualisierte Fortschreibung der Anklagen in den antisemitischen Kampagnen, die in den sozialistischen Ländern Ende der 40er, Anfang der 50er und Ende der 60er Jahre inszeniert wurden...

Dieses manichäische Weltbild hat nicht nur in bezug auf Israel verhindert, daß Widersprüche, Komplikationen, Verflechtungen wahrgenommen wurden, die nicht in das Schema 'Die Guten gegen die Bösen' paßten. Der Konflikt zwischen Israel und den Palästinensern paßte von Anfang an nicht glatt in dieses Schema. Die Not, die Vertreibung der Palästinenser, das Unrecht, das ihnen geschah, waren offensichtlich. Die Gründe jedoch, warum Juden darauf bestanden, einen eigenen, einen jüdischen Staat zu errichten, konnte nur wahrnehmen, wer bereit war, hinter das Heute zu schauen, wer bereit war, zweitausend Jahre Diaspora, zweitausend Jahre Verfolgung, Zwangstaufen, Pogrome und schließlich die Ermordung von sechs Millionen Frauen, Männern und Kindern zu sehen. Und, daß auch heute, außer eben in einem jüdischen Staat, in keinem Land der Welt Juden vor Antisemitismus sicher sind.

So akribisch deutsche Linke jedes Unrecht registrierten, das Israelis verübten, so konsequent sahen und hörten sie weg, wenn es um Verbrechen ging, die von arabischer Seite begangen oder angedroht wurden. Von den 'fortschrittlichen' arabischen Regimes wurde einerseits gefordert, sie sollten die Palästinenser bei der Rückeroberung Palästinas also der 'Beseitigung des zionistischen Gebildes' unterstützen, während gleichzeitig die Israelis, wenn sie auf ihre Bedrohung verwiesen, der Paranoia beschuldigt wurden. Der Vorwurf, im Nahen Osten trieben sich alte wie neue Nazis herum, wurde empört als imperialistische Propaganda zurückgewiesen. Tatsächlich waren aber Syrien und Ägypten zum sicheren Exil für zahlreiche NS-Verbrecher geworden. In Syrien fanden Franz Stangl, der ehemalige Kommandant des Vernichtungslagers Treblinka, Zuflucht, und Alois Brunner, einer der Hauptverantwortlichen für die 'Endlösung'. Joachim Däumling, der ehemalige Polenreferent im Reichssicherheitshauptamt, baute in Kairo den ägyptischen Geheimdienst nach dem Vorbild seines ehemaligen Amtes auf; Johannes von Leers, der Leiter der antisemitischen Propaganda in Goebbels' Ministerium, leitete nach dem Krieg die antizionistische Propaganda Nassers. Palästinensische Gruppen im Libanon trainierten deutsche Neonazis. All das hätte wissen können, wer es wissen wollte. Und wer es wußte, hätte Konsequenzen daraus ziehen müssen. Doch nach dem Motto, daß nicht sein kann, was nicht sein darf, hielten sich nicht nur deklarierte Antizionist/inn/en Augen und Ohren zu.

4. Erinnern zwischen Schuldgefühl und bleibender Verantwortung

Schuld-bewußte Geschichtsschreibung –
eine deutsche theologische Spezialität?

Dietrich Ritschl

Bei einem wissenschaftlichen Symposion zur Frage von Sinn und Aufgabe der Geschichtsschreibung, insbesondere in der Kirchen- und kirchlichen Zeitgeschichte, brachte ich das mir von Eberhard Bethge einmal genannte Stichwort der „schuldbewußten Historiographie" in die Debatte ein und erfuhr eine glatte Abfuhr von seiten der professionellen Historiker. Diese waren in politischen Fragen und im Hinblick auf die Schoa keineswegs anderer Meinung als ich, aber sie wollten dieses Motto trotzdem nicht ernstnehmen. Ich wähle es hier als Überschrift, um ein Problem zu signalisieren, das der Diskussion bedarf. Und ich verbinde es mit der Frage, ob unsere kirchlichen und theologischen Zeitgenossen in anderen Ländern und Kontinenten – wo ich lange gelebt habe – recht haben, wenn sie immer wieder behaupten, einzig in Deutschland sei die Frage nach der Mitverantwortung des ganzen Volkes und insbesondere der Kirchen an der Schoa sowie auch die Frage nach der jüdisch-christlichen Beziehung überhaupt (hier werden dann auch noch Holland und die Schweiz genannt) ein zentrales Thema.

Die im folgenden ausgeführte Nachfrage nach möglichen oder gar notwendigen theologischen Begründungen für die Forderung nach einer erneuten, öffentlichen „Erinnerungskultur" möchte ich mit zwei außereuropäischen Beispielen einleiten. Sie zeigen, daß auch dort in gewisser Weise „schuldbewußte Historiographie" aufgekommen ist, jedoch in gar keiner Weise im Hinblick auf die Schoa.

1. In der Gegenwart die Vergangenheit neu sehen lernen
– zwei außereuropäische Beispiele

Unsere Kinder sind von den späten fünfziger Jahren bis 1970 in den USA aufgewachsen und in die Schule gegangen. Wir haben mit ihnen die Änderungen der Schulbücher im Hinblick auf die amerikanische Geschichte erlebt: Die Pilgrim Fathers mit den großen schwarzen Hüten, die mit der „Mayflower" an der Ostküste landeten („Waren das auch unsere Vorfahren?" fragten sie begreiflicherweise), kamen zwar immer noch sehr gut weg, aber die „Indianer" – heute wird dies Wort ja nicht mehr verwendet – erschienen plötzlich in einem neuen Licht. Nicht nur in den Schulbüchern erfuhren sie eine große Aufwertung, und die Weißen, die sie mit faulen Verträgen betrogen und mit überlegenen Waffen abschossen, wurden entsprechend negativ beurteilt, sondern auch die Paperback-Bücher, die man an Kiosken kaufen kann, ließen die „native Americans" in den 60er und 70er Jahren als die

Opfer oder mindestens als die Betrogenen erscheinen. Damals kam das Wort von der „Schuld" auch der heute lebenden Amerikaner auf. Wenn auch die alten Filme im Fernsehen nicht sofort verschwanden, so regte sich doch allenthalben Kritik an ihnen: „So dachte man also früher! Eine Schande!" Parallel dazu gründete damals jede Universität und jedes noch so kleine College eine Abteilung für „African Studies", d.h. für die Erforschung der Geschichte der schwarzen Bevölkerung, deren Vorfahren als Sklaven importiert und gehalten wurden. Wie war dieser Wandel zu erklären? Es ist nicht möglich, in Kürze diese Frage eingehend zu behandeln, aber so viel soll doch gesagt sein, daß einerseits die Bürgerrechtsbewegung und andererseits die Kritik an der Kriegsführung in Vietnam – Martin Luther King hatte diese beiden ja in einer eindrucksvollen Rede vor dem UN-Palast in New York verbunden – entscheidend dazu beigetragen haben, auch die fernere amerikanische Vergangenheit in einem neuen Licht zu sehen. Hier liegt ein interessantes Beispiel für das Phänomen vor, daß die Erfahrung der Gegenwart die Vergangenheit neu sichten und erinnern hilft – eine durchaus in der hebräischen Bibel immer wieder aufgezeigte Denkfigur!

Das zweite Beispiel kommt aus Australien. Seit 1970 waren meine Frau und ich mehrmals zu Gastsemestern in Australien, meist in Melbourne, 1997 zum neunten Mal. Wir haben in dieser Zeit ein erstaunlich intensives Erwachen der Erinnerung an das Unrecht gegenüber der Urbevölkerung, den Aborigines, miterlebt. Heute stehen die „land rights" sowie die Prozesse um Wiedergutmachung für die Kinder der „stolen generation" (den Müttern entrissene Kinder, die in kirchlichen (!) und anderen Schulen bis in die 50er Jahre hinein erzogen wurden) im Mittelpunkt der Nachrichten und Debatten in den Medien. Abgesehen von der Gefolgschaft einer extrem rechtsstehenden Politikerin herrscht in der Gesellschaft Konsens über die Notwendigkeit einer neuen „Erinnerungskultur". Die Kirchen haben entscheidenden Anteil an dieser Wende, die im Zusammenhang mit der antirassistischen Einwanderungspolitik, die seit etwa 20 Jahren besteht, gesehen werden kann. Die Auseinandersetzung gerade um diese Politik war in mancher Hinsicht der äußere Anlaß für die Reorientierung im Hinblick auf die australische Geschichte. Freilich sind auch Ideologisierungen und falsche Vergleiche – aus gutgemeinten Motiven – nicht ausgeblieben. „Die Aborigines sind unser Auschwitz" hörten wir im Mai 1997 noch jemand sagen.

Mit diesen Beispielen sollte illustriert werden, daß in verschiedenen Kulturen konfliktreiche Ereignisse aus der Gegenwart eine Reinterpretation der eigenen Vergangenheit provozieren können. Die Geschichte wird „rückwärts interpretiert", nicht von früher auf später, sondern von heute auf das Frühere hin. Dies ist, wie gesagt, eine durchaus biblische Denkfigur (Deuterojesaja z.B. interpretierte den Exodus von den Kyros-Erfahrungen seiner Zeit aus), wenn es auch nicht ausgemacht ist, daß die Reinterpretationen, die ich nannte, tatsächlich bewußt in Anlehnung an biblische Denkmuster vorgenommen wurden.

Bei der Benennung der Beispiele wurde aber auch deutlich, daß allenthalben eine „nationale Identität" den Rahmen abgibt für die Reorientierung. Im selben Zug werden auch nationale „Schuldbekenntnisse", z.B. der Japaner über ihre Greueltaten in jahrzehntelanger Unterdrückung Koreas oder beim Einmarsch in China, ausdrücklich vermißt. In dieser „nationalen" Absteckung der Region, in der das Unrecht geschah, kann es dann auch folgerichtig erscheinen, die Vernichtung des jüdischen Volkes vor allem auf den nationalen deutschen Bereich einzugrenzen. Das hat die doppelte Folge: 1. daß sich selber von Mitschuld freisprechen kann, wer zu einem anderen nationalen Bereich gehört, und 2. daß die Schoa vergleichbar wird mit dem Unrecht, das im eigenen Bereich im Zuge der Reinterpretation der eigenen Geschichte als Schuld und Schande empfunden wird. Beides ist natürlich hoch problematisch, denn es ist zweifellos einerseits begründet, die betreffenden Nationen vornehmlich für ihre Verbrechen verantwortlich zu halten (wenn auch noch so viel Mitverantwortung bei ihren Nachbarn nachweisbar ist), daß andererseits die Schoa aus theologischen Gründen mit anderen Genoziden und Greueltaten eben nicht vergleichbar ist. Dieser Sachverhalt ist darum so schwer abklärbar und vermittelbar, weil es unmöglich ist, die gesamte Bevölkerung eines heutigen Landes auf biblisch-theologische Begründungen zu verpflichten. Darauf werden wir später noch zurückkommen müssen.

2. Offenheit und Ehrlichkeit gegenüber der Vergangenheit

Wir können nicht oft genug daran erinnert werden: Aus der Bibel sollen wir nicht nur die Stellen herauslesen, die uns passen und die unsere ethische, theologische oder politische Position unterstützen! Auch im Alten Testament gibt es Aufforderungen zum Genozid, und es ist an manchen Stellen durchaus nicht klar, ob es nicht Gott ist, der – mindestens in der Meinung der Autoren der Texte bzw. der die Geschichte bestimmenden Machthaber oder Könige – diese massenhaften Tötungen will. Ein oberflächliches, uninterpretiertes Abfragen der biblischen Texte als Zitatensammlung ergibt keine überzeugenden Argumente gegen Menschenrechtsverletzungen oder gegen massenhafte Tötungen. Und was sich in der hebräischen Bibel auf dem realen Boden der Geschichte abspielt oder abspielen soll, kehrt im Neuen Testament auf der Ebene des Endgerichts wieder, bei dem Hekatomben von Menschen ihr irdisches oder auch ewiges Leben verlieren. Ich will mit diesen furchtbaren Beobachtungen nur deutlich machen, daß wir es mit der Bibel nicht einfach haben, wenn wir nach Gründen gegen Tötung, Todesstrafe und massenhafte Vernichtung von menschlichem Leben suchen. Ohne eine differenzierte Interpretation und sorgfältige, theologisch verantwortete Auslegung ist die Bibel ein höchst gefährliches Buch: Der Fundamentalismus aller Gattungen zeigt es nur zu deutlich. Es sei hier bloß im Vorbeigehen an den amerikanischen Präsidenten erinnert, der die Weltpolitik unter der Drohung von Harmagedon aus Offb. 16,16 zu interpretieren pflegte.

Es bereitet jedoch viel weniger Mühe, aus den biblischen Schriften die Aufforderung zu einer grenzenlosen Offenheit und Ehrlichkeit gegenüber der Vergangenheit herauszulesen. Zumindest aus den Geschichts- und Prophetenbüchern können wir lernen, daß die Geschichte erinnert werden muß und vor allem, daß sie nicht falsch erinnert werden darf. Sie wird mit unerhörter Offenheit und „Ehrlichkeit" – wenn dies Wort hier sinnvoll ist – erinnert und erzählt. Viele Teile lesen sich wie eine radikale „Ungehorsamsgeschichte", in der nichts beschönigt oder idealisiert wird. Idealisiert bzw. typisiert sind gewiß „strukturelle" Phänomene, wie z.B. die Symmetrie der zwölf Stämme oder chronologische Sequenzen, nicht aber „moralische" (wie wir das nennen) oder die Gesetzestreue und den Gehorsam gegenüber Gott bereffende Haltungen oder Ereignisse; und darauf kommt es ja bei unserer Fragestellung an. Auch Einzelpersonen gegenüber ist die Geschichtsschreibung rücksichtslos offen: Petrus, der Sprecher der Jünger und „Fels", auf dem die Kirche erbaut wird, ist ausführlich als feiger Verräter portraitiert. Dem verheissungsvollmessianischen König David, dem Ehebrecher, ergeht es nicht anders. Das sind sehr eindrucksvolle Beispiele gerade im Vergleich zur Verherrlichung von Heroen in den Schriften und Sagen anderer Kulturen.

Wir stoßen mit diesen Beobachtungen ins Zentrum biblischer Theologie. Hier kann nur in groben Zügen skizziert werden, was wir für unsere Fragestellung lernen und übernehmen können und sollen. Die vielen guten Diskussionen und heißen Auseinandersetzungen um die politische Ethik aus christlicher – oder aus jüdisch-christlicher – Sicht in den Jahren nach 1945 haben mindestens dies als Frucht gezeitigt: Unrecht kann nicht gegen Unrecht aufgerechnet werden; Dresden balanciert nicht Coventry und Hiroshima/Nagasaki, nicht Auschwitz. Es war für viele unbeschreiblich schwer, diese Lektion zu lernen, manche haben sie bis heute nicht gelernt. Ich besinne mich noch gut an die Diskussionen unmittelbar nach dem Krieg in den Studentengemeinden und in der Öffentlichkeit, auch an die Positionen in Kirche und Gesellschaft in Großbritannien, wo wir seit 1952 lebten, und erst recht an etliche meiner Studenten in den USA, die am Koreakrieg teilgenommen hatten: Für sie war es ein großes Erwachen gewesen, daß sie zivile Anlagen bombardieren mußten und von nun an nicht mehr den offiziellen Erklärungen Glauben schenkten, im 2.Weltkrieg hätten Amerikaner und Briten in Deutschland nur militärische Ziele angegriffen. Sie waren über ihre eigene Vergangenheit fehlinformiert und nun erschrocken über die Wahrheit. Aber was lag näher als das spät erkannte Unrecht gegen das noch viel größere von Nazi-Deutschland aufzurechnen? Wäre es nicht eine dem Humanismus – der so böse verraten war – entsprechende gute ethische Grundentscheidung nun, wo die NATO gegründet war und die früheren Feinde zu Verbündeten machte, mit dem legendären Satz der Madame de Stael „Alles vergessen ist alles verzeihen" einen Schlußstrich zu ziehen? Es gibt freilich in allen Lagern auch heute noch Anhänger dieser Maxime, aber sie trennt sie definitiv von denen, die ihr Leben und das ihrer Mitmenschen im Licht der biblischen Botschaft sehen wollen. Menschen, die auch nur irgendwie und indirekt am christlichen Glauben Interesse haben, können diese Maxime nicht akzeptieren. So hart muß man das sagen.

3. Was heißt eigentlich Mitverantwortung für erinnerte Schuld?

Die im Zusammenhang mit unserem Thema relevanten Fragen könnten vielleicht so artikuliert werden: 1. Wenn es ein identitätstiftendes kulturelles Gedächtnis gibt, dessen Inhalte beschreibbar sind, ist es dann auch möglich, von einer kulturellen Schuldübernahme bzw. Verantwortungsakzeptanz zu sprechen? 2. Gibt es biblisch-theologische Paradigmen, die bei dieser Frage weiterhelfen? 3. Wer sind die Träger einer solchen Übernahme bzw. Akzeptanz?

Wir wollen diese Fragen nacheinander reflektieren, wenn auch ihre volle Beantwortung hier nicht möglich sein wird.

1. Von „Schuld" kann nur im Hinblick auf eine Instanz gesprochen werden, sei es ein Gott, ein König, ein Gesetz, das Gewissen, das Über-Ich usw. Entsprechend haben Platon, Thomas v.Aquin, Kant, S. Freud und viele andere Schuld beschrieben, auch zwischen Schuld und Schuldgefühlen unterschieden. Ferner ist zwischen juristisch faßbarer, moralischer, politischer und religiöser Schuld unterschieden worden, und diesen Kategorien entsprechend sind Fragen nach Schuldfähigkeit, Schuldvorwurf und Schuldübernahme aufgeworfen worden. Um es etwas salopp zu sagen: Mit dem breiten Begriff der Schuld kommen wir nicht weit; er muß erst spezifiziert und in seinen Differenzierungen geklärt werden, um überhaupt angewendet werden zu können. (Ähnlich ergeht es bekanntlich anderen breiten Begriffen, wie z.B. Mensch, Liebe, Krankheit usw.). Weil jedoch die Frage nach dem Träger von Schuld bereits beim breit angewendeten Begriff nicht ausgeklammert werden kann, und weil sie von allem Anfang an auf Individuen gemünzt war, ist die Rede von der „Kollektivschuld", die nach 1945 in der deutschen Diskussion aufkam, kritisiert und abgelehnt worden. Das ist im Hinblick auf die terminologische Seite der Sache begreiflich, wobei jedoch klar ist, daß hier nur sprachlich eine Lösung gefunden war. Der Sache nach bestand das Problem nach wie vor. Es ist durch die Einführung des Begriffs der kollektiven (bzw. gemeinschaftlichen) Übernahme von Verantwortung, der „Mitverantwortung", einer Lösung näher gebracht worden. Auch das ist begreiflich, wenn auch das Verhältnis von „Schuld" und „Verantwortung" nur scheinbar geklärt war. Zumindest muß ein Aspekt der Unterscheidung beachtet werden: Schuld setzt einen Beschuldiger voraus (und sei es das eigene Gewissen), Verantwortung hingegen kann in freier Entscheidung übernommen bzw. abgelehnt werden.[1]

Die Frage, wie heute lebende Menschen für die Fehler, Untaten und Verbrechen ihrer Vorfahren einstehen oder haftbar gemacht werden könnten, steht also im Raum. Wenn nicht alles täuscht, so ruht das hiermit gegebene Problem auf zwei Pfeilern auf: (a): Gibt es eine zeitliche Erstreckung der Identität einer Gruppe, sozusagen eine prolongierte Identität über die Zeit hin? und (b): Verlangt diese zeitliche Erstreckung (evtl. über Generationen hin) die Existenz eines eindeutig definierten Volkes, einer Gruppe, eines Kollektivs, zu dem die Mitglieder der späteren Generation ohne Zweifel gehören?

Man kann diese beiden Fragen wiederum von verschiedenen Perspektiven aus beantworten. Die Frage (a) nach der Prolongierung der Identität in zukünftige Jahre und Jahrzehnte hin stellt sich in krasser Form – wenn auch auf ein und dasselbe Individuum gemünzt – bei der strafrechtlichen Festlegung einer Verjährungsfrist (jedoch: „Verbrechen gegen die Menschlichkeit verjähren nicht"), staatsrechtlich bei der Selbstdefinition einer neuen Regierung als Rechtsnachfolgerin der vorhergehenden (z.B. der damaligen Bundesrepublik Deutschland im Unterschied zur DDR, die sich nicht als Nachfolger der NS-Regierung verstand).

---

[1] Vgl. den lesenswerten Aufsatz des Göttinger Philosophen G. Patzig, „Philosophische Bemerkungen zu: Willensfreiheit, Verantwortung, Schuld", in: K.Thomas (Hrsg.), Schuld: Zusammenhänge und Hintergründe (Europ. Hochschulschriften), Peter Lang, Frankfurt 1990, 147 - 164.

Sodann kann die Prolongierung etwa eines Eigentumsrechts im Erbrecht auf nachfolgende Individuen in einer Familie effektiv werden. Ferner kann natürlich auf Abstammung bzw. Verwandtschaft und auf genetisches „Erbe" verwiesen werden. Schwieriger wird es, wenn „moralische" Identität in Gestalt von Schuld- oder Verantwortungsübernahme über Generationen hin prolongiert wird. Hier kommt unsere Frage nach korporativer Mitverantwortung im Licht einer nicht wahrheitsscheuenden Erinnerung direkt ins Bild. Die Behauptung der Möglichkeit einer Mitverantwortung für von Früheren begangenes Unrecht setzt – wie oben unter (b) gefragt – die Kohärenz einer Gruppe, eines Kollektivs oder Volkes voraus. Diese Voraussetzung scheint zwingend zu sein, und hier liegen auch die Probleme: Was soll nun zählen? Die Staatsbürgerschaft etwa, oder die national-sprachliche Zugehörigkeit, die ethnische Identität, das historische und nationale Bewußtsein? Oder gibt es ein zeitlich sich in die Zukunft fortsetzendes „Milieu", einen „Nationalcharakter", etwas bleibend Typisches eines Volkes, z.B. Selbstüberschätzung und Ausländerhaß, oder das kulturelle Gedächtnis? Oder definiert die Stimme des Anklägers, sozusagen „von außen", das Kollektiv der Schuldigen?

2. Der Begriff des „Volkes" Israel in biblischer Perspektive kann nur in äußerst begrenztem Rahmen als Modell in einen Vergleich zu späteren Völkern gesetzt werden und auch dann höchstens im Hinblick auf deren eigene Einstellung zu ihrer Vergangenheit. Hier können, mit der nötigen Vorsicht, Parallelen gezogen werden. Die Entstehung der Kirche aus den „Heidenvölkern" durch die Mission des Paulus ist hier der interessante Schnittpunkt: Paulus kann den Galatern, die mit den Juden nun wirklich weder abstammungsmäßig noch geographisch irgendetwas zu tun hatten, zurufen: „Ihr seid Abrahams Nachkommen, Erben der Verheißung" (Gal. 3,29). Sie erhalten „neue Ahnen", d.h. eine prolongierte Identität aus ganz anderen Wurzeln. Es ist aufregend, sich klarzumachen, wie in den folgenden zwei Jahrtausenden die Kirche in allen Ländern und Kulturen fast wie selbstverständlich Abraham, „Joseph und seine Brüder", König David, Maria, die Apostel als ihre – sollen wir sagen „geistlichen" – Vorfahren angesehen und ihren Kindern millionenfach biblische Vornamen gegeben haben. Die Kirche „aus den Heiden" hat – durch den „Schnittpunkt" Jesus Christus – in ihrer Erinnerung eine Geschichte und damit „Vorfahren" erhalten, die die eigenen gar nicht waren. Und hierzu gibt es nun Parallelen, die keineswegs auf die Kirche und ihre Wurzeln bezogen waren: Die heutigen US-Amerikaner sehen sich, im Sprach- und Kulturstrom Amerikas stehend, als „Nachkommen" der Gründungsväter an, ähnlich die heutigen Australier im Hinblick auf die ersten Einwanderer. Sie stehen mit ihnen in einer besonderen Solidarität, obwohl ihre biologischen Vorfahren noch in England und Schottland, Italien, Griechenland, Polen, Deutschland oder auch in Asien waren, als es diese beiden Staatengebilde längst gab. Im Hinblick nun auf die Untaten und Verbrechen, die in diesen Ländern geschehen waren, würde es wenig Sinn machen, wenn Einwanderer aus den letzten Jahrzehnten von der „Gnade der späten Einwanderung" sprächen, die eine Distanzierung von der Mitverantwortung legitimieren würde (übrigens muß – in Fairneß – H. Kohls Ausspruch nicht notwendig als Erlaubnis zur Distanzierung von Mitverantwortung verstanden werden).

Die Hilfe, die wir biblisch-theologisch reklamieren können, ist also eher indirekter Art, und sie bezieht sich nicht auf den Begriff des Volkes, sondern vor allem auf das Phänomen der Erinnerung, des neuen Gedächtnisses, durch das heute lebende

Menschen in einer ganz besonderen Weise mit früheren Generationen verbunden sein können, verbunden auch im Sinn einer Behaftung und unvermeidbaren Solidarität. Das habe ich gemeint, wenn ich in den vergangenen Jahrzehnten in der Theologie immer wieder die Bedeutung der identitätsstiftenden „story" bearbeitet und betont habe. (Die auf die individuelle „story" – oder die vielen „stories" – einer Einzelperson bezogene Psychotherapie bzw. Psychoanalyse ist eine unverkennbare Parallele.) Die erzählbare, die erinnerte „story", konstituiert die über die Zeiten hin bestehende, die prolongierte Identität einer Gruppe oder einer Einzelperson. Ohne Gedächtnis ist ein Volk grenzenlos barbarisch und identitätslos; ein einzelner Mensch gar unvorstellbar.

3. Die Träger der Übernahme von Mitverantwortung für Unrechtstaten und Verbrechen in der Vergangenheit sind im Hinblick auf die christliche Kirche wesentlich klarer zu benennen als im Blick auf die heute bestehenden Nationalstaaten. Die Kirche ist eine der ältesten und sicher die größte der international bestehenden Solidargemeinschaften. So könnte die Kirche also par excellence als Trägerin der Mitverantwortung für Fehler und Verbrechen der Vergangenheit verstanden werden, vor allem für solche Verbrechen, die ihre früheren Repräsentanten durch Streit und Haß, Unterdrückung und Ausbeutung, Judenverfolgungen, „Hexen"-verbrennungen, Anzettelungen zu Kriegen und Morden, begangen haben. Die Kirchen können und sollen sogar stellvertretend für die Nichtchristen in ihren Regionen Mitverantwortung übernehmen, und sie haben das auch getan.

Mit dieser strikt theologischen Bestimmung ist aber das Problem der Mitverantwortung eines ganzen Volkes, z.B. des deutschen oder auch des ungarischen, für die Schoa nicht klar begründet. Wir können heute nicht mehr so unbefangen wie noch vor wenigen Jahrzehnten die Bevölkerung ganzer Länder „volkskirchlich" vereinnahmen und ihr theologisch klarmachen, daß sie Mitverantwortung für die Untaten früherer Generationen zu übernehmen bereit sein müssen. Die Theologen, Lehrer und Lehrerinnen, die in dieser Naivität – in bester Absicht – in Kirchen und Schulen geredet haben, müssen umlernen. Sie müssen verstehen lernen, daß uns die Bibel und die theologische Arbeit nicht direkte Anweisungen und Erklärungen, sondern nur Modelle bieten, an denen wir uns ausrichten können. Mir ist diese Einschränkung im Kontakt mit nichtchristlichen Kulturen und auch mit der völlig unkirchlich gewordenen Mehrheit der Bevölkerung in unserer westlichen und besonders in der früher marxistischen Welt klargeworden. „Modelle" sind aber nicht nichts: Die Christen können wahrheitserschließende und wegweisende Paradigmen für die Aufarbeitung der Last der Geschichte anbieten. Das ist ihre große Chance. Sie wissen, daß die „Hoffnung rückwärts" in die Vergangenheit hinein in christlicher Lehre „Vergebung" heißt: Die Hoffnung, Gott würde durch die Fixierung der Fehler der Vergangenheit unsere Zukunft nicht blockieren. Ich meine zwar, daß die Schoa, und in ihrem Licht gesehen, andere Genozide und Verbrechen, nicht „vergeben" werden können: Sie sind außerhalb dieses Horizontes. Aber die Freiheit zur Erinnerung, zum Eingeständnis der Mitverantwortung, ist ihrerseits schon eine Erfahrung der Vergebung der bisherigen Verdrängungen und Beschönigungen.

4. Jüngste Wandlungen im historischen Bewußtsein

Schuldbewußte Geschichtsschreibung bleibt so lange die theologische Spezialität weniger Fachleute, denen die Schoa als das mit allen anderen Genozide Unvergleichliche gilt – wiewohl sie andere Verbrechen gegen die Menschlichkeit im Schatten der Schoa sehen –, als die historische Erinnerung der Erwachsenen in der Bevölkerung nicht zur Wahrheit befreit ist. Diese Befreiung hat nicht zur Voraussetzung, daß alle Menschen Christen werden und theologisch zu argumentieren bereit sind, aber die Voraussetzung ist allerdings doch diese, daß sie sich von den Modellen, die ursprünglich ihre Wurzeln in der Bibel hatten, berühren lassen und sich an ihnen orientieren, auch wenn sie in ganz säkularem Gewand auftreten. Mir ist schon bewußt, daß dies eine komplexe und vielleicht problematische Aussage ist. Sie stammt aus meiner Beobachtung, daß Kulturen, in denen diese biblischen Modelle nie Fuß gefaßt haben, unfähig sind zur kollektiven politisch-moralischen Einsicht in Schuld und Mitverantwortung. Japanische Touristen werden von ihren Reisebüros zur Hunderttausenden an die Stätten der Grausamkeiten des 2. Weltkriegs geflogen. Sie mögen Scham empfinden, daß ihre Krieger hier oder dort versagt haben oder auch grausam waren, Schuldgefühle oder doch Mitverantwortung sind ihnen hingegen fremd. Ähnliches kann von der Einstellung buddhistischer Intellektueller in Südostasien berichtet werden, von der befremdlichen Einstellungen gegenüber menschlichem Leiden in Indien ganz zu schweigen. Natürlich bewegen wir uns mit solchen Thesen auf einem sehr schmalen Grad, denn sie könnten als christliche Arroganz mißdeutet werden. Wenn auch die ursprünglich biblischen Modelle die Befreiung zur Wahrheit anbahnen können, so gilt natürlich nicht der Umkehrschluß, daß Angehörige christlicher Kirchen tatsächlich nach diesen Modellen greifen – man denke aus jüngster Vergangenheit vor allem an die Regellosigkeit der christlichen Bevölkerung in Serbien und Kroatien, auch an den neuen Nationalismus und Antisemitismus in Teilen der Kirche in Rußland.

Und doch scheint es, daß in der dritten Generation nach dem 2.Weltkrieg, die jetzt zu fragen und mitzubestimmen beginnt, sich ein Wandel des historischen Bewußtseins abzeichnet. Wissenschaftliche Aufarbeitungen, aber auch zahllose Radio- und Fernsehsendungen – sicher nicht zuletzt der „Schulfunk" in Deutschland –, jüngst Daniel Goldhagens Buch und – für engere Kreise – Victor Klemperers Erinnerungen, haben Früchte getragen bzw. in jüngster Zeit Neuorientierungen provoziert. Man will die Wahrheit über die deutsche Kriegsjustiz und die Straffreiheit ihrer Richter nach 1945 wissen, über die Schweizer Banken, über die wahren Ausmaße der französischen Kollaboration, über die ungarische, slowakische und sogar holländische Haltung gegenüber der Verfolgung von Juden durch die deutschen Okkupanten. Freilich ist diese Wißbegierde, die nun auch das Unrecht unter dem Kommunismus einzuschließen beginnt, nicht durchweg frei von direkten Schuldzuweisungen. Das ist vielleicht die neue Form „schuldbewußter" Geschichtsschreibung unter scheinbarer Ausblendung des eigenen Verhaftetseins. Oder doch: In dieser Neugierde zeigt sich die eigene Betroffenheit.

Ob mit diesem Wandel schon eine neue „Erinnerungskultur" angebrochen ist, läßt sich zur Zeit schwer abschätzen. Vielleicht ist dies der Fall. Wenn es so ist, so war der Beitrag der Kirchen dazu – ähnlich wie in den USA und in Australien – nicht gering, wenn auch in der unglücklichen Mischung von weisen, ungeschicktradikalen, lau-neutralen und retardierenden Stimmen keineswegs einheitlich und darum im Ganzen oft nicht überzeugend. Die Einzigartigkeit und Ungeheuerlichkeit des Holocaust aber kann nicht einfach durch eine erneuerte Erinnerungskultur sichtbar werden. Wer die Schoa darin verrechnen oder aufrechnen möchte, hat die zutiefst mit dem Bund Gottes verknüpfte theologische Einsicht in die Einzigartigkeit, die Erwählung Israels nicht begriffen. Aber diese Einsicht können wir nicht einmal unter Kirchenchristen voraussetzen, weil sie weithin noch glauben, die Kirche „aus den Heiden" habe in den Augen Gottes das alte Israel ersetzt (die sog. Substitutionstheorie). Noch viel weniger wird die Bevölkerung in Europa im allgemeinen diese Einsicht einfach zu übernehmen bereit sein. Damit müssen wir bei der sog. theologischen Begründung „schuldbewußter Historiographie" realistisch rechnen.

Erinnern, Vergeben und Vergessen in christlicher und jüdischer Tradition

Hans Maaß

Erinnern und Vergessen in christlicher und jüdischer Tradition

Wer sich etwas intensiver mit dem Judentum befaßt, wird sehr bald feststellen, welche grundlegende Bedeutung hier dem *Erinnern* zukommt. Dabei können auch bekannte und eigentlich vertraute Bibelworte neu bewußt werden und ihre ihnen schon immer innewohnende Kraft voll entfalten.

Die eindrucksvollste Erinnerungsfeier ist wohl der Sederabend zu Beginn der Pessachwoche. Selbst wenn man ihn nicht in einer Familie, sondern in einem Hotel in Israel erlebt, so ist es beeindruckend, wie hier ein Volk sich Jahr für Jahr seine Geschichte und Herkunft durch Erinnern vergegenwärtigt und damit nicht nur in Gedanken, sondern auch im Empfinden wachhält, auch wenn nicht alle religiös eingestellt sind und ihr Leben nach den halachischen Vorschriften gestalten.

Etwas Vergleichbares gibt es im Christentum nicht, weil sich die Christenheit nie als Volk konstituiert und empfunden oder an ein bestimmtes Volk gebunden hat, sondern sich als Heilsgemeinde in und aus allen Völkern verstand.

Dabei hätte es auch in der christlichen Liturgie Ansatzpunkte zur Fortführung dieser biblischen Grundhaltung gegenüber den Großtaten Gottes in der Vergangenheit gegeben. Paulus macht beispielsweise der Gemeinde in Korinth – wohl in Analogie zum Sedermahl – bewußt, daß sie bei jeder Abendmahlsfeier den Tod des Herrn verkündigt (1. Kor 11,26). Und die Abendmahlsworte selbst schließen mit der Aufforderung: „Das tut zu meinem Gedächtnis".

Dennoch hat das Erinnern und Gedenken im Christentum nie eine ähnliche Rolle gespielt wie im Judentum. Vielleicht lag dies auch daran, daß die Christenheit seit Beginn von dem Bewußtsein bestimmt war, in der Endzeit zu leben, so daß man für das Leben aus den geschichtlichen Wurzeln nicht dieselbe Empfindsamkeit entwickelte wie das Judentum. Das Erinnern an die Erfahrungen früherer Zeiten konnte daher auch nie die glühende Leidenschaft entfachen wie etwa in einigen Psalmen.[1] Das Vergangene wurde viel eher als Lehrbeispiele für dogmatische Glaubenssätze verstanden, nicht so sehr als lebendige Wirklichkeit, die ihre Bedeutung nicht verloren hat, sondern an denen entfaltet, die das Frühere im Erinnern zur Gegenwart werden lassen.

Umgekehrt spielt das *Vergessen* in unserer abendländisch-christlichen Tradition eine sehr viel stärkere Rolle. Zwar steht auch für Israel fest, daß Gott die Sünde des

---

[1] Vgl. etwa Psalm 77. Eine christliche Schrift, die wie der Hebräerbrief eindeutig auf die vorhergehende christliche Tradition zurückblickt, schöpft die Kraft zur Überwindung der Resignation nicht aus der Erinnerung der bereits erlebten Gottestaten, sondern aus dem Blick auf die noch erwarteten sowie aus den paränetisch verstandenen biblischen Beispielen.

Menschen tilgen kann und nicht mehr daran denken will. Aber im christlichen Denken ist dieses Moment – vielleicht auch unter dem Einfluß des populären Verständnisses der kirchlichen Bußpraxis – zu einem tragenden Element geworden.

Schuld vergessen ist nach gängigem Verständnis das Wesen der Vergebung. Wir sind enttäuscht, wenn jemand zu uns sagt: „Ich habe dir zwar vergeben; aber vergessen kann ich nicht!" Vergeben ohne Vergessen gibt es nach unserer Vorstellung nicht. Das Umdenken in dieser Frage gehört jedoch mit Sicherheit zum Wichtigsten, das ich als Christ vom Judentum für mein Christsein gelernt habe.

Erinnern als Bestandteil des Vergebens

Durch die Begegnung mit dem Judentum bin ich heute davon überzeugt, was *vergessen* wird, ist gerade *nicht vergeben*, sondern untergegangen, verloren, aber nicht wirklich vergeben. Vergeben ist etwas anders als der unrühmliche Schlußstrich, den man nach Meinung vieler unserer Zeitgenossen unter unsere belastete deutsche Vergangenheit ziehen soll.

Wer darf dies fordern? Wer darf die Vergangenheit der Vergessenheit und damit der Nichtigkeit anheimgeben? Die Bibel behält dies ausschließlich Gott vor. Menschen können nichts ungeschehen machen. Sie können zwar aufhören, einander Vorwürfe zu machen und sich gegenseitig Schuld vorzuwerfen und gegeneinander aufzurechnen. Aber sie können nicht Vergangenes ungeschehen machen. Und sie dürfen es auch nicht.

Ich hatte vor einigen Jahren ein betrübliches Erlebnis in Yad Vashem. Nach dem Besuch der Gedenkstätte mit einer Lehrergruppe fragte mich ein Teilnehmer, ob ein Besuch von Yad Vashem Pflicht sei, um Zuschüsse zu erhalten. Als ich ihm versicherte, daß wir keine Zuschüsse erhielten, sondern diesen Besuch auf meinen Wunsch in unser Programm aufgenommen hätten, fragte er verständnislos zurück: Warum planen Sie den Besuch einer solchen Stätte ein, die doch nur Haß gegen Deutschland sät. Mein Versuch, ihm deutlich zu machen, daß Erinnerung und Haß nicht zwangsläufig zusammengehören, war erfolglos. Schließlich beendete er die Unterhaltung mit der Feststellung: „Das ist eben der Generationenunterschied zwischen Ihnen und mir."

Dieser „Generationenunterschied" betrug zwei Jahre; aber vielleicht waren genau die zwei Jahre, die er länger als ich der nationalsozialistischen Erziehung ausgesetzt war, der ausschlaggebende Unterschied.

Die Diskussionen um diese Frage, die von Zeit zu Zeit mit unterschiedlichen Akzentsetzungen neu aufleben, zeigen, daß es nicht um die Alternative geht, ob man erinnert oder vergißt, sondern *wie* man erinnert. Man kann *vorwurfsvoll* erinnern; dann ist Vergebung nicht möglich, zumindest noch nicht geleistet. Man kann aber auch *verarbeitend* erinnern; nur so ist eine echte Vergebung möglich.

Vergebung ohne Erinnern bedeutet Ausklammern, Wegschieben, unter den Teppich kehren – oder mit W. J. Mommsen: sich aus der Vergangenheit gleichsam fortstehlen. Dies rächt sich eines Tages, weil die Vergangenheit all diejenigen einholt, die nicht bereit waren, aus ihr zu lernen und in echter Neubesinnung, d.h.

Buße, einen neuen Weg einzuschlagen. Wer von anderen auf dieser Basis Vergebung und Versöhnung wünscht, will eigentlich nicht Schuld verarbeiten, sondern verdrängen, auf andere Menschen oder gar Generationen abschieben, sieht in der persönlichen Bewahrung vor schuldhafter Mitbeteiligung nicht eine Herausforderung zur Bewährung, sondern eine „Gnade der späten Geburt" und damit die Erlaubnis zur Distanzierung und Dispensierung. Dies ist das eigentlich Gefährliche an der Schlußstrich-Forderung!

5. Erinnern und Gedenken in Israel und im Judentum

Der Holocaust im israelischen Unterricht am Ende der neunziger Jahre[1]

Nili Keren

Vor drei Jahren [1993] reiste der israelische Premierminister zu einem kurzen Besuch nach Deutschland. Seine erste Station war das frühere Konzentrationslager Bergen-Belsen. Gestern abend wurde diese Konferenz offiziell im „Tal der zerstörten Gemeinden" vom israelischen Premierminister eröffnet. Die beiden genannten Ereignisse hätten die gleiche Würdigung von jedem Premierminister erfahren, unabhängig davon, welche Partei oder Überzeugung er vertritt. Wenn es um den Holocaust geht und darum, die Opfer zu ehren, verhält sich jeder Premierminister in gleicher Weise. Fast jeder Besuch einer führenden Persönlichkeit aus dem Ausland beginnt mit einem offiziellen Besuch hier auf dem Berg der Erinnerung in Yad Vashem. Vor einiger Zeit schlug der stellvertretende Außenminister vor, den obligatorischen Besuch in Yad Vashem zu streichen; er stieß damit auf entschiedenen Widerstand, von überall her kamen die Proteste.

Diese drei Ereignisse habe ich ausgewählt, um die zentrale Bedeutung des Holocaust im politischen Alltag Israels hervorzuheben. Auch wenn mehr als 50 Jahre nach dem Ende des zweiten Weltkriegs der Staat Israel inzwischen ein respektiertes Mitglied in der Völkergemeinschaft geworden ist, auch wenn in fünf Kriegen dieser Staat immer wieder seine militärische Fähigkeit bewies, seine Bürger auf israelischem Boden und im Ausland zu schützen: Jedes Anzeichen, daß Israels Sicherheit durch den Irak und den Iran oder in der West Bank bedroht sein könnte, läßt die Erinnerung an den Holocaust in das öffentliche Bewußtsein aufgrund von Erklärungen der Politiker zurückkehren. Das Trauma, das Israel im Golfkrieg 1991 erlitten hat, ist ein gutes Beispiel dafür, wie die kollektiven Ängste uns überwältigen und uns in die Holocaust-Traumata zurückstoßen. Und dies auch dann, wenn diese bösen Erinnerungen nicht unseren persönlichen Erlebnissen entspringen.

Die israelische Politik ist nur ein Aspekt dieser Situation.

Der Holocaust durchdrang in den vergangenen zehn Jahren die Kultur in Israel und das in fast jeder Hinsicht: Die Zahl der in hebräischer Sprache gedruckten und in Israel verkauften Bücher, die den Holocaust zum Gegenstand haben, geht weit über die zu allen anderen Themen hinaus. Diese Feststellung bezieht sich auf alle möglichen Arten von Publikationen, auf wissenschaftliche Untersuchungen, auf Romane, auf Memoiren und auf Tagebücher. Und meine Aussage hat nicht nur das

---

[1] Das folgende Referat wurde in der eröffnenden Sitzung der internationalen Konferenz „Der Holocaust in der Erziehung" am 15. Oktober 1996 in Yad Vashem, Jerusalem, gehalten. Die Referentin war Dr. Nili Keren, Tel Aviv.

Interesse derjenigen im Blick, die sich als Wissenschaftler oder Lehrer mit dem Holocaust beschäftigen, sondern das breite Publikum. Das etablierte Theater wie viele freie Theatergruppen wählen immer wieder Holocaust-Themen, wie z.B. die Kastner-Affäre oder die Situation im Wilnaer Getto oder Schicksal und Leben von Überlebenden des Holocaust. Viele Aufführungen haben die Holocaust-Traumata der zweiten und der dritten Generation zum Thema, da auch sie sowohl persönlich wie gesellschaftlich davon betroffen sind. (Beispiele hierfür sind die Stücke „Kaddisch und Hametz" von Schmuel Hasfari, selbst Überlebender des Holocaust, oder „Der Sommer von Avia" von Gila Almagor; letzteres wurde später verfilmt)

Auch die israelischen Filmemacher produzierten einige bemerkenswerte Filme, Spiel- und Dokumentarfilme; die meisten beschäftigen sich mit den Narben aus dem Holocaust, die den Produzenten von ihren Eltern weitergegeben wurden.

Popsänger, Kinder von Überlebenden, die Zehntausende CDs verkauft haben, schufen einige wichtige Musikwerke, die durch die Erfahrungen ihrer Eltern während des Holocaust und danach beeinflußt wurden, wie z.B. Jehuda Poliker und Jakob Gilad, die eine CD unter dem Titel „Asche und Staub" schufen, sie entstand ganz unter dem Eindruck der Erfahrungen, die Polikers Vater, ein griechischer Jude, der Auschwitz überlebte, und unter dem Eindruck, den Gilads Mutter, eine Überlebende des Warschauer Gettos, von Maidanek und Auschwitz, übermittelten.

Orna Ben-Dor-Niv, eine Regisseurin, selbst Angehörige der zweiten Generation, drehte einen beeindruckenden Film über die Geschichte von Poliker und Gilad. Ich wage die Vermutung auszusprechen, daß der Einfluß dieses Films mit dem Titel „Because of that war" auf die jungen Fans von Poliker so stark war, daß er ein sehr bedeutender Auslöser für das wachsende Interesse am Holocaust unter der jungen Generation in Israel wurde.

Zu den bereits erwähnten Erscheinungen muß die steigende Zahl der Fahrten nach Polen hinzugefügt werden. Diese Fahrten begannen vor 10 Jahren, allerdings nicht als pädagogische Unternehmungen. Junge Israelis nahmen an diesen Reisen als Delegierte ihrer jeweiligen Kommune teil und vertraten diese bei den offiziellen Gedenkfeiern – ...es war für diese Heranwachsenden ein einzigartiges und aufregendes Erlebnis. Ihre in den Medien verbreiteten Eindrücke lösten bei einer wachsenden Zahl von Gruppen den Wunsch aus, die gleichen Erfahrungen zu machen.

Seit Ende der achtziger Jahre werden diese Studienfahrten nach Polen als pädagogische Projekte durchgeführt und vom Erziehungsministerium inhaltlich wie organisatorisch unterstützt. Auch andere Institutionen, so die für Erziehung zuständigen Abteilungen der Kibbuzbewegung, unterstützen dieses Projekt.

Allein in diesem Jahr werden mehrere Tausend Gymnasiasten Polen besuchen und ihre Zahl wächst weiter. Dieses Projekt ist einer wissenschaftlichen Untersuchung wert, Sie werden heute noch davon hören, daß dies tatsächlich schon geschieht. Aber eines sollte uns als Pädagogen im Hinblick auf das kommende Jahrhundert beunruhigen, nämlich, daß sowohl Schüler wie unglücklicherweise auch nicht wenige Lehrer immer wieder behaupten: Mit Hilfe der Fahrten nach Polen kann man mehr lernen als in tausend Büchern. Welch' eine Herausforderung für unsere Pädagogik!

Alle oben erwähnten Aspekte über die Rolle des Holocaust im politischen, kulturellen und gesellschaftlichen Leben fordern die für die Erziehung Verantwortlichen zu fachmännischen Entscheidungen bezüglich des Unterrichts über den Holocaust im israelischen Schulsystem heraus.

Die Geschichte des Holocaust wurde vor 16 Jahren verpflichtender Unterrichtsstoff im Geschichtslehrplan und ein Jahr später verabschiedete das israelische Parlament zu dem „Gesetz der staatlichen Erziehung" einen Zusatz (der einzigen Änderung seit der Schaffung des Gesetzes, 1952); dem Kapitel „Ziele der Erziehung" wurde ein Absatz hinzugefügt, der betont, daß eines der Bildungsziele Israels sei: „Die Ereignisse des Holocaust und seine Lehre (eine Lehre!) zu kennen." Seitdem ging der Holocaust-Unterricht weit über die Intention der Gesetzgeber hinaus; nicht nur Gymnasiasten beschäftigen sich mit diesem Thema: In den meisten Mittelschulen des Landes widmen Lehrer mehr Stunden, als im Geschichtslehrplan vorgesehen, diesem Thema (3 - 4 Stunden pro Jahr). In vielen Mittelschulen initiieren Lehrer spezielle Projekte über Holocaust-Themen, die pädagogischen Abteilungen der Holocaust-Gedenkstätten organisieren besondere Tagesseminare für sie und fast die gesamte Schülerschaft der Mittelschulen bereiten persönliche Forschungen unter dem Titel „Roots" (Wurzeln) vor, viele unter ihnen setzen sich damit erstmals in ihrem Leben den Holocaust-Geschichten ihrer eigenen Großeltern aus.

Neuerdings wird das Alter der Schüler, die sich mit Holocaust-Themen befassen, immer niedriger: Mehr und mehr Grundschullehrer und sogar Erzieher in den Kindergärten suchen nach Materialien und Programmen, die für die ihnen anvertrauten Kinder zurechtgeschnitten werden können. Diesem Überblick sollten wir die intensiven pädagogischen Aktivitäten während des Holocaust-Gedenktages im April sowie die in den religiösen Schulen am Tag des Kaddisch im Januar hinzufügen.

Israel ist das einzige Land, in dem am Holocaust-Gedenktag das Alltagsleben zum Stillstand kommt und die gesamte Bevölkerung für zwei Minuten den Atem im Gedenken an die Toten anhält. Stellen Sie sich vor, welche Wirkung dieser Tag auf das öffentliche Holocaust-Bewußtsein hat...

Das wachsende Interesse an Holocaust-Themen und die Notwendigkeit für viele Lehrer, mehr Wissen darüber zu erwerben, um für das Unterrichten der Pflichtthemen vorbereitet zu sein, führte zu einer Entwicklung entsprechender Kurse in den Universitäten. Ausgehend von einigen Studenten, die Holocaust-Seminare für ihren zweiten Grad belegten, zogen diese Kurse Hunderte von Studenten an (und hier dient lediglich die Hebräische Universität in Jerusalem als Beispiel). In den meisten Pädagogischen Hochschulen kam die Nachfrage für solche Kurse von Studenten, die Mittelschul-und Grundschullehrer oder Erzieher im Kindergarten werden wollten und Holocaust-Seminare wurden bald Teil ihrer Berufsausbildung.

Eine neue Erziehergeneration schließt sich in letzter Zeit diesen Kursen an: israelisch-arabische Lehrer. Für sie wird ein Lehrbuch in Arabisch vorbereitet. Es handelt sich hier um ein Phänomen, das einer eigenen Erforschung wert ist. Ich glaube, daß diese Erzieher der Ansicht sind, daß sie die Geschichte des Holocaust studieren sollten, um uns als Ganzes besser verstehen zu können.

Was ich Ihnen bis jetzt beschrieben habe, zeigt, daß die israelische Gesellschaft sich sehr mit dem Holocaust beschäftigt und sich seiner bereits seit einiger Zeit sehr bewußt ist. Was in anderen Ländern als neue Ziele und Leistungen vorgestellt wird, ist vom israelischen Bildungssystem bereits erreicht worden.

Die Rolle, die der Holocaust bewußt wie unbewußt im Alltagsleben spielt, läßt das Bildungsprogramm Israels so unterschiedlich im Vergleich zu anderen Ländern erscheinen. Quantitativ gesehen, so glaube ich, gibt es in Israel keine Gesellschaftsgruppe, die sich nicht mit dem Holocaust beschäftigt hat. Sogar bei den Streitkräften wurde er zu einem integrierten Bestandteil des Bildungsprogramms. Es gibt sogar Sonderprogramme in der Sprache der Neueinwanderer.

Ein Blick in das Bildungsprogramm der Gedenkstätten zeigt uns die Vielzahl an Bevölkerungsgruppen, die die Vorlesungen, Seminare und weitere Veranstaltungen besuchen wollen.

Obwohl es ein Lehrbuch für die israelischen Gymnasien gibt („Der Holocaust und seine Bedeutung" von Prof. Gutmann und Prof. Schatzker) haben viele Institutionen, pädagogische Abteilungen in den Gedenkstätten wie auch private Versuche von Pädagogen andere Programme initiiert, die Unterrichtseinheiten und Unterrichtsmaterial und sogar Bücher für alle Altersgruppen zur Verfügung stellten.

Hunderte von Lehrern aller Altersgruppen besuchen Fortbildungsseminare, die von den Gedenkstätten wie auch von den Pädagogischen Hochschulen und von anderen Organisationen organisiert und geleitet werden. Die Teilnehmerzahl steigt jährlich. Zu diesem wachsenden Interesse sollte man das schon erwähnte Erziehungsprojekt nennen: die Reisen nach Polen. Manchmal scheint es, als ob der Holocaust das einzige Interessensgebiet der Pädagogen wäre...

Wie soll es nun weitergehen?
Was wird für die kommenden Jahre erwartet, was ist wünschenswert?

Die Holocaust-Forschung durchlief wichtige Veränderungen: Auch andere Fächer außer Geschichte zeigen seit kurzem ein Interesse an verschiedenen Aspekten des Holocaust. Soziologie, Literatur, Kunst und Philosophie, Psychologie und Theologie beginnen nun Fragen bezüglich des Holocaust und seinen Auswirkungen auf die vielfältigen Dimensionen der menschlichen Existenz zu stellen.

Als Folge ergibt sich, daß das, was als eines der kompliziertesten Unterrichtsstoffe des Geschichtslehrplans für Gymnasien begonnen hat, nun zu einem interdisziplinären und fächerübergreifenden Thema wird.

Dieser Zugang ermöglicht uns, die Holocaustereignisse als Teil der mannigfaltigen menschlichen Erfahrung zu erforschen. Er zeigt uns die Antworten des Menschen auf den Holocaust, die menschliche Fähigkeit, damit umzugehen und die Notwendigkeit, ihm irgendeine Bedeutung zu geben. Geschichte sollte dabei immer der Kern der Holocaust-Studien bleiben.

Die historische Beschreibung liefert uns die Grundlinien, während die anderen Disziplinen es mit all den Farben menschlicher Erfahrung ausmalen. Das ist es eigentlich, was Bildung ausmacht: die Notwendigkeit, unsere Studenten mit der Fähigkeit auszustatten, mit komplizierten vielschichtigen menschlichen Situationen und Antworten umzugehen.

Dasselbe gilt auch für die Bildungsmaterialien. Bücher, Quellen und andere traditionelle Unterlagen werden immer den Grundstock liefern, doch in letzter Zeit sind wir Zeugen von und machen Erfahrungen mit technologischen Entwicklungen, die unser Leben, unsere Fähigkeit zu kommunizieren, Informationen ohne Einschränkungen zu erhalten, bestimmen, wir leben in der „Internet-Zeit". Zweifelsohne laden die verschiedenen medialen Möglichkeiten, Internet und E-Mail die Studenten ein, an hunderten von Orten ohne Grenzen und Kontrolle nach Informationen zu suchen. Unter ihnen befinden sich viele Stellen, die sich mit dem Holocaust beschäftigen.

Das elektronische Kommunikationssystem wird zu einer wirklichen Herausforderung für Erzieher und Lehrer: Es kann ein ausgezeichnetes Handwerkszeug wie auch eine Bedrohung werden. Pädagogen sollten diese neuen und attraktiven Apparate mit Umsicht anwenden, bevor aus dem Segen ein Fluch wird; Technologie wird zum Segen, solange es ein Werkzeug bleibt und nicht zum Ziel wird!

Diese beiden Aspekte – die interdisziplinären Konzepte wie die multimedialen sollten ein integrierter Bestandteil unserer pädagogischen Arbeit werden und sollten uns in der pädagogischen Auseinandersetzung mit dem Holocaust leiten, einhergehend mit den historischen Aspekten, die nie übersehen oder vernachlässigt werden sollten.

Eines der wichtigsten Themen, die in die pädagogische Auseinandersetzung eingebracht werden sollten, sind *die universellen Dimensionen der Holocaust-Geschehnisse.*

Seit vielen Jahren bis zum heutigen Tag befassten sich die meisten Bildungsprogramme mit Themen, die nur die einmaligen jüdischen Aspekte und Phänomene betonten und manchmal ihren historischen Kontext vergaßen. Die meisten Programme übersahen die universal-menschlichen Dilemmata. Themen, wie andere Opfer des Naziregimes, wurden kaum behandelt, in den offiziellen Programmen findet man kaum Unterrichtseinheiten, die sich mit solchen Fragen beschäftigen.

Die Einmaligkeit des Holocaust ist der israelischen Bevölkerung bewußt, ob alt oder jung. Das jüdische Bewußtsein bezüglich des Holocaust ist nicht gefährdet.

Jüngste Untersuchungen belegen, daß der Holocaust bei der Ausformung der jüdischen Identität von Studenten, Gymnasiasten und sogar der Durchschnittsbevölkerung in Israel die wichtigste Komponente darstellt.

Die Tendenz innerhalb der israelischen Gesellschaft und insbesondere bei den Erziehern, sich lediglich auf die jüdischen Aspekte des Holocaust zu konzentrieren, ist eine der Ergebnisse aus der Existenzunsicherheit, die teils real war, teils wurde sie auch von Politikern und anderen ideologischen Gruppen benutzt, um eine bestimmte Botschaft zu vermitteln.

Wohingegen in anderen Ländern die einzigartigen jüdischen Aspekte des Holocaust gering geachtet, vernachlässigt und manchmal ignoriert werden – hier in Israel ist die Situation gegenteilig. Die Bereitschaft zur Vermeidung jeglicher Diskussion über andere Genozide, wie den Genozid an den Armeniern oder über andere Opfer des Holocaust oder sogar über die Universalität des Holocaust als einem Phänomen der Menschheit ('gewöhnliche Männer' – 'gewöhnliche Deutsche'), zeigt, wie unsicher wir noch auf diesem Gebiet sind. Die Wahrheit liegt jedoch darin, daß wir gerade durch das Erforschen anderer Genozide und anderer Opfergruppen die Einmaligkeit des Holocaust und seiner jüdischen Aspekte herausarbeiten können. Gleichzeitig können wir ein wichtiges Erziehungsziel erreichen: wir führen unserer Studenten aus ihrer nationalen Abgeschlossenheit, in der sie sich befinden, heraus und können so verhindern, daß sie gleichgültige menschliche Wesen werden.

Immerhin sollte man fähig sein, mit dem armenischen Volk mitzufühlen, obwohl Mussa Dag nicht das Warschauer Ghetto ist. Und wenn unsere Schüler nach Auschwitz kommen, sollten sie sich zumindest der Tatsache bewußt sein, daß Polen und Zigeuner zusammen mit den Juden vernichtet worden sind.

Schließlich gilt es noch den Einfluß des „Friedensprozesses" auf die Holocaststudien zu betrachten. Während meiner anfänglichen Überlegungen zu diesem Vortrag war ein Hauptpunkt meiner Überlegungen der Einfluß des *Friedensprozesses*, der friedlichen Atmosphäre und der Hoffnungen auf das israelische Holocaustbewußtsein. Ich glaubte wirklich, daß die reduzierten Spannungen uns alle betreffen würden und unseren Horizont in der bildungspolitischen Auseinandersetzung mit den Holocaustthemen erweitern würden im Geiste dessen, was ich zuvor erwähnte und vieles mehr. Aber in dem Augenblick, in dem ich diese Zeilen schreibe, ist das Radio eingeschaltet und eine Kriegsstimmung ist überall zu verspüren. Und wieder kommen die existentiellen Ängste zum Ausdruck und wieder wird der Holocaust von vielen Sprechern erwähnt.

Dennoch sehe ich als eine optimistische Person und überzeugte Pädagogin unsere Hauptaufgabe für die Zukunft darin, uns selbst und unsere Schüler von den Ängsten, die von den Holocaust-Geschehnissen ausgehen, freizumachen und uns auf unsere erzieherische Aufgabe zu konzentrieren.

Unsere Aufgabe besteht darin, unsere junge Generation mit dem besten und breitesten Wissen über den Holocaust zu versorgen, ihnen zu vermitteln, was zu diesem fürchterlichen Ereignis führte und welches seine Konsequenzen sind, indem wir dafür jedes zur Verfügung stehende Mittel benutzen und jede wissenschaftliche Disziplin daraufhin befragen. Während wir das tun, müssen wir darauf achten, daß unsere Schüler das Andenken an die Opfer, aller Opfer wahren, daß sie ein Warnsystem gegen jedes rassistische Phänomen entwickeln und sich dagegen lautstark erheben.

Aber unsere größte pädagogische Leistung wäre es, wenn unsere Schüler aus dieser Erfahrung gestärkt als Menschen und Juden herauskämen, mit moralischen Werten und Verhaltensnormen ausgestattet, sensibel gegenüber menschlichem Leid und stolz auf ihr Erbe. Immerhin sollten wir alle hier nicht vergessen, daß wir, die israelischen Erzieher und Schüler, die Nachkommen der glorreichen Juden, unserer Großeltern sind, die wir im Tal des Todes verloren haben.

Übersetzung aus dem Englischen: Schoschana Maitek und Albrecht Lohrbächer

Jeder Mensch hat einen Namen
Eine weltweite jüdische Erinnerungs-Aktion, an der teilzunehmen und mitzuwirken auch Nichtjuden eingeladen sind

Albrecht Lohrbächer

Das weltweite Projekt zur Erinnerung an die Schoa „Jeder Mensch hat einen Namen" gibt es seit 1991. Es ist eine einzigartige Aktion, die das Gedächtnis jedes der Opfer in der Schoa bewahren hilft, indem ihre Namen öffentlich am Jom HaSchoa genannt werden. Dadurch, daß die individuelle Tragik der Opfer und der Überlebenden personalisiert wird, versucht diese Aktion, dem gefährlichen und weltweit allgegenwärtigen Trend zu Gleichgültigkeit und Unwissen im Blick auf die jüngste Geschichte zu widerstehen. Sechs Millionen Juden, darunter 1,5 Millionen Kinder, kamen in der Schoa um, und die Welt stand schweigend dabei und unternahm nichts dagegen. Der Antisemitismus wird zwar nicht mehr staatlich gefördert, doch Fremdenfurcht und Rassismus nehmen überhand, sie sind nicht nur gegen Ausländer, sondern ebenso gegen ansässige Minderheiten und gegen die immer schon ausgesuchten Sündenböcke, die Juden, gerichtet. Der erneut auftretende Antisemitismus stellt einen wesentlichen Teil des anwachsenden, gewalttätigen Hasses gegen Fremde dar.

Die öffentliche Nennung von nachgewiesenen Namen der Personen, die von den Nazis ermordet wurden, helfen, Gleichgültigkeit und Unwissen über die Tragödie der jüngsten Vergangenheit zu bekämpfen. Vor allem ist diese öffentliche Veranstaltung auch ein effektives Mittel, um den Aktivitäten jener Leugner der Schoa zu begegnen, die die Welt davon überzeugen wollen, daß die Schoa nie geschah und daß Hitler ein wohlmeinender deutscher Nationalist war.

Dadurch, daß für jedes Opfer der Schoa, soweit bekannt, Name, Alter, Geburtsort und Ort des Todes genannt werden, macht diese Zeremonie die individuelle Tragödie jedes der Opfer begreifbar. So wird nachdrücklich auf die Millionen bekannter Namen von Männern, Frauen und Kindern, die das jüdische Volk verloren hat, hingewiesen, schließlich ist die Zahl „6 Millionen" nicht begreifbar, es ist 'nur' eine kalte Zahl.

An Jom HaSchoa beteiligen sich Hunderte jüdischer Gemeinden an dieser Aktion. Da die Zeit voranschreitet und immer weniger Augenzeugen zur Verfügung stehen, ist besonders wichtig, zwischen den Juden, die heute leben und jenen, die unter dem nazistischen Völkermord umgekommen sind, eine persönliche Verbindung herzustellen.

Die Zeremonie „Jeder Mensch hat einen Namen" bietet auch die einzigartige Gelegenheit zu dem Versuch, die vielen Namen derer zu erfassen, die, ohne eine Spur zu hinterlassen, umgekommen sind. Das ist nämlich eine der weiter bestehenden Tragödien der Schoa: Ganze Familien, ganze Dörfer und ganze Städte wurden durch die Tötungsmaschinerie der Nazis ausgelöscht und diese Tatsache macht es schwierig, eine umfassende Liste der Opfer zu erstellen, es stehen ja keine Zeugen zur Verfügung. Bevor die Überlebenden der Schoa diese Welt verlassen, ist es un-

Erinnern und Gedenken in Israel und im Judentum

sere Pflicht, wenigstens den Versuch zu machen, die Namen jedes Opfers dem Vergessen zu entreißen, von dem sie irgendwelche persönliche Kenntnis hatten.

Das folgende Gedicht der israelischen Dichterin Selda: „JEDER MENSCH HAT EINEN NAMEN" – ist wesentlicher Bestandteil jeder Zeremonie:

LECHOL ISCH JESCH SCHEM
לכל איש יש שם
JEDER MENSCH HAT EINEN NAMEN

לְכָל אִישׁ יֵשׁ שֵׁם
שֶׁנָּתַן לוֹ אֱלֹהִים
וְנָתְנוּ לוֹ אָבִיו וְאִמּוֹ
לְכָל אִישׁ יֵשׁ שֵׁם
שֶׁנָּתְנוּ לוֹ קוֹמָתוֹ וְאֹפֶן חִיּוּכוֹ
וְנָתַן לוֹ הָאָרִיג
לְכָל אִישׁ יֵשׁ שֵׁם
שֶׁנָּתְנוּ לוֹ הֶהָרִים
וְנָתְנוּ לוֹ כְּתָלָיו
לְכָל אִישׁ יֵשׁ שֵׁם
שֶׁנָּתְנוּ לוֹ הַמַּזָּלוֹת
וְנָתְנוּ לוֹ שְׁכֵנָיו
לְכָל אִישׁ יֵשׁ שֵׁם
שֶׁנָּתְנוּ לוֹ חֲטָאָיו
וְנָתְנָה לוֹ כְּמִיהָתוֹ
לְכָל אִישׁ יֵשׁ שֵׁם
שֶׁנָּתְנוּ לוֹ שׂוֹנְאָיו
וְנָתְנָה לוֹ אַהֲבָתוֹ
לְכָל אִישׁ יֵשׁ שֵׁם
שֶׁנָּתְנוּ לוֹ חַגָּיו
וְנָתְנָה לוֹ מְלַאכְתּוֹ
לְכָל אִישׁ יֵשׁ שֵׁם
שֶׁנָּתְנוּ לוֹ תְּקוּפוֹת הַשָּׁנָה
וְנָתַן לוֹ עִוְרוֹנוֹ
לְכָל אִישׁ יֵשׁ שֵׁם
שֶׁנָּתַן לוֹ הַיָּם
וְנָתַן לוֹ
מוֹתוֹ.

Jeder Mensch hat einen Namen
    der ihm von Gott gegeben wurde
    den ihm gaben sein Vater, seine Muter
Jeder Mensch hat einen Namen
    den ihm gaben seine Statur, sein Lächeln
    den ihm gab das Gewebte
Jeder Mensch hat einen Namen
    den ihm gaben die Berge
    den ihm gaben seine Mauern
Jeder Mensch hat einen Namen
    den ihm gaben die Sterne
    den ihm gaben seine Nachbarn
Jeder Mensch hat einen Namen
    den ihm gaben seine Sünden
    den ihm gab seine Sehnsucht
Jeder Mensch hat einen Namen
    den ihm gaben seine Feinde
    den ihm gab seine Liebe
Jeder Mensch hat einen Namen
    den ihm gaben seine Feste
    den ihm gab seine Arbeit
Jeder Mensch hat einen Namen
    den ihm gaben die Jahreszeiten
    den ihm gab seine Blindheit
Jeder Mensch hat einen Namen
    den ihm gab das Meer
    den ihm gab
    sein Tod

Selda

Mit dem Rucksack der Erinnerungen und dem Stab meiner Hoffnung

Die Rede des israelischen Staatspräsidenten Ezer Weizman im Deutschen Bundestag in Bonn[1]

Das Schicksal hat es gewollt, daß ich und die Angehörigen meiner Generation in einer Zeit geboren wurden, in der Juden in ihr Land zurückkehrten und es neu aufbauen konnten. Ich bin nun nicht mehr ein Jude, der in der Welt umherwandert, der von Staat zu Staat ziehende Emigrant, der von Exil zu Exil getriebene Flüchtling. Doch jeder einzelne Jude in jeder Generation muß sich selbst so verstehen, als ob er dort gewesen wäre, dort bei den Generationen, den Stätten und den Ereignissen, die lange vor seiner Zeit liegen. Daher bin ich noch immer auf Wanderschaft, aber nicht mehr auf den abgelegenen Wegen der Welt. Jetzt wandere ich durch die Weite der Zeiten, ziehe von Generation zu Generation, laufe auf den Pfaden der Erinnerungen.
Die Erinnerung verkürzt die Distanzen. Zweihundert Generationen sind seit den historischen Anfängen meines Volkes vergangen, und sie erscheinen mir wie einige Tage. Erst zweihundert Generationen sind vergangen, seit ein Mensch namens Abraham aufstand, um sein Land und seine Heimat zu verlassen und in ein Land zu ziehen, das heute mein Land ist. Erst zweihundert Generationen sind vergangen, seit Abraham die Machpelah-Höhle in der Stadt Hebron kaufte, bis zu den schweren Konflikten, die sich dort in meiner Generation abspielen. Erst einhundertundfünfzig Generationen sind vergangen von der Feuersäule des Auszugs aus Ägypten bis zu den Rauchsäulen der Shoah. Und ich, geboren aus den Nachkommen Abrahams im Lande Abrahams – war überall mit dabei.
Ich war ein Sklave in Ägypten und empfing die Thora am Berge Sinai, und zusammen mit Josua und Elijah überschritt ich den Jordan. Mit König David zog ich in Jerusalem ein, und mit Zedekiah wurde ich von dort ins Exil geführt. Ich habe Jerusalem an den Wassern zu Babel nicht vergessen, und als der HERR Zion heimführte, war ich unter den Träumenden, die Jerusalems Mauern errichteten. Ich habe gegen die Römer gekämpft und bin aus Spanien vertrieben worden, ich wurde auf den Scheiterhaufen in Magenza, in Mainz, geschleppt und habe Thora im Jemen studiert. Ich habe meine Familie in Kishinev verloren und bin in Treblinka verbrannt worden. Ich habe im Warschauer Aufstand gekämpft und bin nach Eretz Israel gegangen, in mein Land, aus dem ich ins Exil geführt worden war, in dem ich geboren wurde, aus dem ich komme und in das ich zurückkehren werde.
Unstet und flüchtig bin ich, wenn ich den Spuren meiner Väter folge. Und wie ich sie dort und in jenen Tagen begleite, so begleiten mich meine Väter und stehen hier und heute neben mir. Die Scharfsichtigen unter Ihnen werden sie erkannt haben – eine Gefolgschaft von Propheten und Bauern, Königen und Rabbinern, Wissenschaftlern und Soldaten, Handwerkern und Schülern. Manche starben wohl lebens-

---

[1] Aus: Frankfurter Rundschau vom 17.1.1996.

satt in ihrem Bette, manche wurden vom Feuer verzehrt, und manche fielen dem Schwert zum Opfer.

Und wie von uns verlangt wird, kraft der Erinnerung an jedem Tag und jedem Ereignis unserer Vergangenheit teilzunehmen, so wird auch von uns verlangt, kraft der Hoffnung uns auf jeden einzelnen Tag unserer Zukunft vorzubereiten. Doch erst im letzten Jahrhundert schwankten wir zwischen Tod und Leben, zwischen Verzweiflung und Hoffnung, zwischen Entwurzelung und Einpflanzung. Dies ist das furchtbare Jahrhundert des Todes, in dem die Nazis und ihre Gehilfen einen großen Teil von uns während der Shoah ermordeten, aber es ist auch das schwindelerregende Jahrhundert der Rückkehr zum Leben, der Wiedergeburt, der Unabhängigkeit und schließlich – der Chancen zum Frieden.

Zum ersten Mal spricht ein Präsident des Staates Israel in diesem hohen Hause. Ich danke Ihnen für die Ehre, die Sie uns erwiesen haben, und ich freue mich, hier bekannte und befreundete Gesichter zu sehen. Herr Bundespräsident, Frau Bundestagspräsidentin, Herr Bundesratspräsident, Herr Bundeskanzler, Israel erinnert sich bewegt an Ihre Besuche bei uns und die Haltung, die Sie den Schrecken der Vergangenheit, aber auch den Hoffnungen der Zukunft gegenüber an den Tag gelegt haben. Sie waren auch in der schweren Stunde bei uns, als wir unseren Ministerpräsidenten Yitzhak Rabin, seligen Angedenkens, zur letzten Ruhe begleiteten, der auf dem Wege zum Frieden ermordet worden war. Und ich danke Ihnen herzlich für die Freundschaft und die Zusammenarbeit, die heute zwischen Israel und Deutschland bestehen und die in wirtschaftlichen, sicherheitspolitischen, kulturellen und vielen anderen Bereichen zum Ausdruck kommen. Und hier möchte ich einen Bereich aufgreifen, der mir ganz besonders am Herzen liegt – nämlich den Bereich der wissenschaftlichen Forschung. Deutsche und israelische Wissenschaftler teilen Wissen und Begabung, und die deutsche Förderung der wissenschaftlichen Forschung bei uns gehört zu den Dingen, die von den israelischen Bürgern besonders geschätzt werden.

Aber dennoch, meine Damen und Herren, ist dies kein leichter Besuch. Erst fünfzig Jahre, ein Augenblick in der langen Geschichte meines Volkes, sind seit dem Ende des schrecklichen Krieges bis auf den heutigen Tag vergangen. Nicht leicht fiel es mir, das Konzentrationslager Sachsenhausen zu besuchen. Nicht leicht ist es für mich, in diesem Lande zu sein, die Erinnerungen zu hören und die Stimmen, die zu mir von der Erde schreien. Nicht leicht ist es, hier zu stehen und zu Ihnen zu sprechen, meine Freunde in diesem Hause. Tausend Jahre und länger lebten Juden in Deutschland. Bis zur Zerstörung durch die Nationalsozialisten war dies die größte und älteste jüdische Gemeinde in Europa. Von den ersten Kaufleuten, die im Gefolge der Römer hierher kamen, bis zu den Wissenschaftlern des 20. Jahrhunderts. Von Kalonymus bis Mendelssohn, von der Fuldaer Ritualmordbeschuldigung bis zu den Schrecken der Reichspogromnacht. Vom Schandmal bis zum Gelben Fleck, von den antisemitischen Schriften Martin Luthers bis zu den Nürnberger Gesetzen, von der Schriftauslegung Raschis bis zur Lyrik Heinrich Heines. Rabbenu Gershom, die Leuchte des Exils, Walter Rathenau, Martin Buber, Franz Rosenzweig, Albert Einstein – dies sind nur einige Namen, die dieses Land gekannt hat.

Unter den Millionen Kindern meines Volkes, die die Nazis in den Tod geführt haben, waren weitere Namen, an die wir heute mit dem gleichen Maß an Ehrfurcht und Hochachtung erinnern könnten. Doch wir kennen diese Namen nicht. Wie viele Bücher, die niemals geschrieben wurden, sind mit ihnen gestorben? Wie viele Symphonien, die niemals komponiert wurden, sind in ihren Kehlen erstickt? Wie viele wissenschaftliche Entdeckungen konnten nicht in ihren Köpfen heranreifen? Jeder und jede einzelne von ihnen ist hier zweimal getötet worden. Einmal als Kind, das die Nazis in die Lager geschleppt haben, und einmal als Erwachsener, der er oder sie nicht sein konnten.

Der Nationalsozialismus hat sie nicht nur ihren Familien und den Angehörigen ihres Volkes entrissen, sondern der gesamten Menschheit. Als Präsident des Staates Israel kann ich über sie trauern und ihrer gedenken, aber ich kann nicht in ihrem Namen vergeben. Ich kann nur fordern, meine Damen und Herren Abgeordnete des Bundestages und Bundesrates, daß Sie in ihrem Wissen um die Vergangenheit Ihre Sinne auch auf die Zukunft richten. Daß Sie jede Regung des Rassismus wahrnehmen und jede Regung des Neo–Nazismus zerschlagen. Daß Sie diese Elemente mutig zu erkennen wissen und von der Wurzel her ausreißen, auf daß sie nicht wachsen und Zweige und Wipfel bekommen.

Ich vermute, daß auch für Sie, meine Damen und Herren, der Besuch des israelischen Staatspräsidenten einige nicht leichte Momente mit sich bringt. Doch wir treffen uns hier nicht als Privatpersonen, sondern als Abgesandte souveräner Staaten, und wir müssen das Gemeinsame finden, um die von uns selbst gesteckten Ziele anzusteuern und zu erreichen.

Unstet und flüchtig bin ich. Mit dem Rucksack der Erinnerungen auf meinen Schultern und dem Stab meiner Hoffnung in den Händen trete ich auf die große Kreuzung der Zeitläufte am Ende des 20. Jahrhunderts. Wohl weiß ich, woher ich komme, und voller Hoffnung und Besorgnis möchte ich wissen, wohin ich gehe. Der Staat Israel befindet sich gegenwärtig auf dem Höhepunkt einer ermutigenden und bewegenden Entwicklung, die doch zugleich auch besorgniserregend und beängstigend ist. Schon hat sie das Leben führender Friedenspolitiker als Opfer verlangt, das Leben des israelischen Ministerpräsidenten Yitzhak Rabin, der kaltblütig von einem Feind des Friedens ermordet wurde, und zuvor das Leben des ägyptischen Staatspräsidenten Anwar Sadat. Doch der Friedensprozeß ist der wichtigste Prozeß seit der Gründung des Judenstaates. Und wir befinden uns im Augenblick auf seinem Höhepunkt.

Herr Bundespräsident, meine Damen und Herren, länger als hundert Jahre der Verwirklichung des Zionismus haben wir auf diesen Frieden gehofft und uns bemüht, ihn zu erreichen. Nicht auf Schlachtschiffen sind wir in unsere Heimat zurückgekehrt, nicht mit erhobenen Lanzen nach Hause marschiert. In Karawanen träumender Menschen kamen wir zurück und in Booten ausgemergelter Flüchtlinge. Wir kehrten zurück, und wie unsere Vorväter – wie König David den Tempelberg, wie unser Vater Abraham die Höhle in Machpela kaufte – so kauften wir Boden, besäten Felder, pflanzten Weinberge, errichteten Häuser, und noch bevor wir einen Staat gegründet hatten, mußten wir zur Waffe greifen, um unser Leben zu schützen.

Immer wieder haben wir die Hand zum Frieden ausgestreckt, immer wieder wurden wir zurückgewiesen. Immer wieder mußten wir in Kriege ziehen, immer wieder töten und getötet werden. Immer wieder mußten wir Haus und Büro, Universität und Plantage verlassen und auf das Schlachtfeld ziehen. Und immer wieder mußten wir entdecken, daß sich auch jenseits der größten Siege nur Krise und Verlust verstecken.

Wir sehnen uns nach diesem Frieden, wir träumen von ihm und beten um ihn. Denn dieser Frieden begegnet uns in jedem einzelnen Abschnitt des jüdischen Denkens: in der Thora und in den Psalmengesängen, im Talmud und in den Schriftauslegungen, in den Gebeten und in den Midraschim. Doch gerade wegen dieser unendlichen Sehnsucht nach Frieden, gerade weil wir uns gut an die früheren Seiten unserer Geschichte erinnern, insbesondere an die Seiten, die schrecklicher als alles andere sind, die Seiten, die in diesem Lande geschrieben wurden, müssen wir vorsichtig und pragmatisch sein.

Wir pflegen diesen zerbrechlichen, empfindlichen Friedensprozeß, weil wir voller Hoffnung sind. Und ich bin mir sicher, auch mit Rationalität und pragmatischer Umsicht. Die Terrororganisationen und extremen islamischen Staaten trachten ebenso wie radikale Elemente in unserer Mitte danach, den Friedensprozeß zu sabotieren. Die Situation ist geladen und nicht leicht. Nicht nur wegen der mörderischen Radikalität, die es sich zum Ziel gesetzt hat, diesen Frieden zunichte zu machen, sondern auch, weil selbst in den Herzen der Friedensstifter sich Befürchtungen eingenistet haben, und die Wunden auf beiden Seiten noch offen, die Erinnerungen noch frisch sind. Noch schreit das Blut zu uns von der Erde.

Viele Friedensverträge wurden in der Geschichte unterzeichnet. Man sprach dort von wirtschaftlichen Beziehungen und Sicherheitsregelungen, über Entschädigungen und Grenzen. Als Verteidigungsminister der israelischen Regierung habe ich an den Friedensverhandlungen zwischen Israel und Ägypten teilgenommen, und ich kann Ihnen sagen, daß auch in den Friedensverträgen im Nahen Osten auf diese Aspekte genau geachtet wird, aber nicht nur auf sie. Bei uns spricht man auch über heiligen Boden, über heilige Gräber, über heilige Kriege, und Erinnerungen aus den Zeiten Josua Ben–Nuns, der Tempelritter, aus den Tagen eines Pontius Pilatus und eines Saladins schweben um den Verhandlungstisch.

In das letzte Abkommen mit den Palästinensern wurde auch ein Abschnitt eingefügt, der von der Erziehung beider Völker zu einem Miteinanderleben im Frieden spricht. Im Nahen Osten, wo jahrtausendealte antike Elemente der Rache und Abrechnung in wirrem Durcheinander bestehen, ist doppelte Vorsicht geboten. Der Kopf möchte praktisch und pragmatisch handeln und die Zukunft bauen. Doch die Füße treten in den Senken jener uralten Generationen auf der Stelle, und die Hände sind doch dieselben Hände, die einst zur Zeit der Rückkehr nach Zion die Mauern Jerusalems errichteten – nur die eine Hand verrichtet die Arbeit, denn die andere hält die Waffe.

Nehmen Sie die Dinge bitte nicht leicht. Wir versuchen einen Frieden zu schaffen, der uns ins 21. Jahrhundert führt. Aber alte Kreuzfahrerkarten hängen an der Wand, und alte biblische Erinnerungen liegen in der Luft. Frühe Prophezeiungen wollen sich selbst verwirklicht sehen. Und zusammen mit uns am Verhandlungstisch sitzen die Gäste aus der Tiefe der Zeiten, Repräsentanten anderer Epochen: Josua Ben–Nun und David Ben–Isai, der Prophet Mohammed und Jesus von Nazareth. Und sie beobachten uns genau. Manchmal ist diese Last zum Tragen zu schwer, aber trotz Schwierigkeiten und Schmerz soll sie doch auch die Quelle unserer Kraft und der Ursprung unserer Hoffnung sein. Lassen Sie uns daran denken, daß es im Heiligen Land nicht nur heilige Statten gibt, sondern auch Häuser und Felder, Fabriken, Lehrstätten und Werkstätten. Nicht nur Gräber und Totengebeine, sondern auch lebende Menschen, für deren Schicksal wir verantwortlich sind.

1977 trafen sich der ägyptische Präsident Anwar Sadat und der verstorbene israelische Ministerpräsident Menachem Begin in Jerusalem. Der Friedensvertrag mit Ägypten wurde unterzeichnet, ein Vertrag, den ich persönlich gut kenne. Seit der Unterzeichnung des Friedensabkommens mit Jordanien haben wir nun die Oslo-Abkommen mit den Palästinensern unterzeichnet, Bande des Dialogs und der Wirtschaft mit weiteren arabischen Ländern geknüpft und erste, nicht einfache Friedenskontakte zu Syrien gehabt.

Hoffnung liegt in der Luft, aber wir dürfen uns nicht durch Illusionen irreführen lassen. Noch immer besteht das Gefühl der Fremdheit zwischen beiden Völkern. Allmählich entsteht eine Brücke gegenseitigen Verständnisses, doch noch müssen wir viel in den Bau dieser Brücke investieren und sicher sein, daß ihre tragenden Schichten stabil sind.

Wir respektieren unsere Nachbarstaaten und die uns umgebenden Kulturen. Wir möchten unseren Platz in ihrer Mitte einnehmen, aber auf unsere Art und Weise und in Treue zu unseren Werten und unserer Kultur. Sie, meine Damen und Herren, die Sie einen entscheidenden Beitrag zur Stärke des Staates Israel und zum Friedensprozeß geleistet haben, wissen, daß beide Elemente miteinander verknüpft sind. Denn nur dank der Stärke des Staates Israel konnten wir den Friedensprozeß auf uns nehmen.

Ich spreche nicht nur von militärischer Stärke und nicht nur von materiellen Besitzen. Während der letzten hundert Jahre, seit unserer Rückkehr nach Eretz Israel, haben wir dort nicht nur Dörfer und Städte gegründet, nicht nur Fabriken, Viehställe, Geschäftsräume und Militärbasen errichtet, sondern auch ein demokratisches System aufgebaut und ein umfangreiches kulturelles und pädagogisches Netz geknüpft: Kindergärten und Schulen, Forschungsinstitute, Bibliotheken, Museen, Konservatorien und Universitäten. Doch über alle diese Dinge hinaus, die in jedem zivilisierten Staat existieren, haben wir ein besonderes Kulturwunder vollbracht – wir haben unsere Sprache – die hebräische Sprache – zu neuem Leben erweckt. Es ist die Sprache, in der ich jetzt zu Ihnen spreche, die mehr als alles andere Symbol und Zeugnis für unsere Wiedergeburt ist.

Wir und unsere Sprache leben. Wir, die wir uns aus der Asche erhoben haben, und unsere Sprache – die in den Leichentüchern der Thorarollen und zwischen den Seiten der Gebetsbücher gewartet hat – leben. Die Sprache, die nur im Gebet geflüstert, nur in Synagogen gelesen und nur in religiösen Texten gesungen wurde, die Sprache, die in den Gaskammern – im Gebet „Shema Yisrael" – geschrien wurde – sie ist zu neuem Leben erwacht. Ich weiß, daß die deutsche Sprache auf vielen Feldern reicher ist als die hebräische. Doch mir fehlen keine Begriffe, um hier und jetzt meine Gefühle zum Ausdruck zu bringen, und gewiß fehlten uns niemals Wörter für Glauben, Liebe, Träume, Sehnsucht und Hoffnung.

Wir haben einen Wortschatz entwickelt, der unseren besonderen Bedürfnissen entspricht. Wir warten, wir hoffen. Wir sehnen, wir erwarten. Verlangen ergreift uns, Erwartung erfüllt uns, Hoffen und Harren sind unsere Begleiter. Wir sind voller Sehnsucht, wir bitten und beten... und hier muß ich wohl einhalten und die Dolmetscher um Verzeihung bitten, falls es ihnen schwerfallen sollte, die jeweils adäquaten Übertragungen zu finden.

Diese beiden Toten, die nach so vielen Jahren wieder zum Leben erwacht sind – der jüdische Staat und die hebräische Sprache –, sind die Hauptelemente unseres Wesens in diesem Jahrhundert. Gerade in diesem Jahrhundert, das uns als Vernichtete und Tote gesehen hat, sind wir zum Leben auferstanden. Und diese Sprache, die wir im Exil nur mit Gott sprachen, sprechen wir heute in unserem Lande miteinander. Wir beten noch immer in hebräisch, aber wir sprechen diese Sprache jetzt auch im Alltag, wir schreiben hebräisch und arbeiten in hebräisch, wir studieren in hebräisch und streiten in hebräisch, wir werben umeinander in hebräisch und singen in hebräisch. Kann es ein größeres Wunder geben? Denn wären der Prophet Jesaja, König Salomo und Jesus von Nazareth hier unter uns, dann verstünden sie meine Worte, ebenso wie ich, meine Tochter und mein Enkel ihre uralten Worte verstehen, die vor Jahrtausenden gesprochen, geschrieben und über die Zeitläufte hinweg aufbewahrt worden sind.

Herr Bundespräsident, Frau Bundestagspräsidentin, Herr Bundesratspräsident, verehrte Herrschaften, ich darf Ihnen nochmals für Ihre Gastfreundschaft danken, die Sie meiner Frau und mir und unseren Begleitern erweisen. Mit Ihrer Erlaubnis möchte ich mit einem Bild der Hoffnung und des Friedens schließen. Meine Väter haben den Frieden mit einem hebräischen Sprichwort beschrieben, das jeder Landwirt und Feldarbeiter im Nahen Osten an seinem eigenen Leib erfahren kann: Ein jeder wird unter seinem Weinstock und Feigenbaum wohnen. Es ist nicht genug, im Schatten des Weinstocks und unter den Zweigen des Feigenbaumes zu sitzen. Frieden muß anspornen und darf nicht einschläfern. Er muß uns in das fünfte Jahrtausend unserer Geschichte bringen, in das 21. Jahrhundert, in dem uns kulturelle, pädagogische, technologische, wissenschaftliche und landwirtschaftliche Herausforderungen erwarten.

Die Zukunft liegt vor uns. Das heutige Israel, mit der umfangreichen Einwanderung, mit dem wirtschaftlichen Aufschwung und den Friedensabkommen, muß und kann wieder das große kulturelle Zentrum des jüdischen Volkes werden. Zu lange haben wir unsere Mittel und Ressourcen, unsere psychische Kraft und physische Stärke auf dem Schlachtfeld zum Einsatz gebracht. Jetzt haben wir eine Aufgabe in den Schulen und Forschungsinstituten, in der Werkstatt und im Labor. Dort, nicht auf dem Schlachtfeld, liegen unsere wahren Ambitionen. Unser Wesen ist ganz und gar verankert in Bildung, Studium und Ausbildung. Das jüdische Ethos hat stets Pädagogen, Gelehrte und Forscher den Angehörigen der Armee vorgezogen. Und Sie dürfen mir glauben, daß es mir als ehemaligem Armeeangehörigen nicht leicht fällt, dies zu sagen.

Meine Damen und Herren, wir sind ein Volk der Erinnerung und des Gebets. Wir sind ein Volk der Worte und der Hoffnung. Wir haben keine Reiche geschaffen, keine Schlösser und Paläste gebaut. Nur Worte haben wir aneinander gefügt. Wir haben Schichten von Ideen aufeinandergelegt, Häuser der Erinnerungen errichtet und Türme der Sehnsucht geträumt – möge Jerusalem wieder erbaut werden, möge Frieden schnell zu unseren Zeiten gestiftet und bereitet werden, Amen.

Jom HaSchoa
Der Tag des Gedenkens an den Holocaust und an den Heldenmut

Albrecht Lohrbächer

Schon 1951 verabschiedete das israelische Parlament, die Knesset, den folgenden Beschluß:
„Die erste Knesset verkündet und bestimmt, daß jedes Jahr der 27. Tag des Monats Nissan der Tag des Gedenkens an den Holocaust und an den Ghetto-Aufstand sein soll – ein ewiger Tag der Erinnerung an das Haus Israel".[1]
Im Jahre 1959 verabschiedete die Knesset dann endgültig ein *Gesetz zum Jom HaSchoa*:
„1. Der 27. Nissan ist der Tag des Gedenkens an Katastrophe und Heldenmut; gewidmet ist er jedes Jahr dem Gedenken an die Katastrophe des jüdischen Volkes, die durch die Nazis und ihre Helfer herbeigeführt wurde, und an die Taten jüdischen Heldenmutes und Widerstandes in dieser Zeit. Sollte der 27. Nissan auf einen Freitag fallen, so wird der Gedenktag in diesem Jahr auf den 26. Nissan gelegt.
2. Am Gedenktag sollen zwei Schweigeminuten im ganzen Staat Israel abgehalten werden, während denen aller Verkehr auf den Straßen Israels eingestellt werden soll; in Militär- und Erziehungseinrichtungen sollen Gedenkgottesdienste und Versammlungen stattfinden; die Fahnen an öffentlichen Gebäuden sollen auf Halbmast gesetzt werden; Radiosendungen sollen den speziellen Charakter des Tages zum Ausdruck bringen und die Veranstaltungen der Unterhaltungsstätten sollen mit dem Geist des Tages in Einklang stehen.
3. Der von der Regierung beauftragte Minister soll in Abstimmung mit der Yad Vashem-Gedenkstätte die notwendigen Anleitungen für das feierliche Begehen des Gedenktages erstellen, so wie es in diesem Gesetz festgeschrieben ist."[2]
Entsprechend wurde dann 1961 noch ergänzt, daß alle Unterhaltungsstätten am Vorabend des Jom HaSchoa geschlossen werden sollten.

Der *Name dieses Tages* lautet: „Jom HaSchoa Wehagvura" (= Gedenktag des Gedenkens an den Holocaust und an den Heldenmut) Dieser Gedenktag wurde bewußt in die Zeit zwischen Pessach, dem Fest der Freude, und dem Unabhängigkeitstag, dem Jom Haazmaut, gelegt. Dazwischen werden noch die Gedenktage an den Warschauer Ghetto-Aufstand und der Tag des Gedenkens an die im Unabhängigkeitskrieg 1948 gefallenen Soldaten, der Jom Hasikkaron, begangen. Diese zeitliche Reihung beginnt also „mit Gottes Rettung der Juden und schließt mit der Rettung der Juden in Israel durch sich selbst. Durch diese Abfolge von Feiertagen wird sowohl an die biblische als auch an die moderne Rückkehr in das Land Israel

---

[1] Zit. nach: James E. Young, Jom Hashoah: Die Gestaltung eines Gedenktages, in: Nicolas Berg, Jess Jochimsen, Bernd Stiegler (Hg.), Shoah – Formen der Erinnerung, Fink-Verlag, München 1996, S. 60.

[2] Zit. nach: James E. Young, Jom Hashoah, a.a.O., S. 64.

erinnert. Gottes Rettung der Juden aus der Wüste des Exils wird gespiegelt durch den Versuch der Juden in Warschau, sich selbst zu retten; der Helden und Märtyrer der Schoa wird Seite an Seite mit den Kämpfern gedacht, die im Befreiungskrieg für Israel fielen (und implizit werden sie ihnen gleichgesetzt): und all dies läuft unaufhaltsam auf die Geburt des Staates hinaus."[3]

Die *Gestaltung des Tages* in Israel ist geprägt von
- der offiziellen Gedenkfeier am Vorabend des Tages in Yad Vashem. An ihr nehmen alle politisch-gesellschaftlich wichtigen Personen des Staates teil;
- die Rezitation der Namen der Opfer an verschiedenen Orten (u.a. an der Westmauer und in der Knesset);
- die zweiminütige Stille nach Ertönen der Sirene, die das ganze Land zum Stillstand bringt.

Im Umfeld dieses Tages wird in Schulen, Armee und sonstigen Bildungseinrichtungen darauf Wert gelegt, daß Überlebende als Zeitzeugen ihre Geschichte erzählen und für Gespräche zur Verfügung stehen.

---

[3] Zit. nach: James E. Young, Jom Hashoah, a.a.O., S. 62.

Yad Vashem –
die nationale israelische Gedenkstätte
für den Holocaust und das Heldentum

Albrecht Lohrbächer

Yad Vashem ist die nationale israelische Gedenkstätte zur Erinnerung an die Verfolgung und die Ermordung der Juden während der Zeit des Nationalsozialismus. Sie wurde auf dem Herzl-Berg in Jerusalem errichtet. Das dazu erforderliche Gesetz trat am 28. April 1953 in Kraft.

Absichten:

In der Gedenkstätte soll gedacht werden:
- der 6 Millionen von den Nationalsozialisten und deren Helfershelfern ermordeten Juden;
- der zerstörten jüdischen Gemeinden und ihrer Institutionen;
- der Tapferkeit und des Heldentums der Soldaten, Untergrundkämpfer und Gefangenen in den Ghettos;
- der Söhne und Töchter des jüdischen Volkes, die um ihre Menschenwürde gekämpft haben und
- der „Gerechten unter den Völkern", die für die Rettung von Juden ihr Leben aufs Spiel gesetzt haben (s. S. 251 ff.).

Der Name Yad Vashem (wörtlich: Denkmal und Name) geht auf ein biblisches Wort aus dem Propheten Jesaja 56,5 zurück: „Ihnen allen errichte ich in meinem Haus und in meinen Mauern ein Denkmal, ich gebe ihnen einen Namen, der mehr wert ist als Söhne und Töchter: Einen ewigen Namen gebe ich ihnen, der niemals getilgt wird".

Aufgaben von Yad Vashem sind u.a.:

- Sammlung und Sichtung sowie eventuelle Veröffentlichung von Dokumenten und Materialien über ermordete Personen, ausgelöschte Familien und vernichtete jüdische Gemeinden und Einrichtungen sowie über den jüdischen Widerstand;
- die Einbürgerung der Opfer, das bedeutet, daß den Ermordeten die symbolische Staatsbürgerschaft Israels verliehen wird. Diese Verleihung der symbolischen Staatsbürgerschaft an alle, die ohne Nachkommen bleiben, deren Familien ausgelöscht wurden, stellt diese im Sinne des Bibelwortes unter die Verheißung: „In meinen Mauern ist ihr Name verewigt";
- Initiierung von Gedenkprojekten;
- die Vertretung des Staates Israel bei internationalen Veranstaltungen.

Wichtige Einrichtungen der Erinnerungsstätte sind:

- die Verwaltung mit Archiv/Forschungsinstitut und Bibliothek;
- die Gedächtnishalle (Gedächtniszelt) mit der nie erlöschenden Flamme und den in den Boden eingravierten Namen von Vernichtungslagern – Ort für die offiziellen Gedenkzeremonien bei Staatsbesuchen;
- die Allee der Gerechten, in der Bäume zur Erinnerung an alle jene Nichtjuden gepflanzt wurden, die Juden gerettet haben;
- die Halle der Namen, in der alle Namen von Opfern auf Gedenkblättern verzeichnet sind;
- die Kindergedenkstätte, zur Erinnerung an die 1,5 Millionen ermordeter Kinder;
- das „Tal der zerstörten Gemeinden", in dem riesige Steinquader aufeinander geschichtet sind: Auf ihnen sind die Namen der zerstörten Gemeinden eingraviert, nach Ländern und Regionen Europas und des Mittelmeerraums geordnet;
- das internationale Zentrum für die Lehre der Schoa, in dem die pädagogische Abteilung (siehe auch Teil IV, S. 424) ihren Ort hat;
- das Museum für Kunst im Holocaust.

6. Folgerungen

Erinnern, Lernen, Gedenken
Eine Annäherung in fünf Schritten

Helmut Ruppel

1. Im Ausnahmezustand oder: Wie halten wir unser Wissen wach?

Im Martinsdom der toskanischen Stadt Lucca hängt ein Christusbild, dessen „Heiliges Antlitz" seit Beginn des 14. Jahrhunderts die Menschen anzieht. Der florentinische Dichter Dante Alighieri nennt es gemeinsam mit dem erfrischenden Fluß Serchio, der in der Nähe von Lucca die Menschen zu einem erfrischenden Bad anzieht. Doch die Weisung Dantes verwundert:
„Hier hilft dir nicht das Heilige Antlitz,
Hier mußt du anders schwimmen als im Serchio".
Es ist die Stimme des Teufels, die in der „Göttlichen Komödie" den Verdammten im Inferno, der Hölle, diese Weisung erteilt.
Als reichlich 600 Jahre später, gegen Ende 1943, ein junger nach Auschwitz Verdammter durch das Tor mit der Aufschrift ARBEIT MACHT FREI gestoßen wird, erinnert er sich Dantes, weiß er augenblicklich: „Dies also ist die Hölle." In der Hölle trägt der junge Mann aus Turin die Nummer 174.517. Er wird sie sein Leben lang tragen, bis er dieses Leben nicht mehr ertragen kann.
Andere Dante-Verse kommen ihm in den Sinn, darunter jener, den Odysseus seinen Gefährten gibt: „Considerate la vostra semenza...". „Bedenkt, aus welchem Samen ihr gekommen, ihr seid nicht da, zu leben wie die Tiere, ihr sollt nach Tugend und nach Wissen streben."
Im Anklang an diese erste Zeile wird Nr. 174.517 seine Erinnerungen – er wurde am 24. Januar 1945 von russischen Truppen befreit – nennen: "(Considerate) se questo é un uomo?" – „Ist das ein Mensch?"[1].
Damit hat er das Leitmotiv eines Jahrhunderts ausgesprochen: Ist das der Mensch? Was können wir vom Menschen erkennen im Zeitalter der planmäßigen Erniedrigung des Menschen durch den Menschen? Oder ist dies Zeitalter ein Ausnahmezustand? Wer wird ein Zeuge dieses Ausnahmezustandes? So wird Erinnerung für ihn zur Pflicht, zur Zeugnispflicht. Und so schärft er seine Beobachtung bei Tage und notiert genau den täglichen Terror: „Das Lager ist eine monströse Maschine zur Herstellung von Tieren."
Aber nachts suchen ihn Träume heim. Er träumt, er sei dem Lager entronnen und heimgekehrt und berichtet nun detailliert von dem, was er durchmachen mußte.

---

[1] Harald Weinrich, Lethe, Kunst und Kritik des Vergessens, München 1997, Cap. IX, Auschwitz und kein Vergessen, bes. S. 236 - 341 Primo Levi, ist das ein Mensch?, München 1991, Taschenbuchausgabe dtv 11561, 1992, 4. Aufl. 1995. Zu Primo Levi vgl. Cordelia Edvardson, Die Welt zusammenfügen, dtv Taschenbuch 11445, 1991, „Primo Levi in memoriam, S. 9 - 19.

Folgerungen

Und während er alles Furchtbare aus dem Inferno bezeugt, beobachtet er plötzlich, daß keiner zuhört, über anderes gesprochen wird, er, der Erzählende, gar nicht wahrgenommen wird, ja, noch schrecklicher, daß manche aufstehen und fortgehen ohne jede Reaktion.
Später, schon in der „Freiheit", verläßt ihn dieser Traum nicht. Er erfährt, daß andere Freigekommene eben diesen Traum auch träumen ..."[2]
Schon sehr früh gab es viel zu wissen und zu lernen über die Lager, „doch man weigert sich, es zu glauben, ja, will es gar nicht erst hören, denn dann müßte man sein eigenes Leben radikal in Frage stellen. Es gibt ein Leid, von dem man lieber nichts weiß."[3]
Nr. 174.517 hat nicht zugelassen, daß die Lager je von der Welt vergessen werden. Er hat es getan mit dem Ethos, die Lehre der Lager nicht verloren gehen zu lassen. „Angesichts des Äußersten" hat er das Erlittene präzise notiert – auch wenn die Menschheit sich weigert, die Lehre von Auschwitz zu hören, bleibt seine Lebensüberzeugung: „Jeder Deutsche, ja jeder Mensch muß eine Antwort auf Auschwitz finden, nach Auschwitz darf man nicht mehr waffenlos dastehen."
Auch wenn er selbst 1987 schutzlos dem Suizidgedanken gegenüberstand, so bleibt doch sein Zeugnis verläßlich. Es kann die Mauer der Gleichgültigkeit durchbrechen. Er war 24 Jahre alt, als er die Hölle betrat und die Nummer 174.517 wie ein Tier aufgestempelt bekam. Er blieb ein Mensch, sein Name war Primo Levi.

Wir haben dies Gedenkblatt für Primo Levi an den Anfang gesetzt, weil er von Anfang an in doppelter Selbstüberwindung ein präzises Zeugnis vollbrachte: Weder der Haß trübte seinen Blick, was nachvollziehbar gewesen wäre, noch die Resignation, die so viele beherrschte. Er will nach Auschwitz „wieder Mensch werden, ein Mensch wie alle". Und er will lernen, was geschehen ist.[4] Er ist nicht interessiert an einem *Monument*, das aus dem Berichteten ohne jede Beziehung zu Gegenwart und Zukunft gleichsam ersteht, für ihn soll das Erinnerte zum *Instrument* des Lernens werden, die Gegenwart besser zu beurteilen und zu analysieren. Er will nicht im *Monument* der Erinnerungen den Schrecken gleichsam feiern, wenn auch mit negativen Vorzeichen, nein, er will „verstehen", er will die Lagererfahrungen als eine Art Lupe benutzen, um genauer zu erkennen, was im normalen Leben ungenau und diffus bleibt. Primo Levi hält Auschwitz nicht für den Ausgang unserer Moderne, aber schon sehr früh konnte er aus Auschwitz eine Lehre ziehen. Nicht allein für jene Welt, die Auschwitz hervorgebracht hat:
„Ich bin überzeugt..., daß man sogar dieser besonderen Welt, von der ich berichte, Grundlegendes abgewinnen kann."[5]

---

[2] Primo Levi, ist das ein Mensch?, München 1991, S. 58; vgl. auch Elie Wiesels Ahnung: „Du wirst berichten, und keiner wird dir glauben. Du wirst die Wahrheit sagen, aber es wird die Wahrheit eines Verrückten sein", Jenseits des Schweigens, in: Dagmar Mensink, Reinhold Boschki, Das Gegenteil von Gleichgültigkeit ist Erinnerung, Mainz 1995, S. 9 - 37, S. 13. Siehe auch zu Scham- und Schuldgefühlen der Überlebenden: Tzvetan Todorov, Jenseits des Äußersten, München 1993, S. 285 - 289.
[3] Todorov, a.a.O., S. 280.
[4] Primo Levi, Das periodische System, München 1987, S. 163.
[5] Levi, Ist das ein Mensch?, S. 83.

50 Jahre nach diesem Urteil Primo Levis im Jahre 1947 erhält ein anderer nach Auschwitz Verdammter, der ungarische Autor Imre Kertesz, im Jahre 1997 den „Leipziger Buchpreis zur Europäischen Verständigung".[6] Für Kertesz ist am Ende des Jahrhunderts die Frage der Freiheit nicht mehr von der der Schrecknisse zu trennen: „Der Gedanke von der Endlösung hätte nicht geboren werden können, wenn sich nicht vorher eine ganze Kultur zusammengetan hätte mit dem Willen, alles um jeden Preis zu lösen ...anders gesagt: wenn sich die Transzendenz nicht zu einer praktischen Frage gewandelt hätte", heißt es in der Laudatio.[7] Kertesz nimmt am Ende des Jahrhunderts Primo Levis erste, frühe Bemühung auf, über das unermeßliche Leid der Schoa zu unermeßlichem Wissen für Gegenwart und Zukunft zu führen, wenn er seine Dankesrede schließt: „Eine lebensfähige Gesellschaft muß ihr Wirken, ihr Bewußtsein von sich selbst und von den eigenen Bedingungen wachhalten und unablässig erneuern.[8]

2. Ist gemeinsames Gedenken möglich? oder: von der „Ratlosigkeit der Nachwelt"

Zum Nachdenken über die Gestalt des Erinnerns, der unablässigen Erneuerung unseres Wissens von uns selbst, gehört auch die hartnäckige Kontroverse um ein „Denkmal für die ermordeten Juden Europas" in Berlin.[9] Während diese Zeilen geschrieben werden, ist die Ausstellung der vier in die engere Wahl gezogenen Entwürfe und vierzehn weiterer eröffnet worden[10] und wieder ist der Vorhang auf und alle Fragen ...
Was Edna Brocke schon früh in der Debatte als die „Ratlosigkeit der Nachwelt" beschrieb, ist nicht gewichen.[11] Nicht weichen will auch beim Betrachter das peinigende Gefühl, bei einem großen Teil der Entwürfe einer gänzlich unangemessenen Sprache zuhören zu müssen. Weiterhin umgehen viele Entwürfe die Fragen, „*was* eigentlich *wo* und in *welcher* Form erinnert werden soll."[12] Einige Entwürfe sind

---

[6] Vgl. Börsenblatt vom 25./27. März 1997, S. 28 f.
[7] a.a.O. aus der Laudatio Laszlo Földernyi, S. 26 ff., S. 28.
[8] a.a.O. aus der Dankrede von Imre Kertesz, S. 30 ff., S. 33. Vgl. bes. Imre Kertesz, Kaddisch für ein nichtgeborenes Kind, Berlin 1992, ders. Galeerentagebuch, Berlin 1992 und vor allem: Roman eines Schicksallosen, Berlin 1996.
[9] Ein Zwischenbericht der „offiziellen" Diskussion bietet die Dokumentation der Senatsverwaltung für Wissenschaft, Forschung und Kultur: Denkmal für die ermordeten Juden Europas, Colloquium, Berlin 1997, erhältlich bei der Senatsverwaltung für Wissenschaft, Forschung und Kultur, Brunnenstraße 188, 10117 Berlin. Die Heftigkeit der Debatte vermittelt die Streitschrift: Der Wettbewerb für das „Denkmal für die ermordeten Juden Europas", Verlag der Kunst, Berlin 1995, 35 Beiträge!
[10] „Wir haben es mit der Verklammerung von mindestens drei verschiedenen Sachen zu tun: Erinnern und seine Schwierigkeiten, Einrichtung von Denkmälern als gesellschaftlicher Einfrierung des Erinnerns und Beauftragung von Kunst". Dieter Hoffmann-Axthelm in seinem Beitrag in der „Streitschrift", Anm. 9, S. 76.
[11] Edna Brocke in ihrem Beitrag zur „Streitschrift", Anm. 9, S. 21.
[12] Thomas Macho, Erinnertes Vergessen, Denkmäler als Medien kultureller Gedächtnisarbeit, in: Bilder des Holocaust, hrsg. von Manuel Köppen und Klaus R. Tscherpe, Köln, Weimar, Wien, 1997, S. 215 - 228, S. 218. Vgl. auch James E. Young, Beschreiben des Holocaust,

offene Angebote, darüber zu sprechen, was ein Denkmal sein kann, wofür es gebaut werden sollte, also „memorialpolitische Lernprozesse" in Gang zu setzen, wie sie vor 1993 zur Gestaltung der Schinkelschen „Neuen Wache" nicht eröffnet wurden.[13]

Zu diesen memorialpolitischen Diskursen gehört eine intensive Judentumsforschung, ohne die auch die Antisemitismusforschung ihre Analyse verfehlt.[14]

Es gehörte die Frage Edna Brockes hinzu, ob nicht „neben" der Erinnerung auch eine angedeutete Auskunft über die Ursachen der Morde gehörte?

Es gehörte die Frage hinzu, ob ein solches Gebilde manifestieren kann, was in Gunnar Heinsohns Frage „Warum Auschwitz?" enthalten ist: „... Was sich Hitler vorgenommen hatte, konnte ohne Wahn oder einfach nur unmäßigen Haß geschehen... Oft und maßlos war das mosaische Gesetz gebrochen, aber eben doch nicht abgeschafft worden. Der Gedanke, sich durch genozidale Ausschaltung der jüdischen Liebes- und Lebensschutzgebote überlegene Schlagkraft zu sichern, wurde Hitlers ureigener Beitrag zur modernen Kriegsgeschichte."[15] (vgl. dazu dieses Kapitel I,2: Von der Notwendigkeit aktiven Gedenkens) Ist das nach mehr „als 40 Theorien und 50 Jahren" begriffen? Kann es versinnbildlicht werden?

Oder muß die Mahnung von Aleida Assmann gehört werden: „Aus der Vehemenz der Argumente gegen das Denkmal spricht oft eine implizite Überforderung seiner Möglichkeiten." Wenn es ein Lernort, eine Inszenierung von historischer Erinnerungskultur sein soll, ist seine Funktion überanstrengt. Im Rahmen internationaler Diplomatie wird ein solcher Ort gebraucht, alles andere wie z.B. die Verknüpfung der Individualerfahrung, der wissenschaftlichen Aufklärung und der medialen Repräsentation muß eine politische Bildungsstelle leisten, die Funktionen wie „Datenarchiv, Forschungsstätte, Begegnungszentrum und Museum in sich kombiniert."[16]

Auch wenn das „Lehrreichste an einem Denkmal ... die offene Diskussion und die Auseinandersetzungen in der Öffentlichkeit" sind (James E. Young), so ist doch zu fragen, warum es denn so „zäh bis befangen" vonstatten geht (Brocke) und warum sich sofort alle Fragen der Neueren Geschichte in dieser Frage bündeln. Dazu gehört gewiß James E. Youngs Frage an uns, „wie man sich an Ereignisse erinnert, die man am liebsten vergessen möchte und wie man sich als Nation aufbaut, und zwar auf der Erinnerung der Ungerechtigkeit". Und er setzt seine Fragen fort: „Was sind die nationalen Motive für die Erinnerung? Ist es die Wiedergutmachung, ist es Teil eines Trauerprozesses, sind es pädagogische Motive, Motive der Selbstüberhöhung oder ist es ein Anstoß gegen aktuelle Fremdenfeindlichkeit? Zu welchen nationalen und gesellschaftlichen Zwecken wird das Denkmal gebaut? Als ein

---

Frankfurt 1992, ders., Das Dilemma der ästhetischen Auseinandersetzung mit dem Holocaust, in: Erlebnis – Gedächtnis – Sinn, Frankfurt/New York, 1996, S. 79 - 99.

[13] Vgl. Macho, a.a.O., S. 221ff., s. auch Silke Wenk, Ein „Altar des Vaterlandes" für die neue Hauptadt?, Zur Kontroverse um das „Denkmal...", Materialien des Fritz Bauer Instituts Nr. 14, Frankfurt a.M., 1996, S. 5 - 33 (Abbildungen!), Micha Brumlik, Gerechtigkeit zwischen den Generationen, Frankfurt 1995, S. 123ff.

[14] Gunnar Heinsohn, Warum Auschwitz? Hitlers Plan und die Ratlosigkeit der Nachwelt, Hamburg, 1995, S. 169.

[15] Gunnar Heinsohn, a.a.O., S. 132.

[16] Redebeitrag von Aleida Assmann in der „Dokumentation", Anm.9, S. 26.

Ort, wo Juden die verlorenen Juden betrauern, als ein Ort, an dem alle an die potentiellen Konsequenzen von Rassismus erinnert werden sollen, als ein Ort, an dem Juden der Taten gedenken, die Deutsche einst an ihnen verübten, zur Austreibung von Verantwortung oder gerade zu ihrer Anerkennung?"[17]
Ist ein „gemeinsames Gedenken" möglich, gibt es dafür eine Grundlage? Oder gibt es eine Differenz der Gedächtnisse, die es verbietet, die jüdischen Opfer, „jenseits ihrer Zugehörigkeit zum Judentum anzusiedeln?"[18] Welche Formen nahm das Erinnern in der Geschichtsschreibung und der öffentlichen Gedächtnispraxis der DDR an?[19]
Wir sehen, die Differenzen vervielfältigen sich:
Es gibt offensichtlich ein DDR-spezifisches „Gedächtnis", es existiert ein westdeutsches „Gedächtnis", wobei deren „Wiedervereinigung" noch der Analyse harrt, aber in ersten, nicht gerade beruhigenden Wort- (und Tat-)meldungen zu erkennen ist. Entsprechend, wenn auch nicht vergleichbar, gibt es im breiten Strom jüdischer Lebensformen unterschiedliche Vorstellungen des Gedenkens.
Wir versuchen in einem dritten Schritt der Annäherung, unterschiedliche Positionen im religiösen und säkularen Judentum sowie gemeinsame Repräsentationen der Erfahrung der Schoa zu skizzieren.

3. „Mein Schmerz ist immer vor mir" (Psalm 38,18) oder: Vielfältige Formen des Gedenkens im Judentum

Die wohl bekannteste Gedenkstätte der Schoa ist Yad Vashem in Jerusalem (vgl. dazu in diesem Kapitel I, S. 102f.: Yad Vashem). Sie nimmt Funktionen der politischen, kulturellen und religiösen Identitätsvergewisserung Israels wahr. Eine Reise nach Israel – sei es von Fußball-Nationalmannschaften oder Gruppen wissenschaftlicher Kongresse, Schulklassen oder Politikerdelegationen – ist unvorstellbar ohne einen Besuch der Gedenkstätte Yad Vashem. Für jene, die sie schon besucht haben und für alle, die sie noch besuchen werden, geben wir hier eine erzählerische Skizze – eine literarische Form, die Erinnerungen wecken, vielleicht auch Interesse erzeugen kann...

---

[17] James E. Young, „Dokumentation", Anm. 9, S. 147.
[18] Dan Diner, Ereignis und Erinnerung. Über Variationen des historischen Gedächtnisses, in: Nicolas Berg, Jess Jochimsen, Bernd Stiegler (Hrsg.), Shoah, Formen der Erinnerung, München 1996, dort S. 13 - 30, 27.
[19] Die Beiträge von Dan Diner, Olaf Groehler und Volkard Knigge in: Erinnerung. Zur Gegenwart des Holocaust in Deutschland-West und Deutschland-Ost, Frankfurt 1993; vgl. auch Michael Kohlstruck, Zwischen Erinnerung und Geschichte. Der Nationalsozialismus und die jungen Deutschen, Berlin 1997; die Beiträge von Reinhard Wittenberg, Bernhard Prosch, Martin Abraham, Manfred Brusten und Michael Kohlstruck, in: Jahrbuch für Antisemitismusforschung 4, Frankfurt/New York 1995

Folgerungen

Here in this transport	Hier in diesem Transport
I am Eve	Ich, Eva
with my son Abel	mit Abel, meinem Sohn
if you see my elder son	wenn Du meinen anderen Sohn siehst
Cain son of Adam	Kain, Sohn des Menschen
tell him that I	sage ihm: Ich ...

geschrieben mit Bleistift auf einem versiegelten Eisenbahnwaggon
Dan Pagis

Abgebrochen, zertrennt, verstummt und vergangen...? Für immer, endgültig, unwiederbringlich? Und die schmalen kleinen Jungen aus Ungarn, die in Auschwitz lebendig begraben wurden? Und die schweigenden kleinen Mädchen aus dem Warschauer Ghetto, die mit den blauen Rucksäcken in den Zug nach Treblinka kletterten? Alle verstummt? Vergangen für immer?
Vergangenheit?
Und jener Efraim aus dem Ghetto von Krilov, den die SS zum „Judenrat" ernannte und der auf die Anordnung, dreißig Namen für die Ermordung aufzuschreiben, einen Zettel übergab, auf dem ein Name dreißigmal geschrieben stand – seiner ... Was ist mit ihm? Verstummt?
„...tell him that I – kam der Zug zum Stehen, wurden die Türen aufgerissen, begann das deutsche Gebrüll, ging Eva der Atem aus, was verschloß ihr den Mund? Was wollte sie ihrem Sohn Abel noch sagen, bevor...?
Wir hören ihre Stimme nicht, gibt es sie nicht mehr?

Früh im Jahr 1941 träumte Mordechai Shenhavi im Kibbuz Mishmar Ha'Emek einen Traum: Ein langer Zug zog vor seinen Augen vorüber, Menschen, die Grabsteine auf ihrem Rücken trugen und ihn fragend, auffordernd ansahen. Gesichter von Freunden und Verwandten vermochte er zu erkennen. Aufgewacht, begann er sofort ein Denkmal zu planen. Er wußte, was er gesehen hatte. Doch welches Denkmal vermag das Unausdenkliche im Sinnbild zu zeigen?
Früh im Jahr 1981 kam ein seltsamer Zug von Menschen zum Herzl-Berg nach Jerusalem gezogen. Sie kamen aus 27 Ländern und trugen Steine mit sich. Auf jedem Stein stand der Name eines ermordeten Angehörigen. Alle Steine sollte zu einem Mahnmal aufgetürmt werden an jenem Ort, an dem ein „Denkmal und ein Name", unaustilgbar für immer, „mehr denn Söhne und Töchter", errichtet worden ist, Yad Vashem.

Blaue, festgeschraubte Gartenstühle, mehr hat der Bus zum Har HaZikkaron, zum „Berg des Gedenkens", nicht anzubieten. Viel freien Raum, die Schulmädchen sitzen einträchtig in ihren blauen Leinenblusen auf dem Busboden, der Fahrer, Fahrscheine, Geldscheine hin- und herwechselnd, sucht sich einen Weg durch die turbulente Stadt, warmer trockener Dornenwind stößt durch die offenen Fenster, mit erheiterter Müdigkeit hören die Alten den Nachrichten zu, der Bus rattert den Herzl-Berg hinauf. Hoch über En Kerem hält er noch einmal an, bevor er sich in das Quelltal hinunterwindet, in dem Maria und Elisabeth sich einst begegnet sein sollen... Doch wir müssen schon hier oben aussteigen, das Hadassah-Krankenhaus gegenüber im Sonnenlicht. Langhingestreckt auf dem „Berg des Gedenkens" liegt Yad Vashem.

„Und ich werde ihnen in meinem Haus und in meinen Mauern ein Denkmal errichten und einen Namen, mehr denn Söhne und Töchter, einen immerwährenden Namen werde ich aufrichten, er wird unaustilgbar sein", Jesaja 56,5.

Erinnerung, Erziehung, Forschung – diese Verpflichtungen werden aus dem Prophetenwort gehört. Die Gebäude von Yad Vashem versuchen dem zu entsprechen: Das Mausoleum ist ein Gedenkzelt, ein „Ohel Jizkor"; die große Wand der Erinnerung ist eine Mauer aus roten Backsteinen, die den „Umschlagplatz" in Warschau in Erinnerung ruft. Viele Worte in der Schoa-Literatur sind für immer mit der deutschen Sprache verbunden: „Einsatztruppen", „Judenrat", „Sperrgebiet", „Los! Los!", „Sonderkommando", „Sonderbehandlung"...

Nach Auschwitz hat viel in der deutschen Sprache seine Unschuld verloren.

Im Museum führt der Weg durch einen Abzugskanal des Warschauer Ghettos, unter einer Brücke des Ghettos hindurch. In der „Halle der Namen" wird jeder Name aufbewahrt, der den Mördern zum Opfer fiel. Es gibt ein Forschungszentrum für „Jizkor-Bücher", denn dieser Ort „is a memorial to the dead, to preserve each man's uniqueness." So sind in dem lichtdurchfluteten Park Skulpturen aufgestellt, die dies jedem erzählen: Ein einziger Klageschrei aus gesichtslosem Mund („Der stumme Schrei"), ein schmerzverzogener Hiob („Job"), die Aufständischen von Warschau und der „Letzte Weg", die zerrissenen Opfer aller Todeslager, sie stehen gegen den hitzezitternden Himmel in den wilden Blumen für ein Volk, das nicht einmal mehr Friedhöfe hat, seine Toten in den Tagen zwischen Rosch HaSchana und Yom Kippur zu beklagen...

Inmitten der kahlen Hügel, Olivenhaine, Nadelbäume und Steinmauern, im starken, schmerzenden Licht – Gedenkzeichen, für die schmalen ungarischen Jungen, für die schweigenden Mädchen aus Janusz Korczaks Waisenhaus, für Efraim, für alle, heißt es doch im Gebet zu Rosch HaSchana:

„Gedenke unser zum Leben, unser König, der du das Leben liebst und schreibe uns ein in das Buch des Lebens, um deinetwillen, lebendiger Gott."

Das Volk nimmt seinen „Erinnerer" beim Wort. Hier läuft wohl die tiefste Linie der Lektion des Erinnerns: Gott ist es, der sich erinnern möge, daran erinnert ihn im Gebet Israel. Gegenseitige Erinnerung in unaufgebbarer Gemeinschaft...

So beginnt das Jüdische Jahr, dessen Beginn nicht allein „Rosch HaSchana" heißt, Jahresbeginn, Jahreswiederholung. Seinen Lesungen und Gebeten entsprechend heißt dieser Tag auch „Yom Hazikkaron" – „Tag der Erinnerung", heißt auch „Yom HaDin" – „Tag des Richtspruchs", heißt auch „Yom HaTeruach" – „Tag des Widderhornblasens" – in Gottes und der Menschen Ohren, eine unüberhörbare Erinnerung an das Weiter-Leben...

Das Fest enthält in seinem Mittelpunkt ein reich ausgefülltes Gebet („Mussaf"), das „Erinnerungen" vor Gott trägt: „Du gedenkst...". Es sammelt Schöpfung und Geschichte von und vor Gott ein. Dies Gedenken ist auch Wissen, besser Gewissen. So wird im Gebet geschichtliches Leben gewissenhaftes Leben: „Das Gedenken alles Geschaffenen ist vor Deinem Angesicht, und Du erforschst alles Tun!"

Nun werden Wissen und Gedenken verbunden in der Reihung jener Schriftstellen, die vom errettenden, barmherzigen Gedenken Gottes sprechen, sei es Noah, das versklavte Volk, die Armen bis hin zu Efraim: „Ist nicht Efraim mein teurer Sohn und mein liebes Kind? Denn so oft ich ihm auch drohe, muß ich doch seiner gedenken, darum bricht mir mein Herz, daß ich mich seiner erbarmen muß", Jeremia 31,20. Hier hört Israel Rettung und Heimführung ins Land – dorthin, wo wir jetzt stehen, auf dem „Berg der Erinnerung" und das Gebet des Gedenkens hören, hier inmitten der tobenden Schulkinder, der stummen Besucher, der quirligen Kibbuzkinder, die nur aus Liebe zu ihrer energischen Lehrerin nicht gleich juchzend den Park durchstürmen, hier im erwachenden Wind aus der Jerichosenke, zwischen den weißen Disteln über dem „Tal der Gemeinden", wo in den mächtigen Steinquadern die Namen der vielen, vielen Gemeinden leuchten.

Das Gebet „Erinnerungen" endet mit der Erinnerung Gottes, sich eines Menschen, nur eines, doch zu erinnern, um dessentwillen er sich aller gnädig erinnern möge: „Und der Bindung Isaaks, seiner Nachkommenschaft zugut, gedenke heute in Erbarmen!"

Die Nachkommen Isaaks rennen zwischen den Steinen, ein Stoß Meerwind streift über den Berg. Die Busse fahren davon. Und in der Stille sagt Eva: „"...if you see my elder son, Cain, tell him that I..." Was wollte sie sagen? Wem?

Der „Garten der Erinnerung an die Kinder" ist ein wildes Blumenfeld mit aufgetürmten Feldsteinen. An seinem Rand steht die Skulptur „Korczak und seine Kinder". Eine dichte Gruppe, unauflösbar, unaufsprengbar, Korczaks Hand hält alle beieinander. Sich nicht aufgeben, sich vergewissern, aufmerksam leben, bis zum letzten Atemzug... Und doch heißt es in der Tradition:

„Kein Vergessen gibt es vor dem Thron deiner Herrlichkeit... Du gedenkst alles Geschehenen, gedenke unser vor Deinem Angesicht in gutem Erinnern."[20]

Wie uns Yad Vashem als symbolischer Ort für die Identität des Staates Israel (neben der Menora vor der Knesset) lehrt, sieht sich Israel in der Pflicht, die Welt an die Schoa zu erinnern. Israel als das „Volk der Erinnerung" ist gleich einer geprägten Münze seit einiger Zeit auch in der nichtjüdischen Welt ein Gemeinplatz geworden. So ist z.B. die sehr populäre Rezeption der Liturgie des Pessach-Abends, innerhalb derer an den Auszug aus der Sklaverei erinnert wird, auch in christlichen Liturgiekontexten spürbar. Das „authentische jüdische Erinnern" ist längst auch in kirchlichen Horizonten heimisch geworden. Das Wort „Zachor" – „Erinnere Dich!" aus der Bedrohungssituation durch die Amalekiter während des Auszugs aus Ägypten ist fast zum Slogan aufgestiegen. Mittlerweile gibt es eine breite systematisch-theologische und religionspädagogische „Heimholung" biblisch-jüdischer Erinnerungsrede, wobei die Schule von Johann Baptist Metz tonangebend ist[21]; er selber hat schon früh den innerchristlichen „memoria-Begriff

---

[20] Überarbeitete Fassung des VII. Kapitels aus: Helmut Ruppel, Ingrid Schmidt, Von Angesicht zu Angesicht, Aufmerksamkeit für Ernst Barlachs Bilder vom Menschen, Neukirchen 1984, S. 83 - 89.

[21] Leicht zugänglich: Johann Baptist Metz, Für eine anamnetische Kultur, in: Holocaust. Die Grenzen des Verstehens, hrsg. von Hanno Loewy, Hamburg, 1992, Sachbuch 9367, S. 35 - 41. vgl. Erziehung aus Erinnerung, hrsg. von Reinhold Boschki u.a., Akademie der Diözese Rottenburg-Stuttgart 1995; Michael Wermke (Hrsg.), Die Gegenwart des Holocaust, „Erinnerung" als religionspädagogische Herausforderung, Münster 1997; Erich Geldbach (Hrsg.), Vom Vorurteil zur Vernichtung? „Erinnern" für morgen, Münster 1995. Verstreute

bedacht und ist gegenwärtig folgerichtig bei Erwägungen zu einer „anamnetischen Kultur" angelangt. Abgesehen von theologischen, besonders christologischen Vertracktheiten, ist generell die Warnung vor „transkulturellen Adoptionen" (Edna Brocke) zu hören.

Doch bevor wir uns dieser Problematik nähern, soll auf die Angemessenheit des Umgangs mit der Redefigur vom jüdischen Erinnern eingegangen werden.

Dem Oxforder Professor für jüdische Sozialwissenschaften und Teilnehmer an den Gedenkfeiern zum 50. Jahrestag der Befreiung von Auschwitz, Jonathan Webber[22], fiel auf, daß eine bestimmte Gruppe von Juden „wahrnehmbar abwesend" war, nämlich die traditionellen orthodoxen Juden. Zum einen macht dies deutlich, daß „jüdisch" offenbar noch in der nazistischen Spätwirkung ein „Konstrukt" ist und keineswegs eine einzige und einheitliche Welt zu benennen vermag, zum anderen warf diese Beobachtung für Webber die Frage auf, ob denn die „Verpflichtung zum Erinnern" kein prägendes kulturelles Merkmal für die religiöse Welt des Judentums in dem Maße sei, wie es ziemlich einhellig, ja stereotyp behauptet wird. Daß das unendlich komplizierte Geflecht jüdischer Selbstbilder größte diffizilste Anstrengungen erfordert, ist uns bewußt – hier soll zunächst nur stereotypen Redeweisen ein Fragezeichen angebracht werden.

Wohl beginnt es damit, daß in traditioneller Wertordnung ein 50. Jahrestag keine Bedeutung hat. (Das Jobeljahr in Lev. 25 ist agrarisch verstanden und hat keinen Bezug zur Schoa.)

Wenn biblisch von Erinnern oder Vergessen die Rede ist, geht es um die Beziehung zwischen Gott und Israel, nicht um isolierte historische Fakten oder Ereignisse. Gerade das Buch Deuteronomium, das das Erinnern in besonderer Weise einübt, ja einschärft, ist ein Zeugnis für Gegenwartsbewältigung, für Gebotspraxis, für Lehren und Lernen. Schabbatpraxis, Schaufädenpraxis werden erinnernd legitimiert und angemahnt. Religiöse Lebenspraxis in der Gegenwart zu befördern ist ungleich entscheidender als irgendeine wiederkehrende Erinnerung eines geschichtlichen Ereignisses, zumal es in der Bibel ein Wort für „Geschichte" auch nicht gibt. Gott zu vergessen, dem zu wehren, das ist der Kern der gesamten memorialen Energie. Vermutlich liegt auch hier der Sinn des Lieblingssatzes aller Festreden an Gedenktagen: „Das Vergessen führt in die Verbannung, das Geheimnis der Erlösung liegt in der Erinnerung." Zum eklatanten Mißverständnis dieses Satzes und seiner damit verbundenen Karriere in nichtjüdischer Rhetorik kommen wir bei einem weiteren Schritt. Um es noch einmal zu sagen: „Erinnert euch, daß ihr Sklaven wart in Ägypten", ist eben nur der halbe Satz, er trägt nicht den kulturellen Imperativ, sich der Schoa zu erinnern. Der Satz setzt fort: „...weshalb Euch der Herr befahl, den Sabbat zu halten." Der Sinn des Erinnerns ist nicht zu trennen von einem rituellen Zweck. Natürlich erfüllt der Vordersatz die Bedeutung

---

Arbeiten von Johann B. Metz sind jetzt zugänglich: Zum Begriff der neuen politischen Theologie, Mainz 1997.

[22] Webbers Schilderung in: Auschwitz, Geschichte – Rezeption – Wirkung, Jahrbuch 1996 zur Geschichte und Wirkung des Holocaust, hrsg. vom Fritz-Bauer-Institut, Frankfurt 1997, Titel: Erinnern, Vergessen und Rekonstruktion der Vergangenheit, S. 23 - 53. Eine umfängliche Einführung zum Thema gibt Christoph Münz, Der Welt ein Gedächtnis geben. Geschichtstheologisches Denken im Judentum nach Auschwitz, Gütersloh 1995.

des Erinnerns, doch das Wozu sollte nicht übersehen werden. Und das Wozu richtet sich auf ein Kollektiv; ein „Selbst", ein „ich" ist dem biblischen Menschen im modernen Sinne fremd, die jüdische Gemeinschaft war das „überwölbende Konzept".

Obwohl sich in den vergangenen 200 Jahren das Judentum in Europa den Veränderungen überwiegend nicht verschloß, sah die traditionelle jüdische Orthodoxie sich nicht genötigt, den „Umverteilungen kultureller Energien in Richtung Selbstgefühl und Individualität" zu folgen. Obwohl ungleich mehr traditionell religiöse Juden der Schoa zum Opfer fielen, herrscht ein anderer Typus der Darstellung vor, der säkulare, der die „Einzigartigkeit" der Schoa betont und auf der Konturierung des Judentums durch die Geschichte besteht. Das aber scheint in der traditionell jüdischen Erfahrung der Schoa so nicht vorzuherrschen. Deshalb sollen zwei Aspekte bedacht werden, die dieses Bild erhellen können und zugleich wehren, erneut in der unbewußten Spätfolge rassistisch-ideologischen Herrscherblicks das Judentum als festverfugtes Kollektiv zu sehen:

Nichtjüdische Wahrnehmung religiöser jüdischer Literatur kann ein „signifikantes Interesse" an den Erfahrungen der Schoa ebensowenig wahrnehmen wie eine Besinnung auf Leiden und Traumata der Einzelnen. Im Verstehenszusammenhang dieser Welterfahrung sind die Katastrophe, die Unterdrückung, die Tragödie „Teil der klassischen jüdischen Identität" (Webber, S. 41), zu deren Webmustern das Leben mit dem Verlust des Tempels und mit dem rituellen Kalender gehören. So kann Webber formulieren:

„Gedenken ist kein Wert an sich; man gedenkt Gottes und nicht der menschlichen Taten; es ist Gott, der sich der Taten eines jeglichen menschlichen Wesens erinnert ... Nicht der Tatbestand oder die Einzelheiten der Vernichtung sind wichtig, sondern die Frage, wie das jüdische Leben aus den Trümmern der Zerstörung wieder aufgebaut werden kann, denn das ist der Weg, Gott zu bewegen, daß seiner in dieser Welt wieder gedacht werden kann." (ebd.) Eine gewisse Gleichzeitigkeit aller Lebensbedrückungen bestimmt den religiösen Erfahrungsraum, angesichts dessen dann allein das Zeugnis für Gott zu tun bleibt, also die „Heilung des Namens", Kiddusch haschem, um dem alten Begriff die Ehre zu geben. Dies Leben in der Treue zu Gott bis zum letzten Atemzug ist dann auch ein Sterben „für" Gott und in seinem Zeugnischarakter ein Sterben „für" die Menschen.

Zu den notwendigen Differenzierungen gehört auch der Aspekt des „kiddusch hachayim", der „Heiligung des Lebens", eine Kategorie, die einer unnötigen Risikoherbeiführung wehren möchte. Wir betonen diese unterschiedlichen Weisen, Erfahrungen zu verarbeiten, sich auf Geschehenes zu beziehen, um auch zu zeigen, daß ein Boden der Gemeinsamkeiten besteht: Der Begriff des Martyriums, des Märtyrertums, wird zwar höchst unterschiedlich verstanden (Yad Vashem hat im Namen die Zeile „Märtyrer und Helden"), besitzt aber eine „glaubensübergreifende symbolische Verdichtung" im Judentum.

Wenn also die Rede ist von der „heiligen Pflicht der Juden, sich zu erinnern" als Teil der jüdischen Kultur seit biblischen Zeiten, nähert sich diese Redeweise einer Reinterpretation biblischer Texte im Sinne eines heutigen Geschichtsverständnisses, das aber andererseits dem Selbstbild der großen Mehrheit des Judentums entspricht und seine herausfordernde Wirkung auf nichtjüdisches Denken ausübt. Ob

damit nicht zugleich auch stark entlastende Momente im nichtjüdischen Denken gesehen werden, bleibt einem vierten Schritt vorbehalten.
Elementarer Ausdruck dieser gemeinsamen historischen Erfahrung ist der Psalmvers „Mein Schmerz ist immer vor mir" (38,18). Hier hat die persönliche, übergeschichtliche, leidensgetränkte Erfahrung Sprache gewonnen. Der Vers vermag beides: Er gemahnt in traditioneller Sicht des Judentums die Welt an Gottes Herrschaft und er erinnert in säkularer Sicht die Welt, die Schoa allzeit zu erinnern. „Mein Schmerz ist immer vor mir" – dies ist die entscheidende Repräsentation jüdischer Erfahrung angesichts höchst unterschiedlicher Bezüge zum Geschehen. Kann es ein gemeinsames Gedenken mit nichtjüdischen Geschichtserfahrungen und Selbstbildern dann geben?

4. „Das Vergessen führt in die Verbannung" oder: Die Enteignung eines chassidischen Grund-Satzes

„Gedenke unser zum Leben, unser König, der du das Leben liebst, schreibe uns ein in das Buch des Lebens, um deinetwillen, lebendiger Gott".
Diese unauflösliche Gegenseitigkeit im Erinnern um des Lebens willen ist der Grundton in der jüdischen Neujahrsliturgie. Menschen erinnern Gott, sich wiederum ihrer zu erinnern, sie in das Buch des Lebens einzuschreiben, weil er doch der das Leben liebende Gott ist, und so tun sie es um seinetwillen und um ihretwillen...". Das Volk Israel und der Gott Israels sind also in ihrem So-sein untereinander interdependent, zieht Edna Brocke daraus ihren Schluß.
Was aber geschieht, wenn diese Balance des Erinnerns vom Vergessen bedroht ist, ja, durch Vergessen verloren geht? Auflösung der konstitutiven Gegenseitigkeit, Trennung der Partner, Auflösung und Verlust der Verbundenheit! So kann die Weisung nur lauten: Erinnern, Umkehren, Zueinanderfinden, Rückkehr, Erlösung. So lautet der gesamte Satz des Baal Schem Tov: „Das Vergessen führt in die Verbannung – das Geheimnis der Erlösung liegt in der Erinnerung."
Nun ist dieser Satz dem chassidischen, von kabbalistischen Gedanken beeinflußten Denken verpflichtet. Das „Vergessen-Sein Gottes" führt seit der Schöpfung seine zerstreuten Lichtfunken ins weltliche Exil des gefallenen Kosmos; er ist seiner göttlichen Macht verlustig gegangen, er ist geschwächt, er ist bedroht.... Er braucht den Menschen, so wie dieser ihn, denn nur im erinnernden Handeln der Menschen vermag er sich zu realisieren und aus seiner Verbannung heraus die Bindung zu seiner Schöpfung zu bewahren... und die Zerstreuung Israels in der Diaspora, die dieses Exil Gottes nachvollzieht, kann aufgehoben werden."[23]
Es leuchtet unmittelbar ein, daß hier kein elegant-gründelndes Paßwort, therapiegehärtet und pädagogisch-umflort, zur Bearbeitung peinigender Geschichtsalpträume gemeint ist. Der Teil des Dictums von Baal Schem Tov „Das Geheimnis der Erlösung heißt Erinnerung" hat sich völlig verselbständigt. Nicht psychoanaly-

---

[23] Hanno Loewy, Sichtbares und Unsichtbares, Zur Topologie der Erinnerung, in: Erziehung aus Erinnerung, vgl. Anm. 21, S. 19 - 37, 31. Zum Umgang mit dem Zitat auch Micha Brumlik, Erziehung nach Auschwitz als Unterweisung ins Eingedenken, in: Michael Wermke (Hrsg.), Die Gegenwart...; vgl. Anm. 21, S. 145 - 162, bes. S. 148ff.

tisch darf der Satz verstanden werden, sondern er erhält einen präzisen Sinn neben seinem Sinn im chassidisch-kabbalistischen Denken durch den Ort, an dem ihn wohl auch Richard v. Weizsäcker gesehen hat bei seinem Besuch von Yad Vashem im Jahre 1985: An der Stirnwand des Eingangsraumes steht dieser Satz in enger Verbindung mit einem Relief, das Katastrophe und Rettung, Untergang und Neugründung vor Augen führen. Verbannung und Erlösung werden verbunden, in kühnem politischen Griff historisch umgesetzt. Schoa und israelische Identität sind nicht voneinander zu lösen. Die Erinnerung der Welt an Gott und die Erinnerung der Welt an die Schoa verbindet das Judentum, beides findet in dem Spruch des Baal Schem Tov Sprache, Mahnung, ja Beschwörung.

Was eigentlich heißt, daß das Vergessen das Exil Gottes verlängert, wäre ja auch christlich erst einmal zu bedenken, bevor dieser Satz seine fulminante Karriere fortsetzt und zur bundesdeutschen Kontingenzformel für alle Zeiten wird...

Wir sprechen dabei noch nicht von einem christlich geprägten Erinnerungsbegriff, der es noch schwieriger macht, sich dem gemeinsamen Gedenken zu nähern, ist doch hier ein Fundament der Errettung gelegt, das nur noch zu zitieren gilt, während in dem chassidischen Wort das Erinnern selbst die Erlösung bewirken will.

Wir brechen hier ab mit der Mahnung, Baal Schem Tov nicht länger zu zitieren zum Zwecke historisch-pädagogischer oder repräsentativ-offiziöser Gedenktätigkeit. Ihn zu studieren – ja; und Yad Vashem zu besuchen und zu studieren – ja!

5. „Die Wissenschaft heilt alle Wunden"? oder: Aufmerksamkeit für das Angesicht des Anderen

„Zur Universität fuhr Alexander mit der U-Bahn. Der Satz 'Nach Krumme Lanke zurückbleiben' beschäftigte ihn philosophisch. Vielleicht blieb man nie 'irgendwo' zurück, sondern immer 'irgendwohin'."

Sten Nadolnys Beobachtung aus dem Berliner Alltag[24] gilt theologisch und pädagogisch. Anläufe, Annäherungen, verwegenes Improvisieren – werden unsere gegenwärtigen Bemühungen darüber hinausgelangen?" Gewiß, mit Umsicht und Verantwortung wird an vielen Orten Erinnern, Lernen und Gedenken geübt, in vielfältigen Formen in der Gedenkstättenarbeit, in pädagogischer und historischer Vermittlungspraxis. Der Hamburger Fachbereich Erziehungswissenschaft an der Universität, das Frankfurter Fritz Bauer Institut, die Essener ALTE SYNAGOGE, Schülerinnen und Schüler von Johann Baptist Metz und andere Gruppen versuchen den Schild des Ungerührtseins hinter sich zu lassen und in ihren Arbeiten Schmerz, Erschrecken, Zorn und Trauer zuzulassen; eine Sprache zu sprechen, die die Schoa wahrgenommen hat, die die Nacht von Auschwitz in ihre Tage hineinreichen läßt...

Und doch: „Wissenschaft heilt alle Wunden", wider diese Verheißung und Praxis der Gedächtnislosigkeit tritt Johann Baptist Metz weiterhin inständig und gottes-

---

[24] In seinem Roman „Selim oder Die Gabe der Rede", München 1996, zitiert von Jürgen Ebach in: Über Freiheit und Heimat, in: ders., „... und behutsam mitgehen mit deinem Gott", Theologische Reden 3, Bochum 1995, S. 142 - 156, S. 147.

fürchtig an, tritt ein für eine Verpflichtung gegenüber den Toten, den Namenlosen, den Opfern, denn nur diese offen gehaltene Erinnerung vermag Theologie und Pädagogik, unsere gesamte kulturelle Energie davor zu bewahren, Wunden, Untergänge und Katastrophen ungerührt zuzudecken, den Schmerz auch in der Rede von Gott nicht zuzulassen.

„Müßte nicht wenigstens jetzt die Theologie davon überzeugt sein, daß auch sie nicht alle Wunden heilt?", fragt Metz.[25] Ganz im Gegenteil, so scheint es: Da kann eine klassische Christologie[26] unter dem Titel „Stellvertretung für Israel" in unseren Tagen formulieren: "Damit ist von der Auferweckung Jesu her nicht nur der Kreis der jüdischen Richter, sondern prinzipiell jeder unter der Autorität des Gesetzes lebende und an sie gebundene Jude als Gotteslästerer erwiesen. Die Todesstrafe, die Jesus getragen hat, ist mithin die dem ganzen Volke, sofern es an die Autorität des Gesetzes gebunden ist, zukommende Strafe".

Offenbar unberührt von irgendeinem Schattenstreif der Schoa „heilt die Wissenschaft alle Wunden"? Ist das ein Fall geistlicher Amnesie, theologischen Gedächtnisverlustes?

Daß die "Wissenschaft alle Wunden zu heilen" verheißt, war wohl der verborgene Nerv der Debatte mit Daniel J. Goldhagen. Seine Frage nach den „willigen Vollstreckern" richtete sich auf Motive und Mentalitäten, sie war nicht an Befehls- und Organisationsstrukturen, Effizienzkriterien interessiert. Sie wollte Gedenken nicht von Aufklärung trennen. Und die nahezu einmütige Kritik der wissenschaftlichen Zunft beruhigte plötzlich nicht mehr die wieder neu beunruhigten jüngeren Hörerinnen und Hörer der großen Diskussionsabende. Das Ausmaß der Schuldgeschichte wuchs im Nu riesengroß hinter der nachzählenden, vergleichenden und bezweifelnden historischen Forschung auf. Und da Normalität und Begreifbarkeit der Inbegriff von Wissenschaft sind, geriet Goldhagens Frage nach der Eifrigkeit des Mordens, nach der Willigkeit des Tötens in ein so schrilles akademisches Gezänk.

So erwies sich, daß von den zwei Arten des Vergessens – der totalen Spurentilgung, so daß Erinnern keinen Anhaftpunkt mehr besitzt und der „perfekten" Erinnerung, die alles Geschehen aufgehoben erklärt und endlich auch repräsentiert hat – die letztere die „Wissenschaft" im Sinne des Wortes „in Frage stellt". Das war doch das Problem: „Die professionelle Neutralität der Darstellung hatte bisher verdeckt, was Goldhagen gerade zeigen will: einzelne Deutsche beim Töten einzelner Juden, und woran er erinnern will: An die Verantwortung jedes einzelnen Deutschen für den Mord an jedem einzelnen Juden. Die Täter hatten größtenteils...Spielräume in ihrem Tun, hatten einerseits den Spielraum, Nein zu sagen zu den Befehlen, die sie erhielten, zu den Einsätzen, zu denen sie entsandt wurden, zu den Posten, die sie einnehmen sollten, und andererseits den Spielraum, mehr zu tun, als ihnen befohlen war. Die allermeisten taten mehr. Sie taten es, auch

---

[25] Johann Baptist Metz, Zwischen Erinnern und Vergessen: Die Schoa im Zeitalter der kulturellen Amnesie, in: ders., Zum Begriff der neuen Politischen Theologie, 1967 - 1997, S. 149 - 155, S. 151.

[26] Rolf Rendtorff, Ist Christologie ein Thema zwischen Christen und Juden?, in: Ekkehard W. Stegemann, Marcel Marcus (Hrsg.), Das Leben leise wieder lernen, FS Albert H. Friedländer, Stuttgart, 1997, S. 165 - 177, S. 176.

Folgerungen

wenn sie ihren Opfern unmittelbar gegenüber standen. Sie konnten es nur tun, so Goldhagen, weil sie offenbar aus moralischer Überzeugung handelten, aus der Überzeugung, daß die Juden das Verhängnis Deutschlands, Europas und der Welt waren."[27]
Es entstand nicht der Eindruck, daß die wundenheilende Geschichtswissenschaft die Anfrage Goldhagens aufnahm. Sie ist aber nicht abzuweisen, wenn wir in Pädagogik und Theologie einen Schritt näher dem Unbegreiflichen kommen wollen Wir bleiben ja nicht „irgendwo" in unserem Bemühen zurück, sondern nach „irgendwohin"...

Setzen wir im Nachdenken wieder neu ein. Was obliegt denen, die sich anschicken, das Gedächtnis an die Schoa wachzuhalten:
Eine erste biblische Beobachtung: Das hebräische Wort für den „Fremden" (nokri) ist in seinen Stammkonsonanten mit dem Wort für „genau anschauen" (nakar) verwandt. Fremde oder das Fremde soll man aufmerksam wahrnehmen, davon soll man eine „Anschauung" gewinnen, so wie es im Buch Ruth heißt: „Du hast mich so freundlich genau angeschaut, obwohl ich doch eine Fremde bin", sagt Ruth zu Boas. Sie bleibt übrigens die Moabiterin auch zu dem Zeitpunkt, nachdem sie in die Familienstruktur Israels aufgenommen ist und zur Ahnfrau Davids wird. Erinnert, geliebt, vertraut, verehrt und immer die „Fremde" geblieben, die Andere, von der man die Augen in Aufmerksamkeit nicht lassen kann. Sie gehörte zu Israel, obwohl sie Israel nicht gehörte...[28]
Und ein zweiter biblischer Impuls vermag uns Orientierung und Sprache zu geben: Gegen Ende des berühmten Kapitels 3 im Predigerbuch – „Alles hat seine Zeit" – steht ein rätselhafter Satz: „Was geschieht, war längst da; was sein wird, war längst schon – und Gott sucht das Verfolgte", Pred. 3,15. Wenn Gott hier der Anwalt der Verfolgten, der Verschwundenen, der Opfer, der Ausgestoßenen ist und der Prediger in ihm jenen sieht, der diese „sucht", so hören wir eine Stimme unüberbietbarer Hoffnung, die sonst mit dem Prediger nicht verbunden wird. Denn dann ist sein Leitmotiv „Alles ist eitel, alles ist Hauch, alles ist vergänglich, alles ist (hebräisch) 'häwel', auch noch anders zu lesen: Alles ist Abel. Die Frage an Pädagogik und Theologie müßte dann lauten: Welche Praxis des Menschen wäre die diesem Suchen Gottes entsprechende?

Aus den beiden genannten biblischen Beobachtungen ergeben sich die Forderungen:
„Aufwachen, die Augen öffnen, aufmerksam leben, lehren und lernen" und das Angesicht des anderen Menschen wahrnehmen.[29]
Simone Weil schreibt in ihren "Betrachtungen über den rechten Gebrauch des Schulunterrichts und des Studiums im Hinblick auf die Gottesliebe": „Obwohl man dies heutzutage nicht zu wissen scheint, ist die Ausbildung unseres Vermögens zur

---

[27] Werner Stegmaier, Ethischer Widerstand, Zum Anfang der Philosophie nach der Schoah im Denken von Emmanuel Levinas, in: Trumah, 6. Zeitschrift der Hochschule für Jüd. Studien Heidelberg, Berlin, 1997, S. 37 - 59, S. 46f.
[28] Jürgen Ebach, Über Freiheit und Heimat, s. Anm. 24, S. 155.
[29] Johann Baptist Metz, „...die Logik der Beherrschung", a.a.O., S. 135 - 141, S. 136.

Aufmerksamkeit dennoch das wahre Ziel des Studiums und beinahe das einzige, was den Schulunterricht sinnvoll macht... Die Aufmerksamkeit ist nicht nur der wesentliche Gehalt der Gottesliebe. Auch die Nächstenliebe, von der wir wissen, daß sie die gleiche Liebe ist, ist aus dem gleichen Stoff gemacht. Die Unglücklichen bedürfen keines anderen Dings in dieser Welt als solcher Menschen, die fähig sind, ihnen Aufmerksamkeit zuzuwenden. Die Fähigkeit, einem Unglücklichen seine Aufmerksamkeit zuzuwenden, ist etwas sehr Seltenes, sehr Schwieriges, sie ist beinahe ein Wunder; sie ist ein Wunder".[30]

Bei den Anläufen zur Ausbildung unseres Vermögens zur Aufmerksamkeit nehmen wir einen lernenden Anfang bei Emmanuel Levinas (1906 - 1995), dem jüdischen Denker aus Litauen, der seit 1930 in Frankreich lebte und überlebte. Levinas blieb sein Leben lang der Tora treu und die Tora ist nicht wie die Tradition des europäischen Denkens neutral, objektiv, wissenschaftlich und gleichgültig[31]. Er hat immer daran gedacht, diesem „neutralen" Denken zu entrinnen. Levinas: „Die direkte Beziehung zum Wahren...kann nur die Beziehung zu einer Person, zum Anderen, sein. Die Tora wird im Leuchten eines Antlitzes geschenkt. Das Erblicken des Anderen ist schon im gleichen Moment eine Verpflichtung ihm gegenüber"[32] Und so ist er der europäischen Denktradition mit ihrem Ideal der Ruhe, der Balance, des Gleichgewichts, der Ausgewogenheit abhold geblieben. In seinem Drange, bei sich selbst zu sein, in sich selbst zu ruhen, sei das europäische Denken im ganzen gegen das Fremde gerichtet. Dies Fremde sei beunruhigend, müsse überwunden werden.

In einem Text über die Schoa und ihre Bedeutung für das europäische Denken einerseits und für das Judentum andererseits erkennt Levinas im menschlichen Drang nach Ruhe und Gleichgewicht und dem Vertrauen in Institutionen, die dies versprechen, den Grund zum Verderben. Eigenes Denken wurde aufgegeben zu Gunsten eines allgemeinen Wissens, eines Tuns des Gerechten und Wahren. So kam es zur Überzeugtheit aller Einzelnen von Institutionen, die allen Einzelnen wieder übergeordnet sind. Darin handelte die „Vernunft selbst", alles wurde durch diese Vernunft gerechtfertigt. Wer nun handelt, handelt aus „besserem Wissen".

„Alle, die aus eigenem besseren Wissen heraus andere verbessern wollen, handeln so. Die Nationalsozialisten, die die Schoa organisierten, dachten darin auf eine Weise, die in Europa, besonders ausgeprägt aber in Deutschland, längst Gemeingut war; dies könnte der Grund sein..., warum ihr Handeln so wenig Widerstand erregte... SS-Leute konnten es als Opfer für ihre Moral empfinden, Juden töten zu müssen. Nach Himmler war es 'das Allerhärteste und Schwerste, was es gibt. Für die Organisationen, die den Auftrag durchführen mußten, war es der schwerste (Entschluß), den wir bisher hatten'. Man muß ihm und anderen nicht absprechen, daß sie so dachten...Daß sie so denken konnten, berührt die europäische Tradition des Denkens im ganzen."[33]

An dieser Stelle hat Goldhagen zu Recht gefragt...

---

[30] Simone Weil, Das Unglück und die Gottesliebe, München, 1953, S. 93.
[31] Werner Stegmaier, a.a.O., S. 43ff.
[32] a.a.O., S. 41.
[33] a.a.O., S. 47.

Die jüdische Tradition kennt keinen moralischen Heroismus. Der Wille zum Wissen wollte nicht Überordnungen, sondern plädierte für die eigene Verantwortung. Die ganze Menschlichkeit des Menschen muß in der allen Seiten offenen Laubhütte des Gewissens untergebracht werden. Wo der Andere ausgeschlossen wird im Denken, wird Denken und Handeln unverantwortlich, blind und besteht auf einem furchtbaren Getrenntsein gegenüber allem anderen und ist unverantwortlich gegenüber dem Ganzen. Im Judentum ist nicht der Konsens bedeutsam, sondern der Austausch der Meinungen. Im Talmud spricht jeder im eigenen Namen und nennt die Namen derer, auf die er sich beruft. Der Mensch ist nicht frei zum moralischen Handeln, er wird frei durch den Anderen. Ein Gesicht sagt unendlich mehr, als Begriffe fassen können; ja, es ist etwas anderes, als das, was Begriffe fassen können. Vor dem Angesicht des Anderen erfährt der Mensch die Gewalt seiner Begriffe als Gewalt.
So plädiert Levinas für ein Leben, Lernen und Erinnern von-Angesicht-zu-Angesicht. Dies beseitigt noch nicht die Gewalt der Verhärtungen, der Rechtfertigungen durch Institutionen, nicht die Bedingungen der Schoa im Denken. „Es kann sie auf einen Moment unterbrechen...den Moment, der entscheidend sein kann für das Leben des Anderen, der ganz anders ist. Es könnte das Letzte sein, was sie unterbrechen kann. Sicher vor ihr ist niemand."[34]

Ist dies auch in vermutlich schwer erträglicher Verknappung dargestellt, es vermag einen Weg zu eröffnen, pädagogisches und theologisches Handeln neu anzufangen. Die Anderen vor Augen, die Verfolgten, die Verlorenen, die Verschwundenen – erst wenn wir nicht mehr „frei" sind, ihnen unsere Aufmerksamkeit zuzuwenden oder nicht, ist das Ende der Gleichgültigkeit in Sicht.
Pädagogik und Theologie heilen nicht alle Wunden, aber sie können offenen Auges gegenüber dem Anderen versuchen, dem zu entsprechen, was der Prediger von Gott sagt: Er sucht das Verfolgte.

---

[34] a.a.O., S. 59.

Teil II

Steine reden – Steine schreien

Erinnern und Gedenken als Aufgabe im Unterricht und in der außerschulischen Bildung

Die Herausforderung der Schoa
Ein Lernprozeß zwischen Betroffenen und Nachgeborenen

Der folgende Briefwechsel gab einen wesentlichen Anstoß zu dem vorliegenden Buch. Er entstand aus einer Unterrichtseinheit im evangelischen Religionsunterricht eines Gymnasiums, durchgeführt im Frühjahr 1994 in einer 10. Klasse. Thema war die Unterrichtseinheit: „Nach Auschwitz – Juden und wir". Die Schüler zeigten z.T. erhebliche Widerstände gegen die mit der Erarbeitung des Themas verbundene Erinnerung an von Deutschen begangene Verbrechen. Ich bat die Schülerin Diana nach dieser Unterrichtseinheit, zu von mir für eine Podiumsdiskussion[1] verfaßten Thesen (Dokument 1) ihre Meinung zu schreiben. Sie tat dies in einem Brief an mich (Dokument 1) – Thesen und die Reaktion von Diana darauf sind um der besseren Lesbarkeit willen bearbeitet und unmittelbar hintereinander geschrieben. Auf die Meinungsäußerung von Diana ging ich ebenfalls in einem Brief ein (Dokument 2). Diesen Briefwechsel sandten wir u.a. an eine Überlebende der Schoa in den USA, die ursprünglich aus dem Odenwald stammt. Ihre Antwort (Dokument 3) und die Reaktion von Diana darauf (Dokument 4) zeigen, daß eine intensive Auseinandersetzung mit dem Thema „Gedenken-Erinnerung" notwendig ist und daß vor allem die „originale Begegnung" (in diesem Fall vor allem in Briefform) mit Betroffenen wohl der wirksamste Weg ist, wirkliches Lernen in Gang zu setzen, Veränderungen zu bewirken.

A.L.

---

[1] Die Thesen wurden im Mai 1994 auf einer Akademietagung der Friedrich-Ebert-Stiftung vorgetragen.

Dokument 1
Ein Dialog zum Thema Erinnerung, Schuld und Verantwortung

Diana Beckenbach und Albrecht Lohrbächer

1. Wie die gesamte Gesellschaft hat auch die Schülergeneration der 90er Jahre kaum ein positives Verhältnis zur Erinnerung. Jede Erinnerung wird – auch wenn sie behutsam vorgetragen wird – als Schuldvorwurf empfunden:
„Chancenlos sind wir abgestempelt und müssen unser Leben lang mit dieser Schuldlast fertig werden oder jedoch versuchen, uns von dieser zu befreien. Meiner Meinung nach hängt der zunehmende Nationalismus in unserem Land stark mit diesem Problem der Schuldbelastung zusammen." *(Schülerin einer 10.Klasse)*

Diana: *Zu Punkt 1 möchte ich sagen, daß ich meine Reaktion (auf den Schuldvorwurf) als natürlich empfinde, denn ich, und auch andere meiner Generation, werden mit dem Problem der „Wiedergutmachung" konfrontiert, obwohl wir mit den damaligen Geschehnissen nichts zu tun hatten. Ist es wirklich verwunderlich, wo man doch weiß, daß der Mensch sich nicht gerne für „seine" Fehler verantwortlich sieht, daß wir (Jugendliche) uns heute nicht als schuldig erkennen? Sicher ist es für diejenigen von uns, die dies alles miterleben mußten, schrecklich und nicht leicht verständlich, daß die Jugend sich vom Schuldvorwurf distanzieren will.*

2. Obwohl die biblische Tradition – die jüdische darauf basierend, die kirchliche eigentlich auch – nur von der Erinnerung, von dem Gedächtnis lebt, hat sich im Bereich des christlichen Abendlandes eine Schuld-Kultur entwickelt, die offensichtlich nur durch Abwehr jeglicher Erinnerung zu bewältigen ist. Das im christlichen Unterricht vermittelte Menschenbild ist hier gründlich zu befragen.

Diana: *Ich stimme mit Ihnen überein, daß das im christlichen Unterricht vermittelte Menschenbild gründlich zu befragen ist, ansonsten kann ich zu diesem Punkt nichts sagen, da ich nicht von biblischer Tradition überzeugt bin. Es ist jedoch traurig, daß die entstandene Schuld-Kultur von der heutigen Gesellschaft nur durch Abwehr aller Erinnerungen bewältigt wird. Wie Sie schon sagten, müßte gerade diese Gesellschaft im Glauben an Erinnerungen stark sein.*

3. Wir Deutschen haben fast ausnahmslos nach der Schoa eine Kultur des Schweigens entwickelt, das Schweigen zwischen den Generationen, das offizielle Schweigen in Politik und Kultur.
Erst 40 Jahre danach, 1978/79, haben Teile der Bevölkerung (eine Minderheit – manche haben dies vielleicht auch schon als „68er" getan) das Schweigen als Last, auch als Schuld, erst 50 Jahre später dank Ralph Giordano als „zweite Schuld" wahrgenommen. Ich selbst habe dieses Schweigen besonders schmerzlich erfahren, als wir im Schüleraustausch mit Israel den Riten der Erinnerung in der israelischen

Gruppe stumm, verstummt, gegenüberstanden. Wir hatten unseren Jugendlichen keine Sprache der Erinnerung anzubieten.

Diana: Es ist wahr, daß es schwer ist, das große Schweigen zwischen den Generationen zu brechen, doch bringt und hilft es uns wirklich weiter, wieder und wieder darüber zu sprechen, was einmal geschehen ist? Es geschah Grauenvolles, aber warum müssen wir immer wieder mit diesem Grauen konfrontiert werden? Reicht es nicht, wenn es in den Köpfen noch vieler Betroffener weiterlebt? Wäre es nicht besser, diesen Menschen über ihr Leid hinwegzuhelfen? Einige Schäden können wir in keiner Weise „reparieren", doch müssen wir auch keine neuen Schäden hervorrufen!

4. Für mich ist es eine wichtige pädagogische Aufgabe, die Unterscheidung der Begriffe „Schuld" und „Verantwortung" in die Erziehung wirksam einzubringen. Schuld meint dabei die persönliche oder strukturelle Verantwortung für ein Geschehen, Verantwortung meint das Mittragen der Folgen, die sich aus einer Schuld der Väter und Mütter ergeben.

Dies setzt allerdings voraus, daß wir der nachfolgenden Generation das Bewußtsein vermitteln, in einer „Kette der Generationen" zu stehen, aus der wir nicht aussteigen können. In dieser Kette ist Verantwortung auch im Blick auf die Vor-Geschichte zu übernehmen: Es steht dabei auch die Gesprächsfähigkeit, das Miteinander zwischen den Generationen auf dem Spiel.

Diana: Ich bin der Meinung, daß jeder Mensch frei von Schuld geboren wird. Das heißt auch, daß er frei von Verantwortung ist, die ihm seine Vorfahren übertragen. Keiner darf für die Folgen der väterlichen und mütterlichen Verschuldungen verantwortlich gemacht werden. Wenn man schon als Kind mit einer großen Schuld belastet wird (mit der man unmöglich fertig werden kann), entstehen Wut und Aggression. Man will sich von seiner Schuld befreien, die man selbst noch gar nicht begreift.

5. Einen pädagogischen Weg, dieses komplexe Geflecht von Problemen anzugehen, sehe ich in der „Begegnung" – alle theoretischen Abwehrgebäude fallen bei Jugendlichen meist, wenn sie – wofür sie in der Regel offen sind, offener als Erwachsene! –

– mit Menschen zusammenkommen, die sich erinnern, weil sie z.B. selbst Opfer waren;

– im Austausch z.B. mit israelischen Jugendlichen, deren geschichtlich orientierte Identität entdecken, sich selbst darin wiederfinden und dabei in ein herzliches Verhältnis zueinander geraten;

– an Orten des Gedenkens mit der Vergangenheit (nicht nur der Schoa) in eine emotional berührende Begegnung kommen.

Den Pädagogen ist es also aufgegeben, originale Begegnungen zu organisieren, sie natürlich auch entsprechend vor- und vor allem nachzubereiten.

6. Es ist pädagogisch auch zu überlegen, ob und wie ein jährlich wiederkehrender Tag[2] des Gedenkens (z.B. 8. Mai 1945 als Tag der Befreiung; 9./10. November 1938 als Tag des Pogroms; regionale Daten, wie z.B. 22.10. 1940 in Baden/in der Pfalz als Tag der Deportation nach Gurs) im Bewußtsein der Schüler und Schulen verankert werden kann. Da in der Erziehung prinzipiell Wiederkehrendes – natürlich angemessen und schülergemäß gestaltet – eine wichtige Funktion hat, wäre ein solcher Tag (spät genug!) eine Hilfe bei der Verankerung des Gedächtnisses in der nächsten Generation.

Diana: Ich glaube nicht, daß jährliche Gedenktage eine feste Erinnerung im Bewußtsein der Schüler hervorrufen und halte sie deshalb auch pädagogisch nicht für sinnvoll. Heute ist es aber eher so, daß es wieder egal ist, um welchen Gedenktag es sich am jeweiligen Datum handelt, wichtiger ist, daß man an solch einem Tag nicht in die Schule gehen muß.

7. Da Menschsein nach einer Definition von Rabbiner Dr. Levinson darin einen wesentlichen Sinn findet, daß der Mensch seine Väter und Mütter, Großväter und Großmütter, also seine Ahnen kennt und mit ihnen in Beziehung steht, bedeutet der Kampf um die Erinnerung, um das Gedächtnis auch und vor allem in Deutschland: beschädigte Identität zu heilen!

Diana: Da ich, wie schon in Punkt 4 erwähnt, der Meinung bin, daß der Mensch nicht für die Taten anderer, auch nicht für die seiner Vorväter, verantwortlich gemacht werden kann, halte ich Dr. Levinsons Definition von „Menschsein" für falsch! Daher hat auch die Aussage „beschädigte Identität zu heilen" für mich keine Geltung. (Bei meiner Geburt lastet keine Schuld auf mir: keine beschädigte Identität.) Ich denke vielmehr, daß die Opfer noch Schuldige brauchen, auch wenn die eigentlichen Täter schon gestorben sind, die sie für ihr Leid verantwortlich machen können. Damit wollen sie vielleicht auch von ihren eigenen Schulden ablenken.

8. Für unser Selbstverständnis und unsere politische Kultur ist es ein großes Defizit, daß wir nach dem 2. Weltkrieg keine Tradition entwickelt haben, uns der „Gerechten unter den Völkern" zu erinnern, also derer würdig zu gedenken, die sich in der Zeit der Naziherrschaft durch die Rettung von Menschen und durch Widerstand bewährt haben.
Hier haben wir bislang eine einmalige pädagogische Chance vertan, weil wir damit versäumt haben, den nachwachsenden Generationen von Vorbildern erzählen zu können, die sich nicht in der üblichen Weise in Schuld verstrickt haben.

Diana: Ich stimme mit Ihnen überein, daß es wichtig ist, nachfolgenden Generationen von Vorbildern zu berichten, die sich oft mit ihrem eigenen Leben für das Leben anderer eingesetzt haben. Menschen, die den Mut haben, gegen die Mehrheit zu handeln, wenn sie von einer guten Sache überzeugt sind, verdienen meiner Meinung nach mehr Respekt und Anerkennung von uns.

---

[2] Dieser Text ist vor der Erklärung des 27. Januar zum Gedenktag geschrieben worden.

Dokument 2
Die Reaktion des Lehrers (im Krieg geboren) auf die Einwände Dianas:

Albrecht Lohrbächer

Juli 1994
Liebe Diana,

wie versprochen will ich während meines Urlaubs eine Antwort auf die Einwände versuchen:
Auch wenn ich Deine Meinung nicht teilen kann, so ist mir der Austausch mit Dir über dieses Thema sehr wichtig; Deine offen formulierte Meinung zwingt mich, mich selbst zu prüfen und mir auch als Lehrer klar zu werden, wie ich mit der von Dir (sicher beispielhaft für viele in Deinem Alter) vertretenen Position umgehen kann. So werde ich im folgenden versuchen, alles zusammenzutragen, was mir für das Gespräch zwischen den Generationen so wichtig scheint. Wobei uns möglicherweise viel mehr verbindet, als wir beide im Augenblick zu sehen in der Lage sind. Erinnere ich mich doch noch sehr gut an eines unserer Rundgespräche in der Klasse, wo jemand (vielleicht warst sogar Du es?) davon sprach, daß ein Gespräch mit den Großeltern über den Nationalsozialismus immer noch nicht möglich ist, obwohl es doch so wichtig wäre. Das zeigt mir überaus deutlich, daß Menschsein doch auch davon lebt, daß das Gespräch zwischen den Generationen stattfindet, daß die Ahnung einer folgenden Generation, ihr werde etwas vorenthalten, keine tragfähige Grundlage ist, die Zukunft des eigenen Lebens und die der Gesellschaft zu gestalten. Je älter ich werde, desto mehr merke ich, wie sehr ich von all dem geprägt bin, was meine Vorfahren (nicht nur die familiären!) mir vorgegeben haben. Sprache, Denkweisen, Vorliebe für bestimmte kulturelle Traditionen, Tabus...
Ich bin eben kein Italiener, kein Franzose oder Amerikaner, auch wenn ich in meinem Leben nicht selten allzu gerne aus meinem Land „aussteigen" wollte, ich bleibe, das merkt man am ehesten bei einem längeren Aufenthalt im Ausland, Deutscher!
So treffe ich auf Schritt und Tritt auch auf die negativen Hinterlassenschaften meiner Vorfahren, ich bin Teil einer langen Unterdrückung und Ausbeutung von Menschen in der Dritten Welt durch Europäer, eben auch durch Deutsche. Ich treffe überall (z.B. in Polen, in den Niederlanden, in den USA, um nur drei Länder anzuführen, wo ich es persönlich erlebt habe) auf Vorbehalte, Ängste und Mißtrauen den Deutschen gegenüber, alles Gefühle, die vor allem aus der Zeit zwischen 1933 und 1945 entstammen, die ich zwar nicht zu verantworten habe, mit denen ich mich aber auseinandersetzen muß.
Oder bleiben wir in Weinheim, der Stadt, wo Du zur Schule gehst und in der ich arbeite: Diese Stadt hat mit aller Macht wie fast alle Kommunen während des „Dritten Reichs" ihre reiche jüdische Geschichte auszulöschen versucht, nur eine erbärmliche Gedenktafel, versteckt in der hintersten Ecke, erinnert daran. Es gibt bislang keine nachzulesende Geschichte der jüdischen Menschen in Weinheim, nichts öffentlich Zugängliches über ihren Beitrag zur Wirtschaft, zur Kultur dieser

Stadt, doch die Weinheimer profitieren von diesen Beiträgen der Juden bis heute. Ich frage Dich: Kann ein Gemeinwesen gesund sein, das einen Teil seiner Geschichte, einen Teil seiner Identität ausblendet, nicht wahrhaben will, eine Würdigung dieser Menschen verweigert, während, wie in der Zeitung und in anderen Veröffentlichungen ständig nachzulesen ist, die Beiträge nichtjüdischer Menschen gewürdigt werden; kann eine Gemeinschaft einer Stadt in Ordnung sein, die ihrer gefallenen Soldaten jährlich an einem täglich sichtbaren Monument mitten in der Stadt gedenkt, der ermordeten Weinheimer Juden aber nur in einer Winkelveranstaltung mit vielleicht 20 Honoratioren?

Aus der Psychologie wissen wir, daß Verdrängtes nicht verschwindet, sondern aus dem Unbewußten heraus uns immer wieder zu Handlungen drängt, daß Fehlleistungen so lange wiederholt werden, bis sie bearbeitet werden. Wer verdrängt, ist nach dieser psychologischen Erkenntnis immer wieder gezwungen, zu wiederholen bzw. ständig zwanghaft gegen die aufkommenden Erinnerungen Verdrängung zu setzen. Welche politischen Folgen die Entschlossenheit, sofort nach 1945 nicht mehr darüber zu reden, gehabt hat, wissen wir nicht, doch fürchte ich, die verworrene, von nationalistischem Ungeist geprägte Situation in unserem Land nach 1989 ist u.a. auf diese Verdrängung zurückzuführen. Menschen in beiden Teilstaaten haben es nach 1945 streng vermieden, miteinander und untereinander über die Erfahrungen aus der Diktatur und die Folgerungen daraus zu reden. Und sie sind weitgehend bis heute darüber sprachlos geblieben.

Auf dieser Sprachlosigkeit baut auch Günter Deckert[3] auf, er bezieht seine politische Kraft aus dem Vergessen und dem Vergessenwollen seiner Mitmenschen. Mich wundert immer wieder, ja es macht mich fassungslos, daß Menschen in unserem Land und gerade in Weinheim nicht laut aufschreien, wenn Deckert „Auschwitz" als nicht geschehen hinstellt, die noch Überlebenden damit verhöhnt und unsere Geschichte damit als Lüge darstellt. Hätten wir eine auch von der nachwachsenden Generation getragene Erinnerungskultur, wie mir sie vorschwebt, hätte er unter uns kaum eine Chance. Statt dessen haben ihm bei der OB-Wahl 1300 Weinheimer (Einwohnerzahl 42.000) ihre Stimme gegeben.

Gerade habe ich dazu in einem Manuskript einer älteren Dame gelesen:

„Ich wundere mich immer wieder, und ich tue es immer noch, wie wenig die jüngeren Deutschen über die Taten der Vorfahren während der Hitlerzeit wissen. Der Unterschied zwischen den Generationen ist in Deutschland ein tiefer Abgrund!"

Du verstehst jetzt vielleicht besser, warum Erinnern in meinen Augen so wichtig ist, weshalb ich natürlich nicht von Schuld im Blick auf Deine Generation reden kann und darf. Aber weshalb die Kette der Generationen, in der wir alle stehen, nicht außer acht gelassen werden darf. Als ich geboren wurde und als ich in diesem Land erzogen wurde, übernahm ich mit der Sprache und mit all den Gebräuchen und Traditionen auch die ganze Geschichte, aus der sich der heutige Zustand entwickelt hat. Erwachsenwerden heißt dann verstehen, warum und wie das ge-

---

[3] Günter Deckert, ein Weinheimer, war Vorsitzender der rechtsextremen Nationaldemokratischen Partei, bis er in einem weltweit beachteteten Gerichtsverfahren 1995 wegen Volksverhetzung (Veranstaltung in Weinheim zusammen mit dem Amerikaner Fred Leuchter – 'Leuchter-Report' –) zu einer Gefängnisstrafe verurteilt wurde. Günter Deckert ist trotz seiner rechtskräftigen Verurteilung Gemeinderat im Weinheimer Stadtparlament geblieben.

worden ist, was ich vorfinde, es heißt aber auch verändern, was nicht gut ist. Dazu muß ich aber die Kräfte kennen, mit denen ich mich im Falle der Veränderung auseinandersetzen muß, z.B. die Kräfte der oben genannten Verdrängung. Erwachsenwerden heißt dann auch, Unerledigtes meiner Eltern und Großeltern aufnehmen und es als Aufgabe übernehmen. Wenn z.B. unter uns jene heute 60 - 70jährigen leben, die als jüdische Kinder zwar gerettet wurden, weil ihre Eltern sie rechtzeitig ins Ausland geschickt haben, die aber bis heute darunter leiden, daß sie sich nicht von ihren Eltern verabschieden konnten, als diese deportiert wurden, geschweige, daß sie ein Grab besuchen können und die darum bis heute unter Alpträumen leiden – sollten diese Menschen mich als Deutschen gleichgültig lassen, nur weil ich ihnen kein Unrecht getan habe?? Obwohl gerade ich als Angehöriger der nächsten Generation diesen Menschen helfen könnte, von ihren Alpträumen loszukommen, indem ich ihnen zuhöre, indem ich ihnen in Gesprächen deutlich mache, es gibt in Deutschland eine neue Generation, die das Geschehene nicht totschweigen will und kann? Glaube mir, ich habe nach diesen Gesprächen und Begegnungen schon öfter zu hören oder zu lesen bekommen, daß diese Menschen endlich wieder ruhig schlafen können! UND: Ich habe dabei nie Schuldgefühle eingeredet bekommen oder solche entwickelt!

Verantwortung übernehmen heißt auch, zu erkunden versuchen, wie aus gebildeten Menschen Bestien werden konnten:

Der Nobelpreisträger Elie Wiesel: „Ein Volk, das Goethe und Schiller, Bach und Beethoven hervorgebracht hat, entschloß sich plötzlich, seinen nationalen Genius in den Dienst des Bösen zu stellen...Heute wissen wir, daß viele der Mörder, viele der Anführer, Kommandeure der Einsatzkommandos, von ihren (= deutschen) besten Universitäten kamen, die damals die besten in Europa waren. Wie kann das sein?..."

Für die Gestaltung unserer Zukunft muß die Erinnerung sein, um den damals wirkenden bösen Kräften heute rechtzeitig Widerstand leisten zu können. Erinnern macht gegen heutiges Unrecht sensibel und stark: Es darf sich nicht wiederholen!

Mit dem schon zitierten Elie Wiesel, dessen Rede an die deutsche Jugend aus dem Jahre 1987 ich Dir gerne nach den Ferien zu lesen geben würde, möchte ich schließen:

„Erinnerung ist also das Schlüsselwort. Sie verbindet Vergangenheit und Gegenwart, Vergangenheit und Zukunft. Erinnern heißt, den Glauben an die Menschheit zu erneuern, der Menschheit zum Trotz, und unserer schwachen Anstrengung Sinn zu verleihen. Das Erinnern gibt der Gerechtigkeit ihre Würde zurück: Gerechtigkeit ohne Erinnerung ist wie Schweigen ohne Worte."

Es ist ein langer Brief geworden, hoffentlich nicht zu umfangreich. Du merkst daran zumindest, wie ernst ich Deine Position nehme, auch wie dankbar ich Dir bin, daß Du die Zeit und den Mut dafür aufbringst, Dich dieser Auseinandersetzung zu öffnen.

Ich würde mich freuen, wenn Dir dieser Brief wieder einer Reaktion wert wäre. In der Zwischenzeit wünsche ich Dir aber ganz schöne, erlebnisreiche Ferien.

Herzliche Grüße

Albrecht Lohrbächer

Dokument 3
Reaktion von Ruth David, USA, Überlebende der Schoa

September 1994

Liebe Diana,

wir sind einander fremd, aber ich möchte Dir doch gerne schreiben, weil ich sehen kann, daß Du einen Versuch gemacht hast, Dich mit sehr wichtigen Fragen abzugeben. Fragen, die fast zu ungeheuer für uns alle sind, und Du bist doch ernst dabei geblieben.

Bevor ich weiter schreibe, sollte ich Dir erklären, daß mein Deutsch nicht gut genug für diese großen Probleme ist. Ich kann mich nicht so gut auf deutsch ausdrücken, wie ich es gerne möchte. Ich mußte Deutschland als zehnjähriges Kind verlassen und deswegen ist mein Deutsch zehnjähriges Deutsch geblieben. Für eine 65jährige Frau ist dies nicht passend. Wenn es mir überhaupt nicht gelingt, mich anständig auszudrücken, werde ich auf englisch schreiben und jemand wird es Dir sicher übersetzen.

Was ich und meine Familie in Deutschland (im Odenwald und später in Mannheim) erlebt haben, ist heute Geschichte. Für den überlebenden Teil meiner Familie ist es anders. Was wir hinter uns haben, ist uns gegenwärtig geblieben. Ich verstehe aber, daß meine Erfahrungen für Dich als geschichtliche Ereignisse erscheinen müssen. Warum denn auch nicht? Ich bin 1929 geboren, nur elf Jahre nach dem Ende des ersten Weltkrieges, und der war schlimm genug. In Deinem Alter wußte ich überhaupt nichts von diesem Krieg. Du bist jetzt 16 Jahre alt, glaube ich, und Du weißt viel mehr vom Zweiten Weltkrieg als ich vom Ersten, obwohl Du 35 Jahre danach geboren bist.

Warum sollten wir eigentlich Geschichte studieren? Geschichte erzählt uns, was vor uns geschehen ist, die Fehler, die unsere Vorfahren gemacht haben. Das Unrecht, die Überlegenheit, die Rache, die Monstrositäten, die Morde, die Menschen gegen andere Menschen ausgeübt haben. Wenn es sich nicht um unser eigenes Land handelt, können wir meist verstehen, daß die Menschen Schlimmes getan haben. Wenn es „unsere" sind, und dazu noch Menschen, die uns vielleicht angehörten oder sogar angehören, dann wird alles natürlich viel, viel schwieriger. Wir streben gegen das Wissen, gegen die Wahrheit. Sie tut weh.

Dieses ist gerade ein großes Problem in Deutschland, aber nicht nur in Deutschland. An allen Stellen, wo man Menschen – vielleicht Menschen, die irgendwie fremd erschienen, ob durch Sprache, Farbe oder Religion – schlecht und unrecht behandelt hat, erscheint das „Schuld"-Problem. Ich lebe jetzt in Amerika, wo „Schuld" für die heutigen Generationen ähnlich klingt. Es handelt sich auch um Historisches. Hier ist es die schreckliche Erinnerung an das Leben der Sklaven in den Tabak- und Baumwollplantagen im 18ten und 19ten Jahrhundert, ein Unrecht, das sich erst langsam nach dem Bürgerkrieg löste. Die heutigen Afro-Amerikaner beklagen sich mit Recht, daß ihre Leiden noch nicht richtig anerkannt worden sind. Das stimmt auch. Viele wissen, daß die schwarzen Sklaven, von Afrika entzogen und an Amerikaner verkauft, schrecklich gelitten hatten, daß sie als Minorität bis Mitte des 20sten Jahrhunderts immer wieder, besonders im Süden, sehr schlecht behandelt wurden. Aber man will nicht zuviel daraus machen, man schämt sich,

daß so etwas in einem „zivilisierten" Land geschehen ist und man will bestimmt nicht zugeben, daß man einen Großvater oder Urgroßvater hatte, der Sklaven mit der Peitsche an die Arbeit trieb.
Heutzutage versucht man, durch die Schulen und auch durch das höhere Studium, in der Literatur, in Kunst- und Theaterwerk, in manchen Kirchen, den Menschen beizubringen, was in ihrem Land an Unrecht geschehen ist. ABER, und es ist ein wichtiges „Aber", man sucht nicht ein Schuldgefühl hervorzurufen, sondern Erinnerung, und durch Erinnerung Verständnis, gerade für Minoritäten, die anders sind, die gelitten haben und deren Leiden wir durch unser Mitleid verstehen sollen.
Es ist nicht nur in Amerika, wo man bestimmte historische Zeiten etwas zu leicht behandelt. Die europäischen Länder, die einst stolze Besitzer von Kolonien waren, haben schlechte Erinnerungen an Unrecht, das sie gegen die „minderwertigen" Einwohner ausgeübt hatten. Sie erinnern sich nicht zu gern an ihre Übeltaten. Aber diese Erinnerung soll klar werden, so daß wir als Europäer die heutigen Probleme der Dritten Welt besser verstehen können.
Persönlich würde ich von Dir als junge Deutsche kein Schuldgefühl erwarten. Lieber hätte ich Deine Freundschaft, aber ich meine, diese könnte ich ohne Dein Verständnis nicht haben. Freunde nehmen Menschen mit ihrer gesamten Geschichte an, Menschen sind nämlich das, was ihr Schicksal aus ihnen gemacht hat. Verständnis kannst Du ohne Erinnerung an meine Geschichte nicht haben.
Für mich ist Verantwortung etwas anderes als Schuld. Es ist meine Verantwortung, und ich glaube, es ist auch Deine, unsere Nachfolgen so zu erziehen, daß sie sich mit Menschen aller Welt gut verstehen, daß sie die Menschenrechte aller anderen respektieren und daß sie das Ausüben von allen Greueltaten scheuen. Gerade weil wir beide, Du und ich, wissen, wozu Menschen fähig sind. Deswegen soll das Schreckliche, das in der Vergangenheit (nicht nur in Deutschland) geschehen ist, in Erinnerung bleiben. Woher könnte man sonst lernen?
Ich weiß, daß Du keine Freundschaft mit einer alten Frau brauchst, aber als junge Frau brauchst Du, um ein ganzer, erfüllter Mensch zu werden, die Freundschaft anderer junger Leute und nicht nur aus Deiner eigenen Herkunft. Davon bin ich sicher.
Geschichte ist immer noch ein großes Problem in Deutschland. Man spricht wenig von der Nazizeit. Man hat Angst, daß man zugeben muß, daß man irgendwie teilgenommen hat, sogar wenn man nur Mitläufer gewesen ist. Aber Deine Generation hätte in dieser Hinsicht nichts zu fürchten. Für Dich ist diese Zeit ferne Geschichte, aber weil sie Dein Land und die Deutschen betrifft, darf man sie nicht vergessen.
Ich bin schon in mehreren Schulen in Deutschland gewesen, meistens im Saarland, und habe mit Klassen gesprochen und den Studenten über meine Kindheitserfahrungen in Deutschland erzählt. Die Schüler interessierten sich sehr, dieses war mir klar, aber ich sah, wie wenig sie wußten. Meine Geschichte war fast wie ein Geheimnis für sie. Ich erkundigte mich, ob sie denn nie den Eltern oder Großeltern Fragen gestellt hätten. Sie antworteten, daß dies nicht erlaubt wäre, man hätte ihnen immer gesagt, sie sollten den Mund halten, so etwas ginge sie nichts an.
Ich gebe zu, daß das mich nicht gewundert hat. Man erzählt den eigenen Kindern nicht gern, wenn man irgendwie falsch oder inhuman gehandelt hat. In der schrecklichen Nazizeit, muß ich Dir schon sagen, haben die meisten Deutschen

mitgemacht. Das weiß ich aus eigener Erfahrung. Ich gebe Dir nur zwei kleine Beispiele: Bei uns im Dorf im Odenwald hat man Steine auf uns jüdische Kinder geworfen. Es kann sein, daß die Eltern zuhause die Kinder dafür ausgeschimpft hatten, aber ich wußte genau, daß ich mich an keinen Erwachsenen wenden konnte, um Hilfe zu bitten. Mein Vetter, Schüler in Darmstadt, beklagte sich bei seinem Lehrer, weil ihn die größeren Schüler seiner Klasse verprügelt hatten. Der Lehrer betrachtete ihn als Feigling, er mußte eine Treppe schrubben mit Hilfe einer Zahnbürste, während die ganze Klasse dabei zuschaute und ihn verspottete.

In Saarbrücken habe ich heute gute Freunde. Ich erzählte ihnen von meinen Gesprächen mit den Schülern und auch, daß ich den Schülern gesagt hätte, sie sollten weitere Fragen stellen und keine Verweigerung der früheren Generation annehmen. Sie sollten auf Antworten bestehen. Eine Freundin blieb ganz still. Sie kam ein paar Tage später vorbei und flüsterte mir ins Ohr, daß sie ihre Eltern gefragt hätte. (Sie war damals schon 40 Jahre alt.) Ich frug sie, warum sie es erst jetzt getan hätte. „Ich hatte Angst vor der Antwort." Ich sollte Dir erklären, daß ich den Eindruck hatte, daß die meisten Lehrer nicht damit einverstanden waren, daß ich mich mit den Schülern unterhalte, es waren nur einzelne Lehrer, die dies wollten. In einer Schule wurde ich dem Schuldirektor vorgestellt, und es war mir ganz klar, daß er nichts von mir oder über mich wissen wollte. Das ist auch eine Verneinung. Das hat mir aber nichts angetan, ich habe mir einfach gedacht, daß er als junger Mann irgendwie mitgemacht hätte und daß er sich damit abgefunden hat oder vielleicht nicht. Obwohl ich vermutlich auch „Opfer" war, fühle ich mich heute nicht mehr als Opfer und brauche keine und suche auch keine Schuldigen.

Ich sehe von Deinem Schreiben, daß Du das Gefühl hast, daß man „wieder und wieder" von der Vergangenheit spricht. Vielleicht hast Du durch die Schule viel gehört, aber wie ich schon gesagt habe, das große Schweigen gibt es auch noch. Im Ausland meint man manchmal, wenn man von neuen Nazigruppen in Deutschland hört, daß man vielleicht nicht genug aus der Geschichte gelernt hätte. Das kann auch sein.

Ich könnte Dir mehr über meine Geschichte erzählen, wenn sie Dich interessieren würde, aber aufdringlich möchte ich keinesfalls sein. Nie im Leben würde es mir einfallen, Dich mit Schuld zu belasten. Ich habe schon über meine deutsche Kindheit geschrieben, habe auch schon darüber gesprochen, aber immer nur mit dem Ziel, daß man etwas daraus lernen kann, daß man vielleicht eine bessere Zukunft schaffen kann. Als kleines Kind, entwurzelt in der Fremde, hatte ich großes Selbstmitleid. Das liegt jetzt weit hinter mir und das Mitleid gehört den vielen Menschen in der Welt, die jetzt auch grausam leiden, weil andere so wenig gelernt haben.

Nach diesem langen Brief denke ich, daß ich Dich gern kennen lernen würde. Vielleicht wird es eines Tages geschehen.
Es grüßt Dich
Ruth David[4]

---

[4] Früher Ruth Oppenheimer aus dem Odenwald und Mannheim. Ruth David hat ihre Geschichte veröffentlicht: Ruth L. David, Ein Kind unserer Zeit, dipa-Verlag, Frankfurt 1996.

Dokument 4
Diana: Bilanz aus einem Gespräch

Diana Beckenbach

September 1994

Sehr geehrte Frau David,

zuerst möchte ich mich herzlich für Ihren Brief bedanken. Es hat mich wirklich gefreut, daß Sie sich die Zeit genommen haben, mir, einem 16jährigen deutschen Mädchen, zu schreiben. Ich muß sagen, daß mir Ihr Brief sehr gut gefallen hat und daß mich Ihre Ansichten in gewisser Weise „überzeugt" haben. Wie Sie wissen, hielt ich die „ständige" Erinnerung an die Nazizeit eher für schlecht, da meiner Meinung nach die entstandene Wut, besonders der jüngeren Generation, damit zusammenhängt. Durch die immer wiederkehrenden Schuldvorwürfe, so dachte ich, fühl(t)en sich viele Deutsche angegriffen und zu „Unrecht" beschuldigt. Ich halte diese Ansicht nun nicht unbedingt für falsch, doch nachdem ich Ihren Brief gelesen habe, hat sich einiges an meiner Auffassung geändert. Ich habe nun begriffen, daß mit der Erinnerung nicht Schuldgefühle, sondern mehr Verständnis für Ihr Volk und andere unterdrückte Minderheiten hervorgerufen werden soll. Doch leider wissen nicht viele, daß Erinnerung durchaus positive Folgen haben kann, statt dessen fühlen sie sich, wie ich schon sagte, von Schuld, die eigentlich ihre Vorväter zu tragen haben, zu Unrecht belastet; daß wir aber von der Erinnerung an das Geschehene lernen können, begreifen leider nur wenige.

Ich verstehe nun auch, warum Verständnis für Sie und Ihr Volk so wichtig ist. Das Verständnis unter den Völkern dieser Welt muß größer werden, denn nur so kann der Schmerz vergangener Greueltaten vielleicht gelindert und neuer Schmerz verhindert werden. Sicher kann man das Geschehene nicht wieder gutmachen, doch könnten und müßten wir Deutschen mehr „Verständnis" für Ihr Volk aufbringen, auch noch meine Generation. Sie haben in Ihrem Brief geschrieben, daß Sie die Erfahrung gemacht haben, daß die Jugendlichen in Deutschland nie mit ihren Eltern oder Großeltern über die Nazizeit reden konnten. Dies hat mich sehr überrascht, denn meine Eltern und Großeltern waren für diese Fragen immer offen. Sicher wurde nicht sehr viel darüber geredet, doch wenn ich eine Frage stellte, bekam ich auch immer eine Antwort. Meine Eltern konnten mir jedoch nicht viel von damals erzählen, da sie die Zeit nicht miterlebt haben. Doch die Eltern meiner Mutter, die damals aus Rumänien fliehen mußten, haben viel vom Krieg erzählt. Die meisten Deutschen dieser Zeit, so haben sie erzählt, haben damals nur sehr wenig von den „Nazitaten" erfahren und wurden auch nicht richtig darüber aufgeklärt. Sie werden jetzt vielleicht denken, daß doch aber alle mitgemacht haben. Sicher haben fast alle Deutschen mitgemacht, doch die Leute aus meinem Dorf haben, glaube ich, nicht viel mitbekommen, was mit den Juden damals wirklich geschah. Genau kann ich das natürlich auch nicht sagen, ich kann nur glauben, was man mir erzählt oder auch nicht.

Ich habe kürzlich in einem Buch, das mir Herr Lohrbächer gab, die Meinung eines jüdischen Autors (Elie Wiesel) gelesen, der behauptet, daß wir Deutschen es als

Strafe empfinden würden, uns an die Nazizeit erinnern zu müssen. Es stimmt, daß sich niemand gerne an seine Fehler erinnern möchte, doch meine Generation hat keinen Grund, sich vor der Erinnerung zu fürchten, denn wir sind keine Mörder und werden es auch, so hoffe ich, nie werden. Ich muß sagen, daß ich mich etwas angegriffen fühlte, als ich dies las. Der Autor schreibt auch, daß es noch einige Juden gibt, die die Deutschen heute über alles hassen. Einerseits ist mir ihr Haß verständlich, doch andererseits ist es für mich schockierend zu wissen, daß ich zu einem gehaßten und von vielen verachteten Volk gehöre. Ich finde es traurig, daß ich, als junge Deutsche, nicht die Chance habe, diesen Menschen zu beweisen, daß ich nicht wie meine Vorfahren bin, sondern daß ich aus ihren Fehlern gelernt habe. Ich finde es auch nicht richtig, daß der Mann schreibt, sein Volk kenne keinen Haß, trotz einzelner. Dadurch stellt er die Deutschen als ein Volk des Hasses hin, womit er meiner Meinung nach ein „ganzes" Volk zu Unrecht abstempelt. (Auch in unserem Volk denken nicht alle gleich!) Auch wenn unsere Vorfahren schreckliche Morde begangen haben, darf er uns als ihre Nachkommen nicht mit ihnen gleichstellen, sondern sollte uns eine Chance geben, uns von unserem schlechten Ruf zu befreien. Es ist nicht schön, wenn man als Deutsche/r in einem anderen Land als Nazi bezeichnet wird. Ich habe sehr viele Kontakte zu Freunden im Ausland, denen ich beweisen konnte, daß nicht alle Deutschen „Nazis" sind, und ich hoffe, daß ich noch viel mehr davon überzeugen kann. Vielleicht kann ich auch Ihnen eine Freundin sein ...

Diana Beckenbach

Die Herausforderung der Schoa
Positionen und Aufgaben in Schule und
außerschulischer Bildung

Albrecht Lohrbächer

1. Gut 1700 Jahre sind Juden auf dem Gebiet ansässig, das wir heute Deutschland nennen, entsprechend lange gibt es hierzulande jüdische Geschichte. Diese Geschichte ist zu einem größeren Teil von Vorurteilen aller Art, von Verachtung durch die christliche Umwelt und schließlich vielfach auch von Verfolgung und Mord durchzogen.
Sie ist gleichermaßen gekennzeichnet von einem bislang nicht annähernd ausgeloteten jüdischen Beitrag zur kulturellen und wirtschaftlichen Entwicklung.
Der jüdische Beitrag zu Kultur und Wirtschaft wie die jahrhundertelang immer wieder aufflammende Judenverfolgung und Judenvernichtung haben eine tiefe Spur, vor allem auch eine lange Blutspur in der 'deutschen Identität' hinterlassen, die im kollektiven Gedächtnis verankert ist.

2. Üblicherweise beschränken sich – wenn überhaupt – Erinnerung und Gedenken auf die Judenverfolgung und dabei fast ausschließlich auf die nationalsozialistische Zeit.
Aber nur mit dieser angedeuteten langen Geschichte vor Augen wird das wahre Ausmaß des an Juden Geschehenen, auch die tiefe Beschädigung der 'deutschen Identität' durch die Vertreibung und Ermordung der Juden deutlich. Der lange Blick zurück ist auch ein Schutz gegen Verharmlosung der nationalsozialistischen Zeit („Was sind schon 12 Jahre gegen eine so lange Geschichte der Juden in Deutschland?").

Dies setzt in der Bildungsarbeit nicht nur eine gute Kenntnis der nationalsozialistischen Zeit, sondern gleichermaßen der jüdischen Geschichte in Deutschland von Beginn an voraus, ebenso die Kenntnis der religiösen Wurzeln der Judenfeindschaft. Aufrichtiges Erinnern und Gedenken basiert auf der Erarbeitung von gründlichem Wissen! Und natürlich auf dem unablässigen Bemühen, jede Judenfeindschaft in christlichem Kontext, sei es in Predigt, Liturgie oder Unterricht aufzuspüren, offenzulegen und zu beseitigen. Auch hilft die Wahrnehmung der langen Haß- und Verfolgungsgeschichte gegen die vielfach vertretene Position, endlich müsse einmal mit dem Erinnern an die Schoa Schluß sein; schließlich ist bei den allermeisten Zeitgenossen, so auch bei den Schülern diese lange 'Vergegnungsgeschichte' noch gar nicht im Blick!

3. Erinnern/Gedenken an die Geschichte der Juden in Deutschland mit ihrem furchtbaren Ausgang hat bislang keinen angemessenen Ort und keine adäquate Form unter den nichtjüdischen Deutschen gefunden. Dies hat auch mit einer Gedenktradition in Deutschland zu tun, die erlaubt, sich nur der 'Großen', der

'Helden', der 'großen Taten' von Herrschern und Soldaten zu erinnern und gleichzeitig alles auszublenden, was an Verbrecherischem und an Mißbrauch von Menschen damit verbunden ist. Die Gestaltung vieler Kriegerdenkmale und viel der dort abgehaltenen Gedenkfeiern sind ein beredts Zeugnis dieser Tradition.

4. Für viele nichtjüdische Menschen stellt sich heute zunächst die Frage, warum denn gerade die jüdische Geschichte angesichts einer so breiten Verfolgungsgeschichte von verschiedenen Minderheiten in der gleichen geschichtlichen Zeit so herausgehoben erinnernswert sein soll. (vgl. dazu die Diskussion um das nationale 'Holocaust'-Denkmal in Berlin).

5. Die Autoren des Buches gehen von der Einzigartigkeit des Judentums als Religion und des jüdischen Volkes als ein besonderes Volk in der Weltgeschichte aus: „Die Juden führten Gott in die Welt ein und riefen alle Völker dazu auf, in Brüderlichkeit miteinander zu leben, indem alle einen moralischen, auf Gott basierenden Maßstab akzeptieren. Jedes dieser Ideale, ein universeller Gott, ein universelles moralisches Gesetz und universelle Brüderlichkeit wurden zum ersten Mal vor 3200 Jahren ein paar ehemaligen Sklaven in der Sinai-Wüste offenbart... Dieses Volk hat es auf sich genommen, die Welt zu verändern. Gleichgültig, wie groß das Leiden – und kein Volk mußte solch andauernde Vernichtung und solche Folter ertragen wie die Juden – dieses kleine Volk hat hartnäckig an seiner Rolle festgehalten, zu der es sich von Gott berufen wußte, nämlich die ganze Menschheit zur Erkenntnis Gottes und universeller Moral zu bringen." (Dennis Prager)[1]
– Diese Mission und diese Werte als Maßstab ein für allemal zu beseitigen, war die Vernichtungsabsicht des Hitlerschen Nationalsozialismus. „Tötungsverbot, Liebes- und Gerechtigkeitsgebote, Mitleid und Gewissen" waren und sind jüdische Werte, die mit der Vernichtung der Juden aus dem Wertesystem der Deutschen ein für allemal ausgelöscht werden sollten.[2]
Darin ist auch die Einzigartigkeit der Schoa begründet.
– Daß diese Absicht trotz der unermeßlich vielen menschlichen „Opfer"[3] gescheitert ist, muß stets erinnert werden, um Hitler nicht postum noch einen Sieg zu-

---

[1] Dennis Prager, Josef Telushkin, Judentum heute, Gütersloher TB 766, Gütersloh 1993, S. 98.
[2] Der Bremer Sozialwissenschaftler Gunnar Heinsohn hat dies in seinem Buch „Warum Auschwitz?" überzeugend nachgewiesen, vgl. oben S. 52 ff.
[3] Wenn im folgenden immer wieder von „Tätern" und „Opfern" die Rede ist, so ist diese Redeweise ungenau. Sie stammt aus dem Straf- und Zivilrecht und ist eigentlich für die in der Schoa Handelnden und Betroffenen unzutreffend und vor allem auch zu undifferenziert. Verständliche, kommunizierbare Alternativen sind den Herausgebern aber nicht geläufig, so daß sie die Probleme in Kauf nehmen mußten. Die Schwierigkeiten werden durch die konsequente Verwendung von Anführungszeichen bei den beiden Begriffen immer wieder in Erinnerung gerufen.
Zur Differenzierung sei aber wenigstes hier angemerkt:
Mit „Tätern" sind zunächst alle jene Deutsche und mit ihnen Verbündete gemeint, die in der Zeit zwischen 1933 und 1945 sich in vielerlei Hinsicht an der Vertreibung und Vernichtung der europäischen Juden beteiligt haben. Dies geschah sicher in unterschiedlicher Weise, durch aktive Handlung bei der Verteibung und Ermordung ebenso wie durch stillschweigende Zustimmung oder Wegsehen.

zubilligen. Es ist darum auch im Interesse der westlichen Zivilisation bzw. ihrer Werte, diesen bislang unvergleichlichen Angriff auf ihre Grundlagen stetig als Warnung im Sinn zu haben und zu behalten.

– Die meisten „Opfer" haben kein Grab gefunden, an dem die Trauer und das Gedenken geschehen könnte, meist gibt es nicht einmal ein Todesdatum und viele sind bis jetzt für die Nachgeborenen namenlos geblieben; alle erinnernden Zeremonien wahren darum das Andenken dieser Menschen, sie verhindern so, daß die „Opfer" ein drittes Mal getötet und endgültig dem Vergessen anheimgegeben werden (Elie Wiesel). Für die Nachkommen der „Täter" ist das Totengedenken die geringste der Anforderungen an ihre geschichtliche Verantwortung.

– Die vielfach überlieferten schriftlichen und mündlichen Zeugnisse der Überlebenden, aber auch derer, von denen wir nur noch die Bezeugung der an ihnen begangenen Verbrechen besitzen, verpflichten uns – oft ausdrücklich! –, dieses öffentlich und an die nächste Generation weiterzugeben:
„Die Aufgabe derjenigen, die durch die Zeugnisse der Ermordeten und der Überlebenden ebenfalls zu Zeugen geworden sind, – und das ist der springende Punkt – sind nun ihrerseits dazu verpflichtet, das Zeugnis weiterzutragen. Wer sein erworbenes Zeugnis wider besseres Wissen nicht weitergibt – hier zeigt sich der bittere Ernst der den Nachgeborenen zugewachsenen Verpflichtung! – macht sich eines schweren Verbrechens schuldig."[4]

– Über 50 Jahre seit Ende der Schoa haben gezeigt, daß Vergessen, Verdrängen angesichts der Einmaligkeit der Verbrechen keine Chance haben. Stichworte der letzten Jahre, die dies belegen können, sind: Historikerstreit, Wehrmachtsausstellung, Diskussion um das Berliner Holocaust-Denkmal, Goldhagen-Debatte, Diskussion um die überall in Europa versteckten Vermögen der jüdischen „Opfer"...

Erinnern und Gedenken ist ohne Kenntnis des weltgeschichtlich bedeutsamen religiösen Aspekts der gegen Juden und ihr Judentum gerichteten Feindschaft nicht denkbar. Ein Grundwissen über die Juden als Volk und das Judentum als Religion und nicht nur über einige folkloristisch interessante Details in der jüdischen Religion, wie sie oft in Schule und außerschulischer Bildung vermittelt werden, ist zum Verstehen der Einzigartigkeit der Schoa unabdingbar. Nur so wird es auch künftig eine breitere Akzeptanz des besonderen Gedenkens geben.

6. „... die Erinnerungsaufgabe, mit der sich Deutschland konfrontiert sieht, steht in der Geschichte einzigartig dar. Auch hier geht es darum, Amalek[5] nicht zu verges-

---

Noch problematischer ist die Verwendung des Begriffes „Opfer" für alle jene, die Ziel und Leidtragende der nationalsozialistischen Verfolgungsmaßnahmen waren oder die ermordet wurden. Opfer signalisiert meist einen Sachverhalt, der einen Sinn enthält („für" etwas oder jemanden sein Leben einsetzen...). Schon das Wort „Schoa" (= Vernichtung, Verwüstung, Katastrophe) ist eigentlich unvereinbar mit dem Wort „Opfer".

[4] Michael Wermke, Die Gegenwart des Holocaust, Münster 1997, S. 192.
[5] Anmerkung des Bearbeiters (= A.L.): 'Amalek' leitet sich biblisch von dem Nomadenstamm der Amalekiter ab. Die A. stammen von Esau ab, sie befanden sich von der Wüstenwanderung bis zu David in steter Feindschaft zu den Israeliten. Die Tora befiehlt, ihre schlimmen Taten Israel gegenüber nicht aus dem Gedächtnis zu verlieren und den Namen/das Andenken Ama-

sen und zugleich seine Erinnerung unter der Sonne zu tilgen, wobei aber, und darin beruht das Einzigartige dieser Erinnerung, mit Amalek nicht das fremde, sondern das eigene Verbrechen gemeint ist. Von Vergessen, von 'Schlußstrich' und 'Versöhnung' kann gar keine Rede sein, denn die Toten sind tot, und es gibt niemand, der in ihrem Namen einen Schlußstrich ziehen und die Täter und ihre Rechtsnachfolger aus ihrer Schuld entlassen kann. Worauf es ankommt, ist, diese Schuld anzuerkennen und eine Erinnerungskultur auszubilden, die diese Anerkennung deutlich, dauerhaft und verbindlich zum Ausdruck bringt. So etwas hat es in der Geschichte noch nicht gegeben, und es gibt keine Modelle und Rezepte, wie die furchtbarste Erfahrung kollektiver Verschuldung in lebbare Formen konnektiver Erinnerung umzusetzen ist. Kein Denkmal und kein Gedenktag kann dieser Aufgabe gerecht werden und wird je allgemeine Akzeptanz finden. Andererseits kann sich Deutschland dieser Aufgabe nicht entziehen; denn weder eine kollektive Identität noch die sie tragende und von ihr getragene Erinnerungskultur ist etwas, das man sich aussuchen kann."[6]

7. Für viele in den nachwachsenden Generationen ist die Auseinandersetzung mit dieser Geschichte, im besonderen mit der Schoa, mit dem Gefühl verbunden, für etwas schuldig gesprochen zu werden, was sie nicht getan haben. Mit anderen Worten: Erinnern wird allzu oft mit Schuldzuweisung gleichgesetzt. Auch wenn es keine Weitergabe von persönlicher Schuld gibt, so bleibt doch generationenübergreifend die Haftung bestehen, auch die Verantwortung dafür, die gleichen Fehler nicht wieder zu begehen und in die gleiche Schuld zu geraten. Aus der biblischen Tradition ergibt sich klar die „Übernahme von Mitverantwortung für Unrechtstaten und Verbrechen in der Vergangenheit" (D. Ritschl[7]); diese Tradition kennt gleichermaßen die Freiheit zur Erinnerung, was zugleich Freiheit von der Fixierung auf die Schuld und die Wiederholung der Taten wie auch die Befreiungserfahrung von Verdrängungs- und Beschönigungszwang bedeutet.

Es gibt bislang in Deutschland kaum positiv begründete und im pädagogischen Bereich eingeübte Erinnerungsmodelle. Erinnern und Gedenken in der Öffentlichkeit hat weitgehend eine negative Bedeutung (als 'ewige Zuweisung von Schuld'). Auch das wiederholende Einüben, was Voraussetzung für eine lebenslange Praxis ist, ist im pädagogischen Tun üblicherweise nicht positiv besetzt. Da biblische Tradition beider Testamente von Erinnern/Gedenken als einer zentralen religiösen Aufgabe geprägt ist – und im christlichen Bereich wenigstens rudimentär in der wiederholenden Feier von Festen und bei bestimmten gottesdienstlichen Handlungen, z.B. beim Abendmahl, praktiziert wird – fällt hier der religiösen Erziehung eine wesentliche Aufgabe zu. Sie hat diese biblische Tradition von Anfang an be-

---

    leks auszulöschen. Es handelt sich hier um keinen historischen, sondern um eine moralischen Sachverhalt. Amalek gilt als der Feind schlechthin, ist also ein Volks- oder Menschentypus, charakterisiert durch seine jede Moral verneinende Einstellung. In der jüdischen Tradition gilt die strikte Weisung, jeglichen 'Amalekismus' auszumerzen.

[6] Jan Assmann, Re-Membering – Konnektives Gedächtnis und jüdisches Erinnerungsgebot, Zitat aus: Kultur und Gedächtnis als ethische Aufgabe, in: Michael Wermke, a.a.O., S. 45f.

[7] Vgl. Beitrag in Teil I, S. 74 ff.

wußt zu machen, dazu Modelle z.B. entlang des Kirchenjahres einzuüben und dazu natürlich auch immer wieder einen Einblick in die gewachsene, an der hebräischen Bibel orientierte jüdische Erinnerungspraxis zu gewähren. Ein weiterer Vorteil, der sehr hoch einzuschätzen ist: Wenn wiederholendes Erinnern als positive Aufgabe von Kindheit an erlebt wird, wird auch eingeübt, wie man Gefühlen, Gedanken und Einsichten angemessen Ausdruck zu geben vermag. Die unter allen bis heute anzutreffende Sprachlosigkeit im Blick auf die Erinnerung an die Schoa könnte so wenigstens in den nächsten Generationen reduziert sein.

8. Eine breitere erinnernde Beschäftigung mit der Schoa geschieht erst seit ca. 20 bis 25 Jahren, also in einem sehr kurzen Zeitraum. Damit ist zunächst die Tatsache der „zweiten Schuld" (Ralph Giordano) angesprochen, also „die Verdrängung und Verleugnung der ersten (erg.: Schuld) nach 1945" (Ralph Giordano). Ralph Giordano vermutet zu Recht, daß dies eine „Hypothek" ist, „an der noch lange zu tragen sein wird".[8] Diese „zweite Schuld" allein muß Anlaß und Auftrag zur erinnernden Beschäftigung mit der Schoa auch für die folgenden Generationen sein. Hier liegt die Verantwortung für ein zurückliegendes geschichtliches Geschehen noch deutlicher auf der Hand, schon deshalb, weil das schuldhafte Verhalten die noch lebenden Eltern bzw. Großeltern betrifft und eben nicht in 'grauer Vorzeit' geschehen ist. So behaftet die erste („Täter"-)Generation zugleich die zweite und weitere Generationen mit ihren ungelösten Problemen. Die Abwehr eines vermeintlichen Schuldvorwurfs ist darum auch dem ungeklärten Verhältnis zwischen den „Tätern" und deren Kindern und Kindeskindern zuzuschreiben.

9. Eine Chance der dritten Generation ist es, mit der Großelterngeneration ein unbefangeneres Gespräch führen zu können. Möglicherweise kann hierdurch zumindest bisweilen das Schweigen, also „die zweite Schuld" aufgebrochen werden. Allerdings ergibt sich dabei nicht selten eine neue Belastung: In den Erzählungen der „Täter"-Generation wird gerne die Rolle des „Opfers" (von Krieg und Vertreibung) eingenommen. Das Mitleid der Enkel erspart den Großeltern die Auseinandersetzung mit der Unterscheidung von Ursache und Folgen des Nazismus und des Krieges (alle waren damals „Opfer"). So kann die fatale Verweigerung auch auf die dritte Generation durch Identifizierung übertragen werden, so wird die zweite Schuld weitergetragen.

Diese generationsbedingten Zusammenhänge müssen bei jeder erinnernden Information bzw. bei jeder Gedenkzeremonie zuvor bedacht werden. Dennoch: Die Planung von Gedenkveranstaltungen könnte Anregung für solche Gespräche sein und natürlich für eine nachfolgende auswertende Aussprache.

10. Das Schweigen der Elterngeneration hatte für die nachgeborenen Deutschen fatale Folgen im Blick auf ihre nationale Identität: Es gab nichts Positives zur Identifizierung mehr, eine nationale Identität konnte von der Nachkriegsgeneration

---

[8] Alle zitierten Sachverhalte im Zusammenhang in: Ralph Giordano, Die zweite Schuld, Hamburg 1987, S. 11; vgl. Teil I, S. 17 ff.

nicht gebildet werden. Als Reaktion darauf gelang und gelingt es neonazistischen Gruppen immer wieder (immer mehr?), Jugendliche in ihren Bann zu locken, indem sie ihnen aus der weitgehend tabuisierten Geschichte Mythen, Symbole und Riten anboten und anbieten.

Die meisten Erzieher, Lehrer und Pädagogen stehen in dieser Frage verlegen vor ihren Schülern, Studenten oder Gesprächspartnern. Versuche einer Besinnung auf eine neue Identität sind bislang zumindest in der Breite fehlgeschlagen, vgl z.B. die Idee des Weltbürgers, des Europäers oder die des Verfassungspatrioten; sie geben offensichtlich zu wenig Konkretes für die Selbstdefinition ab. Die Lösung der Aufgabe, eine Identität zu finden, darf aus den genannten Gründen nicht irgendwelchen Randgruppen überlassen werden. Die Problematik muß in ein Gespräch zwischen den Generationen gebracht werden.

11. Nicht selten ist auch der Versuch unter Deutschen zu beobachten, durch Identifikation mit den (jüdischen) „Opfern" gerade beim Erinnern den wunderbaren Verwandlungsprozeß von „Tätern" in „Opfer" einzuleiten[9]. Einfühlendes Nachempfinden der Leiden darf auf keinen Fall zur Aufhebung der Distanz führen, auch noch so starke Distanzierung von den Generationen zuvor hebt gerade nicht mein Eingebundensein in die Generationenfolge der Täter und deren Kinder auf.

Es kann in diesem Zusammenhang nicht intensiv genug und immer neu dieser Unterschied ins Bewußtsein gerufen werden. Wo Gedenkveranstaltungen welcher Art auch immer geplant werden, muß deutlich werden, wo diejenigen, die gedenken, ihren Ort (ihren geschichtlichen als „Täter" oder Nachgeborene und ihren nationalen – sie sind keine Juden) haben.

12. Immer wieder wurde und wird auch versucht, Erinnern und Gedenken als ureigene Aufgabe Juden zu überlassen. Die Folge unter uns ist u.a. die Wahrnehmung der Juden als unversöhnlich, als solche, die nicht vergeben und nicht vergessen können. Eine neue Quelle von Judenfeindschaft entstand.

13. Mit der Forderung zur (in These 11 beschriebenen) Distanz bleibt unbenommen die überaus nötige Wahrnehmung der gegenwärtig in Deutschland lebenden Juden sowie der jüdischen Gemeinden. Sie haben ihre eigene gewachsene Erinnerungs- und Gedenktradition, die sie mit Juden in der Diaspora und in Israel teilen. Die Verpflichtung zu Erinnern und Gedenken läßt sich in keiner Weise an diese Juden in Deutschland stellvertretend abtreten, wie dies immer wieder selbst von hochrangigen Politikern versucht wird. Ob mit Nichtjuden gemeinsam geplantes und praktiziertes Gedenken – wie in den USA – als Regelfall je in Deutschland denkbar ist, muß dahingestellt bleiben.

---

[9] Es handelt sich um eine treffende Charakterisierung des Schweizer Psychoanalytikers Emanuel Hurwitz, vgl. Teil I, S. 68 ff.

> *Der „Besichtigungstourismus" in jüdische Gemeinden, besonders zu deren Gottesdiensten, ist möglicherweise Teil des allgemein vorhandenen schlechten Gewissens[10], das so den Juden als „überlebenden Opfern" einen freundlichen Tribut leisten will. Er kann jedenfalls das s e l b s t ä n d i g e Erinnern und Gedenken in keiner Weise ersetzen, auch nicht dadurch, daß in christlich gestalteten Feiern möglichst viele „jüdische Bestandteile" (Lieder, Gebete, liturgische Stücke) übernommen werden. Echtes Gedenken kann nicht in Leihidentität (für die Feier in die jüdische „Opfer"-Rolle schlüpfen) geschehen! Ernsthafte pädagogische Bemühungen werden zwar ausdrücklich das Interesse am Judentum in Deutschland und an seiner Geschichte fördern, doch auch die nötige Distanz wahren helfen. Dieses Buch hat darum auch die Absicht, ausdrücklich zu eigenem Bemühen um Gedenken seitens der „Täter" und ihrer Nachkommen anzuleiten. Also: Lieber Juden in die Schule oder in die Gruppe einladen, als Juden „im Gottesdienst zu besichtigen", also: Lieber Juden zu eigens gestalteten Gedenkfeiern einladen, als in ihren Gedenkfeiern sich 'einnisten'...*

14. Die erinnernde Sicht auf die Schoa wie auf das Judentum nach der Schoa sucht aus verständlichen Gründen, die ermordeten, verfolgten und überlebenden Juden als solche wahrzunehmen, die „Opfer" der deutschen Nationalsozialisten und ihrer europäischen Helfershelfer wurden. Daß diese Menschen sich nicht wie „Schafe zur Schlachtbank" haben führen lassen, sondern um ihre Würde in vielerlei Hinsicht gerungen und gekämpft haben, bis hin zum umfassenden Widerstand, muß immer wieder deutlich erwähnt werden.[11] Die (falsche) Sicht einer passiven Opferrolle könnte leicht zur Beute jener werden, die krampfhaft nach Entschuldigungen suchen und ein heimliches Zusammenspiel von „Tätern" und „Opfern" suggerieren möchten.

> *Daß im Unterricht wie auch in Gedenkveranstaltungen oder öffentlichen Darstellungen der vielfältige jüdische Widerstand viel zu wenig Würdigung findet, gehört auch in Deutschland zur Geschichte der großen Verdrängung. Wer nicht zugleich vom Kampf der Bedrängten um ihre Würde und von ihrem Widerstand Kenntnis nimmt, dessen Erinnern und Gedenken gerät zu Recht schnell in Verdacht, die genannten fremden Interessen zu verfolgen.*

15. Ein anderer (meist unbewußter) Versuch, der Notwendigkeit des Erinnerns zu entgehen, ist die Konstellation „Opfer der Opfer": Erwachsene und Jugendliche ziehen aus der Wahrnehmung israelischer Politik gegenüber Palästinensern oft nur den Deutsche scheinbar entlastenden Schluß: Jetzt sind die „Opfer" zu „Tätern"

---

[10] Die Gruppen sind relativ häufig schlecht vorbereitet und sehr oft fühlen sich nach den Gottesdiensten Besucher in ihren Vorurteilen gegenüber Juden bestätigt, was das Gewissen sehr beruhigen kann.

[11] In diesem Buch wird auf das beunruhigende bystander-Problem nicht ausdrücklich eingegangen; es geht dabei um die Beobachtung, daß Menschen bei der Judenverfolgung wegsahen und ebenso oft bei Verbrechen wegsehen, ohne irgendwie einzugreifen. Vgl. dazu die Zusammenstellung von Hermann Langbein, „...nicht wie die Schafe zur Schlachtbank", Widerstand in den nationalsozialistischen Konzentrationslagern, Frankfurt 1980.

geworden. Viele Maßnahmen israelischer Politik gegenüber den Palästinensern werden so bewertet, daß damit „die Juden" keine „Opfer" mehr sind, die es wegen der Verbrechen von Deutschen an den Juden zu bemitleiden gilt, sondern daß sie durchaus auch sich auf Machtpolitik und damit einhergehend auf Diskriminierung und Unrecht gegenüber Unschuldigen verstehen. So kann man endlich sein schlechtes Gewissen gegenüber den „jüdischen Opfern" loswerden und die Last der Schuld vergessen. Folgerichtig fügt sich diesem eine weitere Entlastung hinzu, wenn man sich mit dem Schicksal der scheinbar unschuldigen Palästinenser indentifiziert. So erlebt man dann die Entschuldung verstärkt: Die Palästinenser erscheinen als die „verfolgten Juden von heute", darum muß man sich mit ihnen gegen Juden, zumindest aber gegen Israel verbünden. Solcher 'Anti-Zionismus' prägt sehr viele Menschen aus allen politischen, weltanschaulichen und gesellschaftlichen Lagern. Kaum ein Thema verbindet Menschen unterschiedlicher Überzeugung stärker. An dieser Sicht haben die meisten Medien in Deutschland durch die Art der Präsentation von Berichten über den israelisch-palästinensischen Konflikt einen wesentlichen Anteil.[12]

Es fehlt in Deutschland (und nicht nur hier) ein Grundwissen über die Bedeutung des Landes Israel im Judentum, ein Wissen über die Geschichte des arabisch-jüdischen Konflikts in den vergangenen 120 Jahren, über die Geschichte der Palästinenser, über die arabische Gesellschaftsstruktur, über die Rolle der Christen im Nahen Osten und über die Ängste und Mentalitäten beider Konfliktparteien. Erinnern/Gedenken kann nur verantwortlich geschehen, wenn sich in der Wahrnehmung dieser Themen Wesentliches ändert, also die Bereitschaft wächst, sich um Differenzierung zu bemühen.

16. Wer sich auf die nun in der Geschichte der Bundesrepublik spät gegebene Chance einläßt, einen jährlichen Gedenktag, z. B. den 27. Januar, zu gestalten, nimmt eine staatliche Vorgabe zum Anlaß, jungen Menschen eine wesentliche Hilfe zur Sinngebung und zur Identitätsfindung zu geben.
Das Erinnern/Gedenken
– weist den Ort in der Generationenfolge zu;
– bindet Menschen in die Geschichts-, Sprach- und Kulturgemeinschaft ein;
– macht gegen Lügen und Mythen von neonazistischen Gruppen abwehrbereit und abwehrfähig;
– stärkt das Bewußtsein gegen die (ewige) Wiederkehr des Gleichen und schafft erst so Geschichtsbewußtsein und damit zugleich individuelle Verantwortung;
– könnte auch für ein europäisches Solidaritätsbewußtsein zu einer unabdingbaren Grundlage werden, erfahren doch viele Jugendliche bei ihren europäischen Auslandsaufenthalten die in diesen Ländern eher lebendige Erinnerung an die deutschen Verbrechen wie auch die zunehmend offenere Diskussion um deren eigene Verstrickungen in die Judenverfolgung und -vernichtung.

---

[12] Vgl. dazu in diesem Buch: Emanuel Hurwitz, Anti-Zionismus – ein verdrängter Antisemitismus?, Teil I, S. 68ff.

Die Planung auf den Gedenktag hin schafft so aus gegebenem Anlaß eine regelmäßig wiederkehrende Möglichkeit für projektorientiertes Arbeiten in den verschiedenen Schularten, es stellt eine äußerst kreative Arbeit dar, die zudem noch fächerübergreifend geleistet werden könnte. Sie kann auch über die Schule hinaus unterschiedliche Gruppen, Parteien und Interessenverbände zur Klärung des geschichtlichen Standortes zusammenführen.

17. Erinnern beinhaltet zugleich auch das in der Geschichte der Bundesrepublik weitgehend vernachlässigte Gedenken der „Gerechten unter den Völkern", also jener Menschen, die als Nichtjuden sich europaweit für die Rettung der Verfolgten engagiert haben. Nur Israel hat bislang diesem Gedenken in der „Allee der Gerechten" auf dem Gelände der Erinnerungsstätte Yad Vashem/Jerusalem und mit der Ernennung zu einem/einer „Gerechten unter den Völkern" einen würdigen Raum gegeben. Welches Versäumnis für eine positive Identitätsbildung beinhaltet das jahrzehntelange Vergessen dieser Menschen, ganz abgesehen von dem Unrecht, das diesen Menschen mit dem Vergessen angetan wurde! Die Gefahr, daß die wenigen „guten Deutschen" dazu benutzt werden könnten, der bleibenden Verantwortung für die Verbrechen und deren Folgen zu entkommen, muß dabei permanent im Blick bleiben.

Wo auch immer Erinnerung, Gedenken geschieht, und sei es im normalen Geschichtsunterricht, muß dem Andenken dieser Menschen Raum gegeben werden. Kein junger Mensch sollte jemals noch ins Erwachsenenalter entlassen werden, ohne einige dieser „Gerechten", deren Lebensschicksal und deren Motive (auch als Identifizierungsangebot) kennengelernt zu haben.

18. „Als ich noch ein Kind war, sah ich mit eigenen Augen Mörder, die Hunderte von Kindern töteten, Tag für Tag. Einige von ihnen wurden lebendig begraben. Andere wurden bei lebendigen Leib verbrannt. Und viele dieser Mörder hatten Studienabschlüsse; sie waren im Besitz von Wissen. Sie waren gebildet. Aber ihnen fehlte jede ethische Dimension"[13] – aus dieser Erfahrung folgert der Nobelpreisträger und Überlebende Elie Wiesel vor Schülern und Studenten, „daß unser Wissen in der Erinnerung verwurzelt sein muß. Halten Sie die Erinnerung lebendig!"[14] Und an anderer Stelle konkretisiert er noch: „Deshalb betone ich ... immer wieder die Notwendigkeit der Mitmenschlichkeit, der Ethik – Ethik in der Industrie, im Geschäftsleben, in der Geschichte, in Politik und Wissenschaft. Ich würde es zur Verpflichtung machen, daß jede Universität obligatorische Kurse in Ethik anbietet..."[15]

Daß Erinnern und Gedenken kein Selbstläufer werden darf, womöglich zu einem bestimmten Datum immer wieder folgenlos wiederholt, schärft uns diese noch wenig ausgewertete Beobachtung Elie Wiesels ein. Erinnerung beinhaltet auch ethi-

---

[13] Elie Wiesel, Den Frieden feiern, Herder Spektrum, Freiburg 1991, S. 94.
[14] Elie Wiesel, a.a.O., S. 95.
[15] Elie Wiesel, a.a.O., S. 93.

sche Folgerungen: Die Vernichtung des europäischen Judentums war nur darum möglich, weil sich dafür so viele Handwerker, Techniker und Wissenschaftler mit ihrem Sachwissen „auf Befehl" einsetzten. Die ethische Dimension gerade der naturwissenschaftlichen Fächer, aber auch der gesamten Berufsausbildung (vgl. den Kampf um die Abschaffung der allgemeinbildenden Fächer in den Berufsschulen!) wird heute und zunehmend – nach der Schoa! – sträflich vernachlässigt. Wenigstens sollten die einzelnen Pädagogen alles in ihren Möglichkeiten Stehende tun, um der ethischen Problematisierung ihrer Unterrichtsinhalte viel mehr Raum zu geben.

Daß mit dieser Erziehung zur ethisch verantwortlichen Persönlichkeit im pädagogischen Raum eine Erziehung zur Zivilcourage (gegen das bystander-Phänomen) einhergehen muß, liegt zwar auf der Hand, ist aber in unserer Erziehung noch wenig konzeptionell bedacht und vor allem praktiziert!

19. Viele pädagogische Fehler wurden in der Vermittlung der Schoa immer wieder dadurch gemacht, daß das Geschehene als zu unbegreiflich (6 Millionen...) und als zu weit weg (Was sind Juden, ich kenne keine...), manchmal auch als zu grausam (mit entsprechenden Abwehrreaktionen) 'erfahren' wurde. Das furchtbare Geschehen konnte nicht an den einzelnen als nachvollziehbar herantreten. In seiner Ansprache zur Einsetzung des Gedenktages 27. Januar hat Bundespräsident Herzog für Präzisierung und Individualisierung plädiert:

„...vielleicht verstehen Jugendliche anderes in seiner Zeichenhaftigkeit ja besser als Erwachsene:
– die Trennung der Kinder von ihren Eltern, ihr Leben in den Lagern, ihre permanente Angst – und ihre Tapferkeit. Und dann vor allem die scheinbaren Kleinigkeiten:
– der Verlust des eigenen Zimmers, schon in der fortschreitenden Einengung des Wohnraums,
– der Verlust der Schul- und Spielkameraden durch die Ausschulung und durch das zunehmende Gemiedenwerden,
– die Wegnahme der Radiogeräte, die der jungen Generation genau so viel bedeuteten wie unseren Kindern Fernsehen und Walkman,
– und schließlich – fast jedem Kind verständlich – die Wegnahme der Haustiere..."[16]

Hier wird nicht einer Verharmlosung des Geschehen das Wort geredet, auch nicht einer Verniedlichung, auch nicht dem Versuch, Unbegreifliches begreiflich machen zu wollen, doch muß Erinnern und Gedenken, wenn es denn pädagogisch sinnvoll sein, also zu einem eigenen Anliegen werden soll, Empathie ermöglichen, a u c h ein individuelles Schicksal erinnern, an dem es sich festmachen kann.

Einige der in Teil II vorgestellten Projekte wollen eine solche Individualisierung ermöglichen, sei es am Beispiel eines konkreten Schicksals, sei es am Beispiel einer konkreten Institution oder eines konkreten Ortes.

---

[16] Auszug aus der Rede des Bundespräsidenten vom 19.1.96, veröffentlicht im Bulletin der Bundesregierung Nr.6, 23. Januar 1996, vgl. den Abdruck der Rede in Teil III, S. 351 ff.

20. Es bleibt trotzdem ein grundsätzliches Problem, das auch dieses Buch und alle gutgemeinten pädagogischen Konzepte und Ideen nicht aufzulösen vermögen: Erinnern und Gedenken beziehen sich immer auf Begreifbares, wollen das Geschehene – gewiß in all seiner schrecklichen Dimension – irgendwie für das erinnernde Darstellen (er-)faßbar machen. Die Schoa ist jedoch unfaßbar, sie geht über alle Dimensionen des Verstehens hinaus. Erinnern, Gedenken versuchen dem Geschehen nachträglich Sinn zu verleihen, wo nur Sinnlosigkeit herrschte. Erinnern verharmlost möglicherweise, läßt den, der erinnert, mit ein paar Tränen davonkommen, wo die Ermordeten im Nichts, oft im totalen Vergessen versunken sind. Claude Lanzmann, der Regisseur des Films „Shoah", vermerkt dazu: „...Tränen sind eine Art Lustempfindung. Tränen sind ein Genuß, eine Katharsis."[17] So nützen sie eher den Nachgeborenen als jenen, die durch die Hölle gegangen oder gar in ihr umgekommen sind. Es bleibt bei denen, die sich um Erinnern und Gedenken bemühen, eine letzte Ratlosigkeit, auch eine Sprachlosigkeit zurück.

Im öffentlichen Gedenken wie auch im unterrichtlichen Erinnern muß immer wieder etwas von dieser letzten Unfaßbarkeit, von der Sprachlosigkeit angesichts der Verbrechen durchscheinen. Ob das im bewußten Schweigen, im Zugeständnis der eigenen Hilflosigkeit, all das in geeignete Worte zu fassen, zum Ausdruck kommt, ist den jeweiligen Gegebenheiten zu überlassen. Trotzdem: In pädagogisch relevanten Situationen muß es einen Ausdruck finden, pädagogisches Bemühen bleibt darauf angewiesen.

21. Bedacht werden muß auch die multinationale Situation vieler Klassen und Gruppen, die mit Erinnern und Gedenken befaßt werden. Manche unter den nichtdeutschen Teilnehmern werden zu Recht sagen, daß sie aus ihrer individuellen oder nationalen Geschichte heraus damit nichts zu tun haben; und sie wehren sich deswegen gegen die Übernahme von geschichtlicher Verantwortung. Natürlich setzt ein Gespräch über diese Problematik bei Ausländern das Gefühl der Gleichberechtigung in allen gesellschaftlichen Belangen voraus, was in vielen Fällen, auch bei Europäern aus der EU, bislang noch nicht gegeben ist. Wesentliche Argumente *für* die Teilnahme dürften dann, und nur dann, sein:
– Die Schoa ist weltgeschichtlich einzigartig und sollte darum für alle Völker Anlaß zum Erinnern sein.
– Das jüdische Schicksal hat Bedeutung für alle, s. These 5.
– Erinnern und Gedenken im Sinne der Thesen 16 bis 18 ist ein völkerverbindendes Anliegen.

Eine Teilnahme von anderen Nationalitäten muß unter allen Umständen eine freiwillige sein. Die Beschäftigung mit der Schoa könnte auch Anlaß sein, über Verbrechen, Völkermord des eigenen Volkes mit Blick auf Erinnernswertes nachzudenken. Das könnte bei Türken z. B. der Völkermord am armenischen Volk sein.

---

[17] Claude Lanzmann in FAZ vom 5.3.1994

Begriffe und Namen – Versuche, ein Geschehen zu fassen, das nicht faßbar ist
Auschwitz – Holocaust – Schoa – Churban

Peter Klemm und Helmut Ruppel

Auschwitz

Der Name, der für das industrielle Töten steht, dem Erniedrigung und Entbehrung voranging, Zerbrochenwerden und Erloschensein, heißt Auschwitz. Ein Ortsname, der nicht nur das größte Vernichtungslager des Nationalsozialismus bezeichnet, sondern auch das Geschehen in allen Vernichtungslagern.

Stimmen:
Unfaßlicherweise hat es sich ereignet, daß ein ganzes zivilisiertes Volk, das die schöpferische kulturelle Blüte der Weimarer Zeit gerade hinter sich gelassen hatte, einem Hanswurst folgte, der einen heute nur noch zum Lachen bringt. Und dennoch gehorchte man Adolf Hitler und bejubelte ihn bis zur Katastrophe. Es ist geschehen, und folglich kann es wieder geschehen: Denn darin liegt der Kern dessen, was wir zu sagen haben.
Primo Levi, Auschwitz 1943 - 1945

Niemals werde ich diese Nacht vergessen, die erste Nacht im Lager, die mein Leben in eine lange und siebenmal verfluchte und siebenmal verriegelte Nacht verwandelt hat.
Niemals werde ich dieses nächtliche Schweigen vergessen, daß mir für alle Ewigkeit die Lust zu leben genommen hat.
Niemals werde ich dies alles vergessen, und wäre ich auch dazu verdammt, so lange zu leben wie Gott selber. Niemals.
Elie Wiesel, Auschwitz 1944 - 1945

Auschwitz und alles, was damit zu tun hat (aber was hat schon nichts damit zu tun?), ist das größte Trauma der Menschen in Europa seit dem Kreuz, auch wenn es vielleicht ... Jahrhunderte dauern wird, bis sie sich dessen bewußt werden. Wenn nicht, ist sowieso alles egal. Warum haßt man die Juden seit Auschwitz noch mehr? Wegen Auschwitz.
Imre Kertesz, Auschwitz 1945

Auschwitz hat das Mißlingen der Kultur unwiderleglich bewiesen. Die Forderung, daß Auschwitz nicht noch einmal sei, ist die allererste an Erziehung.
Theodor W. Adorno

> Immer wieder habe ich mich seitdem gefragt, warum man unserer Theologie eine solche Katastrophe ... so wenig ansieht und anhört? Heilt die Theologie wirklich alle Wunden?
> *Johann Baptist Metz*

> Jedes der drei Worte, mit dem dieses Geschehen – von Juden, denn kein Außenstehender hätte sich dessen unterwinden dürfen – bezeichnet worden ist, erzeugt spontan Schauder, erzeugt Antwortlosigkeit und Scham. Die drei Worte sind:
> *Holocaust, Schoa, Churban*

Holocaust

Holocaust ist ein griechisches Wort, das als Übersetzung des hebräischen Wortes 'ola' gebraucht wird: 'Brandopfer'. Elie Wiesel führte den Begriff Holocaust in die öffentliche Debatte ein. Die Fernsehserie dieses Namens (1978/79) popularisierte den Begriff weltweit.

Elie Wiesel verband den Begriff mit der für ihn exemplarischen Erzählung von Isaaks Bindung zum Brandopfer (1. Mose 22, 1-19), in der er wie in einem Brennspiegel die gesamte Leidens- und Lebensgeschichte Israels gefaßt sah. So ist Isaak der erste Überlebende des „Holocaust". Die beeindruckenden Gedanken Elie Wiesels haben auch Kritik erfahren: Darf man einen solch exklusiv religiösen Begriff als Chiffre für einen Völkermordanschlag verwenden? Signalisiert der Begriff „Holocaust", als Brand- oder Ganzopfer verstanden, nicht einen Sinn, den die Vernichtung der Juden nie haben kann? Elie Wiesel ist heute wegen des religiösen Mitklangs des Wortes sehr nachdenklich geworden.

Schoa

Auch das Wort „Schoa" als Alternative zu Holocaust ist religiös verwurzelt. In der hebräischen Bibel bedeutet das Wort „Unheil", „Unwetter", „Verderben" im Kontext göttlicher Heimsuchung (z. B. Jesaja 10,3; Psalm 35,8). In der Alltagssprache ist freilich die religiöse Herkunft weniger hörbar. Claude Lanzmanns Film „Schoa" (1985) plädiert für dieses Wort, betrachtet es als geeignet, eine unvergleichliche Katastrophe zu benennen. Der Beschluß des israelischen Parlaments, den offiziellen Gedenktag an den Völkermord „Jom HaSchoa" zu nennen, gibt dem Wort einen offiziellen Sitz im Leben Israels und des weltweiten Judentums. (Siehe Näheres Teil I, S. 100f.)

Churban

Das deutsche Äquivalent des Wortes „Churban" heißt „Zerstörung". Jeder Jude versteht dieses Wort, gab es doch in der Geschichte Israels schon zwei Churbanot: die zweimalige Zerstörung Jerusalems, 587 vor und 70 nach unserer Zeitrechnung. Sehr toratreue Gruppen verwenden den Begriff, weil er die Vernichtung des Judentums in Europa in engem Zusammenhang bringt mit den Heimsuchungen Gottes an Israel. Manès Sperber gebraucht das Wort „Churban" unter ausdrücklichem Verzicht auf seine theologische Bedeutung in seinem Buch „Churban oder die unfaßbare Gewißheit" (1979). Da dennoch der Zusammenhang mit dem Schuld-Strafe-Schema bestehen bleibt, ist der Begriff in vielen Kreisen des Judentums umstritten und sollte daher in nichtjüdischem Gebrauch keine Verwendung finden.

Esther – jüdisch und christlich erinnert

Ingrid Schmidt und Rachel Bendavid-Korsten

Das Buch Esther gehört zu den biblischen Erzählungen, die in der christlichen Überlieferung nie eine nennenswerte Rolle gespielt haben. Das mag in der evangelischen Kirche mit dem vernichtenden Urteil Luthers über diese kleine Schrift im Kanon des Alten Testaments zusammenhängen. Auch in der jüdischen Auslegungsgeschichte gibt es heftige Widersprüche und Anfragen im Hinblick auf die Würdigung des Estherbuches. Aber im jüdischen Alltagsleben hat Esthers Geschichte eine außerordentliche Bedeutung. Alljährlich gehört zum Purimfest das Vorlesen der Esther-Rolle (Megillah), und das Hören der Geschichte ist Festtagspflicht für alle. Diese Erzählung kann uns nicht nur die Augen öffnen für die literarische Schönheit eines weithin unbekannten biblischen Textes. Wir sind auch herausgefordert, uns antijüdischer Traditionen im christlich-theologischen Denken bewußt zu werden. Als jüdische Befreiungsgeschichte gelesen, können wir Anteil nehmen an einem Prozeß der Vergegenwärtigung von biblischer Hoffnung und daraus Ermutigung und Kreativität schöpfen im Umgang mit biblischen Hoffnungs- und Gerechtigkeitsgeschichten in Unterricht und Gemeindepraxis.

I Das Estherbuch: vorgestellt von Pnina Navè-Levinson

Die Erzählung stellt eindeutig Esther in den Mittelpunkt. Sie ist die Pflegetochter des deportierten Mordechai, der einen Mordanschlag auf den König aufdeckt, sich allerdings weigert, Haman anzubeten. Das erste Gebot führt, ernst genommen, zu einem herrschaftsfreien Leben. Esther nimmt die Stelle der Königin Vasthi, Ahasvers Frau, ein, nachdem diese es abgelehnt hatte, sich wie eine Ware vor den betrunkenen Hofschranzen eines Riesenfestes behandeln und ausstellen zu lassen. 1,22 beschreibt exakt das Interesse der Männer an „law and order". Politische, menschliche und sexuelle Selbstbestimmung (bzw. ihre Verweigerung) gehen immer zusammen. Das ewig gültige Gesetz der „Meder und Perser" ist ein Gesetz der Männer, das die private wie die soziale Wirklichkeit bestimmt – bis hin zum nicht wieder aufhebbaren Todesbefehl, der sich letztendlich gegen die richtet, die ihn erließen. Ein Perserkönig darf seine Befehle nicht widerrufen (8,8), auch wenn die Seinen an ihm zugrunde gehen, Befehl ist Befehl.

Haman beschließt die totale Ausrottung des jüdischen Volkes, „das die Gesetze des Königs nicht hält" (3,8). Die Thora führt zu einem machtkritischen Lebensentwurf. Esther, durch Fasten vorbereitet, interveniert. Vielleicht war sie, wie Josef in Ägypten, um der Befreiung willen an den Königshof gekommen (4,14)? Die passivische Redeweise und der terminus technicus „Befreiung und Errettung von einem anderen Ort" ist die den Gottesnamen vermeidende, Gott aber meinende Redeweise. Mit Gott zu rechnen ist kein Alibi für menschliche Passivität. Esther belegt es: „Ich will zum König gehen, auch wenn es gegen das Staatsgesetz ist.

Komme ich um, so komme ich um" (4,16). Gottvertrauen und Selbstvertrauen sind keine Gegensätze.

Esther will Hamans Mordplan vereiteln. Zwei exklusive Festmahle helfen dabei, den eitlen Haman (5,11ff) zu gewinnen, der seinerseits dem aufmüpfigen Mordechai einen Todespfahl aufrichten läßt. Allerdings muß Haman, selbst willenloser Sklave des Königs, Mordechai ehren, da dieser dem König einmal das Leben rettete. Beim Festmahl bittet Esther ums schiere Überleben, „denn wir sind verkauft, ich und mein Volk, vernichtet, getötet und ausgerottet zu werden. Wenn wir nur als Sklaven und Sklavinnen verkauft würden, so wollte ich schweigen" (7,4). Sie nennt den Mordanschlag und seinen Urheber beim Namen (7,6). Als Haman sich auf die Königin wirft (um zu bitten? um sie mundtot zu machen? um sie zu vergewaltigen?), wird er vom König zum Tode verurteilt und an dem eigentlich für den Juden Mordechai bestimmten Pfahl aufgehängt. Esthers Kampf geht jetzt darum, den bereits in allen 127 Provinzen zwischen Indien und Äthiopien inszenierten Mordplan zu stoppen (8,3ff). Ihre märchenhafte Erhöhung als Königin zersetzt nicht die Solidarität mit den Gefährdeten. Das Tötungsprojekt läuft sozusagen automatisch (8,8); was den betroffenen Juden bleibt, ist die Gegenwehr. Der König erlaubt den Juden, „sich zusammenzutun und sich für ihr Leben zu wehren und alle ... die sie bedrohen werden ... zu vernichten ... und ihr Besitztum als Besitz zu nehmen" (8,11). Die Erniedrigten und Beleidigten feiern, Heiden werden Juden, und doch ist das Unheil derer nicht mehr abzuwenden, „die auf ihr (der Juden) Unheil bedacht gewesen waren" (9,2). Die Juden richten jetzt ein „Blutbad" an – doch Hab und Gut tasten sie nicht an (9,15).

9,20 ff erzählt dann von der Einrichtung des Purimfestes, das als Freudenfest, mit Umzügen und Verkleidung, Verspottung der Mächtigen und der Maßgabe, daß jede Familie zwei Arme beschenken muß, bis heute gefeiert wird. Zum Gottesdienst wird das Estherbuch gelesen, weil „Hamans ruchloser Anschlag, den er gegen die Juden erdacht hatte, auf sein eigenes Haupt zurückfallen würde". Deshalb feiert man Purim (Pur = Los), das Fest der Lose, mit denen Haman den Tod eines ganzen Volkes gewählt hatte. Dieses Verbrechen hatte nur durch die Zivilcourage einer Frau und deren Gegengewalt gegen die angeordnete Staats- und Mehrheitsgewalt verhindert werden können.[1]

II „Esther": ein Bild von Marc Chagall[2]

Wie in der biblischen Erzählung steht Esther auch im Mittelpunkt des Chagallbildes. Sie ist schön wie die Freundin im Hohenlied:

---

[1] Pnina Navè-Levinson und Martin Stöhr, Das Buch Esther. Esther bei Juden und Christen. 10. Sonntag nach Trinitatis, in: Eva Renate Schmidt (Hg.in), Feministisch gelesen, Bd. 1, Kreuz-Verlag Stuttgart 1988, S. 100 - 111, hier: S. 104 - 106.

[2] (Bibel II, M 252) ars liturgica KUNSTVERLAG, D-56653 Maria Laach, Nr. 5369.

Marc Chagall: Esther, 1960. © VG Bild-Kunst, Bonn 1998

„Deine Wangen sind lieblich mit den Kettchen und dein Hals mit den Perlenschnüren." (Hld. 1,10)
„Dein Haar ist wie eine Herde Ziegen, die herabsteigen vom Gebirge Gilead. (4,1c)
Kein Makel ist an dir." (4,7b)
„Wie schön ist dein Gang in den Schuhen, du Fürstentochter! Die Rundung deiner Hüften ist wie ein Halsgeschmeide, das des Meisters Hand gemacht hat." (7,2)
„Deine beiden Brüste sind wie junge Zwillinge von Gazellen." (7,4)
„Dein Hals ist wie ein Turm von Elfenbein. Deine Augen sind wie die Teiche von Heschbon am Tor Bat-Rabbim." (7,5a.b)
„Dein Wuchs ist hoch wie ein Palmbaum." (7,8a)

In seltsamem Kontrast zu der jungen Frau erhebt sich aus der unteren Bildbegrenzung der alte Mordechai, nur in Umrissen erkennbar im dunklen Vordergrund. In der leichten Neigung ihres Kopfes deutet sich Esthers Beziehung zu ihrem Pflegevater an, Nähe und Übereinstimmung der beiden zeigen sich in ihren übereinander gelegten Hände. Sie wirken ernst und gesammelt, man meint, in ihrer äußeren Erscheinung ihre Gedanken und Gefühle lesen zu können.
Myrtenstrauch und Myrtenzweige zu Esthers Füßen sind wie ein Attribut ihrer Schönheit: Du bist gewachsen wie ein Lustgarten von Granatäpfeln mit edlen Früchten, Zyperblumen mit Narden, Narde und Safran, Kalmus und Zimt, mit allerlei Weihrauchsträuchern, Myrrhe und Aloe, mit allen feinen Gewürzen. (Hld. 4,13f.)
Die Myrte erinnert auch an den jüdischen Namen Esthers: Hadassa = Myrte (Esth. 2,7). Neben Sara und Rachel zählt Esther heute in Israel zu den beliebtesten Frauennamen. Der Name ist persischen Ursprungs (= Stern) und erinnert an die babylonische Göttin Ischtar (vgl. auch Waschti; Mordechai = Marduk). Göttinnen und Götter werden hier entzaubert, auf menschliches Maß gebracht. Vermutlich war es üblich, in der Fremde neben dem eigenen Namen einen weiteren Namen aus der neuen Umgebung anzunehmen, auch als äußeres Zeichen der Assimilation. So wird aus Hadassa (Esth. 2,7) in der Diaspora ESTHER.
Chagalls Esther steht im Zentrum des Geschehens. Hinter ihrem Rücken ballt sich durch grobe Pinselstriche und eine kompakte Grundform Dunkles bedrohlich und dämonisch zusammen. Dieser monströse Schattenriss und die Gestalt Esthers verbinden sich zur vertikalen Bildmitte. Von beiden Seiten drängen im Hintergrund finstere Gebäude ins Zentrum; festungsgleich, fast wie ein Bunker, erscheint der linke Bau, dessen kräftig markierte Dachlinie sich vor verhangenem Himmel zu einer Rauchfahne hochwindet. Bewegt, lebhaft die rechte Szene: Frauen und Gemäuer scheinen gleichermaßen beunruhigt von dem großen Schatten, der Esther bedroht. Über den Turmspitzen ist ein Licht zu sehen, das den Blick auf die Stadt Susa lenkt. Unheil liegt über der Stadt.

III Exkurs: Das Mädchen, das nicht ESTHER heißen durfte

1. Namen

Namen haben seit jeher eine große Bedeutung für die Identität eines Menschen, einer Familie, einer Gemeinschaft. Sie wirken traditionsbildend, sie geben Auskunft über Zugehörigkeit zu Stand, Status etc. Mit Namensgebungen verbinden sich häufig heilbringende und glückverheißende Vorstellungen. Eine Auflistung biblischer Namen und ihrer Deutung liest sich wie eine kleine Theologiegeschichte voller Hoffnungen und Verheißungen. Das beginnt bei Adam und Eva ... (= „Mensch" und „Mutter alles Lebendigen": Chava).

Namen sind keine Privatangelegenheit. Das verschlungene Namensrecht der BRD zeugt von dem staatlichen Interesse, vor allem einem Ordnungsinteresse, an familiären Namensgebungen. Die ideologische Brisanz öffentlicher Namen und Bezeichnungen für Straßen, Kasernen, Sportanlagen etc. haben wir seit der „Wendezeit" 1989 ff. häufig genug vorgeführt bekommen.[3]

Namen können zum Fluch werden, Spott- und Schimpfnamen Menschen verletzen und zerstören. Die Verpflichtung für Juden in Deutschland, ab 1939 die Zusatznamen „Sara" bzw."Israel" zu führen, falls sie nicht bereits einen „typisch jüdischen" Vornamen trugen, markierte ihre soziale, kulturelle und politische Ausgrenzung. Das Zwangsverzeichnis jüdischer Vornamen – eine Liste mit überwiegend ostjüdisch klingenden Namen, die fremdartig wirkten und Anlass genug zu Hohn und Häme boten – drängten die noch in Deutschland lebenden Jüdinnen und Juden in ein unentrinnbares Namensghetto. Jochen Klepper[4], mit einer Jüdin verheiratet und von den Nazis in den gemeinsamen Tod getrieben, durchschaute die mörderische Absicht dieser „Einkreisungsmaßnahmen": „Die Liste der Vornamen, die für neugeborene Judenkinder festgesetzt sind, bedeutet zu achtzig Prozent eine sadistische Verhöhnung. Die biblischen, berühmten Namen sind den Juden gesperrt."[5]

2. Eine exemplarische Geschichte

Im Oktober 1938 sprach das Kammergericht das letzte Wort in Sachen Esther, zumindest war es für alle Beteiligten damals das letzte Wort: Ein nichtjüdisches deutsches Mädchen, Tochter eines Pfarrers, das nach dem Willen seiner Eltern Esther heißen sollte, durfte nicht nach der biblischen Königin Esther benannt werden,

---

[3] Ein Dokument unter vielen: Herbert Mayer und Hans-Jürgen Mende (Hg.), Umbenennungen. Die neuen Straßennamen seit dem Fall der Mauer. Wegweiser zu Berlins Straßennamen, Edition Luisenstadt, Berlin 1993.

[4] Jochen Klepper, geb. 1903, Theologe, Schriftsteller, Mitarbeit bei Presse und Rundfunk; vom NS-Regime in seiner Arbeit behindert und mit seiner jüdischen Frau und deren Töchtern verfolgt, nahm er sich 1942 das Leben. Vgl. „Die Nacht ist vorgedrungen ..." und andere geistliche Lieder im Evangelischen Gesangbuch, Berlin/Leipzig 1993.

[5] zit. n. Winfried Seibert, Das Mädchen, das nicht ESTHER heißen durfte. Eine exemplarische Geschichte, Reclam Verlag, Leipzig 1996, S. 265; s. a. S. 227 ff.: Die Mitverantwortung von Hans Globke, dem späteren Staatssekretär Adenauers, für die rassistischen Namensgesetze.

weil das Kammergericht den Vornamen für „typisch jüdisch" hielt und ein solcher Vorname für ein deutsches Kind also nicht in Frage kam. ...
Das Mädchen, das Esther heißen sollte, wurde am 11. August 1938 in Gelsenkirchen geboren. ... Einen Monat später, am 11. September 1938, taufte es sein Vater, der Pastor Friedrich Luncke, in Wattenscheid auf den Namen Esther. Einen amtlichen Vornamen hatte das Kind allerdings noch nicht, da das Standesamt den Vornamen Esther abgelehnt hatte. Für den Staat war Esther namenlos. ... Nachdem das Standesamt dem Kind den gewünschten Vornamen verweigert hatte, taufte er erst recht seine Tochter auf den schönen Namen Esther. Er und seine Frau hielten an diesem Vornamen fest, mochte der Standesbeamte entscheiden, was er wollte. Immerhin hatten sich die Eltern Luncke die Namenswahl lange und reiflich überlegt. Sie kannten das biblische Buch Esther mit der wundersamen Geschichte von dem schönen jüdischen Mädchen in der persischen Diaspora ... Man konnte, wie Eltern das tun, viel hineinlegen in diesen Namen, viele Wünsche und Hoffnungen. ...
Haman, der biblische Judenfeind, gleich Hitler – das paßte in die Zeit. Damit war man in dem Pfarrhaus in Leithe auch nicht allein. Schon 1934 hatte die Bekennende Kirche ihren Pastoren Predigten über das Buch Esther nahegelegt, „um so zu zeigen, daß jeder Feind der Juden, wie Haman, ein ruhmloses Ende finden wird". ...
Der Rechtsstreit um den richtigen Vornamen ging durch drei Instanzen und endete mit dem Beschluß des Kammergerichts in Berlin vom 28. Oktober 1938. Erst am 3. Dezember bekam das Mädchen einen amtlichen Vornamen: Elisabeth statt Esther; denn Esther war unzulässig. Das Standesamt konnte die Akten schließen. Der Staat hatte sich durchgesetzt. ...[6]

IV Komme ich um, so komme ich um (Esth. 4,16)

„Es war einmal in einem fernen, fernen Land, dort lebten ein König und seine Königin ...Es wäre unmöglich – vielleicht unpassend – diese Geschichte anders zu beginnen. Denn wir haben es hier mit einem ganz und gar umkomplizierten und doch bezaubernden Märchen zu tun, das in jedem von uns die Kindheit wiederaufleben läßt. Am Ende nämlich, nach allem Auf und Ab, wird das Böse vom Guten bezwungen, siegt die Freude über die Traurigkeit."
„Es war einmal in einem fernen, fernen Land, dort gab es eine große, blühende jüdische Gemeinde, die – aufgrund einer Frau voller Würde und eines Mannes voller Starrsinn – eines Morgens aufwachte und sich in tödlicher Gefahr wiederfand: Alle ihre Männer und Frauen – auch die Kinder – waren zum Tod verurteilt worden; ein Vorhaben, das Jahrhunderte später als Genozid, Völkermord, bezeichnet werden würde."[7]
Dieser zweifache Anlauf Elie Wiesels, in die Esther-Geschichte hineinzukommen, macht ihre vielfältigen und disparaten Dimensionen deutlich. Da in dieser „historisierten Weisheitserzählung" (Shemaryahu Talmon) kaum Hinweise auf

---

[6] ebda., S. 28 - S. 34 (Auszüge).
[7] Elie Wiesel, Feier der Erinnerung: Ester, in: ders., Noah oder ein neuer Anfang, S. 171 - 196, hier: S. 171.

biblische Geschichtserfahrungen (wie „Bund" und „Exodus") zu finden sind und kein Interesse am zeitgenössischen Judentum außerhalb der persischen Diaspora besteht, gewinnt sie eine bedrängende Zeitlosigkeit resp. Aktualität. Die Welt von Esther und Mordechai, von Ahasverus und Haman scheint uns vertraut. Unwillkürlich erinnern wir uns an Ereignisse aus der Geschichte dieses Jahrhunderts, an die Verfolgung der Juden in den dreißiger und vierziger Jahren. Jede Generation wird die Geschichte mit ihren Erfahrungen neu entdecken müssen. In der jüdischen Überlieferung gewann das Esther-Buch nach der Schoa eine sehr viel zentralere Rolle als zuvor, weil es nach Auffassung eines jüdischen Gelehrten „die Situation der modernen Menschen zur Sprache bringe – einer Welt, in der Gott nicht vorkommt und in der das menschliche Schicksal allein vom Zufall bestimmt scheint."[8]

Phantasie, Weisheit und Gewalt sind erzählerisch auf kunstvolle Weise miteinander verwoben. Aber „der Text schildert nicht einfach nur eine Phantasiewelt, sondern die äußerst reale Welt politischer Intrigen, Kompromisse und Machtkämpfe, die den Hintergrund für zweitausend Jahre jüdischen Lebens in der Diaspora bilden".[9]

Wir wollen mit dem Schwierigsten beginnen, mit dem Schluß der Geschichte. Die Gewalttätigkeit ist von jüdischen und christlichen Auslegern immer wieder scharf verurteilt worden, vor allem die blutige „Rache", die die Juden nach dem Scheitern von Hamans Plänen an ihren Feinden nahmen. Der liberale jüdische Gelehrte Claude G. Montefiore sprach Ende vorigen Jahrhunderts von einem „Massaker an hilflosen Heiden"[10]. Von Martin Luther wird immer wieder aus seinen Tischreden zitiert: „Ich bin dem Buch und Esther so feind, daß ich wollte, sie wären gar nicht vorhanden; denn sie judenzen zu sehr und haben viel heidnische Unart."[11] Ein besonders krasses Beispiel lieferte der Theologe Max Haller in seinem Esther-Kommentar 1914 (1925[2]): „Die Geschichte weist einige imponierende Züge des jüdischen Charakters auf. ... Viel zahlreicher aber sind die schlimmen, ja widerwärtigen Züge dieses Volkscharakters, vor allem die ungebändigte Rachsucht, die ihre Phantasie mit richtiger orientalischer Wildheit im Blute des Gegners schwimmen und schwelgen läßt (9,5) nach dem allerdings gut alttestamentlichen Grundsatz: Auge um Auge, Zahn um Zahn."[12]

Die christlichen Übersetzer machen vieles oft noch schlimmer. Auf ein schreckliches, aber in dieser Hinsicht nicht ungewöhnliches Beispiel macht Erich Zenger

---

[8] Jonathan Magonet, Die Schöne – Ester, in: ders., Schöne – Heldinnen – Narren. Von der Erzählkunst der hebräischen Bibel, Gütersloher Verlagshaus Gütersloh 1996 (GTB 1444), S. 115 - 125, hier: S. 116.
[9] ebda., S. 122.
[10] Claude G. Montefiore, The Bible for Home Reading, Macmillan 1899, 1907, S. 405, zit. n. J. Magonet, a.a.O., S. 116.
[11] Martin Luther, WA. Tischreden Bd. 1, zit. n. P. Navè-Levinson und M. Stöhr, a.a.O., S. 106 (vgl. Hans Bardtke, Luther und das Buch Esther, Tübingen 1964).
[12] zit. n. Erich Zenger, Ein Gott der Rache. Feindpsalmen verstehen, Herder-Verlag, Freiburg 1994 (Biblische Bücher Bd. 1), S. 54f. Zenger schreibt in diesem Zusammenhang: „Ich verzichte – aus Respekt vor dem Judentum – auf eine Dokumentation der Obszönitäten, die christliche Kommentatoren im Namen ihres christlichen Gottes der Liebe zu dieser Stelle und über das Esterbuch als typisch jüdisches Buch geschrieben haben." ebda.

aufmerksam: In Esth. 8,11 wird der Erlaß des Königs Ahasveros zitiert, der den Juden das Recht zur Notwehr einräumt, da sein erstes Edikt nicht aufgehoben werden konnte. In der Einheitsübersetzung heißt es nun: „Mit diesem Erlaß gestattete der König den Juden in allen Städten, sich zusammenzutun, um für ihr Leben einzutreten, um in jedem Volk und in jeder Provinz alle ihre Gegner samt ihren Frauen und Kindern zu erschlagen, zu ermorden und auszurotten und ihren Besitz zu plündern." (1980. 1990^6) Bereits 1976 hat der jüdische Bibelwissenschaftler Robert Gordis nachgewiesen, schreibt Erich Zenger, „daß der Erlaß nicht den Juden erlaubt, die Frauen und Kinder ihrer Feinde umzubringen, sondern daß hier im Gegenteil die jüdischen Frauen und die jüdischen Kinder als potentielle Opfer der Judenhasser gemeint sind, daß hier also durch königlichen Erlaß den Juden das (legitime!) Recht zur Notwehr eingeräumt wird 'gegenüber allen, die sie samt ihren Frauen und Kindern angreifen würden'.[13] Von einem Vorgehen der Juden gegen Frauen und Kinder ist dann ja auch im weiteren Verlauf keine Rede (vgl. Esth. 9,6-10). 500 Männer und 10 Söhne Hamans werden getötet. Das sind Symbolzahlen, die deutlich machen, die Übermacht der Feinde ist gebrochen. Die Überschrift in der Luther-Übersetzung zu Kapitel 9 heißt „Die Juden rächen sich an ihren Feinden".

In den Kampf ums Überleben gehört auch der zweite Kampftag, den Esther vom König erbittet (9,13). Das Ansinnen der Königin entsprang kaum einer blutrünstigen Laune – so haben wir sie bisher nicht kennen gelernt –, sondern der anhaltenden Gefährdung der jüdischen Gemeinde außerhalb der Zitadelle von Susa, im Rest der Stadt. Im übrigen ist Esther hier auch Werkzeug des Monarchen, der selbst ein ausdrückliches Interesse an der Vernichtung der nunmehr feindlichen Haman-Partei gehabt haben wird. Es fällt auf, wie erstaunlich genau er die Zahlen der bisher Besiegten kennt (9,11f.). Er kann sich auch der militärischen Unterstützung der Regierungsbeamten aus den Nachbarländern sicher sein (9,3). „Die Grausamkeit, die die Königin an den Tag legt", gibt Magonet zu bedenken, „spiegelt lediglich die Grausamkeit des Systems wider, dessen Gefangene sie ist. Es ist die Grausamkeit der Tyrannei, die jeden korrumpiert, der Teil von ihr ist, die Grausamkeit der unerlösten Welt, die von menschlichen Königen regiert wird und in der der unsichtbare 'König der Könige' noch nirgendwo zu spüren ist."[14]

Der Talmud befiehlt, die Geschichte der Esther vom Beginn an zu lesen. Man darf die Megilla, die Festrolle zu Purim, nicht am Ende beginnen, mit dem Wunder der Errettung. Nein, mit der tödlichen Gefahr, der die Judenheit in der Diaspora ausgesetzt war, muß die Lesung zu Purim beginnen. Was soll an Rückblenden falsch sein? Der Sinn, so sagte einer der berühmtesten Gelehrten, der Baal Schem Tow, liege darin, die Erzählung nicht allein als ein Geschehen der Vergangenheit zu sehen: „Sie wird immer in die Gegenwart hineinreichen – und in die Zukunft."[15]

---

[13] ebda., S. 54 ff.
[14] J. Magonet, a.a.O., S. 124.
[15] E. Wiesel, a.a.O., S. 197.

Esther – jüdisch und christlich erinnert 155

V Zu den Zeiten des Ahasveros – Die Personen des Dramas

1. Die Schöne – Esther

Von ihr soll als erstes die Rede sein, schließlich trägt diese „historische Novelle" ihren Namen. Von ihrem Alter erfahren wir nichts – die Rabbinen streiten darüber – aber ausdrücklich wird die Schönheit Esthers erwähnt (Esth. 2,7.9; 2,3). Auch Waschtis Schönheit betont der Erzähler, die ja den König zu seinem trunkenen Plan treibt, sie seinen Gästen „vorzuführen" (1,11). (Wie sollte sie „ihre Schönheit zeigen" – nackt oder in kostbare Gewände gehüllt? Auch darüber diskutieren die Rabbinen.)

Esther gehört für die jüdischen Ausleger, die von ihrer erotischen Ausstrahlung schwärmen, zu den vier schönsten Frauen, die je erschaffen wurden; Sarah, Rahab und Abigail teilen sich mit ihr Platz eins in diesem biblischen Schönheitswettbewerb. Ihre Schönheit ist gepaart mit prophetischer und spiritueller Begabung. Die Rabbinen krönen sie zur Prophetin[16], ihre königliche Kleidung, in die sie sich selbst hüllt, ihre königliche Erscheinung sind Sinnbild dafür, „that the holy spirit clothed her"[17].

Esther wird als elternloses Kind von dem weisen Hofrat (er sitzt im Tor des königlichen Palastes!) adoptiert. In weisheitlicher Perspektive ist das eine vielsagende Nuance der Geschichte. Es gibt so etwas wie eine altorientalische „Adoptionsphilosophie"[18], nach der haben die Weisen oft Nöte und Schwierigkeiten mit ihren eigenen Söhnen: Die Geburt des ersten Sohnes zögert sich hinaus, das Leben des Kindes ist gefährdet und damit die Zukunft (Abraham, Jakob, Hiob z.B.). Mordechai nun, der Repräsentant der Exilierten in Persien (Esth. 2,5-7), offenbar kinderlos, heiratet eine nahe Verwandte (!), die Tochter seines Oheims. Aus dem armen verlassenen Kind in der Verbannung wird durch die klugen, weitsichtigen, verschwiegenen Entscheidungen und Anweisungen ihres Adoptivvaters (2,10.20) die Gattin des Königs und unter seiner Mitwirkung (4,8-17) die Retterin aller Jüdinnen und Juden im Königreich.

Esther gehört in die Reihe jener biblischen Frauen, die sich wie Michal (1.Sam. 19,9-17), Abigail (1.Sam. 25), die kluge Frau von Maacha (2.Sam. 20,14-22) und Rizpa (2.Sam. 21,8-14) mit ihrer Liebe zwischen ihre Männer, ihre Söhne, ihre Stadt/ihr Volk und den angreifenden Tod stellen, mit Listen der Ohnmacht, mit Klugheit, mit resoluter Entschlossenheit.[19] „Liebe ist stark wie der Tod", heißt es im Hohenlied „und Leidenschaft unwiderstehlich wie das Totenreich" (Hld. 8,6). Wie die Unterwelt (sche'ol) – der Herrschaftsbereich des Todes – läßt

---

[16] Als Prophetinnen, wenn auch mit unterschiedlichen Funktionen, werden auch bezeichnet: Sarah, Miriam und Hanna, Abigail, Deborah und Hulda, in: Leila Leah Bronner, From Eve to Esther. Rabbinic Reconstructions of Biblical Women, Estminster John Knox Press, Louisville, Kentucky, 1994, S. 180 f.

[17] ebda., S. 178.

[18] Shemaryahu Talmon, „Weisheit" im Buch Ester, in: ders., Gesammelte Aufsätze, Neukirchener Verlag, Neukirchen-Vluyn 1995, S. 177 - 217, hier: S. 198.

[19] Othmar Keel, Das Hohelied. Zürcher Bibelkommentar, Theologischer Verlag, Zürich 1986, S. 248.

auch die Leidenschaft nicht mehr los. Von der tragischen Nähe der Leidenschaft („Eifersucht" klingt im Hebräischen mit) zum Tod weiß auch die biblische Weisheit (Spr. 6,34). So hymnisch-lyrisch wie im Hohenlied klingt das im konkret erzählenden Text der Esther-Erzählung nicht, aber deutlich erkennbar ist, daß es sich hier um ein Stück Weisheitsliteratur handelt mit vielen Bezügen zu anderen weisheitlichen Texten des AT, z. B. auch zur Josefsgeschichte:
Esther und Josef: „Und sie war ein schönes und feines Mädchen" (Esth. 2.7,9). „Und Josef war schön an Gestalt und hübsch von Angesicht" (Gen. 39,7). Beide werden bewahrt und gefördert durch Zuneigung und Bewunderung, durch Gunst und Huld (Esth. 2,9.15.17; Gen. 39,4.21) Gesegnete sind sie, die beide in der Fremde groß werden. Ein fremder Königshof ist jeweils der Kontext der Erzählung. Esther wandelt auf den Wegen Josefs. Der König ist ein Zerrbild des Pharaos: Während der eine Essvorräte sammeln soll (Gen. 41,34f.), lässt der andere Mädchen für seinen Harem sammeln (Esth. 2,3). Josefs Geschichte ist wie ein Modell für Esthers Geschichte, wobei Esther und Mordechai gemeinsam an den weisen Höfling Josef erinnern (vgl. Gen. 39,10/Esth. 3,4: Denunziation und Leiden; Gen. 41,42f./ Esth. 6,11; 8,2: Erhöhung). Das Buch als literarisches Ganzes aber erhielt den Namen „Esther". Im Unterschied zu Mordechai allerdings ist sie nicht in den Annalen der Könige Mediens und Persiens verzeichnet (Esth. 10,2).
Esther ist auf doppelte Weise bedroht: als Jüdin in der Fremde, primär aber als Frau ist sie den sexistischen Gewaltverhältnissen unterworfen. Als Sklavin im Harem des Königs war das Leben der jungen Frauen „besiegelt". 12 Monate gepflegt, geschmückt, vorbereitet, dann eine Nacht im königlichen Schlafgemach, danach für alle Zeit eingesperrt, verschlossen an einem Ort des Todes (Esth. 2,11-14).[20]
Aber inmitten dieser frauenfeindlichen und antijüdischen Bedrohung zeigt Esther ihre politische Macht als Königin (Esth. 5,1ff.; 7,1ff.; 8,3ff.; 9,12.). Ausgeliefertsein und Machtentfaltung: Zwischen den beiden Extremen entfaltet sich die Geschichte dieser Frau.

2. Waschti – die Verstoßene

In der feministischen Auslegung einiger christlicher Theologinnen kommt die Jüdin Esther im Vergleich zu ihrer heidnischen Vorgängerin am Königshof, Waschti, schlecht weg: „Wasti", so schreibt die Alttestamentlerin Hannelis Schulte, „ist die Frau, die 'nein' sagen kann und um ihrer Würde als Frau willen ihre Stellung als Königin riskiert. Ester sagt niemals Nein. Doch sie weiß ihre Schönheit so klug einzusetzen, daß sie beim König alles erreicht, was sie will. Welche Frau ist für einen Mann besser geeignet: Die Frau ihm gegenüber, mit ihrem eigenen Charakter und ihrer Selbständigkeit, oder die Frau, die sich ihm anpaßt, völlig auf ihn hin orientiert lebt und die ihn doch, wenn es ihr möglich ist, auf subtile Weise beherrscht?"[21] „Gegen Wastis Weigerung, sich zur Schau stellen zu lassen, hatte der

---

[20] Klara Butting, Das Buch Esther, in: dies., Die Buchstaben werden sich noch wundern. Innerbiblische Kritik als Wegweisung feministischer Hermeneutik, Alektor-Verlag, Berlin 1994, S. 49 - 86.

[21] Hannelis Schulte, Dennoch gingen sie aufrecht. Frauengestalten im Alten Testament, Neukirchener Verlag, Neukirchen-Vluyn 1995, S. 154.

König seine Macht eingesetzt, sie zu verstoßen; gegen Ester ist er so machtlos, daß er nicht einmal seine Untertanen davor bewahren kann, abgeschlachtet zu werden."[22]

Waschti steht hoch im Ansehen solcher Auslegungsperspektive. Sie lässt sich nicht demütigen, sie versucht, ihre Würde zu wahren. Ihr widerständiges Verhalten jagt den Männern maßlosen Schrecken ein, es könnte ja Vorbild werden für alle Frauen im Reich (Esth. 1,16-18). Die Staatsraison steht auf dem Spiel, schließlich ist auch die Hälfte des persischen Himmels weiblich. Waschti wird verstoßen, und da nichts weiter von ihr erzählt wird, steht zu befürchten, daß damit ihr Todesurteil gesprochen wurde. Esther dagegen, so Schulte, ist die Gehorsame, die sich nie weigern wird, die sich bedingungslos unterwirft. Wem unterwirft sie sich eigentlich, wem gehorcht sie, anfangs voller Furcht angesichts möglicher Konsequenzen für ihr Leben? Sie tut, wozu ihr Pflegevater Mordechai sie drängt, er beschwört sie geradezu, die Rettung ihres Volkes in die Hand zu nehmen (Esth. 4). Die Geschichte auf ein Männerbündnis zwischen König und Untertanen hin zu rekontruieren, eine Interessengemeinschaft des Patriarchats als zentrale Auslegungskategorie zu erheben, verdrängt den eigentlichen politischen Skandal dieser Erzählung: den Judenhass und die Mordlust der Haman-Clique, zu der im übrigen auch Frauen gehören (5,10-14).

Der biblische Text hält sich mit einer Sympathiekundgebung für Waschti zurück. Die ganze Welt ist gegen sie. Auch der Talmud verteidigt ihr Tun nicht. Der Midrasch überliefert eine Antwort Waschtis voller Würde auf das unsägliche Ansinnen ihres königlichen Gemahls: „Warum, mein Herr, willst du, daß ich vor deinen Gästen nackt erscheine? Finden sie mich hübsch, werden sie dich umbringen, um mich zu besitzen; halten sie mich für häßlich, fällt die Schande meiner Häßlichkeit auf dich selbst zurück." Der Midrasch kommentiert: „Sie sprach mit ihm in Rätseln, und er verstand nicht; sie zerkratzte seine Haut, und er spürte nichts."[23]

Aus der Sicht der Weisheitslehrer war Waschtis Weigerung kühn, aber unklug. Sie half niemandem mit ihrer Entscheidung, sie rettete gar nichts, sie provozierte nur Unglück. Ihr Opfer war sinnlos. Nur Mangel an Verstand kann zu solch idealistischer Träumerei verführen. Weisheitlicher Mut paart sich mit der Frage nach dem Sinn meines Tuns. Vielleicht hat Esther ja Waschtis vergeblichen Widerstand analysiert und dann die Entscheidung Mordechais akzeptiert, aus dem Verborgenen heraus zu handeln.

3. Der König – ein tyrannischer Tölpel

In der biblischen Weisheitslehre finden wir ein ausführlich skizziertes Idealbild vom König, den Klugheit und Lebensweisheit, Mut, Weitsicht und Gerechtigkeit auszeichnen. Vor allem die Spruchweisheit zeugt davon (z.B. Spr. 14,35; 16,12-15; 19,12; 20,2; 22,11; s.a.Koh. 8,4; 10,16f.). König Ahasveros ist das Gegenbild eines weisen Königs. Er ist ein „mächtiger Tölpel"[24], seine Dummheit ist sprichwörtlich. Er verkörpert den leichtgläubigen Herrscher ohne Verstand. Dummheit ist nicht zu

---

[22] a.a.O., S. 153.
[23] E. Wiesel, a.a.O., S. 184.
[24] Sh. Talmon, a.a.O., S. 201.

entschuldigen, sie gilt nicht als bedauerliches angeborenes Manko, sondern als strafbare Nachlässigkeit. Man kann lernen und studieren und in intellektuellen, sozialen, ethischen Belangen etc. seine Mängel, wenn schon nicht beheben, so doch mindern und ausgleichen. König Ahasveros ist unberechenbar in seinen Reaktionen. In wüstem Zorn verstößt er seine Frau Waschti; später bereut er seinen „Grimm" (Esth. 2,1), war er doch einst vernarrt in sie. Er ist bestechlich, seine Ratgeber bringen ihn dazu – unter anderem, indem sie ihm hohe Einnahmen für die Staatskasse versprechen –, ein ganzes Volk der Vernichtung auszuliefern. Seine Wankelmütigkeit, die Angst des Tyrannen vor einem Staatsstreich treibt ihn um. Mißtrauen plagt ihn, raubt ihm den Schlaf (6,1): Warum hat die Königin wohl ein so großes Interesse, auch den Höfling Haman an ihren Tisch zu bitten? Der ist doch größenwahnsinnig geworden, schlägt dem König auf dessen Frage nach einer angemessenen Ehrung (für ihn, Haman, wie dieser meint) u. a. das Aufsetzen der Krone vor (6,7f.).

Zu diesem königlichen Charakterbild gehört auch seine Gutmütigkeit, sein Laissez-faire. Die Juden im persischen Königreich konnten sich dank der ihnen gewährten Bürgerrechte und „Religionsfreiheit" (3,8) zu einer großen, wohlhabenden Gemeinde entwickeln (3,9; 4,7). Aber die Widersprüchlichkeit der königlichen Verlautbarungen und Absichten stürzt das Volk in einen Bürgerkrieg. Sein totalitäres Machtsystem ist total demoliert.

Die VerfasserInnen des Estherbuches haben ein großes Interesse, die farbenfrohen prächtigen Lebensumstände am Hof des Ahasveros breit auszumalen. Es beginnt wie in einem Märchen aus Tausendundeiner Nacht. Die Palastgemächer werden geschildert, die königlichen Feste, die herrlichen Weine, der überströmende Reichtum, die große Anzahl hoher Gäste aus dem ganzen Reich. Im weiteren Verlauf werden Haremsangelegenheiten und Hofintrigen detailliert ausgebreitet. Manches erinnert auch hier wieder an biblische Darstellungen anderer Königshöfe: Josef in Ägypten; Daniel am Hofe Belsazars; die Beschreibung des salomonischen Palastes (1.Kön. 5,1-8; 7,1-12).[25]

In dieses königliche Ambiente gehört der Königsberater, der Hofschreiber, der Ratgeber. Er muß gewandt und gebildet sein, über gründliche Kenntnisse der Hofetikette und aller Vorgänge am Hof und auch im Reich verfügen; er muß administrative und diplomatische Fähigkeiten besitzen, Fremdsprachen beherrschen (Spr. 22,11.29). Zwei von ihnen, einen bösen und einen guten Ratgeber, lernen wir im Estherbuch neben vielen anderen genauer kennen.

4. Mordechai, der Jude und Haman, der Agagiter

„Mordechai (ergänzt durch Ester) repräsentiert alle Grundvoraussetzungen des wahren Weisen, die Haman (und Seresch) so offensichtlich fehlen."[26] Er ist weitsichtig und verschwiegen. Er plant sorgfältig und verliert nicht die Geduld. Langmut ist besser als Heldenmut. Seine Weisheit korrespondiert mit Esthers überlegener Klugheit. Ihre Tugenden sind nicht Ausdruck ihrer moralischen Rechtschaffenheit. „Ihre Tugend und ihre Verantwortung zeigen sich darin, daß sie Pri-

---

[25] Zur weisheitlichen Kritik an solchermaßen ausgestelltem Prunk s. Koh. 2,1-11.
[26] Sh. Talmon, a.a.O., S. 208.

vatinteressen dem allgemeinen Wohl unterordnet, während Haman sich anschickte, ein ganzes Volk zu opfern, um seinen persönlichen Haß eines Menschen zu befriedigen."[27]

Wieder erinnert manches an die Josefsgeschichte: Der verweigerte Kniefall Mordechais vor Haman (Esth. 3,1-6) ist für diesen Anlaß, „alle Juden, die im ganzen Königreich des Ahasveros waren, zu vertilgen" (3,6). Josefs Weigerung gegenüber Potiphars Frau hatte den Verlust seiner Stellung und Gefangenschaft zur Folge. Mordechais Ehrung und Erhöhung (6,11; 8,2) hat seine Entsprechung in der Erhöhung Josefs durch den Pharao (Gen. 41,42.43) mit dem öffentlichen Zeichen der Verleihung des Siegelringes. Mordechais Macht am Königshof ist legitimiert durch Esters Stellung. Sie erhebt ihn zum Nachfolger Hamans (8,2), sie setzt ihn „über das Haus Hamans".

Mit Haman verbinden sich die Erinnerungen an die staatliche Vorbereitung des Genozids an den Juden. Briefe, Erlasse und Gesetze in allen Sprachen des Reiches werden versandt bzw. veröffentlicht (3,12f./vgl.1,20; 3,14f./vgl.1,19). Nach dem Prinzip „Teile und herrsche" wird den einen die Vernichtung angedroht, den anderen Gewinn und Beute versprochen.

Haman und Mordechai sind beide nichtpersischer Herkunft, beide kommen aus königlichen Familien. Haman ist Abkömmling des Amalekiterkönigs Agag (3,1.10; 8,3.5; 9,24), einem der ärgsten Feinde Israels (vgl. 1.Sam. 15). Mordechai stammt aus dem Haus des benjaminitischen Königs Saul (2,5), der gegen Agag in den Krieg zog. Dreimal wird im Estherbuch betont, daß sich die Juden trotz des königlichen Erlasses – der ja spiegelbildlich mit dem ersten Erlass gegen die Juden identisch ist – nicht an den Gütern der Besiegten bereichern (9,10.15.16). Das erinnert an die Saul-Geschichte. Sauls Soldaten sollten ihren Sieg über die Amalekiter nicht kriegslüstern durch Gefangene und Beute mehren, der Krieg sollte ökonomisch unrentabel sein. Saul aber verschonte Agag und das Volk „und die besten Schafe und Rinder und das Mastvieh und die Lämmer und alles, was von Wert war (1.Sam. 15,9). Dieser Ungehorsam Gott gegenüber war seinerzeit der Grund für die Verwerfung Sauls (1.Sam. 15,7-31).

Mordechais Weigerung, sich Haman zu unterwerfen, ist daher auch als ein Zeichen für die Unversöhnlichkeit zwischen Israel und Amalek zu deuten, zumal die Amalekiter in der Tora Symbol für die anhaltende Gefährdung Israels durch außenpolitische Feinde (Ex. 17,8-16; Dtn. 25,17-19) sind.

Trotz allem: „Die Wirklichkeit der ermordeten Perser ist so unmoralisch wie die der Kinder in Bethlehem oder die der im Roten Meer ertrunkenen Greiftrupps des Pharao. Die jüdische, talmudische Bibelauslegung erzählt, daß Gott trauert und nicht mitsingt, als die Engel im Himmel Jubelchöre über die Befreiung aus Ägypten anstimmen. Er sagt: 'Wie kann ich Freude haben, wenn meine Kinder, die Ägypter, tot sind?'"[28]

---

[27] a.a.O., S. 209.
[28] P. Navè-Levinson und M. Stöhr, a.a.O., S. 109 f.

5. Und Gott?

Es ist auffällig, daß das Buch Esther einen ausgesprochen profanen Eindruck vermittelt, ein unreligiöses Aussehen hat. Der Gottesname wird nicht genannt. Das ist ungewöhnlich in den biblischen Büchern. Andeutungen, Hinweise auf Gottes Wirken werden dennoch aus einigen Passagen herausgelesen. Mordechai erwartet, falls Esther schweigen wird, „Hilfe und Errettung von einem andern Ort her" (Esth. 4,14). Wenn menschliches Handeln versagt, dann wird Gott sein Volk trotzdem nicht im Stich lassen – ist das mit dieser Andeutung gemeint?

Aber auch weder Bitt- noch Dankgebete sprechen die Verfolgten und Geretteten, sie flehen Gott nicht um Hilfe an und preisen ihn nicht nach der Errettung. In die griechische Übersetzung allerdings sind Gebete Mordechais und Esthers aufgenommen (u.a. Esth. 4,17a-i; 4,17k-z/Einheitsübersetzung), in denen es z.B. heißt: „Ich werde mich vor niemand niederwerfen, außer vor dir, meinem Gott, und ich handle nicht aus Überheblichkeit so." (4,17e) „Gott, du hast Macht über alle: Erhöre das Flehen der Verzweifelten, und befrei uns aus der Hand der Bösen!"(4,17z)

Den Midrasch bewegte auch die Frage, wie Esther am Hofe des Königs nach den rituellen Vorschriften des Judentums leben und die Speisegebote beachten konnte (vgl. Dan. 1,8-16; Judith 10,5; 12,1-4.18-19). Die Rabbinen deuteten die Siebenzahl der „auserlesenen" Haremsdienerinnen (2,9) dahingehend, daß Esther durch sie, die sich täglich ablösten, die Tage der Woche von Schabbat zu Schabbat zählen konnte und von ihnen mit kosheren Speisen versorgt wurde.[29]

Auffällig bleibt trotzdem das Fehlen von Gebeten wie das des Gottesnamens. In weisheitlichem Denken ist diese Tendenz aber nicht ungewöhnlich. Eine kosmopolitische und anthropozentrische Weisheitslehre, die auf Anwendbarkeit in allen menschlichen Situationen zielt, muß unabhängig von „spezifischen politisch-nationalen oder religiös-ethnischen Grundlagen"[30] bestehen können.

6. Der geschichtliche Hintergrund

Shemaryahu Talmon schreibt zu diesem viel diskutierten Problem:

„Die biblische Tradition will das Buch Ester als eine genaue und zuverlässige Darstellung der Ereignisse verstanden sehen, die über die jüdischen Exulanten im persischen Reich hereinbrachen in der Regierungszeit des Königs Ahasverus, der schon von frühen Exegeten mit Xerxes I. (486-465) identifiziert wurde. ... Aber die moderne Bibelwissenschaft bezweifelt die historische Zuverlässigkeit des Berichtes, den die Erzählung bietet. ... Andererseits besteht allgemeines Einverständnis in der Forschung, daß der Verfasser der Estergeschichte über genaue Kenntnisse der persischen Hofetikette und öffentlichen Verwaltung verfügte. Entweder hatte er diesbezügliche persönliche Erfahrungen oder er war ein außerordentlich gut informierter und begabter Schriftsteller. ... Seine Darstellung der Beziehungen zwischen den exilierten Juden im Perserreich und ihren nicht-jüdischen Nachbarn spiegelt offenbar ein wahres Bild der Situation und darf nicht als bloße literarische Erfindung abgetan werden... Infolge dieser Überlegungen beschränken sich viele

---

[29] L. L. Bronner, a.a.O., S. 179, vgl. Anm. 16.
[30] Sh. Talmon, a.a.O., S. 189.

Wissenschaftler auf die vorsichtige Feststellung, daß das Esterbuch Bedingungen in den östlichen Teilen des Perserreiches im 5. Jh. v.d.Z. widerspiegelt, auch wenn wir nicht in der Lage sind, sie in Einzelheiten nachzuprüfen. Im Wesentlichen enthält das Buch eine höchstwahrscheinlich zutreffende Beschreibung einer tatsächlichen sozio-historischen Situation, ausgeschmückt mit chronistischen Einzelheiten von zweifelhafter Genauigkeit. Dies führt zur Definition des Buches als einer „historischen Novelle", die in der Wissenschaft weitgehend Zustimmung fand."[31]

VI Feier der Erinnerung – das Purimfest

1. Israel feiert Purim – eine Erinnerung:

Bombe in Tel Aviv tötet Café-Kunden

22. März 1997: Bei einem Bombenattentat auf die Besucher eines Cafés in Tel Aviv sind am Freitag mindestens drei Menschen getötet und mehr als 40 verletzt worden. Die islamistische Palästinenserorganisation Hamas bezichtigte sich in einem Anruf beim israelischen Fernsehen, für den Anschlag verantwortlich zu sein. Die Bombe, offenbar transportiert von einem Selbstmordattentäter, explodierte zur Mittagszeit in dem Straßencafé „Apropos" am Ben-Gurion-Boulevard mitten in Tel Aviv. Unzählige Menschen waren zu dieser Zeit unterwegs, um Purim zu feiern. Doch wie vor einem Jahr geriet der jüdische Festtag zur Tragödie. Blutüberströmte Menschen liefen verzweifelt und unter Schock über die Straßen. Eine Polizistin brachte einen als Clown verkleideten Säugling, der verletzt worden war, zur Rettungsambulanz. ... Am jüdischen Verkleidungsfest Purim vor einem Jahr hatte sich ein islamistischer Attentäter am Eingang des Dizengoff-Centers unweit des jetzigen Tatorts in die Luft gesprengt und zahlreiche Menschen mit in den Tod gerissen. ..."[32]

2. Was sind die besonderen Gebote für Purim?

„Im Monat Adar, also dem Purim-Monat, ist unser Volk vor der Vernichtung durch Haman gerettet worden. Dieser Monat ist ein Monat der Freude. Dazu gehören vier Mitzwot:
Erstens lesen wir seit 2000 Jahren die Megillah, das Buch Esther, zweimal, am Abend und am Morgen von Purim. Die Rabbiner betonen, daß diese Mitzwa Männer, Frauen und Kinder gleichermaßen beteiligt. Denn die auf Pergament handgeschriebene Purimgeschichte handelt davon, daß Männer, Frauen und Kinder, daß das ganze jüdische Volk gerettet wurde. So ist unsere Dankbarkeit gegenüber dieser historischen Erfahrung, daß zu Purim soviele Männer, Frauen und Kinder wie möglich in die Synagogen kommen. Wobei, es muß nicht die Synagoge sein. Die Purimgeschichte kann überall von Juden gelesen werden.

---

[31] ebda., S. 177.180.
[32] Frankfurter Rundschau, 22. 3. 97, Jg. 53, Nr. 69/12.

Zweitens sind wir gerade zu Purim angehalten, Wohltätigkeit zu üben, den Armen zu helfen.

Drittens gibt es „Mischloach Manot" oder auf jiddisch „Schaloch munes". Das heißt, wir schenken Freunden zwei verschiedene eßbare Sachen, aber nur solche, die gleich aufgegessen werden können. Kuchen, Früchte, Gemüse, Fleisch – alles ist möglich, verschenkt wird es tagsüber zu Purim. Gewöhnlich ist es so, daß Juden in die Wohnungen ihrer Freunde gehen, dann übergibt man seinen Teller voller Leckerbissen.

Und viertens gibt es das „Seudat Purim", das Purim-Mahl, das am späten Nachmittag eingenommen wird. Kein Kiddusch wird gesagt, es gibt keine besondere Vorschrift, es wird keine Matze gegessen, man sitzt nicht in der Sukke, es gibt nur ein einziges Erfordernis: Fröhlich muß es zugehen. Die Rabbinen haben verstanden, daß Fröhlichkeit mit Essen und Trinken zusammenhängt. Also trinken wir nicht Coca Cola, sondern das, was fröhlich macht, Schnaps, Likör, Wein. Es heißt, eine Mitzwa besteht darin, zu Purim zu trinken „Ad delo jada ben baruch mordechai lebaruch haman" – was soviel bedeutet wie: Man trinke, bis der Unterschied zwischen dem Segen über Mordechai und dem Fluch auf Haman nicht mehr zu erkennen ist. Allerdings disputieren die Rabbiner noch immer, ob damit gemeint ist, man soll trinken, bis dieser Punkt erreicht – oder bis er überschritten ist. Wie auch immer, zwischen beiden gibt es einen Spielraum.

Die vier Mitzwot finden sich am Ende des Buches Esther. Mordechai erzählt dort die Purimgeschichte. Es ist geschrieben, er habe gesagt, diese Geschichte soll jedes Jahr gelesen werden. Dort steht auch, daß während der historischen Purim-Ereignisse „mischloach manot", also eßbare Geschenke, untereinander ausgetauscht, den Armen milde Gaben gegeben und ein Festmahl gehalten wurde. Purim ist das fröhlichste Fest im jüdischen Jahr. Die Kinder kostümieren sich. Purim ist der einzige Tag im Jahr, wo sogar erlaubt werden könnte, daß ein Mann sich aus Spaß als Frau verkleidet ..."[33]

Was man noch wissen muß:
- Purim: „Pur", das Los; „Purim" – das Fest der Lose, weil Haman durch Los das Datum des geplanten Völkermords bestimmen ließ; Esth. 3,7: „Das Los fiel auf den dreizehnten Tag im zwölften Monat, das ist der Monat Adar." Der 13. Adar wurde nun auch der Tag der Rettung. Der Abend beginnt mit dem „Fasten Esther", am Morgen verwandelt sich der Tag der Trauer in einen Tag der Freude.
- Mitzwa/Mitzwot: religiöse(s) Gebot/Gebote
- Megillah: Festrolle. Die beiden biblischen Bücher, die nach Frauen benannt wurden, gehören zu den Fünf Rollen - Megillot, die folgenden Fest- und Gedenktagen des jüdischen Jahres zugeordnet werden:

Das Hohelied zu Pessach,
das Buch Ruth zu Schawuoth (Wochenfest),

---

[33] „Diese Antwort gab Rabbiner Schudrisch, 36 Jahre, verheiratet, ein Kind. Er war sieben Jahre lang Rabbiner der Gemeinde in Tokio. Seit 1989 arbeitet er für die Lauder Foundation New York in Polen." Jüdische Korrespondenz, Jüdischer Kulturverein Berlin e.V., Adar I/Adar II 5752/März 1992, Nr. 3, 2. Jg., S. 6.

die Klagelieder zum 9. Aw (Tag der Tempelzerstörungen),
Kohelet (Der Prediger Salomo) zu Sukkot (Laubhüttenfest; Sukka = Hütte) und das Buch Esther zu Purim.

- Warum sind mindestens zwei festliche Mahlzeiten vorgeschrieben? Esther hat den König zweimal eingeladen. Am Ende verwandelte Esther die Feste eines heidnischen Königs in ein großes jüdisches Volksfest.
- Warum gibt es als Geschenke vor allem Köstlichkeiten? Süßigkeiten und Festessen erinnern daran, daß das Leben aller vernichtet werden sollte und doch erhalten blieb.
- Kiddusch: Segensspruch; zu Purim darf nicht getrauert werden, es werden keine Trostreden gehalten, keine Beerdigungen festgesetzt.
- Verkleidungen: Sie erinnern an die vielen Verwandlungen und Veränderungen in dieser Geschichte; alles ist zu Purim erlaubt – nur als Mörder des 1995 von einem jüdischen Israeli ermordeten Ministerpräsidenten Jitzchak Rabin darf sich niemand verkleiden.

ALLE FESTE WERDEN AUFHÖREN, ABER DIE PURIMTAGE WERDEN BLEIBEN.

(Aus dem Talmud)

VII Unterrichtliche Begegnung

1. Die Bibel im israelischen Selbstverständnis

„In Eretz Israel stand das jüdische Volk auf; dort (hier) wurde sein geistlicher, religiöser und politischer Charakter gebildet; dort erlebte es staatliche Unabhängigkeit; dort schuf es wertvolle nationale und universale Kulturgüter und vererbte der Welt die ewige Bibel (das Buch der Bücher)."[34]

Diese Sätze aus der Deklaration der Unabhängigkeit des Staates Israel (1948) zeugen vom Selbstbewusstsein der Zionisten, die ihre Ideen von einem jüdischen Staat mit den geschichtlichen Anfängen Israels im Lande verbanden. Ihre „säkularen" politischen Hoffnungen begründeten sie mit der Bibel. Nicht der (babylonische) Talmud, nicht die rabbinische Tradition (des Exils) wurden zur nationalen Erneuerung herangezogen, sondern die im Lande, in Eretz-Israel entstandene Bibel, der Tenach. Hier liegen die Wurzeln jüdischer Identität.

Die Bibel wurde nicht verstanden als ein einmaliges historisches Dokument, sondern als nationale u n d universale Literatur von anhaltender Gültigkeit und Bedeutung, wegweisend für die Zukunft des neuen Staates. Messianische und säkulare Hoffnungen verbanden sich. Was hieß das konkret? Die Tora sollte nicht das staatliche Gesetzeswerk werden (man übernahm weitgehend die britische Gesetzgebung), sondern die der Tora immanenten Vorstellungen von Gerechtigkeit und

---

[34] zit. n. einem Paper von Yehuda Amir, Jerusalem 1997.

„Demokratie", von Solidarität mit den Fremden und den Einwanderern – eben die Propheten mit ihren gesellschaftspolitischen Visionen konnten die Garanten des neuen Israel werden.
Die Bibel sollte die wesentliche Quelle der Erinnerung, Erneuerung und Erziehung sein. Bis heute ist dies in Israels Schulen zu spüren; noch immer (oder wieder?) gilt die Bibel als ein zentrales literarisches Dokument der Tradition, wenn auch nicht mehr mit der Intensität des Anfangs. Aber angesichts der Machtfülle der Orthodoxie wird auch in liberalen Kreisen seit längerem über diese Urkunde des Judentums neu nachgedacht.

2. Das Esther-Buch im israelischen Schulunterricht

Der Midrasch berichtet, daß Rabbi Akiba, immer wenn seine Schüler während seiner Vorlesungen einschliefen, abrupt das Thema wechselte und über Königin Esther zu sprechen kam. Sofort stellte sich der Effekt ein: Alle wachten auf, hörten interessiert und angeregt zu.[35]
Den folgenden Überblick verdanken wir Rachel Bendavid, Religionslehrerin und Dozentin der jüdischen Gemeinde zu Berlin. Sie hat aus einer neuen Publikation des Pädagogischen Zentrums für Kultur und Erziehung Jerusalem (Abt. Jüdische Erziehung) die Passagen in den Lehrplänen zum Esther-Buch und Purimfest zusammengestellt. Die Schülerinnen und Schüler haben 10 - 11 Jahre Bibelunterricht. Eine Herausforderung für die Unterrichtenden besteht in der jährlichen Wiederkehr des Festes: wie immer wieder neu „Purim" unterrichten, ohne den Heranwachsenden das Gefühl zu geben: „schon wieder ...!"? Unter Berücksichtigung entwicklungspsychologischer Erkenntnisse wird für die Schuljahre 1 - 10 jeweils ein Aspekt der Esther-Geschichte (A) und der Purimfeier (B) in den Mittelpunkt des Unterrichts gestellt. Auch die Heinz Galinski-Schule in Berlin orientiert sich an diesen Empfehlungen.

1. Klasse

A: Freude als lebensbeglückende Kindheitserfahrung
B: Freude zu Purim als Pflicht!
Dieser emotionale Grundbegriff wird mit allen sprachlichen und medialen Möglichkeiten erschlossen.
- Ich bin froh, wenn... / Ich bereite Freude, wenn ...
- Freude zu Hause, im Land, an den Feiertagen, in Erzählungen, Geschichten ...
- Die Clowns zu Purim ...

2. Klasse

A: Personen aus der Megillat Esther
B: Die zweimalige Lesung der Megilla (in der Synagoge) und ihre Segenssprüche
- Der König Ahasveros: Er ist mächtig, lebt im Überfluß, gibt an, trinkt gern, ist autoritär, bestechlich, liebt Esther; gibt seine Macht (den Siegelring) weiter, ohne zu prüfen wozu; er ist dankbar (Mordechai).

---

[35] Elie Wiesel, Noah oder ein neuer Anfang. Biblische Portraits, Herder-Verlag Freiburg 1994, S. 174.

- Die Königin Esther: eine Waise, lebt bei ihrem Pflegevater, ist sehr schön, gehorsam, beliebt, sorgt sich um Mordechai, gefährdet ihr Leben für ihr Volk, handelt klug (die Einladung an den König).
- Mordechai, der Jude: Er erzieht Esther wie eine Tochter, sorgt für sie, er ist gläubig, sein Volk ist ihm wichtig; er verlangt von Esther zum König zu gehen, obwohl er weiß, wie gefährlich das für sie ist; er wird der Stellvertreter des Königs, sorgt für sein Volk und schreibt die Geschichte auf.
- Haman, der Böse: Er verlangt unbedingte Ehrerbietung; wegen e i n e s Menschen will er ein ganzes Volk umbringen; er lügt, ist grausam, trinkt gern, gibt an, sein Hass ist groß, er glaubt, daß alles ihm zusteht.

Die Esther-Megilla ist im Unterschied zu anderen Festrollen mit zahlreichen Bildern illustriert und gibt den Kindern vielseitige phantasievolle Anregungen zum Kennenlernen der am Geschehen Beteiligten.

3. Klasse
A: Die Megilla – eine Festrolle voller Gegensätze
B: Geschenke für die Angehörigen und Nahestehenden, Geschenke für die Armen
Die Kinder lernen die Fülle gegensätzlicher Verhaltensweisen kennen: Bescheidenheit / Hochmut; Gunst / Bosheit; Verantwortung (auch für die Zukunft) / Unverantwortlichkeit; ... Verantwortung üben sie selbst mit ihren Geschenken für Verwandte und Bedürftige.

4. Klasse
A: Die Geschichte stellt alles auf den Kopf.
B: Verkleidungen (Verwandlungen!) zu Purim
Die Schülerinnen und Schüler dieser Jahrgangsstufe können bereits erste Vorstellungen von der politischen Dimension dieser Geschichte begreifen, in der eine korrupte Macht abgelöst wird durch eine Regierung mit „menschlichem Antlitz". Möglich wird dies durch die „Zivilcourage" der Beteiligten. Das ist spannend: Wie alles ganz anders kommt als geplant. Verkleidungen zu Purim sollen ja genau das zeigen: ganz anders! Dazu gehört der Brauch: so viel Wein trinken, daß man nicht mehr unterscheiden kann zwischen Haman und Mordechai, zwischen dem absolut Bösen und dem Guten. Ob das deutlich werden kann? Alle „Empfänge" in der Esther-Geschichte drehen sich übrigens um den Wein!

5. Klasse
A: Purim – das ist Gedenken für alle Generationen.
B: „Gedenke ..." – Toralesung am Schabbat vor Purim: 5. Mose 25, 17-19
Die Bedeutung der Erinnerung für das Judentum ist nun zentrales Unterrichtsthema. Unter Heranziehung des Toraabschnittes mit den einleitenden Worten: „Denke daran, was dir die Amalekiter taten auf dem Wege, als ihr aus Ägypten zogt" wird diese Grundkategorie jüdischer Existenz entfaltet, individuell, national und universal. In den Purimfest-Bräuchen klingt dies – sozusagen auf den Kopf gestellt – an, wenn während des Vorlesens der Megilla der Name „Haman" jeweils durch Riesenkrach (Rasseln, Klopfen etc.) „ausgelöscht" wird.

Bei folgenden Themen gibt es weitere Anknüpfungsmöglichkeiten:
- Die Diaspora in der jüdischen Geschichte
- Assimilation und Anpassung – wann ist jüdische Identität gefährdet?
- Das Leben in der Fremde: Asyl
- Historische Daten zur jüdischen Geschichte unter persischer Herrschaft
- Das Purimfest als ein „Denk-mal!" gegen Antisemitismus und Fremdenfeindlichkeit, gegen Völkerhaß und Unmenschlichkeit.

3. Perspektiven für Unterricht und außerschulische Bildungsarbeit

Viele der von Rachel Bendavid für jüdische Kinder (die Heinrich-Galinski-Schule wird auch von einigen nichtjüdischen Schüler/innen besucht) vorgestellten Unterrichtsentscheidungen geben auch uns Anregungen. Wir wollen sie ergänzen durch weitere Möglichkeiten, in die Esther-Geschichte hineinzukommen und die vielfältigen Perspektiven zu bedenken. Nachdenklich stimmt uns folgende Feststellung von Pnina Navè-Levinson: „In den christlichen Kommentaren läßt sich eine merkwürdige Unsensibilität für die reale Bedrohungssituation des jüdischen Volkes wie für Leben und Taten der Esther beobachten. Die Neigung zur Psychologisierung und Typisierung entpolitisiert ... . So wird aus politisch-geschichtlicher Realität, in der Menschen leben und leiden, in der Gott handelt, in der Unterdrückung oder Befreiung stattfindet, eine übergeschichtliche, unpolitische Ideenwelt, die deshalb für Rassismus, falsche Politisierung oder Sexismus anfällig ist, weil die christliche Sichtweise angeblich 'über den Völkern und Rassen' steht."[36]

Auch in religionspädagogischen Entwürfen ist diese Verharmlosung der Geschichte durch Verallgemeinerung manchmal festzustellen. Wir möchten auf einige tragfähige Konzeptionen hinweisen und sie durch weitere Anregungen ergänzen:

Unterrichtsmodelle

- Agnes Liebi und Jana Marcus, Die Esthergeschichte. Anregungen für die Arbeit mit einer wenig bekannten Geschichte, 2./3. Schuljahr, in: Zeitschrift für Religion und Lebenskunde/RL 88, S. 5 - 11
- Eva Teetz, Esther – eine Frau rettet ihr Volk mit weiblichen Mitteln. Ein Unterrichtsprojekt für die Grundschule, in: forum religion 4/88, S. 27 - 38
- Joachim Maier, Ester – ein „historischer Roman" in vier Akten – Unterrichtseinheit für 7./8. Schuljahr, in: calwer materialien Sekundarstufe 1, mit Kopiervorlagen und Farbfolien, Calwer Verlag, Stuttgart 1994, S. 51 - 75

Weitere Anregungen:

a. Der biblische Text

Manche Ausleger vermuten, daß die Esthergeschichte eine ausführliche Festlegende zu Purim ist. Auffällig ist auf jeden Fall die häufige Erwähnung von Fest- und Trinkgelagen – 20mal geht es in den 10 Kapiteln um Essen, Trinken, Feiern. Es

---

[36] P. Navè-Levinson und M. Stöhr, a.a.O., S. 103 f.

beginnt mit den beiden Festmahlen des Königs für „seine Fürsten und Großen" (1,3) und für das Volk (1,5) und dem Hinweis auf das Frauenfest der Königin Waschti (1,9). Die Königin Esther lädt den König und Haman zu zwei Gastmahlen, die die Wende in der Verfolgungsgeschichte einleiten (5,4.8). Die Inthronisation Esthers wird gefeiert (2,18), und am Ende der Geschichte steht das zweitägige Purimfest (9,17 ff.). Aus den Festgelagen der herrschenden Eliten ist durch Esthers Klugheit und Entschiedenheit ein Volksfest geworden.

Das Thema „Fest" kann unterrichtlich fruchtbar sein für die Textbearbeitung nach der Erzählung oder Lektüre.

b. Kreative Aneignungsmöglichkeiten

Die dramatische Erzählung, die Novelle, der Schwank, die Groteske – wie auch immer wir die literarische Form bestimmen – Esthers Geschichte inspiriert uns zu vielen Formen der Aneignung: Rollen- und Hörspiele, in denen die „Verwandlungen" der Personen thematisiert werden; Handwerkliches, z.B. die Herstellung von Masken, um das „Rollenspiel" der Beteiligten und das allgemeine Bedürfnis von Menschen, sich zu verwandeln, anschaulich machen; das Lesen der Erzählung mit Krachmacherinstrumenten, Rasseln etc. (immer wenn der Name „Haman" gelesen wird), um wie an Purim das Glück über den Sieg „laut" werden zu lassen; Süßigkeiten mitbringen, verschenken, annehmen, genießen.

c. Else Lasker-Schüler, „Esther"

In der außerkirchlichen Bildungsarbeit, z. B. in der Lehrerfortbildung, können literarische Bearbeitungen Neugier und Interesse für die biblische Esther wecken. Horst Georg Langenhorst machte sich auf die literarische Spurensuche und skizzierte die umfangreiche Rezeptionsgeschichte des Esther-Stoffes. Neben einem ausführlichen Überblick, vor allem über die Esther-Dramen, interpretiert er Esther-Gedichte von Rainer Maria Rilke, Gertrud Kolmar, Else Lasker-Schüler und Johannes Bobrowski. Zu dem Gedicht von Else Lasker-Schüler (s. S. 170) schreibt er:

„Diese Tradition, Esther als literarische Deutefigur des Schicksals des jüdischen Volkes auszugestalten, läßt sich bis in das Jahr 1913 zurückverfolgen, in dem die in Wuppertal gebürtige Dichterin Else Lasker-Schüler (1869 - 1945) ihr eindeutiges, lyrisch eindrucksvollstes Zeugnis ihrer Auseinandersetzung mit dem Judentum vorlegte: die 'Hebräischen Balladen'. Unter den Gedichten zu den wichtigsten Figuren der hebräischen Bibel befindet sich auch „Esther". Dieses vierstrophige Gedicht mit raffiniertem, erst bei näherem Zusehen erkennbarem Reimschema zeichnet sich im Gegensatz zu den bereits angeführten Texten durch das völlige Fehlen einer inneren Spannung aus. ... Die erste Strophe zeichnet einerseits einen strichförmigen Schattenriß („schlank") der Gestalt Esthers und ruft zugleich in präzisverknappter metaphorischer Bildsprache die zeitüberdauernde Bedeutung dieser Figur in Erinnerung. Allein aufgrund des Einsatzes Esthers hat „Juda" eine lebendige Zukunft. Nur durch ihr rettungserheischendes Wort („Lippen") ist für „Juda" die Möglichkeit des fruchtbaren Ackerbaus („Weizenhalme") und des Feierns von Freudenfesten – vor allem natürlich des nicht direkt genannten, aber assoziativ mitgemeinten Purim – überhaupt gegeben.

Die mittleren Strophen kehren in aller Kürze zum biblisch bezeugten Geschehen zurück. Zwei nur reminiszenzartig angerissene Szenen genügen, um die im Präsens geschilderten Vergangenheitsereignisse aufleuchten zu lassen. Erste Szene: die betende Esther in der Nacht vor ihrem Schicksalsgang zum König. Ihr „Herz ruht auf einem Psalme" – Zeichen tiefster religiöser Verinnerlichung –, während in den Hallen des Königspalastes die „Götzen lauschen." Zweite Szene: die Begegnung ... : Der König erwartet Esther von vornherein lächelnd, denn 'überall blickt Gott auf Esther'. Die psychologische Spannung wird aufgelöst zugunsten der Heilsgewißheit, die Gott – direkt genannt! – gewährt. Die letzte Strophe rundet den in der ersten Strophe abgesteckten überzeitlichen Rahmen ab, ruft erneut die Wirkung des Geschehens in Erinnerung: Esthers rettende Tat verdient Lob und Preis, was ihr denn auch von den 'jungen Juden' in Form von Liedern zukommt, die sie ihr, der 'Schwester', dichten; Lieder, die in Stein verewigt werden, um der Nachwelt zum Zeugnis zu dienen."[37]

Notizen zur Biographie: Else Lasker-Schüler wurde 1869 in Wuppertal-Elberfeld geboren. Ihr Großvater war Oberrabiner von Nordrhein-Westfalen. Ihre ersten Gedichte erschienen 1899. Der Dichter Gottfried Benn nannte sie „die größte Lyrikerin, die Deutschland je besaß". Sie lebte lange in Berlin, war in zweiter Ehe mit Herwarth Walden, dem Herausgeber der Zeitschrift „Sturm" verheiratet. 1932 wurde sie mit dem Kleist-Preis ausgezeichnet. 1933 mußte sie emigrieren. Sie ging nach Jerusalem. Dort starb sie 1945 in der Verlassenheit des Exils, sie liegt am Ölberg begraben.

d. Marc Chagall, Esther

Hat Marc Chagall das Gedicht von Else Lasker-Schüler gekannt? Wie in ihren Versen geht es auch in seinem poetischen Bild „nicht um das konzentrierte Nachzeichnen des Geschehens"[38], sondern um assoziativ-reflektierte Andeutungen. Es gibt Zeilen in dem Esther-Gedicht, die Chagalls Bildaussagen auf überraschende Weise korrespondieren:
- Esther ist schlank wie die Feldpalme ...
- Nachts ruht ihr Herz auf einem Psalme ...
- Überall blickt Gott auf Esther ...

Auch Chagalls Werk ist ein eindrucksvolles Zeugnis der Auseinandersetzung eines Künstlers mit dem Judentum.

Wenn eine Lerngruppe mit der facettenreichen Entwicklung der Esther-Erzählung schon vertraut ist, können die poetischen Sprach-Bilder der Dichterin und des Malers zu einer abschließenden Reflexion über das bis dahin Gehörte und Gelernte anregen. Dazu bedarf es einer sorgfältigen Textinterpretation und Bildbetrachtung.

Methodische Anregungen:
- Eine Liste mit Adjektiven zum Bild schreiben

---

[37] Hans Georg Langenhorst, „Überall blickt Gott auf Esther". Literarische Deutungen der biblischen Figur in unserer Zeit, in: Kirche und Israel, 9. Jg., 2.94, S. 150 - 167, hier: S. 160.
[38] ebda.

- Fünf-Sinne-Test: Was gibt es hier zu sehen, zu hören, zu riechen, zu schmecken und zu fühlen?
- Ein „Elfergedicht" (bestehend aus elf Wörtern) schreiben:
  1. Zeile – ein Wort: Form/Farbe
  2. Zeile – zwei Wörter: erster Eindruck
  3. Zeile – drei Wörter: wo?
  4. Zeile – vier Wörter: ein weiterer Eindruck
  5. Zeile – ein Wort: Schlußbemerkung

Zu bedenken bleibt, daß das Gedicht noch nichts vom Grauen der Schoa weiß. Das Chagall-Bild kann auch in der Anfangsphase des gemeinsamen Lernens Anstöße geben, über Vorstellungen von „Schönheit" miteinander ins Gespräch zu kommen. Esthers Schönheit steht – entsprechend biblisch-weisheitlichem Denken – in einem deutlichen Zusammenhang mit ihrer Lebensklugheit. Wegen ihrer Schönheit wird sie Königin, sie soll die Größe und Pracht des Königtums verherrlichen[39]. Ihre Schönheit ist aber auch „Ausdruck" ihres Mutes und ihrer politischen Weitsicht, die sich innerhalb der vorherrschenden patriarchalen Machtstrukturen in „Listen der Ohnmacht" erweisen muß. Das ist ein weiterer wichtiger Aspekt der Geschichte: Der Widerstand von Frauen gegen männliche Allmacht.

Biographische Notizen: Marc Chagall, 1887 in Witebsk/Weißrußland geboren; Studium in Petersburg; 1922 verläßt er mit seiner Frau Bella die Sowjetunion, zieht nach Paris; 1941 Flucht über Marseille nach New York; 1944 Tod seiner Frau; 1950 lässt sich Chagall in Vence nieder, Heirat mit Vava Brodsky. Er stirbt 1985. Marc Chagall hat wie kein anderer Künstler des 20. Jahrhunderts die biblischen Geschichten zum Gegenstand seiner Kunst gemacht und sie ohne Scheu vor dem „historischen Graben" mit den Erfahrungen seiner Geschichte „nacherzählt".

e. Namen und ihre Bedeutung

Ein Rundgespräch über Namen kann auf die horrible Geschichte der kleinen Esther/Elisabeth Luncke vorbereiten. Es ergeben sich eine Fülle von Erzählanlässen: Warum habe ich diesen Namen? / Was bedeutet er? / Wo kommt er her? / Wünsche ich mir manchmal einen anderen Namen? / Dein Name erinnert mich an .../ Wem hast du schon einmal einen Namen gegeben? / Was bedeutet das für dich? / Was „tun" Spitznamen, Kosenamen, Schimpfnamen? / „Ich bin getauft auf deinen Namen ..." (EG 200) / „Und der Mensch gab einem jeden Vieh und Vogel unter dem Himmel und Tier auf dem Felde seinen Namen ..." (Gen 1,19f.).

f. Das Mädchen, das nicht ESTHER heißen durfte – Ergänzende Informationen:
- „Zweite Verordnung zur Durchführung des Gesetzes über die Änderung von Familiennamen und Vornamen" vom 17. August 1938

---

[39] Wen das Thema „Schönheit" fesselt, sei verwiesen auf die anregende Arbeit von Matthias Augustin: Der schöne Mensch im Alten Testament und im hellenistischen Judentum, Peter Lang Verlag, Frankfurt/Main 1983.

§ 1 (1) Juden dürfen nur solche Vornamen beigelegt werden, die in den vom Reichsminister des Innern herausgegebenen Richtlinien über die Führung von Vornamen aufgeführt sind.
(2) Abs. 1 gilt nicht für Juden, die eine fremde Staatsangehörigkeit besitzen.
§ 2 (1) Soweit Juden andere Vornamen führen, als nach §1 Juden beigelegt werden dürfen, müssen sie vom 1. Januar 1939 ab zusätzlich einen weiteren Vornamen annehmen, und zwar männliche Personen den Vornamen Israel, weibliche Personen den Vornamen Sara."[40]

- Aus der Liste jüdischer Zwangsnamen (ca. 90 Namen zur „Wahl"), Fassung August 1938:

Abigail, Beile, Briewe, Cheiche, Cheile, Chinke, Deiche, Driesel, Egele, Faugel, Feigle, Fradchen, Geilchen, Gittel, Gole, Hadasse (!), Hitzel, Jachet, Jyttel, Keile, Leie, Liwie, Machle, Mathel, Nacha, Peirche, Pesse, Pirle, Rachel, Rause, Rebekka, Sara, Schlämsche, Sprinze, Tirze, Zerel, Zipora, Zorthel [41]

Zum Schluß hören wir noch einmal auf Rabbiner Jonathan Magonet: „Wenn wir es zufrieden sind, die Megilla (die hebräische Bezeichnung für die 'Schriftrolle Ester') einfach als ein lustiges Buch zu betrachten, das einmal im Jahr, während des Purimfestes, verlesen wird, dann tun wir sie zu Recht als unwichtig ab. Wenn wir es aber mit der Ernsthaftigkeit, der Phantasie und der Sorgfalt studieren, mit der wir uns jedem Buch der Bibel nähern sollten, dann hat uns dieses Buch viel zu sagen und, was fast noch wichtiger ist, es hat viele tiefgründige und weitreichende Fragen an uns."[42]

Esther

Else Lasker-Schüler
(1869 - 1945)[43]

Esther ist schlank wie die Feldpalme,
Nach ihren Lippen duften die Weizenhalme
Und die Feiertage, die in Juda fallen.

Nachts ruht ihr Herz auf einem Psalme,
Die Götzen lauschen in den Hallen.

Der König lächelt ihrem Nahen entgegen –
Denn überall blickt Gott auf Esther.

Die jungen Juden dichten Lieder an die Schwester,
Die sie in Säulen ihres Vorraums prägen.

---

[40] W. Seibert, a.a.O., S. 257.
[41] ebda., S. 266 ff.
[42] J. Magonet, a.a.O., S. 125.
[43] H. G. Langenhorst, a.a.O., S. 156.

„Schlagbilder" – Antijudaismen in der christlichen Kunst

Ingrid Schmidt

Bilder der Kunstgeschichte haben als historische Quelle in den letzten Jahren zunehmend an Bedeutung gewonnen. Der von Heinz Schreckenberg zusammengestellte Bildatlas „Die Juden in der Kunst Europas" (Göttingen 1996) ist ein umfassender Beitrag zu den vorhandenen Textsammlungen zur christlich-jüdischen Kontroverse und zur Geschichte der Juden im christlichen Europa. Die über 650 Bildmotive reichen von römischen Darstellungen bis zu modernen völkisch-antisemitischen Karikaturen. Die hier ausgewählten und mit wenigen Ergänzungen versehenen Beispiele ermöglichen einen konzentrierten Blick auf das erschreckende Kapitel kirchlichen Antijudaismus'. Die Abbildungen zeigen deutlicher als viele Texte, daß dieser Antijudaismus Folge der christlich-theologischen Verwerfung des Judentums gewesen ist.

Zur Geschichte und Gegenwart von „Kirche und Synagoge" hat Herbert Jochum eine umfangreiche Unterrichtseinheit für die Sekundarstufe II erarbeitet. Zur Begründung dieser Thematik im Religionsunterricht schreibt er:
„Das Christentum ist aus dem Judentum hervorgegangen. Die Kirche kann sich ohne Israel nicht verstehen. Deshalb ist die Beschäftigung mit dem Judentum für den christlichen Glauben unerläßlich. Christen haben zwar die Kenntnis von dieser Abhängigkeit nie völlig verloren, aber dieses Wissen bot keine Gewähr für eine sachgerechte Würdigung und Darstellung des Judentums. Häufig stand einem ernsthaften und unbefangenen Dialog das Bedürfnis entgegen, die eigene Überlegenheit herauszustellen. Die herkömmliche Art, wie Christen von Juden sprachen, war daher weniger von echtem Verständnis getragen als vielmehr von dem Wunsch, sich gegenüber dem Judentum abzugrenzen. Wo aber das Judentum nur als dunkler Hintergrund in den Blick kam, von dem sich der eigene Glaube um so leuchtender abhob, dort traten notwendigerweise schwerwiegende Entstellungen und Verzerrungen auf."[1]

Von den „schwerwiegenden Entstellungen" ist in diesem Beitrag vor allem in Bildern die Rede. Ein solches Kapitel kann im Zusammenhang eines Gedenktages (9./10. November; 27. Januar) seinen didaktischen Ort im Religionsunterricht haben. Wichtig allerdings bleibt, das Judentum nicht ausschließlich aus der Perspektive der Verfolgung, Entrechtung, Vernichtung darzustellen. Die Heranwachsenden, von denen viele keine Möglichkeiten haben, gegenwärtiges jüdisches Leben kennenzulernen, sollten im Unterricht die Chance bekommen, das Judentum in der Fülle seiner „Geschichte und Gegenwart" wahrzunehmen. Dazu gehört auch das Entdecken tatsächlich vorhandener Gemeinsamkeiten, die durch jahrhundertelange Missverständnisse auf beiden Seiten verschüttet wurden.

Für die Arbeit mit SchülerInnen und anderen Gruppen empfiehlt sich eine sorgfältige Entschlüsselung der Bildmotive, zu der die Texte erste notwendige Informa-

---

[1] Herbert Jochum, Edith Breit, Hans L. Reichrath, Kirche und Synagoge, Kösel Verlag München 1996, S. 8.

tionen geben. Die Bilder ermöglichen aber auch kreative Entfaltungen – siehe die Rundfunkandacht zu „Ecclesia und Synagoga" und die Hausaufgabe der elfjährigen Jennifer zum gleichen Bildmotiv.

I Juden und Christen im Gespräch

1 Disputation christlicher und jüdischer Gelehrter, Holzschnitt des Johann von Armssheim, 1466/67. Gegenstand der Darstellung ist vielleicht eine tatsächlich in dieser Zeit stattgefundene (bzw. beabsichtigte) Disputation des Petrus Nigri in Regensburg.[2]

2 Der Dominikaner Petrus Nigri (Peter Schwarz), gest. um 1483, im Gespräch mit Regensburger Juden, Holzschnitt 1477[3]

- Gesprächseröffnung: Erstellen Sie für beide Bilder eine Adjektivliste im Hinblick auf die dargestellten Personen und die jeweilige Gesprächsatmosphäre.

Zwei ungleiche Bilder! Auf der einen Seite eine Gruppe christlicher und jüdischer Gelehrter, miteinander in respektvoller Disputation. Die beiden Gesprächsleiter halten die aufgeschlagene Bibel in der Hand, die Intensität ihres Gedankenaustauschs zeigt sich in ihren Gesichtern und in der Sprache der Hände. Die jüdischen Gelehrten sind erkennbar an den sogenannten Judenhüten[4] und an ih-

---

[2] Heinz Schreckenberg, Die Juden in der Kunst Europas, ein historischer Bildatlas, Verlag Vandenhoeck & Ruprecht, Göttingen/Herder-Verlag, Freiburg i. Br. 1996, S. 242.
[3] a.a.O. S. 243.
[4] Judenhut/Judenring: Das Vierte Laterankonzil (1215) erließ erstmals im christlichen Europa eine diskriminierende Kleiderordnung für Muslime und Juden. Das Konzil verlangte, daß Juden und Muslime ihre herkömmlich orientalische Tracht beibehalten sollten. „Wer anders

ren Bärten. Vermitteln die Diskutanten auf der christlichen Seite durch das aufgeschlagene Buch eine größere Autorität?

Auf der anderen Seite eine polemische Darstellung, in der die Juden nicht nur durch Judenhut und Judenring, sondern auch durch die abstoßend häßlichen Physiognomien kenntlich gemacht werden. Ihre Häßlichkeit ist Ausdruck ihrer Bosheit. Nur der reich verzierte Architekturbogen hält die Gruppe formal zusammen.

Die Zeit der bedeutenden christlich-jüdischen Religionsdisputationen (Paris 1240; Barcelona 1263; Tortosa 1413/1414) ist am Ende des 15. Jahrhunderts vorbei; das linke Bild erinnert an diese seinerzeit vielversprechende Tradition theologischer Kontroversen, das andere zeigt schon die vom Spätmittelalter in die Neuzeit sich verschärfende antijüdische Polemik in der christlichen Bildkunst.

„Die literarische christliche Auseinandersetzung mit dem Judentum begann, nachdem sich die Wege getrennt hatten, im 2. Jahrhundert. Aber erst nach dem Konzil von Nikaia (anno 325) entfernten sich beide Wege unumkehrbar voneinander; denn nun war nicht mehr nur die Frage der Messianität des Jesus von Nazareth das hauptsächliche Kontroversthema, sondern das Konzil entschied: Jesus ist Gott von Gott, wesensgleich (homoousios) mit Gottvater ... . Aus jüdischer Sicht konnte es so scheinen, daß den Christen ihr Religionsgründer als überirdisches Himmelswesen galt ... was als jüdische Sekte begonnen hatte, war nun eine Weltreligion sui generis, welche – auf die Dauer gesehen – die Juden überwiegend als Angehörige einer fremden Religion empfand, sie oft sogar als absonderliche der Hölle verfallene Relikte des ehemaligen alttestamentlichen Gottesvolkes und des längst obsolet gewordenen Alten Bundes betrachtete."[5]

Die meinungsbildende Wirkung mittelalterlicher Bilder war oft groß. Sie dienten der Belehrung und Erbauung und hatten vielfach den Charakter von „Schlagbildern" (A. M. Warburg). Sie sprachen die Menschen unmittelbar an, weckten spontane und emotionale Reaktionen von leidenschaftlicher Ergriffenheit bis zu aggressiver Ablehnung. Mit der Erfindung des Buchdrucks fanden die polemischen Motive Eingang in Flugschriften und Bildsatiren, die in großen Auflagen verbreitet wurden.

- Weiterarbeit: Formulieren Sie mit Hilfe obiger Texte einige kurze Gesprächssequenzen, auch innere Monologe, die Sie bestimmten Personen auf den Bildern zuordnen.

---

dachte, sollte auch anders aussehen. So glaubte man, der vermeintlich von den Andersgläubigen ausgehenden Gefährdung des christlichen Seelenheils begegnen zu können."[4] Aus der ursprünglich vielleicht selbstbewußt und freiwillig getragenen „Sondertracht" wurde bald ein Negativsymbol, ein Zeichen der Schande. Die verschiedenen Judenhutformen entwickelten sich vermutlich in unterschiedlichen Regionen und Zeiten. Ebenfalls üblich wurde nach 1215 das Rad/der Ring (rota) als diffamierendes Erkennungszeichen.

[5] a.a.O. S. 13.

II Akutalisierende Auslegungen des Neuen Testaments

In anachronistischer Polemik wird die mittelalterliche/ neuzeitliche Judentracht auch zur bildlichen Darstellung und Deutung biblischer Erzählungen herangezogen.

3 Vertreibung der Händler aus dem Tempel: Mt. 21,12-17
Holzschnitt, 1476[6]

4 Text: „die juden woltent ihesum steinen.": Joh. 8,59;10,31 Miniatur in einer deutschen Bilderbibel, um 1430 - 1440[7]

---

[6] a.a.O. S. 156.
[7] a.a.O. S. 161.

„Schlagbilder" – Antijudaismen in der christlichen Kunst

Die Passion Christi ist im Vergleich mit anderen biblischen Motiven außerordentlich oft Thema der Bildkunst. „Dies begünstigte das Entstehen und Befestigen feindseliger Einstellungen gegen die Juden im christlichen Europa: denn zahllose Bilder stellten die Peiniger Christi in der Tracht mittelalterlicher Juden dar und versahen diese so mit dem Stigma einer Kollektivschuld. ... Gerade auch solche Darstellungen gehören zu den 'Schlagbildern'; denn sie ließen wie selbstverständlich den Bildbetrachter die neutestamentlichen Gegner Jesu assoziieren mit den Spitzhutträgern, die ihm tagtäglich auf den Straßen mittelalterlicher Städte begegneten."[9]

- Beschreiben Sie, mit welchen bildnerischen Mitteln „die Juden" als Feinde Jesu charakterisiert werden. Bedenken Sie in diesem Zusammenhang: Jesus war Jude, lebte den jüdischen Glauben und ist für ihn gestorben. Er wurde von den Römern als „König der Juden" gekreuzigt. Die ihn an Pilatus auslieferten, waren einige Hohepriester und deren Gefolgsleute.

5 Geisselung Jesu durch Juden! Mk. 15,15 lautet dagegen: Pilatus aber wollte dem Volk zu Willen sein und gab ihnen Barabbas los und ließ Jesus geisseln und überantwortete ihn, daß er gekreuzigt werde. Miniatur, 13. Jh.[8]

6 Wegführung Jesu. Der Skorpion als Symboltier des Judentums im Spätmittelalter, der hier auf der Fahne erscheint, charakterisiert Jesu Passion als „jüdische Tat", Holzschnitt, 1489[10]

---

[8] a.a.O. S. 179.
[9] a.a.O. S. 19.
[10] a.a.O. S. 193.

- Begeben Sie sich auf eine Phantasiereise ins 15. Jh.: Ein Jugendlicher vertieft sich im Rahmen christlicher Unterweisung in die Betrachtung der Bilder. Anschließend begegnet er auf der Straße Juden aus dem benachbarten Viertel in der gesetzlich vorgeschriebenen Kleiderordnung – Hüte und Gewänder wie auf den Bildern.
Notieren Sie mögliche Assoziationen, Gefühle, Folgerungen.

7 Der Zwölfjährige Jesus im Tempel: Lk. 2,41-50; Holzschnitt, um 1495[11]. Die Darstellung des Jesusknaben mitten unter den Lehrern, wie er ihnen zuhörte und sie fragte (Lk.2,46), gehört neben den Passionsdarstellungen zu den Themenbereichen, in denen zwischen biblischem Text und künstlerischer Gestaltung die größten Abweichungen zu beobachten sind. Die „Erhöhung" des Jesusknaben durch Podest und Nimbus gehörte zu den ikonographischen Selbstverständlichkeiten.

Als im Jahre 1879 der junge Maler Max Liebermann, deutsch-jüdischer Herkunft, sein Gemälde „Der Zwölfjährige Jesus im Tempel" der Wiener Öffentlichkeit vorstellte, „brach ein wahrer Bildersturm gegen ihn los. In einer gegen ein Kunstwerk beispiellosen antijüdischen Hetzkampagne wurde die Arbeit als 'gemein' und 'blasphemisch' bezeichnet. ... Mit Bedacht hatte Max Liebermann die Modelle für dieses Bild nicht unter Juden gesucht, um Zuschreibungen nach 'race' zu entgehen ... . Wir sehen ein halbwüchsiges Kind die Männer im Tempel belehren. Ohne Erzählung, ohne Heiligenschein – eine Begegnung, wie sie hätte sein können und überliefert ist."[12]

- Lesen Sie Lukas 2,41-50. Verwandeln Sie Liebermanns Darstellung vom Zwölfjährigen Jesus im Tempel in ein lebendes Bild.
Verdeutlichen Sie durch Gesten, Mimik und Haltung die Atmosphäre der Szene.

- Im Christentum entwickelte sich nach dem Aufstieg zur Staatskirche (4. Jh.) ein Bewußtsein absoluter Überlegenheit über das Judentum. Kommentieren Sie den mittelalterlichen Holzschnitt sowie die Reaktionen auf Liebermanns Gemälde.

---

[11] a.a.O. S. 216.
[12] Esther Dischereit, Max Liebermann. Die Schwierigkeiten der Nachkommen eines Sportvereins und der Politik, in: Frankfurter Hefte 7/97, S. 642 - 646, hier: S. 644.

8 Max Liebermann, Der Zwölfjährige Jesus im Tempel, 1879[13]

III Diffamierungen

Im Spätmittelalter, in der frühen Neuzeit und im Zeitalter der Reformation ist eine sprunghafte Zunahme der antijüdischen Polemisierung der Bildkunst festzustellen. Hier ist ein Zusammenhang mit den sozialen Problemen der Zeit gegeben. „Nicht nur werden die Juden, wie zuvor bereits Synagoga, im Rahmen der Gegensätzlichkeit von Altem und Neuem Testament dem Tod und der Hölle zugeordnet, es kommt zu monströsen Scheußlichkeiten. Die Bilder wollen vielfach gar nicht mehr theologische Gegensätze herausstellen, sondern nur noch diffamieren."[14]

---

[13] Max Liebermann – Jahrhundertwende. Ausstellungskatalog. hg. von Angelika Wesenberg; Nationalgalerie Berlin 1997, S. 61.
[14] H. Schreckenberg, a.a.O., S. 23.

9 'Hexensabbat' (Hexenküche) des Hans Baldung Grien, 1510. Die polemische Annahme einer Wesensbeziehung Hexen-Juden (=Teufel) kommt in der pseudo-hebräischen Schrift zum Ausdruck, mit welcher der Topf verziert ist, in dem ein Schadenzauber gebraut wird.[15]

---

[15] a.a.O. S. 258.

„Schlagbilder" – Antijudaismen in der christlichen Kunst

10 Wilhelm von Norwich, angeblich am Karfreitag des Jahres 1144 von den Juden Norwichs gekreuzigt – seine Leiche fand man in einem Wald nahe der Stadt –, gilt als erstes bekannt gewordenes Opfer eines angeblich jüdischen Ritualmordes. Es hieß, die Juden hätten den Knaben vor dem Osterfest gekauft, ihn die gleiche Passion erleiden lassen wie Jesus und ihn aus Haß gegen diesen gekreuzigt.[16]

- Bildvergleich: Legen Sie zwischen die beiden Bilder 9 und 10 einen Steg aus Schreibblättern. Formulieren Sie in der Gruppe Sätze, die beide Bilder miteinander vergleichen. Der neue Satz beginnt jeweils mit dem wichtigsten letzten Wort des vorangegangenen Satzes. Es schreibt jeweils der- oder diejenige, der/die einen Satz formuliert hat.

11 „Judensau". Nachzeichnung eines verwitterten Sandsteinreliefs außen am Chor der Stadtkirche zu Wittenberg, um 1305. „Die Inschriften „Rabini, SchemHamphoras", d.h. „des Rabbiners ausgelegter (bzw. unverstellter) Name (Gottes)", wurden erst nach Luthers Tod eingemeißelt. Sie nehmen Bezug auf Luthers Schrift und seine Bemerkungen zu diesem Relief."[17]

---

[16] a.a.O. S. 286.
[17] a.a.O. S. 343.

12 Mahnmal Lutherstadt Wittenberg [18]

Am 11. November 1988 wurde unterhalb dieses Reliefs ein „Mahn- und Bußzeichen" in den Erdboden eingelassen und der Öffentlichkeit vorgestellt. In der Broschüre der Evangelischen Stadtkirche St. Marien heißt es dazu: „Dieses Mahnmal will mehr sein als nur mahnende Erinnerung an die vielen Leiden und Opfer der jüdischen Mitbürger von 1933 bis 1945." Es will eine Antwort sein zu dem alten Schmäh- und Spottbild der sogenannten Judensau. Dieser in Sandstein gehauene Spott auf die Juden hat eine lange Geschichte. Seit dem 12. Jahrhundert wird die „Judensau" zu einem weitverbreiteten Motiv an und in Kirchen Europas. Das Sandsteinrelief an der Süd-Ost-Ecke der Wittenberger Stadtkirche (um 1305) hat eine eigene Wirkungsgeschichte. Nicht allein dadurch, daß es jedem Touristen durch die Stadtbilderklärer vorgestellt wird, sondern mehr noch dadurch, daß Martin Luther in seiner antijüdischen Schrift von 1543 ausführlich darauf zu sprechen kommt. Der Judenhaß hat seine schlimme Geschichte in unserer Kirche. Wer draußen an dieser Kirche ein solches Schandmal sieht, muß wohl daran erkennen, wie man in dieser Kirche denkt! Wie war es möglich, daß dieses Relief so lange unangetastet stehenbleiben konnte? Es waren Glieder der Jungen Gemeinde, die 1980 mit einer Eingabe an den Gemeindekirchenrat eine Diskussion in Gang setzten, an deren Ende das neue Mahn- und Bußzeichen steht. ...
Der Bildhauer Wieland Schmiedel aus Crivitz/Mecklenburg hat im Auftrag der Stadtkirchengemeinde eine Bodenreliefplatte gestaltet, die das Motiv von Trittplat-

---

[18] Privatbesitz.

ten aufnimmt, die etwas unter sich verdecken wollen. Aber was da zugedeckt wird, läßt sich nicht verdrängen. Es meldet sich, indem es aus allen Fugen hervorquillt. Die Quetschungen in den Fugen ergeben ein Kreuz. Das Leid der Getretenen findet sich wieder im Leiden und im Kreuz Christi. Der die Bronzeplatte umfassende Text stammt von dem Berliner Schriftsteller Jürgen Rennert. Er nimmt Bezug auf den schwerverständlichen Gottesnamen „Schem Ha Mphoras" oberhalb der „Judensau", indem er ihn als den von Juden „fast unsagbar" beschreibt. Ein frommer Jude spricht den Gottesnamen aus Ehrfurcht nicht aus. Gott selbst ist mit den ermordeten Juden in den Tod gegangen. Christi Kreuz steht dafür.

GOTTES EIGENTLICHER NAME / DER GESCHMÄHTE SCHEM HA MPHORAS / DEN DIE JUDEN VOR DEN CHRISTEN / FAST UNSAGBAR HEILIG HIELTEN / STARB IN SECHS MILLIONEN JUDEN / UNTER EINEM KREUZESZEICHEN"[19]

- Versuchen Sie, den Sinn dieser Inschrift zu entfalten.

IV Unauffällige Antijudaismen

Neben diesen wenigen Beispielen von offensichtlichen Antijudaismen in der christlichen Kunst – das Repertoire ist insgesamt groß und erschreckend wie die Arbeit von Heinz Schreckenberg u. a. „veranschaulicht" – gibt es eine Reihe nicht ganz so auffälliger antijüdischer Stereotypen, deren Symbolsprache heute nicht mehr allgemein bekannt ist. So dürften z. B. Ochs und Esel an der Krippe nicht immer so harmlos gemeint sein, wie sie scheinen. Für den mittelalterlichen Menschen enthielten sie aber eindeutige Aussagen. So galt z.B. der Esel seit der Antike als dumm und faul. An der Krippe „zitieren" sie bekanntlich Jes. 1,3: „Ein Ochse kennt seinen Herrn und ein Esel die Krippe seines Herrn; aber Israel kennt's nicht, und mein Volk versteht's nicht." Den Esel also interessiert nur das Futter, er ist nicht nur dumm und faul, er ist auch gefräßig: Er verkörpert „den" Juden, der Ochse „den" Christen.

Der Ochse kann manchmal das Volk Israel repräsentieren, in aggressiver Haltung mit seinen Hörnern dem Kind in der Krippe gegenüber oder in „rührend interessierter Haltung"[20].

Günter Lange macht uns in seinem Aufsatz über „Unauffällige Antijudaismen in der christlichen Kunst" auf ein weiteres Beispiel aufmerksam: „Eine deutliche Herabsetzung der jüdischen Religion kann auch in der an sich unauffälligeren Sprache der Architektur erfolgen. Die Anbetung der drei Könige ist öfters neben einer Palastruine plaziert, die das 'Haus Davids' andeutet, aus dem Jesus stammt, das jetzt aber dem Verfall preisgegeben ist. Schon wenn in 'gotischen' Zeiten die-

---

[19] Stätte der Mahnung, hg. v. Evang. Stadtkirche St. Marien, Lutherstadt Wittenberg o.J.
[20] Günter Lange, Unauffällige Antijudaismen in der christlichen Kunst, in: Katechetische Blätter 5/95, S. 318 - 321, hier: S. 319 (weitere Bildbeispiele im Heft).

ser Sakralbau 'romanisch' gestaltet ist, dürfte damit der Erste Bund als 'überholt' abqualifiziert sein."[21]

- Lesen Sie Jes. 1 im Zusammenhang. Der Prophet Jesaja (um 740 - 690) kritisiert mit seinem Bild vom Ochsen und Esel den Abfall seines Volkes von den Weisungen der Tora in einer extrem bedrohlichen politischen Situation.

- Erörtern Sie die Bedeutungsverschiebung von Jes. 1,3 durch die christliche Inanspruchnahme.

V Ecclesia und Synagoga

Einige Hinweise zur Geschichte dieses ungleichen Schwesternpaares in der christlichen Ikonographie sollen diesen kleinen Überblick beschließen:
„Sehr früh schon hat die Kirche auf der Suche nach ihrer Identität ihr eigenes Wesen und ihren Auftrag im Rahmen einer göttlichen Heilsgeschichte im Gegenüber zum Judentum, aber auch in dessen Fort- und Weiterführung gesucht. ... Das einst zu hohem Berufe ausgewählte Volk Gottes sah man letztlich an seinem erwarteten Messias scheitern ... . Die Kirche selbst definierte sich als Nachfolgeorganisation, auf die nun Bund, Weisung und Segen übergegangen waren. Weil Gott, so hieß es, an Israels Verstockung scheiterte, erwählte er sich ein neues Volk. ... Das alte Gottesvolk mußte dem neuen weichen. ... Die Zeit des alten Israel wurde nach Art einer heilsgeschichtlichen Klimax zur Vorstufe erklärt. Gestalten, Ereignisse und Institutionen des Alten Testaments wurden zu Vorbildern herabgestuft, behielten nur für die Zeit vor Christus ihren eigenständigen Wert. Nach Christus galt Israel nicht mehr als Volk der Erwählung, es wurde Unvolk, Nichtvolk, es zerfiel in Einzelne, die, unter dem Fluche Gottes stehend, in der Zerstreuung umherirrten und in ihrem Leiden und in ihrer Heimatlosigkeit, so die Formel des Augustinus, Zeugnis für die Wahrheit des neuen Israel, der Kirche, ablegten.
Ohne diese theologischen Grundlagen ist die Darstellung von Ecclesia und Synagoga in der kirchlichen Kunst nicht verständlich. Der kirchliche Antijudaismus ist nicht Zusatz, sondern ins Zentrum der theologischen Lehre des Christentums verwoben, er ist das Geburtstrauma des Christentums. ... Schon im 4. Jahrhundert treten in einer fälschlich Augustinus zugeschriebenen Schrift Personifikationen der Kirche und der Synagoge auf, die in der sogenannten Altercatio ein Streitgespräch vor den Schranken des Gerichts führen, bei dem jede der beiden Frauen Anspruch erhebt, Erbin der göttlichen Erwählung zu sein. ...
Diese pseudoaugustinische Schrift wurde im frühen 9. Jahrhundert wieder aufgegriffen, als der fränkische Episkopat energische Vorstöße gegen das seiner Meinung nach übermächtig gewordene Judentum unternahm. ...
Ecclesia und Synagoga, sie halten Einzug in die gesamte kirchliche Gebrauchskunst, in Buchminiaturen, Wand- und Tafelbilder, auf Glasfenster, Chorstühle, kirchliche Gewänder und Reliquienkästen. Sie ... treten als selbständige, mächtige

---

[21] ebda.

und überlebensgroße Gestalten in den Figurenprogrammen vor allem der gotischen Kathedral- und Domportale auf. ... Synagoga verändert sich dabei weit mehr als Ecclesia. Die Wirren der Kreuzzugszeit haben der Gestalt der Synagoga eine Fülle häßlicher Züge eingetragen. Es genügte wohl nicht, daß man sie mit den Juden der gleichen Zeit identifizierte und in deren Tracht auftreten ließ, daß man die Gesetzestafeln und die Fahne in ihrer Hand zerbrach, die Krone von ihrem Haupte stieß, ihr den Geldbeutel als Zeichen jüdischer Habgier in die Hand gab, nein, ein verendender Esel oder ein Ziegenbock wurde ihr Reittier, eine Schlange verdeckte ihre Augen, der Teufel wurde ihr liebenswürdiger Begleiter, der ihr bald ins Auge schoß, bald die Krone vom Haupte riß, bald sie mit ihren Glaubensgenossen triumphierend zur Hölle führte. Damit nicht genug, ein Engel wurde gesandt, der sie mit heftigen Stößen hinwegtreiben mußte oder sie zu Boden stürzte. Triumphierend steht die Ecclesia über ihr, ja die Krone wird dem allen aufgesetzt, wenn am Ausgang des Mittelalters das Kruzifix selbst in den Kampf eingreift und das Haupt der Synagoga mit dem Schwerte durchbohrt.

Die Ecclesia stieg aber in der gleichen Zeit immer höher und höher, sie wurde dem Erdboden entrückt und von Wolken emporgetragen oder die Evangelistentiere dienten ihr in der wunderbaren Mischgestalt des Tetramorph als Reittier und das Kreuz Christi setzte ihr die Krone auf. ...

Synagoga, einstmals auf sicherem Platz in der christlichen Vorstellung göttlicher Heilsgeschichte, in der Idee der Concordia siamesische Zwillingsschwester der Ecclesia, verliert allmählich diesen Platz und wird frei verfügbar. Der Enttheologisierung folgt die moralisch diffamierende Entmenschlichung zum gesellschaftlichen Negativsymbol schlechthin."[22]

13 Synagoga und Ecclesia
Farbige Zeichnung aus einem Skizzenbuch, um 1197
Der Höllendrache als Schlange windet sich um das Haupt der Synagoga und verdeckt ihr die Augen, so daß sie nicht zu sehen vermag. So wird die Blindheit der Synagoga in den Augen der Christen als ein Werk des Teufels dargestellt.

---

[22] Herbert Jochum, Ecclesia und Synagoga, in: ders., Im Dialog / Kurs Religion für die Sekundarstufe II / Band 4 / Kirche und Synagoge, Kösel Verlag München 1996, S. 54 - 56; s.a. H. Jochum, Ecclesia und Synagoga. Materialien zu einer ikonographischen Christologie, in: Kirche und Israel, 7. Jg., 1992, S. 171 - 190.

14 Geblendete Synagoga
Passionsfenster der Kathedrale von Chartres, frühes 13. Jh.
Die Ecclesia ist dargestellt als siegreiche Königin mit der Kirche und dem Lebensbaum. Ein Teufel schießt Synagoga einen Pfeil ins Auge. Damit wird das Schleiersymbol widerrufen: ewige Blindheit tritt an die Stelle des Schleiers, der noch gelüftet werden konnte.[23]

15 Ecclesia und Synagoga
Initiale T aus dem Codex Th. 26, 14. Jahrhundert[24]

- Diskutieren Sie abschließend den Begriff „Schlagbilder".

---

[23] Ecclesia und Synagoga. Das Judentum in der christlichen Kunst. Ausstellungskatalog. Alte Synagoge Essen. Regionalgeschichtliches Museum Saarbrücken. Hg. Herbert Jochum, 1993, S. 84 f.

[24] a.a.O., S. 68 f.

Die Frauen aus Stein – ein Traum

Helmut Ruppel, Meditation, gesendet im SFB am 23. 10. 97:
Die Originale hat man schon vor langem ins Museum gebracht, nun stehen links und rechts vom Eingang des Südportals am Straßburger Münster zwei Ersatzfiguren der Synagoge und der Kirche auf ihren Sockeln. Schlank aufgerichtet steht die Kirche da, kraftvoll stützt sie sich auf ein hohes Kreuz, von dem eine Siegesfahne herabwallt. Ihre Linke umspannt den Kelch wie einen Siegespokal. Ihre unglückliche Nachbarin, die Synagoge, hält den Kopf gesenkt, die Augen sind verbunden, die Tafeln des Bundes drohen ihr zu entgleiten. Eine beschämte Blinde, die das wahre Licht versäumt, daneben die beschämende Kirche, eine triumphierend verfolgende Unschuld.

Viele Bilder der beiden habe ich gesehen, bis sie mich in die Träume verfolgten. Und dann träumte ich einen Wach-Traum, und der ging so: Die steinernen Statuen, Kirche und Synagoge, bewegen sich plötzlich. Die Synagoge löst die Binde von den Augen, nimmt die Gesetzestafeln fest in beide Hände, wendet sich zur Kirche und sagt: „Liebe jüngere Schwester, seit 1230, seit mehr als 770 Jahren, stehen wir hier, haben noch nie miteinander gesprochen. Bald geht dieses furchtbare Jahrhundert, das letzte eines für mich auch furchtbaren Jahrtausends rasch zu Ende, und wir sollten ... ." Doch die Kirche bleibt unbewegt, kann das Kreuz nicht los- und den Kelch nicht sinken lassen. Die Lippen sind geschlossen, bleiben geschlossen.

Da nimmt die Synagoge die Gesetzestafeln vor die Brust, springt vom Sockel herab, beginnt auf dem Vorplatz der Kirche in großen Sprüngen, Kreisen und Wirbeln zu tanzen. Die Kirche ruft fassungslos: „Was machst du da?" „Heute ist das Fest der Gesetzesfreude", ruft die Synagoge, schon atemlos und erhitzt, „da tanzen wir mit dem Gesetz im Arm und auf dem Herzen in unseren Bethäusern und Stuben und Synagogen, weil Gott uns mit seinem Wort den Weg des Lebens gewiesen hat. Die Freude habt ihr uns nie nehmen können!" Und nachdem sie noch einmal Luft geholt hat, ruft sie noch: „Habt ihr denn kein Fest der Evangeliumsfreude?"

Die Kirche senkt den Blick, dann lehnt sie das Kreuz an die Wand, stellt den Kelch daneben, steigt vom Portal, holt ein Evangelienbuch, kommt ins Freie, und die Schwestern lachen sich an und tanzen gemeinsam mit „Gesetz und Evangelium".
Mein Wachtraum. Noch ein Traum nur?

Ecclesia und Synagoge steigen von ihren Sockeln

von Jennifer, Kl. 6 b, 10. November 1997
Die Kirche spricht zur Synagoge: „Was stehst du noch da oben? Komm 'runter und lass uns reden!" Mit gebeugtem Kopf tritt Synagoge herab und sagt leise: „Was möchtest du?" „Wir haben Jahrhunderte nicht miteinander gesprochen. Wollen wir nicht reden?" fragt die Kirche – Ecclesia. Synagoge antwortet: „Ihr habt uns Juden Jahrhunderte lang gejagt und getötet, da kann man nicht so schnell mit dem 'Feind' Frieden schließen. Aber wir können reden." Ecclesia spricht: „Da hast du wohl recht. Ich kann keinen von euch mehr zum Leben erwecken, aber ich kann mich bei dir und allen anderen Juden entschuldigen. Entschuldige, es tut mir sehr, sehr leid; ich weiß, daß ich damit nicht mehr alles, was wir euch angetan haben, aus der Welt schaffen kann, aber das ist es, was ich kann, mich entschuldigen."

Die Synagoge erwidert, nachdenklich geworden: „Es stimmt, man kann kein Leben mehr erwecken, aber kann man so schnell Frieden schließen? Das heißt nicht, daß ich deine Entschuldigung nicht annehme, im Gegenteil, ich akzeptiere sie, aber findest du nicht auch, daß das nicht so schnell geht, Frieden zu schließen?" „So laß mich dir erzählen, was die Kirche falsch gemacht hat und laß uns in Frieden unterhalten." Sie sprachen sehr lange.

Lange unterhielten sie sich, bis sie zu dem Entschluß kamen, sich einander immerhaltenden Frieden zu versprechen. Auch wenn ein bißchen Mißtrauen in der Synagoge geblieben ist, haben sie sich Frieden versprochen. Das kann der Anfang einer langen Freundschaft werden.

Spurensuche und Erinnern

1. Motive und Ziele (Seite 187f.)
2. Beispiel I: „... Dann nennt ihren Namen" – eine Spurensuche in der Sportgeschichte (Seite 189f.)
3. Beispiel II: Suche nach 'unserer' Schulgeschichte – ein Schulprojekt (Seite 201ff.)
4. Beispiel III: Juden in Mannheim – Berufsschüler auf Spurensuche (Seite 204ff.)
5. Beispiel IV: Jüdische Geschichte in Deutschland – Anregungen zur Spurensuche in Worms und Berlin (Seite 215ff.)

1. Spurensuche und Erinnern – Motive und Ziele

Albrecht Lohrbächer

„Das Zusammenleben von Juden und Nichtjuden im Deutschland vor 1933 war eine Realität, die allerdings ... an Spannungen und Konflikten reich war. Diese Realität, die der allgemeinen Entwicklung eines Landes entsprach, das man als zivilisiert und kulturell hochstehend ansehen konnte, wurde durch ein Unrechtssystem zerstört, das ... in der letzten Konsequenz seiner Handlungsweise nicht vorhersehbar war.

In weiten Kreisen der Öffentlichkeit, vor allem bei der jungen Generation, ist bisher die Vorstellung erweckt worden, als ob das Zusammenleben von Juden und Nichtjuden in Deutschland auch vor dem Nationalsozialismus ausschließlich von Haß und Verfolgung geprägt war, mit anderen Worten: als ob die sogenannte Endlösung die logische, vorhersehbare Folge dieser Entwicklung gewesen sei. Das geht dann so weit, daß die emanzipatorische Entwicklung von Jahrzehnten, d.h. die Einordnung in Staat und Gesellschaft, in das Wirtschafts- und Kulturleben als illusionistisch bezeichnet wird. Man bezichtigt damit die deutschen Juden der Selbsttäuschung. Sie hätten in der Illusion der Gleichberechtigung und des Dazugehörens gelebt, aus der sie durch die Realität des Nationalsozialismus gerissen worden seien. Mit anderen Worten: Es ständen Jahrzehnte der Illusion zwölf Jahre der Realität gegenüber – und dies bei gleichzeitiger Betonung der historischen Einmaligkeit des sogenannten Dritten Reiches innerhalb der deutschen Geschichte.

In steigendem Maß wird im heutigen Deutschland der Fremdenhaß mit dem Antisemitismus auf eine Stufe gestellt. Auf eine einfache Formel gebracht, bedeutet das: Die Türken, um nur eine Gruppe zu nennen, sind die Juden von heute. Diese Folgerung vermittelt einem einfacheren Gemüt den Schluß, die Juden seien eben auch Fremde, Außenseiter gewesen. Heinrich Böll, der die Hand auf wunde Stellen zu legen verstand, stellte 1959 als Motto zu dem ... Buch „Meines Vaters Haus"[1] die Worte: 'Junge Leute, die heute Geschichte lernen, könnten meinen, daß die Verfolgung 1933 über Menschen hereinbrach, die als Fremde in unserer Mitte lebten, störend und provozierend in ihrem Anderssein. Es könnte jungen Menschen verborgen bleiben, daß Deutsche von Deutschen gejagt wurden.'

Es wird immer notwendig sein, auf diesen Aspekt hinzuweisen; denn die Gefahr ist nicht gering, daß deutsche Juden in der öffentlichen Meinung gleichsam ein zwei-

---

[1] Autor des Buches war Artur Joseph, erschienen ist es 1959 in Stuttgart.

tes Mal 'ausgebürgert' und damit in der Erinnerung ausgelöscht werden. Das darf nicht geschehen, auch um der gemeinsamen Vergangenheit willen."[2]

Der Autor dieser Überlegungen, *Ernst G. Lowenthal*, in tiefster Überzeugung *deutscher* Jude, war in der Weimarer Zeit engagierter Mitarbeiter im „Centralverein deutscher Staatsbürger jüdischen Glaubens" und Redakteur der „Zeitschrift für die Geschichte der Juden in Deutschland", also jener Institutionen, die politisch aktiv dafür kämpften, daß Juden voll als deutsche Staatsbürger anerkannt würden. Er arbeitete während der Zeit des Nationalsozialismus in der sog. „Reichsvertretung der deutschen Juden", bis er 1939 nach Großbritannien auswandern mußte. Wieder in Deutschland beteiligte er sich schon ganz früh am Aufbau der Gesellschaften für christlich-jüdische Zusammenarbeit und am Aufbau eines jüdischen Kulturlebens, baute die wohl größte Privatbibliothek mit Monographien über die jüdische Geschichte in Deutschland auf, schrieb auch selbst unzählige Aufsätze, Untersuchungen und Monographien zu Themen der neueren Geschichte der Juden in Deutschland und war bis zu seinem Tod 1994 Mitglied des Vorstandes der Leo-Baeck-Institute in London, New York und Jerusalem.

Genau, um diesem von Ernst. G. Lowenthal zu Recht wahrgenommenen Ausgrenzen, das oft – zugegeben – mit guter Absicht geschieht, deutlich entgegenzutreten, ist Spurensuche vor Ort ein probates und unverzichtbares Mittel der Bewußtseinsbildung. Es ist möglicherweise ebenso wichtig, wenigstens einmal in der Schulzeit/Lebenszeit eine Erkundung jüdischer Geschichte erlebt zu haben wie eine KZ-Gedenkstätte besucht zu haben. Nur wer die lange jüdische Geschichte als Teil eigener Geschichte kennengelernt hat, kann deutlicher ermessen, welcher bis heute fortdauernde Bruch durch die Schoa in Deutschland geschehen ist.

Spurensuche und Erinnern – Ziele
- Jüdische Geschichte in Deutschland an markanten Punkten als Teil der deutschen Geschichte kennenlernen;
- die tiefe Verwurzelung der Juden und des Judentums in Deutschland erkennen („Die Juden waren vor den Germanen in Deutschland"): Juden waren Deutsche und keine Fremde;
- gelungenes und mißlungenes Miteinander von Juden und Christen in Deutschland am konkreten Beispiel erkunden (in der Stadtgeschichte, in der Vereinsgeschichte, in der Schulgeschichte...);
- beeindruckende Zeugnisse deutsch-jüdischer Kultur auf den Spuren jüdischer Gemeinde(n) wahrnehmen und den hervorragenden Beitrag von Juden zur deutschen Kultur erkennen;
- darüber reflektieren, inwieweit die Ermordung und Vertreibung der Juden und die Vernichtung der Gemeinden und ihrer Einrichtungen in der Zeit des Nationalsozialismus ein Krieg gegen das eigene Volk darstellte;
- sich dessen bewußt werden, daß Juden heute dann ein zweites Mal als Fremde ausgegrenzt werden, wenn immer wieder von „Deutschen und Juden" gesprochen wird (auf jeden Fall besser: „deutsche Juden und Nichtjuden" – „Juden in Deutschland") oder wenn ihr Anteil an der deutschen Geschichte, Kultur- und Wirtschaftsentwicklung oder im Sport nicht erinnernswert erscheint.

---

[2] Ernst G. Lowenthal, Die historische Lücke, Tübingen 1987, S. 37 -39.

2. Spurensuche und Erinnern – Beispiel I: „...Dann nennt Ihren Namen" – eine Spurensuche in der Sportgeschichte

Martin-Heinz Ehlert

„Henoch? Lilli Henoch?" fragte mich mit skeptischem Blick Dr. S. „Diesen Namen höre ich das erste Mal. Und Sie meinen, sie ist würdig, in der „Hall of Fame" aufgenommen zu werden? Haben Sie bedacht, hier werden nur die berühmtesten jüdischen Sportlerinnen und Sportler aus aller Welt geehrt. Die Aufnahmekriterien sind sehr, sehr streng. Ich will Sie nicht entmutigen, aber ich spreche aus Erfahrung. Doch entschuldigen Sie mich einen Augenblick, ich werde versuchen, in meiner Bibliothek etwas herauszufinden. Darf ich Ihnen inzwischen etwas anbieten?"
Etwas verwirrt ließ Dr. S. uns zurück. War es doch zu vermessen, die Berliner Sportlerin der zwanziger Jahre, Lilli Henoch, auf eine Stufe zu stellen mit all den überragenden jüdischen Spitzensportlern, besonders aus den USA, an die in dieser „Ruhmeshalle" erinnert wird? Hatte ich ihre Bedeutung einfach überschätzt? Hatte mich mein Enthusiasmus, der mich mit der Erforschung ihres verschütteten Lebensweges vorangetrieben hatte, blind werden lassen gegenüber den Realitäten? Sollte unsere Reise nach Israel ein Fehlschlag werden?
Zweifel stiegen in mir auf, während ich mit meiner Frau in dem engen Raum des Wingate-Instituts nahe Tel Aviv saß, auf die Rückkehr von Dr. S. wartend wie ein Prüfling auf das Ergebnis seiner Examensarbeit.

.....

Im Frühjahr 1988 hatte ich den Namen „Lilli Henoch" das erste Mal gehört, genauer gesagt, gelesen. In der vierteljährlich erscheinenden Vereinszeitung des Berliner Sport-Clubs (BSC) hatte der fast 80jährige Ehrenvorsitzende in einer kurzen Notiz angeregt, einen Wanderpokal zu Ehren der BSClerin zu stiften, „die 7mal Deutsche Meisterin gewesen und als Jüdin Opfer des nationalsozialistischen Terrors geworden sei". Das war der Anstoß: meine Interessen (Politik – Geschichte – Sport) bündelten sich von nun an in der Aufgabe, den Lebensweg dieser Frau aufzuspüren und ihn der Vergessenheit zu entreißen. Es sollte nur teilweise gelingen, aber der Weg zu diesem Ziel war entdeckungsreich, voller überraschender Zufälle, bereichernd, beschämend, niederdrückend, schmerzlich.

.....

Entgegen den üblichen Erfahrungen war der Anfang leicht: der BSC besaß noch alle Ausgaben der damaligen monatlichen Vereinszeitungen, die Jahresberichte und Jubiläumsbücher. Sie berichteten von den Erfolgen und Mißerfolgen (wobei die Erfolge bei weitem überwogen, war der 1896 gegründete BSC doch bis zu Beginn der Dreißiger Jahre einer der führenden Sportvereine Deutschlands gewesen), verwiesen stolz auf errungene Meisterschaften und erstrittene Rekorde, erwähnten die Ehrungen, die den Meistern und Siegern zuteil wurden, neben vielem „Allerlei", das das Vereinsleben widerspiegelte. Da waren außerdem noch die in den städtischen Archiven aufbewahrten Tageszeitungen aus der Weimarer Republik mit den immer umfangreicher gewordenen Sportbeilagen. Sport war nach dem 1. Weltkrieg „in Mode gekommen", war nicht mehr Passion einiger, sondern gesellschaftliches Ereignis, stand im Begriff, zu einer Massenbewegung zu werden. Die speziellen Sportgazetten hatten Hochkonjunktur. Sie berichteten von den beliebten Autorennen auf der Avus und den Boxveranstaltungen im Sportpalast, jagten nach Sensationen, kreierten Sportheroen, deren Namen in aller Munde waren. Fundgruben für meine ersten Nachforschungen! Aus den vergilbten Blättern der Zeitungen und den verstaubten Büchern erstand das Bild der Sportlerin Lilli Henoch. Sie war im Kugelstoßen jahrelang überragend, zwei Weltrekorde und vier Deutsche Meisterschaften zeugten davon, auch im Diskuswurf war sie zweimal Meisterin, warf einen Weltrekord. Eine Meisterschaft im Weitsprung gewann sie sozusagen nebenbei, und ein weiterer Höhepunkt war ein Weltrekord in der 4 x 100 m Staffel des BSC, die lange in Deutschland ungeschlagen blieb. Damit nicht genug: auch im Hockey versuchte Lilli Henoch sich erfolgreich, doch durch ihre Schnelligkeit und Wurfkraft war sie für ein anderes Mannschaftsspiel geradezu geschaffen, das erst „erfunden" worden war: Damenhandball. Sie war eine der besten Spielerinnen Deutschlands und sollte diesen Sport bis zum 37sten Lebensjahr ausüben.

Kein Wunder, daß sie mit Ehrungen überhäuft wurde und die Presse voll des Lobes war. Schon 1921 verlieh ihr der BSC als erster Frau seine höchste Auszeichnung, den „Goldenen Adler", das Vereinsemblem. Als sie 1924 in Stettin 4 Deutsche Meisterschaften erkämpft hatte, feierte sie die Sportöffentlichkeit als „weiblichen Nurmi". Sie war Gast auf dem jährlichen „Ball der Sportpresse", wo sich die Gesellschaft Berlins traf, und als 1928 das 10jährige Bestehen der Frauenabteilung im BSC gefeiert wurde, schrieb der damalige Vorsitzende: „Wir sind alle ehrlich genug anzuerkennen, daß sich unsere im Kampf stehenden Damen fast immer mit vorbildlicher Treue geschlagen haben. Allen voran Lilli Henoch, die nicht weniger als 7 Deutsche Einzel- und 3 Deutsche Staffelmeisterschaften gewonnen hat. Überhaupt Lilli Henoch! Wenn jemals ein Beispiel an Clubtreue und Uneigennützigkeit gebraucht wird, *dann nennt ihren Namen*. Und die Luft muß rein um uns werden!"

Es waren nicht nur ihre sportlichen Leistungen, die höchste Anerkennung hervorriefen, sondern sie galt als Vorbild auf Grund ihrer Bescheidenheit, ihrer Einsatzbereitschaft und ihrer Kameradschaftlichkeit.

Anfang der Dreißiger Jahre hatte Lilli Henoch altersbedingt den Zenit ihrer sportlichen Leistungsfähigkeit überschritten. Sie übernahm nun bereitwillig Führungspositionen im Club, im Januar 1933 vertraute man ihr die Führung der Damenabteilung an. In der Augustausgabe der Clubzeitung fand sich noch einmal der Name der erfolgreichsten und berühmtesten Sportlerin der gesamten BSC-Vereinsgeschichte: unter der Rubrik „Austritte bzw. Streichungen"!

Von nun an tauchte ihr Name wie der aller jüdischen Sportlerinnen und Sportler weder in den Vereinszeitungen noch in der Tagespresse auf. Von heute auf morgen wurden sie namenlos für die deutsche Sportöffentlichkeit. Sie wurden totgeschwiegen, aus ihren Vereinen herausgedrängt, wer sich weigerte, wurde unter Druck gesetzt. Der „Arierparagraph" wurde jetzt Bestandteil jeder Vereinssatzung, und schon im Dezember 1933 konnte der Brandenburgische Leichtathletikverband melden, seine Vereine seien „judenfrei".

.....

Spurensuche und Erinnern

1933 – Eine Zäsur, auch für meine Nachforschungen. Wie ging das Leben dieser Frau weiter? Hatte sie mit dem Sport aufgehört? Was hatte sie beruflich getan? Und ihr Privatleben? War sie verheiratet? Hatte sie Familie? Welches Schicksal traf sie während der Nazizeit? Konnte sie auswandern oder war sie wie viele Millionen in die Todesmaschinerie der braunen Henker geraten?
Wie die Antworten finden?

.....

Im Frühjahr 1988 hatte ich den Namen „Lilli Henoch" das erste Mal gehört. Fast 50 Jahre waren seit dem Tag vergangen, an dem die herrschende Clique ohne Rücksicht auf die Weltöffentlichkeit ihre Maske ein wenig lüftete und ihr wahres Gesicht, geprägt von Rassenhaß, Antisemitismus und Gewalttätigkeit für einen kurzen Augenblick zum Vorschein kommen ließ. Zwei Jahre nach der Propagandaschau „Olympiade", die die Jugend der Welt zum sportlichen Wettstreit in der Reichshauptstadt versammelt und allen Besuchern ein untadeliges Bild des „neuen Deutschland" vorgegaukelt hatte, ließ die Naziführung einen Teil des deutschen Volkes in Konzentrationslager sperren, mißhandeln, viele töten. Sie befahl, Geschäfte zu verwüsten, Bücher und Kultgegenstände zu vernichten, Gotteshäuser anzuzünden. Diese friedlichen Deutschen hatten keine Verbrechen begangen, hatten sich nicht etwa gegen die Regierung aufgelehnt – nein, sie hatten in dieser wahnwitzigen Ideologie nur einen Makel: – sie waren Juden! – sie waren keine Deutschen, vielleicht sogar keine Menschen.

.....

Am 50sten Jahrestag des Pogroms – am 9. und 10. November 1988 – wurde in der Bundesrepublik bei vielen Veranstaltungen an diese Schande erinnert. Auch der deutsche Sportbund – ich las es zufällig – wollte diesen Tag zum Anlaß nehmen, „um sich mit einem wichtigen Kapitel der deutschen Sportgeschichte, nämlich dem jüdischen Sport bis 1938, kritisch auseinanderzusetzen".
Jüdischer Sport bis 1938? Was war jüdischer Sport? Den sollte es bis 1938 in Nazideutschland gegeben haben? Zu dieser Tagung mußte ich hin, nicht nur, weil mich die Thematik der im Veranstaltungsprogramm angezeigten Vorträge interessierte, sondern weil ich auch gelesen hatte, Zeitzeugen aus Israel, Großbritannien und Deutschland seien eingeladen. Ob sie wohl Lilli Henoch gekannt haben, vielleicht sogar persönlich? Ich hoffte es so sehr. –
Mit einem kleinen Trick – ich ließ mich vom BSC delegieren – verschaffte ich mir Zugang zu diesem Symposium und saß wie ein Schüler in einem Kreis von Professoren und Institutsleitern, Sportfunktionären und Zeitzeugen, die mit fachlicher Selbstverständlichkeit über den jüdischen Sport referierten und diskutierten. Ich erfuhr staunend, daß es schon seit 1898 einen jüdischen Sportverein – Bar Kochba – in Berlin gegeben hat, der in den Zwanziger Jahren sich durchaus erfolgreich in der Hochburg des deutschen Sports behaupten konnte. Auch einen jüdischen Weltsportverband – Makkabi –, in dem alle jüdischen Sportvereine organisiert waren. Hörte beschämt, Antisemitismus brodelte auch schon zu dieser Zeit im deutschen Sport. Lauschte angespannt den jüdischen Zeitzeugen, die von den Drangsalierungen nach 1933 berichteten, von den menschlichen Enttäuschungen, die sie von ihren „arischen" Sportkameraden erfuhren. Wie sich die Funktionäre allzu willfährig zeigten. Sei es, weil der bisher versteckte Antisemitismus jetzt offengelegt, Empfehlung für die neuen Herren und karrierefördernd war, sei es, weil man

einfach gleichgültig gegenüber dem Geschehen blieb. Man biederte sich eben an, man paßte sich an, man arrangierte sich. –

Und wie kämpften die jüdischen Sportführer um die Teilnahme an den Olympischen Spielen, wie wurden sie hintergangen und schmählich vom internationalen Olympischen Komitee im Stich gelassen! Sie erzählten aber auch, wie es trotz allem gelang, einen über Deutschland verbreiteten Sportbetrieb zu organisieren, Sportfeste sogar mit internationaler Beteiligung durchzuführen und Sport bei der jüdischen Bevölkerung populär zu machen. Sport wurde in dieser Notzeit ein Refugium, besonders für Kinder und Jugendliche, wo sie wenigstens für Stunden vor der immer bedrohlicher werdenden feindlichen Umwelt geschützt waren, wo sie durch sportliche Erfolge Selbstbewußtsein erwerben konnten, wo sie einfach bei „Sport und Spiel" leben konnten wie vor 1933. –

All das stürzte auf mich ein, hastig machte ich mir Notizen, hielt Namen und Buchtitel fest, wußte schon jetzt, daß ich viel lesen und lernen mußte, und derweilen bohrte ständig die Frage in mir: Haben Sie Lilli Henoch gekannt?

Vielleicht der 92jährige ehemalige Vorsitzende von Bar Kochba, der offensichtlich mit einem phänomenalen Gedächtnis ausgestattet, die Vortragenden diskret korrigierte, wenn sie den Namen eines Sportlers falsch zitierten oder etwa die Siegerzeit eines Endlaufes an dem-und-dem Tag unzutreffend wiedergaben? Oder mein Nebenmann, der – wie ich heraushörte – den Hochschulsport in Israel aufgebaut hatte? Oder der jetzt in England lebende ehemalige Sportjournalist, der – außerordentlich gut informiert –, von den Wissenschaftlern als Glücksfall eines Zeitzeugen angesehen wurde?

In den Pausen wagte ich meine Fragen zu stellen, *die* Frage, unsicher, ein wenig gehemmt in diesem fremden Kreis, von denen sich die meisten seit Jahren kannten.

„Lilli Henoch? Ob ich sie kannte? Aber wer von uns kannte sie nicht?" Ein verwunderter Blick streifte mich. „Ich habe doch mit ihr zusammen die alljährlichen Sportfeste der jüdischen Gemeinde auf dem Grunewaldsportplatz organisiert, das heißt, ich durfte ihr helfen. Sie war die einzige diplomierte Sportlehrerin unter uns, hatte Sport studiert, eine Seltenheit damals, vor allen Dingen für eine jüdische Frau. Sie unterrichtete an einer anderen Schule als ich, in der Rykestraße, glaube ich, wo auch eine Synagoge war. Ich kannte noch einen Lehrer in Israel, der war auf der gleichen Schule". – „Und sie war meine Turnlehrerin", sprudelte ein anderer heraus, „mit ihr war nicht gut Kirschen essen. Sie liebte die Kinder, aber verlangte viel. Als ehemalige Leistungssportlerin hatte sie hohe Ansprüche, aber sie war sehr gerecht. Wir verehrten und achteten sie sehr, wußten wir doch von ihrer ruhmreichen Sportkarriere und daß sie sogar im deutschen Olympiakader der Amsterdamer Olympiade 1928 gewesen war, wo erstmals Frauen teilnehmen durften. Aber sie hat dann doch nicht mitgemacht, warum weiß ich nicht". – „Ich war mit ihr im BSC", schaltete sich der Sportjournalist ein, „wir flogen beide raus, sie stellte sich sofort für den Aufbau des jüdischen Sports zur Verfügung, trat bei uns in den jüdischen Turn- und Sportclub ein. Sie betrieb noch ein wenig Leichtathletik, aber hauptsächlich spielte sie Handball, baute um sich herum eine junge Mannschaft auf, die mehrmals die Deutsche Meisterschaft im jüdischen Sport errang. Sie war „spiritus rector" dieses Teams, unersetzlich. Ich habe sie auch einmal interviewt, muß 1934 - 35 gewesen sein. Übrigens hatte sie auch einen Bruder, Max

hieß er, glaube ich, war auch im BSC gewesen, viel jünger als Lilli, spielte später auch bei uns Handball." –
Ich war glücklich, konnte ich doch dem Anfangskapitel für die Zeit von 1920 - 1933 ein weiteres bis 1938 hinzufügen. Das sportliche Leben der Lilli Henoch lag jetzt offen vor mir, doch wie weiter? Aber hatte der israelische „Kollege" nicht erzählt, sie war Lehrerin, Sportlehrerin, an einer jüdischen Schule in der Rykestraße gewesen? Hier war eine weitere Spur!

.....

Ich las stapelweise Bücher, wir – meine Frau und ich – besuchten jeden Vortrag der jüdischen Volkshochschule und anderswo, der sich mit dem jüdischen Alltagsleben während der Nazizeit befaßte. Ich hatte durch eine Anzeige in der deutschsprachigen amerikanischen Zeitung „Aufbau" einen weiteren Kollegen von Lilli Henoch ausfindig gemacht, der mit einer ehemaligen Schülerin der Schule in der Rykestraße verheiratet war. Ihr Lebensweg war eine Tragödie mit glücklichem Ausgang oder wie soll man es bezeichnen, wenn zwei Menschen gemeinsam deportiert werden, in Theresienstadt heiraten, ehe sie getrennt nach Auschwitz verschleppt werden, diese Hölle überleben, sich nach dem Krieg wiederfinden und seitdem in den USA in Frieden leben können?

.....

Das erarbeitete Wissen und die zahlreichen Informationen, die auf einmal wie von selbst ins Haus strömten, öffneten mir den Blick für einen mir bisher unbekannten Bereich des jüdischen Lebens: das Schulwesen. Aus der Not heraus – nirgendwo wirkte sich der ausbrechende Antisemitismus so unmittelbar und verheerend aus wie an den Schulen – betrachtete es die Schulabteilung der Reichsvertretung der deutschen Juden als eine Hauptaufgabe, den Kindern und Jugendlichen einen Hort zu schaffen, wo sie, von der haßerfüllten Umgebung abgeschirmt, lernen konnten. Einer dieser Horte war die Private Volksschule in der Rykestraße im Bezirk Prenzlauer Berg, einem der ärmsten Berlins. 1922 gegründet, meist besucht von den Kindern überzeugter Zionisten oder orthodoxer Juden überwiegend osteuropäischer Herkunft, stand sie 1933 aus wirtschaftlichen Gründen vor der Schließung, als die Katastrophe der Machtergreifung durch Hitler eine unvorhergesehene Wende herbeiführte. Die Lage der jüdischen Schüler und Schülerinnen an den staatlichen Schulen wurde immer unerträglicher und die Eltern bemühten sich, sie an jüdische Schulen unterzubringen. Von nun an versuchten die Lehrer „den heranwachsenden, werdenden Menschen davor zu behüten – alles Erziehen ist vor allem ein Behüten – daß er ohne Kindheit, ohne Jugend heranwachse, daß ihm durch Lieblosigkeit, Feindschaft oder Roheit die beginnenden und entscheidenden Jahre verkümmern", wie es Leo Baeck einmal formulierte.
Eine dieser „Behüterinnen" war Lilli Henoch. Sie leitete 1933 den gesamten Sportunterricht, später, als die Schülerzahl rasant anstieg, wurde ein Kollege eingestellt, der sich der Jungen annahm. Man wollte besonders durch Sport die jüdischen Kinder befähigen, den zu erwartenden schweren Lebenskampf aufzunehmen und zu bestehen. Diese Aufgabe übernahm Lilli Henoch mit Leidenschaft. Zeitzeugen – ob Lehrer, ob Schüler/innen – berichten von ihrem Organisationsvermögen und von ihren pädagogischen Fähigkeiten. Wie sie mit großer Sorgfalt die beliebten Sportfeste auf dem Grunewaldsportplatz vorbereitete, die Kinder anspornte und sich mit ihnen freute, wenn sie erfolgreich waren.

Spurensuche und Erinnern

Der Pogrom von 1938 bedeutete das „Aus" für den jüdischen Sport. Nur noch in den Schulen konnte er begrenzt ausgeübt werden. – So rief Lilli Henoch mit Einverständnis der Eltern die Kinder schon vor Schulbeginn auf dem engen Schulhof zusammen, um ihnen durch Gymnastikübungen wenigstens ein wenig körperliche Bewegung zu verschaffen.

Nach Kriegsbeginn verschlechterten sich die Lebensbedingungen der jüdischen Deutschen rapide. Die Erwachsenen mußten Zwangsarbeit in den Rüstungsfabriken Hitlers verrichten, die Kinder konnten zwar noch die wenigen jüdischen Schulen besuchen, diese waren jedoch nun mehr Zufluchts- als Lehrstätte.

Im Juni 1942 wurden alle jüdischen Schulen geschlossen. Nach einer Weisung des Reichssicherheitshauptamtes sollten alle Lehrer/innen mit ihren Familien zum nächstmöglichsten Termin „evakuiert" werden.

.....

Oberfinanzdirektion Berlin – ein Amtszimmer:

Hier wurde das Todesarchiv verwaltet! Nebenan lagerten nämlich die tausende und tausende von Akten, die die Deportation der Berliner Juden in die Ghettos und Konzentrationslager dokumentierten. Pflichtgemäß hatten die Gestaposchergen der Oberfinanzdirektion zu melden, daß an dem-und-dem Tag mit dem-und-dem Transport die „Umsiedlung" der-und-der Juden durchgeführt worden war (nie tauchte in den Akten die Bezeichnung „Deportation" auf; immer versuchte man, die Wahrheit zu vertuschen, hatte doch dieses Regime von Anfang an bis zu seinem Ende geschickt und erfolgreich getäuscht und gelogen). Ordentlich waren die „Vermögenserklärungen" beigefügt, die jeder vor seiner Deportation auszufüllen hatte. Schließlich mußte doch geprüft werden, ob da nicht noch „etwas zu holen sei". Auch die zurückgelassenen Möbel, Lampen, Teppiche etc. mußten „verwertet" werden. Möglichst schnell, denn die Wohnungen mußten „besenrein" sein, damit die „arischen" Nachmieter einziehen konnten. Wohnraum war knapp, nachdem die „Terrorangriffe" – wie es im Nazijargon hieß – jetzt auch die Hauptstadt erreicht hatten und die Berliner unmittelbar die Kriegsschrecken spürten.

Ein junger Beamter legte mir die Akte „Lilli Henoch" auf den Tisch, nicht ohne mich vorher darauf hinzuweisen, sorgfältig damit umzugehen. Dieses Hinweises hätte es nicht bedurft: zaudernd schlug ich die Seiten um.

Ich ahnte, hier, ausgerechnet hier, in dieser von einem pervertierten Bürokratenhirn erdachten 16seitigen „Vermögenserklärung" würde ich von Lilli Henoch zum ersten und gleichzeitig zum letzten Mal etwas Persönliches lesen, mitgeteilt in ihrer eigenen Handschrift.

......

„LILLI SARA HENOCH" stand bei der Beantwortung der Frage nach dem Namen. Sara, diesen Namen trug sie nun fast seit 4 Jahren. Sie mußte ihn wie alle deutschen Jüdinnen per Dekret tragen und sie trug vermutlich schwer daran. Sicher nicht, weil dieser Name häßlich, diffamierend oder gar ekelhaft war, wie viele andere, die man in der Vergangenheit aus bösartiger Willkür Juden gegeben hatte. Nein – im Gegenteil, Sara war ein schöner Name, ein alter biblischer. Doch nun benutzten die Nazis ihn, um nach den „Nürnberger Gesetzen" die zweite einschneidende Ausgrenzung vorzunehmen.. Die weitaus demütigendere Stigmatisierung sollte später im Krieg durch die Zwangskennzeichnung mit dem „Gelben Stern" erfolgen. Auch Lilli Henoch mußte ihn tragen. „Vom Goldenen Adler des BSC zum Gelben Stern" mußte ich denken. Welch eine Schande!

WOHNUNG: Berlin W 62, Kleiststraße 36 bei der Jüdin Askenasze.

Sie hatten demnach die großräumige Wohnung in der Haberlandstraße in Schöneberg verlassen müssen, in der schon 1939 vier weitere Juden zwangsweise einquartiert wurden (ich hatte das dem Volkszählungsbogen des Jahres 1939 entnommen, der im Staatsarchiv der DDR in Potsdam aufbewahrt wurde). Jetzt bewohnte sie gemeinsam mit ihrer 66jährigen Mutter ein Zimmer in einer „Judenwohnung". Für 50,-- Mark im Monat, ein hoher Mietzins für diese Zeit.

VERWANDTE: Max Henoch, geb. am 9.1.1910, wohnhaft in Berlin;
hier tauchte der Bruder auf, von dem der englische Journalist mir erzählt hatte.
Später erfuhr ich, auch er ist umgekommen. Kurz vor Kriegsende in Buchenwald.
Und eine ältere Schwester ist genannt, 1898 geboren, ausgewandert nach Bukarest.

Dann die Fragen nach Vermögen – endlos! Fragen nach Bargeld, nach Guthaben bei Geldinstituten, Wertpapieren, nach Liegenschaften, nach Forderungen und so weiter und so weiter – pure Verhöhnung! Schon seit Jahren hatte die Nazibürokratie durch zahlreiche Erlässe und Verfügungen die systematische Verarmung der Juden vorangetrieben. Welcher Jude hatte im August 1942 noch Guthaben oder Wertpapiere?

Durfte sie seit Jahren schon nicht gehabt haben! Entsprechend die Beantwortung der Fragen: Verneinung durch Striche, Striche, Striche, seitenweise – doch hier bei der Frage nach der DAMENKLEIDUNG Beantwortungen: 2 Kleider, 1 Rock, 4 Blusen, 1 Wintermantel, 3 Hemden, 3 Schlüpfer, 3 Taschentücher, 4 Paar Strümpfe, 2 Paar Schuhe, 1 Handtasche – das „Vermögen" der Lilli Henoch!

Die Schlußklausel: „Ich erkläre ausdrücklich, daß ich meine vorstehenden Angaben nach bestem Wissen gemacht und dabei insbesondere keinerlei Vermögenswerte verschwiegen habe ... Ich bin mir bewußt, daß falsche oder unvollständige Angaben geahndet werden."
UNTERSCHRIFT: Jüdin Lilli Sara Henoch, Kennkartennr. 494058 Berlin
Berlin, den 26. August 42

Niemals las ich Entlarvenderes: Während im Osten Europas die Einsatzgruppen Himmlers ihre Blutspuren zogen, in Auschwitz Menschen in Gaskammern getrieben wurden, wurde in Deutschland mit allen Mitteln der Anschein der Legalität gewahrt. Auch bei einer „Auswanderung" war eben eine „Vermögenserklärung" gewissenhaft auszufüllen und falsche oder unvollständige Angaben würden geahndet werden.

.....

Riga war der Bestimmungsort des „19. Transports", der am 5. September 1942 aus Berlin in Richtung Osten abfuhr. Schon vor einem Jahr, unmittelbar nach dem deutschen Einmarsch, hatten die lettischen Faschisten dort grausame Pogrome entfacht, tausende der einheimischen Juden ermordet, die Synagogen angesteckt. Später – im Oktober 1941 – wurde dann in der sogenannten „Moskauer Vorstadt" für die lettischen Juden ein Ghetto abgesperrt. Doch sie blieben dort nur für ein paar Wochen. Ende November, Anfang Dezember trieben die deutschen und lettischen Wachen die Bewohner zusammen, führten sie in einen Wald und ermordeten sie. Man „brauchte" das Ghetto für die Aufnahme der deutschen und österreichischen Juden! –
Die 800 Berliner Juden wußten nichts von diesen Verbrechen. Vermutlich kannten sie noch nicht einmal das Bestimmungsziel. Schwer bewacht, ausgeraubt, nur kärglich versorgt, mußten sie den Zug besteigen, – die älteste Frau des Transports war 76 Jahre, der Jüngste, der kleine Joel, gerade erst 10 Monate alt, – und sie fuhren einem ungewissen Schicksal entgegen. Auch Lilli Henoch mit ihrer Mutter. –
Der Zug kam nie in Riga an. Auf offener Strecke wurde er kurz vorher gestoppt. Die SS und ihre lettischen Helfershelfer hetzten ihre nackten Opfer in einen Hochwald, wo die Mörder an den vorbereiteten Gruben warteten. Alle wurden erschossen und in Massengräbern verscharrt.
Der Bruder war tot. Und die Schwester? Sie wäre jetzt 90 Jahre alt. Was war ihr wohl widerfahren? In Rumänien hatten die Nazis auch gewütet, aber einige rumänische Juden waren nach Palästina entkommen. Vielleicht hatte Suse Henoch das Glück gehabt. Selbst wenn das der Fall gewesen sein sollte, war sie vermutlich schon tot.
Angenommen Lillis Schwester konnte den Häschern entrinnen und sie hatte nach dem Krieg in Israel oder einem anderen Land gelebt – vielleicht hatte sie bei einem der deutschen Ämter für „Wiedergutmachung" oder „Entschädigung" einen entsprechenden Antrag gestellt. Und so etwas mußte begründet werden, ausführlich. Da mußten sicherlich ein Lebenslauf abgegeben, Unterlagen vorgelegt, Beweise erbracht werden. Vielleicht ist da die ganze Familiengeschichte aufgeschrieben, vielleicht ... vielleicht ... vielleicht ...!
Das zuständige Amt war herausgefunden, der ausführliche Brief ebenso schnell geschrieben. Eines Tages ein Anruf: „Herr Ehlert?" „Ja, bitte?" Mein Name ist M.

Sie haben uns einen Brief betreffend Frau Suse Henoch geschrieben, wir haben eine Akte, aber leider kann ich Ihnen keine Auskunft erteilen, Sie werden Verständnis dafür haben. Doch ich kann Ihnen verraten, Frau Henoch lebt hier in Berlin!"
Nein, ich kann heute noch nicht ausdrücken, was ich in diesem Augenblick empfand. Ich weiß nur noch, ich war verstummt, bis sich die Stimme des Beamten am Telefon wieder meldete: „Wenn Sie wollen, schreibe ich an Frau Henoch und wenn sie bereit ist, Sie zu sprechen oder zu treffen, kann ich Sie ja anrufen."
Ich fand meine Sprache wieder, stammelte Einwilligung und Dank und legte – immer noch erregt – den Hörer auf.
Gedanken über Gedanken: viele Zufälle hatten mir bei meiner Spurensuche weitergeholfen, aber das war der unwahrscheinlichste. Eine Jüdin überlebte den Krieg in diesem chaotischen Tollhaus Europa – im KZ? –, erreichte ein biblisches Alter, kehrte – irgendwie, irgendwann – nach Berlin zurück und ich werde sie treffen – ja – hier kam jäh der Zweifel – werde ich sie treffen? Wird sie mich treffen wollen? Der Anruf kam. Eine Frau teilte mir mit, sie lebe mit ihrer Freundin Suse zusammen in einer Wohnung, sie habe mit ihr gesprochen und sie werde uns empfangen.

.....

Wie spricht man mit einem Menschen, der die Mutter, den Bruder, die Schwester durch Mord verloren hat, von diesen Toten? Ich wußte, es gibt eine unüberschreitbare Grenze, vor der jeglicher Forschungsdrang Halt machen muß, an der trotz aller Behutsamkeit, allen Einfühlungsvermögens Fragen ungefragt bleiben müssen, wo nur noch Schweigen und Stille sein darf.
Wie würde ich diese Grenze fühlen?

.....

Die Freundin war eine äußerst lebhafte 80jährige Frau, die nach den üblichen Höflichkeitsfloskeln die Unterhaltung bestimmte und ihre Lebensgeschichte heraussprudelte. Meine Frau begleitete mich, und konnte den Redefluß auf sich lenken. Ich begann vorsichtig, Suse Henoch meine Geschichte zu erzählen. Sie hörte zu. Auf einmal geschah etwas Seltsames, für mich Unvergeßliches: sie legte ihre Hand auf meinen Arm und sagte mit sehr leiser Stimme: „Sie sind der erste Mensch seit meiner Rückkehr nach Deutschland, bei dem ich spüre, daß er nie antisemitistisch eingestellt war."
Dieser Satz stimmte mich nachdenklich. Ihr Bekanntenkreis bestand sicherlich nicht aus jungen Menschen. Latenter Antisemitismus – schwelte er auch heute noch bei der älteren Generation? –
Sie begann zu erzählen, von der wohlbehüteten Kindheit in Königsberg, mit ihrer Schwester in dem assimilierten Elternhaus, wo Schabbat gehalten wurde, aber auch am 24. Dezember ein Weihnachtsbaum im Salon stand.
Ihre Schwester war von früh an sportbesessen. In Zoppot, wo die Familie oft die Ferien verbrachte, baute sie sich eine Sprunggrube. ... Als sie älter wurde, gehörte Lilli gleich zwei Turnvereinen an. Die Stunden verrannen, über Gebühr hatten wir den Besuch ausgedehnt.
Es folgten gegenseitig weitere Besuche. Nach und nach erfuhr ich die vollständige Familiengeschichte. Eine Freundschaft entstand.

.....

Eine klappende Tür holte mich aus meiner Gedankenwelt. Dr. S. war eingetreten, ein Buch in der Hand: „Entschuldigen Sie, es hat lange gedauert, aber ich mußte

Spurensuche und Erinnern

noch einige Quellen zu Rate ziehen. Ich bin überrascht, was allein in diesem Sportlexikon verzeichnet ist. Lilli Henoch war ja eine Pionierin des Frauensports und welche Erfolge! Ich werde mich selbstverständlich dafür einsetzen, daß sie in unserer Ehrenhalle einen würdigen Platz findet. Wir sind Ihnen zu Dank verpflichtet."
Nach einigen Monaten wurde mir mitgeteilt, Lilli Henoch sei einstimmig in der „INTERNATIONAL JEWISH SPORT HALL OF FAME" aufgenommen worden. Als einzige deutsche Sportlerin wurde ihr diese außerordentliche Ehre zuteil. –

.....

Die Spurensuche war abgeschlossen. Es war mir gelungen, den Lebensweg eines Menschen nachzuzeichnen, wenn auch fragmentarisch.
Unser Leben war durch diese Arbeit auf eine unvorhersehbare, vielfältige Weise beeinflußt worden. Wir hatten gelesen und gelernt, viel gelernt. Vor allen Dingen hatten wir neue Menschen kennengelernt. „Lehrer", von deren Wissen und Weitblick, von deren Hilfe wir profitiert hatten. Opfer, die die Unmenschlichkeit unserer Elterngeneration aus Deutschland herausgetrieben hatte, ausgeplündert, entehrt, gefoltert, doch dem Tod entronnen. Sie öffneten uns ihre Türen, hörten uns an, sprachen mit uns, begannen zu erzählen. Es entstanden Freundschaften.

.....

In Israel hatten die Bemühungen Früchte getragen, das Gedenken an Lilli Henoch wieder aufleben zu lassen. In Deutschland war sie noch immer namenlos. Ich stellte mir eine neue Aufgabe: ich wollte mich bemühen, daß auch hier ihr NAME WIEDER GENANNT WIRD.

.....

In den vergangenen Jahren hatte ich Fotos von Lilli Henoch gesammelt. Viele von ihnen hatten ihre eigene Geschichte. Die alten Sport- und Tageszeitungen enthielten viele Bilder, von denen ich mühselig Negative herstellte. Auch sogenannte „Zigarettenbilder" fand ich, die früher als Werbemittel Zigarettenpackungen beigelegt waren und in Alben gesammelt werden konnten (Indiz für den hohen Bekanntheitsgrad dieser Sportlerin). Für die Zeit nach 1933 war die Suche zunächst erfolgloser, Fotos rarer. Jedoch spielte immer wieder der Zufall eine glückliche Rolle. Aus Israel erhielt ich Bilder von einem ehemaligen Lehrer, der zahlreiche Amateuraufnahmen auf dem Grunewaldsportplatz bei den Sportfesten für die Kinder und Jugendlichen aufgenommen hatte. Auch welche aus dem privaten Bereich des Lehrerkollegiums aus der Rykestraße. Aus den USA kam ein Mannschaftsfoto von der erfolgreichen jüdischen Handballmannschaft, versehen mit den Unterschriften der Spielerinnen. Die Schwester steuerte Familienaufnahmen aus der Kindheit bei. Schließlich hatte ich fast 80 Fotos zusammen, und wir konnten sie in verschiedenen kleinen Ausstellungen zeigen.

.....

Nach abwägenden Überlegungen entschloß ich mich im Herbst 1990 beim Magistrat von Berlin den Vorschlag einzureichen, eine Straße im Bezirk Prenzlauer Berg nach der Lehrerin Lilli Henoch von der in diesem Stadtteil gelegenen ehemaligen jüdischen Schule zu benennen.
Die Mühe lohnte sich: im Oktober beschloß die Bezirksversammlung Prenzlauer Berg die Umbenennung einer Straße in Lilli-Henoch-Straße. Ein weiterer Schritt aus dem Dunkel der Namenlosigkeit.

.....

In der Vorbereitungsphase der Olympiabewerbung Berlins für das Jahr 2000 wurde im Ostteil der Stadt der Neubau verschiedener Sportstätten geplant und begonnen. Die Bewerbung scheiterte, aber dennoch sollten einige Projekte verwirklicht werden. Dazu gehörte auch eine spezielle Sport- und Werferhalle im Sportforum Berlin-Hohenschönhausen.

Einem Mitarbeiter der mit dem Bau der Sporthalle beauftragten Firma war der Name Lilli Henoch genannt worden (!). Er befragte mich nach Einzelheiten, und ich gab ihm freudig Material zur Unterstützung seines Namensvorschlages an die zuständige Senatsstelle. Die Übereinstimmung des sportlichen Spektrums dieser Sportlerin mit der Zweckbestimmung als Werferhalle war faszinierend. Nicht nur als Trainings- und Wettkampfstätte für Kugelstoßen und Diskuswurf sollte sie dienen, sondern auch Ausbildungsstätte der Humboldt-Universität für Sportlehrer/innen werden. Sie sollte neben den Vereinssportlern ebenso den Schülern und Schülerinnen des in unmittelbarer Nähe gelegenen Sport-Gymnasiums zur Verfügung stehen. –

Die zuständigen Gremien entschieden sich für den unterbreiteten Vorschlag und im Mai 1996 wurde in einer Festveranstaltung die Namensgebung vollzogen.

Der *NAME* „Lilli Henoch" war wieder öffentlich *GENANNT* worden!

Anstöße zur pädagogischen Praxis

Die Geschichte jüdischer Sportlerinnen und Sportler ist weitgehend unerforscht. In jeder größeren Gemeinde, in jeder Stadt aber gibt es sie, die Sportvereine – oft mit jahrzehntelanger stolzer Tradition –, in denen generationsübergreifend Menschen unterschiedlichster Herkunft miteinander „wetteifern" und Geselligkeit praktizieren.

Warum nicht einmal „vor Ort" die Vereinsgeschichte erforschen im Hinblick auf eventuelle jüdische Mitglieder?

Forschen, das klingt wie eine Aufgabe für Spezialisten. Aber forschen heißt, durch eigene Anstrengungen etwas herauszubekommen, zu entdecken, ans Licht zu bringen, zu erkennen. Das können auch Schülerinnen und Schüler, Heranwachsende, junge Vereinsmitglieder. Wer forscht, entdeckt Sachverhalte, Geschichten, Details, die nicht allgemein bekannt sind. Menschen aus der Nachbarschaft können befragt werden, ältere, ehemalige Vorsitzende wissen viel zu erzählen, können sich erinnern ... Da gibt es gewiß ein Vereinsarchiv, Festschriften und alte Programme.

Wenn sich mehrere zu einer Arbeitsgruppe zusammenschließen, gibt es gegenseitig viel zu lernen. Ein solcher gemeinsamer Lernprozeß vollzieht sich nicht abseits des Alltags: Da muß man Kontakt zu kommunalen Institutionen aufnehmen und Briefe schreiben an übergeordnete Behörden...

Es kann sich eine Broschüre ergeben, eine Dia-Serie, möglicherweise reichen Bilder und Texte für eine kleine Ausstellung. Sie schafft „Öffentlichkeit". Und am Ende kann eine solche aktive Erinnerungsarbeit in einem öffentlichen Gedenken münden. Dazu wollte mein „Forschungsbericht" ermutigen.

3. Spurensuche und Erinnern – Beispiel II: Suche nach 'unserer' Schulgeschichte – ein Schulprojekt

Bernhard von Issendorff

Dieses Projekt ist für die Sekundarstufe I bestimmt, eine Kooperation zwischen Religions-, Deutsch- und Geschichtsunterricht ist anzustreben.
Es begann mit zwei Fotos. Zwei Klassenfotos lagen vor, eines aus dem Jahr 1932 und dieselbe Klasse im Jahr 1936 (s. S. 202):

> Aufgaben:

Welche Veränderungen sind festzustellen?
Unterschiede in Stichworten:
Zivil und Uniform/Aufstellung/mit und ohne Lehrer/kindgemäße oder militärische Aufstellung

Fragen und Aufgaben zu den Beobachtungen:
- Gab es auch SchülerInnen ohne Uniform? (Tatsächlich trug der angekreuzte Schüler keine Uniform, doch er wurde so ins Bild gestellt, daß kein Nichtuniformierter das einheitliche Bild trübte).
- Wie muß sich ein Schüler ohne Uniform gefühlt haben?
- Es kann Zufall sein, daß auf dem Bild 1936 der Lehrer fehlte. (Der Lehrer auf dem Bild von 1932 war 1933 entlassen worden.) Welche Gründe führten 1933 zur Entlassung von Lehrern und anderen Beamten?
- Gibt es Klassenfotos aus diesen Jahren auch von unserer Schule (diese beiden Fotos stammen vom Gymnasium Gailingen)? Im Schularchiv?
- Gibt es Klassenlisten aus dieser Zeit von unserer Schule? Sind darin SchülerInnen mit jüdischem Namen erkennbar?
- Wurden auch in unserer Schule in dieser Zeit LehrerInnen entlassen?
- Welche Rolle spielte die Hitlerjugend an unserer Schule?
- Gab es Belege für die Diffamierung von jüdischen SchülerInnen?
- Hat unsere Schule eine Liste ehemaliger jüdischer SchülerInnen?
- Ist versucht worden, mit ihnen Kontakt aufzunehmen und mit welchem Erfolg?
- Wo wurden die Juden in unserer Stadt vor ihrer Deportation untergebracht bzw. von welchem Platz aus und wann wurden sie deportiert?

> Beispiel für das weitere Vorgehen:

Wir planen die Suche im Staatsarchiv, in unserem Fall im Hessischen Hauptstaatsarchiv (Mosbacher Str. 55 – Wiesbaden, Tel.: 0611/881-0); auch in anderen Bundesländern gibt es Staatsarchive, dazu kommen die Archive in größeren Städten.
Das hessische Hauptstaatsarchiv hat einen Archivpädagogen. Wir stellen Kontakt mit ihm her. Er erweist sich als hilfsbereit. Wir machen einen Besuch bei ihm im

1932 (damals war Heinz 12 Jahre alt und begann mit seinem Tagebuch).

...und 1936

Staatsarchiv. Er führt uns durch die Sammlung und erklärt uns die Bedeutung der Archivalien. In einem Raum, der uns an einen Schulraum erinnert, hat er bereits einige wichtige Dokumente für uns bereitgelegt:
- Material über Hitlerjugend
- Schulschriften, Jubiläumsfestschriften
- Lehrbücher aus der Zeit zwischen 1930 und 1945
- Akten über die Verschleppung der jüdischen Bevölkerung, darunter „Judenlisten", Einwohnerlisten und einen Überblick über Häuser, in denen Juden wohnten
- Das Konferenzbuch unserer Schule
- Die Jahrgänge unserer Schule
- Die Jahrgänge der lokalen Zeitung

Als eine weitere Fundgrube erweist sich das Protokollbuch der Lehrerkonferenzen, das im Staatsarchiv aufbewahrt wird. Es berichtet vom Widerstand eines jüdischen Schülers gegen nationalsozialistische Propaganda, indem er deutlich machte: „Das gehört nicht in den Unterricht". Er erhält nach längerer Lehrerdiskussion einen schweren Rüffel, als Entschuldigung wird von den einen angeführt, er sei aktives Mitglied der jüdischen Gemeinde, für andere gilt dies als erschwerendes Motiv.

Weitere Fragen, die sich bei diesem Besuch ergaben:

- Manche der entlassenen LehrerInnen gehörten der christlichen Gemeinde an, was war Ursache für die Entlassung?
- Finden wir Informationen über ihr weiteres Schicksal?
- Was geschah mit den jüdischen SchülerInnen?
- Gibt es Schülertagebücher von SchülerInnen unserer Schule?
- Gibt es Überlebende, mit denen man in Kontakt treten könnte? (Es ist die Fortsetzung des alten Unrechts, daß man jene, die man damals aus der Schule hinausdrängte, nun in der Schulgeschichte vergißt.)

Was können wir tun, um das Gedächtnis an unsere ehemaligen jüdischen LehrerInnen und MitschülerInnen wachzurufen und zu erhalten?

Projektideen:

- Wandzeitung mit den Bildern der LehrerInnen und SchülerInnen für die Aula
- Ehrentafel beantragen und gestalten
- eine Zufügung der gefundenen Namen zur Tafel mit den gefallenen Schülern der Schule
- Gedenkfeier oder ökumenischer Gottesdienst zur Erinnerung, wobei die Namen genannt werden und das, was die Arbeitsgruppen in Erfahrung gebracht haben, veröffentlicht wird[3]

---

[3] Quellennachweis: Klassenfotos: Die Gailinger Juden, hrsg: E. Friedrich; D. Schmieder-Friedrich. Schriftenreihe des Arbeitskreises für Religionsgeschichte e.V., Nr. 3, Konstanz 1981.
Die von den Herausgebern leicht veränderte Projektbeschreibung wurde von Bernhard von Issendorff zur Verfügung gestellt. Erstveröffentlichung: Beratungsstelle für Gestaltung und

4. Spurensuche und Erinnern – Beispiel III:
Juden in Mannheim – Berufsschüler auf Spurensuche

Bernhard Staudter

Nachfolgender Beitrag schildert ein Projekt, das im Schuljahr 1995/96 mit einer Klasse an einer kaufmännischen Berufsschule in Mannheim im Rahmen des Gemeinschaftskundeunterrichts durchgeführt wurde. Nach einer kurzen Darlegung der Gründe, die mich dazu bewogen haben, die Schüler das Thema Judenverfolgung anhand von Einzelschicksalen erarbeiten zu lassen, möchte ich den eigentlichen Projekttag, den 9. Mai 1996, schildern. Abschließend folgt ein kurzer Erfahrungsbericht.

Im Geschichts- und Gemeinschaftskundeunterricht der Berufsschule ist der Behandlung der Zeit des Nationalsozialismus und der Judenverfolgung ein hoher Stellenwert anbemessen. Der Unterricht soll bei den Schülern zur Akzeptanz und Übernahme demokratischer Werte beitragen und, dem Grundgedanken der wehrhaften Demokratie folgend, „ihre Ablehnung gegenüber totalitären und diktatorischen Strömungen [...] durch die Auseinandersetzung mit dem [...] Nationalsozialismus" stärken.[4] Der Terror des Nazisystems, die Verfolgung und Ermordung von Juden und anderen Minderheiten, soll für die Schüler begreifbar werden. Dies nicht nur als Respekt vor den Toten, sondern auch als Verantwortung für die Zukunft. Durch die jüngsten Vorgänge auf dem Balkan erfährt die Auseinandersetzung mit einem diktatorischen und menschenverachtenden System eine traurige Aktualität. Es zeigt sich, zu welchen Grausamkeiten Menschen fähig sind, wenn es ein verbrecherisches System gibt, das solches zuläßt oder forciert. Auch wenn sich ein Vergleich der nationalsozialistischen Verbrechen oder gar eine Gleichsetzung mit den Geschehnissen im ehemaligen Jugoslawien verbietet, wird dennoch deutlich, daß das Wissen um die Vergangenheit sowie der Versuch, diese zu realisieren und zu begreifen, für die Gestaltung der Gegenwart und der Zukunft von immenser Bedeutung ist.

Im Rahmen des Projekts *„Spurensuche"* erarbeiteten Schüler die Judenverfolgung im „Dritten Reich" exemplarisch anhand ausgewählter Mannheimer Bürger. Das Projekt wollte die unvorstellbar große Zahl von sechs Millionen ermordeter Juden „entanonymisieren" und somit eine Identifikation der Schüler mit deren Schicksal erleichtern. Anhand der Einzelschicksale erhielten die Schüler, wie mit einer Lupe, Einblick in einen Vorgang, der so einzigartig und unbegreiflich ist, daß er in seiner Komplexität und seinem Ausmaß kaum zu erfassen ist, und der durch exemplarisches Vorgehen doch ansatzweise repräsentativ für das gesamte Ausmaß des Grauens stehen kann. Der lokale Ansatz dieses Projekts hat aufgezeigt, daß Judenver-

---

Ev. Arbeitskreis Kirche und Israel in Hessen und Nassau, 27. Januar - Tag des Gedenkens an die Opfer des Nationalsozialismus, Frankfurt 1996, Eschersheimer Landstr. 565, 60431 Frankfurt.

[4] vgl. Ministerium für Kultus und Sport. Kultus und Unterricht. Amtsblatt des Ministeriums für Kultus und Sport Baden-Württemberg: Bildungsplan für die Berufsschule. Band 1. Allgemeine Fächer (Pflicht- und Wahlpflichtfächer, Zusatzunterricht) vom 24. April 1989. Lehrplanheft 9/1989. Stuttgart 1989. S. 103.

folgung nicht irgendwo stattfand, sondern auch hier vor der eigenen Haustür. Bei einem solchen Vorgehen hat der Schüler nicht den Eindruck, Geschichte passiere immer irgendwo anders oder „es betrifft einen ja doch nicht" und „man kann ja eh' nie etwas tun", sondern er kann erkennen, daß Geschichte ein andauernder Prozeß ist, in dem wir uns alle befinden und den auch wir mitgestalten können.

Außerdem wollte dieses Projekt die Schüler zur Erkenntnis führen, daß unser Gemeinwesen vom Miteinander verschiedener, auch fremdartiger Gruppen lebt und daß dazu ein „Sich-Kennenlernen" und Toleranz notwendig sind. Denn Vorurteile entstehen, wenn man es mit Unbekanntem und/oder Fremdem zu tun hat. Subtile Angst vor Unbekanntem und Fremdem konnte aber schon immer von Agitatoren und Machtbesessenen zu ihren Zwecken instrumentalisiert werden. Deshalb sollten die Schüler die ihnen teilweise fremde jüdische Religion und Kultur, die so viele Jahre im deutschen Gemeinwesen integriert war, ein wenig kennenlernen. Eine Führung in der Mannheimer Synagoge und der Besuch des jüdischen Friedhofs dienten jedoch nicht nur diesem Kennenlernen. Da die Gräber auf einem jüdischen Friedhof nie beseitigt werden, konnten die Schüler sehen, wie selbstverständlich Generationen jüdischer Bürger in Mannheim lebten und auch dort ihre letze Ruhestätte fanden. Durch die augenfällige Tatsache, daß in der Zeit der Judenvernichtung jahrelang keine Bestattungen mehr stattfanden, wurde deutlich, wie diese Kontinuität durch die Ereignisse des „Dritten Reiches" jäh unterbrochen wurde.

Da anhand von Einzelschicksalen Entwicklungen erarbeitet werden sollten, mußte die Auswahl so getroffen werden, daß eine gewisse Repräsentativität mit dem Gesamtschicksal der Juden gewährleistet war. Dazu wurde ein vereinfachtes Auswahlraster zugrundegelegt. Es gab folgende grundsätzlichen „Schicksalsalternativen", die einem Juden während der Nazidiktatur widerfahren konnten:

(1) Emigration in das Ausland und Rückkehr nach Ende des 2. Weltkrieges,
(2) Deportation und Ermordung in einem Vernichtungslager,
(3) Emigration in das Ausland und Verbleiben in der Emigration auch nach Ende des 2. Weltkrieges,
(4) Untertauchen und Überleben im Untergrund.

Für die „Schicksalsalternativen" (1) - (3) wurden prominente Mannheimer Juden ausgewählt. Die Schüler erhielten fotokopierte Materialien über „ihren" jüdischen Bürger, die die Grundlagen für die weitere Arbeit darstellten. Die Alternative (4) wurde bei diesem Projekt ausgeklammert, da kein prominenter Mannheimer Jude mit diesem Schicksal ausfindig gemacht werden konnte. Als Ergänzung wurde ein weiterer prominenter Mannheimer Jude in die Spurensuche aufgenommen. Sein Leben und Wirken in Mannheim fand vor der Machtergreifung der Nationalsozialisten statt. Da die Mannheimer seiner Großzügigkeit das größte städtische Hallenbad, das Herschelbad, verdanken, das auch seinen Namen trägt, ist er für alle Bürger dieser Stadt ein Begriff. Er wurde ausgewählt, um den Schülern zu verdeutlichen, wie stark verwurzelt und selbstverständlich jüdisches Leben im Mannheim vor 1933 war.

Die Spurensuche erfolgte anhand folgender exemplarischer Lebensschicksale:

– *Max Hachenburg*
  wurde am 01.10.1860 in Mannheim geboren und starb am 23.11.1951 in seinem Exil in Berkley (Kalifornien). Nach Abschluß seines Jurastudiums arbeitete er in

Mannheim als Anwalt. Hachenburg war ein typischer Vertreter des „assimilierten Juden". Als die ersten Ausschreitungen gegen Juden begannen, war er zunächst nicht gewillt, Deutschland zu verlassen. Erst nach Zerstörung seiner Geschäftsräume und der Deportation seines Sohnes wanderte er in die USA aus, wo er 1951 starb. Seine Urne ließ er auf den jüdischen Friedhof Mannheims überführen, was trotz allem Geschehen die Verbundenheit mit seiner Heimatstadt dokumentiert. Mannheim verlieh ihm die Ehrenbürgerwürde und benannte eine Straße nach ihm. Außerdem trägt eine der Mannheimer Handelslehranstalten seinen Namen: die Max-Hachenburg-Schule.

– *Pauline Maier*

wurde 1877 bei Heidelberg geboren. Nach einer ersten Tätigkeit am jüdischen Krankenhaus in Mannheim im Jahr 1913 trat sie ihren Dienst im Ersten Weltkrieg an, der sie auch an die Front führte. 1922 wurde sie Oberin am jüdischen Krankenhaus in Mannheim. Als die meisten Mannheimer Juden 1940 in das südfranzösische Lager Gurs deportiert wurden, begleitete sie ihre Patienten, obwohl sie in Mannheim hätte verbleiben können. Auch beim Transport der Lagerinsassen von Gurs in die Vernichtungslager im Osten verlangte Pauline Maier, die anderen Gefangenen zu begleiten. In Auschwitz verliert sich ihre Spur. Die Stadt Mannheim benannte das frühere jüdische Krankenhaus, das heute ein städtisches Alten- und Pflegeheim ist, nach ihr.

– *Florian Waldeck*

wurde am 15.12.1886 in Mannheim geboren. Ebenfalls in seiner Geburtsstadt ist er am 28.09.1960 gestorben. Nach seinem Jurastudium arbeitete er in der Kanzlei seines Onkels in Mannheim. Im Vorfeld seiner Eheschließung mit einer katholischen Frau konvertierte er zum evangelischen Glauben. Mannheim diente er als Stadtverordneter, später war er Abgeordneter im badischen Landtag, dessen Vizepräsident er 1929 wurde. 1939 flüchtete er nach Belgien. Nach Ende der Naziherrschaft kehrte er nach Mannheim zurück und zog für die CDU in den Mannheimer Gemeinderat ein. Neben anderen Ehrungen wurde er Ehrenbürger Mannheims. Die Stadt Mannheim benannte den früheren Sitzungssaal des Gemeinderats im Reiß-Museum in „Florian-Waldeck-Saal". Sein Grab befindet sich auf dem Städtischen Hauptfriedhof.

– *Bernhard Herschel*

wurde am 23.12.1837 in Emmerich geboren und verstarb am 20.02.1905 in Mannheim. Bernhard Herschel kann aufgrund seines Lebens und Sterbens weit vor der Machtergreifung der Nationalsozialisten nicht als Beispiel für die Judenverfolgung dienen. Seine Auswahl für das „Projekt Spurensuche" war anders begründet. Sein Leben und Wirken in Mannheim sollte zeigen, wie integriert jüdisches Leben im Mannheim war.

Herschel war Eigentümer einer Mannheimer Tabakgroßhandlung. Für die Nationalliberale Partei saß er im Mannheimer Gemeinderat. Zwei von ihm gestiftete Brunnen im Hof des Mannheimer Schlosses sind leider nicht mehr erhalten. Allerdings ist der Name Herschel im heutigen Mannheimer Stadtbild wieder präsent. Herschel stiftete 500 000 Goldmark für den Bau eines städtischen Hallenbads, das nach ihm benannt wurde. In der Zeit des Nationalsozialismus wurde das Bad in

„Städtisches Hallenbad" umbenannt. Das Bad trägt seit Ende der Naziherrschaft wieder seinen Namen.

Die meisten Schüler der Berufsschulklasse kannten die Mannheimer Örtlichkeiten (Straßen, Schwimmbad, Mahnmale etc.), die mit den ausgewählten Juden in Verbindung stehen. Durch dieses Projekt lernten Sie diese Personen kennen und verknüpften sie mit den gefundenen Spuren. Sie erfuhren, daß über 8 000 Juden in Mannheim vor dem 2. Weltkrieg lebten und waren so mit der Frage konfrontiert, wo sie alle geblieben sind. Die Schüler übertrugen das Schicksal der ausgewählten Juden auf das Schicksal aller 8 000 in Mannheim lebenden Juden. Durch die Aktivierung des Wissens über die Judenverfolgung aus früheren Schulen banden sie den Stoff über die Verfolgung der Mannheimer Juden dann in den Genozid der gesamten europäischen Juden ein.

Ablauf des Projekts

Die Durchführung des Projekts *„Spurensuche"* erfolgte in zwei Teilen. Der erste Teil umfaßte die selbständige Beschäftigung der Schülergruppen mit je einem Einzelschicksal als Hausarbeit. Der zweite Teil war der eigentliche Projekttag. Die zehn Schüler/innen bildeten vier Gruppen. Die Anzahl der Gruppen ergab sich aus den vier ausgewählten Mannheimer Juden mit ihren exemplarischen Lebensschicksalen. So entstanden zwei Zweiergruppen und zwei Gruppen mit je drei Gruppenmitgliedern. Als Hausaufgabe machten sich die Schüler mit dem Leben „ihres" Mannheimers vertraut und verfaßten ein kurzes Referat über ihn. Dabei wählten sie aus dem zur Verfügung gestellten Material eigenständig die Informationen aus, die ihnen wichtig erschienen.

Der zweite Teil des Projekttages beinhaltete die Spurensuche in der Stadt selbst. Schüler und Lehrer begaben sich an die verschiedenen Stellen der Stadt, an denen jüdisches Leben herrschte, wo Nazigewalt an Juden anhand steinerner Zeitzeugen wahrgenommen werden kann. Neben dem Aufsuchen von Gebäuden, die mit dem Leben und Wirken der prominenten Mannheimer Juden in Verbindung stehen, war der Besuch des jüdischen Friedhofs ein wichtiger Teil dieses Projekts. Die Schüler entdeckten hebräische Schriftzeichen und ihnen unbekannte Symbole. Ihre Beobachtungen und die dadurch entstehenden Fragen konnten Lehrer und Friedhofsverwalter aufgreifen und erklären. Da die auf einem jüdischen Friedhof Bestatteten „ewige Ruhe" genießen, d.h. ihre Gräber im Gegensatz zu christlichen Friedhöfen nie beseitigt werden, konnte hier zum einen die kontinuierliche Entwicklung jüdischen Lebens in einer Stadt aufgezeigt werden und zum anderen deren abruptes Ende während der Zeit der Nazidiktatur.

Die Arbeitsgruppen führten die Klasse zu den Gräbern. Dabei konnten verschiedene Aspekte, die einen jüdischen Friedhof von einem christlichen unterscheiden, ebenso wie die Bedeutung von Grabinschriften und Symbolen, erläutert werden. Verschiedene Schüler wiesen von sich aus die Klasse auf Besonderheiten und Beachtenswertes hin. So führte eine Gruppe die Klasse ohne Aufforderung zu dem Sammelgrab der Umgebetteten aus dem alten jüdischen Friedhof (der von den Nazis beseitigt wurde) und erklärte die Hintergründe. Auch andere Fragen wurden zwischen den Gruppen geklärt. Als Lehrer konnte ich mich weitgehend zurückhalten.

Alle Stationen und alle gefundenen Spuren wurden mit einem Fotoapparat festgehalten. Die Fotos dienten der Nachbereitung und Dokumentation der Exkursion. Hier gestalteten die einzelnen Arbeitsgruppen Wandzeitungen, auf denen jede Gruppe die für sie wichtigen Ergebnisse der Spurensuche festhielt. Diese wurden an einem gut frequentierten Ort der Schule ausgehängt. Neben den am Exkursionstag gemachten Fotos standen als Material die in der Vorbereitungsstunde ausgeteilten Kopiensätze mit Informationen und Abbildungen der Prominenten zur Verfügung.

Bewertung

Die dem Projekt *„Spurensuche"* zugrundeliegende Intention war, durch das Verlassen des Lernorts Schule einen Rahmen zu schaffen, in dem Schüler eventuell bereit sein könnten, sich für das Thema Judenverfolgung zu öffnen und zu engagieren. Dies nicht zuletzt deshalb, weil den Schülern breiter Raum für ihre Aktivitäten eingeräumt wurde und sie die Gelegenheit erhielten, Unterricht selbst zu gestalten. Die vom „üblichen" Unterricht abweichenden Kommunikationsformen, der Informations- und Erfahrungsaustausch der Schüler untereinander sowie der Schüler mit den Führern an den historischen Stätten, sollte das Erreichen inhaltlicher wie übergeordneter Lernziele begünstigen. Durch Anknüpfungspunkte mit anderen Fächern, etwa der Religionslehre aber auch der Geographie, sollte das Denken in Zusammenhängen gefördert werden. Ein Nebeneffekt war, den Schülern die Bedeutung von Gedenkstätten und die Notwendigkeit ihrer Erhaltung bewußt zu machen. Ein weiterer Anspruch dieses Projekts war es, Berührungsängste abzubauen, die aus dem Nichtkennen der jüdischen Religion und Kultur rühren. Das anfänglich von einigen Schülern geäußerte Unbehagen, religiöse jüdische Stätten (Synagoge und Friedhof) zu besuchen, war am Ende des Projekts nicht mehr vorhanden. Dies kann nicht nur aus verbalen Äußerungen geschlossen werden, sondern auch aus der Beobachtung, daß die Schüler zunehmend unbefangener agierten. So weigerte sich anfänglich einer der männlichen Schüler, eine Kippa[5] in der Synagoge zu tragen, was er auch nicht mußte, da ich den männlichen Schülern im Vorfeld eingeräumt hatte, Baseballmützen als alternative Kopfbedeckung mitzubringen. Beim zweiten Teil der Exkursion, dem Besuch des Friedhofs, entbrannte dagegen ein kleiner Streit zwischen den zwei männlichen Schülern, wer die sehr schön gearbeitete und reich verzierte Kippa des Friedhofsverwalters tragen durfte.

Den Schülern wurde sehr wohl bewußt, daß die Einzelschicksale, mit denen sie sich beschäftigten, nur stellvertretend für alle verfolgten, vertriebenen und ermordeten Juden stehen können. Die Zahl von sechs Millionen ermordeter Juden trat nie hinter die drei ausgewählten zurück. Aber den Schülern gelang es tatsächlich durch diese exemplarische Vorgehensweise, sich mit den Opfern zu identifizieren. Ver-

---

[5] Kippa ist eine religiöse Kopfbedeckung, die Männer ca. ab dem 13. Lebensjahr an religiösen Orten, wie in der Synagoge oder auf dem Friedhof, tragen.

schiedene Äußerungen der Schüler während der Exkursion, in denen sie Fassungslosigkeit und Mitgefühl äußerten, belegen dies. Auch das Engagement der Schüler, die Wandzeitung „ausstellungsreif" zu machen, zeigt, daß ihnen bewußt war, daß sie sich damit an alle Schüler der Schule wenden, die im Flur diese Tafeln betrachten werden. Auch sie sollten Kenntnis vom Geschehen hier vor Ort erhalten.
Jedes Gruppenmitglied zeigte sich über die entsprechenden Lebensläufe der ausgewählten Mannheimer gut informiert. Alle hatten sich Gedanken gemacht, zu welchen Orten die Spurensuche führen sollte. Während der Spurensuche wurde deutlich, daß die Schüler nicht nur flüchtig die Lebensdaten „ihrer" Mannheimer zusammenfaßten, sondern, daß sie sich damit eingehend beschäftigt hatten. So erzählten die Schüler der entsprechenden Arbeitsgruppen, als wir an einem „steinernen Zeugen" angekommen waren, Fakten zum Leben des entsprechenden Mannheimers. Es zeigte sich auch, daß sich die Schüler vor der Exkursion orientiert hatten, an welcher Stelle im Stadtgebiet die aufzusuchenden Örtlichkeiten liegen, denn die Schüler machten die Vorschläge, wie die Route zusammengestellt werden sollte. Wie schon erwähnt, wurden auftauchende Fragen zwischen den Schülern beantwortet, und was mir noch wichtiger erscheint, wurden die Fragen auch direkt an die Schüler der jeweiligen „Expertengruppe" und nicht an den Lehrer gestellt. So war es nicht nur möglich, mich als Lehrer zurückzunehmen und lediglich als Moderator zu fungieren, zeitweise war selbst dies nicht notwendig, weil die Kommunikation ausschließlich zwischen den Schülern stattfand.
Daß sie die gelungene Ausarbeitung nicht ohne Stolz auf ihre Leistung präsentierten, merkte man auch daran, daß einige Gruppen ihre handschriftlich ausgearbeiteten Manuskripte nachträglich mit Computer abschrieben, so daß sie ein optisch ansprechenderes Exemplar für die Gestaltung der Wandzeitung hatten. Das Gestalten der Wandzeitung bereitete den Schülern sichtlich Freude. Selbst in den Pausen vor und nach meinem Unterricht in dieser Klasse arbeiteten die Schüler freiwillig an der Fertigstellung weiter. Bei einigen Schülern konnte man auch eine bemerkenswerte Liebe zum Detail feststellen. So brachten sie spezielle weiße Stifte mit, damit sie direkt auf den schwarzen Untergrund der lackierten Preßspanplatten schreiben und sie auch graphisch ausschmücken konnten. Die Schüler berichteten mit einer Mischung aus Verlegenheit und Stolz, daß sie von anderen Schülern der Schule auf die Wandzeitung und das Projekt angesprochen wurden. Nicht nur hieraus kann geschlossen werden, daß die Wandtafeln auch bei anderen Schülern Beachtung fand. Während der Projekttage im Juli, einige Tage vor den Sommerferien, wurde das Projekt „Spurensuche" in leicht abgewandelter Form als ein Projekt unter 26 anderen durchgeführt. Die Schüler waren bei ihrer Wahl für ein Projekt völlig frei. Trotz starker „Konkurrenz" mit in der Mehrzahl nicht an Lehrplaninhalten orientierten anderen Projekten, wie Streetfußball, Fotografieren etc. entschieden sich für diese „Neuauflage" des Projekts „Spurensuche" immerhin 15 Schüler, was auch die maximal mögliche Teilnehmerzahl war.
Die Grundidee, anhand exemplarischer Lebensschicksale Geschichte auf lokaler Ebene in einem Projekt von Schülern erforschen zu lassen, kann sicher in vielen Klassen auch außerhalb des beruflichen Schulwesens übernommen werden. Allerdings muß das Konzept je nach Schulart, Klassenstufe, Zusammensetzung der Klasse, Zeitrahmen u.a.m. modifiziert werden. Wird dies berücksichtigt, scheint mir die Konzeption des Projekts „Spurensuche" besonders dazu geeignet, Schülern

eine „Auseinandersetzung mit dem Nationalsozialismus" zu ermöglichen. Ich bin der Überzeugung, daß dieses Projekt dazu beitrug, die Schüler in ihrer „Ablehnung gegenüber totalitären und diktatorischen Strömungen" zu bestärken und somit einen kleinen Beitrag für eine wehrhafte Demokratie darstellt.

Ziele und Übersichtsplan zum Projekt

Bei der Konzeption dieses Projektunterrichts war die Berücksichtigung der sogenannten übergeordneten Lernziele von zentraler Bedeutung. In den verschiedenen Publikationen existieren dazu fast endlose Aufzählungen. Bei der Lernzielauswahl für das „Projekt Spurensuche" stehen folgende im Mittelpunkt:
- Kooperationsbereitschaft
- kritische Toleranz
- Kommunikationsfähigkeit
- Selbständigkeit
- Methodenkompetenz, also die Fähigkeit, erworbene Fähigkeiten auf die Lösung anderer Problemfelder zu übertragen [im folgenden verkürzt als *Methodenkompetenz* bezeichnet]
- „kreatives Denken in komplexen Zusammenhängen und ein entsprechendes Handeln"[6] [im folgenden verkürzt als *kreatives Denken* bezeichnet]

Es wird immer wieder die Frage gestellt, ob in der Zeit des Nationalsozialismus tatsächlich viele nichts von der Judenverfolgung mitbekommen haben, wie dies oftmals beteuert wird, oder ob es auch für die breite Masse, hätte sie denn sehen und hören wollen, genug Hinweise für das Unfaßbare gab. Vor diesem Hintergrund muß es Aufgabe des Geschichts- bzw. Gemeinschaftskundeunterrichts sein, beim Thema Nationalsozialismus, dieses „Sehen- und Hörenwollen" als weiteres übergeordnetes Lernziel zu bestimmen. Das bedeutet, darauf hinzuwirken, daß Mißstände und Ungerechtigkeiten nicht einfach hingenommen werden, sondern daß die Schülern lernen, den Mut für Zivilcourage aufzubringen.

Die übergeordneten Lernziele *Methodenkompetenz* und *kreatives Denken* durchziehen das gesamte „Projekt Spurensuche" und werden deshalb nicht jedesmal den einzelnen Lernschritten zugeordnet, sondern nur dort, wo sie in ganz besonderem Maße angestrebt werden.

Maximalplanung

Der Projekttag ist zeitlich offen, so daß keine Maximalplanung erforderlich ist.

Gesamtlernziel

Der Schüler soll erkennen, daß Toleranz gegenüber Minderheiten und Andersdenkenden zu den Grundpfeilern eines demokratischen Gemeinwesens gehört. Er soll sich bei zukünftigen Begegnungen mit den lokalen steinernen Zeugen stets an die Verachtung der Menschenwürde, wie sie mit der Judenverfolgung durch das Unrechtsregime der Nationalsozialisten zum Ausdruck kam, erinnern.

---

[6] Vgl. Ministerium für Kultus und Sport a.a.O. (Anm. 14) S. N116.

Spurensuche und Erinnern

TZ	Lernziele / Taxonomieebene nach Bloom	Lernziel: Der Schüler soll [...]	Bewertungsmaßstab
1	– Verstehen 2.00 übergeordnete Lernziele: – Kooperationsbereitschaft – Selbständigkeit	[...] selbständig das Leben und Wirken eines ausgewählten Mannheimer Juden als Kurzreferat ausarbeiten.	korrekte, prägnante Darstellung der wichtigsten Lebensdaten
2	– Verstehen 2.00	[...] ein grundlegendes Verständnis über die jüdische Kultur und Religion gewinnen.	inhaltlich richtige Erklärung
3	übergeordnetes Lernziel: – Kommunikationsfähigkeit	[...] im Wechselspiel mit den anderen Mitgliedern seiner Projektgruppe beim Besuch der entsprechenden historischen Stätten über 'seinen' Mannheimer Juden referieren können.	inhaltlich korrekter, freier, flüssiger Vortrag
4	– Beurteilen 6.00	[...] die Bedeutung von Gedenkstätten und Mahntafeln aufgrund der Auseinandersetzung mit dem Schicksal von Mannheimer Juden erkennen und bewerten können.	– –
5	übergeordnete Lernziele: – kritische Toleranz – Kreatives Denken und Handeln	[...] sich des Beitrags des jüdischen Bevölkerungsanteils in Mannheim für die Stadt und ihr kulturelles Leben bewußt werden ebenso wie die Notwendigkeit von Toleranz für ein blühendes Gemeinwesen.	– –
6	– Synthese 5.00	[...] als Gruppenarbeit eine Wandzeitung produzieren, die das Ergebnis der Spurensuche der entsprechenden Arbeitsgruppe dokumentiert.	für „Dritte" nachvollziehbare vollständige Dokumentation des Projekts und der im Projekt gewonnen Erkenntnisse

Phasen, Teilziele	Formulierung der Lernschritte	U-Methode, Aktions-, Sozialform	Terminierung
Aufgabe TZ 1	Erarbeitung der Lebensschicksale und Ausarbeitung eines Kurzreferats	– Hausaufgabe – induktiv erarbeitend – Partner-/Gruppenarbeit	in der Blockpause der Klasse vom 18.03.96 bis 07.05.96
Exkursion TZ 2	Besuch der Mannheimer Synagoge und Führung durch ein Mitglied der jüdischen Gemeinde Mannheims.	Vortrag	09:00 h bis 10:30 h
Exkursion TZ 3, 4, 5	Spurensuche: Die Gruppen führen die Klasse zu Örtlichkeiten in Mannheim, an denen Zeugnisse früheren jüdischen Lebens zu finden sind und an Lebensstationen oder Wirkungsstätten der ausgewählten Mannheimer Juden und stellen den Zusammenhang zu „ihrem" Mannheimer Juden durch ein Referat her. – Friedensengel: Gedenkstätte für die Opfer der Gewaltherrschaft – ehemaliger jüdischer Friedhof im Mannheimer Quadrat F7, der unter den Nazis zwangsweise geräumt werden mußte; Gedenktafel – Herschelbad, im Quadrat U3 mit Bronzetafel, die über die Stiftung des Bades durch Herschel informiert – Pauline-Maier-Haus in der Bassermannstraße: Gedenktafel und Photo im Eingangsbereich und weitere Hinweistafel neben dem Außentor – jüdischer Friedhof in Mannheim mit den Gräbern von Bernhard Herschel und Max Hachenburg, außerdem Stein mit Hinweis auf die unter Druck der Nazis umgebetteten Gebeine aus dem ehemaligen Friedhof in F7 – Hauptfriedhof in Mannheim mit dem Grab von Florian Waldeck – Max-Hachenburg-Schule, am Tattersall mit Photo und Hinweisen im Treppenhaus – Zeughaus des Reiß-Museums mit dem Florian-Waldeck-Saal	– induktiv – entdeckenlassend – Partner-/Gruppenarbeit	10:30 h bis ca. 16:00 h dazwischen gegen 12:00 h bis ca. 13:00 Besuch des jüdischen Friedhofs und des Städtischen Hauptfriedhofs
Dokumentation TZ 6	Diskussion und Nachbereitung des „Projekts Spurensuche" und Dokumentation durch Erstellen der Wandzeitung	– fragend-entwickelnd – Partner-/Gruppenarbeit	13.05.96 / 03.06.96 11:25 - 12:10 h (dazwischen Pfingstferien)

Spurensuche und Erinnern 213

> **Arbeitsanweisungen und Materialien, die die Gruppen erhielten:**

1. Allgemeine Informationen zu/über:

- 4 Abbildungen der Mannheimer Synagoge heute
- Gedenktafel an die 1938 zerstörte Synagoge
- Bilder des alten jüdischen Friedhofs, der heute nicht mehr existiert
- eine ausführliche Information über den heutigen jüdischen Friedhof
- Zeugnis eines Zeitzeugen über die Folgerungen aus der Schoa
- eine Übersicht über das Schicksal der Mannheimer Juden in der Schoa
- Bilder aus dem KZ Gurs, Südfrankreich, in das die Mannheimer Juden 1940 deportiert wurden

2. Spezielle Informationen und Aufgaben zu der jeweiligen Person, deren Schicksal zu erforschen war:

Darstellung des Projekts

- Sie sind Teil und gleichzeitig Hauptakteur eines Projektunterrichts, der das Unterrichtsthema Judenverfolgung durch den Nationalsozialismus beispielhaft anhand von Lebensschicksalen prominenter Mannheimer jüdischer Bürger erarbeiten will.
- Die Arbeit wird in 4 Projektgruppen aufgeteilt. Jede Projektgruppe erforscht anhand des bereitgestellten Materials das Leben eines ausgewählten jüdischen Mannheimer Bürgers.
- Höhepunkt des Projekts wird unserer Exkursionstag am 09.05.1996 sein. Wir werden zu Fuß Mannheim nach Spuren jüdischen Lebens durchsuchen, insbesondere bzgl. der ausgewählten jüdischen Mannheimer. An diesem Tag werden wir auch den jüdischen Friedhof in Mannheim besuchen. (An diesem Tag findet für Sie kein anderer Unterricht statt!)

Ihre Aufgabenstellung

- Machen Sie sich mit den Lebensdaten und Lebensstationen des ausgewählten Mannheimers vertraut. Sie sind für Ihren Prominenten verantwortlich. Sie sind der Fachmann, der uns Fragen beantworten wird!
- Stellen Sie einen tabellarischen Lebenslauf zusammen!
- Finden Sie Gebäude, Örtlichkeiten, Straßen, Plätze, Gedenktafeln, Bilder, Gräber und ähnliche Zeugnisse des Lebens von Ihrem Mannheimer!
- An unserem Exkursionstag (09.05.96) werden wir eine Stadtrallye unternehmen, um die Lebensstationen der ausgewählten jüdischen Bürger in Augenschein zu nehmen und photographisch zu dokumentieren. Ihre Aufgabe ist es für den Ihrer Gruppe zugeteilten Prominenten eine Tour auszuarbeiten, die am Exkursionstag von uns zu Fuß „abgelaufen" wird.
- Die am Exkursionstag gemachten Photos werden Bestandteil Ihrer Wandzeitung.

Dokumentation

Die Ergebnisse Ihrer Arbeit werden in verschiedenen Stufen dokumentiert:
- *Referate*
- *Bericht im Jahrbuch* der Friedrich-List-Schule
  je eine *großflächige Wandzeitung* (ca. 70x100 cm) pro Gruppe, die im Schulgebäude der Friedrich-List-Schule aufgehängt werden; jede Wandzeitung wird mit den Namen und Photos der Gruppenteilnehmer versehen.

Betrachten Sie dieses Projekt als Chance Schule, auf eine neue Art kennenzulernen und persönliche Erfahrungen zu sammeln!

Hausaufgabe bis zum 06.05.1996
- Lesen Sie die einführende Literatur!
- Erstellen Sie ein Kurzreferat mit einem Lebenslauf des von Ihrer Gruppe ausgewählten Mannheimers!
- Erarbeiten Sie die Stationen für die Route der Stadtrallye am Exkursionstag für Ihren Prominenten!

Abschließende Hinweise
- Um Ihre Aufgaben zu erfüllen, bedienen Sie sich der beiliegenden Literatur!
- Falls Sie Lust verspüren auf „eigene Faust" weitere Informationen bzgl. „Ihres" Prominenten zu sammeln, dann beginnen Sie damit am besten in der Stadtbücherei Mannheim (Stadthaus N1 / am Paradeplatz).
- Werfen Sie auch einen Blick in das Straßenverzeichnis eines Mannheimer Stadtplans!
- Falls Fragen auftauchen, können Sie sich an mich wenden (es folgte die Adresse mit Telefonnummer).

Literatur

1) *Förderkreis historischer Grabstätten in Mannheim e.V.*, Die Friedhöfe in Mannheim. Wegweiser zu den Grabstätten bekannter Mannheimer Persönlichkeiten. Mannheim 1992. [Stadtbücherei Mannheim (Db Frie)] S. 305 - 311
2) *Watzinger, Karl Otto,* Geschichte der Juden in Mannheim 1650 - 1945. Stuttgart u.a. 1984. [Stadtbücherei Mannheim (De Watz)] S. 125, 156
3) *Keller, Volker, Bilder vom jüdischen Leben in Mannheim.* Mannheim 1988. [Stadtbücherei Mannheim (De Bild)]
4) *Stadtjugendamt Mannheim,* „Auf einmal da waren sie weg": Jüdische Spuren in Mannheim. Mannheim 1995. [Stadtbücherei Mannheim (De Auf)]
5) *Schulverwaltungsamt Mannheim,* Schule aber wie? Erinnern für die Zukunft. Reichskristallnacht in Mannheim". Das Schicksal der Mannheimer Juden. Mannheim 1988. [Stadtbücherei Mannheim (De Erin)]

5. Spurensuche und Erinnern – Beispiel IV:
Jüdische Geschichte in Deutschland – Jüdische Stadtgeschichte
Anregungen zur Spurensuche in Worms und Berlin

Albrecht Lohrbächer

1. Jüdische Geschichte in Deutschland – exemplarisch

Sehr beliebt sind zu geschichtlicher Erkundung, auch im Rahmen von Freizeitaktivitäten, sog. 'Stadtrallys', hier erforschen die Teilnehmer die Stadt mit Hilfe von bestimmten Aufgaben, die ihnen zuvor gestellt wurden oder die sie sich selbst erarbeitet haben. Auch wenn der Begriff „Rally" für die Spurensuche nach jüdischer Geschichte angesichts der Pogrome und der Schoa unangemessen ist, so hat die Methode Anregungen zur Erkundung jüdischer Geschichte in zwei bekannten deutschen Städten mit einer langen jüdischen Geschichte gegeben: *Worms und Berlin*.

<u>Worms</u> war im Mittelalter eines der bedeutendsten Zentren jüdischen Lebens, es hat den ältesten jüdischen Friedhof Europas und spiegelt neben einer positiven Geschichte auch die ganze Tragödie jüdischer Existenz in Deutschland wider. Das 'jüdische Worms', in dem es nach der Schoa bislang keine jüdische Gemeinde mehr gibt, sollte von allen, die sich mit jüdischer Geschichte beschäftigen und denen Erinnern ein Anliegen ist, unbedingt besucht und eben erkundet werden.

<u>Berlin</u> weist die reichhaltigste jüdische Geschichte in Deutschland auf.

In der Anlage finden sich einige notwendige, kurz gehaltene, als Hinweise zu weiterer vorbereitender Erkundung bzw. als Anreiz zu einem Projekt gedachte Informationen über die beiden Städte. Sie sind auch als Beispiele gedacht, andere Orte in Deutschland entsprechend kennenzulernen.

2. Literatur mit Hinweisen auf Orte bzw. Stätten mit jüdischer Geschichte:

Susanne Weinrich, Davids Stern an Rhein und Neckar, Ausflüge auf den Spuren jüdischen Lebens in Baden-Württemberg, Stuttgart 1990 (Silberburg-Verlag)

Peter Hirsch, Billie Ann Lopez, Reiseführer durch das jüdische Deutschland, München 1993 (Verlag Roman Kovar)

Der *„Studienkreis Deutscher Widerstand"*, Rossertstr. 9, 60323 Frankfurt, gibt *„Heimatgeschichtlicher Wegweiser zu Stätten des Widerstandes und der Verfolgung 1933 - 1945"* heraus, gegliedert nach Regionen. Für regional bezogene Studiengänge bzw. Studienfahrten sind diese Übersichten unverzichtbar, weil es nirgends eine vergleichbare Übersicht über alle nationalsozialistischen Maßnahmen sowie Personen und Gruppen des Widerstands gibt. Bisher erschienen: Baden-Württemberg/Bremen/Hessen (z.T.)/Schleswig-Holstein (z.T.) – Stand: Februar 1998

Ulrike Puvogel, Gedenkstätten für die Opfer des Nationalsozialismus, Bonn 1995, Bundeszentrale für politische Bildung, Berliner Freiheit 7, 53111 Bonn, bisher erschienen: Band I für alle westlichen Bundesländer

3. Allgemeine Hinweise zur Erkundung von 'jüdischen Städten':
1. Eine gründliche Vorbereitung ist Vorbedingung. Nicht immer sind 'Stadtführer/innen' geeignete Helfer/innen, da sie sich nicht selten nur sehr oberflächlich mit jüdischer Geschichte des Ortes beschäftigt haben und noch seltener kundig über Judentum Auskunft geben können. Durch solche Führungen werden oft vorhandene Vorurteile gegen Juden und Judentum noch verstärkt.
2. So bleibt oft die Mühe eigener Einarbeitung zur Vorbereitung nicht erspart, der Gewinn an Einsicht und Wissen in eine reiche Geschichte entschädigt den Aufwand! In fast allen Städten mit jüdischer Geschichte gibt es Broschüren oder Bücher, die man sich schicken lassen kann; Auf jeden Fall sind entsprechende Auskünfte in den Stadtarchiven oder Museen zu erhalten.[7]
3. Ein Besuch in einem 'jüdischen Ort' sollte nicht beginnen oder sich erschöpfen mit einem Besuch auf dem jüdischen Friedhof. Auch wenn diese Friedhöfe oft als einzige noch die Anwesenheit von Juden und deren Bedeutung dokumentieren, so sind sie zunächst einmal Orte der Totenruhe, die nicht einfach anderen Zwecken dienstbar gemacht werden können. Wenn Heerscharen von Jugendlichen/Erwachsenen, noch dazu ohne die obligatorische Kopfbedeckung, 'einfallen' wollen, dann muß zumindest bei der Vorbereitung gefragt werden, wie man den Friedhof angemessen begehen und dabei die Würde des Ortes wahren kann. Daß der Besuch am Schabbat, dem Tag der Freude, an dem jüdische Friedhöfe grundsätzlich geschlossen bleiben, vermieden werden soll, ist selten im Bewußtsein. Außerdem muß immer wieder bedacht werden, ob nicht der Friedhofsbesuch den Eindruck verstärkt, man habe es in Deutschland nur noch mit 'toten Juden' zu tun. Im übrigen ist es empfehlenswert, den Besuch nur zusammen mit einem Mitglied der jüdischen Gemeinde oder nur mit einem Begleiter/einer Begleiterin zu unternehmen, der/die empfohlen wurde.
4. Es ist empfehlenswert, eine Stadterkundung zur jüdischen Geschichte nicht mit anderen Erkundungsaufgaben zu verbinden, zumindest nicht am gleichen Tag. Die Thematik ist zu wichtig, als daß sie von anderen sicher auch wichtigen Themen an den Rand gedrängt werden dürfte. Falls vorhanden sollten Plätze mit einbezogen werden, an denen Spuren nationalsozialistischer Verbrechen noch erkennbar sind oder berichtet werden können.

---

[7] Es lohnt, bei allen Kommunen bzw. deren Archiven nach zugänglichen Veröffentlichungen nachzufragen, weil in einer sehr großen Zahl von Städten und Gemeinden im Westen Deutschlands und in den letzten Jahren in zunehmenden Maß auch in Ostdeutschland Hobbyforscher oder Historiker Erkundungen der jüdischen Geschichte vorgelegt haben. Oft sind diese auch bereit, eine Einführung zu geben und vor allem auch Rechenschaft über ihre Motivation und ihre Erfahrungen abzulegen; diese authentische Begegnung hat einen hohen Motivationswert!

4. Ideen zur Durchführung:

Eine (Ein-)Führung durch eine(n) kompetente(n) Ortskundige(n), danach selbständiges Arbeiten an den Aufgaben;
Erkundungsaufgaben/-fragen:
- Bedeutung der gesehenen Objekte in der jüdischen Geschichte;
- die Bedeutung der jüdischen Gemeinde anhand von wichtigen Personen aus ihrer Geschichte, anhand ihrer zahlenmäßigen Stärke;
- eine graphische Darstellung des Auf und Ab in den Beziehungen zwischen den Juden und ihrer nichtjüdischen Umwelt;
- eine Fotodokumentation zu den Spuren der jüdischen Geschichte als Ausstellung zusammenstellen, evtl. mit kopierten Dokumenten aus dem Stadtarchiv;
- erkunden, wie die Stadt ihrer jüdischen Bürger gedenkt;
- Passanten befragen nach ihrem Wissen über die jüdische Geschichte;
- je nach den noch vorhandenen Objekten sollten Wissensfragen zu Besonderheiten beantwortet oder wenigstens nach Auffälligkeiten zusammengetragen werden, die dann anschließend mit sachkundigen Menschen erörtert werden könnten.

Sehr vorteilhaft ist es, wenn Mitglieder der erkundenden Gruppe selbst den Gang vorbereiten und dann auch durchführen.

Das jüdische Worms

Bedeutung: Im Mittelalter war Worms eines der wichtigsten geistigen Zentren des europäischen Judentums. Es war Sitz einer berühmten Talmud-Hochschule (Jeschiwa), an der ca. 1060 einer der bedeutendsten jüdischen Lehrer, Raschi (= Rabbi Schlomo ben Jizchak) aus Troyes (Frankreich) studierte, siehe *M2*. Viele berühmte Juden sind mit Worms in Verbindung zu bringen.

Die Reputation der Wormser Juden im Reich war außerordentlich: „Von unseren Lehrern in Mainz, Worms und Speyer ist die Lehre ausgegangen für ganz Israel ..." – und alle Gemeinden in Deutschland und in den slawischen Königreichen hielten sich daran.[8] Mit dem Begriff „Schum" werden diese drei Städte (Spira, Warmaisa, Magenza) als führende Einheit in der jüdischen Geschichte der Zeit vom 11. bis zum 13. Jahrhundert wahrgenommen.

Geschichte, siehe *M1*: Die erste Niederlassung von Juden ist um 1000 verbürgt, doch gibt es berechtigten Anlaß zur Vermutung, daß zur Zeit der Römer bereits Juden in Worms, wie sonst auch entlang des Rheins, lebten. Zahlen: um 1096 ca. 400 Juden, nach der Katastrophe von 1349 (Pestpogrom) waren es im Jahre 1377 erst wieder 184 Juden, um 1500 ca. 250 Personen, 1744 ca. 500 Juden (=ca. 15% der Bevölkerung), ca. 1850 lebten 1000, Anfang 1933 1100 jüdische Bürger in Worms.
Es gab Zeiten freundlichen Nebeneinanders und gegenseitiger Befruchtung. 1074 z. B. gab Heinrich IV. „Juden und anderen Wormsern" ein besonderes Zollprivileg,

---

[8] Zitiert nach Fritz Reuter, Warmaisa, S. 35, Verlag Stadtarchiv Worms, 1984, S. 35.

mit dessen Hilfe sie an königlichen Zollstätten Zollfreiheit genossen. Für 1201 ist z.B. das Recht der Wormser Juden nachgewiesen, Waffen zu tragen und die Stadtmauer zu verteidigen. Bis in die Mitte des 14. Jahrhunderts hatten Juden, vergleichbar mit denen der christlichen Bürger, Rechte und Pflichten, allerdings waren dies zunächst nur verbriefte Rechte, die oft nur gegen Widerstand wahrgenommen werden konnten.

Daneben gab es immer wieder tiefe Brüche im Verhältnis von Juden und Nichtjuden. Dreimal während der Kreuzzüge, 1096,1146,1195, mußte die Gemeinde Mord und Zerstörung sowie Vertreibung erleiden, siehe *M3* zum ersten Kreuzzug. Trotzdem fand man immer wieder die Kraft, von vorn anzufangen, z.B. baute man 1174/75 die Synagoge schöner und größer wieder auf. Dazu errichtete man noch 1212/13 die daneben liegende Frauensynagoge.

Beim Pestpogrom (1349) fielen erneut christliche Gruppen mordend über die Juden her, zerstörten und raubten alles, was sie vorfanden.

Obwohl die Juden den verbrieften Schutz von Kaiser und Bischof von Worms hatten, konnten sie in diesen Verfolgungen nicht darauf setzen, der Kaiser schenkte den nichtjüdischen Bürgern nach 1349 sogar noch die Vermögen der geflohenen Juden.

Auch in den folgenden Jahrhunderten, in denen die Gemeinde ihre überragende Bedeutung für die Judenheit verloren hatte, gab es Zeiten des Aufbaus und des Friedens, aber auch Zeiten, in denen die Juden immer wieder harte Schläge erlitten. Im 19. Jahrhundert gelang dann endlich die bürgerliche Gleichstellung, die Juden verteilten sich zunehmend auch über die Stadt und nahmen am gesellschaftlichen wie am politischen Leben teil. Der kurze Emanzipationsprozeß endete in den Jahren nach 1933, bis dann zwischen 1938 (Zerstörung der Synagogen) und 1942 (Deportation) die Gemeinde und ihre Einrichtungen endgültig ausgelöscht wurden.

1961 wurde der Synagogenkomplex, der aus den noch bestehenden Grundmauern und aus den alten Bruchstücken den alten Bauplänen entsprechend restauriert worden war, neu seiner Bestimmung übergeben. Obwohl es bislang keine jüdische Gemeinde mehr in Worms gab und gibt, werden in der Synagoge immer wieder von angereisten Juden Gottesdienste abgehalten. Die jüdische Tradition in Worms darf nicht enden!

Besichtigung: (vgl. *M6*)

Hinweis: Auf dem Friedhof und in der Synagoge werden männliche Besucher gebeten, eine Kopfbedeckung zu tragen (für den Raum der Synagoge ist eine am Eingang erhältlich).

Es bieten sich für den Einstieg in den Rundgang zwei Alternativen an:

a) Jüdisches Museum im Raschi-Haus, *ursprünglich ein Lehrhaus, später das Gemeindehaus, heute Stadtarchiv und Museum.*

Die ca. 15 min dauernde Video-Vorführung zur Geschichte der jüdischen Gemeinde bietet eine sinnvolle Grundinformation. Anschließend könnte der Rundgang durch das interessante, überschaubare Museum mit seinen zwei Schwerpunkten stattfinden: Judentum als gelebte Religion in Geschichte und Gegenwart sowie Einblicke in die Geschichte der Juden in Worms. Beachtenswert ist u.a. eine Kopie des Wormser Machsor (Gebetbuch zu den Festtagen) aus dem Jahr 1272, erworben von der Gemeinde 1578. Weiter finden sich Abbildungen zur Tracht der Wormser Juden im 16. Jahrhundert; der Knoblauch (= hebr. Schum) in den Händen des Mannes zeugt von den oben genannten drei jüdischen Städten „Schu''m"; das Zwangsmerkmal „gelber Ring"; die Geburtshelferkröte in der Hand der Frau weist auf Kinderreichtum und die Bedeutung der Mutter für die jüdische Abstammung hin. Die Gans ist Hinweis auf die Beachtung der Speisegesetze.

b) Die Figurengruppe am Hauptportal des Doms zu Worms:

Hier läßt sich an der auf der rechten Seite abgebildeten Figurengruppe von vier Frauengestalten die ganze „Vergegnung" von Juden und Christen wie kaum an einem anderen Kirchengebäude in Europa wahrnehmen: 'Wenn wir uns jetzt auf den Weg machen, jüdische Geschichte von Worms kennenzulernen, wer sind wir...? Wenn wir uns dabei unserer Geschichte mit den Juden vergegenwärtigen? Welche Motive haben wir heute?'

Zur Erläuterung: Oben links ist die 'Kirche' mit ihren Attributen Kelch, Krone und Kreuzstab zu sehen, daneben auf gleicher Höhe, ihr zugeordnet und sie qualifizierend, „Frau Barmherzigkeit"; darunter, unter der 'Kirche', die 'Synagoge', mit verbundenen Augen, zerbrochenem Stab, einem Messer und dem ihren Händen entgleitenden Opfertier und (infam!) daneben „Frau Welt". Diese Figur ist absichtlich nicht mit dem Rücken an die Wand gestellt, damit man die Rückseite sehen kann. Hier zeigt sich nämlich – sinnbildlich dargestellt durch das häßliche Gewürm, das aus ihrem Hintern kommt – die Verderbtheit der Welt. Sie ist hier als Sinnbild für die Juden gedacht.

Der weitere Gang durch das jüdische Worms:

Die bogenförmige Judengasse entlang der Stadtmauer ist architektonisch eindrücklich restauriert, so daß man einen Eindruck von der Wohnsituation in dem Judenviertel bekommen kann, sie führt zum Komplex der Synagogenbauten:

Vor dem Zugang zu den Synagogenbauten befindet sich das „Haus zur Sonne" ;es war jüdisches Gemeindehaus, 1933 - 1938 jüdische Bezirksschule, 1942 mußten sich die letzten Juden davor versammeln, um von dort deportiert zu werden.

Auf der Stirnseite des Synagogenplatzes ist an der restaurierten Außenseite des dort aufgebauten Privathauses angedeutet, daß sich hier einst eine weitere Synagoge befand: die Levy'sche Synagoge oder Neue Synagoge. Sie wurde 1875 eingeweiht und wurde vor allem für die werktäglichen Gottesdienste und für Gottesdienste unterschiedlicher religiöser Richtungen genutzt. Sie war nach dem Krieg nicht zerstört, wurde aber aus Desinteresse 1947 abgetragen!

Die Männersynagoge (1034) mit der originalen Stifterinschrift rechts vom Portal: Darauf wird das kinderlose Ehepaar Jakob ben David und Rahel als Stifter geehrt: „...Zur Ehre und Freude Gottes verwandten sie ihr Vermögen, und sie verschönen die Synagoge ein wenig mit Ausstattungsstücken, und sie wurde vollendet im Monat Ellul 794 n.d. Zeitrechnung (=August/September 1034). Angenehmer war es dem Schöpfer als Darbringung von Opfern. Sie verdienten sich unvergänglichen Ruhm und erwarben sich einen Ort und einen Namen und fröhlichen Jubel, besser als Söhne und Töchter. Sie sollen erwähnt werden in gutem Andenken, und wer dies liest, versäume nicht, mit Amen zu antworten."

Im rechten Winkel dazu findet sich die sog. _Frauensynagoge_ (1213) – wiederum von einem kinderlosen Ehepaar, Meir ben Joel und Judith, gestiftet, eigentlich keine Synagoge, nur als Raum zum Mitbeten und Mitsingen gedacht. Ursprünglich war der Raum durch vier kleine Fenster sowie durch eine kleine Tür mit der Synagoge verbunden. An einem Fenster hörte ein Vorbeterin mit und stimmte ihrerseits das Gebet für die Frauen an. In der Mitte des 19. Jahrhunderts wurden dann die heute sichtbaren Öffnungen zwischen den beiden Räumen hergestellt.

Davor lag im Freien der _Versammlungsplatz_, heute noch erkennbar an den Steinsitzen entlang der Frauensynagoge. Hier wurden Beratungen abgehalten, aber auch kaiserliche Verlautbarungen verlesen.

Mit der Männersynagoge ist die sogenannte _Raschikapelle_ (1615) verbunden, ein kleiner Lehrraum, z.B. für das wöchentliche Gespräch über den im Schabbat-Gottesdienst verlesenen Wochenabschnitt aus der Tora, zur ehrenden Erinnerung Raschis errichtet. Der erhöhte „Raschistuhl" diente als Kanzel für den lehrenden Rabbiner. In den Verputz sind Schülernamen gekritzelt! Die beiden Räume verbindet ein rundes Fenster, das bis zur Errichtung der Raschi-Kappelle der Beobachtung der Tageszeiten durch den Synagogendiener diente.

Es folgt die romanische _Mikwe_, das mittelalterliche Judenbad (1185/86), die Wandnische im oberen Teil diente der Ablage der Kleider, erforderlich für die kultische Reinigung ist lebendes Wasser, darum ist das Becken in der Tiefe angelegt, um den Zufluß von Grundwasser zu ermöglichen, ergänzt wird es durch das Regenwasser, das durch die Öffnung in der Decke fällt.

Die Baustile der einzelnen Bauten entsprechen den verschiedenen Epochen, in denen sie entweder erbaut, wieder aufgebaut oder restauriert wurden, von romanisch bis barock (Toraschrein).

Auf dem in der Nähe des Wormser Doms gelegenen _jüdischen Friedhof_, ursprünglich vor der Stadt gelegen, finden sich viele Gräber von großen Gelehrten, unter ihnen sticht das des „Maharam", des in Worms geborenen Rabbi Meir von Rothenburg (gestorben 1293, bestattet 1307!), hervor. Er ist vor allem der Bedeutung dieses Gelehrten wegen ein von Juden aus aller Welt besuchter Platz geworden, davon zeugen die vielen Steine und Zettel auf dem Grabstein. Die Geschichte des Märtyrers Rabbi Meir bewegt immer wieder die Besucher, siehe **M4**. Der allererste Grabstein des Jakob ha-Bachur, am Rande des sog. Rabbinertals, in der spitz zulaufenden Ecke des Friedhofs noch zu sehen, wurde 1076/77 gesetzt. In diesem 'Tal' finden sich die Gräber großer jüdischer Gelehrter. Warum, bis auf eine Ausnahme im Rabbinertal, dieser Friedhof nicht geostet wurde, bleibt bis heute ein Rätsel. Für den Gang über den Friedhof ist der Blick auf den mächtigen Dom von dem Gräbergewirr aus besonders beeindruckend; es sollten dazu die Worte des berühmten jüdischen Religionsphilosophen Martin Buber gelesen werden (**M5**). Martin Buber sprach sie 1933 beim letzten freien Religionsgespräch in Stuttgart, an dem neben ihm der evang. Theologe Karl Ludwig Schmidt teilnahm. Eine treffendere Beschreibung des christlich-jüdischen Verhältnisses läßt sich kaum denken.

Beim Gang über den Friedhof sind auch die verschiedenen Stufen der Entwicklung sehr beachtenswert: Die gleich gestalteten Grabsteine aus dem Mittelalter im großen Feld mit seinen ca. 3000 (heute nicht mehr alle sichtbaren) Grabsteinen, auf dem höher gelegenen Teil finden sich dann aus der Zeit der Emanzipation im 18./19. und dem beginnenden 20. Jahrhundert typische Zeichen der Anpassung: ähnliche Grabsteinformen wie auf den christlichen Friedhöfen, die hebräische Schrift ist zunächst ausschließlich zu sehen, dann folgt zusätzlich eine kurze deutsche Inschrift auf der Rückseite; der nächste Schritt der Assimilation war, daß der deutsche Text auf der Vorderseite mit einer hebräischen Wiedergabe auf der Rückseite stand, in der letzten Stufe finden wir dann nur noch Grabsteine mit deutscher Inschrift.

Zu beachten sind auch die heute zugemauerten fensterartigen Öffnungen an der Friedhofsmauer zur Straße hin, sie dienten Angehörigen von Priesterfamilien, die aus kultischen Reinheitsgründen einen Friedhof nicht betreten dürfen, zur Teilnahme an Beerdigungen. Im Vorhof finden sich das Wärterhaus, ein Wasserbecken zur kultischen Reinigung und das Leichenwaschhäuschen.

Materialien: Zwei informative Broschüren für die unmittelbare Vorbereitung sind sowohl beim Stadtarchiv wie auch beim Friedhof bzw. im Raschihaus und in der Synagoge erhältlich: „Der alte Judenfriedhof zu Worms" und „Worms Synagoge". Für eigene Führungen ist im Raschi-Haus auch die Broschüre erhältlich: Fritz Reuter, Jüdisches Worms, Worms 1993[2]. Sie enthält vor allem eine ausführliche Darstellung zum jüdischen Museum und zu den verschiedenen Stufen des Synagogenbaus. Der Schlußteil beschreibt einen möglichen Rundgang (mit Stadtplan!).

Öffnungszeiten und Informationen: Stadtarchiv: Montag bis Freitag 8.00 bis 12.00 Uhr und 14.00 und 17.00 Uhr, jüdisches Museum im Raschihaus: Dienstag bis Sonntag 10.00 bis 12.00 Uhr und 14.00 bis 17.00 Uhr, Synagoge: Sonntag bis Samstag, in den Wintermonaten 10.00 bis 12.00 Uhr und 14.00 bis 16.00 Uhr, im Sommer 10.00 bis 12.00 Uhr und 14.00 bis 17.00 Uhr. Der Friedhof ist während des Tages bis zur Dunkelheit immer geöffnet.

Adresse: Hintere Judengasse 6, 67547 Worms, Tel: 06241/853345 od. 853370, Fax: 06241/853695. Führungen evtl. 06241/25045.

| *M1* Überblick zur Geschichte der Wormser Juden |

Vor 1000   Erste Nennung von Wormser Juden in einem Verzeichnis der Kölner Messe
1034   Die bereits in Warmaisa (=Worms) bestehende Gemeinde baut sich ihre erste uns bekannte Synagoge.
um 1060   Raschi (1040 - 1105) studiert an der Talmud-Hochschule in Worms.
1076   Der älteste Grabstein (des Jakob) auf dem jüdischen Friedhof
1090   Kaiser Heinrich IV. (1157 bestätigt durch Kaiser Friedrich I.) gewährt den Wormser Juden Schutz und besondere Rechte, u.a. eigene Gerichtsbarkeit, Freiheit des Handels, Verbot der Zwangstaufe.
1096   Teilnehmer des 1. Kreuzzugs zerstören die Synagoge und das Judenviertel.
1174/75   Wiedererrichtung der Synagoge; sie wurde dann noch mehrfach verwüstet und zerstört; die wiederaufgebaute Synagoge entspricht im Äußeren dem 1175 eingeweihten Bau.
1185   Das Judenbad (=Mikwe) wird eingeweiht.
1213   Die an die bestehende Synagoge angebaute Frauensynagoge wird eingeweiht.
1349   Erneut wird das Judenviertel verwüstet und Juden ermordet aufgrund des Vorwurfs, sie hätten die Brunnen vergiftet und so die Pest verursacht.
1615   Im Zusammenhang mit sozialen Unruhen wird das Judenviertel verwüstet.
1689   Im pfälzischen Erbfolgekrieg verwüsten die Truppen König Ludwigs XIV. von Frankreich die jüdischen Häuser und die Synagoge.
1801   Die Wormser Juden beginnen aus dem jüdischen Viertel in andere Stadtviertel zu ziehen. Sie arbeiten als Kaufleute und beteiligen sich zunehmend am politischen und kulturellen Leben der Stadt.
1849-1852   Ferdinand Eberstadt, liberaler Jude, ist Wormser Bürgermeister.
1875   Weihe der Levy'schen Synagoge (verwüstet 1938, beschädigt 1945, abgerissen 1947)
ab 1933   Im Rahmen des nationalsozialistischen Terrors werden 1100 (Stand: Anfang 1933) Juden vertrieben, deportiert und viele von ihnen ermordet.
1938   In der 'Reichspogromnacht', 9./10. November, werden die Synagoge niedergebrannt, jüdische Geschäfte und Wohnungen verwüstet und zerstört; viele Juden werden in Konzentrationslager verschleppt.
1945   Nach 1000 Jahren gibt es keine jüdische Gemeinde zu Worms mehr. Der jüdische Friedhof blieb weitgehend unversehrt.
1961   Nach dem Wiederaufbau wird die Synagoge wieder eingeweiht.

| *M2* Zur Bedeutung von Raschi, 1040 - 1105 |

Raschi (Abkürzung für Rabbi Schlomo ben Jizchak) war und ist der populärste Bibel- und Talmuderklärer. Er wurde 1040 in Troyes/Frankreich geboren und starb dort 1105. Nach seinem Studium im Worms um 1060 gründete er mit 25 Jahren in Troyes als unbezahlter Rabbiner eine Jeschiwa (Talmudschule). Er galt lebenslang und weiter in der Überlieferung als ein Muster von Bescheidenheit und Anspruchslosigkeit, geprägt von tiefer Frömmigkeit.

Raschi hat fast die ganze Bibel kommentiert, sein Kommentar zu den 5 Büchern Mose war das erste hebräisch gedruckte Buch (1475) und ist bis heute ein beliebter und viel benutzter Kommentar geblieben. Eine unschätzbare Leistung ist seine Erklärung fast des ganzen Talmuds. Dieser Kommentar gilt bis heute als ein Meisterstück. Er ist so unentbehrlich, daß man alle Talmudausgaben mit seinem Kommentar druckt. Raschi hat über den Mönch Nikolaus von Lyra, der ihn in seinen Bibelkommentaren viel zitiert, starken Einfluß auch auf Martin Luther und dessen Bibelübersetzung ausgeübt.

Worms ehrt diesen berühmten Gelehrten mit der „Raschi-Kapelle", dem Raschi-Tor in der Stadtmauer und mit der Legende, die sich mit der Raschi-Nische an der Außenmauer der Wormser Synagoge verknüpft. Nach ihr war die schwangere Mutter Raschis in dem schmalen Durchgang durch einen Reiter bedroht und in dieser Bedrohung wich die Mauer der Synagoge zurück, so daß in dieser Nische die Mutter Zuflucht nehmen konnte.

M3 Das Pogrom im ersten Kreuzzug 1096

Die Nachrichten vom anrückenden Kreuzfahrerheer gelangten auch nach Worms, ein Teil der Gemeinde suchte Zuflucht im Palast des Bischofs Adalbert; andere wieder blieben in ihren Häusern, da die Bürger der Stadt ihnen Unterstützung zugesagt hatten. Alle mußten das gleiche Schicksal erfahren; zunächst wurden diejenigen, die an Ort und Stelle geblieben waren, am 18. Mai ermordet, dann wurden die Schützlinge Adalberts am 25. Mai durch den Bischof selbst vor eine unvermeidliche Wahl gestellt. Aber überlassen wir hier das Wort dem jüdischen Chronisten Salomon-Bar-Simeon:

'Am 25. Iyyar fiel der Schrecken auf diejenigen, die sich im Palast des Bischofs aufhielten. Die Feinde töteten sie wie die ersten und ließen sie über die Klinge springen. Sie stärkten sich am Beispiel ihrer Brüder, ließen sich ermorden und heiligten den Namen (sc. Gottes). Sie erfüllten das Wort des Propheten: Die Mütter sind ausgestreckt über ihre Kinder, und der Vater fiel über seine Söhne. Dieser tötete seinen Bruder, jener seine Eltern, seine Frau und seine Kinder – die Verlobten brachten sich gegenseitig um, und die Mütter ihre Kinder. Alle bejahten aus vollem Herzen den göttlichen Urteilsspruch; indem sie ihre Seelen dem Ewigen anbefahlen, schrien sie: Höre Israel, der Ewige ist unser Gott. Der Ewige ist einzig. Die Feinde entkleideten sie und schleiften sie hinter sich her, wobei sie niemand Schonung gewährten, abgesehen von den paar Gemeindegliedern, die die Taufe annahmen. In diesen zwei Tagen belief sich die Zahl der Getöteten auf 800...'

aus: León Poliakov, Geschichte des Antisemitismus, Band I, Worms 1977, S.38

M4 Rabbi Meir von Rothenburg, genannt Maharam

Die nebeneinander befindlichen Grabsteine des Rabbi Meir und des Alexander ben Salomo Süßkind Wimpfen sind zu Wallfahrtsstätten des Judentums der ganzen Welt geworden; der Besucher findet die stets mit zahlreichen Steinchen und Zetteln belegten Grabsteine gleich hinter dem Innentor auf der linken Seite. Rabbi Meir, um 1220 in Worms als Sohn des Rabbi Baruch ben Meir geboren, zu seiner Zeit und bis heute ein herausragender jüdischer Lehrer in theologischen und juristischen Fragen, war nach längerer Wirksamkeit in Rothenburg o.T. zuletzt Rabbiner in Mainz. Als im Jahre 1286 viele Juden, unter ihnen auch Meir, nach Palästina auswandern wollten und der kaiserlichen Kasse darum große Verluste an Einnahmen drohten, wurde Meir, in dem man den Urheber der Auswanderung sah, am 19. Juni 1286 durch Rudolf von Habsburg gefangengenommen. Man hielt ihn zunächst in einer Wasserburg des Mainzer Erzbischofs, dann in Ensisheim (Oberelsaß) in Gewahrsam. Die deutschen Juden boten für die Freilassung die Summe von 23.000 Mark, doch Meir untersagte seinen Freunden dieses Vorhaben unter Strafandrohung des Bannes. So verblieb der Uneigennützige sieben Jahre, bis zu seinem Tode am 27. April 1293, in Haft. Seine Leiche wurde am Ort seiner Gefangenschaft, im Turm zu Ensisheim, zurückgehalten; man rechnete mit der Pietät der Juden, die sie das Äußerste würde opfern lassen, um die Leiche des verehrten Lehrers bestatten zu können. Erst 1307, 14 Jahre nach dem Tode Meirs, gelang dem Frankfurter jüdischen Kaufmann Alexander ben Salomo Wimpfen unter Aufopferung seines gesamten Vermögens die Auslösung der Leiche. Um den Wunsch des Toten, auf dem Friedhof seiner Heimatstadt begraben zu werden, zu erfüllen, reiste Alexander mit mehreren anderen Juden nach Ensisheim, von wo man die Gebeine Meirs nach Worms fuhr. Am 4. Adar war man in Worms; am selben Tage wurde Meir, den man auch Maharam nannte, hier feierlich beerdigt. Die Inschrift seines Grabsteins lautet in deutscher Übersetzung:

„Mahram, unser Lehrer Meir!
Dieses Denkmal steht zu Häupten unseres Meisters, des Rabbi Meir, des Sohnes des Rabbi Baruch, den der römische Kaiser am 14. Tammuz des Jahres 5046 gefangen hatte. Er starb am 19. Iyyar des Jahres 5053 im Gefängnis und wurde nicht begraben bis zum 4. Adar des Jahres 5067. Seine Seele weile bei den Seelen der Gerechten der Welt im Garten Eden! Amen, amen, Sela"

Daneben befindet sich der Grabstein des Alexanders ben Salomo Wimpfen. Als Lohn für seine hochherzige Tat, die ihn Hab und Gut gekostet hatte, erbat Alexander sich nur eine Gunst: Man möge ihn neben dem Mahram bestatten. Nur zu bald konnte die Wormser Gemeinde seinen Wunsch erfüllen: Alexander starb am Versöhnungstag des folgenden jüdischen Jahres noch im Herbst 1307. Die vornehmsten Juden Frankfurts geleiteten seine Leiche nach Worms, wo sie an der Seite Meirs in die Erde gebettet wurde. Sein Grabstein erhielt die Inschrift:

„Dieses Grabmal wurde gesetzt zu Häupten des edlen Alexander ben Salomo.
Er starb am Versöhnungstage, Donnerstag, und wurde bestattet am 11. Tischri des Jahres 5068.
Seine Sehnsucht, die Gott ihm erfüllte, war, unseren Meister auszulösen, unseren Lehrer, Rabbi Meir ben Baruch, der nach seinem Tode noch viele Jahre im Gefängnis gehalten wurde. Dieser Edle erlöste ihn durch Gottes Gnade.

Nun ist das Glück ihm zuteil geworden, an seiner Rechten bestattet zu sein. Möge er auch im Jenseits unter den Seligen in Eden ihm zur Rechten weilen. Amen, amen, amen, Sela."

aus: Otto Böcher, Der alte Judenfriedhof zu Worms, Worms 1984, S.7f (geringfügig verändert)

> **M5 Martin Buber, Ein Blick von Israel zur Kirche oder: vom Friedhof zum Dom**

Martin Buber, 1878 - 1965, Religionsphilosoph in Heppenheim, mußte 1938 emigrieren, führte im Januar 1933 mit dem evangelischen Theologen Karl-Ludwig Schmidt ein Religionsgespräch im jüdischen Lehrhaus Stuttgart. Im Rahmen dieses Gesprächs formuliert er die folgenden Sätze:

„Ich lebe nicht fern von der Stadt Worms, an die mich auch eine Tradition meiner Ahnen bindet; und ich fahre von Zeit zu Zeit hinüber. Wenn ich hinüberfahre, gehe ich immer zuerst zum Dom. Das ist eine sichtbar gewordene Harmonie der Glieder, eine Ganzheit, in der kein Teil aus der Vollkommenheit wankt. Ich umwandle schauend den Dom mit einer vollkommenen Freude. Dann gehe ich zum jüdischen Friedhof hinüber. Der besteht aus schiefen, zerspellten, formlosen, richtungslosen Steinen. Ich stelle mich darein, blicke von diesem Friedhofgewirr zu der herrlichen Harmonie empor, und mir ist, als sähe ich von Israel zur Kirche auf. Da unten hat man nicht ein Quentchen Gestalt; man hat nur die Steine und die Asche unter den Steinen. Man hat die Asche, wenn sie sich auch noch so verflüchtigt hat. Man hat die Leiblichkeit der Menschen, die dazu geworden sind. Man hat sie. Ich habe sie. Ich habe sie nicht als Leiblichkeit im Raum dieses Planeten, aber als Leiblichkeit in meiner eigenen Erinnerung bis in die Tiefe der Geschichte, bis an den Sinai hin.

Ich habe da gestanden, war verbunden mit der Asche und quer durch sie mit den Urvätern. Das ist Erinnerung an das Geschehen mit Gott, die allen Juden gegeben ist. Davon kann mich die Vollkommenheit des christlichen Gottesraumes nicht abbringen, nichts kann mich abbringen von der Gotteszeit Israels.

Ich habe da gestanden und habe alles selber erfahren, mir ist all der Tod widerfahren: all die Asche, all die Zerspelltheit, all der lautlose Jammer ist mein; aber der Bund ist mir nicht aufgekündigt worden. Ich liege am Boden, hingestürzt wie diese Steine. Aber aufgekündigt ist mir nicht.

Der Dom ist, wie er ist. Der Friedhof ist, wie er ist. Aber aufgekündigt ist mir nicht..."

aus: Hans-Joachim Schoeps, Jüdisch-christliches Religionsgespräch. Königstein 1984, S.180f

M6 Plan zum Rundgang im jüdischen Worms

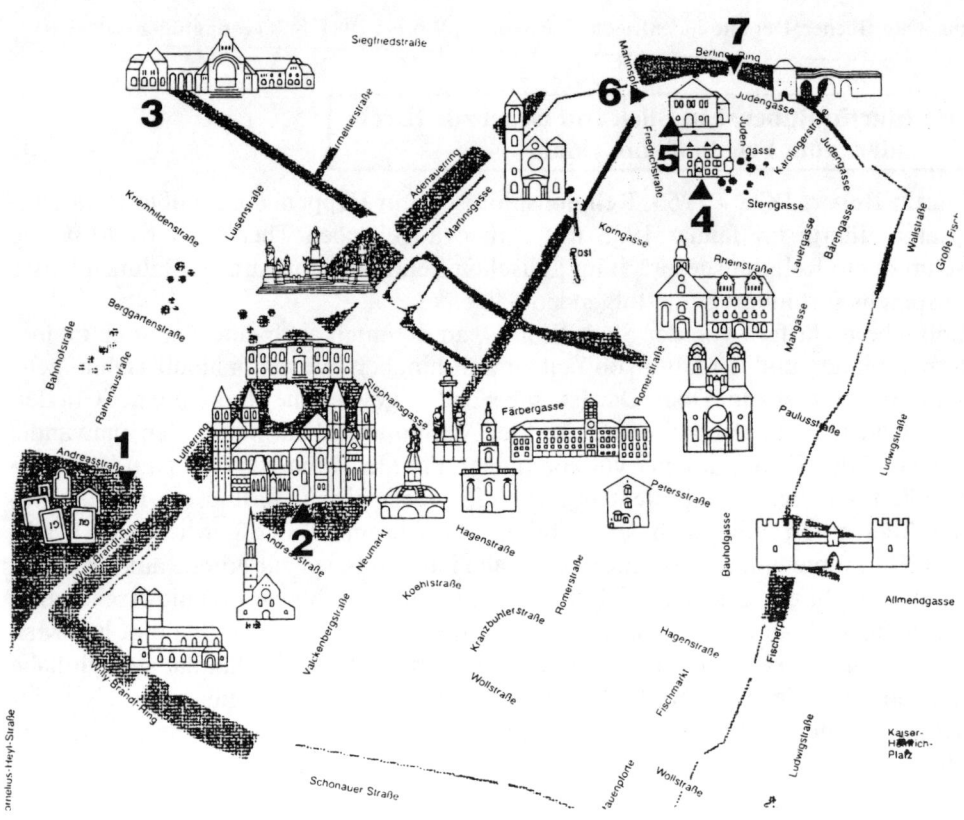

1 Jüdischer Friedhof
2 Dom St. Peter
3 Hauptbahnhof
4 Raschi-Haus
5 Synagoge
6 Judengasse
7 Levy'sche Synagoge

Spurensuche und Erinnern

Wegweiser durch das jüdische Berlin: Die Spandauer Vorstadt

Ingrid Schmidt

Die Festigung des brandenburgisch-preußischen Staates seit Mitte des 17. Jahrhunderts erhöhte die Bedeutung Berlins als Residenzstadt und förderte ihr Wachstum. In diesem Zusammenhang entstand in den neunziger Jahres des 17. Jahrhunderts vor dem Spandauer Tor, wo die Straßen nach Spandau, Hamburg und Oranienburg begannen, eine neue Vorstadt. Diese nördlich an Berlin anschließende Spandauer Vorstadt, heute im Bezirk Mitte gelegen, war ein Wohngebiet für eher sozial Schwache. Kleine Handwerksbetriebe, Tagelöhner, Ackerbürger, die Arbeiter der Woll-, Seiden- und Baumwollmanufakturen, auch die ganz Armen lebten dort. Im Jahre 1709 erweiterte der preußische König Friedrich I. das Stadtgebiet, die Spandauer Vorstadt gehörte nun zu Berlin.

Da der Stadtteil von Kriegszerstörungen weitgehend verschont blieb, stammt ein großer Teil der heutigen Bebauung aus der Zeit vor 1870. Diese Häuser, die sich durch ihre Größe und Ausführung deutlich von den in späteren Jahren entstandenen Mietskasernen unterscheiden, prägen das Bild ganzer Straßenzüge.

Der jüdische Bevölkerungsanteil in der Spandauer Vorstadt und in dem angrenzenden Scheunenviertel war sehr hoch. 1910 lebten im Bezirk Mitte 23,1 % der Berliner Juden, 1925 noch 17,9%, die meisten von ihnen in den beiden genannten Stadtteilen des Bezirks.

Lit.: Berlin – auf den Spuren deutscher Geschichte, Beschreibung der Stationen der Stadtrundfahrten des Landesjugendringes Berlin, Münchener Str. 24, 10779 Berlin, 1992

Der Rundgang (vgl. dazu die Karte *M7*)

1. Station: *Neue Synagoge – Centrum Judaicum, Oranienburger Straße 28 - 30*
(S-Bahnhof Oranienburger Straße)

„Pitchu sch'arim w-jawo goi zadik schomer emunim"

Diese hebräischen Worte des Propheten Jesaja (26,2) sind seit der Eröffnung der Synagoge in der Oranienburger Straße am 5. September des Jahres 1866 und wieder – im Zuge der Restaurierung – seit dem 5. September des Jahres 1991 über dem Eingang in goldenen Lettern zu lesen. In der deutschen Übersetzung lauten sie folgendermaßen:

„Tuet auf die Pforten, daß einziehe das gerechte Volk, das bewahret die Treue."

Etwa 28.000 Jüdinnen und Juden lebten um das Jahr 1866 in Berlin; das waren fast vier Prozent der Berliner Gesamtbevölkerung. Das neue Haus bot über 3.200 Personen Platz. Die Synagoge, die ein „Haus zum Ruhme Gottes und zur Zierde der Stadt" sein sollte, wurde unter Anwesenheit von Ministerpräsident v. Bismarck und anderen hochgestellten Personen des öffentlichen Lebens in Berlin feierlich eingeweiht. „Es ist ein Gebäude", schrieb die „Illustrirte Berliner Morgenzeitung",

M7 Rundgang durch das „Toleranzviertel": Das jüdische Berlin-Mitte

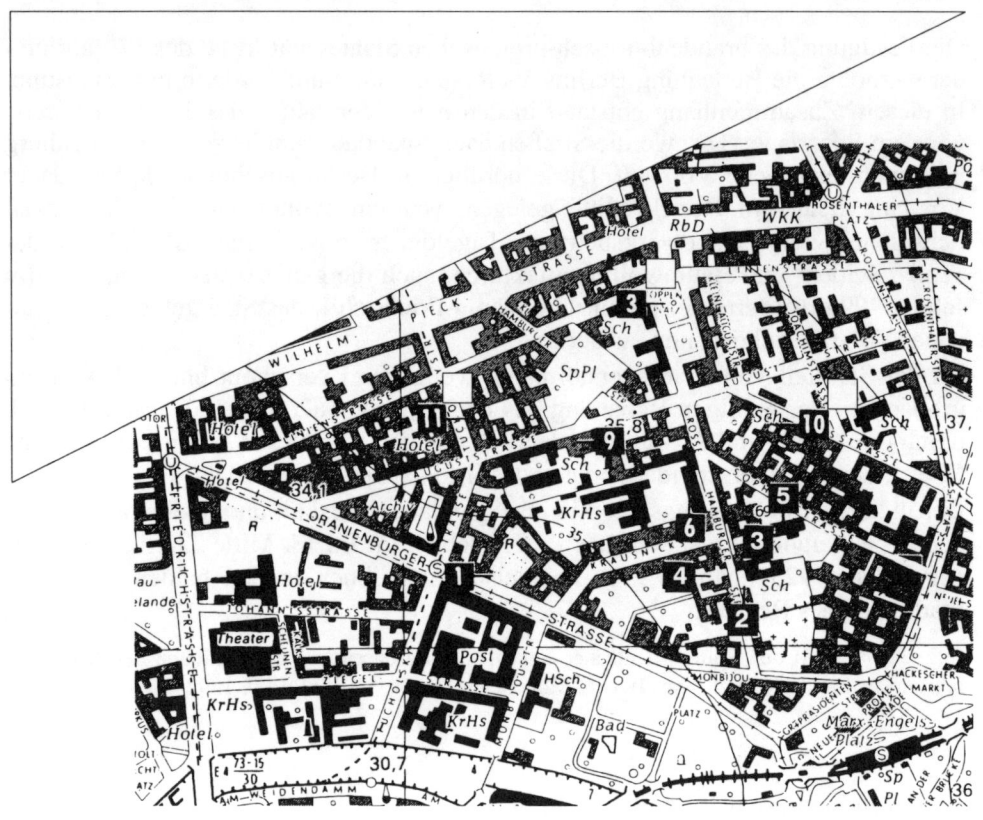

1. Neue Synagoge
2. Ehemaliges Altersheim der jüdischen Gemeinde und Friedhof
3. Knabenschule der jüdischen Gemeinde
4. Das „verschwundene" Haus
5. Sophienkirche
6. St. Hedwigs-Krankenhaus
7. Wohnung der Kochmanns
8. Koppenplatz
9. AHAWAH
10. Adass Jisroel

„welches mitten in die moderne prosaische Welt die Wunder des Orients uns vor das Auge zaubert, ein Tempel im edelsten maurisch-byzantinischen Styl". Theodor Fontane bewunderte die technischen Mittel, die in dieser Architektur „in so reichem Maße" eingesetzt wurden, z. B. habe „die Benutzung des Eisens als des charakteristischen Baumaterials unserer Epoche (...) zu höchst originellen Decken-Constructionen geführt". Die Prachtentfaltung der Neuen Synagoge empfanden Antisemiten als Provokation. Von jüdischer Seite gab es Kritik am reformierten Ritus, u. a. am Gottesdienst mit Orgelspiel und deutschsprachigen Textstücken. Von orthodoxen Gemeindegliedern wurde der eingangs zitierte Vers aus Jesaja anders gelesen:

pitchu sch'arim w-jawo goi zadik schomer emunim.

„Öffnet die Pforten, daß eintrete der Nichtjude (= goi). Der Fromme (= zadik) dagegen bewahrt seine Treue (d. h. er kommt nicht hierher).

Die Neue Synagoge stand mitten im jüdischen Berlin. In einem Umkreis von 10 Minuten Fußweg befanden sich bzw. entstanden neben dem repräsentativen Gotteshaus mit seinem liberalen Ritus viele private kleine Betstätten, die berühmte gesetzestreue Gemeindesynagoge (die Alte Synagoge), die Synagoge Adass Jisroel, der Tempel der Reformgemeinde, die Hochschule für die Wissenschaft des Judentums und das Rabbinerseminar. Das Scheunenviertel, in dem eine Vielzahl osteuropäischer jüdischer Einwanderer lebte, war nicht weit. In der Nachbarschaft befanden sich das Altersheim der Gemeinde in der Großen Hamburger Straße 26 und daneben der erste Friedhof. In der Oranienburger Straße 28/29 befand sich das Verwaltungsgebäude der Jüdischen Gemeinde; Oranienburger Straße 31 war seit 1933 Sitz des Jüdischen Museums. Es wird deutlich – und die Aufzählung ist nicht vollständig –, daß in unmittelbarer Nähe der Neuen Synagoge das gesamte religiöse und kulturelle Spektrum vertreten war, der Inbegriff jüdischen Lebens.

Nach 1933:

In einer Zeit, in der die Juden immer mehr aus dem öffentlichen und kulturellen Leben verdrängt wurden, wurde dieses Haus im wahrsten Sinne des Wortes „Bet ha-Knesset", Haus der Versammlung, Heimat der Verfolgten. Die Geschichte der Neuen Synagoge ist in jenen Jahren auch mit dem Wirken einer Rabbinerin verbunden: Fräulein Rabbiner Regina Jonas, wie sie sich selbst nannte. Sie wurde am 3.8.1902 in Berlin geboren, am 6.11.1942 nach Theresienstadt verschleppt, von dort am 12.10.1944 nach Auschwitz deportiert und ermordet.

Am frühen Morgen des 10. November 1938 blieb auch die Neue Synagoge nicht verschont: Wilhelm Krützfeld, der „beherzte Reviervorsteher" vom zuständigen Polizeirevier Nr. 16 am Hackeschen Markt, bewahrte die Synagoge in jener Nacht vor einer Brandstiftung größeren Ausmaßes. Dennoch bot das Innere des Hauses ein schreckliches Bild. Zu Pessach 1939 konnte die Neue Synagoge nach ihrer Schändung in der Pogromnacht wieder in Betrieb genommen werden.

Der letzte Gottesdienst fand am 30.3.1940 statt. In der Folgezeit wurden sowohl in einem kleinen Betraum in der Oranienburger Straße 31 als auch im Repräsentantensaal, der über das Haus Oranienburger Straße 29 zu erreichen war, Gottesdienste abgehalten, letztmals am 27. 9. 1942.
In der Nacht vom 22. zum 23.11.1943 wurde die Neue Synagoge während britischer Luftangriffe auf Berlin durch Bomben schwer beschädigt. Wahrscheinlich wurden kurz vor der Zerstörung alle vor dem Synagogenhauptraum befindlichen Räume luftschutzsicher gemacht. Aus diesem Grunde wurde eine sog. Trümmerschutzdecke aus Beton eingebracht. Die so geschützten Räume dienten als Luftschutzkeller – vermutlich um Akten zu schützen, evtl. Unterlagen des sog. Reichssippenamtes.

Die Ruine:
Nach der Befreiung durch die Rote Armee lebte in Berlin nur noch ein Bruchteil der einstmals in dieser Stadt beheimateten Jüdinnen und Juden. Die kleine Jüdische Gemeinde konnte ihrer einstigen größten Synagoge keine Aufmerksamkeit schenken. In den Jahren 1952/53 im Verlauf des kalten Krieges spaltete sie sich zudem in eine Ost- und eine Westberliner Gemeinde; die Oranienburger Straße lag im Osten der Stadt. Warum der Hauptraum der Neuen Synagoge im Sommer 1958 gesprengt wurde, ist nicht festzustellen. Unterlagen über die Sprengung konnten bisher nicht gefunden werden.
Im September 1966, zum 100. Jahrestag der Einweihung des Hauses, ließ der Vorstand der Ostberliner Gemeinde an der Fassade eine Tafel anbringen. Darauf heißt es u. a., daß die „Vorderfront dieses Gotteshauses (...) für alle Zeiten eine Stätte der Mahnung und Erinnerung bleiben" solle. Der Vorsitzende der Ostberliner Gemeinde, Dr. Peter Kirchner, bemühte sich während seiner Amtszeit (von 1971 bis zur Wiedervereinigung beider Berliner Gemeinden im Januar 1991) um die Rettung der Ruine. Er regte wie schon sein Amtsvorgänger an, ein jüdisches Museum zu schaffen. Erst 1988, im Zusammenhang mit dem Gedenken an den Novemberpogrom vor fünfzig Jahren, hatten die Vorschläge Erfolg.

Wiederaufbau:
Im Juli 1988 wurde die Stiftung „Neue Synagoge Berlin – Centrum Judaicum" ins Leben gerufen. Mit großem propagandistischen Aufwand, unter Teilnahme von Erich Honecker, fand am 10. November 1988 eine symbolische Grundsteinlegung statt. Der 1966 am östlichen Turm angebrachten Tafel wurde am Westturm ein Pendant mit folgendem Text hinzugefügt:

> 50 Jahre nach der Schändung
> DIESER SYNAGOGE
> und 45 Jahre nach ihrer Zerstörung
> wird dieses Haus nach unserem Willen,
> mit Unterstützung vieler Freunde
> in unserem Lande und aller Welt neu erstehen.
> *Jüdische Gemeinde Berlin*
> *9. November 1988*

Es ist lange diskutiert worden, ob man versucht, den alten Sakralbau möglichst originalgetreu zu rekonstruieren, so daß die Zerstörungen nicht mehr sichtbar sind, also beim Betrachter eine Illusion ungebrochener Kontinuität erzeugt wird, oder ob die Geschichte ablesbar sein soll. Als Lösung wurde ein Kompromiß akzeptiert: Rekonstruktion der Fassade und der Kuppeln in alter Pracht, somit Wiederherstellung der Silhouette. Auf der anderen Seite aber soll die gläserne Einhausung des letzten Restes Mauerwerk, mit dem die eigentliche Synagoge begann, die Narben, die die Geschichte verursacht hat, deutlich zeigen und zum Denken anregen durch die optische Konfrontation des Gewesenen mit dem Seienden. An eine Wiederherstellung des ursprünglichen Hauptraumes ist vorerst nicht gedacht. Am 16.12.1994 wurde der fertige Bau dem Bauherrn übergeben.

Am 19. Oktober 1989 machten zwei umsichtige Bauarbeiter bei Enttrümmerungsarbeiten einen sensationellen Fund: Die Ewige Lampe (Ner Tamid) wurde im Beton der bereits erwähnten Trümmerschutzdecke entdeckt, und zwar 80 m von ihrem eigentlichen Platz vor der Heiligen Lade des Synagogenhauptraumes entfernt. Das grenzte nahezu an ein Wunder. ...

Zusammengestellt aus dem Aufsatz von Hermann Simon, Die Neue Synagoge einst und jetzt, in: „Tuet auf die Pforten" – Die Neue Synagoge 1966 - 1995 – Begleitbuch zur ständigen Ausstellung der Stiftung „Neue Synagoge Berlin – Centrum Judaicum", Berlin 1995, S. 10 - 42
Lit.: Heinz Knobloch, Der beherzte Reviervorsteher, Berlin 1990

2. Station: Friedhof Große Hamburger Straße 26, Jüdisches Altersheim

„Mißtraut den Grünanlagen". Wo heute eine etwas dürftige Grünanlage kaum einen Spaziergänger zum Verweilen einlädt, lag bis zur Zerstörung durch die Nazis ein Friedhof, der als ältester jüdischer Begräbnisplatz in Berlin gilt. Er wurde 1672, im Jahr nach der Aufnahme von aus Österreich vertriebenen jüdischen Familien, eingeweiht. Das Jahr 1671 gilt als Gründungsdatum der modernen jüdischen Gemeinde in Berlin. In rund 150 Jahren wurden auf dem kleinen Geviert 12000 Verstorbene begraben, der berühmteste unter ihnen der Philosoph Moses Mendelssohn (1729 - 1786).

Nach 1827, als keine Bestattungen mehr auf dem Friedhof zugelassen wurden, nutzten die Bewohner des benachbarten, 1829 gegründeten ersten Altersheims der Jüdischen Gemeinde das Areal als Park. 1942 richtete in diesem Heim die Gestapo eines der berüchtigten Sammellager ein, in denen Zehntausende Berliner Jüdinnen und Juden zur Deportation in die Vernichtungslager zusammengetrieben wurden. Der Friedhof wurde 1943 von der Gestapo zerstört wie auch das ehemalige jüdische Altersheim. An dieser Stelle erinnern heute ein Gedenkstein und eine kleine Figurengruppe von Will Lammert an die Verschleppten und Ermordeten. Die Figuren gehörten ursprünglich zum Entwurf für ein Mahnmal in der Gedenkstätte des ehemaligen Frauen-KZ Ravensbrück. Zwei Jahre, nachdem die Gestapo die Gebeine der Toten hatte hinauswerfen lassen, wurden hier – vor und nach Kriegsende – Soldaten und Zivilisten, die durch Bomben, Hunger und Krankheit den Tod gefunden hatten, begraben.

3. Station: *Die Knabenschule der Berliner Jüdischen Gemeinde, Große Hamburger Straße 27*

Die Vorgängerin dieser Knabenschule war die von 1778 bis 1825 bestehende „Jüdische Freyschule in Berlin", gegründet von dem Aufklärer David Friedländer und seinem Schwager Isaac Daniel Itzig. Unter dem Einfluß von Moses Mendelssohn entstand in der Klosterstraße 35 die erste jüdische Schule Deutschlands, die zu den traditionellen biblisch-talmudischen Schulfächern auch Elemente der allgemeinen Bildung in den Fächerkanon aufnahm. Nach einer wechselvollen Geschichte wurde 1873 auf dem Gelände der Großen Hamburger Straße 27 ein neues Schulhaus eingeweiht, das 1906 durch einen Neubau ersetzt wurde. Das Eingangstor erinnert mit seinem Schriftzug an den Vorgängerbau.

In den Zwanziger Jahren entwickelte sich die Knabenschule zu einer öffentlichen Mittelschule, 1931 zog auch die Mädchenmittelschule in das Gebäude. Als ab 1933 die jüdischen Schülerinnen und Schüler aus den allgemeinen Schulen nach und nach verdrängt wurden, erhöhten sich überstürzend die Schülerzahlen. 1932/33 zählte die Schule 470 Schülerinnen und Schüler, ein Jahr später erreichte sie den Höchststand mit 1025 Schülern. Ostern 1939 waren es – aufgrund der Familien, die emigrieren konnten – nur noch etwa 380 Schülerinnen und Schüler. Die Schule wurde Zufluchtsort für die Kinder, deren Eltern es nicht gelang, Deutschland zu verlassen. 1942 wurde sie von den Nazis wie alle anderen noch bestehenden jüdischen Einrichtungen geschlossen.

Im Jahre 1983 wurde auf Initiative des Schriftstellers Heinz Knobloch an der Fassade des Gebäudes eine Gedenktafel mit einem Porträtrelief von Moses Mendelssohn angebracht. Zu DDR-Zeiten war in dem Haus eine Berufsfachschule untergebracht, nach '89 wurde hier ein Jüdisches Gymnasium ins Leben gerufen.

Lit.: Heinz Knobloch, Herr Moses in Berlin. Ein Menschenfreund in Preußen. Das Leben des Moses Mendelssohn, Verlag Das Arsenal, Berlin 1981
Wegweiser durch das jüdische Berlin. Geschichte und Gegenwart, nach einer Idee von Nicola Galliner
Nicolaische Verlagsbuchhandlung Berlin 1987

4. Station: *„The Missing House"/Das Verschwundene Haus, Große Hamburger Str. 15/16*

Die Installation entstand anläßlich des Ausstellungsprojekts „Die Endlichkeit der Freiheit" im Jahre 1990. Christian Boltanski (geb. 1944 in Paris) und seine MitarbeiterInnen haben sich für ihre Arbeit eine der schönsten Baulücken Berlins ausgesucht. Am 3. Februar 1945 um fünf Minuten vor zwölf Uhr fiel das Haupthaus der Anlage den Bomben des 2. Weltkriegs zum Opfer. Wo das Haupthaus einst stand, befindet sich heute eine betonierte Fläche mit zwei verputzten Brandmauern rechts und links. Auf ihnen sind jeweils zwölf Schilder angebracht. Auf jedem Schild ist der Name eines ehemaligen Mieters oder einer Mieterin, Beruf und die Zeit angegeben, in der die jeweilige Person bis zur Zerstörung des Hauses in ihm gewohnt hat.

Mit dem jeweiligen Nachnamen und dem abgekürzten Vornamen ist ein individuelles Menschenleben erinnert. Die Jahreszahlen verbinden individuelle Lebensgeschichte und Weltgeschichte. Die Berufsangaben sind Teil einer Soziologie nicht nur des Hauses, sondern der gesamten Straße. Im nahe gelegenen Heimatmuseum in der Sophienstraße können Fotos und anderes Archivmaterial eingesehen werden. Über die jüdischen Bewohner/innen des Hauses gibt es zahlreiche Dokumente.

Lit.: The Missing House, Heimatmuseum Berlin-Mitte, Sophienstr. 23

5. Station: Sophienkirche

Die evangelische Sophienkirche grenzt mit ihrem Grundbesitz an das Schulgebäude der Jüdischen Gemeinde. Sie wurde 1712 als Stiftung der dritten Gemahlin Friedrichs I., Sophie Luise, erbaut. Da das Baugelände für Kirche und Friedhof nicht ausreichte, erklärte sich die Jüdische Gemeinde, die seit 1672 dort ein großes Grundstück für ihren eigenen Friedhof besaß, bereit, einen Teil davon kostenlos abzutreten. So begannen gutnachbarliche Beziehungen. (Der 1729 bis 1735 erbaute 69 m hohe Barockturm ist heute einzigartig in Berlin.)

6. Station: Das katholische St. Hedwigs-Krankenhaus

Wegen der sozialen Einrichtungen der verschiedenen Konfessionen in der Großen Hamburger Straße und ihres meist problemlosen Miteinanders hieß diese Straße im Volksmund Toleranzstraße. Diese Toleranz wurde in der NS-Zeit einer harten Probe unterzogen. Die Schwestern und Angestellten des Hedwigs-Krankenhauses hielten auch in dieser Zeit an ihrer Linie fest, allen Hilfsbedürftigen zu helfen. Dort fanden untergetauchte Jüdinnen und Juden Unterstützung, einige wurden auf dem Krankenhausgelände versteckt, einige Kinder fanden bei christlichen Familien Zuflucht. Außerdem war das Büro der dort tätigen Fürsorgerin Marianne Hapig eine der zentralen Anlaufstellen des katholischen Widerstands in Berlin.

7. Station: Gedenktafel für Sala und Martin Kochmann an ihrem ehemaligen Wohnhaus in der Gipsstraße 3

Sala und Martin Kochmann gehörten zur Widerstandsgruppe junger Jüdinnen und Juden um Herbert Baum, die von den Nazis ermordet wurde. Die Gruppe, zu der auch einige nichtjüdische Freunde zählten, hatte am 18. Mai 1942 eine Brandbombe in die Nazi-Hetzausstellung „Das Sowjetparadies", die im Lustgarten gezeigt wurde, geworfen. Es entstand Sachschaden, elf Besucher wurden verletzt.

Lit.: Wolfgang Wippermann, Die Berliner Gruppe Baum und der jüdische Widerstand, Gedenk- und Bildungsstätte, Staufenbergstraße, Berlin 1981 (Broschüre; kostenlos)

8. Station: „Denkmal für das Wirken jüdischer Bürgerinnen und Bürger", Koppenplatz

Zwischen August- und Linienstraße befindet sich der Koppenplatz. Er wurde benannt nach dem Berliner Stadthauptmann Christian Koppe, der 1705 hier auf einem seiner Grundstücke eine Armenbegräbnisstätte anlegen ließ. 1708 stiftete er ein Armenhaus, das später in ein Hospital umgewandelt wurde. 1855 wurde für ihn, der sich und seine Familie auf dem Armenfriedhof beisetzen ließ, nach einem Entwurf von August Stüler ein Denkmal mit vier korinthischen Säulen aus Sandstein errichtet.

1997 wurde das Denkmal des Bildhauers Karl Biedermann der Öffentlichkeit übergeben. Es war bereits 1988 vom Ost-Berliner Magistrat in Auftrag gegeben worden. Neben dem Kinderspielplatz erinnern ein großer bronzener Tisch und zwei Stühle an ein Wohnzimmer, das von seinen BewohnerInnen überstürzt verlassen werden mußte. Die die Grundfläche umlaufende Gedichtzeile von Nelly Sachs „... O die Wohnungen des Todes ..." verweist auf die Deportation der jüdischen Familien dieses Viertels in die Vernichtungslager.

9. Station: *AHAWAH, Auguststraße 14/16*

AHAWAH – „Liebe" – stand bis in die dreißiger Jahre über der Tür des Hofgebäudes, heute erinnert eine Gedenktafel an die Geschichte des Hauses. Damals war es ein jüdisches Kinderheim mit außergewöhnlichem sozialem und pädagogischem Anliegen. 1862 weihte die jüdische Gemeinde hier ihr nach modernsten Erkenntnissen errichtetes Krankenhaus ein. Es stand PatientInnen aller Konfessionen offen und erwarb sich rasch einen hervorragenden Ruf. Fünfzig Jahre später erwies es sich bereits als zu klein. Deshalb nahm die Gemeinde 1914 ihr neues, heute noch existierendes Krankenhaus in der Iranischen Straße in Berlin-Wedding in Betrieb. In das Gebäude in der Auguststraße zogen wichtige soziale Einrichtungen der Gemeinde, vor allem für Kinder und weibliche Jugendliche. Dazu gehörten zwei Mädchenwohnheime, Arbeits- und Nähstuben für Frauen und Mädchen, eine Kochschule sowie Einrichtungen der Kinderhilfe, ein Kindergarten und anderes mehr. Auch diese Einrichtung der Jüdischen Gemeinde wurde 1942 beschlagnahmt. Sie diente zunächst als Unterkunft und Sammellager für aus ihren Wohnungen vertriebene Juden und für die aus dem Altersheim in der Großen Hamburger Straße Verjagten. Nach der Deportation aller noch legal in Berlin lebenden Juden wurde das Haus Quartier für die Hitlerjugend. Die Nonnen aus dem St. Hedwigs-Krankenhaus erzählten Jahrzehnte später von verstörten Jugendlichen, die durch den Hof in das Gelände des Krankenhauses flüchteten und um Beistand in den grauenhaften letzten Kriegstagen baten. Da gibt es die Geschichte der beherzten Oberschwester, die die Uniformen der Jungen verbrennen und die Waffen vergraben ließ und die Kinder wie Schwerverletzte in der Intensivstation versteckte.

Lit.: Regina Scheer, AHAWAH. Das vergessene Haus. Spurensuche in der Berliner Auguststraße, Berlin, [2]1997

10. Station: *ADASS JISROEL, Tucholskystraße 40*

Nur wenige Schritte vom Gebäudekomplex AHAWAH entfernt befand sich (damals: Artilleriestraße 31) und befindet sich wieder das Gemeindezentrum von ADASS JISROEL („Neues Israel"). Im Jahre 1869 wurde von einigen angesehenen Mitgliedern der Jüdischen Gemeinde die „gesetzestreue, jüdische Religionsgesellschaft ADASS JISROEL" gegründet, weil sie angesichts des reformerischen Weges, den die Gemeinde eingeschlagen hatte, die Interessen des orthodoxen Judentums nicht mehr gewahrt sahen. Als Rabbiner wurde Dr. Israel Hildesheimer berufen. Um 1900 konnte die Gemeinde das Grundstück in der Artilleriestraße erwerben und hier neben einer Synagoge ein orthodoxes Rabbinerseminar, Verwaltungsräume und auch eine Mikwe (rituelles Tauchbad) errichten. Für Studierende aus den Kreisen des liberalen Judentums existierte in der gleichen Straße, südlich der Oranienburger Straße, die Hochschule für die Wissenschaft des Judentums (1872 - 1942). Eine Gedenktafel am Haus erinnert an die Hochschule, die sich ab 1934 „Lehranstalt" nennen mußte.

Wegen der angrenzenden Wohngebäude überstand die Synagoge von ADASS JISROEL den Pogrom im November 1938. Fast alle Gemeindeglieder wurden ermordet. Die Synagoge wurde im Zweiten Weltkrieg erheblich beschädigt, die Ruine nach 1945 abgetragen. Im November 1988 gründete sich ein „Freundeskreis ADASS JISROEL", die Gemeinde kämpfte um ihre Erneuerung. 1990 kamen ehemalige Mitglieder von ADASS JISROEL mit ihren Angehörigen aus aller Welt nach Berlin zum ersten Gottesdienst nach 52 Jahren.

Lit.: ADASS JISROEL. Die Jüdische Gemeinde in Berlin (1869 - 1942); Vernichtet und vergessen, hg. von Mario Offenberg, Museumspädagogischer Dienst, Berlin 1986

Auf zwei weitere Stationen außerhalb dieses Rundganges soll noch hingewiesen werden:

11. Station: „Gefrorene Asche" – ein Denkmal für Zivilcourage in der Rosenstraße 2 - 4

Aus Vulkangestein, das sie „gefrorene Asche" nennt, hat die Bildhauerin Ingeborg Hunzinger ein Denkmal geschaffen, das an den sechstägigen erfolgreichen Protest einer großen Gruppe von Frauen gegen die drohende Deportation ihrer jüdischen Angehörigen erinnert. Nach unterschiedlichen Quellenangaben waren es zwischen 600 und 6000 meist nichtjüdische Frauen, die vor dem Gebäude der ehemaligen Sozialverwaltung der Jüdischen Gemeinde in der Rosenstraße am 28. Februar 1943 begannen, für die Freilassung ihrer jüdischen Männer zu demonstrieren und sich selbst durch Maschinengewehre nicht einschüchtern ließen. Dieser Akt des zivilen Ungehorsams war eine Reaktion auf die am 27. Februar 1943 von den Nazis begonnene „Fabrik-Aktion". Tausende von jüdischen Zwangsarbeitern wurden an ihren Arbeitsplätzen in kriegswichtigen Betrieben festgenommen. Lastwagen brachten sie in Sammellager. Von dort aus sollten sie in die Vernichtungslager deportiert werden. „Die Kraft des zivilen Ungehorsams, die Kraft der Liebe bezwingen die Gewalt der Diktatur" hat Ingeborg Hunzinger in einen der Blöcke ihrer Arbeit gemeißelt. Dazu hat sie ein Paar gestellt – als Symbol des Wiedersehens.

Lit.: Gernot Jochheim, Frauenprotest in der Rosenstraße „Gebt uns unsere Männer wieder", Edition Hentrich Berlin 1993, Sonderauflage für die Landeszentrale für politische Bildungsarbeit Berlin, Hauptstr. 98, 10827 Berlin (auch in einer Jugendbuch-Ausgabe im Hoch-Verlag, Düsseldorf erhältlich)

12. Station: Rosenthaler Straße 26 / Rosenthaler Straße 39

Die BewohnerInnen der Spandauer Vorstadt zählten in der Regel zu den weniger Begüterten. Das Bewußtsein über die gemeinsame Lage am unteren Ende der sozialen Sprossenleiter verband viele Bewohner des Viertels im Widerstand gegenüber jedweder Obrigkeit. Denunziantentum gedieh in dieser Gegend nur schlecht.

Daher konnten hier NS-Gegner und Verfolgte eher auf Hilfe und Unterstützung rechnen.

Es gab viele Zeichen der Menschlichkeit. Manche Helfer riskierten ihr Leben, wie der Druckereibesitzer Theodor Görner aus der Rosenthaler Straße 26, der jüdischen Verfolgten half. Gleiches gilt für Otto Weidt, dessen Blindenwerkstatt sich auf dem zweiten Hof in der Rosenthaler Straße 39 befand. Seine Aktivitäten sind durch die unter dem Titel „Ich trug den gelben Stern" erschienenen Erinnerungen von Inge Deutschkron und das darauf basierende Stück des Berliner Gripstheaters, „Ab heute heißt du Sara", bekannt geworden.

Außergewöhnlich, aber zum Gesicht des Kiezes passend, war auch die Rolle der Beamten des Polizeireviers 16 am Hackeschen Markt. Sie retteten nicht nur die Neue Synagoge vor der Zerstörung durch die Nazihorden, sondern warnten Juden vor Verfolgungsmaßnahmen. Sie deckten und unterstützten die Aktivitäten von Otto Weidt und Theodor Görner. Neben dem Reviervorsteher Wilhelm Krützfeld ist noch der Leiter der Meldestelle, Willi Steuck, namentlich bekannt. Gemeinsam mit seinem Kollegen Trischak hatte er in den letzten Apriltagen 1945 einen Oberstleutnant der Wehrmacht daran gehindert, Heranwachsende, Alte und Verwundete aus dem Bunker am Monbijouplatz für den Endkampf zu rekrutieren. Beide Männer wurden daraufhin von einem „fliegenden Standgericht" auf dem ersten der Hackeschen Höfe erschossen.

Lit.: Berlin – auf den Spuren deutscher Geschichte, a.a.O.

„Ihr, die ihr diese Zeit überlebt, vergeßt nicht. Vergeßt die Guten nicht und nicht die Schlechten. Ich möchte, daß man weiß:
daß es Menschen waren, die ihr Gesicht, ihre Hoffnung hatten,
und daß deshalb der Schmerz auch des letzten unter ihnen
nicht kleiner war als der Schmerz des ersten, dessen Name erhalten bleibt."

Julius Fucik
Ermordet am 8. September 1943 in Plötzensee

Das Gedenkbuchprojekt

Albrecht Lohrbächer

Dieses Projekt wurde von der Gedenkstätte „Alte Synagoge Essen" unter Ihrer Leiterin, Frau Dr. Edna Brocke, entwickelt. Es stellt ein lohnenswertes Projekt dar, weil der Aufwand dafür überschaubar, aber an einem Einzelschicksal, das zudem noch selbst erarbeitet wurde, sehr anschaulich und damit auch eindringlich genug ist, um ermessen zu können, was z. T. unter den Augen von Mitbürgern, Freunden und Bekannten an Entwürdigung, Unrecht bis hin zur Ermordung den vor allem jüdischen Menschen angetan wurde.

Ziel ist es, 'aktives Gedenken' zu ermöglichen, indem für jeden/jede, die damals Opfer der Verfolgung wurden, ein Gedenkblatt angelegt wird, das in kurzer Form die Lebensgeschichte des/der Verfolgten darstellt. Für jedes Einzelschicksal wird auf diesem Wege eine „Patenschaft", eine ausdrückliche Beziehung zwischen dem/der Ermordeten und/der Verfolgten und denen hergestellt, die die Erinnerung an diese Personen festhalten wollen.

Das Projekt kann nur unter aktiver Mitarbeit eines Archivs begonnen und durchgeführt werden, so daß zunächst nur größere Ortschaften/Städte dafür in Frage kommen. Die Archive müssen in der Lage sein, Hinweise auf zu dokumentierende Namen, Quellen, Adressen von Überlebenden oder anderen bekannten Zeugen, Informationen von anderen z.B. jüdischen Archiven zu geben. Und sie müssen die Begleitung des Projekts fachlich begleiten und es dann auch auswerten, z.B. in Form eines gebundenen Gedenkbuchs.

Zur weiteren Information sind beigefügt:
– *M1* Prospekt „Gedenkbuchprojekt" ALTE SYNAGOGE Essen
– *M2* Beispiel eines kalligraphisch gestalteten Gedenkblattes „Theodor Blum"

Gedenkbuchprojekt

Über 2500 jüdische und etwa 1000 nichtjüdische Essener, politisch und religiös Verfolgte, Opfer der „Euthanasie", Sinti und Roma, sogenannte „Gemeinschaftsfremde" und Homosexuelle wurden während des Nationalsozialismus ermordet. Ihre Namen sind bekannt. Nur wenige erinnern sich aber noch an die Menschen hinter diesen Namen. Das Bild dieser Menschen wieder entstehen zu lassen, ist Ziel des Gedenkbuchprojekts der ALTEN SYNAGOGE.

Das Projekt richtet sich an interessierte Bürger, Schulklassen, Gruppen und gibt ihnen die Möglichkeit, sich persönlich mit dem Leben eines der im Nationalsozialismus verfolgten und ermordeten Essener zu befassen. Mit der Übernahme einer „Patenschaft" erklärt sich der „Pate" bereit, den Lebensweg eines Ermordeten zu recherchieren und in einer „Gedenkurkunde" zu dokumentieren. Spuren dieser Menschen, Hinweise auf ihre Hoffnungen, Wünsche, Erwartungen und Ängste finden sich in den Erinnerungen ihrer noch lebenden Angehörigen oder Freunde oder in historischen Materialien im Archiv der ALTEN SYNAGOGE.

Die ALTE SYNAGOGE hilft bei der Spurensuche, vermittelt erste Informationen und – nach Möglichkeit – Kontakte zu Angehörigen. Die ALTE SYNAGOGE betreut und begleitet die „Paten" bei ihrer Arbeit.

Eine Gedenkurkunde „Theodor Blum" ist im folgenden wiedergegeben.

Informationen zum Gedenkbuchprojekt
erhalten Sie unter den Telefonnummern:
0201 18845 221
oder
0201 18845 218

Ich gedenke יזכור

Theodor Blum

Theodor Blum wurde am 9. Februar 1875 in Seibersbach bei Bingen geboren. Er wanderte um 1900 nach Amerika aus. Nach kurzer Zeit bekam er die Nachricht, daß seine Eltern erkrankt seien. Um nach Deutschland zurückkehren zu können, mußte er sich beim deutschen Konsulat melden und seinen ausstehenden Kriegsdienst ableisten. Er wurde direkt von Amerika aus auf dem Kreuzer "Schwalbe" eingezogen und nahm am sogenannten "Boxeraufstand" in China teil.

Zwischen 1901 und 1902 kehrte er nach Seibersbach zurück. Sein Vater war dort im Getreidehandel tätig.

Um 1903 zog Theodor Blum nach Duisburg-Hamborn. Er erlernte das Metzgerhandwerk und eröffnete eine eigene Metzgerei. In dieser Zeit lernte er seine Frau Johanna kennen und heiratete.
Bedingt durch die Erkrankung seiner Frau – sie arbeitete in der Metzgerei mit und bekam durch den häufigen Aufenthalt im Kühlhaus Gelenkrheumatismus – wurde die Metzgerei aufgegeben, und 1908 zog die Familie Blum nach Essen.

Bereits während ihrer Zeit in Hamborn wurden ihre Kinder geboren: die Tochter Margarete am 4. April 1904 und die Söhne Siegfried am 31. Januar 1906 und Hugo am 16. November 1908.

In Essen wohnte die Familie zunächst in Karnap am Marktplatz. Theodor Blum baute sich in Karnap, Ahnenwinkelstraße 1, ein kleines Textilkaufhaus mit drei bis vier Angestellten auf. Der Beruf war ihm sehr wichtig.

Theodor Blum war ein sehr liebevoller Vater und Ehemann. Er war auch stets auf eine gute Ausbildung seiner Kinder bedacht. Die Familie Blum pflegte immer ein sehr offenes Haus und hatte einen großen Bekanntenkreis aus allen Schichten. Theodor Blum war als äußerst hilfsbereiter Mensch bekannt. War jemand in Not, so hat er, wenn irgend möglich, stets geholfen. Dabei spielte es überhaupt keine Rolle, ob der Notleidende Jude oder Nicht-Jude war. Theodor Blum war sehr national eingestellt. Im I. Weltkrieg diente er als Freiwilliger und war bei der Matrosendivision Kiel auf der Insel Wangeroog stationiert. Nach Kriegsende pflegte er starken Kontakt mit alten Kriegskameraden und war Mitglied im RJF

Ich gedenke יזכור

וְנָתַתִּי לָהֶם בְּבֵיתִי וּבְחוֹמֹתַי יָד וָשֵׁם ... אֲשֶׁר לֹא יִכָּרֵת:

Ich gedenke יִזְכּוֹר

(Reichsbund Jüdischer Frontsoldaten).

Nach Hitlers Machtübernahme im Januar 1933 wurden über Nacht bei der Familie Blum die Fenster eingeschlagen, und bisherige Freunde und Bekannte wollten die Familie nicht mehr kennen. Frau Johanna Blum, sie war schon längere Zeit krank und hatte ein schwaches Herz, verkraftete diese schrecklichen Geschehnisse und Enttäuschungen nicht. Sie starb am 17. Mai 1933.

1936 mußte Theodor Blum sein Geschäft unter starkem Druck und weit unter Wert verkaufen. 1939 gelang ihm die Emigration nach Belgien. Er wohnte möbliert in der Rue de la Ruche in Brüssel. Da er illegal nach Belgien eingereist war, bekam er keine Arbeitserlaubnis und lebte von der Unterstützung jüdischer Wohltätigkeitseinrichtungen.

In Brüssel heiratete Theodor Blum ein zweites Mal. Einzelheiten über seine zweite Ehe sind nicht bekannt. Theodor Blum fühlte sich in Brüssel sehr sicher. Hausbewohner, unter ihnen auch ein junger polnischer Mann, rieten ihm dringend, sich vor den Deutschen zu verstecken. Er lehnte dieses Ansinnen jedoch entschieden ab. Er war der festen Überzeugung, daß man einen wie ihn – der doch im I. Weltkrieg soviel für das

וְנָתַתִּי לָהֶם בְּבֵיתִי וּבְחוֹמֹתַי יָד וָשֵׁם . . . אֲשֶׁר לֹא יִכָּרֵת׃

Ich gedenke יִזְכּוֹר

Deutsche Reich getan habe – bestimmt nicht deportieren könne.

1942 wurde Theodor Blum mit seiner Frau verhaftet und in das Sammellager Malines (bei Antwerpen) eingeliefert. Er wurde mit seiner Frau nach dem Osten deportiert.

Beide sind nicht mehr zurückgekehrt.

„Die unsichtbaren Lager –
Das Verschwinden der Vergangenheit im Gedenken"
Unterrichtliche Anregungen zu Fotos von Reinhard Matz[1]

Ingrid Schmidt

Die Bilder auf den folgenden Seiten entstanden zwischen 1987 und 1992. Der Fotograf Reinhard Matz reiste an die Orte in Europa, die sogenannte Stammlager des nationalsozialistischen KZ-Systems gewesen sind. Die Fotos zeigen, was in den Gedenkstätten heute zu sehen ist. Das Grauen ist unsichtbar geworden, geblieben sind oft nur mühsam vor dem Verfall bewahrte Spuren. Es sind Zeugnisse ernsthafter Bemühungen, die Vergangenheit im Gedenken vor dem Vergessen zu bewahren. Häufig aber zeigen sie Hilflosigkeit oder auch Taktlosigkeit im Umgang mit der Erinnerung an ein monströses historisches Geschehen. Die Vergangenheit verschwindet im Gedenken. Diese Fotos sind Denkanstöße, sie verwirren, irritieren, stören, nötigen uns zum Interpretieren, vielleicht bringen sie uns miteinander ins Gespräch.

1. Fragen an die Bilder von Rainer Matz

- Was ist von „damals", was vom Heute (des fotografischen Augenblicks) zu sehen?
- Was rufen die Fotos uns ins Gedächtnis?
- Warum sind sie menschenleer?
- Wie reagieren Sie gefühlsmäßig auf einzelne Bilder – geschockt, betroffen, verärgert, ablehnend, cool?
- Klagt der Fotograf mit seinen Bildern an? Wenn ja, wen?
- Hat er manchmal auch einen ironischen Blick?
- Sind das gute Fotos?
- Welche Bildtitel fallen Ihnen ein?
- Welche Sätze aus den nachfolgenden Texten könnten bestimmten Fotos zugeordnet werden?
- Was meint der polnische Schriftsteller und Publizist, der KZ-Überlebende Andrzej Szczypiorski, wenn er sagt, die Bilder seien Kampfansagen des Denkens gegen die Gedankenlosigkeit?
- Wie ist der Titel des Bildbandes von Reinhard Matz (siehe Überschrift) zu verstehen?
- In der Gedenkstätte Auschwitz-Birkenau konnte man manchmal Blechgabeln ehemaliger Häftlinge auf dem riesigen Gelände im Gras finden. Hätten Sie eine als Souvenir mitgenommen? Warum nicht?

---

[1] Reinhard Matz, Die unsichtbaren Lager, Hamburg 1994 (Rowohlt-Verlag).

Natzweiler 1990, Gebäudeteil des Struthofs, in dem sich eine Gaskammer befand. (Text auf dem Hinweisschild: „Gaskammer. Besuch etwa jede Viertelstunde. Bitte haben Sie Geduld. Danke.")

"Die unsichtbaren Lager – Das Verschwinden der Vergangenheit im Gedenken"

Natzweiler 1990. Arrangement um 1965 auf dem ehemaligen Appellplatz

Stutthof 1990. Gästehaus der Gedenkstätte. Emblem des Musems auf dem Tellerrand

"Die unsichtbaren Lager – Das Verschwinden der Vergangenheit im Gedenken"

Dachau 1991. Bronzene Gedenkmünze am Verkaufsstand im Lagermuseum

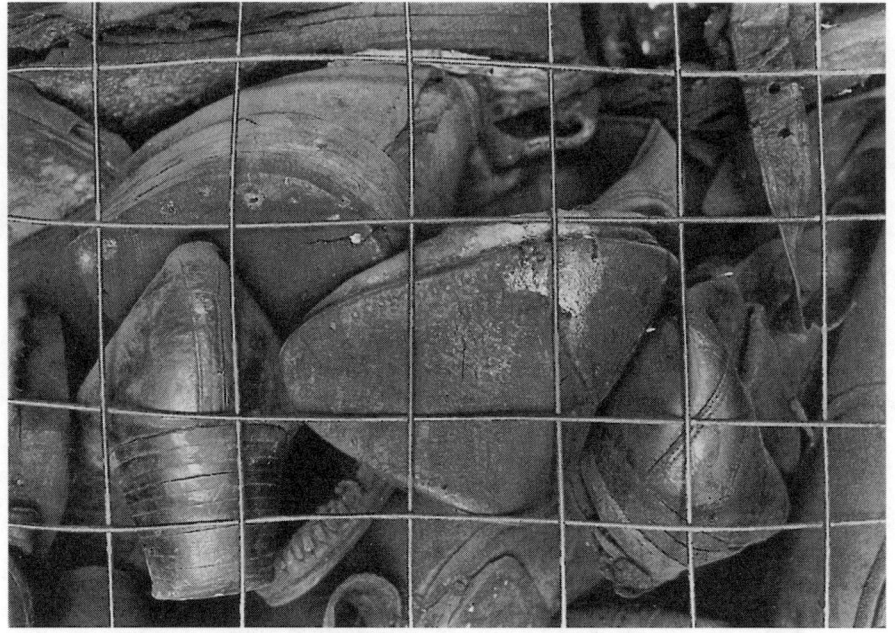

Majdanek 1989. In Baracke 52 des ehemaligen Lagermagazins

„Die unsichtbaren Lager – Das Verschwinden der Vergangenheit im Gedenken"

- Die Schuhe im ehemaligen Lagermagazin von Majdanek (820 000 Paar) s i n d nicht nur Schuhe, sie b e d e u t e n auch Schuhe: Wie ist das zu verstehen?
- Haben Sie Interesse an einer Gedenkstättenfahrt? Warum ja – warum nicht?

Wenn Sie schon einmal eine Gedenkstätte besucht haben:
- Woran erinnern Sie sich besonders eindringlich?
- In welchen gesellschaftlichen, politischen Zusammenhängen möchten Sie heute Handelnde/r und nicht nur Zuschauer/in sein?
- Worüber möchten Sie besser Bescheid wissen?

2. Stimmen zu den Bildern von Rainer Matz

Andrzej Szczypiorski:

„Insofern stellt dieser Bildband ... vielleicht eine Taktlosigkeit dar. Statt sich der Strömung unserer blendenden Gegenwart einzufügen, bemüht sich der mit einer Kamera bewaffnete Künstler, die Spuren der Gespenster zu finden, und findet sie. Auf diese Weise will er die Menschen zu selbständigem Denken über sich selbst veranlassen, für viele eine unerfreuliche Beschäftigung, von der sie sich zu drücken vorziehen. Wir haben es hier also mit einer Kampfansage zu tun: des Denkens wider die Gedankenlosigkeit, der Klugheit wider die Dummheit, des Gewissens wider die Gemeinheit."[2]

James E. Young:

„Matz will den Betrachter mit der Wirklichkeit solcher Stätten des Erinnerns konfrontieren. ... Damit fordert jedes Foto uns stets auf, aktiv zu interpretieren, uns einzumischen, es mit Erinnerung und Bedeutung anzureichern. ... So ziehen solche Fotos die Grenze zwischen den beiden Rollen, die wir in der Geschichte einnehmen können: der des Zuschauers und der des Handelnden. Wie wir im Angesicht dieser Fotos auf unsere gegenwärtige Welt reagieren, auf die heutigen Verbrechen gegen Ausländer, auf das Blutvergießen unserer Tage, das entscheidet darüber, auf welcher Seite dieser Grenze wir uns in letzter Instanz ansiedeln wollen."[3]

Hanno Loewy:

„Vor den Haaren von Auschwitz steht der Besucher lang, wenn man ihn läßt, wenn die Führung ihn nicht weiterschiebt. Der Besucher glaubt sich unbeobachtet. Er drückt seine Nase an die Scheibe der Vitrine, die ihn von den Haaren trennt. Von den Toten, deren Haare langsam grau geworden sind, die sich noch immer verfärben. Der Besucher merkt vielleicht sogar, daß diese Haare nicht nur Haare sind, sondern auch Haare bedeuten sollen, daß sie ein Zeichen sind für die unsichtbaren,

---

[2] Andrzej Szczypiorski, Kampf wider die Dummheit, in: Reinhard Matz, Die unsichtbaren Lager. Das Verschwinden der Vergangenheit im Gedenken. Rowohlt Taschenbuch-Verlag GmbH, Reinbek bei Hamburg 1993, S. 11 - 14, hier: S. 14.

[3] James E. Young, Das Erinnern und die Rhetorik des Fotos – Reinhard Matz, a.a.O., S. 15 - 18, hier: S. 15f. 18.

für die unendlichen Massen von Haaren. ... Und der Besucher steht vor ihnen ..., als ob er hier Kontakt mit den Toten aufnehmen könnte. Mit denen, von denen keine Spur bleiben sollte, und deren Spur nun ausgestellt wird, in einem Museum, das, so will es das polnische Gesetz vom 12. Juli 1947, auf ewig erhalten bleiben soll."[4]

3. Stimmen von Schüler/innen

Zur Ermutigung für alle Unterrichtenden, diese ungewöhnlichen Fotos Jugendlichen vorzulegen, um mit ihnen über die Notwendigkeit des Erinnerns und Gedenkens ins Gespräch zu kommen, zitieren wir hier einige Äußerungen von SchülerInnen einer 6. und einer 10. Klasse. Die Unterrichtsstunde diente jeweils zur Vorbereitung und zur „Einstimmung" auf einen Schulgottesdienst am 27. Januar 1998.

Fragen für die SchülerInnen der 6. Klasse:
Was ist von damals, was von heute zu sehen?
Warum fotografierte R. Matz keine Menschen?
Woran erinnert dich das Foto ...?
Findest Du eine Bildunterschrift?
Warum sollten wir uns erinnern?

- Der Kinderwagen ohne Kind wirkt verlassen und mit dem Gemäuer dahinter ziemlich elend. – Wenn man die brutalen Gegenstände ohne Menschen sieht, kann man sich die Qualen der Menschen, die dort waren, so vorstellen, als ob es nicht 50 Jahre, sondern gar nicht so lange her ist. (Sora)

- Woran mich das Foto Nr. 9 (Appellplatz) erinnert: an Tod, an Qualen, an Grausamkeit, an Leere und Einsamkeit. Das Foto vom Tellerrand erinnert mich an Essen, an Hungersnot, an den Nationalsozialismus, an Gefangene... (Martin)

- Warum fotografierte R. Matz keine Menschen? Um die Stelle des Todes nicht lebendig zu machen. Um zu zeigen, wie viele Menschen im Zweiten Weltkrieg umgekommen sind (ermordet worden sind)... (Matthias und Timo)

- Warum wir uns erinnern sollen: Nie wieder soll es so etwas Schreckliches geben. Nicht nur daß Krieg war, sondern auch, daß so viele Menschen ohne Grund umkamen. Für Hitler waren Juden, Homosexuelle, Behinderte und Menschen, die gegen ihn waren, schlechte, unnütze und schädliche Lebewesen. Wenn wir Schreckliches einfach vergessen, weiß niemand mehr, wie schlimm es damals war, und es kommt unter Umständen wieder vor... (Jennifer und Christina)

---

[4] Hanno Loewy, Erinnerungen an Sichtbares und Unsichtbares, in: Reinhard Matz, a.a.O., S. 20 - 32, hier: S. 20.

Aus den Antworten der SchülerInnen einer 10. Klasse zum Fragenkatalog auf S. 241/247

- Die meisten Fotos zeigen mehr das Heute – den Umgang mit den ehemaligen Lagern, den heutigen Gedenkstätten. Die Fotos sind sachlich, nicht emotional, manchmal ironisch. Vielleicht sollen sie deutlich machen, daß viele Menschen sich nicht mehr mit Gedenken beschäftigen wollen. Oder aber wir, die Betrachterinnen, sollen uns mit unseren eigenen Gefühlen auseinandersetzen. Wir reagierten beim Ansehen der Fotos teilweise neutral, manchmal erschrocken, befremdet, gequält... (Marie und Elena)

- Manche Bilder zeigen, daß inzwischen Geld und Tourismus eine zu große Rolle in den Gedenkstätten spielen. Die Fotos, auf denen Gedenkmünzen, Broschüren usw. von fliegenden Händlern und der Gedenkstättenverwaltung zum Verkauf angepriesen werden und auf denen das Museumsgeschirr mit dem KZ-Emblem gezeigt wird, üben eindeutig Kritik an der Kommerzialisierung und der damit einhergehenden Taktlosigkeit der Verantwortlichen. Wir würden daher A. Szczypiorski widersprechen: Nicht der Fotograf ist taktlos; er versucht nur, in seinen Fotos die Taktlosigkeit der Lagerverwaltung wiederzugeben. Sie ist bei der Ausschilderung der Gedenkstätte teilweise sehr unsensibel vorgegangen. Unserer Meinung ist dies nicht aus Böswilligkeit, sondern aus fehlender Rücksichtnahme und aus Unachtsamkeit geschehen.

- Das Bild von den Schuhen in Majdanek hat uns sehr schockiert. Die Aussage: „Dies sind nicht nur Schuhe, sie bedeuten auch Schuhe" können wir gut verstehen; denn diese Schuhe stehen für alle die Menschen, die dort ermordet wurden... (Anna und Anna)

- Die Schuhe sind Schuhe, doch sie gehörten auch jemandem. Sie bedeuten Menschen. Menschen, die viel zu eng eingekesselt sind, kaum Platz zum Leben haben, ohne Lebenswillen; übervoll – überflüssig? Jeder Schuh gleicht dem anderen, hat nur geringfügige Differenzen zu den übrigen. Menschen unterscheiden sich voneinander, aber „die Juden" – keine Menschen?... (Christian)

- Die Schuhe sind da stellvertretend für die 820000 Menschen, die sie nicht mehr brauchen, weil sie von den Nazis ermordet wurden. Ich denke, daß dieser Zusammenhang vielen Menschen nicht klar wird. Sie werden höchstens über die große Zahl staunen.
  Auf den Fotos kann man Eindrücke von einem Gedenkstättentourismus gewinnen. Man reist an, eilt durch das Lager, gibt sich bedrückt und trauernd, kauft im Lagershop eine Gedenkmünze. Aber wenn man das Lager verläßt, ist alles vergessen und man läßt sich die Currywurst auf dem Parkplatz schmecken... (Caspar)

Schlußfrage: Warum sollten wir uns erinnern?
Wir dürfen nicht vergessen, damit sich nichts wiederholen kann, damit keiner behaupten kann, er habe nichts gewußt. Der Schrecken muß wachgehalten werden,

aber wir müssen lernen damit umzugehen, damit ihn keiner in seiner Unwissenheit mißbraucht. ...
Gerade jetzt ist es wichtig, lautstark zu erinnern, da sich neonazistische Aktionen und Ausländerhaß mehren.
Menschen sollen sich an die Konsequenzen so eines Handelns erinnern und sich dadurch abschrecken lassen. Auch sollte man aus den Erinnerungen lernen und toleranter, freundlicher und hilfsbereiter anderen gegenüber werden...
(Götz und David)

Meine Tante in Dachau hat mir mal erzählt, daß sie, wenn sie in das Einkaufszentrum von Dachau fährt, immer in Richtung Konzentrationslager Dachau abbiegen muß. Das Schild zeigt nicht nur den Weg zum Einkaufszentrum, sondern auch zum Konzentrationslager (zur Gedenkstätte). Wenn man das immer so liest, dann wird die Geschichte des Konzentrationslager die Menschen bald „kalt" lassen, so grausam das auch klingen mag. Dieses Erinnern wird bald zum gewöhnlichen Alltag gehören, d.h. daß man sich gar nicht mehr wirklich Gedanken über die Zeit macht, an die man jederzeit „erinnert" wird... (Thorsten)

Die „Gerechten unter den Völkern"
Unterrichtsideen zu Helfer/innen und Retter/innen in der Zeit des nationalsozialistischen Terrors

Albrecht Lohrbächer unter Mitarbeit von Ingrid Schmidt und Jörg Thierfelder

I Zum Thema

Mit der Verdrängung der Schoa wurden auch die „Retter/innen" – jene also, die ihr Leben riskiert oder gar verloren haben, um verfolgten Menschen zu helfen – vergessen bzw. ihre Taten erst gar nicht zur Kenntnis genommen. Diese Menschen, deren Beispiel für Menschlichkeit und Menschenwürde, für ein anderes Deutschland, für die Gültigkeit von Normen auch unter Gefahr stand, hätten in der Bundesrepublik alle Ehren verdient. Statt dessen wurden sie oft noch jahrelang verleumdet, auf jeden Fall wurden ihre Taten allermeist vergessen. Sie erinnerten allein durch ihr Dasein die Deutschen zu sehr an ihr Versagen, sie waren durch ihr Verhalten der lebendige Beweis, daß Widerstand, Verweigerung und Hilfe möglich war. In der DDR wurde sehr einseitig nur jener gedacht, die als Sozialisten und Kommunisten im Widerstand waren.

Für beide Teile Deutschlands gilt, daß man erst in den letzten Jahren öffentlich sich dieser Menschen erinnert. Daß erst 1997 das Zentrum für Antisemitismusforschung in Berlin (s.u.) das Thema anfing, die Schicksale von Helfer/innen und Retter/innen systematisch zu erforschen, zeigt einen immensen Nachholbedarf. Ob der allerdings 50 Jahre nach Ende der Schoa noch befriedigend geleistet werden kann, muß bezweifelt werden.

In Israel dagegen würdigte man bereits kurz nach Gründung des Staates diese „Gerechten", so wurde bereits 1950 der Heidelberger Hermann Maas offiziell zu einem Besuch nach Israel eingeladen, er war der erste Deutsche, dem diese Ehre zuteil wurde![2] 1953 ging man im Rahmen der Einrichtung der Gedächtnisstätte Yad Vashem daran, auch eine Abteilung einzurichten, die es sich zur Aufgabe macht, die „Gerechten unter den Völkern" zu ehren, die ihr Leben riskierten, um Juden zu retten, vgl. dazu *M5 Der Titel „Gerechte unter den Völkern"*

Die Idee der „Gerechten" ist fest in der jüdischen Tradition verwurzelt:

Die 36 verborgenen Gerechten in der jüdischen Tradition

„Die jüdische Volkslegende erzählt von den 36 Zaddikim (= Gerechten), auf denen, wenn sie auch unbekannt und verborgen sind, das Schicksal der Welt ruht. Meist ist ihnen selbst diese Funktion unbekannt.

... Der babylonische Lehrer Abbaji im 4. Jahrhundert führte ... die Zahl 36 ein: 'Die Welt ist niemals ohne 36 Gerechte, die das Antlitz der Gottheit an jedem Tage empfangen.' Hier ist das Motiv von der Erhaltung der Welt durch das andere von der Schau der Gottheit, deren diese Gerechten gewürdigt sind, ersetzt. Die Begrün-

---

[1] Vgl. *M5*.
[2] s.u. unter „Konkrete Zugänge": Ein Unterrichtsvorschlag.

dung der Zahl 36 ist ... zahlenmystisch und beruht auf der Deutung des Zahlenwertes von Jesaja 30:16: 'Wohl denen, die auf ihn hoffen', wobei der Zahlenwert des hebräischen Wortes 'ihn' – im Hebräischen hat jeder Buchstabe zugleich einen Zahlenwert – eben 36 ist, so daß man den Vers auch verstehen könne, als ob er sagen wolle: 'Wohl denen, die auf die 36 hoffen', das heißt, auf diese 36 Gerechten sich verlassen". (Die beiden hebräischen Buchstaben für 'ihn' [=hebräisch: 'Lamed - waw'] ergeben als Zahlenwert addiert 36, der Bearbeiter)...
Die jiddische Sprache hat sogar ein eigenes Wort für diese verborgenen Gerechten geprägt, welche im populären Sprachgebrauch 'Lamedwowniks' heißen....
Der verborgene Gerechte, wenn er irgend etwas ist, ist eben dein und mein Nachbar, dessen wahre Natur uns ewig unergründlich bleibt und über den kein moralisches Urteil abzugeben uns diese Vorstellung ermahnen will... Der Mitmensch mag der verborgene Gerechte sein."[3]

II Beispiele

Literatur:

Alexander Bronowski, Es waren so wenige, Retter im Holocaust, TB, Stuttgart 1991
Eva Fogelman, Wir waren keine Helden, dtv-Taschenbuch, München 1998
A.M. Keim, Die Judenretter aus Deutschland, Mainz/München 1983
Marek Halter, Auf der Suche nach den 36 Gerechten, München/Leipzig 1997
Eric Silver, Es waren stille Helden, Büchergilde Gutenberg, Frankfurt und Wien 1997
Herbert Straeten, Andere Deutsche unter Hitler, Mainz 1997 (darin auch eine für 1997 gültige Liste der „Gerechten unter den Völkern" aus Deutschland)

A) Gruppen, kollektive Rettungsversuche

Nichtjüdische Ehefrauen demonstrieren für ihre jüdischen Ehemänner
Juden, die mit einer Nichtjüdin verheiratet waren, also, wie es im Nazijargon hieß, eine „Mischehe" führten, waren im „Dritten Reich" im allgemeinen zunächst geschützt vor Deportation und Ermordung. Seit Ende 1942 begann die SS in Berlin, unter dem Slogan „Berlin soll judenrein werden" auch solche geschützten Juden zu deportieren. Am 27./28. Februar 1943 fand eine große Razzia statt, die sog. „Fabrik-Aktion". In der ersten Märzwoche protestierten in der Rosenstraße in Berlin-Mitte tage- und nächtelang viele hundert Menschen, überwiegend Frauen, gegen eine Deportation ihrer jüdischen Ehepartner, Kinder und Verlobten, die dort, im Gebäude der ehemaligen Sozialverwaltung der Jüdischen Gemeinde, gefangengehalten wurden. Schätzungsweise 1500 gefangene Männer, Frauen und Jugendliche wurden daraufhin von den Nazis im Verlauf von 10 Tagen freigelassen.

---

[3] Gershom Scholem, Judaica, Frankfurt 1963, S. 216, 218, 222, 225.

Vgl. 'Spurensuche und Erinnern', in Teil II, Beispiel IV, Jüdische Geschichte in Deutschland

Lit.: Hans-Rainer Sandvoß, Widerstand in Mitte und Tiergarten, Berlin 1994, S. 320ff, kostenlos bei Gedenk- und Bildungsstätte Stauffenbergstraße., Stauffenbergstr.14, 10785 Berlin
Gernot Jochheim, Frauenprotest in der Rosenstraße „Gebt uns unsere Männer wieder", Edition Hentrich Berlin 1993, Sonderauflage für die Landeszentrale für politische Bildungsarbeit Berlin, Hauptstr. 98, 10827 Berlin (auch in einer Jugendbuch-Ausgabe im Hoch-Verlag Düsseldorf erhältlich)

Das Beispiel Dänemark

Die größte kollektive Fluchthilfe fand in Dänemark statt, wo im Oktober 1943 mehr als 7 000 der knapp 8000 jüdischen Einwohner des Landes in einer wohlorganisierten Operation in Kleinbooten nach Schweden gebracht wurden, während in Kopenhagen zur gleichen Zeit Schiffe für den Transport in die Vernichtungslager warteten. Die Rettung wurde durch umfassende Beteiligung der dänischen Bevölkerung ermöglicht. Georg Duckwitz von der Deutschen Botschaft in Kopenhagen hatte die dänische Untergrundbewegung über die geplante Deportation unterrichtet.

Lit.: Hanne Kaufmann, Die Nacht am Øresund, Gerlingen 1994 (Bericht einer Geretteten)
Alexander Bronowski, Es waren so wenige, s.o.

Gruppe Kaufmann

Der „nichtarische" Jurist Dr. Franz Kaufmann, 1933 aus dem Staatsdienst entlassen, begann angesichts der Deportationen 1941 mit Helferinnen aus der Dahlemer Bekenntnisgemeinde (Hildegard Schaeder, Hildegard Jacoby, Helene Jacobs und Gertrud Staewen), gefährdete Juden zu verstecken. Ausweise und Pässe wurden gefälscht, Lebensmittelkarten besorgt, wenn es nötig war auch über Berliner Unterweltkreise. Durch eine anonyme Denunziation wurde die Gruppe im August 1943 entdeckt. Kaufmann wurde im KZ Sachsenhausen nach Mißhandlungen ermordet. Hildegard Schaeder mußte bis Kriegsende in das KZ Ravensbrück und Hildegard Jacoby starb 1944 kurz nach der Entlassung aus Zuchthaushaft.

Lit.: Hans-Rainer Sandvoß, Widerstand in Steglitz und Zehlendorf, Berlin 1984, S. 192ff

Ein ganzes Dorf engagiert sich

Le Chambon-sur-Lignon, ein kleiner Ort bei Lyon (Frankreich) mit evangelischen Einwohnern, wurde im 2. Weltkrieg dank der Initiative von Pastor André Trocmé zum Zufluchtsort für viele verfolgte jüdische Flüchtlinge. Sie konnten sich dort verstecken und wurden z.T. über die Alpen in die sichere Schweiz geleitet.

Lit.: P. Hallie, ... daß nicht unschuldig Blut vergossen werde, Neukirchen-Vluyn 1983

B) Einzelne Retter/innen und Helfer/innen

Hermann Langbein (1912 - 1995)

In Wien geboren kämpfte er als Mitglied der kommunistischen Partei im spanischen Bürgerkrieg, geriet in französische Gefangenschaft und wurde nach der Besetzung Frankreichs durch die Deutschen den Nazis ausgeliefert, die ihn zuerst in das KZ Dachau und dann in das KZ Auschwitz schickten. Als Sekretär eines der Lagerärzte konnte er diesen beeinflussen und sowohl für das Überleben vieler Kranken arbeiten wie auch durch Beschäftigung in den Krankenbaracken jüdische Ärzte und jüdisches Hilfspersonal retten. Parallel baute er in seiner Baracke das Zentrum einer Widerstandsbewegung auf. Er überlebte härteste Strafen im sog. Bunker. Nach dem Krieg war Langbein einer der Initiatoren des Frankfurter Auschwitz-Prozesses.

Lit.: Hermann Langbein, Die Stärkeren, Köln 1982
Hermann Langbein, ...nicht wie die Schafe zur Schlachtbank, Frankfurt 1980
Alexander Bronowski, Es waren so wenige, s.o.

Heinrich Grüber (1891 - 1975)

Pfarrer in Berlin-Kaulsdorf. Gründete 1938 im Auftrag der Bekennenden Kirche in Berlin eine zentrale Hilfsstelle für „nichtarische" Christen, das sog. „Büro Pfarrer Grüber". Konnte bis 1941 über 2000 gefährdete Menschen retten. Wurde im Dezember 1940 verhaftet und für 2 ½ Jahre zuerst im KZ Sachsenhausen und dann im KZ Dachau eingesperrt.

Lit.: E. Röhm/J. Thierfelder, Juden – Christen – Deutsche, Bd. 3/1 Stuttgart 1995, S. 93 - 133 u. S. 155 - 160, sowie Bd 3/II Stuttgart 1995, S. 294 - 304

Bernhard Lichtenberg (1875 - 1943)

1938 Dompropst an der kath. St Hedwigskathedrale in Berlin, betete nach der Reichspogromnacht im Gottesdienst für verfolgte Juden, unterstützte verfolgte Juden bei Flucht und Auswanderung, besorgte ihnen Ausweispapiere und Lebensmittel. 1941 verhaftet, 1942 zu zweijähriger Gefängnishaft verurteilt, starb 1943 auf dem Transport in das KZ Dachau.

Lit. O. Ogiermann, Bis zum letzten Atemzug. Das Leben und Aufbegehren des Priesters Bernhard Lichtenberg, Leipzig, 1984[4].

Gertrud Luckner (1900 - 1995)

Seit 1938 im Dienst des Deutschen Caritasverbandes in Freiburg. Organisierte Plakataktionen zugunsten der nach Polen und Frankreich deportierten Juden, half während des 2. Weltkrieges untergetauchten Juden. Von 1943 bis 1945 im KZ Ravensbrück. Ihr zu Ehren wurde 1960 ein Hain bei Nazareth gepflanzt.

Lit:. I.-E. Reutter, Katholische Kirche als Fluchthelfer im Dritten Reich, Recklinghausen 1971, passim; Th. Schnabel, Gertrud Luckner – Mitarbeiterin der Caritas Freiburg, in: S. Bosch/W. Niess(Hg.), Der Widerstand im deutschen Südwesten 1933 - 1945, Stuttgart 1984, S. 117ff

Hermann Maas (1877 - 1970)

Zwischen 1915 und 1944 evangelischer Pfarrer an der Heiliggeistkirche in Heidelberg. Hat Hunderte von gefährdeten Juden zur Emigration verholfen. Wurde 1967 vom Staat Israel mit dem Titel „Gerechter unter den Völkern" geehrt.

Lit.: W. Keller u.a., Leben für Versöhnung. Hermann Maas – Wegbereiter des christlich-jüdischen Dialogs; D. Petri/J.Thierfelder, Hermann Maas – Lernender im Judentum, ein Gerechter – Ein Unterrichtsvorschlag, in: A. Lohrbächer, Was Christen vom Judentum lernen können, Freiburg, 1997[5], S 53 - 71

Marga Meusel (1897 - 1953)

Leiterin des Ev. Bezirkswohlfahrtsamts Berlin-Zehlendorf. Machte mit Denkschriften 1935 auf die Not der „nichtarischen" Christen aufmerksam. Verfolgte schon seit Sommer 1934 den Plan, zusammen mit ihrer Freundin Charlotte Friedenthal eine Zentrale Hilfsstelle für „nichtarische Christen" einzurichten.

Lit.: E. Röhm/J.Thierfelder, Juden – Christen – Deutsche, Band 1, Stuttgart 1990, S. 37ff und Band 2/1, Stuttgart 1992, S.60f

Gertrud und Otto Mörike

Otto Mörike hat als Pfarrer in Flacht (Württemberg) 1943/45 den illegalen Aufenthalt von geflüchteten Juden in württembergischen Pfarrhäusern organisiert und selber mit seiner Frau Gertrud immer wieder Juden in seinem Pfarrhaus versteckt. Otto und Gertrud Mörike wurden 1970 vom Staat Israel mit dem Titel „Gerechte unter den Völkern" ausgezeichnet.

Lit. M. Krakauer, Lichter im Dunkel, Flucht und Rettung eines jüdischen Ehepaares im Dritten Reich, neu herausgegeben von Otto Mörike, Stuttgart 1975, u. J. Scherrieble, Das coole uncoole Paar, Leben und Wirken von Gertrud und Otto Mörike, Stuttgart 1994;

Alexander Bronowski, Es waren so wenige, s.o.

Margarete Sommer (1893 - 1965)

Sie betreute seit 1939 die Frauenseelsorge des Bistums Berlin und war seit September 1941 Leiterin des „Hilfswerks beim Bischöflichen Ordinariat Berlin". Half vielen verfolgten katholischen „Nichtariern" mit Geld- und Sachspenden, sowie zur Emigration.

Lit.: I.-E. Reutter, Katholische Kirche als Fluchthelfer im Dritten Reich, Recklinghausen 1971, passim

Raoul Wallenberg (1912 - 1947?)

Schwedischer Diplomat, trat im Juli 1944 eine Stellung als Attaché in der schwedischen Gesandtschaft in Budapest an, sein Auftrag: Hilfe für die ungarischen Juden. Es war die Zeit der Deportation der ungarischen Juden in die Vernichtungslager. Wallenberg brachte eine Liste von Juden mit, denen er helfen sollte. In seinem Gepäck waren auch 650 Schutzpässe für Juden, die in Verbindung mit Schweden standen. Mit diesen – insgesamt verteilte er 5000 Pässe – konnten die Inhaber nach Schweden oder in eines der Länder, die Schweden in Ungarn vertrat, ausreisen. Zusätzlich kaufte Wallenberg 30 Häuser, in denen er – quasi exterritorial – bis zu 20 000 Juden unterbrachte.

Nach dem Krieg geriet Wallenberg in sowjetische Gefangenschaft, wo er verschwand. Sein Schicksal ist nicht aufgeklärt.

Lit.: Dietrich Steinwede, Renate Schupp, Unbeirrbar, Lebensbilder, Lahr 1991
Alexander Bronowski, Es waren so wenige, s.o.

III Aspekte für die pädagogische Arbeit

1. Die Schoa erinnern beinhaltet zugleich auch das in der Geschichte der Bundesrepublik weitgehend vernachlässigte Gedenken der „Gerechten unter den Völkern", also jener Menschen, die als Nichtjuden sich europaweit für die Rettung der Verfolgten engagiert haben. Nur Israel hat bislang diesem Gedenken in der „Allee der Gerechten" auf dem Gelände der Erinnerungsstätte Yad Vashem/Jerusalem und mit der Ernennung zu einem/einer „Gerechten unter den Völkern" einen würdigen Raum gegeben. Welches Versäumnis für eine positive Identitätsbildung beinhaltet das jahrzehntelange Vergessen dieser Menschen, ganz abgesehen von dem Unrecht, das diesen Menschen mit dem Vergessen angetan wurde!

2. Pädagogisch arbeiten heißt nicht nur, das Grauen, den Abgrund der Verfolgung und Vernichtung sehen zu lehren, sondern Lernenden auch Ermutigungen dadurch mit auf den Weg zu geben, daß sie erfahren, es gab Wege aus der Verstrickung, aus dem terroristischen System, wenn auch nicht selten unter Lebensgefahr. Die Alternative darf nicht nur „mitmachen oder nichts machen" heißen.
Allerdings: Wie kann man der Gefahr entgehen, daß die Geschichte der Retter und Helfer zu einer Verharmlosung der Schoa verkommt? ('Wenn es so viele gab, war es doch nicht so schlimm'). Wichtig erscheint es, daß auf Schuld und Versagen auch dieser Menschen/Gruppen hingewiesen wird, daß auch Stärken und Schwächen der 'Helden/Heldinnen' wahrgenommen werden.
Und: Die Gefahr, daß die wenigen „guten Deutschen" dazu benutzt werden könnten, der bleibenden Verantwortung für die Verbrechen und deren Folgen zu entkommen, muß dabei permanent im Blick bleiben.
Kein Mensch ist von Natur aus 'böse', keiner auch nur Opfer der Verhältnisse: Jeder ist zu jeder Zeit Mensch und damit auch zu verantwortlicher Entscheidung herausgefordert. Von wesentlicher Bedeutung ist darum auch die Vorklärung des zu vermittelnden Menschenbildes und der Ethik, aus der sich solche Verpflichtungen ergeben.
Immer wieder ergibt sich bei der Arbeit zum Thema „Schoa" die Frage, warum ein ganzes Volk scheinbar widerstandslos mitmachen konnte, wie es möglich war, daß Nachbarn oder Arbeitskollegen keine Solidarität zeigten, wegsahen, obwohl zuvor anscheinend gute Beziehungen bestanden. Eine wichtige Einsicht zu diesen Fragen kann sich bei der Beschäftigung mit einem oder mehreren Beispielen von „Gerechten unter den Völkern" ergeben:
Wer sollte besser geeignet sein, über Ungehorsam, Widerstand und Verweigerung Auskunft zu geben als die Helfer und Retter, die unter den schlimmsten aller denkbaren Bedingungen moralischen und praktischen Widerstand leisteten, die sich

nicht abwandten oder gar zu Komplizen wurden, sondern einfach halfen?[4] Vgl. dazu *M2 Das Unrecht sehen wollen*
In diesem Zusammenhang ist es durchaus ermutigend, an einem ausgewählten Fall das Netzwerk aller jener wahrzunehmen, die bei der Rettung über einen längeren Zeitraum mitgeholfen haben, siehe dazu besonders *M1*.

3. Ethische Reflexionen drängen sich bei dieser Thematik geradezu auf:
- Welche Bedeutung haben – wenn überhaupt – ethische Normen in individuellen bzw. kollektiven Gefahrensituationen/Belastungssituationen?
- Wann und unter welchen Bedingungen ist ein Mensch zum Widerstehen und zur aktiven Hilfe für Bedrohte bereit?
vgl. dazu *M2 Das Unrecht sehen wollen*, auch *M1*.
    Literaturhinweis: Eva Fogelman, Wir waren keine Helden, dtv-Taschenbuch, München 1998
- Wie wirken (wirkten) sich religiöse Bindungen, christlicher Glaube in einer Situation aus, in der der/die Nächste höchst gefährdet war bzw. ist? Warum haben sich viele vor ihrer Verpflichtung zur Nächstenliebe gedrückt?

4. In Gruppen, die sich beruflich oder im Rahmen des Unterrichts mit Erziehung beschäftigen, ist die Wirkung von Erziehung in Bewährungssituationen eine wichtige Frage. Ihr anhand von Lebensschicksalen der „Gerechten unter den Völkern" nachzugehen, legt sich nahe – Grundfrage: Nach welchen Grundsätzen muß Erziehung im Elternhaus/Kindergarten/in der Schule geschehen, wenn ihre Ziele auch unter schwierigen Bedingungen noch Wirkung zeigen sollen? vgl. dazu *M2 Das Unrecht sehen wollen*

IV Konkrete Zugänge für Unterricht und Projektarbeit

1. *Regionalgeschichtliche Spurensuche* mit dem Ziel, einen „Fall" für eine Schule oder ein Jugendzentrum zu dokumentieren (Anlaß z.B.: ein Gedenktag) – leider gibt es für Deutschland noch keine regional gegliederte Übersicht über Retter/innen, so daß man sich über Archive, Gesellschaften für christlich-jüdische Zusammenarbeit oder bei gewerkschaftlichen Organisationen oder vergleichbare Gruppen durchfragen muß, um eine solche Aufgabe zu stellen. Auch diese 'weiße Karte' kann eine wichtige pädagogische Erfahrung sein!
In den kommenden Jahren dürfte das am Institut für Antisemitismusforschung in Berlin begonnene Projekt, eine umfassende Dokumentation über alle in Deutschland zu erstellen, die nennenswert geholfen haben, zur wichtigsten Informationsquelle werden. Unter *M1* ist ein im Rahmen des Projekts dokumentierter Fall wiedergegeben. Adresse s. u. unter „Weitere Informationen".

2. *Unterrichtsvorschlag: Hermann Maas – Lernender im Judentum, ein Gerechter*[5]

---

[4] Nach Heiko Ernst, Mut und Gewissen, Psychologie heute, Weinheim, 7/1994 Beltz-Verlag.
[5] In: Albrecht Lohrbächer (Hg.), Was Christen vom Judentum lernen können, Freiburg 1997[5], S. 53 ff.

3. *Arbeit mit dem Film „Schindlers Liste" (Steven Spielberg):*

Zwei Videos sind erhältlich im Presseverlag, Steinerne Furt 68, 86131 Augsburg
Steven Spielberg, Schindlers Liste (ca. 3 Stunden) – auf ihn bezieht sich der folgende Vorschlag von Gottfried Kößler (*M4*)
Oskar Schindler, eine Dokumentation über sein Leben (ca. 80 min)

4. *Gottfried Kößler, Entscheidungen*[6]

Unter dem Titel: „Entscheidungen – Probeweise Rollenübernahme" wird der Vorschlag beschrieben, 12 Filmsequenzen näher zu untersuchen, die die verschiedenen Entscheidungen beleuchten, vor denen Menschen um Schindler und Schindler selbst standen. Auf diese Weise können Distanz und Nähe zur Gestalt Schindlers erarbeitet werden, aber auch viel stärker die Umstände, die Entscheidungen forderten, beleuchtet werden. Natürlich setzt diese „Rollenübernahme" historische Kenntnisse voraus bzw. erwartet deren parallele Erarbeitung.

In dem Arbeitsheft werden zwei weitere Arbeitsformen vorgestellt, eine für Unterrichtszwecke ausführlich dokumentierte „historische Information" (Aspekte: Verantwortung, Gnade, Willkür/Ist das ein Mensch – Primo Levi/Das Lager/Selektion und Vernichtung/Fakteninformation zu den Orten der Handlung) sowie eine konkrete Anregung zur Filmanalyse mit einigen wichtigen Informationen zu „Schindlers Liste" als Fiktion.

Weitere Arbeitsmaterialien zur Arbeit mit dem Film:
Thomas Keneally, Schindlers Liste, Goldmann Taschenbuch
Hans-Jürgen van der Gieth, Lernzirkel zu Schindlers Liste, AOL-Verlag, Lichtenau 1995

4a. Eine Liste mit Beispielen von Rettern und Retterinnen (auch: Gruppen) sowie Fundorten (z. B. wie in I oder in: Alexander Bronowski, Es waren so wenige, s.o.) erarbeiten: Jeder/jede soll sich mit einem Menschen/einer Gruppe beschäftigen und ihn/sie darstellen, vgl dazu auch die folgenden Erkundungsfragen:
- Was waren das für Menschen, die oft ohne Rücksicht auf irgendwelche Gefahren in der aktuellen Not geholfen haben?
- Was läßt sich aus dem Verhalten, aus den Persönlichkeitsstrukturen der Helfer und Retter für die Gegenwart und die Zukunft lernen?
- Wann und unter welchen Bedingungen ist ein Mensch/eine Gruppe zum Widerstehen/zum Helfen bereit?

dazu auch *M1 - M3*

Literaturhinweis: Eva Fogelman, Wir waren keine Helden, dtv-Taschenbuch, München 1998

4b. Projektauftrag: Ihr sollt/Sie sollen im Auftrag von Yad Vashem Euer/Ihr Wissen über die Hilfe eines/einer „Gerechten"/einer Gruppe nutzen, um eine *Begründung für die Verleihung des Titels „Gerechte/r unter den Völkern" zu verfassen*:
- Orientiert Euch/orientieren Sie sich zunächst über Yad Vashem[7], über das Verfahren, das zur Verleihung führt und über den Vorgang der Verleihung selbst.
- Dazu: *M4* Gerechte unter den Völkern
- Schreibt/schreiben Sie einen entsprechenden Empfehlungsbrief an Yad Vashem.

---

[6] Quellenangabe *M4*.
[7] siehe dazu Text in Teil I, S. 102f.

5. Auseinandersetzung mit dem *Film: K(l)eine Helden* (BRD 1994, Matthias-Film, Stuttgart)
In dem Dokumentarfilm (VHS-Video – 43 min) geht es um ev. und kath. Christen, die erlebte „Alltagsgeschichten" aus der NS-Zeit erzählen, Geschichten, die von Rückzug, Anpassung, Angst, aber auch Mut und Unerschrockenheit bis hin zur Rettung von Juden erzählen.

6. Arbeit mit dem *Spiel-Film von Louis Malle: Auf Wiedersehen, Kinder* (Frankreich 1987, VHS-Video – 105 min – Matthias-Film, Stuttgart)
Der bekannte französische Regisseur: „Auf Wiedersehen, Kinder, basiert auf einer Erinnerung aus meiner Kindheit...":
Frankreich 1944: In einer Klosterschule ist wenig von der deutschen Besatzung zu spüren. Aber der Wahnsinn von Nationalsozialismus und Rassenhaß bricht schließlich auch in diese kleine Welt ein, als bekannt wird, daß die Geistlichen auch jüdische Kinder verstecken. Eines Tages steht wegen einer Denunziation aus der Schule die Gestapo in der Schule, die die versteckten drei jüdischen Schüler und den Schulleiter abholen. Sie kehren niemals zurück. Ein Film, der die Situation der Verfolgten ebenso eindringlich zur Sprache bringt wie den Mut der Retter, der aber auch nicht das menschliche Versagen verschweigt. Da der Film mit Kindern gedreht wurde, ist er zur Identifikation besonders geeignet.

7. *Weitere Anregungen:*
a. Rollenspiel: Konflikt in einer Retterfamilie über die Fortsetzung der Hilfe für einen Untergetauchten angesichts der zunehmenden Gefahr.
b. Reflexion zur Frage: Muß einer zum Held geboren sein, wenn er oder sie sich für einen Verfolgten bis hin zur Lebensgefahr stark macht?
c. Warum gibt es in Deutschland so wenige (ca. 350), die als Retter und Retterinnen gewirkt haben (zumindest als solche bekannt sind)?
d. Nicht selten standen Retter/Retterinnen vor den Fragen: Wem von den vielen, die an meine Tür klopfen, gewähre ich Hilfe, wem nicht? Wie gehe ich mit den daraus sich ergebenden Schuldgefühlen um? (evtl. auch im Rollenspiel)

8. *Weitere Informationen* bei: Zentrum für Antisemitismusforschung an der TU Berlin (Beate Kosmala, Dr. Marie-Luise Kreuter, Dr. Kurt Schilde) Ernst-Reuter-Platz 7, 10587 Berlin. Das Institut hat es sich zur Aufgabe gemacht, eine zusammenfassende Dokumentation zu erstellen, die Auskunft und Überblick über Solidarität und Hilfe für jüdische Verfolgte im Nationalsozialismus gibt. Siehe auch *M1*.

V Ergänzende Materialien

M1 Ein Beispiel: Ein Netzwerk von Helfern

Wie unendlich mühselig, kompliziert und gefährlich der Überlebenskampf der Verfolgten in der Illegalität war und wieviele mutige Menschen oft in einen einzigen „Rettungsfall" verwickelt waren, zeigt die Geschichte von Susanne Meyer. Sie führt von Berlin nach Schlesien, nach Düsseldorf und schließlich in das Dorf Kagar bei Rheinsberg in Brandenburg.

Das jüdische Ehepaar Susanne und Wilhelm Meyer, die aus dem Berliner Zeitungs- und Verlagswesen kamen, bemühte sich vor dem Krieg um eine Auswanderungsmöglichkeit für sich und ihren dreizehnjährigen Sohn, was aber daran scheiterte, daß Wilhelm Meyer nach einem Schlaganfall, den er nach den Aufregungen des Novemberpogroms 1938 erlitten hatte, gelähmt blieb. Die Eltern saßen dadurch in Berlin fest, während ihr einziger Sohn noch vor dem Krieg nach England gelangte. 1941 bekamen Susanne und Wilhelm Meyer zweimal die Aufforderung zum „Abtransport", konnten aber beide Male zurückgestellt werden, da der gelähmte Mann nicht transportfähig war. Von seinem Krankenlager aus mußte er Abschied nehmen von Freunden und Bekannten, die noch nach Kriegsbeginn nach Amerika emigrieren konnten. Auch die Freunde, deren Deportation bevorstand, kamen zu ihm, um sich zu verabschieden. Als ihr Mann 1942 starb, war es für Susanne Meyer besonders schmerzhaft, daß er in dem Gefühl, daß wir die endgültig Unterlegenen seien, gehen mußte. Nach dem Tod von Wilhelm Meyer hatte seine Frau keine Möglichkeit mehr, von den Transporten zurückgestellt zu werden.

Ein nichtjüdischer Freund der Familie, der Sozialdemokrat Alois Florath, der wegen einer schweren Krankheit aus dem Prager Exil nach Berlin zurückgekehrt war, gab Susanne Meyer den ersten Anstoß, nicht auf den Transport mitzugehen, weil es der sichere Weg in den Tod sei, und appellierte an sie, um ihres Sohnes willen zumindest den Versuch zu machen, sich zu retten. Aber er wußte keinen konkreten Zufluchtsort für sie.

In der gleichen Berliner Wohnung, wo die Meyers während des Krieges eingewiesen worden waren, lebte der „arische" Theater- und Filmfriseur Arthur Veit, der auch nach mehrfacher amtlicher Aufforderung nicht aus der „jüdischen" Wohnung auszog. Er war wegen einer Krankheit nicht zur Wehrmacht eingezogen worden, sondern dienstverpflichtet. Nach außen wahrte er den Schein, als habe er persönlich nichts mit den Juden in der Wohnung zu tun, war in Wirklichkeit aber stets bemüht, den Meyers das Leben zu erleichtern. Er war es, der die Idee hatte, Susanne Meyer einen echten Geburts- und Taufschein auf den Namen einer früheren Freundin zu besorgen. Sie war zu diesem Zeitpunkt etwa Mitte dreißig und trat künftig unter dem Namen „Charlotte Klose" auf. Ein anderer Freund der Familie stellte die Verbindung zu dem ehemaligen Reichstagsabgeordneten der Deutschnationalen Volkspartei, Dr. Eduard Stadler, her, der sich vom Nationalsozialismus abgewandt hatte und mit gleichgesinnten Nazi-Gegnern in Kontakt war. Es war im November 1942, als Susanne Meyer, versehen mit den neuen Papieren, mit Dr. Stadler zusammentraf, der sie ermutigte, über diese Zeit hinwegzukommen. Ein katholischer Pfarrer in Frohnau, den Stadler kannte, bemühte sich, für Susanne

Meyer einen falschen Paß oder Ausweis zu beschaffen, was jedoch nicht gelang. Darauf besorgte ihr Dr. Stadler eine Zuflucht bei einem seiner Gesinnungsfreunde, einem Gutsbesitzer in dem Dorf Lipke im Kreis Landsberg an der Warthe.

Am 7. Januar 1943 vollzog sie endgültig den Schritt in die Illegalität. An diesem Tag verließ sie im Morgengrauen zum ersten Mal ohne den gelben Stern das Haus und fuhr vom Bahnhof Zoo in Berlin mit dem Zug Richtung Küstrin. Am kleinen Bahnhof der Ortschaft Lipke wurde sie von Wolfgang und Ingeborg Lent erwartet, die ihr völlig unbekannt waren. Susanne Meyer erinnert sich nach dem Krieg: „Er war ein hochintelligenter, belesener Mann, mit Riesenbibliothek". Der damals 46jährige Wolfgang Lehnt und seine 32jährige Frau, die drei kleine Kinder hatten, ließen sich damit auf ein höchst gefährliches Unternehmen ein: Das Verstecken der verfolgten Jüdin war zusätzlich erschwert durch die Tatsache, daß das große Gutshaus, auch Schloß genannt, im Erdgeschoß mit einer SS-Nachrichtentruppe belegt war.

Lent hatte in den späten zwanziger Jahren mit der NSDAP sympathisiert, war auch kurzzeitig Mitglied von SA und NSDAP, trat aber aus der Partei aus, als die Parole „Juda verrecke" auftauchte. 1933 und 1934 war er jeweils für einige Wochen inhaftiert, und auch in den folgenden Jahren stand er unter Polizeikontrolle. Es ist nicht genau bekannt, wie lange Susanne Meyer bei Ingeborg und Wolfgang Lent blieb; man behielt mich länger als geplant, erinnert sie sich. Es müssen etwa sieben Wochen gewesen sein. Außer den Lents wußte der Gutsinspektor von ihrem illegalen Aufenthalt in Lipke und half, soweit er konnte. Wegen der Verhaftung eines Gesinnungsgenossen von Wolfgang Lent im Nachbardorf wurde ihr weiterer Aufenthalt für alle Beteiligten zu gefährlich. Im Schloß hatten schon mehrere Hausdurchsuchungen stattgefunden.

1946 schreibt Susanne Meyer an ihre Retterin Ingeborg Lent: „Ihm (W. Lent) verdanke ich es, daß ich jetzt noch am Leben bin. Mich als Jüdin vor der Gestapo zu verstecken, war im Kriege, bei seiner eigenen gefährdeten Lage, doppelt mutig, und noch dazu, daß Sie mir diesen monatelangen Schutz gerade in meiner schwierigsten Zeit boten, als gleich nach meinem Untertauchen die Gestapofahndungen nach mir frisch im Gange waren. Ohne seine Hilfe wäre ich vergast worden, und es ist mir voll bewußt, daß er und Sie damals für mich den eigenen Kopf aufs Spiel setzten. Ihr Mann ließ sich ja auch durch die Nazi-Behörden in Landsberg mit ihren endlosen Akten und schwarzen Listen über ihn nicht einschüchtern. Seine und Ihre prachtvoll aufrechte, nazifeindliche Haltung hat mir damals Mut und Zuversicht gegeben. Ich wünsche Ihnen von Herzen, daß Ihnen alles Gute vergolten wird, was Sie so selbstlos an mir getan haben".

Nach ihrem überstürzten Aufbruch in Lipke sprang wieder Dr. Stadler ein, um weiterzuhelfen. Er vermittelte eine kurzfristige Unterkunft in Berlin bei der mit ihm befreundeten Generalswitwe Frau von Paczenski und Renczin, danach eine Untertauchmöglichkeit bei Freunden seiner Frau in Düsseldorf, da die Situation Ende Februar 1943 im Zuge der reichsweiten Razzien zum Abschluß der Deportationen in Berlin besonders gefährlich war.

Ausgestattet mit einem Geldbetrag von 100 Mark, die Prinz Salvator von Isenburg in Berlin für Susanne Meyer gespendet hatte, reiste sie auf Umwegen ohne gültigen Ausweis durch das zerbombte Ruhrgebiet nach Düsseldorf, wo sie drei Monate blieb. Über ihre Helfer sagt sie: „In Düsseldorf wurde ich abwechselnd bei verschiedenen Geschwistern der gleichen Familie in verschiedenen Stadtteilen beherbergt, alles fromme Katholiken." Zu ihnen gehörten als „Hauptgastgeber" die Familie des Buchprüfers Terwort und die Familie seines Bruders, eines Schneidermeisters. „In jeder der Unterkünfte wurde eine andere geeignete Geschichte für die übrigen Hausbewohner ausgedacht und eingeübt, von Hausangestellter mit verbombter Berliner Herrschaft und vorläufigem Urlaub und Ähnliches."

Ihre Abwesenheit aus Berlin nutzte Arthur Veit, um Susanne Meyers Spuren gegenüber der Polizei zu verwischen. Nach ihrem Untertauchen hatten „Abholkommandos" mehrmals vergeblich versucht, sie aus der Wohnung zum Transport zu holen. Veit meldete von sich aus bei der Polizei, Frau Meyer habe sich nicht mehr in der Wohnung sehen lassen und zum Schluß einen völlig irren Eindruck gemacht, was darauf schließen lasse, daß sie Selbstmord begangen habe. Hierauf wurde ihr Raum in der Wohnung versiegelt.

Vorübergehend hielt sie sich in einer Siedlung am Mellensee bei Berlin auf, wo Arthur Veit angeblich als „Bombenausweichquartier" ein Wochenendgrundstück gemietet hatte, um für Susanne Meyer eine vorübergehende Bleibe zu haben. Ihre nächste Station wurde das Dorf Kagar bei Rheinsberg, wo sie sich unter dem Namen „Charlotte Klose" einquartierte. Sie trat dort als Sekretärin von Alois Florath auf, der inzwischen von Berlin nach Kagar gekommen war. Angeblich tippte sie ein Filmmanuskript für ihn ab.

Unterkunft und Unterstützung fand sie auch bei der Familie von Georg Steffen, der zugleich Dorfschulze, Gastwirt und Bauer in Kagar war. Das Ehepaar Steffen war über Susanne Meyers Herkunft im Bilde, und auch die beiden Söhne waren eingeweiht.

Für einige weitere Monate fand Susanne Meyer bei einer Bekannten von Alois Florath, der Ärztin Dr. Stoltenhoff, in Berlin-Lichterfelde Arbeit und Unterkunft, wo sie sich wegen der immer stärkeren Bombenangriffe Tag und Nacht um die Verletzten in der Arztpraxis und um den Haushalt kümmern mußte. Susanne Meyer schildert diese Ärztin als „intelligent und geschickt". Da die nächtlichen Bombardierungen immer häufiger wurden und Susanne Meyer aus Angst vor Entdeckung nicht wie die anderen Hausbewohner in den nahegelegenen Schutzbunker gehen konnte, sondern allein im Keller des Häuschens blieb, war sie „trotz der interessanten Arbeit" froh, als sie nach einigen Monaten von Frau Steffen aufgefordert wurde, wieder nach Kagar zurückzukommen. Von da an hielt sie sich bis zur Befreiung abwechselnd am Mellensee und in Kagar auf.

Familie Steffen nahm die Gefahr auf sich, Susanne Veit als „Charlotte Klose" künftig in ihrem Gasthof zu beherbergen. Um einen stichhaltigen Grund für ihren Aufenthalt in diesem Dorf zu haben, übernahm sie zeitweilig die Pflege des an Magenkrebs erkrankten Alois Florath. Nach dessen Tod half seine Frau, Susanne Meyer ein „Alibi" für ihren weiteren Aufenthalt im Dorf zu verschaffen, indem sie dem Leiter der Nationalsozialistischen Volksfürsorge (NSV) erklärte, sie habe ihr den Auftrag erteilt, Manuskripte ihres Mannes zu tippen und seinen Nachlaß zu ordnen, den es in Wirklichkeit dort gar nicht gab. „Jedenfalls mußte ich nun bis Kriegsende immer aufs neue den Eindruck erwecken, eine feste und vom Arbeitsamt als wichtig anerkannte Arbeit zu haben. In Kagar saß ich täglich stundenlang bei offenem Fenster und tippte irgendetwas darauf los, damit man mich draußen schreiben hörte", erinnert sich Susanne Meyer später. In gewissen Abständen

mußte sie vorgeben, nach Berlin zu fahren, um „Arbeit abzuliefern". Statt dessen fuhr sie in das Holzhäuschen am Mellensee.
In den letzten Kriegsmonaten wurde Susanne Meyers weiterer Aufenthalt in Kagar vor allem durch die Hilfe von Hertha Zerna ermöglicht, einer Journalistin und Schriftstellerin, vor 1933 SPD-Mitglied und streitbare, kompromißlose Gegnerin der Nazis. Von 1941 bis 1943 arbeitete sie freiberuflich für den Deutschen Rundfunk. Diese Position nutzte sie, die in Berlin untergetauchte Margot Moses, die sie abwechselnd in ihrer Schöneberger Wohnung und bei Freunden unterbrachte, als Aushilfsstenotypistin in den Rundfunk zu vermitteln. Im Jahr 1943 zog sich Hertha Zerna, damals 37jährig, in das Dorf Kagar zurück, wo sie ein Häuschen besaß, das sie zusammen mit ihrer Mutter bewohnte. Beide Frauen wußten über Susanne Meyers Identität Bescheid.
Hertha Zerna hatte auch dem späteren Regierenden Bürgermeister von Berlin, Otto Suhr, und dessen jüdischer Frau Susanne Suhr den Kontakt zu Georg Steffen vermittelt; sie kamen mehrmals, wenn die Lage in Berlin für sie zu kritisch wurde, zu Familie Steffen nach Kagar. Als sie von Susanne Meyers bitterkaltem Ausweichquartier am Mellensee hörten, boten sie ihr Briketts aus ihrem Berliner Keller an, die Arthur Veit in kleinen Paketen nach und nach in das Holzhäuschen transportierte.
Als einige Monate vor Kriegsende auch die kurze Bahnfahrt von Rheinsberg nach Berlin nicht mehr ohne persönlichen Erlaubnisschein möglich war, wurde Hertha Zerna zur wichtigsten Helferin für die etwa gleichaltrige Susanne Meyer: „Da ich aber offiziell weiter Arbeit aus Berlin holen mußte, schlich ich früh vor Morgendämmerung vom Gasthof zum Haus von Hertha Zerna, stieg in ihre Dachkammer, legte mich den Tag über mit mitgenommenen Broten dort ins Bett und schlich abends im Dunkeln wieder in den Gasthof zurück, um am nächsten Tag vor den anderen Gästen von der Fahrt nach Berlin reden zu können. Beim letzten Mal im März, zu einer Zeit, als die Trecks der Flüchtlinge aus Ostpreußen und Pommern die Landstraßen entlangrollten, erschien an einem solchen Tag der NSV-Mann des Dorfes, um das Haus von Hertha Zerna zu besichtigen und bei ihr Flüchtlinge einzuquartieren. Mit großer Geschicklichkeit, ich weiß nicht mehr, unter welchem Vorwand, gelang es ihr, ihn einen Tag hinzuhalten."
Nach einem letzten deutschen Angriff Ende April 1945 gegen die anrückenden Russen in den Wäldern um Kagar, bei dem Susanne Meyer durch den Wurf einer Panzerfaust eine Gehirnerschütterung und eine Verletzung an der Schläfe erlitt, hatte die Zeit der ständigen Gefahr und Angst ein Ende. Sieben Wochen nach Kriegsende kam Arthur Veit nach mehrtägigen Fußmärschen nach Kagar, um Susanne Meyer nach Berlin zurückzuholen. „Und dort tauchte ich in der gleichen, inzwischen dreiviertel zertrümmerten, aber immerhin von ihm gehaltenen Wohnung, aus der ich untergetaucht war, wieder auf." Bald darauf erlebte sie das Wiedersehen mit ihrem Sohn, der als britischer Soldat nach Berlin gekommen war, um seine Mutter zu suchen. Sie heiratete Arthur Veit.
Wie war das weitere Schicksal der Helfer und Retter? Wolfgang Lent fiel als Soldat in Schlesien im Januar/Februar 1945. Frau Lent machte sich in letzter Minute bei Eis und Schnee mit Hilfe ihrer französischen Kriegsgefangenen und mit den drei Kindern auf die Flucht nach Westen. Sie lebten nach dem Krieg in Lübeck, wo Ingeborg Lent 1988 starb.

Ein besonders hartes Los traf die Familie des Gastwirts und Bürgermeisters von Kagar. Kurz nachdem Susanne Meyer das Dorf verlassen hatte, wurde Georg Steffen von den Russen verhaftet. Bis diese Nachricht nach Berlin gelangte, kam jede Hilfe zu spät. Er soll nach einem halben Jahr in einem Lager gestorben sein.

Herta Zerna wurde 1963 als „Unbesungene Heldin" vom West-Berliner Senat geehrt und erhielt, da sie seit 1951 arbeitslos war, eine kleine „Ehrenrente". Sie verstarb im Alter von 81 Jahren in Berlin.

M2 Erziehungsgrundsätze

Eva Fogelman, selbst Tochter eines geretteten polnischen Juden und einer Sozialpsychologin in New York, hat in jahrelanger, teilweise detektivischer Arbeit noch lebende Retter aufgesucht und sie über ihre Motive gefragt:

Die meisten der Retter gaben an, daß sie ein oder mehrere Vorbilder für altruistisches Verhalten hatten. Im Elternhaus lernten sie Toleranz gegenüber Menschen, die anders waren und in vielen Fallen lebten die Eltern diese Werte vor: Frieda Suss, die der Familie des späteren US-Außenministers zur Flucht verhalf, berichtet, wie ihre Mutter, eine einfache Bäuerin, schon vor der Nazi-Zeit einem Mob gegenübertrat, der orthodoxe Juden durchs Dorf trieb. Sie stellte sich vor die johlende Horde, und schrie sie an: 'Hört auf, ihr Idioten. Was ihr da tut, ist nicht recht. Beurteilt Menschen nicht nach dem Aussehen, sondern nur danach, wie sie sich euch gegenüber verhalten.' Der Mob zerstreute sich, das sichere und selbstbewußte Auftreten der Frau reichte aus, um die Verfolgten wenigstens für den Augenblick zu schützen.

Zwar gelang es Eva Fogelman nicht, einen einheitlichen Erziehungsstil zu rekonstruieren, der die Tugenden der Retter entwickeln half, aber es fiel ihr auf, dass die Erziehung fast immer von zwei Prinzipien bestimmt war: Liebe und Festigkeit, letzteres nicht zu verwechseln mit dem in Deutschland üblichen autoritären Befehl-und-Gehorsam-Gehabe. Außerdem: Schon früh haben die meisten Retter eine intellektuelle und psychische Selbständigkeit erreicht. Sie waren gewohnt, sich selbst ein Urteil zu bilden und es auszuhalten, nicht zu einer Mehrheit zu gehören.

Heiko Ernst, Mut und Gewissen: Das Psychogramm der Judenretter, in: Psychologie heute, Juli 1994/Heft 7, Beltz-Verlag, Weinheim, Seite 39ff

M3 Das Unrecht sehen wollen

Die Sozialpsychologen Bibb Latané und John Darley hatten schon in den 70er Jahren in einer Serie von Experimenten einen fünfstufigen Prozeß beschrieben, der aus unbeteiligten Zeugen des Unglücks anderer mit großer Wahrscheinlichkeit Helfer macht:
- Die *Erkenntnis*: Irgendetwas stimmt hier nicht!
- Die *Interpretation*: Ein Mensch braucht Hilfe.
- Die Bereitschaft, *Verantwortung* für diese Hilfe zu übernehmen.
- Die Wahl der geeigneten *Hilfs-Mittel*.
- Die Durchführung der *Hilfs-Aktion*.

Angewandt auf die Retter von Juden bedeutet diese Abfolge:
Bereits bei den ersten beiden Stufen unterschieden sich die Retter entscheidend von den „Raushaltern". Sie bewahrten sich auch unter dem Trommelfeuer der Nazi-Propaganda eine persönliche Ansicht und ließen sich ihr Wahrnehmungs- und Urteilsvermögen nicht verkrüppeln. Juden und andere Verfolgte blieben für sie Menschen, auch wenn das Regime mit seiner Doktrin vom „Volksschädling" und „Untermenschen" das Empfinden der Mehrheit erfolgreich abstumpfte. Jemand mußte bereit und fähig sein, das Ungeheuerliche um ihn herum zu sehen, es an sich herankommen zu lassen, auch wenn es verstörend, schmerzhaft und bedrohlich war. Für Oskar Schindler war es das Schlüsselerlebnis, als er eines Morgens seinen jüdischen Büroleiter vermißte und ihn auf dem Bahnsteig kurz vor dem Abtransport noch aus einem der Viehwägen herausholen konnte. Das Nebeneinander von Menschen und Viehwaggons, so schrieb Schindlers Biograph Keneally, löste bei ihm einen Erkenntnis-Schock aus. Auf diesem Bahnsteig wurde aus Schindler ein Retter, und nun erst begann er, mit riskanten Bluffs, Lügen und Drohungen im großen Stil zu helfen. Schindler hatte sich eingemischt, weil er *gewahr* wurde, was geschah. Er konnte noch sehen, und er wollte sehen.

Viele andere Retter berichteten von ähnlichen Schlüsselerlebnissen, in denen ihnen die Bestialität des Nazi-Regimes schlagartig und so nachdrücklich bewußt wurde, daß sie beschlossen einzugreifen. Sie fühlten sich plötzlich und unabweisbar verantwortlich – im Gegensatz zu den vielen, die wegsahen.

Die meisten, die sich abwandten, als ihre Menschlichkeit gefordert war, waren wohl keine kalten und gleichgültigen Unmenschen. Viele empfanden Mitleid und schämten sich ihrer Feigheit – aber sie sahen sich einfach nicht in der Lage zu helfen. Die Retter dagegen hielten sich auch angesichts von Gefahren und Schwierigkeiten für kompetent. Sie verfügten über starke „Kontrollüberzeugungen": Sie sahen sich selbst als Menschen, die den Gang der Dinge bestimmen und beeinflussen konnten. Deshalb fühlten sie im Augenblick der Wahrheit auch, daß sie die Verantwortung nicht auf andere abwälzen konnten („Verantwortungsdiffusion" nannten Latané und Darley diesen Mechanismus: Ich kann doch nichts machen, vielleicht helfen ja andere). Wer helfen will, weil er sich selbst für kompetent und stark hält, der tut sich schwerer mit der Gewissens-Frage: „Kann ich mit dieser Schuld, jetzt nicht geholfen zu haben, weiterleben?" als jemand, der sich von vorneherein für schwach, fremdbestimmt und hilflos und deshalb auch für unzuständig erklären kann.

Heiko Ernst, Mut und Gewissen: Das Psychogramm der Judenretter, in: Psychologie heute, Juli 1994/Heft 7, Beltz-Verlag, Weinheim, S. 43, leicht bearbeitet

---

M4 Arbeit mit dem Film „Schindlers Liste"

Entscheidungen: Probeweise Rollenübernahme

1. Überlegungen zum Verfahren

Die Auswahl von zwölf Sequenzen (Szenen) aus „Schindlers Liste" erfolgte nach der Beobachtung einiger Gespräche in Schulklassen, die den Film gesehen hatten.

Es sind weitgehend Sequenzen, die spontan als die eindrucksvollsten bezeichnet wurden.

Die probeweise Rollenübennahme versetzt die Jugendlichen in die Situation, sich über die Motive klarwerden zu müssen, die das Handeln der Personen im Film bestimmen. Voraussetzung dafür ist es, die *Filmhandlung als Fiktion* zu behandeln. Das kann durch eine filmanalytische Annäherung oder durch einen Vergleich zwischen Filmhandlung und Quellen verdeutlicht werden. So wird es auch möglich, zur Übernahme der Rolle eines SS-Mannes auf der einen Seite oder eines Juden in einer ausweglosen Situation auf der anderen Seite aufzufordern, ohne die Jugendlichen emotional zu überfordern.

Durch die Aufgabenstellung soll deutlich werden, daß keiner – auch nicht der Lagerkommandant – von Natur aus „böse" ist. Vielmehr fällen die Personen immer wieder Entscheidungen, für die jeder selbst verantwortlich ist. So einfach diese Feststellung erscheint, so wenig selbstverständlich ist sie in den Gesprächen mit Jugendlichen. Sie erklären das Handeln der Täter im Holocaust zunächst mit der Feststellung, daß diese eben schlechte Menschen seien. Dadurch wird eine Distanz zwischen dem historischen Ereignis und der eigenen Realität erzeugt, die ein Lernen für die Gegenwart verhindert.

Die Aufgabe, einer der Rollen aus der Filmhandlung genau zu beobachten, sich die Handlungsweise der Protagonisten zu vergegenwärtigen und in deren Perspektive weiterzudenken, nimmt die Distanz zum historischen Ereignis ernst und ermöglicht zugleich eine Aktualisierung des ethischen Dilemmas, das im Film vorgeführt wird. Betrachtet man in dieser Form die Perspektive der Opfer des Holocaust, so führt der Vergleich ihrer Handlungsmöglichkeiten mit denjenigen der Täter zu der Erkenntnis, daß ihnen die Freiheit der Entscheidung genommen war. Sie konnten im Regelfall höchstens zwischen verschiedenen Todesarten „wählen".

Im Rahmen der Methode der probeweisen Rollenübernahme halten wir es für unangebracht, über die Sequenzen, die in Birkenau spielen, zu sprechen.

Diese Szenen, die von der Dramaturgie des Films her die dichteste Annäherung an die Gaskammern und den Tötungsprozeß bedeuten, können am ehesten filmanalytisch besprochen werden. Auf diesem direkten Weg kann eine vorsichtige Formulierung der Eindrücke begonnen werden, die auf dem direkten Weg oft fehlgeht.

2. Zum unterrichtlichen Vorgehen

Die Sequenzen, die im folgenden vorgestellt werden, sollten zunächst noch einmal gesondert vorgeführt werden. In der entsprechenden Stunde sollte nur diese eine Sequenz gezeigt werden. Es ist auch möglich, die Lerngruppe zu teilen und die Sequenzen in Kleingruppen zu bearbeiten. Dann sollten diese Gruppen jeweils ebenfalls nur „ihre" Sequenz anschauen, um eine Konzentration auf die Dialoge und Bilder in diesem kurzen Moment des Films zu ermöglichen. Die Aufgaben zu den einzelnen Sequenzen sollten von den Lernenden schriftlich bearbeitet werden.

Bei der Besprechung der Arbeitsergebnisse sollte eine Wertung der Entscheidungen, die sich die Jugendlichen ausgedacht haben, unterbleiben. Das Gespräch sollte sich auf eher historische Themen konzentrieren, um nicht in reines Psychologisieren abzugleiten:

- das Verwaltungshandeln der Nazis, die Priorität des bürokratischen Ablaufs in den grausamsten Situationen;

- der Mangel an Bewußtsein über die eigenen Handlungsmöglichkeiten bei den meisten Menschen aus der Mehrheitsgesellschaft;
- die Bedingungen, unter denen die Handelnden jeweils Entscheidungen fällten.

3. Arbeitsmaterial für die Arbeit mit dem Film: „Schindlers Liste"

In der Geschichte des Holocaust bestand eine klare Trennung zwischen Tätern und Opfern. Wer nach der Rassenideologie der Nazis zu den Opfern gehörte, hatte so gut wie keine Chance, die Seite zu wechseln.

Aber es gab immer wieder Augenblicke, in denen ein Mensch, der auf Grund seiner Lebensumstände auf der Seite der Täter stand, entscheiden konnte, ob er sich an die Seite der Opfer stellen wollte.

Heute fällt es uns schwer, über diese Situationen zu sprechen. Wieviel schwerer muß es gewesen sein, sie zu durchleben.

Hier werden einige Szenen aus dem Film „Schindlers Liste" kurz zusammengefaßt, um sie in Erinnerung zu rufen. Versuchen Sie soweit wie möglich, sich in jede der beteiligten Personen hineinzudenken, indem Sie die Aufgaben bearbeiten.

Diese Arbeitsvorschläge zu zwölf Szenen aus „Schindlers Liste" sind als Angebot zu verstehen. Es ist sinnvoll, daraus einige – oder auch nur einen – auszuwählen.

Die ausgewählte Szene sollten Sie sich dann ansehen. Sehen Sie sich nur diese Szene an, wenn es geht, zwei oder drei Mal. Dann braucht jeder zunächst für sich allein Zeit, um über die Aufgabe nachzudenken und etwas aufzuschreiben. Erst danach sollten Sie in der Gruppe Ihre Eindrücke austauschen.

(I)

Während der brutalen Räumung des Krakauer Ghettos, als die SS alle Juden niederschießt, deren sie habhaft werden kann, wird Frau Dresner von einem Kind in der Uniform der jüdischen Ghettopolizei entdeckt. Dieser Junge war vor dem Krieg ein Freund ihres Sohnes gewesen. „Mach Dir keine Sorgen", sagt sie zu dem kleinen Polizisten, „ich werde ganz ruhig gehen, ich werde keine Schwierigkeiten machen." Aber anstatt sie zu verhaften, sagt er, sie solle sich verstecken, und meldet einer vorbeikommenden SS-Streife, in diesem Bezirk sei niemand mehr. „Kennst Du das Sprichwort 'Eine Stunde Leben ist das ganze Leben'", fragt sie ihn. „Du bist kein Kind mehr, Du hast Macht über Leben und Tod."

Versuchen Sie sich vorzustellen, was Frau Dresner aufgeschrieben hätte, als sie sich nach der Rettung an diesen Moment erinnerte.
Versuchen Sie ebenso aufzuschreiben, was der Junge einige Jahre später über diese Situation gedacht haben mag.

(II)

Gegen Ende der Ghettoräumung erschießt ein SS-Mann einen Juden, der gerade von zwei anderen SS-Männern abgeführt wird. Der SS-Mann, der den Juden geführt hatte, beklagt sich, weil er selbst hätte getroffen werden können.

Stellen Sie sich vor, nach der Befreiung vom Nationalsozialismus untersucht eine Kommission, wer bei der Ghettoräumung für die Grausamkeiten verantwortlich war.

Ein SS-Mann beschreibt aus der Erinnerung diese Situation und beschwert sich über das Verhalten des Schützen.
Was fragt ihn die Kommission?
Was antwortet er?

(III)
Eine Ingenieurin geht während des Baus der Baracken von Plaszów auf Amon Goeth zu und verlangt die sachgemäße Ausführung der Bauarbeiten im Lager. Goeth befiehlt, sie zu erschießen, und der Befehl wird sofort ausgeführt. Der Bau wird so korrigiert, wie sie es verlangt hat.

Stellen Sie sich vor, der Lagerkommandant schreibt einen Bericht über diesen Vorfall an seine vorgesetzte Behörde. Schreiben Sie auf, was er vermutlich schreiben würde.

(IV)
Die Häftlinge werden dazu angehalten, stundenlang und z.T. sichtlich sinnlos Schnee zu schippen. Währenddessen beschwert sich Schindler darüber bei einem verantwortlichen Offizier. Dieser erklärt, das sei selbstverständlich keine sinnvolle Arbeit. Er sagt: „Das ist eher eine philosophische Angelegenheit."

Was könnte der Zweck dieser Zwangsarbeit für die Deutschen sein? Stellen Sie sich vor, die Auseinandersetzung mit Schindler führt zu einem Briefwechsel. Denken Sie sich einen Brief aus, den der Offizier an seinen Vorgesetzten schreiben könnte.

(V)
Während eines Festes in der Villa des Lagerkommandanten Goeth geht Oskar Schindler in den Keller zu Helene Hirsch. Sie lebt in ständiger Furcht vor Goeths sadistischen Angriffen und Schlägen. Um ihre Ablehnung zu durchbrechen, fragt Schindler sie: „Helene, weißt Du nicht, wer ich bin? Ich bin Schindler." Er greift in seine Tasche und reicht ihr ein Stück Schokolade. „Versteck das irgendwo", sagt er. „Wenn Du es nicht essen willst, kannst Du damit handeln oder es weiterschenken." Nach einigem Zögern akzeptiert Helene Hirsch das Geschenk Schindlers.

Was könnten die Beweggründe Schindlers für sein Handeln in diesem Moment gewesen sein?
Versuchen Sie sich vorzustellen, wie Schindlers Auftritt auf Helene Hirsch wirkte. Wie würde sie ihn beschreiben?
Halten Sie die Eindrücke von beiden, wie Sie sie sich vorstellen, als Zeugenaussagen fest.

(VI)
Zu einem späteren Zeitpunkt geht auch Goeth in den Keller zu Helene Hirsch. Er erklärt ihr zunächst seine Liebe, um sie dann zu beleidigen und als „Ratte" zu bezeichnen. Es ist unklar, ob er sie liebt oder verabscheut. Schließlich schlägt er sie.

Was könnte ihn zu diesem widersprüchlichen Verhalten treiben?
Wie würde wohl Helene Hirsch Goeth charakterisieren?

Halten Sie die Gedanken von beiden, wie Sie sich sie vorstellen, als Zeugenaussagen fest.

(VII)
Bei einem Gespräch mit Amon Goeth versucht Schindler, diesen davon zu überzeugen, daß er seine Macht auch dadurch beweisen könne, daß er „Gnade" walten lasse. Goeth geht zunächst darauf ein, er macht sich diese Haltung zu eigen und studiert sie sogar vor dem Spiegel ein. Trotzdem erschießt er unmittelbar danach einen Jungen.

Stellen Sie sich vor, wie Amon Goeth und Oskar Schindler jeweils über dieses Gespräch später nachdenken.
Schreiben Sie je eine erfundene Tagebucheintragung von Schindler und Goeth.

(VIII)
Im Lager Plaszów kommt Schindler dazu, als gerade Menschen zur Deportation in einen Zug gepfercht werden. Schindler verlangt, die Viehwagen mit Wasser zu bespritzen. Die Wachmannschaften, unter ihnen Amon Goeth, stimmen schließlich zu. Sie verhalten sich wie bei einer Landpartie, Schindler stellt sich zu ihnen und trinkt mit ihnen Bowle.

Erfinden Sie die Tagebucheintragung eins der Wachsoldaten, die bei diesem Ereignis anwesend waren.

(IX)
Am Tag, als sich abzeichnet, daß Schindlers Geschäft gut geht, bittet dieser seinen Buchhalter Stern zu sich ins Büro, um eine kleine Feier zu veranstalten. Er gießt zwei Gläser Cognac ein und gibt eines Stern, der es ablehnt. „Tun Sie wenigstens so als ob", sagt Schindler zu ihm, und Stern hebt sein Glas, aber er trinkt nicht. „Ist das alles?" fragt er, als Schindler ausgetrunken hat. „Ich versuche, Ihnen zu danken", schreit ihn Schindler an. „Ich sage, daß ich das ohne Sie nicht geschafft hätte. Es wäre das übliche, meine Dankbarkeit anzunehmen." Aber Stern schaut ihn nur an und sagt: „Bitte."

Stellen Sie sich vor, wie Stern diese Situation empfinden mußte. Schreiben Sie Vermutungen dazu auf.
Schreiben Sie Vermutungen über die Empfindung Schindlers in diesem Moment auf.

(X)
Schindler verhandelt mit dem Kommandanten von Auschwitz über die Herausgabe „seiner" Jüdinnen und versucht, ihn mit Diamanten zu bestechen. Der Kommandant bietet ihm einen anderen „Transport" an, der gerade im Lager eintrifft. Schindler besteht auf „seinen" Jüdinnen. Der Kommandant stimmt schließlich zu, nicht ohne sich über den „Schreibkram" zu beklagen.

Stellen Sie sich vor, eine Kommission der SS wird eingerichtet, die diesen Lagerkommandanten wegen des Verdachts der Bestechlichkeit verhört.
Was würde sie den Kommandanten fragen?
Was würde der Kommandant antworten?

(XI)
Als die Russen näher kommen, bereitet Schindler seine Flucht vor. Gleichzeitig bereut er, nicht auch noch sein goldenes Parteiabzeichen versetzt zu haben, denn er meint, dann hätte er noch drei Juden retten können.
Ist das eine glaubwürdige Äußerung?
Schreiben Sie einen Bericht über die Situation, wie ihn einer der befreiten Juden aus Schindlers Fabrik vielleicht geschrieben hätte.

(XII)
Diese Aufgabe bezieht sich nicht auf eine bestimmte Szene. Hier soll versucht werden, den ganzen Film zu überblicken.
Immer wieder sieht man im Film, wie Listen geschrieben werden. Die Liste, die Stern und Schindler schreiben, bezeichnet Stern als „Das absolut Gute".
In welchem Zusammenhang werden im Verlauf des Films sonst Listen geschrieben? Welchem Zweck dienen sie?
aus: Gottfried Kößler, Entscheidungen; Frankfurt, o.J. (Fritz-Bauer-Institut), S. 5 - 7
Fritz-Bauer-Institut. Studien- und Dokumentationszentrum zur Geschichte und Wirkung des Holocaust. Rheinstraße 29, D - 60325 Frankfurt/Main

M5 Der Titel „Gerechte unter den Völkern"

Titel für Nichtjuden, die während des Nationalsozialismus ihr Leben für die Rettung von Juden riskierten. Der Name, im Hebräischen: Chasidai Umot Haolam, besagt nach dem Talmud: „Die Gerechten unter den Völkern der Welt haben einen Platz in der kommenden Welt." Das „Gesetz zum Gedächtnis an Märtyrer und Helden", das die Knesset (das Parlament Israels) 1953 verabschiedete, beauftragte die YAD VASHEM-Gedächtnisstätte mit der Einrichtung einer Gedenk-Abteilung für die „Gerechten unter den Völkern, die ihr Leben riskierten, um Juden zu retten".
Die Aufzählung der Ereignisse und Aufstände während der Ermordung der europäischen Juden wäre unvollständig ohne die Nennung der Menschen, deren Gewissen es nicht zuließ, das Schicksal der Juden gleichgültig hinzunehmen. Im Verhältnis zur Zahl von Juden, die im besetzten Europa der Hilfe bedurften, gab es nur wenige „Gerechte unter den Völkern". Doch das Verhalten dieser wenigen zeigt, daß – unter Anstrengungen und Opfern – Hilfe möglich war und daß mehr hätte getan werden können, wenn mehr Menschen die Unterstützung ihrer bedrohten Mitmenschen als persönliche Verpflichtung angesehen hätten.
Seit Anfang der 60er Jahre arbeitet ein öffentliches Komitee zur Anerkennung der „Gerechten unter den Völkern" unter der Schirmherrschaft der Gedenkstätte Yad Vashem in Jerusalem. Das Komitee besteht aus bekannten Persönlichkeiten, darunter auch Juristen, die meist selbst Überlebende sind. Den Vorsitz führt ein Richter des Obersten Gerichtshofes. In den ersten Jahren der Tätigkeit des Komitees war dies Richter Moshe Landau, der spätere Vorsitzende des israelischen Obersten Gerichtshofes. Jedes Beispiel eines Lebensretters, der zur Anerkennung „Gerechter unter den Völkern" vorgeschlagen wurde, wird vom Komitee diskutiert und sorgfältig untersucht, nachdem zuvor Informationen in der Abteilung für „Gerechte

Die „Gerechten unter den Völkern"

unter den Völkern" in Yad Vashem eingeholt und Beweise durch betroffene Überlebende oder – wenn dies möglich ist – aus Angaben und Schriftstücken von israelischen Konsular-Delegationen aus dem Land, in dem der/die Überlebende wohnt, erbracht wurden.

Manchmal ermöglicht authentisches Dokumentationsmaterial aus den Archiven in europäischen Ländern, die von den Überlebenden beschriebenen Ereignisse nachzuverfolgen.

Das Gesetz gibt keine detaillierte Definition des Begriffs „Gerechte unter den Völkern"; im allgemeinen wendet man ihn auf Personen an, die den Juden während der Zeit der Verfolgung und Ermordung durch die Nationalsozialisten Mitgefühl, Freundlichkeit und Unterstützung entgegenbrachten. Allerdings werden im Zusammenhang mit dem „Gesetz zum Gedächtnis an Märtyrer und Helden" hohe Anforderungen an eine Ernennung zum „Gerechten unter den Völkern" gestellt. So trifft der Rang eines „Gerechten unter den Völkern" im Sinne des Gesetzes auf diejenigen zu, die ihr eigenes Leben aufs Spiel gesetzt haben, um einen Juden zu retten...

Die Zahl der dank der Hilfe von Bürgern europäischer Länder unter nationalsozialistischer Herrschaft geretteten Überlebenden ist nicht bekannt; es ist auch nicht leicht, sie alle festzustellen. Sowohl die Überlebenden als auch die Retter sind über die ganze Welt verstreut. Manche Juden, denen jemand trotz Lebensgefahr half, starben später während des Krieges, so daß es keine Zeugen mehr gibt. Einige verloren zusammen mit den Juden, die sie versteckten, ihr Leben. Andere wollten auch nach dem Krieg anonym bleiben. Aus den kommunistischen Ländern erhielt man kaum verläßliche Informationen, da die Beziehungen zu Israel abgebrochen waren. Viele Überlebende informierten Yad Vashem nicht über die Einzelheiten der erhaltenen Hilfe, und also erhielten ihre Retter keine Anerkennung. Wenn man eine unbekannte Zahl von Rettungsaktionen in Betracht zieht, über die keine Informationen vorliegen, erreicht die Zahl der „Gerechten unter den Völkern" zusammen mit den vom Komitee Anerkannten vielleicht 10 000 bis 20 000. Jeder/jede als „Gerechter unter den Völkern" Anerkannte hat das Recht, unter seinem/ihrem Namen in der „Allee der Gerechten" auf dem Har HaZikaron (dem „Berg des Gedächtnisses" in Jerusalem) einen Baum zu pflanzen.

Zu Beginn des Jahres 1989 waren etwa 8000 „Gerechte unter den Völkern" anerkannt. Sie bekamen eine Urkunde und einen Orden, auf dem ihr Name sowie der Wahlspruch des Talmud eingraviert sind: Wer ein Leben gerettet hat, wird so betrachtet, als habe er das ganze Universum gerettet.

Israel Gutman, Enzyklopädie des Holocaust, Bd 1, Berlin 1993, S. 518 - 520 in Auszügen und leicht überarbeitet

Schuld, Erinnerung und Verantwortung am Beispiel der Stuttgarter Schulderklärung
Ein Unterrichtsentwurf

Jörg Thierfelder und Dieter Petri

Am 18./19. Oktober 1945 bekannten die Mitglieder des neu geschaffenen Rats der Evangelischen Kirche in Deutschland (EKD) für die evangelische Christenheit Deutschlands und stellvertretend für das deutsche Volk die Schuld am Versagen von Kirche und Volk im Dritten Reich. Der folgende Beitrag geht auf das Entstehen der Stuttgarter Schulderklärung (1) und ihre Folgen (2), sowie auf die Frage, ob die Kirche aus diesen geschichtlichen Ereignissen etwas gelernt hat (3). Schließlich bedenkt er das Verhältnis der Schüler/innen zu diesem Thema (4) und skizziert mögliche unterrichtliche Schritte (5).

1. Das Entstehen der Stuttgarter Schulderklärung[1]

Nach der Kapitulation 1945 häuften sich Worte, in denen Pfarrer und Laien die Schuld von Volk und Kirche im Blick auf die nationalsozialistischen Verbrechen in unterschiedlicher Weise ansprachen. Bei der Frage nach der Notwendigkeit einer kirchlichen Schulderklärung kann man bei führenden evangelischen Kirchenmännern im Jahre 1945 zwei Linien herausstellen.[2] Auf der einen Seite sah man recht deutlich die Notwendigkeit, das ganze deutsche Volk und die deutsche Christenheit zu aktiver Buße zu rufen, nicht zuletzt angesichts der Tatsache, daß viele Deutsche, auch viele Christen, immer weniger bereit waren, Schuld zuzugeben, sie vielmehr zu verdrängen suchten. Dies wird 1945 in Äußerungen von Besatzungsoffizieren, immer wieder beklagt. Auf der anderen Seite gab es auch kirchenpolitische und politische Überlegungen, die sich in Fragen äußerten wie: Schadet man mit solchen Schulderklärungen nicht dem deutschen Volk? Trugen nicht auch die anderen Schuld?
Im Laufe des Jahres 1945 wurde den führenden deutschen Kirchenmännern immer deutlicher, daß es zu einem gemeinsamen Wort der evangelischen Kirche zur Schuldfrage kommen müsse.

Ein Anstoß zur Stuttgarter Schulderklärung kam auch aus der Ökumene. In bezug auf einen Neuanfang der nachhaltig gestörten Beziehungen zwischen der evangeli-

---

[1] Zum Folgenden vgl. Martin Greschat (Hg.), Die Schuld der Kirche. Dokumente und Reflexionen zur Stuttgarter Schulderklärung vom 18./19. Oktober 1945, München 1982; Gerhard Besier/Gerhard Sauter, Wie Christen ihre Schuld bekennen, Göttingen 1985; Jörg Thierfelder, Zusammenbruch und Neubeginn. Die evangelische Kirche nach 1945 am Beispiel Württembergs, Stuttgart 1985, S. 86ff.

[2] Vgl. Gerhard Besier/Hartmut Ludwig/Jörg Thierfelder/Ralf Tyra, Kirche nach der Kapitulation, Bd. 2, Stuttgart 1991, S. 18 - 20.

schen Kirche Deutschlands und der Ökumene erwartete man eine Art Schulderklärung von den deutschen Protestanten: So schrieb der Genfer Generalsekretär Willem Visser't Hooft am 25. Juli 1945 an den Berliner Bischof Otto Dibelius: „Sie dürfen ... darauf rechnen, daß wir von uns aus alles tun werden, um die Gemeinschaft wieder aufzunehmen. Ich brauche Ihnen wohl nicht zu sagen, daß dabei noch gewichtige innere Schwierigkeiten zu überwinden sind, besonders bei den Kirchen, die so tief gelitten haben unter der deutschen Besetzung. Es würde darüber ein brüderliches Gespräch nötig sein. Dieses Gespräch würde auch sehr viel leichter sein, wenn die Bekennende Kirche Deutschlands sehr offen spricht, nicht nur über die Missetat der Nazis, sondern auch besonders über die Unterlassungssünden des deutschen Volkes, einschließlich der Kirche."[3]

Daß ein entsprechendes Bekenntnis von der Ökumene „als notwendige Vorbedingung ökumenischer Hilfe" angesehen wurde, wie der frühere Deutsche Christ Werner Petersmann 1972 behauptet hatte[4], entspricht jedoch insofern nicht den Tatsachen, als die ökumenischen Hilfsaktionen schon vor dem Stuttgarter Schuldbekenntnis angelaufen waren. Auch hatte Adolf Freudenberg vom Ökumenischen Rat der Kirchen in einem vorbereitenden Text für Stuttgart notiert: „Der Weltkirchenrat muß für eine gerechte und humane Behandlung Deutschlands arbeiten und muß helfen, Menschen vor dem Verhungern zu retten, ob die Kirche in Deutschland die Schuld in der gewünschten Weise anerkennt oder ob sie das nicht tut."[5]

Es bedurfte großer Mühen, um für die ökumenische Delegation nicht nur Einreisegenehmigungen sondern auch Transportmittel zu beschaffen. Hier machte sich der französische „Aumônier général" Marcel Sturm verdient. Er geleitete die Delegation von Basel zunächst nach Baden-Baden und am nächsten Tag nach Stuttgart. Neben Visser't Hooft kamen der Generalsekretär des Federal Council der Kirchen von Amerika, Samuel M. Cavert, der Präsident des Schweizerischen Evangelischen Kirchenbundes, Alphons Koechlin, der Leiter der amerikanischen Delegation des Lutherischen Weltbundes in Genf, Sylvester C. Michelfelder, Pierre Maury als Vertreter der französischen reformierten Kirche, nach Stuttgart. Direkt mit dem Flugzeug kam am Abend des 17. Oktober Hendrik Kraemer als Vertreter der holländischen reformierten Kirchen an. Bischof George Bell von Chichester traf wegen widriger Flugbedingungen erst einen Tag später in Stuttgart ein.

Die ökumenische Delegation kam mit klaren Erwartungen nach Stuttgart. Willem Visser't Hooft schrieb später: „Das Ziel, soviel war klar, mußte die Wiederaufnahme voller ökumenischer Beziehungen sein. Aber wie sollten wir es erreichen? Wir konnten nicht ein Schuldbekenntnis zur Vorbedingung der wiederhergestellten Gemeinschaft machen; ein derartiges Bekenntnis hatte nur dann Wert, wenn es spontan abgelegt wurde. Anderseits ließen die Hindernisse für eine Gemeinschaft sich nur beseitigen, wenn die deutsche Seite ein klares Wort fand. Pierre Maury riet uns schließlich, den Deutschen zu sagen: 'Wir sind gekommen, um Euch zu bitten, daß Ihr uns helft, Euch zu helfen.'"[6]

---

[3] Gerhard Besier/Gerhard Sauter, Wie Christen ihre Schuld bekennen, Göttingen 1985, S. 24.
[4] W. Petersmann, Auch die Kirche verrät die Nation?, Hannover 1972, S. 10.
[5] Gerhard Besier/Gerhard Sauter, a.a.O., S. 133.
[6] Willem Visser t'Hooft, Die Welt war meine Gemeinde, Stuttgart 1972, S. 230.

Am 17. Oktober fanden in der Stuttgarter Markuskirche und parallel dazu im überfüllten Furtbachhaus Gottesdienste statt. Sie wurden von Bischof Wurm bzw. vom Stuttgarter Prälaten Hartenstein geleitet. Auf beiden Veranstaltungen sprachen Martin Niemöller und Otto Dibelius. Visser't Hooft war besonders von der Predigt Niemöllers über Jer. 14,7 („Ach Herr, unsere Missetaten haben's ja verdient; aber hilf doch um Deines Namens willen!") beeindruckt: „Es war eine machtvolle Predigt über das Wesen der Buße. Niemöller sagte, selbst innerhalb der Kirche werde nicht genügend begriffen, daß die vergangenen zwölf Jahre eine Heimsuchung durch Gott gewesen seien. Es genüge nicht, den Nazis die Schuld zu geben. Hätten die Nazis ihre Untaten denn begehen können, wenn das Kirchenvolk aus wirklich gläubigen Christen bestanden hätte? Er sprach von den furchtbaren Leiden, die Polen, Holland, der Tschechoslowakei, Frankreich, Norwegen, Griechenland und vielen anderen Ländern zugefügt worden seien. Es bleibe einzig die Hoffnung, daß Männer mit der Liebe Christi im Herzen für den Anbruch eines neuen Tages arbeiteten. Während ich dieser Predigt lauschte, durchzog mich ein Gefühl der Befreiung. Wenn das die Sprache der deutschen Kirche war, dann würden wir alles, was uns trennte, überwinden. Wir brauchten dann nicht, wie nach dem Ersten Weltkrieg, eine neue Periode steriler Kriegsschulddiskussionen durchzumachen."[7]

Am nächsten Morgen tagte der Rat der EKD. Es ging um die „Reinigung" der evangelischen Kirche von „Deutschen Christen" und Nationalsozialisten unter den Pfarrern und um die Frage, wie sich die Kirche angesichts der unterschiedlichen Entnazifizierungsmaßnahmen der Alliierten verhalten sollte.

Nach dem Mittagessen fand ein Empfang beim amerikanischen Militärgouverneur Colonel Dawson[8] statt, bei dem Bischof Wurm und der Colonel Ansprachen hielten. „Hinterher ökumenisches Gespräch mit Visser't Hooft und Asmussen" vermerkte Martin Niemöller in seinem Tagebuch. Hier wurden Verlauf und Inhalt der folgenden Sitzung besprochen. Um 16.00 Uhr begann dann die gemeinsame Sitzung des Rats der EKD mit den ökumenischen Delegierten. Man tagte im Kneipensaal der Akademischen Verbindung Vitruvia, Eugenstr. 22. Weil die eigenen Gebäude zerstört waren, hatte die Stiftskirchengemeinde dieses Haus angemietet. Nach Absprachen von Wurm und Visser't Hooft gaben die Ratsmitglieder Asmussen, Niemöller und Niesel persönliche Schuldbekenntnisse ab und baten um Vergebung. Niemöller sagte: "Liebe Brüder von der Ökumene, wir wissen, daß wir mit unserem Volke einen verkehrten Weg gegangen sind, der uns als Kirche mitschuldig gemacht hat an dem Schicksal der ganzen Welt. Wir bitten, daß Gott uns diese unsere Schuld vergeben möchte, und die Schuld, indem er uns vergibt, zu einem neuen Motor für die ganze Welt werden lassen möchte."[9]

Die Mitglieder der ökumenischen Delegation erbaten vom Rat einen schriftlichen Text, den sie ihren jeweiligen Kirchen mitbringen konnten. So setzten sich die Ratsmitglieder noch am Abend zusammen und formulierten am Text der Stuttgarter Schulderklärung. Doch zuvor berichteten Dibelius, Hornig (Breslau) und Zielke (Böhmen) in Anwesenheit der ökumenischen Gäste von den schlimmen Vorgängen

---

[7] Ebd.
[8] Die Amerikaner hatten Anfang Juli 1945 die Franzosen als Besatzungsmacht in Stuttgart abgelöst.
[9] Gerhard Besier, Gerhard Sauter, a.a.O., S. 32f.

in den durch die Potsdamer Beschlüsse der russischen und polnischen Verwaltung übergebenen früheren deutschen Ostprovinzen sowie über die Situation der noch in der Tschechoslowakei lebenden Deutschen.

Strittig war im Gespräch der Ratsmitglieder zunächst die Frage, ob denn nur von der eigenen Schuld geredet werden sollte oder nicht auch von der der anderen. Man konnte sich darauf einigen, daß die Schuld der anderen in der Erklärung nicht angesprochen werden sollte. Man befürchtete, daß es sonst zu einer Aufrechnung der gegenseitigen Schuld kommen könnte und die notwendige Neubesinnung in Deutschland unterbleiben würde.

Den Ratsmitgliedern lagen zwei Entwürfe vor, einer von Asmussen, der andere von Dibelius. Vergleicht man diese Entwürfe mit der endgültigen Fassung, so kann man feststellen, daß der Dibeliusentwurf zugrundegelegt wurde. Auf Vorschlag von Niemöller wurde aber der wichtige Satz von Asmussen: „Wir wissen, daß es unsere Volksgenossen waren, welche unendliches Leid über ganz Europa und auch nach außereuropäischen Ländern gebracht haben"[10] sinngemäß in die Dibeliusfassung eingebaut.

Am Morgen des 19. Oktober traf sich der Rat der EKD mit der ökumenischen Delegation. Unterdessen war auch George Bell, der Bischof von Chichester, in Stuttgart eingetroffen. Er hatte noch in der Nacht ein längeres persönliches Gespräch mit Wurm. Obwohl die beiden schon mehrfach miteinander korrespondiert hatten, hatten sie sich nicht persönlich kennengelernt. Offenbar verstanden sie sich gut.

Asmussen verlas die Erklärung, die als „Stuttgarter Schulderklärung" bekanntgeworden ist. (*M9*) Er fügte hinzu: „Wir sagen es Ihnen, weil wir es Gott sagen. Tun Sie das Ihrige, daß diese Erklärung nicht politisch mißbraucht wird, sondern zu dem dient, was wir gemeinsam wollen."[11] Bewegt antwortete Pierre Maury: „Wir sind tief dankbar für das Papier. Es ist Ihnen nicht leicht, uns dieses zu geben. Sie geben es uns aber in Christus, darum wird es leicht. Sie wollen Ihrem Volk treu sein, das in Verzweiflung lebt. Wir wollen es annehmen ohne pharisäischen Stolz, sondern auch vor Gott. Jetzt ist es uns leichter zu ertragen, daß das Gift des Hitlerismus die ganze Welt überflutet hat."[12] Auch Bischof George Bell ergriff nun das Wort. Er sprach vom Zeugnis und vom Leiden der Bekennenden Kirche und erwähnte dabei auch seinen Freund Dietrich Bonhoeffer. Er ging auf die Verbrechen der Nationalsozialisten ein, die sie in Deutschland und im Ausland verübt hatten. Und er beklagte die schlimme Behandlung der deutschen Flüchtlinge: „...sind wir sehr erregt über die gegenwärtig erfolgenden Ausweisungen aus dem Osten, grausam, ungerecht und unmenschlich – in sich und in der Art der Durchführung."[13]

Die Ratssitzung endete dann am 19. Oktober, nachdem noch eine ganze Reihe von Problemen vom Rat behandelt worden waren, z. B. die Frage der Unterbringung der „Ostpfarrer".

---

[10] Martin Greschat (Hg.), Die Schuld der Kirche. Dokumente und Reflexionen zur Stuttgarter Schulderklärung vom 18./19. Oktober 1945, München 1982, S. 102.
[11] Gerhard Besier/Gerhard Sauter, a.a.O., S. 32.
[12] Ebd., S. 32f.
[13] Martin Greschat, S. 105.

Bei einer genaueren Analyse des Textes der Stuttgarter Schulderklärung kann man manche Brüche entdecken.[14] Durch den von Niemöller eingefügten Satz aus dem Asmussenentwurf: „Durch uns ist unendliches Leid über viele Völker und Länder gebracht worden" bekannte man sich klar zur deutschen Schuld. Das wird abgeschwächt durch Formulierungen wie: „Wohl haben wir lange Jahre hindurch im Namen Jesu Christi gegen den Geist gekämpft, der im nationalsozialistischen Gewaltregiment seinen furchtbaren Ausdruck gefunden hat", der den prinzipiellen Widerstand der Bekennenden Kirche anspricht. Bedauerlicherweise wurde der Massenmord an den Juden nicht klar angesprochen, obwohl er mit dem Asmussensatz angedeutet wurde. Gerade das genaue Ansprechen in der Schuld in der Geschichte – dies gilt damals wie heute –, ist hilfreich. Darauf weist Eilert Herms hin, wenn er schreibt: „Der Glaube ist befreit und verpflichtet, nach der Schuld in der Geschichte zu fragen... Nur wenn diese Schuld so genau wie möglich identifiziert und zugewiesen wird, haben wir heute eine Chance, sie nicht in veränderter Form neu zu begehen."[15]

2. Die Folgen von Stuttgart

Zunächst ist auf die positive Wirkung einzugehen, die die Stuttgarter Erklärung in Richtung Ökumene hatte. Wegen des klaren Aussprechens der deutschen Schuld kam es nach dem Zweiten Weltkrieg nicht zu jener quälenden Diskussion um die deutsche Kriegsschuld wie nach dem Ersten Weltkrieg, die die ökumenischen Beziehungen in der Zwischenkriegszeit so sehr belastet hatte. Die deutschen Kirchen wurden wieder in den Kreis der Ökumene aufgenommen. Bischof Wurm und sein „Außenminister", der Leiter des Kirchlichen Außenamts Martin Niemöller nahmen im folgenden Jahr an der Sitzung des leitenden ökumenischen Gremiums in Genf teil. Aus der Ökumene kamen dankbare Rückmeldungen. Freilich gab es auch Zurückhaltung, die die Ratsmitglieder sicher enttäuschte. Die in Nîmes versammelten Vertreter des französischen Protestantismus äußerten sich dem ÖRK gegenüber zwar positiv zur Stuttgarter Schulderklärung, konnten sich jedoch zu einer offiziellen Antwort an den Rat der EKD nicht entschließen. In der offiziellen Antwort der anglikanischen Kirche hieß es im Vorentwurf ursprünglich: „Wir in den anderen Ländern haben auch gesündigt. Keine Nation, keine Kirche ist ohne Schuld. Wir alle haben Dinge getan, die wir nicht hätten tun sollen und haben Dinge unterlassen, die wir hätten tun sollen."[16] Diese Sätze wurden im endgültigen Text weggelassen. George Bell empfand dies als Mangel und schrieb entsprechend an seine deutschen Freunde.

Hatten manche Ratsmitglieder wohl geahnt, daß ihre Erklärung in Deutschland zu Mißverständnissen, ja zu Ablehnung führen würde, so dürften sie vom Ausmaß der

---

[14] Vgl. ebd., S. 106 ff.
[15] Eilert Herms, Schuld in der Geschichte, in: Ders., Gesellschaft gestalten. Beiträge zur evangelischen Sozialethik, Tübingen 1991, S. 18 u. 23. Vgl. dazu auch Joachim Mehlhausen, Schuld in der Geschichte, in: Ders. (Hg.).: ...und über Barmen hinaus. FS Nicolaisen, Göttingen 1995, S. 471 - 498.
[16] Gerhard Besier/Gerhard Sauter, Wie Christen ihre Schuld bekennen, Göttingen 1985, S. 40.

Proteste doch überrascht worden sein. Nachteilig war sicher, daß der Rat der EKD nicht für eine Veröffentlichung gesorgt hatte. Man plante keine Verlesung in Gottesdiensten oder eine Verbreitung durch Rundfunk und Presse. Das war ein unverzeihlicher Fehler. Der Grund für dieses Versäumnis lag darin, daß man wohl befürchtete, daß die Bevölkerung dieses Wort als Unterstützung der „Sieger" mißverstehen könnte. Immerhin machte die Badische Synode sich schon im November 1945 die Stuttgarter Schulderklärung zu eigen. Und das Evangelische Gemeindeblatt in Württemberg druckte es am 11. November 1945 ab. Angesichts der kirchlichen Geheimniskrämerei war die Öffentlichkeit in Deutschland nicht vorbereitet und entsprechend schockiert, als der „Kieler Kurier" am 27. Oktober 1945 mit dem Aufmacher herauskam: „Evangelische Kirche bekennt Deutschlands Kriegsschuld". Viele Protestbriefe, auch von Pfarrern, erreichten die Ratsmitglieder.

Unter den Ratsmitgliedern gab es solche, wie etwa Martin Niemöller, die die Erklärung verteidigten. Zwei Jahre lang zog Martin Niemöller durch Deutschland und sprach von Schuld und Buße. Es ist bewegend, wie er dabei immer auch seine Schuld bekannte. Die in *M3* abgedruckte Reaktion auf Niemöllers Rede in einem Fraueninternierungslager ist nicht untypisch. Auch Theophil Wurm bekannte sich Anfang November in einer Rede (*M10*) klar zu Stuttgart.

Andere Ratsmitglieder wiesen darauf hin, daß die Stuttgarter Schulderklärung keine politische Bedeutung habe und nur als vor Gott gesprochen zu verstehen sei. Einer solchen Argumentation ist entgegenzuhalten, daß öffentliches Reden immer politisches Reden ist. Der eigentliche Stein des Anstoßes war, daß die Verfasser der Erklärung mit einer alten Tradition gebrochen hatten.[17] Politisches Reden seitens der evangelischen Kirche hatte bis dahin meist darin bestanden, für das Wohl der Nation, des Vaterlands, ja Deutschlands einzutreten. Dies lehnte die Stuttgarter Erklärung ab, indem sie sich kritisch mit dem Weg von Volk und Vaterland auseinandersetzte. Vieles an den negativen Reaktionen auf die Stuttgarter Erklärung resultiert aus der Enttäuschung, daß hier die Linie des nationalkonservativen Denkens nicht fortgeführt wurde.

Für viele Deutsche bestand ein entscheidender Mangel der Stuttgarter Erklärung darin, daß sie nicht die „Schuld der Anderen" angesprochen hatte, was von den Ratsmitglieder ja bewußt vermieden worden war.

Bei den vielen ablehnenden Reaktionen, aber auch der mangelnden Unterstützung des Wortes in der Öffentlichkeit durch manche Ratsmitglieder verwundert es nicht, daß „durch die Schulderklärung keine selbstkritische Auseinandersetzung mit den Ereignissen in der Zeit des Nationalsozialismus in Gang gebracht wurde"[18] Sie beginnt eigentlich erst in den 60er Jahren. Doch blieb die Stuttgarter Erklärung gleichsam ein Stachel im Fleisch, der immer wieder an die Schuld von Kirche und Volk erinnerte.

---

[17] Vgl. Martin Greschat, a.a.O., S. 110.
[18] Joachim Mehlhausen, Nationalsozialismus und Kirchen, TRE XXlV, S. 70.

3. Aus der Geschichte lernen?

Die Stuttgarter Schulderklärung zielte auf einen Neuanfang in der Kirche. Von daher stellt sich die Frage, ob die Kirche aus den Erfahrungen des Dritten Reiches wirklich etwas gelernt hat.

Nicht wenige Zeitgenossen vertreten die Meinung, die Kirche habe nach 1945 so weitergemacht wie sie 1933 aufgehört habe. Und sie verweisen dabei zu Recht z.B. auf die Tatsache, daß sich nach 1945 an der landeskirchlichen Struktur der Evangelischen Kirchen nichts änderte und daß die staatskirchenrechtliche Position der Kirchen als „Körperschaften des öffentlichen Rechts" erhalten blieb. Bezeichnenderweise übernahm das Grundgesetz wörtlich die Kirchenartikel der Weimarer Reichsverfassung. Doch mit diesen Feststellungen ist noch nicht die ganze Wahrheit gesagt. Die evangelische Kirche hat aus ihren Erfahrungen mit dem Dritten Reich durchaus Konsequenzen gezogen. Manches von dem, was sie gelernt hat, ist freilich erst viele Jahre später richtig deutlich geworden. An vier Punkten soll dies aufgezeigt werden: An der Öffnung der Kirche zur Ökumene, an der Stellung der Kirchen zu den Fragen des Krieges und des Wehrdienstes, am Verhältnis der Kirche zu den Juden sowie an dem Stichwort „Öffentlichkeitsauftrag der Kirche" (siehe dazu u. unterrichtliche Schritte, siebter Schritt S. 282).

4. Das Thema und die Schüler/-innen

Die Schuld am Krieg und an den Massenverbrechen des Dritten Reichs war nach dem Krieg ein wichtiges Thema. Viele verdrängten sie, viele sprachen von der Schuld der anderen, nicht wenige machten Hitler und seine Schergen dafür verantwortlich. Es war das Besondere an der Stuttgarter Schulderklärung, daß sie deutlich von der Schuld der Kirche sprach.

Das Schuldthema ist für Schülerinnen und Schüler heute durchaus präsent. Wenn sie ins Ausland kommen, kann es auch heute noch geschehen, daß sie auf Zurückhaltung stoßen nur weil sie Deutsche sind. Es kann geschehen, daß man sie, wenn sie sich etwas zuschulden kommen lassen, als Nazis beschimpft. Sie erleben aber auch – etwa in der Begegnung mit jungen Israelis –, daß sie nicht für die Taten ihrer Großeltern bzw. Urgroßeltern verantwortlich gemacht werden. Sie hören keine Schuldvorwürfe, werden aber mit der Erwartung konfrontiert, sich intensiv mit der Vergangenheit des eigenen Volkes auseinanderzusetzen. Viele Schüler wehren sich gegen den vermeintlichen Vorwurf, daß sie schuld an den Untaten des „Dritten Reichs" gewesen sein sollen. Zu Recht sagte Richard von Weizsäcker in seiner berühmten Rede vom. Mai 1985: „Die Jungen sind nicht verantwortlich für das, was damals geschah." Schuld kann in der Tat nur einer haben, der Verantwortung für ein Geschehen trägt. Richard von Weizsäcker sagte auch: „Aber sie (die Jungen) sind verantwortlich für das, was in der Geschichte daraus wird. Wir müssen den Jungen helfen zu verstehen, warum es für sie lebenswichtig ist, die Erinnerung wachzuhalten." Von der Schuld an den Untaten des Dritten Reiches zu reden, kann Schülerinnen und Schüler auf die Rolle vorbereiten, die sie nicht abschütteln kön-

nen, nämlich ihrerseits zu haften für das, was ihr Großväter und Großmütter getan bzw. nicht getan haben. Und es kann ihnen helfen, die Erinnerung wachzuhalten.
Die mit der Stuttgarter Schulderklärung zusammenhängenden Fragen finden in den Lehrplänen vor allem der gymnasialen Oberstufe ihren Niederschlag. Aber auch in der Sek. I kann die Thematik der Stuttgarter Schulderklärung eingebracht werden.

Im folgenden zeigen wir mögliche unterrichtliche Schritte auf. Die Fülle der angesprochenen Themen und des Materials macht es erforderlich auszuwählen. Dies gilt im besonderen für Sek. I, wo man sich je nach Klassensituation auf einige wenige Aspekte des Themas beschränken wird. Eine Möglichkeit des Umgangs mit den Schulderklärungen besteht darin, diese in zeitlicher Reihenfolge auf einem Plakat oder Wandfries mit ihren wesentlichen Aussagen darzustellen; diese Darstellung kann durch Bilder der wichtigsten beteiligten Persönlichkeiten ergänzt werden.

5. Unterrichtliche Schritte

Erster Schritt

SchülerInnen fragen häufig, ob die Beschäftigung mit der Vergangenheit des „Dritten Reiches" heute noch sinnvoll ist. Deshalb empfiehlt es sich, zunächst auf diese Problematik einzugehen und an Hand von Schüleräußerungen, der Aussage einer Jüdin und Richard von Weizsäckers sowie eines Zitats aus der EKD-Denkschrift von 1983 zu diskutieren.
Zur Erarbeitung dieses Themenkreises kann ein Unterrichtsgespräch über folgende Zitate helfen:

– „Vergessen sollte man's nicht, aber wir können doch nichts mehr dafür. Wir haben doch keine Schuld daran."
  Schülerin einer 9. Klasse Realschule (aus: entwurf 1/89 S. 51)

– „Vergangenheit kann man nicht einfach wegmachen. Das ist unsere Geschichte – eine schlechte Geschichte, aber doch unsere."
  Schüler einer 9. Klasse Realschule (aus: entwurf 1/89 S. 51)

– „Die Jungen sind nicht verantwortlich für das, was damals geschah. Aber sie sind verantwortlich für das, was in der Geschichte daraus wird. Wir müssen den Jungen helfen, zu verstehen, warum es für sie lebenswichtig ist, die Erinnerung wachzuhalten."
  Der frühere Bundespräsident R. v. Weizsäcker am 8. Mai 1985

– „Ich kann einfach Deutschland, das Land meiner Kindheit, nicht besuchen. Wenn ich dort älteren Menschen begegnen würde, wüßte ich nie, wie sie an den Verbrechen der Nazis beteiligt waren. Junge Deutsche lade ich gerne zu mir nach Hause ein, um ihnen von meiner Kindheit und Jugend in Deutschland zu erzählen."

Eine jüdische Frau, die 1939 als 17-jährige aus Deutschland nach Palästina emigrieren konnte und heute in Israel lebt.

„Was verdrängt wird, kehrt mit Macht zurück."
EKD 1983

Zweiter Schritt

Zwei „Schuldbekenntnisse", die bereits während der Zeit der Naziherrschaft – allerdings nicht öffentlich – abgegeben wurden, werden vorgestellt und miteinander verglichen.

Das Schuldbekenntnis Bonhoeffers aus dem Jahre 1940 (*M1*) zeigt, mit welcher Klarheit Bonhoeffer die Mitschuld der Kirche am Nationalsozialismus erkannt hat.

Mit Datum vom 9. August 1943 schrieb der württembergische Landesbischof Theophil Wurm (*M2*) an seine Stuttgarter Amtsbrüder, die Bittgottesdienste zur Abwendung des drohenden Unheils durch den Bombenkrieg abhalten wollten. Im ersten Teil seines Briefes spricht Wurm noch relativ allgemein von der Schuld, die das Abendland auf sich geladen hat; die Ursache liegt im Abfall von Gott. Im zweiten Teil spricht er dann konkreter von den Menschenrechtsverletzungen durch Deutschland.

Impulse zur Erschließung und zum Vergleich dieser beiden Schuldbekenntnisse *M1* und *M2*:

- Wodurch haben Christen Schuld auf sich geladen?
- Welche konkreten Verbrechen des Nationalsozialismus werden benannt?
- Welche Folgerungen für die Zukunft werden gezogen?

Dritter Schritt

Das Stuttgarter Schuldbekenntnis (*M9*) wird als das zentrale und bekannteste Schuldbekenntnis nach dem Zweiten Weltkrieg vorgestellt. Zur Entstehung und zum Inhalt des Stuttgarter Schuldbekenntnisses vgl. o. S. 272f.

Impulse für *M9*:

- Wodurch haben Christen Schuld auf sich geladen?
- Welche konkreten Verbrechen des Nationalsozialismus werden benannt?
- Welche Verbrechen werden nicht benannt. Überlegt Gründe. Ihr könnt dazu das Schuldbekenntnis von H. Maas (*M8*) heranziehen.
- Welche Folgerungen für die Zukunft werden gezogen? Vergleicht dazu die Folgerungen, die H. Maas zieht.

Vierter Schritt

Hier wird die bereits unmittelbar nach dem Krieg entstandene Tendenz, die Ereignisse zu verdrängen, thematisiert.

M3 zeigt, wie Niemöller nach dem Krieg in einem Fraueninternierungslager für ehemalige NS-Funktionärinnen in Ludwigsburg mit seinem Aufruf zum Bekenntnis der Schuld weitgehend auf Unverständnis stößt. Daß Niemöller mit Schuld nie die vielzitierte „Kollektivschuld" des deutschen Volkes meinte, zeigt **M4**.

Die *„Deutsche Anekdote"* von Anne Birk (**M5**) erzählt von einer Lehrerin, die auf die Aufforderung eines Beamten des Oberschulamtes hin eine BDM-Gruppe übernimmt. Nach dem Krieg wird sie deshalb aus dem Schuldienst entlassen. Derselbe Beamte, der sie damals dazu drängte, die Funktion im BDM zu übernehmen, verweigert ihr die Wiedereinstellung; er erinnert sich angeblich an nichts. Ein Jahr später gelingt es ihr allerdings, wieder in den Schuldienst aufgenommen zu werden. Eine ganz ähnliche Problematik stellte sich in den östlichen Bundesländern nach 1989. Ein Pfarrer aus Sachsen hat zu dieser Anekdote aus seiner Sicht Stellung genommen. Die drei kleinen Episoden, die er erzählt, können dazu helfen, daß die SchülerInnen Ähnlichkeiten und Unterschiede zwischen dem „Zusammenbruch" und der „Wende" herausarbeiten. (**M6**)

Impuls:
- Erhebt mit Hilfe von **M5** und **M6** Übereinstimmungen und Unterschiede zwischen der Situation nach dem Zweiten Weltkrieg und nach der Wende 1989.
- Ihr könnt ein Streitgespräch führen. Position 1: „Beide Situationen lassen sich überhaupt nicht vergleichen." Position 2: „Es gibt weitgehende Übereinstimmungen zwischen beiden Situationen."

Zur Erschließung der Geschichte von Niemöllers Auftritt in Ludwigsburg kann ein Rollenspiel dienen, in dem die verschiedenen Stimmen, die damals laut wurden, zur Sprache kommen. Für das Unterrichtsgespräch können folgende Fragen leitend sein:
- Was hinderte Menschen daran, sich zu ihrer Mitschuld zu bekennen?
- Welche Ent-Schuld-igungen werden vorgebracht?
- Was ist glaubhaft – was nicht?

Fünfter Schritt

In einem fünften Schritt werden die „Schuldbekenntnisse" von Heinz Zahrnt und Hermann Maas vorgestellt. Beiden ist gemeinsam, daß sie nach dem Zweiten Weltkrieg nicht als öffentliche Erklärungen abgegeben wurden.

In seiner Erinnerung an das Kriegsende (**M7**) bekennt Heinz Zahrnt einerseits, wie er durch Wegsehen und Schweigen schuldig geworden ist, andererseits zeigt der Text, wie ein Betroffener Lehren aus der Vergangenheit ziehen will.

Zum methodischen Umgang mit diesem Text: Nach dem Vorlesen des Bibeltextes erheben die SchülerInnen in einem Unterrichtsgespräch oder einem Rollenspiel mögliche Reaktionen der damaligen ZuhörerInnen. Die eigenen Überlegungen können dann mit den von Zahrnt geschilderten Reaktionen verglichen werden.

Der Text von Maas „Wie ich mir den Neuaufbau der Evangelischen Kirche denke!" vom 10. August 1945 (*M8*) benennt sehr viel konkreter als die Stuttgarter Schulderklärung vom Oktober 1945 die Schuld der Kirche. Das Bekennen der konkreten Schuld ist für Maas die Voraussetzung für einen Neubeginn im Raum der Kirche.

Impulse:
- Wodurch haben Christen Schuld auf sich geladen?
- Welche konkreten Verbrechen des Nationalsozialismus werden benannt?
- Welche Folgerungen für die Zukunft werden gezogen?

Sechster Schritt

M10 bringt Auszüge aus einem Vortrag des württembergischen Landesbischofs Wurm vor Pfarrern im November 1945. Darin verteidigt er einerseits vehement die Aussagen der Stuttgarter Schulderklärung. Andererseits konkretisiert er darin einige in der Stuttgarter Schulderklärung relativ allgemein gehaltenen Aussagen. Dieser Vortrag Wurms ist deshalb so wichtig, weil unmittelbar nach der Veröffentlichung der Stuttgarter Schulderklärung bei einigen ihrer Befürworter Tendenzen sichtbar wurden, die Aussagen der Stuttgarter Schulderklärung abzuschwächen (s.o. S. 276).

Mögliche Fragen zu diesem Text:
- Wo sind Wurms Aussagen konkreter als das Stuttgarter Schuldbekenntnis?
- Wo führt er die Stuttgarter Schulderklärung weiter?

Siebter Schritt

Hat die Kirche etwas gelernt?

An vier Problemfeldern kann arbeitsteilig die Frage erörtert werden, ob die Kirche aus ihren Erfahrungen im Dritten Reich etwas gelernt hat.

a. Öffnung zur Ökumene

Die enge Verbindung von Protestantismus und Nationalismus, kurz auch „Nation und Altar" genannt, wurde nach dem Zweiten Weltkrieg für die meisten evangelischen Christen fragwürdig. Eine der wichtigsten Bedeutungen des „Stuttgarter Schuldbekenntnisses" war, daß die evangelische Kirche sich hin zur Ökumene öffnete. Damit setzte man sich explizit von nationalprotestantischen Positionen ab, wie sie nicht nur die Deutschen Christen vertraten.

M11 bringt eine Äußerung von Reichsminister Kerrl aus dem Jahre 1939, in der er den „Universalismus römischer und weltprotestantischer Prägung" entschieden ablehnt. Impuls zu diesem Text:
- Vergleicht die Äußerungen von Reichsminister Kerrl aus dem Jahr 1939 mit denen des Stuttgarter Schuldbekenntnisses (*M9*) im Blick auf die Stellung zur Ökumene.

b. Nie wieder Krieg

Gegenüber der vor 1945 vielfältig positiv gesehenen Funktion des Krieges wurde auch in der Kirche nach 1945 der Ruf laut „Nie wieder Krieg!" Auf der Gründungsversammlung des Ökumenischen Rats der Kirchen in Amsterdam wurde Krieg als Sünde bezeichnet. Als ab 1950 die Frage eines Wehrbeitrags der Bundesrepublik diskutiert wurde, zeigte sich freilich, daß jenes „Nie wieder Krieg!" nur von einer Minderheit der Protestanten im Sinne eines absoluten Pazifismus verstanden wurde, die Mehrheit hingegen – um der Erhaltung des Friedens willen – durchaus Ja zu einem Wehrbeitrag der Christen sagen konnte.

M12, ein Auszug aus dem Calwer Kirchenlexikon von 1936 (S. 1173 f) zeigt, wie in der protestantischen Tradition der Krieg positiv bewertet wurde. Demgegenüber betont die EKD in Eisenach 1948 (*M13*), daß Krieg kein Mittel zur Lösung politischer Probleme darstellt.

Methodisch können diese beiden Texte durch ein Streitgespräch erschlossen werden.

- Führt ein Streitgespräch. Eine Gruppe vertritt die Argumente des Kirchenlexikons von 1936 (*M12*), die andere die Argumentation der EKD von 1948 (*M13*).

c. Das Verhältnis zwischen Christen und Juden

Das Versagen der Kirchen angesichts der Schoa ließ Christen ganz neu nach dem Verhältnis von Juden und Christen fragen. Nachdem die ersten kirchlichen Erklärungen nach dem Krieg zum Verhältnis von Juden und Christen wenig von einem Neuanfang zwischen Christen und Juden spüren ließen, vielmehr oft alte antijudaistische Positionen wiederholten, stellte die Synode von Berlin-Weißensee 1950 erstmalig die Mitschuld der Christen am Holocaust und die Fortdauer des Bundes zwischen Gott und seinem Volk auch nach dem Kreuzestod Jesu heraus.

M14 bringt einen Auszug aus dem „Wort zur Judenfrage" des Bruderrats der Bekennenden Kirche vom 8. April 1948. Darin wird u.a. erklärt, daß Israel durch die Kreuzigung des Messias „seine Erwählung und Bestimmung verworfen habe". Noch drei Jahre nach Ende des Völkermords sehen kirchliche Verantwortliche die jüdischen Opfer als an ihrem Schicksal Mitschuldige. Sie sind immer noch nicht in der Lage, sich der Schuld der Kirche an der Verfolgung und Vernichtung von Juden durch die Jahrhunderte zu stellen. Damit wird weiterhin ausgesprochen oder unausgesprochen die Notwendigkeit der Judenmission behauptet. Dieser Position wird ein Auszug aus der Erklärung der Synode der Evangelischen Kirche in Deutschland zur Schuld an Israel von 1950 gegenübergestellt (*M15*). Der zentrale Satz dieser Erklärung lautet: „Gottes Verheißung über dem von ihm erwählten Volk (ist) auch nach der Kreuzigung Jesu Christi in Kraft geblieben."

Seit dem Deutschen Evangelischen Kirchentag in Berlin 1961 gibt es eine Arbeitsgruppe „Juden und Christen", in der Juden und Christen gleichberechtigt zusammenarbeiten. In ihrer Gründungserklärung heißt es:

„Juden und Christen sind unlösbar verbunden. Aus der Leugnung dieser Zusammengehörigkeit entstand die Judenfeindlichkeit in der Christenheit.

Eine neue Begegnung mit dem von Gott erwählten Volk wird die Einsicht bestätigen oder neu erwecken, daß Juden und Christen gemeinsam aus der Treue Gottes leben."[19]

Viele Menschen haben inzwischen an Veranstaltungen der bis heute bestehenden Arbeitsgruppe beim Dialog von Juden und Christen teilgenommen.

Unter maßgebender Mitwirkung jüdischer Gelehrter veröffentlichte eine Studienkommission des Rates der EKD 1975 eine umfangreiche Studie „Christen und Juden". Sie beschreibt die gemeinsamen Wurzeln von Judentum und Christentum wie das Auseinandergehen der Wege in der Geschichte. Den Vertretern verschiedener kirchlicher Richtungen wurde bewußt, wie belastet Begriffe wie „Mission" und „Dialog" im Verhältnis zum Judentum sind. [20]

Eine vielbeachtete Wende bedeutete schließlich der Beschluß „Zur Erneuerung des Verhältnisses von Christen und Juden" der Synode der Evangelischen Kirche im Rheinland vom Januar 1980. Zum ersten Mal erklärte das oberste Beschlußgremium einer Landeskirche, daß die grundlegende Gemeinsamkeit zwischen Juden und Christen jede Art der Judenmission verbiete:

„Wir glauben, daß Juden und Christen je in ihrer Berufung Zeugen Gottes vor der Welt und voreinander sind; darum sind wir überzeugt, daß die Kirche ihr Zeugnis dem jüdischen Volk gegenüber nicht wie ihre Mission an die Völkerwelt wahrnehmen kann."[21]

M16 bringt einen Auszug aus dieser Erklärung, in der die Ablehnung der Judenmission aus der fortdauernden Treue Gottes zu seinem Volk abgeleitet wird.

Zur Aufarbeitung dieser Problematik können *M14*, *M15* und *M16* miteinander verglichen werden. Hierzu können folgende Fragen helfen:

In allen drei Erklärungen werden Aussagen über Israel gemacht. Vergleicht die Erklärungen und stellt fest, was sie zu folgenden Themen aussagen und welche Begründungen jeweils gegeben werden:

- Judenmission
- Erwählung Israels
- Mitverantwortung der Christen am Holocaust

1957 wurde von evangelischen Christen die Aktion Sühnezeichen / Friedensdienste gegründet. Diese Aktion will durch aktive Einsätze junger Deutscher zum Verständnis zwischen jungen Deutschen und Menschen aus Ländern, die unter Deutschland gelitten haben, beitragen. In dem auf der Synode der Evangelischen Kirche in Deutschland 1958 verlesenen Aufruf zur Aktion Sühnezeichen heißt es:

„Wir Deutschen haben den Zweiten Weltkrieg begonnen und schon damit mehr als andere unmeßbares Leiden der Menschheit verschuldet; Deutsche haben in frevlerischem Aufstand gegen Gott Millionen Juden umgebracht. Wer von uns Überlebenden das nicht gewollt hat, der hat nicht genug getan, um es zu verhindern."

Nach den Vorstellungen der Gründer der Aktion Sühnezeichen sollten vor allem in Polen, Israel und der Sowjetunion freiwillige Helfer für die Versöhnung arbeiten.

---

[19] Rolf Rendtorff, Hans Hermann Henrix, Die Kirche und das Judentum, Dokumente von 1945 - 1985, Paderborn/München, 2. Aufl. 1989, S. 553.

[20] a.a.O., S. 558.

[21] a.a.O., S. 595.

M17 bringt den Brief eines ASF-Freiwilligen aus Israel[22]. Folgende Impulse können zur Bearbeitung dieses Briefes helfen:

Schreibe einen Antwortbrief. Du kannst dabei auf folgende Fragen eingehen:
- Was denkst Du über den Dienst dieses Freiwilligen der Aktion Sühnezeichen/ Friedensdienste in Israel?
- Wie stehst Du zu den Geschehnissen der deutschen Geschichte zwischen 1933 und 1945?
- Was bedeutet es für Dich, Deutscher zu sein?

Schreibt an die „Aktion Sühnezeichen Friedensdienste e.V.", und bittet um Informationsmaterial. Adresse: Auguststraße 80, 10117 Berlin, Tel.: 030 / 28 39 51 84; e-mail: asf@ipn-b.comlink.apc.org; Internet: http://www.ipn.de/asf

d. Öffentlichkeitsauftrag der Kirche – Kirche für andere

Das Schweigen der Kirche – aus Angst oder Überzeugung – gegenüber dem Unrecht des NS-Staats trug dazu bei, daß nach dem Krieg der Öffentlichkeitsauftrag der Kirche deutlich herausgestellt wurde.
Dieser Öffentlichkeitsauftrag gewann in den Denkschriften der EKD, den Evangelischen Kirchentagen und den Evangelischen Akademien Gestalt. Die Erklärung von Treysa im August 1945 zeigte dieses neue Verständnis vom Auftrag der Kirche. In der Erklärung heißt es u.a.: „Das furchtbare Erlebnis der vergangenen 12 Jahre hat weiten Kreisen innerhalb und außerhalb der deutschen Kirchen die Augen dafür geöffnet, daß nur da, wo Grundsätze christlicher Lebensordnung sich im öffentlichen Leben auswirken, die politische Gemeinschaft vor der Gefahr dämonischer Entartung bewahrt bleibt. Aus dieser Erkenntnis erwächst der Evangelischen Kirche in Deutschland (EKD) die große und schwere Aufgabe, weit stärker als bisher auf die Gestaltung des öffentlichen Lebens und insbesondere der politischen Gemeinschaft einzuwirken."

- Erkundigt euch, zu welchen wichtigen gesellschaftspolitischen Themen die Kirche nach 1945 Stellung genommen hat.
- Zu welchen Themen müßte sie heute ihre Stimme erheben. Entwerft Thesen.

Ausgewählte Literatur

Martin Greschat (Hg.), Die Schuld der Kirche. Dokumente und Reflexionen zur Stuttgarter Schulderklärung vom 18./19. Oktober 1945, München 1982
Gerhard Besier/Gerhard Sauter, Wie Christen ihre Schuld bekennen, Göttingen 1985
Gerhard Besier/Jörg Thierfelder/Ralf Tyra (Hg.), Kirche nach der Kapitulation; Bd. 1, Stuttgart 1989
Gerhard Besier/Hartmut Ludwig/Jörg Thierfelder/Ralf Tyra (Hg.), Kirche nach der Kapitulation, Bd. 2, Stuttgat 1991
Jörg Thierfelder, Zusammenbruch und Neubeginn. Die evangelische Kirche nach 1945 am Beispiel Württembergs, Stuttgart 1985

---

[22] Autor ist Jürgen Heuschele, Bönnigheim, der selbst als ASF-Freiwilliger in Israel lebte. Er verfaßte diesen Brief als Unterrichtsmaterial im Jahr 1996; der Brief hat zwar die Situation des Jahres 1983 im Blick, ist aber durchaus noch heute aktuell, da zum einen noch heute ASF-Freiwillige in Neve Schalom tätig sind, zum andern die in dem Brief angesprochene Problematik nach wie vor besteht.

M1 Bonhoeffers Schuldbekenntnis

Die Kirche „war stumm, als sie hätte schreien müssen, weil das Blut der Unschuldigen zum Himmel schrie.....
Sie hat mit angesehen, daß unter dem Deckmantel des Namens Christi Gewalttat und Unrecht geschah....
Die Kirche bekennt, die willkürliche Anwendung brutaler Gewalt, das leibliche und seelische Leiden unzähliger Unschuldiger, Haß und Mord gesehen zu haben, ohne Wege gefunden zu haben, ihnen zu Hilfe zu eilen. Sie ist schuldig geworden am Leben der schwächsten und wehrlosesten Bürger Jesu Christi...
Die Kirche bekennt, Beraubung und Ausbeutung der Armen, Bereicherung und Korruption der Starken stumm mit angesehen zu haben. Die Kirche bekennt, schuldig geworden zu sein an den Unzähligen, deren Leben durch Verleumdung, Denunziation, Ehrabschneidung vernichtet worden ist. Sie hat den Verleumder nicht seines Unrechts überführt und so den Verleumdeten seinem Geschick überlassen..."

Dietrich Bonhoeffer, Ethik, München 1984, S. 117 ff.

M2 Bischof Wurm: An die Stuttgarter Pfarrer (9. August 1943)

Wir stehen in einer Stunde, wo Gott mit den Völkern des Abendlands abrechnet. Sie haben sich lange all der Segnungen erfreuen dürfen, die das Evangelium auch indirekt und für diejenigen mit sich bringt, die nicht in bewußter gläubiger Verbindung mit dem Herrn und seiner Gemeinde stehen. Alles, was in der Gesetzgebung und Verwaltung, ja in der ganzen Kultur und Zivilisation der abendländischen Völker an Rechten und Sicherheiten für Menschenwürde und Menschenleben, für Ehre und Eigentum, für Bildung und Erziehung vorhanden war, fließt im letzten Grund aus der Einschätzung des Menschen und der menschlichen Bestimmung, die durch die biblische Botschaft von der Schöpfung und Erlösung des Menschen gewirkt worden ist. Daß Christus auch für den anderen Menschen gestorben ist, macht ihn uns zum Bruder und verlangt all die Rücksichtnahme, die besonders von dem so viel verlästerten Apostel Paulus zum Grundgesetz menschlichen Zusammenlebens gemacht worden ist.

Wie furchtbar haben die abendländischen Völker gegen diese christliche Ordnung des Lebens gesündigt! Technik und Industrie ist ihnen deshalb zum Verhängnis geworden, weil der von der Furcht Gottes und der Liebe zum Erlöser losgelöste Geist des autonomen, des Herrenmenschen jede Einschränkung des Gewinnstrebens verwarf und den Schwächeren verächtlich auf die Seite warf, ja seine Ausbeutung und Unterdrückung zur selbstverständlichen Lebensweisheit erhob. Aus den Auswirkungen der ungehemmten Selbstsucht und Gewinnsucht ist all das Elend der modernen Zeit erwachsen: die unaufhörlichen Wirtschafts- und Klassenkämpfe, die Völkerkriege, die ja auch nur um Ausbeutungs- und Gewinnmöglichkeiten, um den größeren Anteil am „Fettnapf der Welt" gehen, und die unerhörte Grausamkeit der totalen Kriegsführung, bei der die Geisteskräfte der Menschheit nur noch für die gegenseitige Zerstörung höchster Werte in Anspruch genommen werden.

An dieser Schuld und den daraus hervorgehenden Folgen sind alle Völker beteiligt; da ist nicht, der gerecht sei, auch nicht einer. Auch unser deutsches Volk hat durch seinen Wettbewerb auf diesem Gebiet schweren Schaden genommen an seiner Seele, das wird sich nicht leugnen lassen. Es hat große Schuld auf sich geladen durch die Art, wie der Kampf gegen Angehörige anderer Rassen und Völker vor dem Krieg und im Krieg geführt worden ist. Wieviel persönlich Unschuldige haben für Sünde und Unrecht ihrer Volksgenossen büßen müssen. Können wir uns wundern, wenn wir das nun auch zu spüren bekommen? Und wenn wir's nicht gebilligt haben, so haben wir doch oft geschwiegen, wo wir hätten reden sollen. So empfinden heute weite Kreise, besonders aber die Christen in unserem Volk, und wir wollen sie in dieser Hinsicht nicht beruhigen, sondern sagen: Ihr habt recht mit solchem Empfinden und wir beugen uns mit euch unter diese Schuld.

Gerhard Schäfer – Richard Fischer (Hg.), Landesbischof D. Wurm und der nationalsozialistische Staat 1940 - 1945. Eine Dokumentation. Stuttgart 1948, 456 - 459

M3 Ich habe nur das Gute gewollt

Nach dem Ende des Zweiten Weltkriegs besucht Pfarrer Martin Niemöller ein Fraueninternierungslager in L. Er versucht zu verdeutlichen, daß das deutsche Volk Schuld auf sich geladen hat, stößt aber weitgehend auf Unverständnis und schroffe Ablehnung.

Der 1. Juli 1946 sollte den Insassen des Internierungslagers für Frauen in L. noch lange in Erinnerung bleiben. Seit über einem Jahr wurden sie von den Amerikanern in dem Lager gefangen gehalten, weil sie in der NSDAP, beim Arbeitsdienst oder einer anderen NS-Organisation Dienst getan hatten.

Auf Befehl der Lagerleitung hatten sich am 1. Juli alle in der großen Versammlungsbaracke einzufinden. Dann erschien ein großer schlanker Mann von etwa 50 Jahren. Einige der Frauen erkannten ihn, sie hatten sein Bild in der Zeitung gesehen. Es war Pfarrer Martin Niemöller. Weil er mit seinen mutigen Predigten die Nazis herausgefordert hatte, hatte er acht Jahre in verschiedenen Konzentrationslagern verbringen müssen.

Geduldig hörten die Frauen zu. Niemöller sprach zunächst über die hoffnungsloses Lage, in dem sich das von den Kriegsgegnern besetzte Deutschland befand. Die Anwesenden nickten beifällig mit den Köpfen. Als er aber von der Schuld des deutschen Volkes sprach, die zu dieser hoffnungslosen Lage geführt habe, kam erste Unruhe auf.

„Das Schlimmste", rief Niemöller aus, „ist die heute überall vertretene Meinung: Ich habe keine Schuld!" Niemöllers Rede wurde immer wieder durch Unmutsäußerungen der Frauen unterbrochen. Niemöller spürte hinter der Weigerung, sich eine Mitschuld an dem schrecklichen Geschehen des Dritten Reiches einzugestehen, die Angst, mit der Schuld nicht leben zu können. „Gott hat die Hände ausgestreckt nach uns; er liebt uns, auch wenn wir schuldig geworden sind!" Das war Niemöllers Antwort auf die unausgesprochene Frage, wie man mit der Schuld fertig werden könne. „Und wer sich von Gott geliebt weiß, der muß sich nicht selbst rechtfertigen!"

Am Schluß seiner Rede sprach Niemöller über die Erklärung, die die Evangelische Kirche in Stuttgart zur Schuldfrage abgegeben hatte: „Wir, die evangelische Kirche wissen uns mit unserem deutschen Volk nicht nur in einer großen Gemeinschaft der Leiden, sondern auch in der Solidarität der Schuld. Wir haben nicht mutig genug bekannt, gebetet, geglaubt, haben nicht brennend genug geliebt. Mit diesem Eingeständnis der Schuld verzichten wir darauf, uns selber zu rechtfertigen. Wir sagen nicht mehr: Wir Christen haben uns richtig verhalten, die bösen Nazis haben alles getan!"
Eine Aussprache war nach dem Vortrag nicht vorgesehen. Niemöller mußte rasch wieder weg. In den einzelnen Baracken kam es dann aber zu erbitterten Diskussionen.
„Warum sollen wir Schuld auf uns nehmen, die wir nicht begangen haben?" – „Warum sollen wir Buße tun für etwas, was wir gar nicht verschuldet haben?" – „Wir haben keine Juden umgebracht." „Wir haben uns z.B. in der NS-Volkswohlfahrt mit viel Idealismus um unsere Mitmenschen gekümmert." So oder ähnlich lauteten die meisten Stimmen. Eine junge Frau, die während der letzten Jahre sich in der NS-Volkswohlfahrt ganz für die sozialen Belange ihrer Mitmenschen aufgeopfert hatte, drückte die allgemeine Stimmung ganz deutlich und persönlich aus: „Wenn ich den Stacheldraht hinter mir habe, kann ich nur mit der gleichen Einstellung wie bisher weiterleben: Ich habe immer das Gute gewollt und getan; ich habe meinem Volk helfen wollen und will es weiter tun."
Es gab auch andere Meinungen. Eine Frau sagte: „Gut, Niemöller hat recht, wir alle haben Schuld auf uns geladen. Aber die andern sind auch schuldig geworden. Die Russen haben doch beim Einmarsch viele Diebstähle begangen und Frauen vergewaltigt. Und gilt das Gleiche nicht auch für die Franzosen? Wie kann Pfarrer Niemöller nur so einseitig von der deutschen Schuld sprechen?"
Jutta N. trug zu der Diskussion in ihrer Baracke nichts bei. Sie war dankbar für Niemöllers Vortrag. Endlich hatte einer das ausgesprochen, was sie schon lange beschäftigt hatte.
Am nächsten Morgen besuchte sie den evangelischen Pfarrer, der jeden Donnerstag im Lager eine Sprechstunde für die Gefangenen abhielt. Sie erzählte ihm von der großen Ablehnung, auf die Niemöllers Rede gestoßen war. „Warum haben die Frauen so schroff reagiert?" wollte der Pfarrer wissen. „Vor allem für die jüngeren Kameradinnen ist es schwer, eine Schuld anzuerkennen", meinte Jutta N.. „Sie sind doch ganz in der nationalsozialistischen Weltanschauung aufgewachsen und entsprechend erzogen worden. Begriffe wie Schulde, Reue und Buße hatten in der NS-Ideologie keinen Platz. Davon haben sie höchstens dann etwas gehört, wenn sich Parteigenossen in ihren Reden über das Gefasel des Christentums von -Sühne und Schuld lustig machten. Man muß verstehen, daß diese Frauen so reagiert haben."

Jörg Thierfelder / Dieter Petri, aus: diess. (Hg.): Vorlesebuch Kirche im Dritten Reich, Lahr 1995, S. 291f.

M4 Martin Niemöller: Die Erneuerung der Kirche (1946)

Die Schuldfrage wird in unserer Mitte seit dem Ende der Feindseligkeiten laut und ohne Aufhören verhandelt. Es ist die Frage, an der sich die Gemüter entzünden und erregen, auf die aber noch kein Mensch eine Antwort gefunden hat, auf die kein Mensch eine Antwort geben kann. Seit 1 ½ Jahren ist sie die eigentliche Frage, die hinter all unserer Unruhe, unserem Hin und Her, unserer innersten Unzufriedenheit steht, weil wir wissen: Heute ist in unserer Mitte nach der Schuld gefragt, und kein Mensch will darauf antworten, weil kein Mensch darauf antworten kann. Man versteckt sich hinter irgendwelchen Ausflüchten, weil man meint, damit die Frage beantworten zu können. Da reden die Menschen von der Kollektivschuld, die es nicht gibt, und die es nicht geben kann. Kollektivschuld, das heißt ja, es müßte ein Kollektivgewissen geben, das diese Schuld erkennte und auf sich nähme. Aber ein Kollektivgewissen gibt es nicht und wird es niemals geben, so wenig, wie es ein Weltgewissen gibt. 12 Jahre haben es gezeigt, was Weltgewissen ist. Heute und in den nächsten Jahren werden wir es noch zu schmecken bekommen, daß es ein Weltgewissen nicht gibt. Es gibt keine Kollektivschuld, es gibt eine Kollektivhaftung. Kollektivhaftung meint, daß eine vorhandene Schuld von einer Gemeinschaft mit ihren Folgen getragen werden muß. Darin stecken wir. Die Schuld, um die es heute geht, an der niemand schuldig ist, wird heute heimgesucht auf dem Wege der Kollektivhaftung an unserem ganzen deutschen Volk. Kollektivhaftung aber hat es immer gegeben und wird es immer geben. Das ist eine Sache, die ist vollkommen gerechtfertigt.

Wenn wir von den Vorteilen einer guten Zeit unseres Vaterlandes mitgenossen haben, dann werden wir auch an den schlimmen Zeiten teilnehmen müssen. Der ist ein Lump – ganz abgesehen von Gott und dem christlichen Glauben –, wer sich dieser Kollektivhaftung entziehen wollte. Gerade das ist der geheime Hintergrund bei aller Rederei von der Kollektivschuld. Die Zeitungen schreiben davon. Geht man dem auf den Grund, so heißt es: Freilich sind alle schuldig – mit Ausnahme des Mannes, der diesen Artikel geschrieben hat.

Es ist kein Wunder, daß an dieser Schuld kein Mensch schuldig sein will. Es ist kein Wunder, wenn die Angeklagten in Nürnberg auf unschuldig für sich plädieren. Es ist kein Wunder, wenn es nur Schuldige gibt, die sich dem irdischen Gericht bereits entzogen haben. Denn wenn ein Mensch sagten wollte: „Ich bin schuld an diesem Grauen und an dieser Schuld, zu der sich niemand bekennen will!" könnte der Mensch noch einen Augenblick leben, könnte der Mensch noch eine Stunde Schlaf finden, muß der Mensch nicht hingehen wie Judas und in die Nacht hinausschreiten und sich erhängen?....

Die Erneuerung unserer Kirche, München 1946, S. 4 - 13

M5 Deutsche Anekdote 1945

Es war einmal eine Sportlehrerin aus einem kleinen Dorf. Die verkehrte viel im Pfarrhaus und gab abends Kurse in Gymnastik.

Eines Tages wurde sie auf das Oberschulamt bestellt. Als sie das richtige Zimmer schließlich gefunden hatte, saß dort ein freundlicher Herr mit einem ganz kleinen

Parteiabzeichen am Revers, der sie darauf aufmerksam machte, daß sie in ihrem kleinen Dorf den Bund Deutscher Mädchen (BDM) zu führen habe, wobei er lächelte und darauf hinwies, daß bei Veranstaltungen dieses nationalsozialistischen Jugendverbandes das von ihr für gewöhnlich gesprochene Tischgebet doch wohl besser unterbleiben sollte.
Ach so, sagte die Sportlehrerin. Bei uns setzt man sich aber nicht an den Tisch wie die Sau an den Trog, das bin ich nicht gewöhnt.
Der freundliche Herr lachte herzlich. Davon kann auch gar keine Rede sein, schließlich gibt es doch genug deutsches Liedgut, das sich für solche Gelegenheiten eignet.
Ich soll also, fragte die Lehrerin schnippisch, wenn das Sauerkraut aufgetragen wird, „Laue Lüfte fühl' ich wehen" mit den Mädchen singen.
Der freundliche Herr lachte noch herzlicher.
Also, ich glaube, Sie verstehen, wie es gemeint ist, sagte er schließlich. Und da es genügt zu verstehen, wie etwas von seiten der Obrigkeit gemeint ist, um es auch alsbald durchzuführen, ging die Lehrer in ihr kleines Dorf zurück und erfüllte dort ihre Pflicht als BDM-Führerin, unter Weglassung des Tischgebetes, versteht sich.
Als BDM-Führerin wurde sie nach dem Zusammenbruch des Großdeutschen Reiches aus dem Schuldienst entlassen. Um ihren Arbeitsplatz nicht zu verlieren, reiste sie auf das Oberschulamt. Als sie das richtige Zimmer schließlich gefunden hatte, saß dort noch immer der freundliche Herr, diesmal ohne ein noch so kleines Parteiabzeichen.
Die Lehrerin war zunächst überrascht, dann erleichtert, erinnerte den freundlichen Herrn an ihr letztes Gespräch, die Tatsache, daß sie den BDM gar nicht habe übernehmen wollen, ja sogar auf die Sache mit dem Tischgebet kam sie zu sprechen, was doch eindeutig ihre kritische Haltung den damaligen Verhältnissen gegenüber bestätigen könne.
Diese Anekdote könnte jetzt mit einer schriftlichen Bestätigung des damaligen Gesprächs und einer möglichen Wiedereinstellung enden.
Bei genauer Betrachtung kann sie so überhaupt nicht enden.
Da es sich um eine deutsche Anekdote handelt, endet sie auf eine in diesem Lande nicht ungewöhnlichen Art.
Der freundliche Herr erklärte freundlich, daß er sich leider an nichts, aber auch an gar nichts erinnern könne.
Durch die Fürsprache des Pfarrers ist es der Lehrerin einige Jahre später gelungen, wieder in den Schuldienst übernommen zu werden. Seit langen Jahren betreut sie in der kleinen Gemeinde den Kreis christlicher junger Mädchen.
Aus: Dieter Petri/ Jörg Thierfelder (Hg.):Vorlesebuch Drittes Reich, Lahr 1993, S. 291f.

M6 Deutsche Anekdote 1995

Ein Pfarrer aus Chemnitz, der die deutsche Anekdote gelesen hat, schreibt:
„Die Anekdote vom Zusammenbruch kann man nicht einfach durch Änderung der Namen und historischen Zusammenhänge in die heutige Zeit übertragen. Im Vergleich mit dem „Zusammenbruch" gibt es gewiß manche Ähnlichkeiten, aber auch große Unterschiede zur Wende. Woran denke ich?

Ein Patient erzählt mir:
„Ich gehörte zu den Wegbereitern der Wende in meinem Betrieb. Ich denke noch an die Betriebsversammlung im Herbst 89. Vorn saß die alte Führungsriege. Im Saal herrschte eine hochgespannte Stimmung. Viele waren voller Angst. Ich gehörte zu den wenigen, die damals den Mut hatten, vorzugehen und im Angesicht der damaligen Betriebsleiter zu den Kollegen zu sprechen. Und was ist nun? Die, die damals in der Leitung waren, sind es heute immer noch. Und der, der in der DDR-Zeit mir die Hölle heiß machte wegen der Jugendweihe, der händigte mir jetzt meine Entlassungspapiere aus. Es ist unbegreiflich, wie solche Leute sich auch jetzt wieder halten.

Ein anderes Beispiel:
Ich fahre mit dem Taxi. Nachts. Eine Frau fährt. „Ist das nicht gefährlich als Frau?" Darauf sie: „Was soll ich denn machen, ehe ich arbeitslos bin." Ich: „Was sind Sie von Beruf?" Sie: „Journalistin". Ich schweige und denke mir meinen Teil. Darauf sie: „Ach wissen Sie, ich gehörte früher zu denen, die schwarz schwarz und weiß weiß genannt haben. Das war nicht einfach damals. Und nun entläßt mich die selbe Zeitung, weil Volontäre billiger arbeiten als ausgebildete Journalisten."

Ein drittes Beispiel:
Eine Mutter berichtet: Frau N. war Lehrerin unseres Jungen, ihr Mann großer Offizier bei der NVA. Sie bedrängte und provozierte oft die christlichen Kinder, ganz besonders unseren Jungen. Die Wende macht's möglich: Der Mann hat jetzt eine gute Stellung bei der Bundeswehr im „Westen". Sie gibt als Lehrerin in einer Schule „drüben" Religion. Beide beziehen ein volles Gehalt. Früher keine Not, heute keine Not weil sie so tüchtige Leute sind.
Peter Beier, in: entwurf 2/95, S. 31

M7 Wie bist du vom Himmel gefallen....

Der Theologe Heinz Zahrnt erlebte das Kriegsende in der Nähe von Rosenheim. Er hatte als Unteroffizier ein Arbeitskommando von etwa 100 britischen Kriegsgefangenen zu führen. Nach dem Einrücken der Amerikaner begann er seinen Dienst als Lazarettpfarrer.
Wenige Tage darauf an Christi Himmelfahrt, hatte ich auf der Krankensammelstelle einen Gottesdienst zu halten. Als Predigttext wählte ich das Triumphlied über den Sturz des Königs zu Babel aus Jesaja 14, die Verse 12 - 21.
Der Eindruck dieses Liedes auf die Zuhörer war so stark, daß ich den Gottesdienst gleich nach seiner Verlesung ohne Predigt hätte beschließen können. Hinterher gab es eine heftige Diskussion, fast ein Getümmel – so schroff stießen Empörung und Ergriffenheit aufeinander. Viele hatten gar nicht begriffen, daß sie einen zweieinhalb Jahrtausende alten Text gehört hatten, der von einem altorientalischen Großkönig handelt; sie meinten, es sei ein zeitgenössisches Hohnlied auf Adolf Hitler gewesen, und hatten sich deshalb so aufgeregt.
Ursache und Grund also zu Freude und Dank, aber kein Anlaß zum Triumph – denn ich habe die zwölf Jahre überlebt, weil ich weggesehen und geschwiegen

hatte. In der Kirche hatte ich gregorianisch gesungen, auf der Straße aber für Juden und Kommunisten, Zigeuner und Zeugen Jehovas nicht laut geschrien. Sollte mein Überleben Sinn haben, galt es, die Schuld abzutragen. Nicht noch einmal sollte es heißen, daß ich geschwiegen habe, so ich hätte reden müssen. Darum war mein theologisches Erwachsenwerden nach dem Krieg mit einem politischen Erwachen verbunden.

Heinz Zahrnt, in: „Als der Krieg zu Ende war...Erinnerungen an den 8.Mai '45", InselVerlag, Frankfurt/Main, 1995, S. 143ff.

M8 Hermann Maas: Wie ich mir den Neuaufbau der evangelischen Kirche denke! (Auszug)

Heidelberg, 10. August 1945

Aller Neuaufbau muß mit Auskehren, Aufräumen und Abreißen beginnen. In der Sprache der Bibel heißt das, „Buße tun". Nicht weil das Menschen von uns fordern, sondern weil Gottes erschütternde Gerichte es unüberhörbar verlangen. Diese Buße gehört nicht bloß ins stille Kämmerlein, sondern muß offen herausgesagt werden, um derentwillen, die dazu noch nicht aufgewacht sind. Ich meine hier nicht eine allgemeine Buße sondern nur die, die der Kirche auferlegt ist.

Gewiß, wir haben vieles nicht gewußt von dem Entsetzlichen, was geschehen ist. Aber das ist nun oft genug versichert worden. Hat das, was wir wußten, gesehen und gehört haben, nicht genügt?

Haben wir nicht den 1. April 1933 erlebt mit seinen Grausamkeiten und seiner wüsten Demagogie auf unseren Gassen? Haben wir nicht die Lieder gehört, die unsere Jugend sang, wenn sie brüllend durch die Straßen zog, oder den entsetzlichen Ton ihrer Landsknechtstrommeln? Nicht die SA-Lieder und den geschmacklosesten Schmarren als Dichtung und Weise eine Schande für das Deutschland der großen Dichter und Musiker? – das Horst-Wessellied? Nicht die von Satire, Haß und aufreizender Demagogie bis an den Rand gefüllten Reden des Führers und der Führer?

Haben wir nicht die abgebrannte Synagoge gesehen, das Gotteshaus mit einem Bibelwort an der Stirnseite und den Gesetzesrollen und Prophetenbüchern im Allerheiligsten? Nicht das gotteslästerliche Spruchband, das tagelang danach die Gasse neben der Brandstätte überquerte? Haben wir nicht die ebenso läppische wie verlogene und satanische Erläuterung dieser Heldentaten gehört? Nicht die Scherben gesehen, die zerschlagenen Möbel und wertvollsten Kunstgegenstände, die zerrissenen Seiten, die auf die Straße fliegenden Bettfedern? Unsere Schüler sind ja hingeführt worden, daß sie's sehen mußten! Haben wir nicht das Elend und den Jammer der Gehauenen, Geschmähten, verjagten und Gequälten in all diesen Jahren, das Spießrutenlaufen von Männern und Frauen, Alten und Jungen zwischen höhnenden, lachenden oder gleichgültigen Zuschauern miterlebt?

Haben wir nicht gehört, daß Geisteskranke, auch heilbare, plötzlich an irgendwelchen fingierten Krankheiten starben, daß aus den Konzentrationslagern, wenigstens in den ersten Jahren noch, Mitteilungen kamen von geheimnisvollem Sterben, wenige Tage oder Wochen nach der Einlieferung? Haben wir nicht lesen müssen in den verstörten Gesichtern, der wenigen aus ihnen Zurückgekehrten, wieviel Grauen und Entsetzen sie überstanden hatten, wenn sie auch krampfhaft die Lippen zum Schweigen aufeinanderpreßten?

Und dann – wir haben die Reden von der Verkündigung der neuen „schimmernden Wehr" alle gehört, mußten ahnen, was da raus kommen mußte – der entsetzlichste Krieg aller Zeiten. Wir atmeten einen Augenblick auf beim Münchner Abkommen 1938 und erschraken dann, als die Sudetenschlager und später andere mehr, täglich mehrmals mit ihren aufreizenden Melodien im Radio aufrauschten, um uns zu berauschen. Wir zitterten, als der Marsch über die polnische Grenze uns verkündet wurde, bebten immer mehr, als Kriegserklärung auf Kriegserklärung erfolgte. Welch ein toll gewordener Übermut! Wir glaubten kaum ein Wort mehr von dem, was im Radio uns gesagt wurde, sahen, daß wir belogen und betrogen wurden, erlebten das Hinmorden unserer Freunde bis hart an unserer Seite, das Zusammenbrechen unserer Städt und das fürchterliche Sterben der Millionen.

Gewiß, wir haben, soweit wir dazu tapfer genug waren, von den Kanzeln Gottes Wort gelesen. Es war eine einzige flammende Anklage, ein erschütternd Gericht über all diese Dinge. Wir haben auch für die, die Ohren hatten zu hören, viel gesagt bei der Auslegung dieser Worte. Der Name des „Führers" kam bei vielen auf der Kanzel niemals über die Lippen. Aber hatten alle, die zuhörten, das Ohr zu hören? Mußten wir es nicht auf andere Weise noch zu erreichen suchen? Und mußten wir nicht als die Kirche Christi und der Propheten auch draußen Zeugnis ablegen? Haben wir das aufgeschrieben, wenn solch himmelschreiende Dinge geschahen?

Gewiß, wir wußten selbst persönlich von den scheußlichen groben und gemeinen, manchmal auch teuflisch liebenswürdigen Verhören durch die Gestapo. Jahrelang schraken wir zusammen, wenn die Glocke an der Haustüre gezogen wurde: „Sind sie's schon wieder?" Wir wußten von den wüsten Hausdurchsuchungen, den Beschlagnahmungen unserer Briefe, Tagebücher, Bücher, von dem Chaos, in dem sie unsere Stuben hinterließen.

Gewiß, wir spürten täglich, daß aller Kampf mit diesen brutalen Mächten ein Kampf hilfloser mit Strohhalmen ausgerüsteter Menschen gegen Panzer war.

Und doch, wir hätten aufschreien und immer wieder unser Leben uns unsere Freiheit wagen müssen. Wir alle, die ganze Kirche. Wir können uns nicht entschuldigen, wir müssen uns anklagen, wir klagen uns an.

Uns und nicht die andern. In diesem Augenblick uns, und nicht die satanischen Machthaber. Die stehen vor der Völker Gerichte und vor Gottes Gericht.

Uns klagen wir an, die Leitung der Kirche, auch die tapfersten und frömmsten waren nicht tapfer und fromm genug, auch die Bischöfe haben versagt. Die Pfarrer, auch die offensten und kühnsten, waren nicht offen und kühn genug, die prophetischen und priesterlichen Verkünder nicht prophetisch und priesterlich genug.

Die Gemeindeglieder, auch die gütigsten und hilfsbereiten, waren nicht gütig und hilfsbereit genug. Wir folgten nicht dem Herrn der Kirche, dem wahren Bischof, dem tapferen Hirten, dem barmherzigen Samariter. Das bekennen wir laut, daß die anderen es mit uns tun. Es geht vor Gott um uns und unsere Kirche und unsere Schuld, nicht um die der andern. Die Kirche hat gerade als die bekennende Kirche (Confessional Church) die eigene Schuld zu tragen und zu bekennen und die des

Volkes mitzutragen und stellvertretend zu bekennen, um des Gottes willen, dessen Gebote seit Jahrzehnten in die Dinge der Zeit hinabgezogen, und dessen Gerichte und Verheißungen nimmer geglaubt worden sind.

Gerhard Besier, Hartmut Ludwig, Jörg Thierfelder, Ralf Tyra (Hg.): Kirche nach der Kapitulation, Bd. 2, D 230; Hervorhebungen im Text stammen von den Verf.

M9 Die Stuttgarter Schulderklärung

Wir sind für diesen Besuch um so dankbarer, als wir uns mit unserem Volk nicht nur in einer großen Gemeinschaft der Leiden wissen, sondern auch in einer Solidarität der Schuld. Mit großem Schmerz sagen wir: Durch uns ist unendliches Leid über viele Völker und Länder gebracht worden. Was wir unseren Gemeinden oft bezeugt haben, das sprechen wir jetzt im Namen der ganzen Kirche aus:

Wohl haben wir lange Jahre hindurch im Namen Jesu Christi gegen den Geist gekämpft, der im nationalsozialistischen Gewaltregiment seinen furchtbaren Ausdruck gefunden hat; aber wir klagen uns an, daß wir nicht mutiger bekannt, nicht treuer gebetet, nicht fröhlicher geglaubt und nicht brennender geliebt haben.

Nun soll in unseren Kirchen ein neuer Anfang gemacht werden. Gegründet auf die Heilige Schrift, mit ganzem Ernst ausgerichtet auf den alleinigen Herrn der Kirche gehen sie daran, sich von fremden Einflüssen zur reinigen und sich selbst zu ordnen. Wir hoffen zu dem Gott der Gnade und Barmherzigkeit, dass er unsere Kirchen als sein Werkzeug brauche und ihnen Vollmacht geben wird, sein Wort zu verkündigen und seinem Willen Gehorsam zu schaffen bei uns selbst und bei unserem ganzen Volk.

Dass wir uns bei diesem Anfang mit den anderen Kirchen der ökumenischen Gemeinschaft herzlich verbinden wissen dürfen, erfüllt uns mit tiefer Freude.

Wir hoffen zu Gott, daß durch den gemeinsamen Dienst der Kirchen dem Geist der Macht und der Vergeltung, der heute von neuem mächtig werden will, in aller Welt gesteuert werde und der Geist des Friedens und der Liebe zur Herrschaft komme, in dem allein die gequälte Menschheit Genesung finden kann.

So bitten wir in einer Stunde, in der die ganze Welt einen neuen Anfang braucht: Veni creator spiritus!

Stuttgart, den 19. Oktober 1945

gez. Landesbischof D. Wurm	Pastor Niemöller D.D.
Landesbischof D. Meiser	Oberlandeskirchenrat Dr. Lilje
Bischof D. Dr. Dibelius	Superintendent Held
Superintendent Hahn	Pastor Lic. Niesel
Pastor Asmussen D.D.	Dr. Dr. Heinemann
	Prof. D.Dr. Smend.

> **M10** Bischof Wurm, Über die Schuldfrage. Vortrag vor dem Stuttgarter Pfarrkonvent am 4.Dezember 1945 (Auszug)

– 1. An der Tatsache, daß dieser Krieg bewußt und absichtlich von Hitler und der Deutschen Reichsregierung herbeigeführt wurde, wobei der Anteil verschieden ist, ist nicht zu deuteln. Tatsächlich steht weiter fest: Die Massenmorde der Juden. Die sind verschwunden... In Genf ist festgestellt worden von Seiten des Ökumenischen Rates, daß die Zahl der ermordeten Juden 5 Millionen beträgt; wenn man noch die anderen Toten in Polen, dann die russischen Kriegsgefangenen hinzurechnet, dann kommt man auf ungeheure Zahlen. Das liegt alles auf dem Konto des Deutschen Volkes... Wir können es nicht wegdisputieren. Es ist so. Unsere christlichen Freunde im Auslande – das glaube ich bestimmt sagen zu können – geben sich alle Mühe, dieser Stimmung entgegenzutreten und sie waren für unsere Erklärung eben deshalb dankbar, weil sie daraus klar erfahren haben, wie wir zu allen diesen Dingen stehen. Unsere Freunde haben das dankbar begrüßt, weil sie nun sagen können: Man sieht das in Deutschland ein. Alles Abwälzen und Verkleinern dessen, was geschehen ist, kann uns nur schaden und kann den Gesundungsprozeß der Welt nur aufhalten.

– 2. Wir müssen die Wirkung der festgestellten Tatsache auf das Urteil der Welt in anderen Ländern einfach in Rechnung stellen. Es hilft nichts, die Augen zu verschließen. Wir haben damit zu rechnen, daß man so über uns denkt, daß eine ungeheure Erbitterung herrscht, und daß die Erbitterung größer wird, wenn wir den Versuch machen, das abzuschieben und durch all das, was wir heute erfahren, ins Gleichgewicht zu bringen. Besonders wichtig scheint mir, daß wir im dritten Punkt zu einer einmütigen Auffassung gelangen:

– 3. Gibt es eine Solidarität der Schuld? .. Der Gedanke der Solidarität der Schuld ist ein biblischer Gedanke von A bis Z. Die Bibel sieht die Sünde nicht bloß in der Vereinzelung, sondern immer im Zusammenhang; sie stellt die Verantwortung des ganzen fest, nach rückwärts und nach vorwärts, nach rechts und nach links...

Es ist hier eine Lebensordnung, eine göttliche Ordnung festgestellt, die wir immer wieder sehen. Man kommt nicht durch ohne diese Gesamtverpflichtung. Kein Elternpaar kann sich dem entziehen, daß es die Folgen von Handlungen seiner Kinder auf sich nehmen muß, obwohl es im einzelnen Fall unter Umständen vollständig unschuldig ist an dem, was der Sohn oder die Tochter verbrochen hat. Wir können uns dem nicht entziehen, was Deutsche angerichtet und gesündigt haben. Man kann im einzelnen wohl differenzieren, man kann feststellen, daß die Kirche und die christlichen Kreise in geringerem Maße Anteil haben an dem, was geschehen ist; aber niemand von uns kann sich der Erkenntnis entziehen, daß wir auch in diesem Strom gestanden sind, daß wir uns auch haben täuschen lassen, daß wir aus Gedankengängen heraus, die begreiflich sind, aber nicht standhalten, auch Schimmeres übersehen haben....

Maschinenmanuskript von Theophil Wurm, Landeskirchliches Archiv Stuttgart, D 210

M11 Glaube und Volkstum

Das Evangelium gilt allen Völkern und allen Zeiten. Die Evangelische Kirche hat aber von Martin Luther gelernt, daß wahrer christlicher Glaube sich nur innerhalb des von Gott geschaffenen Volkstums kraftvoll entfalten kann. Wir lehnen daher den politischen Universalismus römischer und weltprotestantischer Prägung entschieden ab.

Aus den fünf Grundsätzen von Reichsminister Kerrl aus dem Jahre 1939; Kirchliches Jahrbuch 1933 - 1944, hg. von Joachim Beckmann, Gütersloh, 1948, S. 299

M12 Krieg als ethische Frage
Ein Artikel zum Stichwort „Krieg" aus einem Kirchenlexikon 1936

Nun gehört aber der K. tatsächlich zu dem Dasein der Völker und Staaten unter ihren irdisch-geschichtlichen Lebensbedingungen. Ist er doch, so viele K.e auch aus Ehrsucht einzelner oder Machtgier ganzer Völker entspringen mögen, keineswegs immer und notwendige Ausgeburt menschlicher Selbstsucht, sondern bei aller Bosheit, die sich auch von selbst jedem K. beimischt, unter Umständen eine elementare und schicksalhafte Notwendigkeit in dem Wandern, Wachsen, Steigen der Völker, wenn es sich handelt um Gewinnung unentbehrlichen Lebensraums, Erschließung neuer wirtschaftlicher Hilfsquellen, Wahrung verletzter Ehre, Verteidigung oder Wiedererlangung der Freiheit. Schiedsinstanzen sind in den meisten, zumal gerade in den schwierigsten Fällen, nicht da, oder nicht als autoritativ und unparteiisch anerkannt, für die Lösung der seelisch schwersten Spannungen nicht ausreichend. So kann der K. geradezu Pflicht, die Unterlassung eines solchen (z.B. eines ehrenhaften Freiheitskampfes oder eines Kampfes zur Sicherung der Wohlfahrt des eigenen Volkes) Schwäche, Feigheit, Versäumnis einer geschichtlichen Aufgabe, also unsittlich sein. Im ethisch gebotenen K. ist Töten kein „Mord". So hat Luther in seinem Büchlein „Ob Kriegsleute auch in seligem Stande sein können" (1526) in klassischer Weise den gerechten Krieg (so gewiß das immer nur mit Einschränkungen vom K. ausgesagt werden kann) geradezu als „köstlich und göttlich", ja in Wahrheit auch als „ein Werk der Liebe" bezeichnet.

Calwer Kirchenlexikon, Stuttgart 1936

M13 Wort der Kirchenversammlung der EKD zum Frieden, Eisenach, 13.7.1948

Drei Jahre nach dem letzten, furchtbaren Krieg wartet nicht nur das deutsche Volk noch vergebens auf den Frieden, sondern es ist in mehr als einem Lande der Welt abermals Krieg und Blutvergießen. Ohne Frieden aber gibt es keinen Wiederaufbau des Völkerlebens, keine sittliche Gesundung der Menschen und keine Möglichkeit, menschliches Leben nach dem Willen Gottes zu gestalten. Es muß das dringlichste Bemühen aller Ernstgesinnten sein, daß endlich Friede werde und Friede bleibe.

Das deutsche Volk, seiner Freiheit beraubt und in der Gewalt anderer Mächte, kann wenig dazu beitragen, daß Friede werde. Dies Wenige aber zu tun, geloben wir, eingedenk unserer Verantwortung vor dem heiligen Gott.
Wir Christen müssen erklären: Für uns ist der Kriegszustand mit den anderen Völkern beendet, auch wenn man uns den Frieden noch nicht gewährt hat. Wir sehen in den Angehörigen einer anderen Nation, welche es auch sei, nicht mehr Feinde, sondern Brüder und Schwestern, mit denen wir gemeinsam vor Gott stehen. Wir bitten und beschwören unsere Volksgenossen, sich vom Geist des Hasses oder der Feindseligkeit gegen andere Nationen frei zu halten. Niemand von uns sollte sich zum Werkzeug einer Propaganda machen lassen, durch die eine Feindschaft zwischen Staaten gefördert oder eine Handlung kriegerischer Gewalt vorbereitet wird. Insbesondere mahnen wir alle Glieder unseres Volkes, nicht dem Wahn zu verfallen, als könne unserer gemeinsamen Not durch einen neuen Krieg abgeholfen werden. Auf der Gewalt liegt kein Segen, und Kriege führen nur tiefer in Bitterkeit, Haß Elend und Verwahrlosung hinein. Die Welt braucht Liebe, nicht Gewalt. Sie braucht Frieden, nicht Krieg. Die Heilige Schrift sagt. „Durch Stillesein und Hoffen werdet ihr stark sein!" Und unser Herr Jesus Christus spricht: „Selig sind die Friedfertigen, denn sie werden Gottes Kinder heißen."

Günter Heidtmann (Hg.), Hat die Kirche geschwiegen? Das öffentliche Wort der Evangelischen Kirche aus den Jahren 1945-54, Berlin 1954, S. 52f.

M14 Bruderrat der Evangelischen Kirche in Deutschland Wort zur Judenfrage vom 8. April 1948

... Die Heilige Schrift bezeugt, und die Bekenntnisse unserer Kirchen und Gemeinden haben es nachgesprochen, daß Jesus von Nazareth ein Jude ist, ein Glied des durch Gottes Erwählung geschaffenen Volkes Israel. Als Gottes ewiges Wort Mensch wurde, hat es Gott gefallen, ihn als den Sohn Abrahams und Davids auf dieser unserer Erde und inmitten dieser unserer Geschichte leben, sterben und auferstehen zu lassen. Damit ist es der Kirche verwehrt zu lehren, es sei gleichgültig, daß Jesus ein Glied des jüdischen Volkes sei, wie es ihr auch verwehrt ist, ihn einem anderen Volk oder einer anderen Rasse zuzuweisen. Das bedeutet für das Verhältnis von Israel und Kirche:

– 1. Indem Gottes Sohn als Jude geboren wurde, hat die Erwählung und Bestimmung Israels ihre Erfüllung gefunden. Einem anderen Verständnis Israels muß die Kirche grundsätzlich widerstehen, und damit auch dem Selbstverständnis des Judentums, als sei es Träger oder Künder einer allgemeinen Menschheitsidee oder gar der Heiland der Welt.

– 2. Indem Israel den Messias kreuzigte, hat es seine Erwählung und Bestimmung verworfen. Darin ist zugleich der Widerspruch aller Menschen und Völker gegen den Christus Gottes Ereignis geworden. Wir sind alle an dem Kreuze Christi mitschuldig. Darum ist es der Kirche verwehrt, den Juden als den allein am Kreuze Christi Schuldigen zu brandmarken.

– 3. Die Erwählung Israels ist durch und seit Christus auf die Kirche aus allen Völkern, aus Juden und Heiden, übergegangen. Die Christen aus Juden und Heiden sind Glieder des Leibes Christi und untereinander Brüder. Es ist der Kirche

verwehrt, Judenchristen und Heidenchristen voneinander zu scheiden. Zugleich wartet die Gemeinde aber darauf, daß die irrenden Kinder Israels den ihnen von Gott vorbehaltenen Platz wieder einnehmen.
- 4. Gottes Treue läßt Israel, auch in seiner Untreue und in seiner Verwerfung, nicht los. Christus ist auch für das Volk Israel gekreuzigt und auferstanden. Das ist die Hoffnung für Israel nach Golgatha. Daß Gottes Gericht in der Verwerfung bis heute nachfolgt, ist Zeichen seiner Langmut. Die Kirche macht sich schuldig, wenn sie die Bezeugung dieser Langmut Gottes gegen Israel – aus welchen Gründen auch immer – unterläßt oder sich verbieten läßt.
- 5. Israel unter dem Gericht ist die unaufhörliche Bestätigung der Wahrheit, Wirklichkeit des göttlichen Wortes und die stete Warnung Gottes an seine Gemeinde. Daß Gott nicht mit sich spotten läßt, ist die stumme Predigt des jüdischen Schicksals, uns zur Warnung, den Juden zur Mahnung, ob sie sich nicht bekehren möchten zu dem, bei dem allein auch ihr Heil steht.
- 6. Weil die Kirche im Juden den irrenden und doch für Christus bestimmten Bruder erkennt, den sie liebt und ruft, ist es ihr verwehrt, die Judenfrage als ein rassisches oder völkisches Problem zu sehen und ihre Haltung gegenüber dem Volk Israel wie gegen über dem einzelnen Juden von daher bestimmen zu lassen. Darüber hinaus muß die Kirche der Welt bezeugen, daß sie irrt, wenn sie das Judenproblem nach jenen Ge sichtspunkten glaubt erfassen und erledigen zu können.

Es war ein verhängnisvoller Irrtum, als Kirchen und Gemeinden der Neuzeit für die Judenfrage durchweg keine anderen als die säkularen Gesichtspunkte der bloßen Humanität, der Emanzipation und des Antisemitismus kannten und anwandten. Bitter mußte sich rächen, daß nicht nur im Raume des Volkes, das immerhin unter christlichen Zeichen zu stehen schien, nicht nur in den Geistesströmungen der Bildungsschicht und in den Kreisen der Machthaber und des Militärs sich der Antisemitismus regte und mehrte, sondern daß auch die Stimmen führender Christen in diesem Chor nicht fehlten. Und als endlich der radikale, rassisch begründete Antisemitismus von innen unser Volk und unsere Gemeinden zersetzte und sie von außen in seine brutale Gewalt zwang, war die Kraft des Widerstandes nicht vorhanden, weil die Erkenntnis über Israel und die Liebe zu ihm in den Gemeinden verdrängt und erloschen war. In christlichen Kreisen entzog man sich der Verantwortung und rechtfertigte sich dafür mit dem über Israel verhängten Fluch. Man wollte die Fortdauer der Verheißung über Israel nicht mehr glauben, verkündigen und im Verhalten zu den Juden erweisen. Damit haben wir Christen die Hand geboten zu all dem Unrecht und dem Leid, das unter uns an Israel geschah. Indem Gottes Wort uns solches lehrt, erkennen wir mit Scham und Trauer, wie sehr wir uns an Israel verfehlt haben und wieviel wir ihm schuldig geblieben sind. Wir haben es unterlassen, als Kirche das rettende Zeugnis für Israel zu sein. Nun treffen uns die Gerichte Gottes, die eines nach dem anderen über uns ergehen, auf daß wir uns in wahrhaftiger Buße als Kirche und als Volk unter die gewaltige Hand Gottes beugen...

Rolf Rendtorff, Hans Hermann Henrix (Hg.), Die Kirchen und das Judentum, München, Paderborn 1988, S. 541 - 543

M15 Synode der Evangelischen Kirche in Deutschland
Wort zur Judenfrage vom April 1950

Gott hat alle beschlossen unter den Unglauben, auf daß er sich aller erbarme.
(Röm 11,32)

Wir glauben an den Herrn und Heiland, der als Mensch aus dem Volk Israel stammt.

Wir bekennen uns zu der Kirche, die aus Judenchristen und Heidenchristen zu einem Leib zusammengefügt ist und deren Friede Jesus Christus ist.

Wir glauben, daß Gottes Verheißung über dem von ihm erwählten Volk Israel auch nach der Kreuzigung Jesu Christi in Kraft geblieben ist.

Wir sprechen es aus, daß wir durch Unterlassen und Schweigen vor dem Gott der Barmherzigkeit mitschuldig geworden sind an dem Frevel, der durch Menschen unseres Volkes an den Juden begangen worden ist.

Wir warnen alle Christen, das, was über uns Deutsche als Gericht Gottes gekommen ist, aufrechnen zu wollen gegen das, war wir an den Juden getan haben; denn im Gericht sucht Gottes Gnade den Bußfertigen.

Wir bitten alle Christen, sich von jedem Antisemitismus loszusagen und ihm, wo er sich neu regt, mit Ernst zu widerstehen und den Juden und Judenchristen in brüdlichem Geist zu begegnen.

Wir bitten die christlichen Gemeinden, jüdische Friedhöfe innerhalb ihres Bereiches, sofern sie unbetreut sind, in ihren Schutz zu nehmen.

Wir bitten den Gott der Barmherzigkeit, daß er den Tag der Vollendung heraufführe, an dem wir mit dem geretteten Israel den Sieg Jesu Christi rühmen werden.

Kirchliches Jahrbuch für die Evangelische Kirche in Deutschland 1950, Gütersloh 1951. 5 f.

M16 Synode der Evangelischen Kirche im Rheinland
Synodalbeschluß „Zur Erneuerung des Verhältnisses von Christen und Juden" vom 11. Januar 1980

Nicht du trägst die Wurzel, sondern die Wurzel trägt dich. (Röm 11,18b)

- 1. In Übereinstimmung mit dem „Wort an die Gemeinden zum Gespräch zwischen Christen und Juden" der Landessynode der Evangelischen Kirche im Rheinland vom 12. Januar 1978 stellt sich die Landessynode der geschichtlichen Notwendigkeit, ein neues Verhältnis der Kirche zum jüdischen Vok zu gewinnen.
- 2. Vier Gründe veranlassen die Kirche dazu:

(1) Die Erkenntnis christlicher Mitverantwortung und Schuld an dem Holocaust, der Verfemung, Verfolgung und Ermordung der Juden im Dritten Reich.

(2) Neue biblische Einsichten über die bleibende heilsgeschichtliche Bedeutung Israels (z.B. Röm 9-11), die im Zusammenhang mit dem Kirchenkampf gewonnen worden sind.

(3) Die Einsicht, daß die fortdauernde Existenz des jüdischen Volkes, seine Heimkehr in das Land der Verheißung und auch die Errichtung des Staates Israel Zei-

chen der Treue Gottes gegenüber seinem Volk sind (vgl. Studie „Christen und Juden" III. 2 und 3).

(4) Die Bereitschaft von Juden zu Begegnung, gemeinsamem Lernen und Zusammenarbeit trotz des Holocaust.

– 3. Die Landessynode begrüßt die Studie „Christen und Juden" des Rates der Evangelischen Kirche in Deutschland und die ergänzenden und präzisierenden „Thesen zur Erneuerung des Verhältnisses von Christen und Juden" des Ausschusses „Christen und Juden" der Evangelischen Kirche im Rheinland.

Die Landessynode nimmt beide dankbar entgegen und empfiehlt allen Gemeinden, die Studie und die Thesen zum Ausgangspunkt einer intensiven Beschäftigung mit dem Judentum und zur Grundlage einer Neubesinnung über das Verhältnis der Kirche zu Israel zu machen.

– 4. Deshalb erklärt die Landessynode:

(1) Wir bekennen uns dankbar zu den „Schriften" (Lk 24,32 und 45; 1. Kor 15,3f.), unserem Alten Testament, als einer gemeinsamen Grundlage für Glauben und Handeln von Juden und Christen.

(3) Wir bekennen uns zu Jesus Christus, dem Juden, der als Messias Israels der Retter der Welt ist und die Völker der Welt mit dem Volk Gottes verbindet.

(4) Wir glauben die bleibende Erwählung des jüdischen Volkes als Gottes Volk und er kennen, daß die Kirche durch Jesus Christus in den Bund Gottes mit seinem Volk hineingenommen ist.

(5) Wir glauben mit den Juden, daß die Einheit von Gerechtigkeit und Liebe das geschichtliche Heilshandeln Gottes kennzeichnet. Wir glauben mit den Juden Gerechtigkeit und Liebe als Weisungen Gottes für unser ganzes Leben. Wir sehen als Christen beides im Handeln Gottes in Israel und im Handeln Gottes in Jesus Christus begründet.

(6) Wir glauben, daß Juden und Christen je in ihrer Berufung Zeugen Gottes vor der Welt und voreinander sind; darum sind wir überzeugt, daß die Kirche ihr Zeugnis dem jüdischen Volk gegenüber nicht wie ihre Mission an die Völkerwelt wahrnehmen kann.

(7) Wir stellen darum fest:

Durch Jahrhunderte wurde das Wort „neu" in der Bibelauslegung gegen das jüdische Volk gerichtet: Der neue Bund wurde als Gegensatz zum alten Bund, das neue Gottesvolk als Ersetzung des alten Gottesvolkes verstanden. Diese Nichtachtung der bleibenden Erwählung Israels und seine Verurteilung zur Nichtexistenz haben immer wieder christliche Theologie, kirchliche Predigt und kirchliches Handeln bis heute gekennzeichnet. Dadurch haben wir uns auch an der physischen Auslöschung des jüdischen Volkes schuldig gemacht.

Wir wollen deshalb den unlösbaren Zusammenhang des Neuen Testaments mit dem Alten Testament neu sehen und das Verhältnis von „alt" und „neu" von der Verheißung her verstehen lernen: Als Ergehen der Verheißung, Erfüllen der Verheißung und Bekräftigen der Verheißung: „Neu" bedeutet darum nicht die Ersetzung des „alten". Darum verneinen wir, daß das Volk Israel von Gott verworfen oder von der Kirche überholt sei.

(8) Indem wir umkehren, beginnen wir zu entdecken, was Christen und Juden gemeinsam bekennen:

Wir bekennen beide Gott als den Schöpfer des Himmels und der Erde und wissen, daß wir als von demselben Gott durch den aaronitischen Segen Ausgezeichnete im Alltag der Welt leben. Wir bekennen die gemeinsame Hoffnung eines neuen Himmels und einer neuen Erde und die Kraft dieser messianischen Hoffnung für das Zeugnis und das Handeln von Christen und Juden für Gerechtigkeit und Frieden in der Welt

Handreichung für Mitglieder der Landessynode, der Kreissynoden und der Presbyterien der Evangelischen Kirche im Rheinland. Nr. 39: Zur Erneuerung des Verhältnisses von Christen und Juden. Düsseldorf 1980, S. 9 - 28

M17

Neve Schalom (Israel), 1983

An die Freunde in Deutschland,

wie Ihr wißt habe ich den Kriegsdienst in der Bundesrepublik verweigert und mich dann als anerkannter Kriegsdienstverweigerer für einen Dienst bei der Aktion Sühnezeichen/Friedensdienste (ASF) beworben. Seit nunmehr einigen Monaten arbeite ich als Freiwilliger von ASF in Neve Schalom/Israel.

Neve Schalom (Oase des Friedens) ist eine kleine Siedlung zwischen Tel Aviv und Jerusalem. Wenige kleine Steinhäuser, einige windschiefe Holzhütten und ein Schafstall aus Wellblech liegen auf einem Hügel mit Blick ins Tal von Ayalon. Den nötigen Strom erzeugt ein alter Dieselgenerator, das Wasser pumpen wir vom Tal herauf. Doch unter diesen einfachen Verhältnissen geschieht etwas ganz Besonderes: Juden, Christen, Moslems, religiöse und nichtreligiöse Menschen versuchen hier ein friedliches Zusammenleben. An diesem Ort soll eine Alternative zu Gewalt und Haß zwischen Juden und Palästinensern gelebt werden. Neve Schalom ist damit die einzig wirklich gemischte Gemeinde in Israel, in der Juden und Araber zusammen und nicht nebeneinander oder gar gegeneinander leben. Auf unserem Hügel gibt es eine kleine Jugendbegegnungsstätte, in der sich jüdische und arabische Schülergruppen kennenlernen können. Daneben existiert noch eine kleine Landwirtschaft nebst Schafhaltung, in der ich tätig bin.

Die Menschen haben mich freundlich aufgenommen und schätzen meine Arbeit. Nur zwei ältere Bewohner standen mir anfangs etwas reserviert gegenüber. Die beiden erlebten die Zeit des Nationalsozialismus und den II. Weltkrieg und hatten unter Deutschen leiden müssen. Hier wird mir sehr bewußt, daß ich Deutscher bin und ich von anderen im Zusammenhang mit der deutschen Geschichte, insbesondere der Zeit des Nationalsozialismus gesehen werde. Für viele Menschen in Israel ist diese grausame Zeit noch sehr gegenwärtig. Für mich ist dies eine ganz wichtige Einsicht. Im Gespräch mit den beiden wurde mir auch einiges über meine Identität als junger Deutscher klar: ich habe keine Schuld an dem, was zwischen 1933 und 1945 geschah, weil ich zu diesem Zeitpunkt noch gar nicht am Leben war, aber ich bin mitverantwortlich für das, was in deutschem Namen heute und in Zukunft geschieht. Damit aber nie wieder unter uns Deutschen gelitten werden muß, gilt es sich mit der unheilvollen Vergangenheit zu beschäftigen, und daraus für heute und die Zukunft zu lernen.

Manchmal lese ich in Briefen von Euch die Frage, ob ich hier in Israel „Wiedergutmachung" leisten will? Bestimmt nicht, denn wie könnte all das Morden wiedergutgemacht werden? Können den Eltern ihre in den KZ's getöteten Kinder oder den Kindern ihre Eltern zurückgegeben werden? Wiedergutmachung ist nicht möglich, aber vielleicht ist mein Dienst ein bescheidenes Zeichen für meine beiden älteren Mitbewohner, daß es in Deutschland Menschen gibt, die all das Morden im Krieg und in den KZ's nicht totschweigen oder verdrängen, sondern daraus lernen wollen, damit Ähnliches nie wieder geschieht. Ich erinnere hier an einen Satz von Franz von Hammerstein, einem der ersten Unterstützer der neugegründeten Aktion Sühnezeichen/Friedensdienste: „Die Verbrechen der Nazis sühnen, heißt, ähnliche Verbrechen in Zukunft zu verhindern."
In diesem Sinne wird mein Friedensdienst hier in Israel nach 18 Monaten nicht beendet sein, sondern in Deutschland weitergehen.
Schalom, wie man hier sagt, und mit lieben Grüßen
Euer Jürgen

Jürgen Heuschele, in: entwurf 2/95, S. 40

„Die Würde des Menschen ist unantastbar"
Praxis des Erinnerns in einer Hauptschule

Erika Liesenfeld

Der Vorgang

Freitag, den 18.Mai 1990
„Ihr gehört alle vergast" – Ausspruch eines ortsansässigen Busfahrers gegenüber der Mutter und dem Bruder einer türkischen Schülerin der achten Klasse. Zusätzliche Drohung: „Wagt es ja nie, meinen Bus zu besteigen!"

Diesen Vorfall schildert Fikriye, besagte Schülerin am nächsten Tag im Unterricht. Sie wollte wissen, was der Ausdruck 'VERGAST' bedeutet. Ich besorgte Geschichtsbücher des neunten Schuljahres und ließ die Achtklässler die entsprechenden Texte und Bilder lesen und betrachten. An der Atmosphäre im Raum – Blicke, Mimik, Aufstöhnen, Kopfschütteln – merkte ich, wie Zeile für Zeile, Bild für Bild mit dem Begreifen auch das Entsetzen in den Kindern wuchs. Denn jeder sah vor sich Fikriye mit ihrer Familie und einen Menschen, einen Bekannten, der ihnen solch ein Schicksal wünschte.
Die Kinder gaben ihren Empfindungen und furchtbaren Vorstellungen Ausdruck.
Die Klasse ist seit Jahren mit den Menschenrechten unseres Grundgesetzes vertraut und gewöhnt, ihren (Schul-)alltag daran zu messen.
Die Empörung war einhellig, und die bisher unreflektiert vorhandene Solidarität mit unseren ausländischen Mitschülern wurde durch dieses Ereignis allen bewußt und als persönliche Verantwortung erfahren, die es über den „Schonraum Schule" hinaus zu bekunden galt.
Die Äusserungen der Schüler waren so tief empfunden und ergreifend, daß ich sie nicht verlorengehen lassen wollte und die Kinder bat, sie niederzuschreiben. Anschließend wurden sie gegenseitig vorgelesen.
Eine Schülerin hatte die Idee, alle Texte zu sammeln und sie dem Busfahrer zuzuschicken.

Die neunte Klasse, in der Fikriyes Bruder war, gestaltete gerade als Zeichenthema „HIMMELHOCH JAUCHZEND – ZU TODE BETRÜBT". Wir merkten, daß einige Bilder zum zweiten Teil der Redewendung unsere Texte ergänzen konnten.
Wir stellten eine Dokumentation aus unseren Texten und Bildern, den entsprechenden Artikeln des Grundgesetzes und Informationen über Auschwitz zusammen und schicken sie dem Busfahrer zu.
Zu meiner Freude waren die Eltern damit einverstanden, daß ihre Kinder mit Namen zu ihrer Dokumentation standen.
Unser Rektor unterstützte das Vorhaben und machte dies durch einen Brief deutlich, der jeder Dokumentation beigefügt wurde.

Das Titelbild der Dokumentation stellte die Gemeinschaftsarbeit eines jugoslawischen und eines deutschen Schülers aus der neunten Klasse dar. Es wurde ursprünglich für unsere Ausstellung zur Erinnerung an die Reichspogromnacht 1988 entworfen. Es zeigt, wie die Aufhebung der Gewaltenteilung dem Unheil Tür und Tor öffnet.
Es erschien uns wichtig, daß Menschen, die im öffentlichen Leben Funktionen innehaben, von diesem Vorfall, unsere Empörung und unserer Antwort Kenntnis nehmen sollten.
Als Adressen wählten wir aus: Bürgermeister, Ortsvorsteher, Verkehrsdezernenten, Pfarrer, Landesbehörden, Schuldekane ... unseren Ministerpräsidenten und den Bundespräsidenten.

Allen schrieben wir:
Wir wollen dokumentieren, dass wir im Rahmen und im Namen unserer Demokratie Ausländerfeindlichkeit mit persönlichem Einsatz abwehren, Vorfälle dieser Art auch an höherer Stelle bekannt machen, ja anprangern, und den damals grauenhaft in die Tat umgesetzten Sprachgebrauch der Naziepoche aus unserer Umgangssprache verbannen wollen.

Wirkungen

Offiziell:
Die zuständigen Verkehrsbetriebe distanzierten sich von dem Fahrer, der kein Bediensteter mit fester Anstellung bei ihnen sei. Da in dem Schreiben stand, daß er nicht mehr beschäftigt würde, ließen wir es auf sich beruhen.
Die Staatsanwaltschaft sah keinen Tatbestand der Volksverhetzung und verwies auf die Möglichkeit einer privaten Beleidigungsklage.
Alle anderen Stellen beglückwünschten uns, lobten die Zivilcourage, das Engagement, das Eintreten für die Mitschülerin usw.
Wir kamen mit unserer Initiative auf die Auswahlliste des Wettbewerbs „Demokratisch handeln".

Folgen im beruflich-persönlichen Bereich:
Der Fahrer schickte seine Frau, die einen Brief brachte, in dem er seine spezielle Türkenfreundschaft beteuerte und alles abstritt und seinerseits mit dem Staatsanwalt drohte, was seine Frau wiederum sehr abschwächte, indem sie auf Alkohol verwies und einen einmaligen Ausrutscher in Anspruch nahm ... Im Grunde entschuldigte sie sich für ihren Mann. Der Busfahrer und die Frau wünschten, daß ihre Kinder zu mir in die Klasse kämen, weil ich mich für meine Schülerinnen und Schüler einsetzen würde, streng wäre und sie was lernen würden. Das hätte ich bewiesen.

Gemeinsam feierten wir mit türkischen und christlichen Schülern einen christlich-islamischen Gottesdienst...

Neonazismus und Auschwitz-Leugnung
Ideen zu einer unterrichtlichen Auseinandersetzung[1]

Albrecht Lohrbächer

siehe auch: Was geht Auschwitz mich an?, Teil I, S. 20ff.
siehe auch: „... aber trotzdem mag ich Deutschland!", Teil II, S. 316 ff.
siehe auch: „Die Würde des Menschen ist unantastbar", Teil II, S. 303f.

I Anmerkungen zur Situation

1. Die Leugnung der Schoa und ihre Verharmlosung begleiten die Nachkriegsgeschichte Deutschlands wie Europas von Anfang an. Dabei gelingt es immer wieder, Sympathisanten dieser Leugnung auch in anscheinend seriösen gesellschaftlichen Gruppen und Parteien zu finden (vgl. z.B. die Einladung von Manfred Roeder in die Führungsakademie der Bundeswehr oder die Rolle des ehemaligen NPD-Vorsitzenden Günter Deckert als biederer Studienrat und Stadtrat in seiner Heimatstadt).
Es gibt gegen die breite Kampagne der Leugner und Revisionisten bislang keine zusammenhängende Abwehr auf politisch-gesellschaftlicher Ebene. Nur wenn es gelingt, schon früh, im Rahmen schulischer Bildung, eine Bereitschaft zur Auseinandersetzung und Distanzierung zu erreichen, wird auf Dauer die Abwehr Erfolg haben.
***M1**: Die Thesen der Auschwitzleugner*

2. Jugendliche werden neugierig, wenn sie, wie ihnen Leugner und Revisionisten suggerieren, vermuten müssen, daß ihnen Sachverhalte verborgen werden. Also muß man mit rechtsextremen Argumenten offensiv umgehen und sie mit historischen Tatsachen konfrontieren. Kaum ein Jugendlicher kann sich den erdrückenden Dokumenten und Belegen verschließen, vor allem dann nicht, wenn die Auseinandersetzung als gemeinsame Aufgabe von Lehrern und Schülern, von Älteren und Jüngeren begriffen wird.

3. Jüdische Friedhöfe, ehemalige Synagogen und ebenso Synagogen heutiger jüdischer Gemeinden sind immer wieder Zielpunkte von neonazistischen Übergriffen. Die Motivation dafür kommt aus der Verführung durch überzeugte Neonazis bzw. deren verbreitetes Gedankengut. Oft sind die Ausführenden junge Menschen, die zwar nicht unmittelbar als Neonazis anzusehen sind, denen aber um so deutlicher die dahinterstehende Ideologie, die schon einmal zur Katastrophe für Juden und Nichtjuden geführt hat, offengelegt werden muß.

---

[1] Quelle: Geschichte Lernen, Heft 52, Juli 1996, S. 62, Friedrich Verlag, Velber (unwesentlich verändert vom Bearbeiter).

4. Es gibt also eine gewisse Anfälligkeit heutiger Heranwachsender gegenüber rechtenParolen, weil ihnen hier scheinbare Angebote nationaler Identität gemacht werden, die sie sonst nirgends erhalten. Hinzu kommt, daß das breite Schweigen der betroffenen Generationen Tabuzonen in der Gesellschaft geschaffen hat, die zu verletzen jugendlicher Spontaneität geradezu sich aufdrängen. Sie eignen sich allemal zur Provokation, zur Abgrenzung gegenüber der älteren Generation. Bodo Morshäuser hat dieses Generationenproblem so beschrieben:
„Die erste Generation wollte von Auschwitz schweigen, weil Auschwitz ihren Stolz verletzt hatte.
Die zweite Generation wollte über Auschwitz sprechen, weil dies ihre Scham, Deutsche zu sein, begründete.
Die dritte Generation akzeptiert Auschwitz als Zentrum einer Moral nicht und behauptet einen Stolz, Deutsch zu sein.
Jeweils jede jüngere Generation hat einen sicheren Instinkt, wo die Tabus der Älteren begraben liegen – und buddelt sie hervor. In der Unterscheidung zu den Empörten, die sich dann melden, finden sie ihre Identität. Der deutsche Nationalsozialismus hat bisher jeder politischen Auseinandersetzung zu Grunde gelegen. Die Kriegsüberleber der ersten Generation tabuisierten linke Positionen. Die Protestierenden der zweiten Generation tabuisierten rechte Positionen. Der Unfähigkeit, mit links zu reden, folgte die Unfähigkeit, mit rechts zu reden. – Das 'USA/SA/SS' und das 'Deutsche Polizisten sind Mörder und Faschisten' der zweiten Generation zielte ebenso aufs Tabu und kalkulierte nicht weniger mit Resonanz bzw. Reflexen als das 'Ich bin stolz, Deutscher zu sein' der dritten Generation...."[2]
Auch in dieser Spannung zwischen den Generationen könnte ein offener Umgang mit Zeugnissen, besser noch eine Begegnung mit Zeitzeugen oder auch mit denen der zweiten Generation (Söhne und Töchter von Überlebenden bzw. aus Täterfamilien) von großer Hilfe sein.

5. „Die Untersuchungen der 'Arbeitsgruppe Bielefelder Jugendforschung' haben ergeben, daß extremistisches Verhalten Jugendlicher im rechten Spektrum nicht primär von nationalsozialistischem Gedankengut lebt. Wilhelm Heitmeyer hat in der Zusammenfassung einer fünfjährigen Längsschnittstudie[3] vor vorschnellen Etikettierungen gewarnt. Er sieht die Ursachen 'vor allem auch in den ökonomisch-sozialen Alltagserfahrungen..., die wir selbst in Schulen, Elternhäusern, Nachbarschaften und Jugendarbeit mitformen'. Er konstatiert einen Verlust an Orientierungshilfen aus den Herkunftsmilieus der Jugendlichen und konstatiert das Bild einer zumeist im Grunde angstvollen Persönlichkeit.
'Dahinter steht ein Muster, das auch der Schule kein gutes Zeugnis ausstellt: Niedriges oder zerstörtes zwischenmenschliches Vertrauen korrespondiert hauteng mit

---

[2] Bodo Morshäuser, Hauptsache Deutsch, zitiert aus: Frankfurter Rundschau vom 22.2.92, nach Jörg Ohlemacher und Herbert Schulze, Anti-Holocaust-Kampagne, Religionspädagogisches Institut Loccum, 1992, S. 29.

[3] W. Heitmeyer, Belehrungen kommen gegen Erfahrungen nicht an, in: Erziehung und Wissenschaft 9, 1989. Vgl. ders., Rechtsextremismus – „Warum handeln Menschen gegen ihre eigenen Interessen?" Ein ran-Buch für Jugendliche. Materialien zur Auseinandersetzung mit Ursachen. Köln 1991.

dem Versuch, dies über nationalen Stolz auszugleichen. Der kaum hinterfragte Konkurrenzdruck in der Schule (wir müssen konkurrenzfähig bleiben) hat offensichtlich wesentlichen Anteil (neben familiärer Wohlstands- und auch Emanzipations-Verwahrlosung) an der Verletzung emotionaler und sozialer Unversehrtheit.'
Drei Bereiche sieht er als zentral an:
- 'Die alltägliche schulische Erfahrung: Der Stärkere setzt sich durch, ist politisch leicht ausbeutbar, durch die Forderung: 'Der Stärkere *soll* sich durchsetzen.'
Das eigene Leid wird dann umgeformt, wenn andere ausgemacht zu sein scheinen, die noch machtloser sind, nicht zur Eigengruppe gehören.
Pädagogisch gesehen wären also u.a. die schulischen Erfahrungen so zu strukturieren, daß diese leidvollen Erfahrungen nicht überhand nehmen, so daß die eigenen Probleme nicht auf andere verschoben werden müssen.
- Erfahrene Handlungsunsicherheit, also z.B. fehlende Antworten auf die Fragen 'Wie soll ich mich entscheiden?', 'Auf welchen Lebensplan hin soll ich meine Anstrengungen richten?', 'Welche Wege sind halbwegs berechenbar?', können sehr leicht dazu führen, daß die Suche nach Gewissheiten aufgenommen wird, um Klarheit in die Unübersichtlichkeit des in der Zukunft liegenden Lebens zu bringen.
Eine attraktive Variante, um Sicherheit zu gewinnen, ist dann auch, Gewalt zu akzeptieren und unter Umständen anzuwenden, weil sie die Situationen klärt, so oder so. Um diese Gewalt zu legitimieren, werden solche politischen Konzepte besonders attraktiv, die im Kern Gewalt als selbstverständlich ansehen – wie dies bei rechtsextremistischen Konzepten der Fall ist.
- Erfahrene Verluste von selbstverständlichen, leistungsunabhängigen sozialen Zugehörigkeiten und Einbindungsmöglichkeiten können dazu führen, daß z.B. 'Naturkategorien', zu denen Hautfarbe, Rasse, in unserem Zusammenhang die nationale Zugehörigkeit zu zählen sind, neu an Bedeutung gewinnen. Soziale Verluste sollen durch Identifikation mit nationaler Stärke kompensiert werden.
Aufklärung über den Faschismus des Nationalsozialismus behält zwar in diesem Zusammenhang seinen Wert, setzt aber dann doch eher bei Sekundär-Motivationen ein. Wenn die Beobachtung der Orientierungslosigkeit bei Jugendlichen stimmt, dann müßten pädagogische Versuche eben an dieser Stelle einsetzen. Dann müßte nach der Lebenswirklichkeit der Jugendlichen gefragt werden und dabei müßten die Zusammenhänge in den Blick kommen, die heute faschistoide Einstellungen begünstigen oder produzieren."[4]

II Folgerungen/Ziele

a) Die primäre Aufgabe für alle in der Erziehung Tätigen besteht darin, die Lebenswelten der Jugendlichen erst einmal wahrzunehmen. Da viele Lehrer/innen aus einer relativ gut situierten Mittelschicht kommen, ist ihnen sehr häufig erst einmal der Zugang zu den Lebenswelten jener Jugendlichen verschlossen, die in psychischer, sozialer oder ökonomischer Armut leben.

---

[4] W. Heitmeyer nach: Jörg Ohlemacher und Herbert Schulze, a.a.O. S. 30f.

b) Diese offene Wahrnehmung wird dann im Blick auf Gestaltung der Schule oder anderer Bildungseinrichtungen viele verändernde Bemühungen freisetzen. Die Gestaltung der Schulzeiten, die Gestaltung der Räume, aber im besonderen die Gestaltung der Beziehungen bedürfen langer, sensibler und immer wieder neu aufgenommener Reflexion im Sinne des Leitsatzes von Heitmeyer: „Belehrungen kommen gegen Erfahrungen nicht an".

c) Nur wenn diese psychologisch-pädagogische Reflexion ein Grundanliegen jeder Bildungseinrichtung ist, dann können auch die im folgenden benannten Ideen zur Auseinandersetzung mit der neonazistischen Ideologie Sinn machen.

d) Die skizzierten Ideen beruhen zunächst im wesentlichen auf dem Konzept der Begegnung:
Wer überlebenden Menschen je ins Auge geschaut oder ihren Bericht angehört hat, kann kaum mehr durch die sog. „Auschwitzlüge" oder ähnliche rechtsextreme Lügen verführt werden. *Mitgefühl mit den Betroffenen zu erzeugen ist die vornehmste Aufgabe pädagogischer Arbeit.*
Solche Begegnungen sind immer eine Gratwanderung: Auf der einen Seite können sie eine von beiden Partnern gewollte Begegnung sein; auf der anderen Seite stehen sie immer in der Gefahr, daß Zeitzeugen in Begegnungen instrumentalisiert werden. Diese Gefahr ist immer wieder neu höchst sensibel zu reflektieren (auch mit Hilfe von Beobachtern), sie kann nie ganz ausgeschlossen werden.

e) Die Beschäftigung mit der Thematik sollte nicht als gesonderte Einheit, sondern immer innerhalb einer oder im Anschluß an eine Beschäftigung mit Antisemitismus/Nationalsozialismus erfolgen, um einmal den neonazistischen bzw. revisionistischen Lügen nicht einen zu hohen Stellenwert einzuräumen, und weil zum zweiten nur in der Wahrnehmung des ganzen Ausmaßes des Hasses, der Verfolgung und Vernichtung (auch in den 1900 Jahren zuvor!) die Auseinandersetzung mit dieser neonazistischen Ideologie wirkungsvoll erscheint.

III Pädagogisch-didaktische Ideen zur Auseinandersetzung mit neonazistischer Ideologie

1. Begegnungen

a) Begegnungen mit Zeitzeugen

Einladungen an Zeitzeugen gehören immer noch zu den zentralen Aufgaben bei der Beschäftigung mit der Schoa, zumal für viele dieser Menschen die Begegnung mit (offenen) jungen Menschen eine wichtige Erfahrung ist („Wir werden nicht vergessen."). Dabei ist nicht nur an Überlebende aus den Lagern, sondern ebenso an Menschen zu denken, die über ihre Verfolgung als Kinder aus Mischehen berichten. (vgl. dazu das dokumentierte Schicksal der 1937 geborenen Irene Eckler, Die

Vormundschaftsakte, Horneburg Verlag, 68723 Schwetzingen, 1996, dort auch Anfrage wegen einer Lesung mit folgendem Gespräch)
Eine Problemanzeige dazu: Jede Einladung und die folgende Befragung bedarf guter Vorbereitung, hoher Sensibilität bei den Fragen (vorher mit Jugendlichen durchspielen!), weil jeder Bericht die Betroffenen tief bewegt und alte Wunden aufreißt.
In zweiter Linie ist auch an dokumentierte Einzelschicksale von Kindern und Jugendlichen aus der Zeit der Verfolgung zu denken, z.B. an das Tagebuch der Anne Frank oder an Inge Auerbacher, „Ich bin ein Stern", Weinheim 1990, im Film („Alle Juden raus") dokumentiert von Emanuel Rund, München.
Auch andere dokumentarische Filme sind durchaus dazu brauchbar, z.B. der von Richard Glazar, Flucht aus Treblinka: Mit 22 Jahren wurde er 1942 über Theresienstadt nach Treblinka deportiert, er beteiligte sich 1943 an dem Aufstand der Häftlinge, konnte fliehen und überlebte getarnt bzw. untergetaucht. Dieser und andere Filme von und mit Überlebenden sind im Metropol Verlag, Berlin, veröffentlicht, auch als Hörcassette erhältlich.

b) Begegnung mit „Kindern aus 'Täter'-Familien":
Eine besondere Form der Auseinandersetzung bietet das Gespräch mit sogenannten „Kindern aus 'Täter'-Familien", also jenen, die sich als Söhne und Töchter von bekannten Nazigrößen auf die veröffentlichte Auseinandersetzung mit ihrem Vater eingelassen haben. Dazu ist 1998 im MDR der Film von Michael Richter gesendet worden: „Seligpreisungen der Bergpredigt: Eine unmögliche Freundschaft". Es geht darin um eine freundschaftliche Begegnung zwischen zwei Söhnen von einem Ermordeten und einem Täter, besonders aber auch um die Auseinandersetzung mit dem 'Täter-Vater'.

c) Begegnung und Auseinandersetzung mit der Neonazi-Szene bzw. mit Aussteigern:
Im Aufbau-Taschenbuchverlag, Berlin, hat Ingo Hasselbach, Jahrgang 1967, jahrelang führender Neonazi, 1993 (1995[3]) seinen bewegenden Bericht über den Weg in die Naziszene, Begegnungen mit führenden Nazigrößen und über seinen Bruch mit dieser Ideologie vorgelegt (Ingo Hasselbach / Winfried Bonengel, Die Abrechnung – Ein Neonazi steigt aus). Neben dem Insider-Einblick in die Welt der Neonazis sind auch die Auseinandersetzung mit den familiären Voraussetzungen auf der einen und den Erfahrungen in der DDR auf der anderen Seite von Interesse. Ingo Hasselbach ist über den Aufbauverlag (Postf.193, 10105 Berlin – Telefon 030/28394-0 oder – 208/Fax: 030/28394100) auch für Begegnungen ansprechbar.
Ebenso beeindruckend ist der Film bzw. das dazugehörige Buch von Michael Schmidt, Heute gehört uns die Straße, Econ Verlag, Düsseldorf 1993, bzw. der dazugehörige Film „Wahrheit macht frei" (Video, 60 min, erhältlich bei – Verleih und Kauf – : Medienwerkstatt Freiburg, Konradstr. 20, 79100 Freiburg).
Michael Schmidt hatte sich Anfang 1988 bei Neonazis vorgestellt und durfte in den folgenden Jahren vieles von dem, was er sah, filmen und aufzeichnen. Die Neonazis sahen in Schmidt eine Möglichkeit, ihre Aktivitäten propagandistisch in die Öffentlichkeit zu tragen, Schmidt ging es aber um die Aufdeckung der internationalen Verbindungen mit zum Teil 'respektablen' Organisationen und Persönlich-

keiten. Einige dieser Verbindungen reichen bis in höchste politische Institutionen, wie z.B. dem Europaparlament in Straßburg. Fast drei Jahre spielte Schmidt die riskante Doppelrolle des 'naiven Reporters', um das Vertrauen der Neonazis aufrechtzuerhalten, bis er, dem die Türen durch den Neonazi Michael Kühnen geöffnet worden waren, nach dessen Tod aussteigen mußte, weil das Risiko, entdeckt zu werden, zu groß wurde. In der von ihm beobachteten Szene begegnete er allen namhaften, international führenden Neonazis der westlichen Welt. Durch diesen Film (bzw. durch das Buch) kann bei den dokumentierten Aussprüchen voller Haß, Ausländerfeindlichkeit und Antisemitismus, den Untergrundaktivitäten und bei der gezeigten internationalen Vernetzung große Betroffenheit entstehen: Die Arbeit mit diesem Material könnte sich dann an folgenden Leitfragen orientieren:

- Was könnte junge Menschen an diesen Gruppen faszinieren und warum?
- Welche Motive bewegten den Autor und Filmemacher Michael Schmidt, sich auf ein solches 'Spiel' einzulassen; war dies sinnvoll/nötig?
- Was hilft seine Dokumentation uns?

Die Filmdokumentation wurde in vielen Ländern, lange bevor sie in Deutschland in den Dritten Programmen gezeigt wurde, mit großer Resonanz vorgestellt. Warum haben sich wohl deutsche Fernsehanstalten so lange gegen eine Ausstrahlung gesträubt?

d) Fahrten zu Stätten nationalsozialistischen Unrechts

Vgl. Spurensuche und Erinnern (Teil II, S. 187ff.)

Gut vorbereitete Studienfahrten zu Stätten nationalsozialistischem Unrechts sind in der Abwehr rechtsradikalen Gedankenguts unverzichtbar. Wenigstens einmal in der Schulzeit sollte jeder Schüler/jede Schülerin eine solche Stätte besuchen. Allerdings:

- Der Besuch allein ist kein automatisches Allheilmittel. Es muß eine einfühlsame, altersentsprechende Durchführung gewährleistet sein. Abgelesene Führungen, wie sie sehr häufig praktiziert werden, verfehlen in der Regel ihren Zweck und sollten eher unterbleiben!
- Das Verhalten auf dem Gelände muß vorher abgesprochen werden, auch die Kleidung (vergleiche Teil III).
- Eine gründliche Vorarbeit (Geschichte des Nationalsozialismus, Organisation des nationalsozialistischen Systems, Geschichte des Antisemitismus und der Verfolgung von Juden und anderen Gruppen u.a.) wie eine Emotionen aufnehmende und bearbeitende Nacharbeit sind unumgänglich. Die Sprachlosigkeit angesichts der grauenvollen Geschichte sollte am Ende in einer Gedenkfeier oder einer vergleichbaren Aktivität ihren Ausdruck finden. Auf keinen Fall darf der junge Mensch mit all den widersprüchlichen Gefühlen nach dem Besuch allein gelassen werden. (vgl. Teil III)
- Wenn möglich sind für solche Besuche Orte auszuwählen, die Bezüge zur regionalen Geschichte ermöglichen.
- Eine Kombination von einem solchen Besuch mit einem Stadtbesuch (z.B. Straßburg/KZ-Gedenkstätte Natzweiler; Weimar/KZ-Gedenkstätte Buchenwald; München/ KZ-Gedenkstätte Dachau) ist oft kontraproduktiv. Die Wirkungen he-

ben sich nicht selten gegenseitig auf, der Besuch in einer Stätte nationalsozialistischen Unrechts wirkt wie eine Pflichterfüllung, die man über sich ergehen läßt, um dann im eigentlichen Leben alles wieder zu verdrängen. Es sei denn, es gelingt eine Zusammenschau der Kontraste, des unbegreiflichen Nebeneinanders...

e) Gespräch mit einem Vertreter des Staatsschutzes

Jedes Bundesland hat einen Staatsschutz, dessen Beamte die rechte Szene beobachten und darüber auch auf Einladung berichten (z.B. in Schulen). Für junge Menschen liegt der Reiz dieser Begegnung in den aktuellen, regional zugespitzten und authentischen Berichten dieser Beamten. Die Begegnung findet darum hohes Interesse und hat neben der Aufklärung auch eine erkennbare Abwehrwirkung! Erreichbar über die zuständigen zentralen Polizeibehörden.

2. Arbeit mit Informationen aus dem Internet

Die Chancen und die Gefahren, die der Zugang zum Internet jungen Menschen bietet, sind nicht zu überschätzen. Allein der Umgang mit dem Medium mit all seinen Möglichkeiten ist verführerisch. Darum kann ein bewußter Einsatz der Informationen, die Organisationen in Deutschland, in den USA bzw. in Israel über die Aktivitäten rechtsradikaler Leugner der Schoa anbieten, von großem Nutzen sein. Vor allem für junge Menschen, die mit der englischen Sprache umgehen können, bietet sich die Arbeit im Internet geradezu an. Doch finden sich durchaus auch deutschsprachige Seiten. Einer der wichtigsten Anbieter ist die Gruppe „Nizkor" aus den USA. Ihr Gründer Ken McVay äußerte sich zu seinen Absichten:

„Ich war nie besonders daran interessiert, Holocaust-Leugner dazu zu bekehren, ihre Ansichten zu ändern. Was die denken, hat praktisch keine Bedeutung, weder im Internet noch anderswo. Was alle *anderen* denken, ist jedoch von außerordentlicher Bedeutung.

Nizkor existiert, um jede Leugnung des Holocaust als den Betrug zu entlarven, der sie ist, und um die Leugner als die Scharlatane bloßzustellen, die sie sind. Es geht nicht darum, ihre Ansichten zu ändern. Indem wir die Leute über die unredlichen Techniken aufklären, die die Holocaust-Leugner anwenden, helfen wir ihnen, sich gegen diejenigen zu wappnen, deren politische Agenda mehr darauf abzielt, Hitler reinzuwaschen, als historische Forschung zu betreiben." (Ken McVay in einem Interview mit dem Spiegel 43/1996)

Folgende Adressen (mit vielen links) sind auf jeden Fall im Internet lohnend, Stichworte: Neonazi, Antisemitismus (antisemitism), Holocaust, Nizkor:
- Das *Nizkor-Projekt* (Nizkor project) (englisch):
  http://www.nizkor.org/
- *Cybrary of the Holocaust* (englisch)
  http://remember.org
- *Anti-Defamation-League* (englisch):
  http://www.adl.org

- *Netpol-global* (auch deutschsprachig):
  http://www.brandenburg.de:8080/netpol/antisemi.htm
- *haGalil onLine* (deutschsprachig):
  (Ein jüdischer Server in deutscher Sprache, der eine reichhaltige Information über Judentum, Israel und immer auch Nachrichten zum Rechtsradikalismus / Antisemitismus anbietet)
  http://www.hagalil.com
- Shoanet (deutschsprachig)
  (Ein immer wieder auf Stand gebrachtes Informationsangebot zur Schoa mit ausgezeichnetem Glossar, Chroniken, Statistiken und einem großen Angebot an links)
  http://machno.hbi-stuttgart.de/shoanet/shoan.htm

3. Arbeit mit dem Buch: Markus Tiedemann, „In Auschwitz wurde niemand vergast. – 60 radikale Lügen und wie man sie widerlegt", Verlag an der Ruhr, Mülheim 1996

Dieses vielfach gerühmte und preisgekrönte Handbuch ist unmittelbar für die Hand des Schülers geeignet. Es führt zunächst, gegliedert nach Rubriken (z.B. Zur Person Hitlers, Wehrmacht, Professioneller Revisionismus), in jeweils einem markanten Satz oder Schlagwort die Lüge oder revisionistische These an, um sie dann in knappen Argumenten und wichtigen Originalzitaten zu widerlegen. Bilder ergänzen diese Auseinandersetzung. Für jeden Unterricht eigentlich unentbehrlich!

Am Ende einer der üblichen Einheiten zum Nationalsozialismus (Geschichte / Religion) könnte eine projektartige Arbeit mit dem Buch stehen:

Schüler suchen ihnen gravierend erscheinende „Lügen" aus und erarbeiten Plakate, die sie dann zu einem bestimmten Anlaß (27. Januar/9./10. November o.ä.) zu einer Ausstellung zusammenstellen.

Literaturhinweis: Till Bastian, Auschwitz und die „Auschwitz-Lüge", Beck'sche Reihe, München 1995[4], auch für Referate nutzbar!

4. Materialien zur Thematik für Unterricht und außerschulische Bildung:

Jörg Ohlemacher, Herbert Schulze, Anti-Holocaust-Kampagne, herausgegeben vom Religionspädagogischen Institut Loccum, 1992

Die Broschüre enthält Text- und Bilddokumente, Analysen und Vorschläge für den Unterricht in weiterführenden Schulen und ist bei der Vorbereitung des Unterrichts eine gute Hilfe. Sie enthält für den Lehrer eine knappe, aber für unterrichtliche Zwecke ausreichende Einführung zu Namen und Sachverhalten derer, die diese Kampagne betreiben und bietet wichtige und viele aufbereitete Materialien. Die methodischen und didaktischen Hinweise sind etwas dürftig.

Wolfgang Ayaß, Dietfrid Krause-Vilmar, Mit Argumenten gegen die Holocaustleugnung, erhältlich bei: Hessische Landeszentrale für politische Bildung, Rheinbahnstr. 2, 65185 Wiesbaden (gegen geringe Gebühr)
Eine knappe Broschüre über Entstehung, Kernaussagen und Argumentationsebenen der Leugnung; sie enthält ebenso den Versuch einer Widerlegung anhand historischer Quellen.
Brigitte Bailer-Galanda, Wolfgang Benz, Wolfgang Neugebauer (Hg.), Die Auschwitzleugner, Elefanten Press, Berlin 1996
Ein Taschenbuch, das sich unter Beteiligung vieler, zum Teil namhafter Autoren mit dem breiten Spektrum der rechten Szene beschäftigt, dazu eine ausführliche Liste von Rechtsextremisten und deren chronologisch geordnete Entwicklung. Einige kurze Überlegungen zur Behandlung des Themas im Unterricht sind hinzugefügt. Ärgerlich: Das Buch scheint nach Manuskriptabgabe nicht mehr korrigiert worden zu sein.
Unterrichtsmaterialien aus dem *Anne-Frank-Haus, Amsterdam*: Anne Frank Stichting, Postbus 730, NL-1000 AS Amsterdam
Das Anne-Frank-Haus bzw. die es tragende Stiftung veröffentlichen immer wieder interessante unterrichtlich aufbereitete Materialien nicht nur über Anne Frank und deren Schicksal, über die weltweite Wirkung des Tagebuchs von Anne Frank bis heute, sondern auch Informationen über rassistische, neonazistische und nationalistische Strömungen in Europa und in der Welt.
Gottfried Kößler, Die „Auschwitz-Lüge", veröffentlicht in Zeitschrift „Geschichte Lernen" Nr. 52, Juli 1996, S. 60ff., Friedrich-Verlag, Velber (Postf. 100150, 30917 Seelze)
Mit den Unterrichtsvorschlägen für Sekundarstufe I und II versucht Gottfried Kößler, Mitarbeiter im Frankfurter Fritz-Bauer-Institut, Hinweise für eine unterrichtliche Auseinandersetzung mit der „Auschwitz-Lüge" als Teilaspekt innerhalb des Unterrichts über die Schoa zu geben. Der Entwurf will bei Schülern Mitgefühl mit den Betroffenen erzeugen, indem er z.B. die menschenverachtende Sprache in nationalsozialistischen Dokumenten (z.B."Ladegut") aufdeckt, indem er die Lage der „Opfer" anhand von in Auschwitz verfertigten Bildern wahrnehmen läßt und indem er anleitet, die gleiche Lagersituation aus der Sicht eines Täters (des KZ-Kommandanten Franz Stangl) *und* des Opfers (Richard Glazar) wahrzunehmen.

M1 Die Thesen der Auschwitzleugner

Daß es in der NS-Zeit keine Massenvernichtung von Juden gegeben habe, ist die umfassende Behauptung der sog. Revisionisten .... Im folgenden findet sich eine kurze Zusammenfassung der sechs Hauptlügen bzw. wichtiger Gegenargumente:

Erste Behauptung: „Es hat keine Massenvernichtung von Juden in der Zeit des Nationalsozialismus gegeben."

Auschwitz wird als eine Erfindung („Auschwitzlüge") der Sieger und der „jüdischen Märchenerzähler" dargestellt. Die Gaskammern in Auschwitz seien nicht für die Ermordung von Menschen, sondern zur Ungezieferverichtung gebaut; technisch wären sie überhaupt nicht in der Lage gewesen, Menschen zu töten. Die Existenz von Chelmo, Sobibor, Treblinka, Majdanek und Auschwitz als Vernichtungslager für Millionen von Juden wird geleugnet. Leidensgeschichten von Opfern werden als erlogen, Täterschilderungen als erpreßt bezeichnet. Die sachlichen und zeitlichen Umstände, unter denen diese Dokumente entstanden sind und die ihre Authentizität verbürgen, werden dabei unterschlagen.

Zweite Behauptung: „Die Zahl von 6 Millionen ermordeter Juden ist eine Übertreibung"

Diese These versucht, den Judenmord dadurch zu relativieren, daß die große Zahl der Toten bezweifelt wird. So viele Juden könnten es gar nicht gewesen sein, denn im ganzen Deutschen Reich habe es nur 600 000 Juden gegeben. Zudem hätten die technischen Einrichtungen für die Ermordung so vieler Menschen gar nicht ausgereicht. Die neuesten Forschungen sind sorgsam noch einmal alle verfügbaren Quellen durchgegangen und haben die bekannten Zahlen bestätigt. Es waren zwischen 5,8 Millionen (Mindestzahl) und 6,2 Millionen (Höchstzahl) Juden aus ganz Europa, die dem Holocaust zum Opfer fielen. Davon sind allein über 3 Millionen in den Gaskammern umgekommen.

Dritte Behauptung: „Die hohe Anzahl der Toten in den Konzentrationslagern ist auf die Seuchen zurückzuführen."

Diese These hat durch den Historiker Helmut Diwald und sein Buch: „Geschichte der Deutschen" noch eine Bestätigung erfahren. Aufgrund von Historikerprotesten sowie auf Druck des eigenen Verlegers hat der Autor zwei Seiten mit einer solchen Behauptung umgearbeitet. In der rechten Szene kursiert dieses Buch weiterhin mit den ursprünglichen beiden Seiten als Beilage. Diese Korrektur dient den Antisemiten als Beweis dafür, daß die „historische Wahrheit" über den Judenmord unterdrückt wird.

Vierte Behauptung: „Im Deutschen Reich gab es gar keine Vernichtungslager."

Damit wird mit Verweis auf die geographische Lage die Existenz sowie die deutsche Verantwortlichkeit zu leugnen versucht. Man macht sich dabei die Tatsache zunutze, daß sich die großen Vernichtungslager mit Gaskammern auf polnischem Boden (Auschwitz, Treblinka, Sobibor) befanden. Diese Behauptung unterstellt darüber hinaus, daß in den Konzentrationslagern auf deutschem Boden nicht vernichtet worden wäre. Der Begriff des Vernichtungslagers wird dabei so eng ausgelegt, daß vorsätzliche Tötung durch Hunger, Arbeit und Krankheit nicht dazu gerechnet werden.

Fünfte Behauptung: „Die Judenvernichtung war keine einmalige deutsche Angelegenheit; ähnliche Verbrechen sind auch bei anderen Völkern vorgekommen."

Damit wird die Einzigartigkeit des Holocaust bestritten. Die „sogenannte Judenvernichtung des Dritten Reiches" wird als „eine Reaktion oder verzerrte Kopie und nicht als erster Akt oder das Original" dargestellt. Auschwitz sei nur eine Reaktion auf die Morde Stalins gewesen. Dieser Version zufolge wurden die Juden deshalb ermordet, weil die Nationalsozialisten sich als „potentielle oder wirkliche Opfer" eines stalinistischen Massenmordes fühlten – dessen Urheber seien im wesentlichen Juden unter Stalin gewesen. Obwohl diese These absurd und wissenschaftlich widerlegt ist, dient sie in der apologetischen Diskussion weiterhin als Bestätigung vorgefaßter Meinungen, um die deutsche Verantwortlichkeit auf sowjetischen Kommunismus abzuwälzen und Auschwitz als Notwehrakt hinzustellen.

Sechste Behauptung: „Der Judenmord war von Hitler nicht intendiert."

Hitler habe keinen Befehl zur Judenvernichtung unterschrieben, sondern Himmler handelte eigenmächtig. Hitler habe erst 1943 von den Judenmorden erfahren. Diese These verweist auf die Tatsache, daß bisher kein von Hitler unterschriebener Befehl zur Endlösung vorliegt. Daß ein solches autorisierendes Dokument bislang nicht aufgefunden wurde, erlaubt noch nicht den Schluß, daß Hitler davon nichts wußte und den Holocaust auch nicht befohlen oder gar nicht gewollt habe. Die Belege für ein von Anfang an beabsichtigtes und planmäßig durchgeführtes Vorhaben sind erdrückend. Im Frühjahr 1941 gab Hitler dann den mündlichen Befehl zur Ermordung der europäischen Juden in den von Deutschland besetzten Ländern.

Hans-Jürgen Pandel

„... aber trotzdem mag ich Deutschland!"
Anstöße zu einem schwierigen Gespräch über nationale Identität

Helmut Ruppel

I

Der Freund aus Kanada – seit vier Jahrzehnten ökumenisch engagiert, weitgereist und seiner Heimatstadt Berlin allzeit nachträumend – gab mir das mit pädagogischer Umsicht und theologischer Verantwortung erarbeitete Buch für den Religionsunterricht zurück. Er schien verlegen und auf kollegiale Weise ratlos.
„Die Kinder finden so wenig darin, worauf sie als Deutsche stolz sein können", war sein bekümmerter Kommentar.
Zwischen Toronto und Montreal und erst recht in vielen befreiungs-theologischen Gesprächen an vielen Orten der Welt hatte er die Beobachtung gemacht, daß Heranwachsende gern einer Sache, einer Bewegung, einer Geschichte, ja, auch einem Volk angehören wollen.
Das sei in Deutschland nicht anders, oder besser: das sei anders, und seit 1989 noch einmal anders, entgegnete ich. Doch das pädagogische und theologische Bemühen um die heranwachsende Generation zeige sich ihm ohne Trost, ohne Lebensaussicht, wiederholte er sein freundliches Bedauern. Dabei war er weit entfernt, hochfliegend nationale Erhabenheit zu traktieren – seine Biographie gab dazu wahrlich keinen Anlaß. so geriet unser Gespräch in schwieriges Gelände ...
Zuerst in das Gelände der deutschen Sprache, denn sein prägnanter Satz trug ein hohes und deshalb in unserer Geschichte schwer belastetes Wort: „Stolz sein auf etwas".
In den Wechselbeziehungen zwischen Sprache und politischer Unmenschlichkeit[1] ist in unserer Sprache viel unter dem Gewaltdruck von Bestialität und Verlogenheit zerstört worden. („Sie dürfen ruhig 'Jude' sagen. Das Wort ist nicht beleidigend".) Doch es begann schon früher: Die Sprache der militanten Historiker im Antisemitismus-Streit, der „Potsdamer Stil" im ausgehenden 19. Jh., eine peinigende Mischung aus Ruppigkeit und Sentimentalität („rauh, aber herzlich"), die schreckliche Schwäche für starke Worte, überhaupt für Lautstärke, hatte schon viel bereitgestellt, nun auch der Grausamkeit Stimme und Ausdruck zu verleihen. Ist es nicht nachdenkenswert (und längst untersuchungsbedürftig), „daß die im wesentlichen philologische Struktur der deutschen Erziehung Preußen und dem Nazireich so getreue Diener gestellt hat"?[2]

---

[1] Vgl. George Steiner, Sprache und Schweigen, Essays über Sprache, Literatur und das Unmenschliche, Frankfurt a. M. 1973; dort bes.: Das hohle Wunder, S. 155 - 176. Dieses Essay wurde 1959 geschrieben und hat viel Kritik auf sich gezogen. Die Wiederveröffentlichung 1973 enthält eine Vorbemerkung zu dem Steiner erst später bekanntgewordenen Buch von Victor Klemperer, das heute unter dem Titel „LTI" vorliegt, s. u.
[2] Steiner, a.a.O., S. 159.

Die deutsche Sprache wurde Übermittlerin von Lüge, Täuschung und Terror; mit und in ihr konnte man Unaussprechliches aussprechen, Unausdenkbares aufschreiben und Weihnachtsgrüße in die Heimat schicken. Gibt es eine Belastungsgrenze für eine Sprache, die Himmler, Goebbels, Hitler benutzt haben, die das „Horst-Wessel-Lied" schreiben konnte?
„Alles vergißt – nur die Sprache nicht" – aus keinem anderen Grunde gibt es keine ernstzunehmenden Romane und Gedichtsammlungen aus und zu diesen Jahren.
Die gültigen, tragenden Stimmen zu jenen Jahren – Wiesel, Levi, Tisma, Kertesz – haben nicht in deutscher Sprache schreiben müssen.[3]
Einer, der das Verderben der deutschen Sprache täglich miterlitt, der die organisierte Bestialität auch in der Sprache akribisch wahrnahm und mitschrieb, war Victor Klemperer. Seine Tagebücher – eine unvergleichliche Quelle! – registrieren seismographisch den Einzug des „Hitler-Deutsch". Nach und nach entsteht die Sammlung „LTI – Lingua tertii imperii" (= „Sprache des Dritten Reiches"). Dort sammelt Klemperer u. a. auch „Familienanzeigen", z. B. „Geburtsanzeige aus dem 'Dresdner Anzeiger' vom 27. Juli 1942:
*Volker * 21.7.1942. In Deutschlands größter Zeit wurde unserem Thorsten ein Brüderchen geboren. In stolzer Freude Elise Hohmann ... Hans-Georg Hohmann, SS-Untersturmführer d. Res. Dresden, General-Wever-Straße.*"

„Nachdem der Krieg mit Rußland in Gang gekommen ist", bemerkt Klemperer eine Häufung von Klischees in den Familienanzeigen. Dieser Krieg, der „auf keine Weise mehr als Blitzkrieg betrachtet werden kann", wurde propagandistisch von Artikeln flankiert, „in denen die allzu weichherzige oder fassungslose Trauer um einen auf dem Felde der Ehre Gefallenen als unwürdig und beinahe unpatriotisch und staatsfeindlich bezeichnet wurde. Das hat zur Heroisierung ... der Gefallenenanzeigen entschieden beigetragen."[4]
Zu dieser Geburtsanzeige schreibt Klemperer:
„Daß die Kinder einen Nibelungen- oder einen nordischen Namen tragen, daß der SS-Vater seinem von Natur simpleren Vornamen wenigstens durch einen Bindestrich einen volleren Teutschton verleiht ... das alles sind nur gehäufte Anwendungen bereits üblicher Nazismen ... Daß man in einer Straße wohnt, die zu Ehren ei-

---

[3] Elie Wiesel, Die Nacht zu begraben, Elischa, Berlin 1990[3], enthält die autobiographische Trilogie „Nacht", „Morgengrauen" und „Tag"; Primo Levi, Ist das ein Mensch? Die Atempause, München 1988; Aleksander Tisma, Kapo, München 1997; Imre Kertesz, Galeerentagebuch, Berlin 1993; Roman eines Schicksallosen, Berlin 1997 Ruth Klügers Bericht „weiter leben: Eine Jugend", Göttingen 1992, bedarf einer besonderen Wahrnehmung, vgl. Holger Gehle, Atempause-Atemwende, Die Literatur der Überlebenden, in: Auschwitz: Geschichte, Rezeption und Wirkung, hrsg. vom Fritz Bauer Institut, Jahrbuch 1996, Frankfurt a. M. 1997[2], S. 161 - 188. Hier unnötig zu erwähnen, daß Celan, Amery, aber auch Tadeusz Borowski und Jorge Semprun zu den gültigen Stimmen gehören. Vgl., sehr eindrücklich: Harald Weinrich, Lethe, Kunst und Kritik des Vergessens, München 1997, dort bes. Auschwitz und kein Vergessen, S. 228 - 256, zu Wiesel, Levi, Semprun, Bellow und Bernhard.

[4] Victor Klemperer, LTI, Lingua Tertii Imperii, die Sprache des Dritten Reiches, hier zitiert Reclam, Leipzig 1975, 3. Auflage, s. bes. Kap. XIX, Familienanzeigen als kleines Repititorium der LTI, S. 128 - 133, 128; s. auch heute: Victor Klemperer, Das Tagebuch 1933 - 1945, Eine Auswahl für junge Leser, Anregungen für den Unterricht, Berlin 1997.

nes noch vor dem Kriege verunglückten Fliegergenerals der Hitlerarmee umgetauft wurde, ist bloße Glückssache, nicht eigenes Verdienst. Und 'Deutschlands größte Zeit' ist ein fast bescheidener Superlativ unter den Superlativen, die zur Vergottung der Hitlerära im Schwange waren. Aber Neues und Lehrreiches ist in der stolzen Freude gegeben"[5].

„In stolzer Freude" – diese drei Worte sagen die Eltern von sich. Worauf sind sie stolz? Mußte man im Sommer 1942 besondere Unerschrockenheit zeigen? Zeugte man Kinder auf eine große Zukunft hin? War man beispielhaft unbeeinflußt von den Kriegsverläufen? Worauf waren „Freude" und „Stolz" gegründet?

Das fragt sich Klemperer auch: „Zeugungsfähigkeit ist für ein SS-Ehepaar selbstverständlich – ihm wäre ja sonst gar nicht die Erlaubnis zur Eheschließung gegeben worden. Und ein zweiter Sohn ist auch noch kein Anlaß zum Stolzsein: Es werden weitaus höhere Menschenfleischlieferungen von der SS erwartet, die man gern wie Rassepferde oder -hunde zu Zuchtzwecken verwendet. (Man hat ihnen ja auch wie Tieren ein Herdenzeichen eingebrannt.) Dann bleibt nur stolze Freude auf die 'größte Zeit' übrig. Aber stolz kann man doch nur auf etwas sein, woran man aktiv mitwirkt, und hinter dem Namen des SS-Vaters fehlt der Rang in der Armee und sogar das übliche 'zur Zeit im Felde'. Stolz dürfte nach dem Sittenkodex des Dritten Reiches höchstens die Frau sein, die den Tod eines für den Führer gefallenen Familienmitgliedes anzeigte. Stolze Freude ist in dieser Geburtsanzeige völlig sinnlos."[6]

Ob nicht das völlig Sinnlose das Aufschlußreiche ist? Es ist gänzlich unbedeutsam, worum es geht bei einer öffentlichen Anzeige in diesen Zeiten – unerschrocken, bekennend, hoffnungsfroh, zukunftszugewandt, hocherhobenen Hauptes gilt es Meldung zu machen.

Klemperer vermutet, es handele sich „offenbar um eine mechanische Analogiebildung zur 'stolzen Trauer' in den Gefallenenanzeigen. Mechanische Analogiebildungen legen Zeugnis ab für die Häufigkeit und das Ansehen oder die einprägsame Wucht ihrer Modelle. Dem SS-Ehepaar ist es gedankenlos selbstverständlich, daß man eine Familienanzeige mit dem Ausdruck des Stolzes unterzeichnet, und so kommt denn seine stolze Freude zustande ..."

Klemperers Aufmerksamkeit für „LTI" auch in Familienanzeigen läßt ihn auch die Versicherung in den Anzeigen notieren, „daß man auf Wunsch des im heldenhaften Kampf Gefallenen darauf verzichtet habe, Trauerkleidung anzulegen ...". Hier kommen zum Stolz der Trotz angesichts des Elends, der Klageverzicht angesichts der Trennung und Trauer, das lebendig stolze Mahnmal angesichts von Schmerz und Verlust. Und alles ist am Ende Lüge, Betrug, Fälschung, Selbstverrat, Gefühllosigkeit, Grausamkeit. Die Sprache setzt die Unwahrheit mit Nachdruck durch. Wo Finsternis herrscht, muß sie von Licht reden. Wo sie von Erschütterung und Schmerz zu reden hätte, stellt sie stolze Freude zur Verfügung. Klemperers Blick ist unbestechlich, so hält er unerbittlich fest: „Ganz zuletzt noch zeigt ein Oberst der Reserve den Tod seines 'strahlenden Jungen' an." Die Austauschworte für stolz sind Klemperer zufolge „sonnig" und „lebensfroh". „Sonnig bezeichnet sozusagen

---

[5] a.a.O., S. 128f.
[6] a.a.O., S.128 ff.

eine gemeingermanische Eigenschaft, stolze Trauer gebührt sich für Patrioten schlechthin".

Mit einer hellsichtigen Beobachtung Klemperers sollen diese Reminiszenzen abgeschlossen werden: Zu Kriegsbeginn, „als noch Überfluß an Papier und Setzern herrschte ... da war freilich für Ergießungen und ausgebreitete Phrasen Platz. Zuletzt aber blieb der einzelnen Familienanzeige selten mehr als zwei Zeilen der engsten Spalte. Auch der Rahmen um die einzelnen Anzeigen fiel fort. Wie in einem Massengrab lagen die Toten in einem einzigen schwarz umzogenen Viereck eng zusammengepackt."

Wer Augen hatte zu lesen und zu sehen, konnte das Verderbnis der Sprache wahrnehmen.[7]

... Der Freund aus Kanada stand auf, legte die Bücher aus der Hand, fuhr sich über die Stirn und vergewisserte sich, daß wir das Jahr 1997 schrieben und sagte: „Mit so viel Geschichte von allem in allem – wie leben diese Kinder, diese Jugendlichen damit?" Er blickte mich an, las die Antwort.

„Gut, fragen wir sie".

II

Die Freundin aus Berlin – seit Jahrzehnten ökumenisch engagiert, weitgereist und ihre Heimatstadt Berlin allzeit erforschend – gab mir die mit pädagogischer Umsicht und theologischer Verantwortung erarbeitete Studie aus dem Unterricht des Gymnasiums. Sie schien auf kollegiale Weise neugierig. „Sind sie nicht auf der Suche nach einer Balance, diese Schülerinnen und Schüler? Einer widerstandsfähigen Hoffnung?" „Anders ist das Leben nicht zu gewinnen", bemerkte der Freund aus Kanada. Es klang, als spräche er mehr zu sich selbst, als er hinzufügte: „Als Kind habe ich die Nazis noch erlebt, aber entrückt diese Zeit nicht immer schneller? Gibt es noch familiäre Verbindungen bei den Heranwachsenden mit dem Nationalsozialismus? Was können die Jugendlichen wissen oder nachvollziehen von dem, was ich erlebt habe?".

„Und zugleich wächst das Interesse, die Beschäftigung mit dieser Geschichte", warf die Freundin aus Berlin ein. „Es wird Geschichte, ja, ist nicht länger biographische Belastung. Vielleicht wächst deshalb das öffentliche Interesse? In den Diskussionen mit Daniel Jonah Goldhagen saßen viele der dritten Generation seit dem NS".

„Dann wächst die Herausforderung mit der abnehmenden zeitlichen Nähe?", fragte ich. Und wieder geriet unser Gespräch in ein schwieriges Gelände, in das unüber-

---

[7] Vgl. Steiner, a.a.O., S. 172 - 176 Aus der Fülle der Literatur seien nur exemplarisch genannt: James E. Young, Beschreiben des Holocaust, Darstellung und Folgen der Interpretation, Frankfurt a. M. 1992. Nicolas Berg, Jess Jochimsen, Bernd Stiegler (Hrsg.), Shoah, Formen der Erinnerung, München 1996. Manuel Köppen (Hrsg.), Kunst und Literatur nach Auschwitz, Berlin 1993. Hanno Loewy, Bernhard Moltmann, Erlebnis – Gedächtnis – Sinn, Frankfurt a. M. 1996.

sichtliche Gelände der Wirkung und Wahrnehmung des NS in den Generationen, vor allem der gegenwärtig Heranwachsenden.

„Vergessen war die erste Bürgerpflicht"[8] hätte über den Jahren nach 1945 stehen können. Es ist Mephisto, der dem Dr. Faust eine Verjüngungskur in der „Hexenküche" angedeihen läßt; um die Zeitspanne einer Generation wird der Sechzigjährige verjüngt, das wird sein Vergessen beschleunigen. Mephisto weiß, „Ein Generationswechsel bringt Gedächtniskrisen mit sich ..."[9]. Immer wieder geht es um Gedächtnislöschungen und Gedächtniskuren, das ist eben Mephistos Geschäft, obwohl sein Meisterschüler Faust es ist, der sagt: „Vergangenheit sei hinter uns getan". Rätselhaft, daß diese mephistophelische Kunst in den Auslegungen und Ausführungen der Nach-Kriegs-Jahre kaum eine Rolle gespielt hat, selbst dies Gespür hatte sich die „Erlebnisgeneration" verboten.

In der Generationeneinteilung[10] regiert die Frage: „Wie konntet ihr?", nicht die Frage „Wie konnte ich?". Doch längst spricht man von drei, ja vier Generationen:
– den „NS-Mitmachern"
– der, die „das Dritte Reich noch erlebt hat, ohne selbst in Schuld zu geraten, die aber schon alt genug war, um Erfahrungen zu haben" (Helmut Kohl)
– und der „Dritten Generation", für die Ereignisse des NS zu Geschichte werden, die keine Erinnerungen haben und für die weder eine persönliche Schuld noch eine ihrer Eltern sich belastend auswirkt. „Die Einheit von Lebenslauf und Geschichte zerbricht".[11]

Anders schematisiert könnte man sagen:
– Mit Erinnerungen leben – alle vor 1930 Geborenen
– Mit verweigerter/zugelassener Erinnerung leben – die nach 1930 Geborenen
– Mit dem Erinnern-Lernen leben – die nach 1971 Geborenen

Diese Dritte Generation und die sich anschließende Vierte Generation ist über die Generationsfolge weiterhin belastet mit der „für alle Deutschen relevanten Schuldfrage"[12] wie mit der persönlichen wie unterrichtlich-sachlich Präsenz jener Geschichtsvermittlung durch die „Zweite Generation".[13]

Matthias Heyl hatte von manchen Lehrern den Eindruck, „daß sie sich Auschwitz in dem Konflikt mit ihren Eltern, den Tätern, Mitläufern und Zuschauern, als Thema zu eigen gemacht hatten, um ihre Ablösung von den Eltern mit größerem, ja, größtem moralischen Gewicht auszustatten ... Auschwitz war ihnen mehr ein Argument, mit dem sie das Gespräch und die Auseinandersetzung mit den Eltern eher abbrachen, denn begannen ... ihnen war Auschwitz keine Frage mehr, sondern eine Antwort". Von anderen Strategien der Konfrontation sagt Heyl, sie dienten

---

[8] Harald Weinrich, s. Anm. 3, a.a.O., S. 144.
[9] a.a.O., S. 155.
[10] Michael Kohlstruck, Zwischen Erinnerung und Geschichte, Der Nationalsozialismus und die jungen Deutschen, Berlin 1997, S. 75 - 92.
[11] a.a.O., S. 7.
[12] a.a.O., S. 76.
[13] Matthias Heyl, Von der dritten Generation gesprochen, in: Helmut Schreier/Matthias Heyl (Hrsg.), Das Echo des Holocaust, Pädagogische Aspekte des Erinnerns, Hamburg 1992, S. 257 - 268, vgl. die Arbeiten von Daniel Bar-On zu übergenerationellen Konflikten in Deutschland wie in Israel, z. B. Die Last des Schweigens, Frankfurt a. M. 1993.

"vorrangig der Nicht-Auseinandersetzung, der Abwehr des Themas in seiner existentiellen Dimension seitens der Lehrer". Kommt aber der Aufklärungsanspruch mit einer Verdrängungsleistung einer, ist der Signal-Satz mancher Schulstunde: „Auschwitz – ich kann es nicht mehr hören!" mehr als bloße Abwehr – eine Abwehr, wie sie die ersten aufmerksamen Beobachter nach 1945 auch machten.[14]
Heyls (Jg. 1965) Beobachtungen werden ein wenig relativiert durch das in den vergangenen 15 Jahren wieder gestiegene Interesse am Nationalsozialismus: „Es bleibt ein brisantes Thema, wechselt aber seinen 'Sitz im Leben'".[15] Ungleich mehr als früher kann nun mit dem Thema verbunden werden, es wird entgrenzt, aber nicht weniger relevant empfunden. Das Thema wird Medium für Fragen der sozialen Praxis der Lebensführung in Form einer neu reflektierten lebensgeschichtlichen Verantwortung. Ein „lineares Verebben" ist nicht zu konstatieren in der Abfolge der Generationen. „Eher ist zu vermuten, daß das Thema plötzlich wieder virulent wird, allerdings an Stellen und in Formen, die das antifaschistische Aufklärungs- und Erinnerungsprogramm unterlaufen und überspielen werden."[16] Und hierfür gilt: „Eine wichtige Rolle scheinen für dieses neue Verhältnis stille oder explizierte Zugehörigkeitsgefühle zu spielen. Ein anderes Verhältnis zum Nationalsozialismus ... werden die Angehörigen der Dritten Generation nur haben, soweit sie sich als Deutsche verstehen. Die Vergangenheitsbewältigung würde demnach in dieser Generation stärker mit einer nationalen Kollektivzugehörigkeit zusammenhängen als in den beiden ersten Generationen. Denn nur noch als Deutsche können sie sich die Schuldfrage stellen oder stellen lassen".[17]

... Lebhaft stand der Freund aus Kanada auf und rief: „Unser Gedankengang vom Anfang! 'Vergangenheitsbewältigung', wie das früher so betont wurde, ist zur Frage nach der angemessenen Erinnerung geworden, oder wie mein Kollege Johann Baptist Metz es unnachahmlich prägte: Es geht um eine 'anamnetische Kultur', für die seine 'Gotteslehrerin', die Synagoge, unerläßlich ist! Verstehe, verstehe, stimme auch zu", er begann auf- und abzuwandern. „Schuldbearbeitung, ohne familiäre, psychosoziale Hypothek! Mit Büchern, in denen man so wenig findet, worauf man stolz sein kann – ist das nicht schwer?" „Ja, es ist schwer", sagte die Freundin aus Berlin bestimmt, „aber ich entdecke, daß Jaspers 'Schuldfrage' – immerhin von 1946 – manche Hilfe gibt. Auszüge lese ich immer wieder mit Gewinn, z. B.", sie griff nach einer Auflage von 1997, schlug auf und las: „... ist mir, ist jedem das Deutschsein nicht Bestand, sondern Aufgabe. Das ist etwas ganz anderes als die Verabsolutierung des Volkes. Ich bin zuerst Mensch, ich bin im besonderen Friese, bin Professor, bin Deutscher, bin mit anderen Kollektiven ... nahe verbunden. Darin ist aber die Gegebenheit des Deutschseins ... so nachhaltig, daß ich mich auf

---

[14] Matthias Heyl, Von der dritten Generation gesprochen, in: Schreier/Heyl, s. Anm. 6, S. 259f. vgl. auch zur Situation 1945: Stephen Spender, Deutschland in Trümmern, Heidelberg 1995, (London 1946!), Eine Reise durch Deutschland Juli - Oktober 1945. Europa in Trümmern, Augenzeugenberichte aus den Jahren 1944 - 1948 hrsg. v. Hans-Magnus Enzenberger, Frankfurt a. M. 1990. Hannah Arendt-Heinrich Blücher, Briefe 1936 - 1968, München 1966, bes. November 1949. Juni 1951, („Die Deutschen leben von der Lebenslüge..." 14.12.49)

[15] Kohlstruck, a.a.O., S. 286.

[16] Heinz Bude, Bilanz der Nachfolge, Frankfurt a. M. 1992, S. 91.

[17] Kohlstruck, a.a.O., S. 91.

eine rational nicht mehr faßliche, ja rational zu widerlegende Weise mitverantwortlich fühle für das, was Deutsche tun und getan haben."[18]
Die Freundin aus Berlin ließ das Büchlein wieder sinken: „Sind wir viel weiter heute? Ich habe den Schülerinnen und Schülern den anderen Signal-Satz vorgelegt: 'Ich bin stolz, ein Deutscher zu sein' und dies ist eine Zusammenfassung der Äußerungen", sie reichte die Bögen herum.
„Ich bin stolz, ein Deutscher zu sein – es gibt entsetzliche Nazi-Stimmen in Kanada, aber: was ist das für ein Satz?", der kanadische Freund hatte eine belegte Stimme.
Eine neuere Studie belegt ihn als Leit-Satz des Rechtsradikalismus, allerdings unterschiedlich repräsentiert in Ost- und Westdeutschland.[19] Ostdeutsche Jugendliche stimmen bis zu 70% dem Bekenntniston zu, während westdeutsche Jugendliche nur zur Hälfte hier ihren Nationalstolz formuliert hören.[20] Der Satz ist als bekennender Gegen-Satz zu der heimlichen Überzeugung „Ich schäme mich, ein Deutscher zu sein" gedeutet worden; zum anderen als Unterscheidungssatz in der Fassung „Ich bin stolz, kein Ausländer zu sein".[21] In der Tat geben neuere Untersuchungen zu Struktur und Ausmaß des Antisemitismus in der ehemaligen DDR zu der zweiten Deutung sehr erheblichen Anlaß.[22] Die Parole hat eindeutig mit Nationalgefühl, Trennlinien, Trotzgefühlen und am Ende auch mit „Selbstzurechnungswünschen" zu tun. Die Emblem-Fassung verstärkt dies alles mit national-forschem Pathosangebot maskuliner Jugendgruppen im unverhohlenen Nationalstolz.[23]

„Selbstverständnis ist, was man hat, wenn man danach gefragt wird. Aber woher? Ich fürchte, man bereitet sich zu sehr darauf vor, danach gefragt zu werden", kommentierte der Freund aus Kanada besorgt mit einem Zitat von Hans Blumenberg. „Andere sind auf der Suche nach einem möglichen Selbstverständnis", warf die Freundin aus Berlin ein. „Ich lege Auszüge aus dem Gesprächsprotokoll vor":

Thomas: Grundsätzlich kann ich den Satz bejahen. Irgendwann muß man die Vergangenheit hinter sich lassen, aber man muß sie dennoch im Unterbewußtsein halten.

---

[18] Karl Jaspers, Die Schuldfrage. Zur politischen Haftung Deutschlands, München 1997, S. 54. Auf das umfangreiche Thema „Vergangenheitsbewältigung in DDR/Holocaust in der DDR-Geschichtsschreibung" kann hier, so aufklärend und orientierend es wäre, nicht eingegangen werden. Die wichtigste Literatur bei Kohlstruck, S. 45 - 64. Besonders prägnant: Dan Diner, Zur Ideologie des Antifaschismus, in: Erinnerung – Zur Gegenwart des Holocaust in Deutschland-West und Deutschland-Ost, hrsg. v. Bernhard Moltmann, Frankfurt a. M. 1993.
[19] Michael Kohlstruck, „Ich bin stolz, ein Deutscher zu sein", Demonstrativer Nationalstolz und Wir-Gefühle, in: Jahrbuch für Antisemitismusforschung 4, hrsg. von Wolfgang Benz, Frankfurt a. M. 1995, S. 130 - 147.
[20] Kohlstruck, a.a.O., S. 131. 143f., Anm. 6.
[21] Kohlstruck, a.a.O., S. 133.
[22] Vgl. Reinhard Wittenberg, Bernhard Prosch, Martin Abraham, Struktur und Ausmaß des Antisemitismus in der ehemaligen DDR, in: Jahrbuch für Antisemitismusforschung 4, s. Anm. 19, S. 88 - 106.
[23] Kohlstruck, a.a.O., S. 135. 145, Anm. 20 zu den Emblemformen und seinen Anbietern.

Stefan: Ja, die Deutschen sind wieder ein vernünftiges Volk. Der größte Teil duldet antisemitische Hetze nicht. Vieles ist wirklich positiv in unserem Land, z. B. die große Spendenfreudigkeit. Ausländerfeindlichkeit gibt es auch in anderen Ländern. Daß bei uns so Schreckliches –. Solingen ... – passiert ist, das ist sehr bedauerlich. Aber es gab auch so etwas wie „Wiedergutmachung": die großen Demonstrationen gegen diese Taten. Das sollte nicht vergessen werden.

Bernhard: Sollen wir auf unsere wirtschaftlichen und sozialen Erfolge stolz sein? Die Spenden haben doch oft nur eine Alibifunktion. Sollen wir stolz darauf sein, daß wir so viele Flüchtlinge aufgenommen haben? Jetzt bewegt uns doch nur die Frage: Wie werden wir z. B. die Bosnienflüchtlinge wieder los? Die Ausländerfeindlichkeit, das ist wie in den 30er Jahren. Damals waren die Juden die Sündenböcke, heute sind es die Türken.

Sina: Ich würde nie sagen, daß ich stolz bin, Deutsche zu sein. Nie. Was kann ich dafür, daß ich als Deutsche geboren wurde?

Moritz: Doch, ich kann das sagen. Man kann auch stolz sein auf etwas, was man nicht unmittelbar selbst getan hat. Zum Beispiel: Was die Deutschen wirtschaftlich erreicht haben ... wie sich Deutschland in den letzten 50 Jahren positiv entwickelt hat ... Die Amerikaner sagen, daß sie stolz sind, die Franzosen und auch die Österreicher. Das heißt nicht, ich wäre besser als andere, aber was unsere Vorfahren zur Entwicklung unseres Landes beigetragen haben, darauf kann ich stolz sein.

Amande: Natürlich würde ich einen solchen Satz nie laut sagen – zu wem auch? – aber wenn ich im Ausland bin, für längere Zeit vor allem, denke ich manchmal an Deutschland mit einem bestimmten Gefühl wie „ich bin froh Deutsche zu sein" oder „ich mag Deutschland". Ich würde aber nicht sagen: „Ich bin stolz, Deutsche zu sein."

Das Gesprächsprotokoll unter Angehörigen der „Vierten Generation" verstärkt viele Beobachtungen, die bisher zu Aspekten der Dritten Generation gemacht wurden:
Der zeitgeschichtlich dichten Bedrängnis will Thomas entkommen. „Irgendwann muß" die ständige Gegenwart der Vergangenheit schwächer werden, abnehmen, verblassen. Sie soll Geschichte werden, nicht in Vergessenheit geraten, sondern im „Unterbewußtsein" präsent bleiben. Und schon setzt die Diskussion über die „Wirkungsgeschichte" des NS ein: Der Horizont der Schoa beleuchtet viele Konflikte der deutschen Gesellschaft: Ausländerfeindlichkeit, Asylpolitik, Spendenverhalten, ökonomisches Verhalten; das geht bis zu Strukturanalogien zur NS-Zeit. Umstritten zwischen Mädchen und Jungen ist die Zugehörigkeit zur deutschen Nation als konstitutives Moment für Stolzgefühle.
Amandes Erfahrung im Schülerinnen-Austausch im Ausland bringt einen neuen Akzent: Die Identität im nichtdeutschen Kontext. In dieser Konfrontation mit ihrer Identität beginnt sie nachzudenken, nicht aber auszusprechen, welche Gefühle sie empfindet, Gefühle einer bestimmten Verbundenheit, einer ihr vorsichtig zum Bewußtsein kommenden „Nähe zur Herkunft", Amande bringt einen entscheidenden

Aspekt weiter hinzu: „ ... zu wem auch?". Gruppenvergewisserung, Wir-Gefühle, forsches Trotz-Pathos, Provokation gegenüber den Dauer-Zerknirschten – das alles fällt für sie weg angesichts des internationalen Gesprächsraumes.

Das positionelle Spektrum einer Vierten Generation ist breit: Geschichtlichkeit, Respekt vor Aufbauleistungen und demokratischer Entwicklung, Sensibilität für Kontinuitäten in Konflikten, Selbstwahrnehmung in internationaler Kommunikation. Die Heranwachsenden proben Positionen und sehen sich in weiteren geschichtlichen Zusammenhängen, üben einen distanzierten, aber nicht interesselosen Blick – „ ... die Deutschen sind wieder ein vernünftiges Volk" – und sind in allen Erwägungen sichtlich um latente Selbstklärung bemüht – Selbstklärung als Deutsche der Vierten Generation nach der Schoa.

Stefan: Nochmal zu Dir, Moritz: Ich finde es schwierig auf andere Länder hinzuweisen. Die Deutschen dürfen sich längst nicht so viel herausnehmen wie z. B. die Franzosen. Man muß das abwägen, „Stolz" hat mehrere Komponenten. Wenn man nicht stolz auf das eigene Land ist, kann man auch kein Nationalgefühl entwickeln.

Amande: Ja, das stimmt mit dem „abwägen". Es ist zwar manchmal schwierig, daß ich als Deutsche viele Worte doppelt abwägen muß – aber mir gibt das ein ganz anderes Bewußtsein. Ich sehe Deutschland recht kritisch, aber trotzdem mag ich Deutschland. Ich habe manchmal den Eindruck, daß mir diese Haltung im Ausland Vorteile gebracht hat. Ich war zum Beispiel auf Kritik vorbereitet.

Für Stefan gehören „Stolz" und Nationalgefühl zusammen. Noch ist nicht gesagt, worin und worauf „Stolz" sich gründen. Amande differenziert für sich (auch für Stefan?) ihre Verbundenheit mit Deutschland in der geschichtlich bedingten Reflektionsaufgabe, die ihr niemand abnehmen kann, weil eben unaustauschbar sie Deutsche ist. Ist sie stolz auf ihr „schwieriges" Verhältnis zu Deutschland? Zumindest nötigt es sie, reflektierende Selbstklärung vorerst nicht auszulassen. Sie erwirbt eine „anderes Bewußtsein".

Thomas: Ich bekenne mich schon dazu, was damals passiert ist. Aber ich will mich nicht immer schuldig fühlen müssen. Ich sage ja, es ist grauenhaft, was damals passiert ist. Vielleicht hätte ich etwas dagegen getan. Aber das kann ich nicht wissen.

Amande: Ich denke, wenn man von „Nationalstolz" und „Nationalgefühl" spricht, ignoriert oder verdrängt man die „Flecken auf der Weste" Deutschlands. Zumindest viele tun das. Sie können einfach den Gedanken „Holocaust" nicht in ihr sauberes, nettes, fleißiges Deutschland einbauen. Und noch ein Gedanke: Wenn man stolz ist, ist man auch inkonsequent, man vernachlässigt manches. Wenn meine kleine Schwester einen Wettbewerb gewinnt, bin ich stolz, ohne an ihre schwachen Seiten zu denken. Natürlich hinkt der Vergleich etwas, aber was ich sagen will: Stolz ist ein Momentgefühl, das „Dritte Reich" aber mit allen Schrecken ist zu weit weg für viele, um in die Erwägungen über Nationalstolz mit hineinzukommen.

Aufrichtigkeit ist ein Grundzug der Überlegungen ebenso wie das elementare Gefühl, sich nicht mehr schuldig fühlen zu wollen, zu müssen. Thomas ist illusionslos hinsichtlich seines Widerstandswillen damals, was seine Aufrichtigkeit bezeugt. Amande benennt noch einmal das Verdrängen als Harmonie-Energie. Mit „sauber, nett und fleißig" wird ihr Ton analytisch und scharf: ein Urteil über das blankgeputzte und fugenlos versiegelte Deutschland der Generationen vor ihr, was ideologisch gesehen auch für die alte DDR zuträfe[24]. Ihre Beobachtung zum Momentangefühl „Stolz" ist treffend: Der sich entfernende NS hat keine Wirkung mehr, bei Stolzgefühlen bremsend, bedenkend, zum Zögern führend, einhaltend zu wirken. So zeugen Irritationen über die Fest- und Feiertagspläne zum 9./10. November 1989 ernsthafter Politiker und ihre erst später wiederkehrende gedankliche Klarheit davon. Hier artikuliert eine Heranwachsende aus der Vierten Generation auch die Gefahr zunehmender Geschichtlichkeit des NS im Blick auf ihre Gesellschaft
Die jugendlichen Diskutanten sind bereit zu lernen, ihren Ort in der Geschichte auszufüllen, und der ist einer des Lernens in einer größeren kulturellen Tradition.

Moritz: Vielleicht habe ich mich etwas falsch ausgedrückt. Das was unsere Großeltern angerichtet haben, hat den Deutschen sehr geschadet, es war Wahnsinn. Wir aber in der zweiten oder dritten Generation, wir haben uns damit auseinandergesetzt. Wir mußten es tun wie kein anderes Land. Wir mußten es tun, um daraus zu lernen. Aber wir müssen das mit dem Stolz sagen können, damit wir auch andere Länder respektieren können.
International sagt man – das klingt jetzt vielleicht „doof", daß wir Deutsche gewisse Tugenden haben wie z. B. Fleiß und Tüchtigkeit. Und wenn ich ins Ausland reise und die Leute sagen das zu mir, dann kann ich darauf stolz sein.

Amande: Ja, vielleicht ist es doch gar nicht ungewöhnlich, auf etwas stolz zu sein, wozu man wenig oder gar nichts beigetragen hat. In diesem Sinne bin ich auch stolz auf Deutschland und würde es vielleicht so erklären, daß man Teil eines ganzen Kulturkreises ist und so auch dessen Ideale in sich hat. Dann kann man sagen, auch ich trage meinen Teil, z. B. durch Arbeit, zu dieser Kultur bei. Man muß nicht permanent frustriert sein und kann sich politisch anständig verhalten.

Moritz vertritt sehr ausgeprägt eine „junge deutsche Position", die Beobachtern „von außen" schon aufgefallen ist: James E. Young schreibt: „Nicht weniger eifrig als die Generation vor ihnen arbeiten deutsche Teenager nun genauso hart an der Errichtung von Gedenkstätten wie es ihre Eltern beim Wiederaufbau nach dem Kriege und wie es ihre Großeltern im Aufbau des 'Dritten Reiches' selbst taten". Mit kopfschüttelnder, aber sympathisierender Bewunderung beschreibt Young diese Lern-Energie in der prekären Frage: „Wie kann eine Nation sich der Ereignisse erinnern, die sie viel lieber vergessen würde?". Er schlägt vor: „In der Tat wäre das beste deutsche Gedenken ... die niemals zu beendende Debatte darüber, welche Art

---

[24] Die fugendichte Unberührtheit wird von Peter Bender pointiert benannt: „Hitler, so schien es, ist ein Westdeutscher gewesen", Peter Bender, Deutsche Parallelen, Berlin 1989, S. 48.

Erinnerung bewahrt werden müsse, wie dies zu leisten wäre und in wessen Namen und mit welchem Ziel".[25]

Young wird schon recht haben mit seiner Notiz, niemand nähme seine Erinnerungsstätten ernster als die Deutschen, doch nur „stolz" auf ihre Lernleistung sind die Heranwachsenden nicht. Der Stolz wird auch nachdenklich differenziert:

Stefan: Es gibt die Möglichkeit, stolz auf das zu sein, was man selber geschafft hat, aber auch die andere Möglichkeit, stolz auf das zu sein, was andere geschafft haben. Ich bin z. B. froh, daß ich in Deutschland geboren bin, und ich bin froh, daß ich in diesem Land lebe, und ich will dieses Land auch unterstützen. Natürlich hatten die Westdeutschen auch Glück, daß sie so weit gekommen sind. Ich will auch immer dran denken, was einmal war. Ich will das auch als Ansporn nehmen zu zeigen, daß so etwas nicht noch einmal passiert. Ich weiß, daß ich so etwas wie den Nationalsozialismus nie unterstützen werde. Es war furchtbar, auch das, was die Deutschen sich selbst angetan haben, und das, was sie anderen Ländern angetan haben und ganz besonders den Juden. Mir soll diese Erinnerung ein Ansporn sein, nie wieder soll das sein. Für mich ist „stolz" eher mit „dankbar" zu beschreiben.

Thomas: Man könnte doch auch sagen, daß Stolz und Verantwortung zusammengehören, daß man nicht stolz sein darf, wenn man sich nicht für alles, für das Schreckliche und für das Gute, mitverantwortlich zeigt.

Lehrerin: Welche Bedeutung hat der Satz „Ich bin stolz, ein Deutscher zu sein" in Ihren Freundeskreisen?

Stefan: Viele bejahen diesen Satz bestimmt, aber nie vorbehaltlos. Man kann beides sein: betroffen und stolz.

Moritz: Ich bin auf diesen Satz das erstemal in Amerika gestoßen. Alle reden da so: Wir sind stolz Amerikaner zu sein. Da habe ich das erstemal darüber nachgedacht: Warum können die so reden und warum ist das bei uns so schwierig? Es ist das erstemal, daß ich versuche, so etwas zu diskutieren. Ich wollte gerne wissen, wie meine Freunde und überhaupt Gleichaltrige darüber denken. Das hat mich interessiert.

Lehrerin: Wie fanden Sie dieses Rundgespräch?

Amande: Das war bisher kaum Thema bei uns. Für mich hatte der Satz in Deutschland noch keine Bedeutung. Ich vermute mal, daß viele Leute meiner Generation eine „normale" Einstellung zu diesem Thema haben, sie sind eben stolz ... ohne Wenn und Aber. So kann ich sie auch nicht ohne weiteres als Freunde bezeichnen.

---

[25] James E. Young, Das Dilemma der ästhetischen Auseinandersetzung mit dem Holocaust, Deutschland und USA im Vergleich, in: Hanno Loewy, Bernhard Moltmann, Erlebnis – Gedächtnis – Sinn, Frankfurt a. M. 1996, S. 79 - 99, s. S. 79ff.

Eine Stimme nach der Lektüre des Gesprächsprotokolls:

Amande: Ich glaube, es ist sehr, sehr wichtig zu lernen, anderen zuzuhören, auch unabhängig von einem konkreten Problem. Wenn ich diesen Text jetzt lese, habe ich auch das Gefühl, wir sind zu wenig aufeinander eingegangen. Wir hätten noch stärker Meinungen und Argumente der anderen in unsere Betrachtungen einbeziehen sollen. Ignoranz und Desinteresse darf es in solchen Gesprächsrunden nicht geben.

Gesprächsprotokoll: Ingrid Schmidt, Berlin, 2. Semester Ev. Religionsunterricht, März 1996

Weiterarbeit mit dem Gesprächsprotokoll:

Hier ist besonders an einen unterrichtlichen Zusammenhang zu denken, wie er sich anbietet anläßlich von Gedenktagen, aber auch im thematischen Kontext: Behandlung des NS. Die Situation der Unterrichtsgruppe müßte den Unterrichtenden gut bewußt sein.

mündlich:

- Erste Aneignung in stiller Lektüre
- Vertiefte Aneignung in szenischer Lesung mit verteilten Rollen, durchaus „inszenierend" gelesen, nicht nur „vorgelesen"
- Erstes Arbeiten an den Positionen von Thomas, Stefan, Moritz und Amande
- Eigene Fortführung der Diskussion allein nach dem Eingangsstatement von Thomas
- Fortführung der Diskussion nach dem ersten Durchgang bis Amande
- Erarbeiten unterschiedlicher Dimensionen von „Stolz"
- Den „Lern-Leistungs-Stolz" zur Diskussion stellen
- Konfrontation mit deutscher Herkunft in nicht-deutscher Umgebung (Ferien, Studienreisen, Begegnungen) problematisieren
- Eigene Erfahrungen mit rechtsradikalen Jugendlichen
- Unterrschiedliche Argumentier- und Sichtweisen von Mädchen und Jungen entdecken, prüfen, beurteilen
- „Schuld – Diskussion" – Wenn nicht „Schuld", aber Geschichte bleibt, was dann?

schriftlich:

- Reportage einer jugendpolitischen Talk-Show mit charakteristischen „Live"-Ausschnitten/Zitaten – ein Zeitungsbericht von einem „Runden Tisch" in der jugendpolitischen „Szene"
- Brief an ...Zustimmung/Kritik/Anfragen/Fortführung
- Tagebuchnotiz: Was ich für mich selbst noch klären muß ...
- Ich finde mich am besten vertreten in den Beiträgen von ... überhaupt nicht in den Beiträgen von ...

- Für viel wichtiger halte ich die Diskussion über ..., was hier gar nicht zur Sprache kam!
- In einem Gespräch mit türkischen/... Jugendlichen sollten wir einmal reden über ... Themenvorschläge
- Unbedingt müßte hierüber geredet werden in den Fächern, ..., bei Frau ..., Herrn ... (anonym)
- Interpretation der Geburtsanzeige im Klemperer-Text, eventuell als Gesprächseröffnung

III

Der Freund aus Kanada und die Freundin aus Berlin legten die Papiere aus der Hand. „Wenn ich nur wüßte, was an diesem Satz mich so nervös macht?", sagte er. „Und was mich so beunruhigt?", fügte sie hinzu.
„Die Schülerinnen und Schüler sind nachdenklich", sagte ebenfalls nachdenklich die Freundin aus Berlin, „doch der Satz selbst ist so vordrängerisch, so unaufgefordert bekennend, selbstdarstellend, ungebeten aufdringlich!"
„Ein Autor aus meiner Nähe nennt das die 'Tyrannei der Intimität'"[26], nahm der kanadische Freund den Faden auf. „Dieser Drang nach Offenheit und Nähe im bekanntgegebenen subjektiven Gefühl verrät den Wunsch nach Stabilität, nach Ruhe, Sicherheit und Dauerhaftigkeit. Die Welt wird so unpersönlich, so leer, so unübersichtlich, so kalt, daß dies die letzten, ja expressiv-tyrannischen Versuche sind, Nähe, Überzeugung, Bekenntnis zu suggerieren. 'Stolz, ein Deutscher zu sein', schafft das nicht einverständige Gemeinschaft? Teilhabe an einer gemeinsamen kollektiven Identität?" Unser Freund blickte fragend. „Und dennoch bekomme ich eine Gänsehaut bei dieser Form von 'tyrannischer Intimität'", wehrte sich die Freundin aus Berlin. „Dann wird ja die Herstellung von Zusammengehörigkeit zum Selbstzweck! Dann wird sie jeden ausschließen, der nicht dazugehört! Und an der Veränderung von gesellschaftlichen Konflikten wird sie überhaupt nicht mehr arbeiten!" Sie folgte ihren eigenen Gedanken.
Und die Vergangenheit? Wird sie so entlassen, wie ein Satz Nietzsches es vorhersah:
„Das habe ich getan", sagt mein Gedächtnis. „Das kann ich nicht getan haben" – sagt mein Stolz und bleibt unerbittlich. Endlich – gibt das Gedächtnis nach".[27]
Und wieder geriet unser Gespräch in ein schwieriges Gelände ...

---

[26] Richard Sennett, Verfall und Ende des öffentlichen Lebens. Die Tyrannei der Intimität, Frankfurt a.M. 1987, S. 329 ff.
[27] Friedrich Nietzsche, Jenseits von Gut und Böse, Sämtliche Werke Bd. V, München 1980, Nr. 68, S. 86.

Wenn Gefühle die Wahrnehmung beherrschen: Deutsche, Israelis und Palästinenser
Unterrichtliche Ideen zu einer der Erinnerung an die Schoa verpflichteten Wahrnehmung des israelisch-palästinensischen Konflikts

Albrecht Lohrbächer

I These:

Ein anderer (meist unbewußter) Versuch, der Notwendigkeit des Erinnerns zu entgehen, ist die Konstellation „Opfer der Opfer". Erwachsene und Jugendliche ziehen aus der Wahrnehmung israelischer Politik gegenüber Palästinensern oft nur den Deutsche scheinbar entlastenden Schluß: Jetzt sind die 'Opfer' zu 'Tätern' geworden. Viele Maßnahmen israelischer Politik gegenüber den Palästinensern werden so bewertet, daß damit 'die Juden' keine 'Opfer' mehr sind, die es wegen der Verbrechen von Deutschen an den Juden zu 'bemitleiden' gilt, sondern, daß sie durchaus auch sich auf Machtpolitik und damit einhergehend auf Diskriminierung und Unrecht gegenüber Unschuldigen verstehen. So kann man endlich sein schlechtes Gewissen gegenüber den 'jüdischen Opfern' loswerden und die 'Last der Schuld' vergessen. Folgerichtig fügt sich diesem eine weitere Entlastung hinzu, wenn man sich mit dem Schicksal der scheinbar unschuldigen Palästinenser identifiziert. So erlebt man dann die Entschuldung verstärkt: Die Palästinenser erscheinen dann als die „verfolgten Juden von heute", darum muß man sich mit ihnen gegen Juden, zumindest aber gegen Israel verbünden. Solcher 'Anti-Zionismus' prägt sehr viele Menschen aus allen politischen, weltanschaulichen und gesellschaftlichen Lagern. Kaum ein Thema verbindet Menschen unterschiedlicher Überzeugung stärker. An dieser Sicht haben die meisten Medien in Deutschland durch die Art und die Häufigkeit der Präsentation von Berichten über den israelisch-palästinensischen Konflikt einen wesentlichen Anteil.[1]

Es fehlt in Deutschland (und nicht nur hier) ein Grundwissen über die Bedeutung des Landes Israel im Judentum, ein Wissen über die Geschichte des arabisch-jüdischen Konflikts in den vergangenen 120 Jahren, über die Geschichte der Palästinenser, über die arabische Gesellschaftsstruktur, über die Rolle der Christen im Nahen Osten und über die Ängste und Mentalitäten beider Konfliktparteien. Erinnern/Gedenken kann nur verantwortlich geschehen, wenn sich in der Wahrnehmung dieser Themen Wesentliches ändert, also die Bereitschaft wächst, sich um Differenzierung zu bemühen.

---

[1] Vgl. dazu in diesem Buch: Emanuel Hurwitz, Anti-Zionismus – ein neuer Antisemitismus?, S. 68ff.

II Beobachtungen und Aufgaben im pädagogischen Bereich

Mit erschreckender Zielsicherheit steuern Gespräche über die Schoa sowohl bei jungen wie auch bei älteren Menschen immer wieder auf die oben beschriebenen Entlastungsargumente zu. Beim Thema 'Erinnerung' kann man sich meist noch schnell auf die Notwendigkeit einigen, gegen Antisemitismus vorzugehen. Doch endet der Konsens rasch beim Thema „Staat Israel". Nichtjuden erlauben sich in schlimmer Fortsetzung antisemitischer Tradition – meist unbewußt –, ihre eigene Definition von Judesein vorzunehmen und dazu gehört auf keinen Fall die „Doppelmitgliedschaft", also Zugehörigkeit zu einer Religion *und* zu einem Volk, das wiederum mit einem Land verbunden ist. Auf diese Weise kann man sich gegen Juden (und deren Politik in Israel) stellen, ohne in den Verdacht zu geraten, judenfeindlich zu sein. Lange Zeit waren Juden – als 'Opfer' des Naziregimes – Menschen, mit denen man Mitleid hatte, doch es ist kaum erträglich, wenn sie diese Rolle nicht mehr innehaben, sondern selbständig handeln, anders, als dies nach Meinung der 'Täter' bzw. deren Kinder und Kindeskinder ihnen als 'Opfern' zukommt. Der Schweizer Therapeut Emanuel Hurwitz sieht zu Recht dieses Verhalten durch die Abwehr von Schuldgefühlen bestimmt:

„Diese Wechselbäder von Liebe und Haß zeigen, wie sehr die Beziehung der nichtjüdischen Umwelt zu 'ihren' Juden von Schuldgefühlen und deren Abwehr geprägt ist"; zur Darstellung dieser Sicht und deren Begründung siehe Teil I: „Anti-Zionismus – ein neuer Antisemitismus?"

Die vorstehende Analyse mag vielleicht noch vielen einleuchten, doch wie reagiere ich konkret, wenn junge (und ältere) Leute so argumentieren? *Kann man so tief sitzende Gefühle, solche kollektiven Abwehrmechanismen ohne Psychoanalyse/Psychotherapie durch Aufklärung auflösen?* Machen es einem die Israelis mit ihrer Politik den Palästinensern gegenüber nicht auch noch schwer, sich zu solidarisieren? Ist es dann nicht wie eine Erlösung, in die 'Mitleidsfalle' laufen zu können, indem die Palästinenser idealisiert werden und darum jetzt die bemitleidenswerten Opfer sind und die Israelis die Bösen? Auf diese Weise kommt die Gefühlswelt wieder in Ordnung.

Nun hat pädagogisches Handeln immer auch mit Verdrängung, mit Schuldgefühlen, mit Übertragung von Gefühlen zu tun. Und dennoch geschieht es und die Lehrer werden nicht zu Analytikern oder Therapeuten ausgebildet. Ein guter Lernprozeß zwischen Lehrern und Schülern ist auch auf der Ebene der kognitiven Vermittlung nicht unwirksam, vor allem dann nicht, wenn die menschlichen Beziehungen zwischen den am Lernprozeß Beteiligten nicht unbeachtet bleiben, wenn also Orientierung am Lehrer/an der Lehrerin prägende Wirkung hat. In einer solchen Beziehung kann dann auch Aufklärung über Sachverhalte seine befreiende Wirkung entfalten!

Was muß gelernt werden?

Das eine – unsere Verantwortung für die Schoa – kann mit dem Verhalten anderer nicht aufgerechnet werden, es hat nichts miteinander zu tun – auch wenn immer wieder uns eingeredet wird, daß durch die Schoa der palästinensisch-israelische Konflikt erst ausgelöst worden ist. Historische Kenntnisse können hier abhelfen:

Differenzierende Wahrnehmung

- der nie unterbrochenen jüdischen Geschichte im Lande Israel wie auch
- der arabischen Bindung an das Land, der Geschichte der zionistischen Bewegung,
- der Geschichte der europäischen Interessen und Einflüsse im Nahen Osten seit dem 19. Jahrhundert,
- der Ereignisse um die Staatsgründung Israels,
- des Verlaufs des 50jährigen Kampfes dieses Staates um Existenz und Sicherheit,
- der unterschiedlichen jüdischen Gruppen und Parteien im Staat Israel,
- der Geschichte der Palästinenser und ihrer unterschiedlichen Interessen und Gruppierungen,
- der Interessen, Strukturen und Entwicklungen der arabischen Nachbarn und schließlich
- der politischen wie der gesellschaftlichen Unterschiede zwischen den Staaten und ihren Menschen im Nahen Osten

All dies zu kennen ist erforderlich, um annäherungsweise zu einem verantwortbaren Urteil zu kommen.

Natürlich kann dies ein Programm für ein längeres Studium sein. Doch soll es zuerst einmal verdeutlichen, daß wir Europäer in der Regel viel zu wenig wissen und uns dennoch mit Urteilen und Ratschlägen ständig einzumischen versuchen, als ob wir es (dazu mit unserer Geschichte im Hintergrund) besser könnten oder je gemacht hätten. *Was not tut, ist also äußerste Zurückhaltung im Urteil bzw. die Offenheit, sich immer wieder lernend dem Thema Israel-Palästina zu nähern.*

Warum soll man sich dann überhaupt damit beschäftigen, statt den Fachleuten das Feld zu überlassen?

Einmal sind auch diese oft vorurteilsgeprägt, zum anderen wirkt sich die verbreitete Unkenntnis im politischen Handeln der Europäer nicht selten für alle Beteiligten negativ aus. Wenn zum dritten die Annahme stimmt, daß die Opfer-Täter-Problematik die Identitätsfindung heutiger junger Menschen noch mitbestimmt, dann kann auch in der Schule und in Angeboten der außerschulischen Bildung das Thema nicht ausgeklammert bleiben. Es muß jedoch festgestellt werden, daß dies bis jetzt weitgehend der Fall ist! Es gibt praktisch kaum unterrichtliche Hilfen zur Thematik, was die aufgezeigte Problematik nur bestätigt!

III Unterrichtliche Ideen und Materialien

Im folgenden sollen einzelne unterrichtliche Ansätze und erreichbare Materialien benannt werden. Es handelt sich nicht um ein vollständiges Programm, sondern um eine denkbare Annäherung an die beschriebenen Ziele:

A Grundlegende Texte, Materialien und Informationen in:

- Kontrovers – Der israelisch-arabische Konflikt (Quellentexte und hinführende Informationen zu: Geschichte des Zionismus/des Staates Israel/die PLO und Hamas/Positionen der arabischen Staaten/Friedensinitiativen, dazu gute tabellarische Übersichten und Karten u.a.). Erhältlich bei:

- Franzis-Druck, Postfach 20 07 54, 80045 München (mit Stempel einer Erziehungseinrichtung kostenlos); im folgenden: Kontrovers

- Dort ist auch das nach wie vor nützliche Heft 141 der „Informationen zur politischen Bildung": „Der Staat Israel" verfügbar (für Interessierte kostenlos erhältlich). Inhalte: Vorgeschichte und Geschichte der Staatsgründung/Gesellschaft/politisches System/Wirtschaft/Nahostkonflikt; im folgenden: Informationen

- Sehr informative Materialien sind bei der Botschaft Israels in Bonn zu erhalten:

- Botschaft Israels, Simrockallee 2, 53173 Bonn, Fax: 0228/361916;

- Ein preiswertes Nachschlagewerk ist im Hänssler-Verlag, Stuttgart, zu erwerben:

- Israel von A - Z, Daten, Fakten, Hintergründe; im folgenden: Israel von A - Z

- Michael Krupp, Die Geschichte der Juden im Land Israel, Gütersloher TB 765, Gütersloh 1993

- (Besonders wesentlich für die Erkenntnis, wie wichtig das Land in der jüdischen Tradition ist und wie sehr Juden im Land und in der Diaspora mit dem Land durch die Jahrhunderte verbunden blieben!); im folgenden: Krupp, Geschichte

- Michael Krupp, Zionismus und Staat Israel – Ein geschichtlicher Abriß, Gütersloh 1983, mehrere Auflagen als Gütersloher TB 1070; im folgenden: Krupp, Zionismus

- Albrecht Lohrbächer (Hg.), Was Christen vom Judentum lernen können, Freiburg 1997[5]; im folgenden: Lohrbächer, Was Christen s.u.

- Filme: Schulfernsehen Südwest 3 Israel – Land der Einwanderer/Zusammenleben: Juden und Araber/Leben im Kibbuz/Holocaust-Gedenkstätte Yad Vashem, Januar/Februar 1998, als Kopien erhältlich bei: Landesbildstelle Baden, Rastatter Str. 25, 76199 Karlsruhe (vier Filme)

Zu den Filmen ist unterrichtliches Arbeitsmaterial in Heft 3, Schulfernsehen Südwest 3, 1997/98 veröffentlicht; erhältlich bei: Schulfernsehen Südwest 3, Hans-Bredow-Str., 76530 Baden-Baden

B Zum gesamten Thema:

Unterrichtliche Skizze : Israel-Zion: Land der Hoffnung, Land der Verheißung,
in: Lohrbächer, Was Christen

C Wichtige Voraussetzung zur Behandlung des Themas: Jüdisches Selbstverständnis kennen

Aspekte:

„Doppelmitgliedschaft"/Rolle des Landes Israel in Tora und Talmud sowie in der jüdischen Geschichte gerade nach der Vertreibung durch die Römer 70 bzw. 135 u.Z./Verbundensein der Juden mit dem Land über die Kette der Generationen hinweg bis zu Abraham

Medien:

Jüdische Geschichte in Deutschland – Spurensuche in Worms: Beispiel Meir von Rothenburg (Kap.II) – Rede von Ezer Weizman im Bundestag: Kap I – Lohrbächer, Was Christen (S. 73ff; S. 154ff) – Krupp, Geschichte

D Einstiegsideen:

Aspekt: Täter-Opfer-Problematik

Gespräch über Eingangsthese dieses Kapitels (in Zusammenhang mit den Erfahrungen von Emanuel Hurwitz/Text in Kapitel I) oder: Textauszug aus Henryk M. Broder, **M1**
Beiden Autoren geht es um die zu Eingang beschriebene Opfer-Täter-Problematik, wobei H. Broder sehr provokant formuliert, darum dürfte der Text erst einmal auf starke emotionale Abwehr stoßen.

Ziel:

Die Voreinstellungen der am Lernprozeß Beteiligten in ihrem historischen und psychologischen Kontext wahrnehmen

Aspekt: Jüdisches Selbstverständnis

s.o. unter: Jüdisches Selbstverständnis kennen

Aspekt: Projekte, die als Basisbewegungen Friedensarbeit leisten

Kaum jemand kennt in Europa die weit mehr als 300 Organisationen und Institutionen[2], die z.T. schon Jahrzehnte auf israelischer Seite und in den letzten Jahren zunehmend auch auf palästinensischer Seite um Koexistenz, um Begegnung und um besseres Verstehen zwischen Juden und Arabern sich bemühen. Ihre Bemühungen sind mühsam, weil erst einmal viel Mißtrauen abgebaut werden muß, doch sie haben die Chance, eine wirkliche Veränderung auf längere Sicht zu bewirken; vor allem haben ihre Aktivisten in den Krisenzeiten der vergangenen 10 Jahre die Verbindungen gehalten, wenn auf politischer Ebene nichts mehr ging. Daß all diese

---

[2] 1992 wurde in den USA ein beeindruckendes Buch mit einer Beschreibung all dieser Aktivitäten veröffentlicht: The Abraham Fund Directory of Institutions and Organizations Fostering Coexistence Between Jews and Arabs in Israel, New York 1992 (The Abraham Fund, 477 Madison Ave. New York, N.Y. 10022, ISBN 0-9629529-0-7)

Bemühungen in Europa allenfalls von den kleinen Unterstützerkreisen wahrgenommen werden, bestätigt möglicherweise die oben in der Eingangsthese beschriebene Gefühlslage. Solche Aktivitäten passen nicht in das Täter-Opfer-Schema. Um so mehr muß pädagogisches Bemühen gegen den herrschenden Wahrnehmungstrend Alternativen bekannt machen. Sie eignen sich dazu auch, jungen Menschen gegen die verbreitete Meinung, man könne gegen mächtige Entwicklungen doch nichts ausrichten, ermutigende Beispiele zur Identifizierung anzubieten. Die in *M2* genannten Beispiele eignen sich besonders auch für Schülerarbeiten (Projekte/Referate); weitere Beispiele können bei der dort genannten Adresse erfragt werden.

Ziele:

Die große Zahl der weltlichen *und* religiösen Friedensgruppen wahrnehmen, ihre Positionen und Aktivitäten an mindestens zwei Beispielen kennenlernen und so ein differenzierteres Bild der Israelis und Palästinenser gewinnen;
Möglichkeiten erforschen, inwiefern Deutsche sich für solche Gruppen engagieren und damit indirekt für den Frieden einsetzen können.

Medien:

M2 und *M3* und Film: Schulfernsehen Südwest 3: Israel – Zusammenleben: Juden und Araber, Januar 1998 (4281957)

E Aus der Geschichte Einsichten gewinnen – ein Minimalprogramm:

a) Der Zionismus

Aspekte:

Der Zionismus hat wenigstens zwei wichtige Wurzeln, eine religiöse: Immer lebten seit der Vertreibung durch die Römer Juden im Lande, in Israel entstanden in den Jahrhunderten der Diaspora z.B. der palästinensische Talmud (5. Jahrhundert in Tiberias) oder in Safed die jüdische Mystik sowie das grundlegende Gesetzbuch 'Schulchan Aruch' (ca. 1500). In allen Jahrhunderten gab es nennenswerte Rückkehrbewegungen nach dem in Gebeten und Festliturgien ersehnten 'Zion'. Die zweite wichtige Wurzel des Zionismus ist die im 19. Jahrhundert bestimmend gewordene 'säkulare', der es wesentlich um die Befreiung des jüdischen Volkes von Antisemitismus geht (z.B. Theodor Herzl).
Der Zionismus beider Prägungen war jedenfalls (und ist es z.T. bis heute) der tragende Grund für die Entstehung und den Bestand des Staates Israel.

Medien:

s. o. unter: „Jüdisches Selbstverständnis"
Informationen
Unabhängigkeitserklärung des Staates Israel (in: Kontrovers) – an ihr lassen sich beide Wurzeln erarbeiten); außerdem: Beispiele zum jüdischen Selbstverständnis s.o.unter 'Einstiegsideen'
Krupp, Zionismus und Krupp, Geschichte

Was ist Zionismus? Gute Dokumentation in: Die Denkschriften der EKD, Gütersloher TB 414, Bd. 1.2, Gütersloh 1978

Roland Gradwohl u.a., Grundkurs Judentum, Stuttgart 1998, darin: Karten, Tabellen und Informationen, z.T. für den Unterricht aufbereitet, Aspekte: „Jüdische Präsenz in Palästina/Israel" (durch die Jahrhunderte hindurch); die 6 Einwanderungswellen; Erinnerungsstätten der Juden

Film: Der Kampf um das Heilige Land – Der Weg in die Teilung, VHS-Dokumentation, FWU, München 1992 (Staatliche Bildstellen)

Schulfernsehen Südwest 3 Israel – Land der Einwanderer, Januar 1998 (4281956)

b) Rolle der Europäer – der/unser europäische(r) Anteil am Konflikt

Aspekte:

Der säkulare Zionismus, also die Einsicht Theodor Herzls: Juden haben „überall ehrlich versucht, in der uns umgebenden Volksgemeinschaft unterzugehen und nur den Glauben unserer Väter zu bewahren. Man läßt es nicht zu." – diese Einsicht ist in Europa entstanden! Die darauf basierende Einwanderung der Juden traf in Palästina z. T. auf besiedeltes Land und auf einen erwachenden arabischen Nationalismus. Hier lag ein wichtiger Grund für Konflikte.

Europäer (Briten) waren es, die den Juden in der Balfour-Deklaration Juden 1917 die „Schaffung einer nationalen Heimstätte in Palästina" zugesagt haben, wobei sie zugleich auch den Arabern das Ende der türkischen Herrschaft und die Errichtung eines arabischen Nationalstaates in Aussicht gestellt haben. Dieses doppelte Spiel ist ein weiterer Grund für den Konflikt.

Mit der Übernahme des Völkerbundmandats 1920/1922 durch die Briten wurde ihnen der Auftrag erteilt, für „die Errichtung einer nationalen Heimstätte für das jüdische Volk in Palästina" „verantwortlich" zu sein. Stattdessen teilten die Briten umgehend Palästina in zwei administrative Teile mit einer Grenzlinie, die am Verlauf des Jordans, am Toten Meer und am „Großen Graben" entlang bis zum Roten Meer verlief, östlich davon übertrugen sie die Verwaltung dem arabischen Geschlecht der Haschemiten, aus dem das heutige jordanische Königshaus stammt. Für den restlichen westlichen Teil (22% des Gesamtgebiets) übernahmen sie selbst die Verantwortung, nur für diesen Teil konnte dann noch der Auftrag, eine „nationale Heimstätte" für die Juden zu errichten, in Frage kommen. Daß auch dieser am Ende 1947/48 zwischen Arabern und Juden so geteilt wurde, als stünde der andere Teil gar nicht mehr zur Verfügung, anders gesagt, daß dieser westliche Bereich nur zu einem kleineren Teil für den neuen jüdischen Staat zur Verfügung stand, zeigt die massive Einflußnahme europäischer Mächte. Dieser Politik entsprechend entließen die Briten 1946 den größeren Teil, Tranjordanien, in die Unabhängigkeit, das arabisch-jordanische Königreich entstand.

Medien:

Balfour-Deklaration sowie Materialien in: Kontrovers und Informationen

Filme: Der Kampf um das Heilige Land – Der Weg in die Teilung, VHS-Dokumentation, FWU, München 1992 (Staatliche Bildstellen)

Schulfernsehen Südwest 3 Israel – Land der Einwanderer, Januar 1998 (4281956)

c) Der Staat Israel und die israelische Gesellschaft

Aspekte:
Entstehung des Staates Israel, die Rolle der UN, der Unabhängigkeitskrieg, der Bevölkerungsaustausch in den Fluchtbewegungen von Israel weg und aus den arabischen Ländern nach Israel, die israelische Demokratie inmitten autoritärer und diktatorischer Staaten; die Vielfalt der Gruppen und Strömungen unter den jüdischen Israelis; der 50jährige Kampf um gesicherte Grenzen; Friedensinitiativen, staatliche und solche von Nicht-Regierungsorganisationen; die Prägung der Menschen durch das Trauma der Schoa/die Bedeutung von Yad Vashem.

Herauszuarbeiten ist im besonderen,
- daß der Staat Israel 1947/48 von allen maßgebenden Ländern der Völkergemeinschaft, auch von der Sowjetunion, gewollt war;
- daß die Erfahrungen aus der Schoa durchgängig das politische und gesellschaftliche Handeln prägen (Ängste, Sicherheitsbedürfnis, nicht noch einmal wehrlos der Vernichtung preisgegeben...);
- daß Israel 1948 mit seiner Unabhängigkeitserklärung trotz schlechter Ausgangsbedingungen (s. Zuschnitt des von der UNO vorgesehenen Staatsgebiets) zum Frieden bereit war;
- daß die Araber von vornherein und bedingungslos dagegen waren (Der Generalsekretär der arabischen Liga, Azzam Pascha, drohte mit Blick auf den arabischen Widerstand gegen den Teilungsplan der UNO: „Es wird ein Ausrottungskrieg und ein gewaltiges Blutbad sein, von dem man einst sprechen wird wie von den Blutbädern der Mongolen und der Kreuzzüge");
- daß die Fluchtbewegungen von Juden aus arabischen Ländern (ca. 800 000) und von Arabern aus dem Gebiet des neuen Staates Israel (ca. 590 000) ein sicher in fast allen Einzelfällen schmerzlicher Vorgang war, aber geschichtlich als 'Bevölkerungsaustausch' anzusehen ist;
- daß eine intensive Integrationspolitik für die Flüchtlinge in Israel sehr erfolgreich war, aber kaum ein ähnlicher Versuch in den aufnehmenden arabischen Ländern festzustellen ist, was auf Dauer dort zu einer Radikalisierung der in Lagern zusammengepferchten Flüchtlinge führte (Entstehung von Terror mit den bis heute spürbaren Folgen);
- daß der Staat Israel eine Völker- und Traditionsvielfalt (alle Hautfarben, große Zivilisationsunterschiede, die unterschiedlichsten religiösen Traditionen) aufweist wie kaum ein anderer Staat dieser Welt und ständig in der Aufnahme neuer Einwanderer (z.B. in den letzten Jahren aus der früheren Sowjetunion oder aus Äthiopien) eine für einen kleinen Staat kaum vorstellbare Integration leistet;
- daß die arabischen Bürger Israels vor dem Gesetz gleichberechtigt sind (Ausnahme: Miliärdienst ist nicht möglich);
- daß Israel eine funktionierende Demokratie mit klarer Gewaltenteilung im Gegensatz zu allen Nachbarstaaten ist;
- daß entgegen aller anders lautenden Wahrnehmung in Europa Israel seit seinem Bestehen prinzipiell und tatsächlich bedroht war und ist, dafür sind die Kriege seit 1948 und die Grundsatzerklärungen der PLO, der Hamas-Bewegung (s. unter d), aber auch die grundsätzliche Feindschaft Irans und Iraks ein Beleg.

Medien:

zum ganzen: Kontrovers und: Materialien, die die Botschaft des Staates Israel kostenlos zur Verfügung stellt; Israel von A - Z (Gesellschaft und staatliche Struktur); Lohrbächer, Was Christen (Vielfalt)
Filme: Der Kampf um das Heilige Land – Teil 1: Der Weg in die Teilung; Teil 2: Mit der Schärfe des Schwertes, Teil 3: Auf der Suche nach Frieden (bis zur Madrider Friedenskonferenz 1991),
VHS-Dokumentation, FWU, München 1992 (Staatliche Bildstellen)
Schulfernsehen Südwest 3, Israel – Land der Einwanderer, Januar 1998 (4281956)
Schulfernsehen Südwest 3, Israel – Leben im Kibbuz, Februar 1998 (4281958)
Schulfernsehen Südwest 3, Israel – Holocaust-Gedenkstätte Yad Vashem, Februar 1998 (4281959)

d) Positionen der arabischen Staaten und der Palästinenser (PLO und Hamas)

Aspekte:

Die PLO ist eine breit gefächerte Dachorganisation ideologisch sehr unterschiedlicher palästinensischer Gruppen. Auch wenn die PLO in den Osloer Verträgen sich klar zum Existenzrecht Israels bekannt hat, ist ihr grundlegendes Manifest von 1968 noch unverändert; es stellt u.a. fest, daß das ganze Palästina, also auch das heutige Staatsgebiet Israels, eine geschlossene regionale Einheit und Bestandteil der Arabischen Nation ist. Nur Juden, die bis zum Beginn der „zionistischen Invasion" (ca. 1880; manchmal auch 1917: 'Balfour') in Palästina lebten, haben dort ein Bürgerrecht. Die „Befreiung Palästinas" ist eine nationale Pflicht, also ist auch die Gründung des Staates Israel „null und nichtig".
Die islamische Widerstandsbewegung Hamas erklärt u.a. in ihrer 1989 verabschiedeten Charta: „Die Islamische Widerstandsbewegung ist ein Glied in der Kette des Heiligen Krieges gegen die zionistische Invasion... Die Preisgabe eines Teils von Palästina ist wie die Preisgabe eines Teils der Religion.... Für das palästinensische Problem gibt es keine Lösung außer dem Heiligen Krieg...".
Die Positionen der arabischen Nachbarstaaten Israel gegenüber sind deutlich unterschieden, mit Jordanien bestehen seit dem Friedensvertrag von 1994 enge politische und vor allem wirtschaftliche Beziehungen. Dabei hat zwar Jordanien die Option auf „Westjordanland" an die Palästinenser abgegeben, doch es ist ein offenes Geheimnis, daß das jordanische Interesse an einer Konförderation mit den Westgebieten groß bleibt. Ein selbständiger palästinensischer Staat ist nicht ernsthaft im Kalkül der Jordanier, die durchaus sich schon in einem palästinensischen Staat lebend betrachten können, da die Mehrheit der Staatsbürger palästinensisch ist. Lockerer sind die Beziehungen mit Ägypten, mit dem seit 1979 ein Friedensvertrag besteht. Doch muß man bei beiden Ländern mit der Tatsache rechnen, daß die jeweiligen Vertragspartner autoritäre Regimes sind, deren Bestand nicht durch demokratisch gewählte Körperschaften garantiert ist. Wieweit nachfolgende Herrscher die Verpflichtungen aus den Verträgen übernehmen werden, ist ungewiß, weil in diesen Ländern starke gegen Israel gerichtete Kräfte wirken.
In diesen Zusammenhang gehört auch die Geschichte der arabischen Flüchtlinge, die sowohl bei der Entstehung der innerpalästinensischen Positionen wie auch in

der Entwicklung der Beziehungen arabischer Staaten zu Israel eine große Rolle gespielt haben und z. T. noch spielen. Auch ist bislang die Frage der Rückkehr der über die ganze Welt verstreuten Flüchtlinge ungeklärt.

Medien:

zum ganzen: Kontrovers;

Der Friedensprozeß im Nahen Osten – Ein Überblick; erhältlich bei: Botschaft des Staates Israel

Zum Flüchtlingsproblem: Kontrovers sowie *M4,1*; *M4,2*;

Filme: Der Kampf um das Heilige Land – Teil 2: Mit der Schärfe des Schwertes, Teil 3: Auf der Suche nach Frieden (bis zur Madrider Friedenskonferenz 1991), VHS-Dokumentation, FWU, München 1992 (Staatliche Bildstellen)

e) Die Bedeutung Jerusalems für Juden und Christen sowie Muslime/ Araber/Palästinenser

Aspekte:

Die unterschiedlichen Traditionen der drei monotheistischen Religionen in ihrem Bezug auf Jerusalem: Zion für Juden (s.o. unter a); messianische Erwartungen in Zusammenhang mit Jerusalem bei Juden und Christen; die Stadt von Kreuz und Auferstehung Jesu; die Bedeutung von Al-Kuds in der Offenbarung an Mohammed

Medien:

M5; Roland Gradwohl u.a., Grundkurs Judentum, Stuttgart 1998; Filme s. o.

f) Der Friedensprozeß: Camp David (1978), Madrid (1991) und Oslo/Washington (1991 - 1993); Friedensverträge mit Ägypten (1979) und Jordanien (1995)

Aspekte:

Camp David/Friedensvertrag mit Ägypten: Die wichtigste arabische Macht überwindet unter der Initiative Sadats um des Friedens willen alle Vorbehalte, Ministerpräsident Begin ist für Frieden bereit, Land zu räumen, das wirtschaftlich und strategisch für Israel wichtig war.

Oslo/Washington: Rabin und Arafat überwinden ihre tiefe Gegnerschaft mit dem vernünftigen Prinzip „Land gegen Frieden"; trotzdem wird in dieser Phase Israel von der schlimmsten Terrorwelle heimgesucht; zusätzlich werden mit der Ermordung Rabins die tiefen Gräber in der israelischen Gesellschaft, die nicht unbedingt die zwischen weniger oder mehr religiös eingestellten Menschen verlaufen, sichtbar (siehe oben „Friedensgruppen"). Auch die palästinensische Behörde unter Arafat schafft es nicht, die tiefen Gräben in der palästinensischen Gesellschaft zu beseitigen. Beide Seiten (Arafat und Netanjahu) halten sich nicht an wesentliche Aspekte der Oslo-Verträge. Der Frieden mit Jordanien führt zu einer intensiven Zusammenarbeit auf vielen Gebieten, anders als der mit Ägypten.

Medien:

Wichtig: Botschaft des Staates Israel (kostenlos): Hintergrundinformationen zum „Friedensprozeß im Nahen Osten"; Karten zur geographischen Lage Israels und zu den Sicherheitsdimensionen des Staates Israel;

Roland Gradwohl u.a., Grundkurs Judentum, Stuttgart 1998, darin: Karte zur Geschichte der Aufteilung Israels zwischen Juden und Palästinensern 1949 - 1994

M1 Das deutsch-jüdische Patientenkollektiv

Vor etwa zwanzig Jahren lernte ich eine junge, politisch aktive Frau kennen, die gerade das Tagebuch der Anne Frank gelesen hatte und entsprechend „erschüttert" war. Das Schicksal des Amsterdamer Mädchens ließ ihr keine Ruhe, bis sie eines Tages beschloß, einen Teil der deutschen Schuld abzuarbeiten, im wahrsten Sinne des Wortes abzuarbeiten. Sie fuhr nach Israel und half ein paar Wochen lang in einem Kibbuz bei der Orangenernte. In dieser Zeit machte sie die unvermeidliche Erfahrung, daß Juden ganz normale Wesen sind. Sie hatte erwartet, Heilige zu treffen, die durch die Verfolgung geadelt worden waren. Und sie begegnete Menschen, die sich bei Tisch schlecht benahmen, ihr im vollbesetzten Bus zu nahe kamen und vom Leben im Kollektiv weniger begeistert waren als die aus Europa angereisten Erntehelfer. Die schlechte Behandlung der Palästinenser durch die Israelis tat ein übriges – ernüchtert und von allen Schuldgefühlen befreit, fuhr sie nach Deutschland zurück. Wäre sie damals nicht nach Israel gekommen, würde sie heute noch immer unter Schuldgefühlen leiden. Der kurze Israel-Aufenthalt hat ihr gutgetan. Keine Selbsterfahrungsgruppe hätte ihr eine bessere, eine effektivere Therapie vermitteln können.

Eine ähnliche Erfahrung kann man bei vielen Israel-Touristen aus der Bundesrepublik beobachten. Kommen sie noch mit gedecktem Blick und gebeugtem Gang im Lande an, so verlassen sie den Staat der Juden nach kurzer Zeit erhobenen Hauptes und mit durchgedrückter Wirbelsäule: Von diesen Barbaren am östlichen Rand des Mittelmeeres lassen sie sich, was Anstand und Moral angeht, nichts mehr sagen. Die sollen erst mal vor der eigenen Tür kehren, bevor sie den Deutschen Eitzes (Ratschläge) geben, wie sie mit ihrer Geschichte und ihren Gastarbeitern umzugehen haben. Der therapeutische Prozeß der inneren Entschuldung kann dann als erfolgreich abgeschlossen werden, wenn einfache Touristen kurz nach dem Start in Tel Aviv, etwa auf der Höhe von Rhodos, anfangen, sich Judenwitze zu erzählen, die sie für „jüdische Witze" halten, und wenn Politiker und Journalisten, die im öffentlichen Auftrag nach Israel gereist sind, nach ihrer Rückkehr laut darüber nachdenken, ob denn „die Juden aus ihrer Leidensgeschichte nichts gelernt haben". Spätestens dann, wenn die Rede auf die „besondere deutsche Verantwortung für die Palästinenser, die Opfer der Opfer", kommt, wird der Beweis erbracht, daß der Patient, wie bei jeder ordentlichen Therapie, in die Lage versetzt wurde, seine Hemmungen in produktive Einsichten zu verwandeln.

aus: Henryk M. Broder, Erbarmen mit den Deutschen, Hamburg 1993, S.164f

M2 Über die grüne Linie
Kleine, aber feste Schritte: Der jüdisch-palästinensische Dialog

Magdalena Schultz

Jerusalem, Donnerstag, kurz vor sechs Uhr. An der Bushaltestelle Hebronstraße vor der Ausfahrt nach Bethlehem warten ein Kleinbus und etwa fünfzehn Frauen und Männer. Man merkt an der freundschaftlichen Kommunikation, daß einige sich schon lange kennen, jetzt eine gemeinsame Aktion planen und offensichtlich nur noch auf einen Nachzügler warten, um loszufahren. Er kommt mit halbstündiger Verspätung: ein junger Mann im T-Shirt, nichts deutet darauf hin, daß er gerade aus dem „Miluim" zurückkam, dem obligatorischen und regelmäßigen Reservedienst, den alle Israelis bis zum 50. Lebensjahr durchschnittlich einmal pro Jahr für 3 Wochen ableisten.

Die Gruppe ist vollzählig und steigt in den Bus, der arabische Fahrer kennt alle offensichtlich schon lange, spricht mit den Fahrgästen hebräisch, während sie untereinander hebräisch und englisch reden. Die religiöse und politische Zugehörigkeit der Teilnehmer und Teilnehmerinnen läßt sich nicht so leicht erraten wie sonst in Israel, wo die Länge von Röcken und Ärmeln sowie die Kopfbedeckung schnell einen Hinweis geben. Die vorherrschenden Jeans und unbedeckten Köpfe lassen auf eine säkulare Gruppe schließen – aber genau das ist nicht der Fall.

Denn der Kern der Gruppe, die hier jeden zweiten Donnerstag im Monat zur selben Zeit in die „besetzten Gebiete" – seit den Osloer Friedensabkommen das „Gebiet der palästinensischen Autorität" – startet, sind Mitglieder einer orthodoxen jüdischen Gemeinde, die den Dialog mit den Palästinensern jenseits der „Grünen Linie" suchen. Sie haben Ende 1988, auf dem Höhepunkt der Intifada, diesen Dialog unter größten Schwierigkeiten begonnen, gerade weil sie sich von ihrer religiösen Ethik her zu einem humanen Miteinander verpflichtet fühlten, und sie haben diese Kontakte bis heute durchgehalten und erweitert. Inzwischen haben sich ihnen zahlreiche Säkulare und Peace-Now-Aktivisten angeschlossen. Für das Laubhüttenfest ist eine große Laubhütte in Nablus geplant, wo die vorwiegend moslemische Bevölkerung zu gemeinsamem Essen und Gespräch eingeladen werden soll. Auch an Unterstützung der Intifada-Opfer ist gedacht, um die sich bis jetzt nur die radikale Hamasbewegung und die Christen kümmern, man möchte dem eine säkulare Unterstützung von jüdischer und israelischer Seite aus hinzufügen.

Zu Beginn jenes Jahres gründeten Einwohner der Kleinstadt Beit Sahour das Palestinian Center for Rapprochement Between People (PCR), und im Dezember 1988 ging die erste Einladung an Israelis: „Wie würde es aussehen, wenn Israel und Palästina in Frieden nebeneinander lebten? Eine Stadt in der Westbank lädt Sie ein, die Gebiete anzusehen, die einmal den palästinensischen Staat bilden werden, und den Frieden von morgen zu kosten. Kommt als Gäste, nicht als Besatzung." Das „historische und vorher unvorstellbare" Treffen fand im Hof einer griechisch-orthodoxen Kirche statt, Hunderte kamen, auf israelischer Seite nahmen Offiziere, allerdings als Einzelpersonen, teil, und obwohl die Versammlung nach einigen Stunden vom Militär aufgelöst wurde, war es gelungen, „den Frieden zu kosten". Trotz Eingriffen des israelischen Militärs, trotz Festnahmen und Gefängnis wuchs die Zahl derer, die diese Friedensinitiative unterstützten.

Im Jahr 1989 verbrachten religiöse jüdische Familien ein Wochenende in den Häusern palästinensischer – in der Mehrheit christlicher – Familien. Die gemeinsamen Mahlzeiten und Übernachtungen standen unter der Losung „Brecht Brot, nicht Knochen". Dies war die Reaktion auf einen Ausspruch des damaligen Verteidigungsministers Yitzhak Rabin, der vor den Soldaten das Wort fallen ließ, sie sollen den Palästinensern die Knochen brechen, um die Intifada zu beenden. Die Treffen wurden wiederholt, ein Gefühl der Verbundenheit entstand. Die Araber erlebten die Israelis nicht als Besatzer und Soldaten, die Israelis die Araber als Gastgeber, nicht als Terroristen. Das bei multikulturellen Begegnungen oft große Problem gemeinsamer Mahlzeiten war zunächst eine große Hürde: Da die Juden ihr eigenes koscheres Essen, von dem sie natürlich auch an diesen Wochenenden nicht abweichen wollten, selbst mitbrachten, fühlten sich die Palästinenserinnen in ihrer Gastgeberehre gekränkt. Aber der gegenseitige Respekt führte bald zu einer stillschweigenden, aber klaren Regelung: Die Araber bereiteten Brot, Salate und Getränke vor, die Juden bringen ihre Hauptgerichte selbst mit.

Mit Unterstützung des Lutherischen Weltbundes und der Mennoniten wurde das Begegnungszentrum ausgebaut, in dem viele Aktivitäten das Gespräch zwischen „Menschen unterschiedlicher Religion und Nationalität" ermöglichen.

Mit den Osloer Verträgen und der Etablierung der palästinensischen Selbstverwaltung entspannte sich die Situation. Aber immer wieder gibt es Anlässe, bei denen sich Gemeindeglieder und Palästinenser, von der vorwiegend säkularen Friedensbewegung verstärkt, zu Protesten und Demonstrationen zusammentun. Vor kurzem war das Siedlungsprojekt Har-Homa, das eine jüdische Siedlung wie eine Schneise mitten nach Beit Sahour hineinschieben soll, Anlaß zu Demonstrationen, Teilnehmer von beiden Seiten wurden festgenommen und eingesperrt, doch kamen die jüdischen schneller wieder auf freien Fuß. Sie setzten dann alles daran, die arabischen Partner herauszuholen. In einer anderen Beziehung bleibt die Verbundenheit bis jetzt allerdings einseitig: Der Versuch, Palästinenser aus dieser Gruppe zu einem Besuch der Holocaust-Gedenkstätte Yad Vashem zu bewegen, ist bisher immer kurz vor der Verwirklichung gescheitert. Diese Geste aber wäre ein Zeichen des wirklich gegenseitigen Verständnisses.

Der Kleinbus braucht etwa zwanzig Minuten bis Beit Sahour. Er passiert dabei zwei Grenzposten, zuerst den israelischen, wo ein Polizist einen Blick in den Bus wirft. Keine Kontrolle der Papiere, keine Extrabehandlung der Ausländer. Das gelbe Nummernschild des Busses zeigt die Zulassung in Israel an. Die Fahrzeuge von jenseits der Grenze sind an den blauen Schildern zu erkennen. Der Verkehr in umgekehrter Richtung ist minimal. Seit den furchtbaren Anschlägen im Februar, bei denen arabische Terroristen aus diesen Gebieten in den Innenstädten von Jerusalem und Tel Aviv zahlreiche Menschen töteten, Israelis (sowohl Juden wie Araber) und auch Touristen, sind der Gazastreifen und die „Westbank" abgeriegelt, nur wenige Palästinenser erhalten die Genehmigung zum Passieren der Grenze. Die negativen wirtschaftlichen und politischen Folgen sind für beide Seiten ungeheuer groß: Sie gaben in Israel den Ausschlag für den Wahlsieg der Rechten, die mehr Sicherheit versprachen, sie schädigen die ökonomische Entwicklung der palästinensischen Gebiete, und sie haben in Israel zu einem neuen Problem geführt: zu der Beschäftigung von etwa hundert- bis zweihunderttausend Gastarbeitern vor allem aus Osteuropa und Asien, die die palästinensischen Arbeiter (zeitweise?) ersetzen. Die israelische Regierung, die vorherige wie die jetzige, halten die Macht der palästinensischen Behörden für nicht stark, ihre Bereitschaft für nicht entschlossen genug, um eine Aufhebung der Sperre zu genehmigen.

Die unkomplizierte Behandlung durch den israelischen Grenzposten wird als positive Entwicklung gewertet. Beim zweiten, dem palästinensischen Posten, verlangsamt der Fahrer nur die Geschwindigkeit und wird durchgewunken.

Im PCR werden die Gäste von etwa zehn jungen Männern und Frauen als alte Freunde begrüßt, es gibt Umarmungen, eine unverkennbar herzliche Atmosphäre herrscht. Immer mehr junge Palästinenser und Palästinenserinnen kommen dazu, auch zwei oder drei Ausländer, die sich sofort einbezogen fühlen.

Die Vorgehensweise an diesen gemeinsamen Nachmittagen ist immer die gleiche: Alle Anwesenden sitzen in einem großen Kreis, die Seite der Gastgeber hat den Vorsitz, diesmal ist es ein schon älterer Student der arabischen Bir-Set Universität. Er leitet eine kurze Vorstellungsrunde ein, da der Teilnehmerkreis nie der gleiche ist, und an diesem Tag sind noch viele in den Ferien. Auf beiden Seiten sind Leute aus dem Universitätsbereich leicht in der Mehrheit. Die Gespräche werden in englisch geführt, was ein Grund dafür ist, daß wenige ältere Leute aus dem Dort teilnehmen.

Ohne Umschweife eröffnet ein Student der arabischen Universität Bethlehem die Diskussion: „Was haltet ihr vom Treffen Netanjahu – Arafat? Für mich war das nur ein Foto, ohne Bedeutung. Netanjahu meint es nicht ernst." „Mich läßt das ganz kalt, es ist eine Geste, die er schon lange hätte tun sollen, er hat es gemacht, weil er nicht anders kann", sagt sein Nachbar." –"Ich finde, es ist wie in einem Spiel, 1 : 0 für uns, Arafat hat diesmal gewonnen." – „Es ändert sich sowieso nichts", meint ein junges Mädchen. Ein Student von der Jerusalemer Hebräischen Universität nimmt den von ihm nicht gewählten neuen Premierminister in Schutz: „Er hat das gegen großen Widerstand in der eigenen Partei getan, insofern ist es doch ein Fortschritt für uns hier, die wir nach der Wahl so deprimiert waren." Ein israelischer Professor will wissen, warum die Palästinenser Arafat so im Stich ließen, als er sie zwei Tage vor dem damals noch nicht festgesetzten Treffen zu einer Massendemonstration am Tempelberg und in der Grabeskirche aufforderte, um Druck auf die israelische Regierung zu machen. Statt der erwarteten 400 000 Moslems waren jedoch nur 20 000 gekommen, in der Grabeskirche fanden sich – nach einem zweiten Aufruf von Arafat – nur ein paar hundert Demonstranten ein, nicht Tausende.

Es stellt sich heraus, daß keiner der Anwesenden an den Demonstrationen teilgenommen hat, ja nicht einmal die Absicht dazu hatte. Eine Israelin will wissen: „Warum nicht, ihr werft uns Israelis doch sonst immer vor, daß wir uns zu wenig laut melden, zu wenig demonstrieren! Aber diesmal seid ihr es, die sich gedrückt und so ein schwaches Bild abgegeben haben, erklärt uns das bitte." – „Wir hatten Angst vor Gewalt." – „Wir wollten keine neue Intifada." – „Warum traut ihr euch nicht zu einer friedlichen Demonstration?" – „Wir hatten Angst, daß die Israelis schießen." – „Wenn ihr friedlich bleibt, passiert euch nichts!" – „Wir sehen nicht ein, daß wir demonstrieren sollen, es ändert sich sowieso nichts." – „Niemand interessiert sich mehr für Politik, jeder will nur seine Disketten und was Schickes zum Anziehen, alles andere kann man sowieso nicht ändern." – „Wir haben nichts mehr zu verlieren, warum sollen wir dann kämpfen?" Aber auch: „Wir sind jetzt nicht reif für eine neue Intifada, haben keine Kraft dazu." – „Wie könnt ihr so fatalistisch sein?" – Ich denke an die zweitausendjährige Frustration der Juden und ihre Energie, die nach den größten Katastrophen nicht schwächer, sondern stärker geworden ist, sage aber so wenig etwas in dieser Richtung wie die anwesenden Juden, denen dieses Argument auch gekommen sein mag.

Die Klagen gehen weiter: „Arafat hat ja sowieso schon alles weggegeben in den Verträgen, wofür sollen wir jetzt noch kämpfen?" – Die Israelis verweisen auf die Weltöffentlichkeit: „Immerhin ist eine Demo auch ein Hinweis für die Welt, die internationale Gemeinschaft." – „Was haben wir von der schon?" Jemand von den Ausländern macht klar, daß gerade die Palästinenser in hohem Maße von ihr profitieren, denn viele andere kleine Völker, die zum Teil mit viel größeren Problemen zu kämpfen haben, werden einfach von den Medien übergangen, während die Palästinenser besonders hohe Aufmerksamkeit genießen. Das wird zwar ohne Widerspruch hingenommen, ist aber offensichtlich weder Trost noch Grund zu Hoffnung.

Diese allgemeine Niedergeschlagenheit und Lähmung ist neu, so sagen die Erfahrenen. Zwar gibt es dafür durchaus objektive Gründe. Was aber jetzt so lähmend wirkt, dürfte neben der Enttäuschung über das Stocken des Friedensprozesses höchstwahrscheinlich die Enttäuschung über die eigene Führung sein, der Selbstzweifel, die Uneinigkeit im eigenen Lager, die Frustration, daß nicht alles so schnell geht wie erhofft, daß alles sehr kompliziert ist, auch wenn man das Schicksal schon teilweise in eigenen Händen hat. So blieb auch die Antwort aus auf den vorsichtig von israelischer Seite vorgebrachten Vorwurf: „Wir hätten erwartet, daß ihr mehr gegen die Verletzung der Menschenrechte durch eure Behörden in eurem Gebiet protestiert, wie ihr und wir es immer getan haben, wenn es gegen die israelischen Behörden ging."

Zufällig erschien in der „Jerusalem Post" am Tag nach diesem Besuch in Beit Sahour eine Reportage über die Stimmung an palästinensischen Colleges und Universitäten, die einen anderen Eindruck vermittelt: In diesen Interviews haben die Studentinnen und Studenten sehr klare Vorstellungen von dem, was sie für ihre Gesellschaft erreichen wollen, sie erkennen durchaus viele Chancen für Einsatz und Kreativität, sie sehen einen Sinn darin, zu kämpfen, auch wenn sie zunächst mit großen Schwierigkeiten rechnen, vor allem hinsichtlich der Jobs und der Finanzierung ihrer Pläne. Sie weisen auch gleichzeitig auf die Schwächen der palästinensischen Gesellschaft hin, vor allem das Fehlen von Umweltbewußtsein, die Verständnislosigkeit für Behinderte, und etwas, was besonders viele Studenten ändern wollen, die Stellung der Frau, Rückständigkeit in der Familienerziehung usw. Selbstkritik ist hier der Ausgangspunkt für Initiative. Vielleicht hat gerade die familiäre Atmosphäre und das Vermeiden von Selbstkritik in Beit Sahour dazu geführt, daß man sich sogar ein bißchen hängen ließ, mal ausruhen wollte von den Problemen?

Nach etwa einer dreiviertel Stunde Gespräch im Plenum gibt es eine Erfrischungspause, und das Gespräch wird in kleinen Gruppen weitergeführt. Manche bleiben an den angeschnittenen Fragen, andere vertiefen ihre Freundschaften und unterhalten sich über persönliche Themen, ein vierzehnjähriger Junge kommt dazu und fragt, wie und wo er Tierarzt werden könnte, läßt sich Anschriften geben.

Ich frage einen Studenten vom Hotelfach, ob diese allgemeine Offenheit hier echt sei, ob niemand Angst hätte, daß ihm das, was er hier sagt, mal schaden könnte. Er lacht: „Das hier ist der einzige Platz auf der Welt, wo man frei reden kann."

Es war ein harmonischer Nachmittag – ohne Anführungszeichen, richtig nett und normal. Als er zu Ende war, wußte ich nicht recht, ob ich darüber enttäuscht oder erleichtert sein sollte. Aber als mir bei der Rückfahrt im Bus langjährige Gruppenmitglieder schilderten, wie oft es auch anders zugegangen ist, was sie sich gegenseitig an die Köpfe geworfen haben und wie tief die Gräben waren, daß sich beispielsweise selbst in diesem Kreis manche Palästinenser darüber freuten, daß sogenannte „Kollaborateure" durch Lynchjustiz umgebracht wurden, da bleibt nur noch Erleichterung über die Erfahrung, „den Frieden gekostet" zu haben.

Vier Wochen später ist an einen Besuch in Beit Sahour nicht mehr zu denken. Blut ist geflossen, die Grenze ist dicht. Aber gerade in solchen Zeiten ist es wichtig zu wissen, daß es das PCR und die Jerusalemer Gruppe gibt, und daß man sich darauf verlassen kann, daß beide Seiten nur um so entschlossener für den Frieden kämpfen und so bald wie möglich ihre Begegnungen fortsetzen werden.

Quelle: Lutherische Monatshefte 11/1996, S. 22 - 24

M3 Beispiele für jüdische und palästinensische Friedensgruppen:

Oz we Schalom/Netivot Schalom

> *Oz we Schalom/Netivot Schalom*
>
> *Verehrte Mitbürger!*
> *Die Kriege sind uns aufgezwungen worden, aber sollen wir Mütter und Kinder besiegen?*
> *Sind moralische Beschränkungen Zeichen der Schwäche?*
> *Liegt der Stellenwert des Bodens über dem Stellenwert des Menschen?*
> *Ist die Ganzheit des Landes wichtiger als die Ganzheit des Volkes?*
> *„Der Mensch ist (bei G'tt) beliebt, weil er in dessen Antlitz erschaffen ist."*
> *Besser mehr Juden auf weniger Bodenfläche als mehr Bodenfläche mit weniger Juden*
> *(Flugblatt der Gruppe Oz we Schalom/Netivot Schalom, Sommer 1995)*

Eine religiöse Friedensgruppe, der es um ein glaubwürdiges Judentum in Israel geht. Der gegenwärtige Sekretär Jizhak Frankenthal, dessen Sohn Arik 1994 von einer Hamas-Terror-Einheit entführt und ermordet wurde, schreibt:
„Die Besatzung, die eineinhalb Millionen Araber fortwährend leiden macht, fordert einen hohen Preis: Das Herrschen über Menschen, die dies nicht wollen, und einen Verstoß gegen den ethischen Code des jüdischen Volkes.
Dieser Preis verursachte in der israelischen Gesellschaft eine Systemstörung: Eine totale Verwechslung von Ergebnis und Ziel zwischen dem Wert des Lebens und dem Wert des Landes. Seit 1967 wurde das Land plötzlich zum Heiligtum und der Mensch – zu seinem Opfer. Menschenleben, seien es arabische oder jüdische, wurden zu Spielzeugen in dem Spiel, das in diesen Jahren gespielt wurde.
Jeder arabische Säugling, der während dieser Besatzung geboren wurde, wuchs mit einem Stein in der Hand und mit Groll im Herzen auf. So überrascht nicht, daß er in seiner Jugend danach strebt, gegen den zu kämpfen, der ihn seiner Ehre beraubt und über Jahre sein Leben erschwert hat. ...
Wer heutzutage zur Verachtung des Wertes arabischen Menschenlebens erzieht, wird letztlich den Wert jüdischen Menschenlebens verringern. Es sind harte Worte, aber es muß gesagt sein: Rabbiner und Erzieher, die predigten und predigen, daß an den Gebieten Judäa, Samaria und Gaza... auch um den Preis der Lebensgefährdung kompromißlos festgehalten werden muß, können sich nicht von ihrer Verantwortung für das Schicksal von Söhnen, Vätern und Freunden – seien sie Siedler in Judäa, Samaria und Gaza oder andere Menschen – die (u.U. tödlich) getroffen werden, frei machen. ..."

Ziele der Gruppe Oz we Schalom/Netivot Schalom sind demnach:
– Eintreten für Demokratie und Toleranz in Israel
– Koexistenz mit Israels arabischer Minderheit
– Offenheit für einen territorialen Kompromiß unter Berücksichtigung der Sicherheitsbedürfnisse Israels

Aktivitäten:

- Dialog mit Palästinensern
- Öffentliche Protestaktionen, Symposien, Seminare und Anzeigen besonders im Blick auf jene, die aus religiösen Motiven handeln
- Unterstützung von palästinensischen Kindergärten durch israelische Freiwillige

Weitere Informationen (deutschsprachig): Oz we Schalom, P.O.B. 4433, Jerusalem.

Al Amal / Hope Flowers School
Schule für den Frieden – in Bethlehem hat eine Utopie begonnen

Die Zeit der Intifada ist seit Abschluß des Gaza-Jericho-Abkommens zwar vorbei, doch eine Verständigung mit den jüdischen Nachbarn ist noch kaum in Gang gekommen. Wer vor einiger Zeit noch mit Juden Kontakt hatte, galt als Verräter. Hussein Issa hatte solche Kontakte. Sein Auto ging in Flammen auf, ebenso der Schulbus, der die Kinder in seine Privatschule brachte. Denn Hussein hat solche Kontakte nicht nur privat, sondern er hat sie zum Programm für seine Schule gemacht: „Friedenserziehung" lautete Hussein Issas Parole schon 1984, als er in einem Stadtteil von Bethlehem nicht nur ein Wohnhaus für sich und seine sechsköpfige Familie baute, sondern im Erdgeschoß einige Räume einrichtete, um hier Kindern Lesen, Schreiben und Rechnen beizubringen. Inzwischen ist sein Al Amal-Kinderzentrum und seine Hope Flowers School in ein neues Gebäude im Süden von Bethlehem umgezogen. Mit fast 400 Schülern begann er das Schuljahr 1997/98, als ihm in einer Aktion der palästinensischen Autonomiebehörde 200 Schüler weggenommen und in die überfüllten öffentlichen Schulen Bethlehems gesteckt wurden. Er selber landete kurze Zeit später für zwei Tage im Gefängnis, bevor er dank der Solidarität europäischer Freunde wieder frei kam. Alles nur, weil der Hebräischunterricht an seiner Schule, die konsequente Friedenspädagogik, der seit Jahren bestehende Schüler- und Lehreraustausch mit israelischen Schulen Behörden und Scharfmachern in der palästinensischen Gesellschaft ein Dorn im Auge sind. Doch Hussein Issa läßt sich nicht irritieren, er ist von der Notwendigkeit seines pädagogischen Ansatzes und vom Erfolg seiner Idee in der Zukunft völlig überzeugt. Diese konsequente Friedenspädagogik kann er allerdings nur durchhalten, weil er unter jüdischen Israelis Freunde und gleichermaßen finanzielle und politische Unterstützer in Europa hat.

Ziele der einzigartigen Schule sind:

- Die Pädagogik ist konsequent demokratisch ausgerichtet: Gleichberechtigung, Schülermitverwaltung, Dialog als pädagogisches Prinzip;
- die Begegnung mit dem israelischen Nachbarn ist Programm;
- ca. 20 israelische Freiwillige arbeiten an der Schule mit;
- das Erlernen der hebräischen Sprache ist ein festes Unterrichtsangebot;
- Schulpartnerschaften mit israelischen Schulen sind geknüpft;
- gemeinsame Workshops für palästinensische und israelische Lehrer über Friedenserziehung, Geschichte und zum gegenseitigen Kennenlernen finden regelmäßig statt.

Information: Albrecht Lohrbächer, Breslauer Str. 7, 69469 Weinheim.

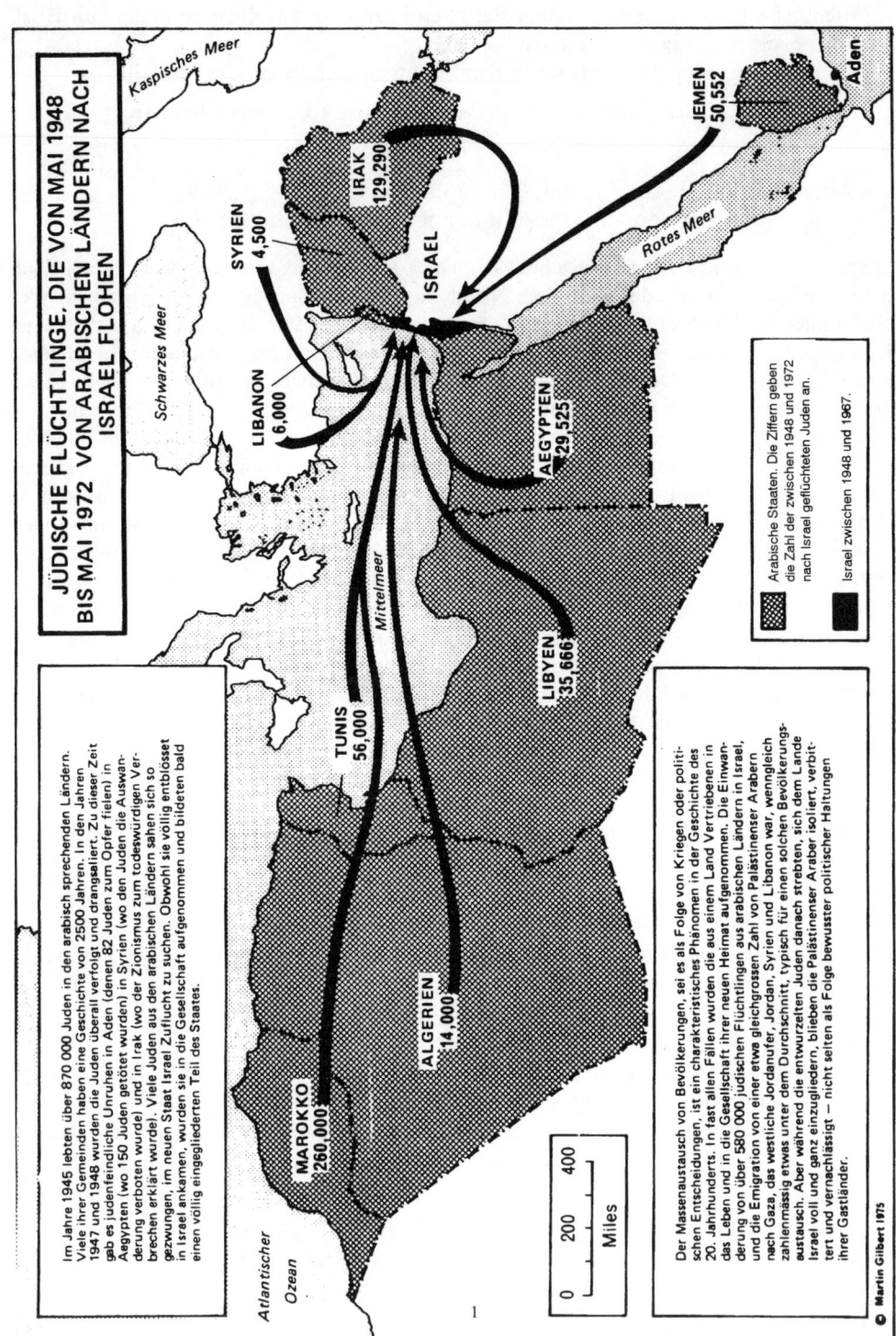

Wenn Gefühle die Wahrnehmung beherrschen

M4,2

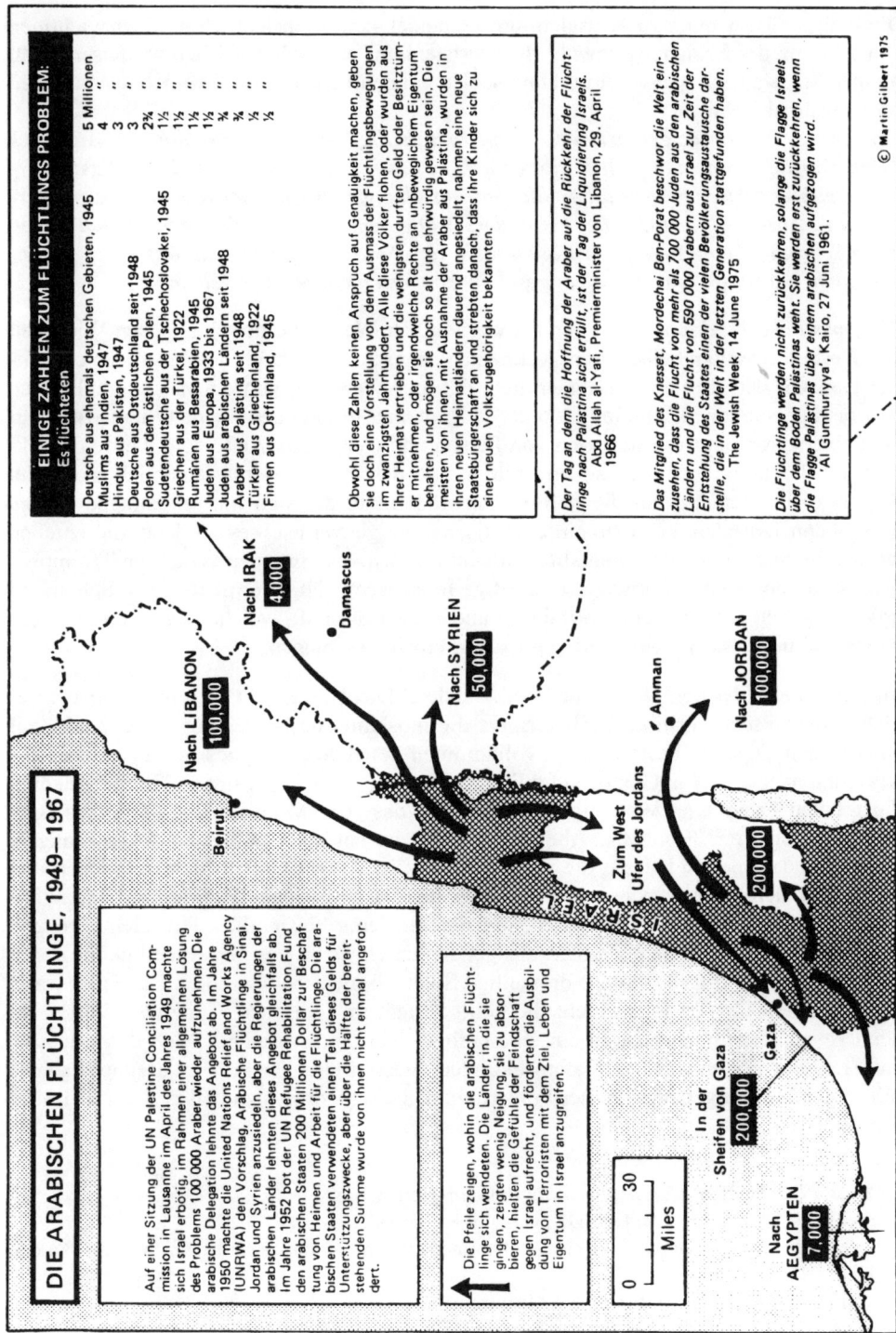

M5 Die Bedeutung Jerusalems für Juden, Christen und Muslims

R. J. Zwi Werblowsky

Die jüdische Beziehung zu Jerusalem unterscheidet sich offensichtlich in einer wichtigen Hinsicht von der Beziehung sowohl des Christentums als auch des Islam zu dieser Stadt. Meiner Ansicht nach wurde dieser Unterschied am deutlichsten von Prof. Krister Stendahl zum Ausdruck gebracht:

Für Christen und Moslems ist der Begriff (d.h. heilige Stätten) ein adäquater Ausdruck dafür, worauf es ankommt. Hier gibt es heilige Stätten, geweiht durch die heiligsten Ereignisse, hier gibt es Pilgerstätten, die den Anziehungspunkt für tiefste Frömmigkeit darstellen ... Aber im Judentum ist das anders... Die dem Judentum heiligen Stätten haben keine Schreine. Seine Religion ist auch nicht an „Stätten", sondern an das Land gebunden; nicht daran, was in Jerusalem geschah, sondern an Jerusalem selber.[3]

Die *christliche Tradition* hat in der Tat viel von der Weite und dem biblischen Widerhall des Wortes Jerusalem beibehalten, wenn auch abgeschwächt durch das spezifisch christliche Konzept der „Ent-territorialisierung", d.h. der Wendung von einem geographischen zu einem persönlichen Mittelpunkt und – allgemeiner gesprochen – eine Orientierung auf die universellen Begriffskategorien von Person und Gemeinde. Außerdem wurde der Akzent auf das himmlische Jerusalem verlegt, und das irdische Jerusalem blieb nicht viel mehr als ein Memento an die heiligen Geschehnisse, die sich hier zugetragen haben. Somit kann Jerusalem kaum zu einer politischen Frage werden – es sei denn, die Kirchen würden in eine Kreuzfahrermentalität zurückverfallen, also in einen veralteten Triumphalismus, der politischen Ehrgeiz für „geistige Interessen" hält, oder glattweg in Scheinheiligkeit, die versucht, aus einer Symbolik und einer Botschaft, welche angeblich rein religiöser und universaler Natur sind, politischen Profit zu schlagen.

Im Falle des *Islam* liegt die Sache wieder anders. Die Tatsache, daß in den Augen eines nicht-moslemischen kritischen Historikers die moslemische Beziehung zu Al-Kuds[4] auf einer reinen Legende basiert, ist ... vollkommen belanglos. Al-Kuds ist ebenso wie die isra'[5] und mi'rad[6] tief in Glauben und Frömmigkeit des Islam verwurzelt. Hierher gehören die größten Ereignisse der Religionsgeschichte: das Amt Mohammeds als Allahs Bote und das Siegel der Prophetie. Aber diese Tatsache hat auch politische Auswirkungen; denn der Islam per se hat nie die gleiche Unterscheidung zwischen dem religiösen und weltlichen Bereich zu machen versucht, die für die christliche Tradition so charakteristisch ist. Die politischen Interessen, die die Moslems hinsichtlich Jerusalems geltend machten, hatten daher niemals den unangenehmen Unterton von Scheinheiligkeit, der in den christlichen Ansprüchen auf die heilige Stadt oft nicht zu überhören ist. Es ist wahr, daß Jerusalem für den Islam nicht die heilige Stadt im jüdischen Sinne des Wortes ist; denn genau genommen geht es um eine heilige Stätte in Jerusalem. Doch die Tatsache, daß sich dort der ehrwürdige Haram befindet, „dessen Umgebung wir gesegnet haben", führt fast notwendigerweise zu der Folgerung, daß die Stadt Bestandteil des Dar al-Islam[7] sein sollte...

---

[3] Krister Stendahl, in: *Harvard Divinity Bulletin*, Herbst 1967.
[4] „Al-Kuds", arabisch, „Die Heilige", gemeint ist Jerusalem.
[5] „isra" bedeutet die nächtliche Reise Mohammeds von Mekka nach Jerusalem, von dort in den Himmel.
[6] „mi-rad" bedeutet die Himmelfahrt Mohammeds.
[7] Dieser Begriff steht für die ganze moslemische Welt.

Für das *jüdische Volk* ist Jerusalem, wie wir gesehen haben, keine Stadt, die heilige Stätten birgt und das Gedächtnis an heilige Geschehnisse feiert. Die Stadt an sich ist den Juden heilig. Sie diente in den vergangenen 2500 Jahren einem verfolgten, gedemütigten und immer wieder massakrierten Volk, welches doch die Hoffnung auf die verheissene endgültige Rückkehr niemals aufgegeben hat, als Symbol seiner historischen Existenz. Jerusalem und Zion wurden das „geographische Zentrum und der Name" für die Hoffnung und den Sinn jüdischer Existenz sowie für seinen Fortbestand seit den Tagen, wo Gott – gemäß den Verfassern der biblischen Bücher – von einem gewissen Ort sprach, den er von Anfang und bis an die Tage der Rückkehr auserwählt habe. Und so unwahrscheinlich es auch schien, so ist diese Verheißung von den Juden niemals angezweifelt worden. Wer die symbolische Funktion Jerusalems in der jüdischen Tradition versteht, der sieht auch ein, weshalb selbst ein eingestandener Freidenker dieses Symbol verwendet, und zwar mit einem Maß an Authentizität, das in anderen Traditionen nicht seinesgleichen hat...

aus: Studiengruppe für Nahostfragen der israelischen Universitäten, Jerusalem 1980

Teil III

Erinnern und Gedenken gestalten:

Der 27. Januar und andere Anlässe
– Beispiele und Anregungen

Ansprache des Bundespräsidenten Roman Herzog zum Gedenktag für die Opfer des Nationalsozialismus[1]

Frau Präsidentin, Hohes Haus, meine Damen und Herren,
am 27. Januar 1945 wurde das Konzentrationslager Auschwitz durch russische Soldaten befreit. Auschwitz steht symbolhaft für millionenfachen Mord – vor allem an Juden, aber auch an anderen Volksgruppen. Es steht für Brutalität und Unmenschlichkeit, für Verfolgung und Unterdrückung, für die in perverser Perfektion organisierte „Vernichtung" von Menschen. Die Bilder von Leichenbergen, von ermordeten Kindern, Frauen und Männern, von ausgemergelten Körpern sind so eindringlich, daß sie sich nicht nur den Überlebenden und den Befreiern unauslöschlich eingemeißelt haben, sondern auch denjenigen, die heute deren Schilderungen nachlesen oder Bilddokumente betrachten.
Warum diese Rückschau heute, nach über 50 Jahren? Warum vor allem unser Wille, die Erinnerung lebendig zu halten? Wäre nicht auch der Wunsch verständlich, Gewesenes zu vergessen, die Wunden vernarben und die Toten ruhen zu lassen? Tatsächlich könnte heute das Vergessen eintreten; denn Zeitzeugen sterben, und immer weniger Opfer können das Grauen des Erlittenen persönlich weitertragen. Geschichte verblaßt schnell, wenn sie nicht Teil des eigenen Erlebens war.
Deshalb geht es darum, aus der Erinnerung immer wieder lebendige Zukunft werden zu lassen. Wir wollen nicht unser Entsetzen konservieren. Wir wollen Lehren ziehen, die auch künftigen Generationen Orientierung sind.
Dieses Gedenken ist nicht als ein in die Zukunft wirkendes Schuldbekenntnis gemeint. Schuld ist immer höchstpersönlich, ebenso wie Vergebung. Sie vererbt sich nicht. Aber die künftige Verantwortung der Deutschen für das „Nie wieder!" ist besonders groß, weil sich früher viele Deutsche schuldig gemacht haben. Es ist wahr, daß sich Geschichte nicht wiederholt. Aber ebenso wahr ist, daß Geschichte die Voraussetzung der Gegenwart ist und daß der Umgang mit der Geschichte damit auch zum Fundament der Zukunft wird.

---

[1] Gehalten am 19. Januar 1996 im Deutschen Bundestag.
Quelle: Bulletin der Bundesregierung, Nr. 6 / S. 45, Bonn, den 23. Januar 1996.

An der Schwelle zum nächsten Jahrtausend ist schon das von meiner Generation Erlebte – erst recht das von den Vorfahren Erlebte – in Gefahr, in einer distanzierten Retrospektive zu verschwimmen, und die historischen Fakten drohen sich auf Jahreszahlen und Schlagworte zu reduzieren. Auch die größte Barbarei schrumpft dann zu einem anonymen Ereignis, das allmählich in ein mildes Licht nüchterner Beschreibung getaucht wird.

Würden wir uns ein Auslöschen dieser Erinnerung wünschen, dann wären wir selbst die ersten Opfer einer Selbsttäuschung. Denn es ist vor allem unser Interesse, aus der Erinnerung zu lernen. Die Erinnerung gibt uns Kraft, weil sie Irrwege vermeiden hilft.

Es gab und gibt viele totalitäre Bewegungen in der Welt. Intoleranz, Totalitarismus, Folter und Mord waren nicht auf den Nationalsozialismus beschränkt. Aber ohne wirkliches Beispiel war der in kalte Berechnung umgesetzte Wahn, der ganze Volksgruppen zuerst zu „Untermenschen" erklärte, dann entrechtete und schließlich ihre systematische physische „Vernichtung" organisierte. Die Nazis hatten die Definitionsmacht zu bestimmen, wer sein Leben verwirkt hatte, und sie exekutierten ihre völlig irrationalen Festlegungen mit brutaler Konsequenz. Nicht einmal Gefährlichkeit für das System oder Gegnerschaft zum System waren die Selektionskriterien, sondern abstruse Kategorien, denen die Betroffenen hilflos und unentrinnbar ausgeliefert waren, denen sie auch durch unauffälligstes Verhalten nicht ausweichen konnten. Weil sie einer willkürlich definierten Rasse angehörten oder sonstwie vom willkürlich festgelegten Menschenbild abwichen, bezeichnete man sie als „Untermenschen", als „Schädlinge" oder als „lebensunwertes Leben" – Juden, Sinti und Roma, Schwerstbehinderte, Homosexuelle, um nur die wichtigsten Gruppen zu nennen. Und wer erst einmal so eingestuft war, der mußte – so wollte es die Ideologie – „vernichtet", ja er mußte „ausgerottet" werden.

Die Wirkungen dieser Politik waren vor allem deshalb so furchtbar, weil sie sich wohldosiert in das öffentliche Bewußtsein einschlichen, ja weil sie wohldosiert den Gehirnen infiltriert wurden. Es gab keinen point of no return, an dem der Sprung von der Diskriminierung und Demütigung zur „Vernichtung" für jeden erkennbar geworden wäre. Die Gewöhnung an die „kleinen Schritte" half beim Wegschauen und das Wegschauen half, Geschehendes zu übersehen oder gar nicht wissen zu wollen. Deshalb fielen auch die Hellsichtigen und Tapferen dem staatlichen Terror nicht in die Arme, solange das Schlimmste noch zu verhindern gewesen wäre. Selbst viele von den späteren Opfern verfielen zeitweise der Versuchung, die Entwicklung harmloser zu sehen, als sie wirklich war.

Dabei war es im Rundfunk zu hören und in den Zeitungen zu lesen, wie die Juden und ihre Leidensgenossen Schritt für Schritt gedemütigt, ausgegrenzt und für rechtlos erklärt wurden, und das konnte jedermann wissen, der Augen zum Sehen und Ohren zum Hören hatte. Der rassistische Terror beschränkte sich ja nicht auf die ersten Monate, wo manche noch zu der Ausrede greifen mochten, daß Revolutionen eben nicht „auf dem Sofa" stattfänden, und er manifestierte sich auch nicht nur in den Konzentrations- und Vernichtungslagern, von denen sicher viele nicht gewußt haben, was dort vorging. Die allmähliche Eskalation der Gemeinheit fand aber öffentlich statt und konnte in den Gesetzesblättern nachgelesen werden.

Ich spreche von der Entfernung jüdischer Beamter und Richter aus dem Staatsdienst, vom Boykott jüdischer Kanzleien, Praxen und Geschäfte. Ich erinnere an die Nürnberger Gesetze, die – von allem anderen abgesehen – Kategorien der Viehzucht auf Menschen übertrugen. Ich erinnere daran, daß Staatsangehörigkeit und Reichsbürgerschaft voneinander getrennt wurden; die Staatsangehörigkeit wurde den Juden zunächst scheinbar großzügig belassen, aber sie bestand von da an nur noch in Pflichten, und die Rechte wurden in einer Reichsbürgerschaft zusammengefaßt, die den Juden selbstverständlich vorenthalten wurde. Ich erinnere an die Kontribution von einer Milliarde Reichsmark, die den Juden – also den Opfern! – nach der sogenannten Reichskristallnacht kollektiv auferlegt wurde. Und ich spreche nicht zuletzt vom Judenstern, der sie nicht nur als „Untermenschen" qualifizierte, sondern sie im Alltag auch jeder Gemeinheit und jedem Übergriff des Pöbels preisgab.

In dieser Aufzählung sind die scheinbar kleinen Beschränkungen noch gar nicht erwähnt, die Nadelstiche und Demütigungen, die in ihrer Massierung zu einem Parialeben führten und die vor allem deshalb so gemein waren, weil sie wiederum an absolut willkürlich gewählte, sogenannte rassische Tatbestandselemente anknüpften: die fortschreitende Einengung des Wohnraums und der Bewegungsmöglichkeiten, der Ausschluß der Kinder aus den Schulen, das Verbot des Theater- und Kinobesuchs, das Verbot, öffentliche Verkehrs- und Informationsmittel, ja sogar Parkbänke zu benutzen, die Wegnahme von Schreibmaschinen, Radios, Schmuck, Pelzen, ja selbst von Haustieren. Der Wissenschaftler Viktor Klemperer, der über die gesamte Zeit des nationalsozialistischen Regimes Tagebuch geführt hat, hat alle diese Dinge exakt festgehalten; ich empfehle die Lektüre seiner beiden Bände jedem, der sich nicht nur darüber informieren will, wie Totalitarismus endet, sondern der auch wissen will, wie er beginnt und wie er sich Stück für Stück entfaltet. Einfacher und kürzer zu lesen ist Ingeborg Hechts „Als unsichtbare Mauern wuchsen" – auch dies ein hochdramatisches Buch.

Mir ist das deshalb so wichtig, weil ich nicht glaube, daß bei der Aufarbeitung dieses Teils unserer Geschichte heute noch Schuldfragen im Vordergrund stehen. Viele haben sich schuldig gemacht, aber die entscheidende Aufgabe ist es heute, eine Wiederholung zu verhindern – wo und in welcher Form auch immer. Dazu gehört beides: die Kenntnis der Folgen von Rassismus und Totalitarismus und die Kenntnis der Anfänge, die oft im Kleinen, ja sogar im Banalen liegen können.

Im Großen ist das alles noch verhältnismäßig einfach. Wir Deutschen haben mehr als andere lernen müssen, daß das absolut Unfaßbare trotz allem geschehen kann. Die Erinnerung hat es uns aber auch erleichtert, daraus die Lehre zu ziehen, und am klarsten ist diese Lehre in Artikel 1 unseres Grundgesetzes formuliert: „Die Würde des Menschen ist unantastbar". Der Satz kennt keine Relativierung. Unter dem Grundgesetz gibt es keine „wertvollen" und „wertlosen" Menschen, keine „Herrenmenschen" und keine „Untermenschen", keine Volks- und Klassenfeinde, kein „lebensunwertes" Leben. Unsere Verfassung enthält also alle rechtlichen Sicherungen gegen Totalitarismus und Rassismus, mehr als jede andere Verfassung der Welt und darauf können wir stolz sein.

Aber den einzelnen Menschen kann man dagegen nicht nur mit Rechtsnormen immunisieren. Dazu bedarf es zusätzlicher Anstrengungen, gerade bei denen, die das große Verbrechen nicht mehr selbst erlebt haben und denen auch nicht mehr durch Zeitzeugen Erlebtes vermittelt werden kann.

Das war der Grund dafür, daß ich vor zwei Wochen den 27. Januar, den Tag der Befreiung von Auschwitz, mit Zustimmung aller Parteien zum Tag des Gedenkens an die Opfer des Nationalsozialismus erklärt habe. Ich weiß, daß die menschliche Sprache nicht ausreicht, in einer kurzen Formel das zum Ausdruck zu bringen, was damit wirklich gemeint ist. „Opfer des Holocaust" wäre ein zu enger Begriff gewesen, weil die nationalsozialistische Rassenpolitik mehr Menschen betroffen hat als die Juden. „Opfer der nationalsozialistischen Rassenpolitik", „Opfer des nationalsozialistischen Rassenwahns" oder ähnliche Ausdrücke wären andererseits nicht stark genug gewesen, das Entsetzen dieses Teils unserer Geschichte annähernd wiederzugeben. So habe ich es bei der in unseren Sprachgebrauch eingegangenen Formulierung „Opfer des Nationalsozialismus" belassen, wohl wissend, daß manch einer bei weiter Auslegung darunter auch die Opfer des nationalsozialistischen Krieges und der Nachkriegszeit, die Opfer von Flucht, Vertreibung und Verschleppung verstehen wird. Auch diese Opfer werden wir nicht vergessen. Aber ihrer erinnern wir uns seit langen Jahren am Volkstrauertag, und dabei soll es bleiben. Ich würde mir nur wünschen, daß auch dieser Gedenktag sich wieder mehr in unserem Bewußtsein verankern wollte und daß alle, die mir schreiben, ich solle auch für die Opfer von Vertreibung einen Gedenktag schaffen, zu den Veranstaltungen am Volkstrauertag gehen. Der 27. Januar soll dem Gedenken an die Opfer der Ideologie vom „nordischen Herrenmenschen" und von den „Untermenschen" und ihrem fehlenden Existenzrecht dienen. Die Wahl des Datums zeigt das unmißverständlich.

Ich verbinde damit die Hoffnung, wir möchten gemeinsam Formen des Erinnerns finden, die zuverlässig in die Zukunft wirken. Mir geht es nicht darum, nur die Verantwortlichen in der Politik anzusprechen. Gedenkstunden allein nehmen nur allzuleicht den Charakter von Pflichtübungen und Alibi-Veranstaltungen an, und darum kann es nicht gehen. Die Bürger unseres Landes sollen wenigstens einmal im Jahr selbst über das Geschehene nachdenken und vor allem über die Folgerungen, die daraus zu ziehen sind. Das wäre mein wichtigster Wunsch. Ganz besonders wichtig aber ist es, unsere jungen Menschen zu erreichen und ihren Blick für – möglicherweise – kommende Gefahren zu schärfen. Ich hoffe hier auf die Hilfe der Medien und vor allem der Lehrer, aber auch aller anderen gesellschaftlichen Kräfte, die dazu beitragen können.

Und wiederum sage ich: Das Allerwichtigste ist es, den Jungen den Blick dafür zu schärfen, woran man Rassismus und Totalitarismus in den Anfängen erkennt. Denn im Kampf gegen diese Grundübel des 20. Jahrhunderts kommt es vor allem anderen auf rechtzeitige Gegenwehr an. Die Erfahrung der NS-Zeit verlangt von uns und allen künftigen Generationen, nicht erst aktiv zu werden, wenn sich die Schlinge schon um den eigenen Hals legt. Nicht abwarten, ob die Katastrophe vielleicht ausbleibt, sondern verhindern, daß sie überhaupt die Chance bekommt einzutreten.

Ich weiß, daß unsere Schulen in dieser Frage schon Beachtliches geleistet haben und leisten. Aber es lohnt sich, hier noch weiter nachzudenken. Die theoretische Darstellung von Totalitarismus und Rassismus reicht gewiß nicht aus, und wahrscheinlich reicht nicht einmal die Statistik des Grauens aus, das der Nationalsozialismus hinterlassen hat; denn – seien wir ehrlich – die erfaßt ja schon kaum ein erwachsenes Gehirn. Aber vielleicht verstehen Jugendliche anderes, in seiner Zeichenhaftigkeit ja besser als Erwachsene:

- die Trennung der Kinder von ihren Eltern, das Leben der Kinder in den Lagern, ihre permanente Angst – und ihre Tapferkeit. Und dann vor allem die scheinbaren Kleinigkeiten:
- der Verlust des eigenen Zimmers, schon in der fortschreitenden Einengung des Wohnraums,
- der Verlust der Schul- und Spielkameraden, durch die Ausschulung und durch das zunehmende Gemiedenwerden,
- die Wegnahme der Radiogeräte, die jener jungen Generation wahrscheinlich genau soviel bedeuteten wie unseren Kindern Fernsehen und Walkman,
- und schließlich – das ist fast jedem Kind verständlich – die Wegnahme der Haustiere; der kleine Kater der Professorenfamilie Klemperer könnte insoweit fast zum Schlüssel für kindliches Verstehen werden.

Das alles sind Gründe dafür, warum ich meine, daß sich der Appell des neuen Gedenktages vor allem an die Institutionen unseres Landes richtet, die den Schlüssel zu Erziehung und Information besitzen, also an Schulen und Medien. Mit öffentlichen Feierstunden allein ist hier wenig getan, und wenn sie noch so nachdenklich verlaufen. Überhaupt erscheint es mir sinnvoll, den 27. Januar nicht als Feiertag zu begehen, auch nicht im Sinne der Feiertagsgesetze, sondern als wirklichen Tag des Gedenkens, in einer nachdenklichen Stunde inmitten der Alltagsarbeit, auch der Alltagsarbeit eines Parlamentes. Deshalb bin ich besonders dankbar dafür, daß die heutige erste öffentliche Gedenkstunde im Deutschen Bundestag stattfindet, bei den gewählten Vertretern des deutschen Volkes. Wichtiger als die Form aber ist mir das Gedenken selbst, das in stiller, nicht pompöser Form und inmitten der Tagesarbeit stattfinden sollte, so wie wir es auch von unseren Mitbürgern erwarten.

Der heutige Tag, der eine Woche vor dem Gedenktag liegt, kann trotz des ungewöhnlichen Datums am besten zeigen, was ich meine. Gewiß, dieser Termin ist zunächst aus der doppelten Schwierigkeit entstanden, daß am 27. Januar keine ordentliche Parlamentssitzung geplant war und daß ich mich an diesem Tage auf einer Auslandsreise befinde, die lange vor der Entscheidung für den 27. Januar geplant und festgelegt war. Die Verlegung des ersten Gedenktages auf das Jahr 1997, die ich auch in Erwägung gezogen habe, wäre mir aber nicht sinnvoll erschienen. Ich hätte es nicht für richtig gehalten, nach den Erinnerungs- und Besinnungstagen des Jahres 1995 eine Zäsur eintreten zu lassen. Bei einem Gedenktag, bei dem es vorrangig nicht auf öffentliche Feierlichkeiten, sondern auf das Nachdenken der vielen ankommt, ist das, wie ich glaube, eine zumindest vertretbare Lösung.

Es ist zugleich ein glückliches Zusammentreffen, daß vor wenigen Tagen in diesem Parlament die erste Rede eines israelischen Staatspräsidenten stattgefunden hat. Denn: Ein Vermächtnis der deutschen Verstrickungen in die NS-Diktatur und ihre Verbrechen ist auch unsere besondere Solidarität mit dem Staate Israel. Was David Ben Gurion und Konrad Adenauer und viele andere einst begründet haben, ist zu einer engen Partnerschaft erwachsen, über die wir Deutschen froh sind und für die wir Israel dankbar sind. Ich weiß gar nicht, ob es jeder in Deutschland bemerkt hat, daß Präsident Ezer Weizmann, als er vor wenigen Tagen in diesem Haus von der Pflicht des Gedenkens gesprochen hat, uns mit „Liebe Freunde" angeredet hat.

Ich wünsche mir, daß der 27. Januar zu einem Gedenktag des deutschen Volkes, zu einem wirklichen Tag des Gedenkens, ja des Nachdenkens wird. Nur so vermeiden wir, daß er Alibiwirkungen entfaltet, um die es uns am allerwenigsten gehen darf. Eine Kollektivschuld des deutschen Volkes an den Verbrechen des Nationalsozialismus können wir, wie ich schon sagte, nicht anerkennen; ein solches Eingeständnis würde zumindest denen nicht gerecht, die Leben, Freiheit und Gesundheit im Kampf gegen den Nationalsozialismus und im Einsatz für seine Opfer aufs Spiel gesetzt haben und deren Vermächtnis der Staat ist, in dem wir heute leben.

Aber eine kollektive Verantwortung gibt es, und wir haben sie stets bejaht. Sie geht in zwei Richtungen:

– Zunächst darf das Erinnern nicht aufhören; denn ohne Erinnerung gibt es weder Überwindung des Bösen noch Lehren für die Zukunft.
– Und zum anderen zielt die kollektive Verantwortung genau auf die Verwirklichung dieser Lehren, die immer wieder auf dasselbe hinauslaufen: Demokratie, Rechtsstaat, Menschenrechte, Würde des Menschen.

Aber hier beginnt das Problem: Wer Unfreiheit und Willkür kennt, der weiß Freiheit und Recht zu schätzen. Die Selbstverständlichkeit aber, mit der unser Volk Freiheit und Recht erleben darf, vermittelt mitunter zu wenig Gespür für die Gefahren von Willkür und Unfreiheit.

Das ist das große Problem, vor dem jeder länger bestehende demokratische Rechtsstaat steht. In Deutschland ist es aber empfindlicher als anderswo; denn hier und von hier aus sind die Scheußlichkeiten begangen worden, deren wir uns heute erinnern, und hier hat es eine Generation der Zeitzeugen gegeben, die für sich die Konsequenzen aus jenen Erfahrungen gezogen hatte, die jetzt aber abtritt.

Deshalb meine Mahnung zum Erinnern, deshalb meine Mahnung zur Weitergabe der Erinnerung – nicht nur am 27. Januar. Aber vielleicht kann uns dieser Gedenktag, dieser Denk-Tag dabei helfen.

Angemessen gedenken: Wege aus einem Dilemma
Anregungen zu Gedenkfeiern, Gedenkritualen und zur Nacharbeit beim Gedenkstättenbesuch

Albrecht Lohrbächer und Helmut Ruppel

I Das Dilemma

Es gibt in Deutschland noch keine der Schoa angemessene Kultur des Gedenkens. Dort, wo bislang solche Versuche gemacht wurden, kommen sie über pauschale Betroffenheitsbekenntnisse, Schuldeingeständnisse kaum hinaus. Viele haben sich damit geholfen, daß sie Anleihen bei 'jüdischen Liturgien' machten, sich einer anderen Geschichte, einer anderen Identität zu bedienen suchten. Wirklich eigene authentische Versuche sind uns bislang nicht bekannt.

Viele Gruppen haben nach einem Besuch in einer Gedenkstätte, in der zwischen 1933 und 1945 Menschen gequält und ermordet wurden, das Bedürfnis, nicht nur stumm herumzustehen, sondern ihren Gefühlen angemessen Ausdruck zu verleihen.

Israelis, die Gedenkstätten besuchen, praktizieren für ihre und mit ihren Jugendlichen beeindruckende Gedenkfeiern; deutsche Jugendliche, die sie beim Besuch begleiten, erleben dieser Situation gegenüber nicht selten Hilflosigkeit, weil sie keine entsprechende Ausdrucksform haben. Um dem vorzubeugen, hat z. B. der Bayerische Jugendring zusammen mit den israelischen Partnern eine zweisprachige Broschüre mit Texten und Liedern für binationale Gedenkfeiern (Deutschland – Israel) zusammengestellt: „Erinnern und nie vergessen!!" (Herzog-Heinrich-Straße 7, 80336 München). Nur: Auch diese Zusammenstellung lebt im wesentlichen von jüdisch-israelischen Texten und kann nur in Zusammenarbeit mit jüdischen Gruppen Verwendung finden.

Ursprünglich wollten wir einzelne Bausteine für die Gestaltung von Gedenkveranstaltungen in diesem Kapitel wiedergeben. Doch war dies mangels einer ausreichenden Anzahl von Texten und anderen Materialien nicht möglich, auch haben wir selbst Anteil an den Defiziten der deutschen Geschichte, die bleibend im Schatten der Schoa steht.

Mit der Ausrufung des Gedenktags 27. Januar kam nun auf die Bildungseinrichtungen zu dieser gerade beschriebenen Herausforderung eine neue hinzu, sie sollten angemessene Formen für Feiern zu diesem Tag oder zu anderen entsprechenden Anlässen finden.

Der gestellten Herausforderung werden wir demnach in diesem Buch nur sehr unzureichend begegnen können. Die Zeit scheint noch nicht gekommen, fertige/schlüssige Entwürfe, für viele Menschen nachvollziehbare Sprachhilfen zu präsentieren.

Wir wollen dennoch wenigstens Ansätze zum eigenen Weiterdenken und -gestalten vorstellen; ob sie den selbst gestellten Kriterien schon genügen, möge der kritischen Prüfung des Lesers/der Leserin anheimgestellt werden.

II Kriterien

Angemessen gedenken – Sieben Fragen zu Formen und Verhalten

Weil Gedenken an die „Schoa" im Lande der Täter bis heute keinen angemessenen Ort gefunden hat, fehlt es an gewachsenen, angemessenen und eingeübt-nachvollziehbaren Formen der Präsentation eigener Nachdenklichkeit, Trauer und Scham.

Die folgenden „Sieben Fragen" stellen nur erste Überlegungen zu dem dar, was wachsend einmal Stil und Inhalt des Gedenkens prägen könnte. Sie wollen helfen, im „Vorraum" Klärungen zu versuchen:

- *1. An welchem Ort und welcher Personen wollen wir gedenken?*

Sind wir uns über den Ort, den wir besuchen und an dem wir innehalten, in seiner sinnbildlichen Kraft im klaren?
Oft können Menschen sich auf ein gemeinsames Gedenken nur einigen, wenn (unausgesprochen) offen bleibt, daß die einen der Ermordeten, die anderen aber *auch* der im Krieg Getöteten („der Opfer von Verfolgung und Krieg") gedenken, in dem falschen Verständnis der entlastenden Sätze: „Im Tod sind alle gleich, bzw. „Alle haben gelitten". Verträgt sich unser Sinn für Gerechtigkeit mit dieser Vermischung, werden wir einer der beiden Gruppen wirklich gerecht?

- *2. Haben wir auf der Suche nach einer angemessenen Sprache auch nicht zu unbedacht mangels eigenen anstrengenden Nachdenkens zu Gedenkworten und Klageriten der jüdischen Tradition gegriffen?*

Häufig werden bei Gedenkveranstaltungen sehr selbstverständlich jüdische Texte (z.B. „Kaddisch[1]", Lieder aus dem jüdischen Widerstand, Erinnerungen jüdischer Opfer oder Überlebender) laut, die von ihrer Heimat her in einen völlig anderen Zusammenhang gehören. Wir sollten länger über eigene Worte nachdenken und manchmal, wenn es schwerfällt, lieber weniger sagen, als rasch in den Traditionsbestand der leidgeprüften Kultur Israels zu greifen.

- *3. Haben wir früh- und rechtzeitig eine Verabredung getroffen, ob wir etwas und was wir sagen wollen, wo wir es sagen wollen und wer es sagen soll?*

Erschütterung und Zuversicht in Worte zu fassen erfordert eine sensible Gratwanderung. Auch hier wohnt neben dem Erhabenen besonders nahe das Lächerliche.
Die Notwendigkeit, Worte für Trauer, wahres Betroffensein, für den Sinn des Gedenkens (aus der Sicht der 'Täter'-Nachkommen), für mutmachende, zukunftsweisende Aussagen zu finden, ist, vor allem auch im pädagogischen Bereich unver-

---

[1] Das Kaddisch nimmt in der jüdischen Religion eine zentrale Stellung ein. In ihm wird Gottes Namen gepriesen, Gott geheiligt und für das baldige Kommen seines Reiches und des Messias angerufen. Der Inhalt der ersten Bitte gab dem ganzen Gebet den Namen (Kaddisch = heilig). Das Kaddisch hat vor allem seinen Ort im Gottesdienst. Seit einigen Jahrhunderten entwickelte sich der Brauch, daß das Gebet von den Hinterbliebenen (dem Sohn z.B.) oder nahen Angehörigen ein Jahr lang täglich und danach immer wieder am Todestag gesprochen wurde und wird, synonym mit „Kaddisch sagen".

zichtbar gegeben. Kein Besuch an einem Gedenkort, kein Gedenken zu einem Gedenkanlaß/zu einem Gedenktag, bei dem nicht in einer gründlichen Vorbereitung eine entsprechende „Liturgie" verabredet wird!

- *4. Haben wir die angemessenen Proportionen zwischen dem Sprechen, dem Schweigen und der eventuellen Musik sorgfältig bedacht?*

Manche Orte sind eine emotionale Überforderung, manche Musik ist gänzlich unpassend, Schweigen ist oft ungeübt und wird als peinlich empfunden. Eine gründliche Klärung des „Rahmens" kann Verlegenheiten jeder Art ersparen.

- *5. Haben wir bedacht, daß das, was wir angezogen haben, und wie wir uns bewegen, etwas über den Grad unseres Interesses, etwas über unsere innere und äußere Beteiligung aussagt?*

Das Thema *Bekleidung* hat überall unverändert hohe Bedeutung – gerade auch an Orten der Trauer und des Gedenkens. Verabredungen über die angemessene Bekleidung sowie über das Verhalten beim Gang durch die Gedenkstätte bzw. beim Besuch der Gedenkveranstaltung tragen zur Sicherheit der Beteiligten und zur Identifizierung bei.

- *6. Haben wir über eine Gesprächsmöglichkeit nach dem Besuch oder andere Formen des Verarbeitens von Eindrücken nachgedacht?*

Es gibt keine zuverlässigen Erkenntnisse über Wirkungen, Einflüsse und Veränderungen durch Gedenkstättenbesuche bzw. von gemeinsamen Gedenken. Wir können uns nur unsere Erfahrungen berichten. Dafür benötigen wir eine gesprächs- oder gestaltungsförderliche Atmosphäre.

- *7. Ist uns die Zusammensetzung unserer Gruppe bewußt?*

Manchmal sind Generationenunterschiede hilfreich, manchmal belastend. Es gibt auch sehr unterschiedliche religiöse, kulturelle und politische Familienhintergründe. Es ist gut zu wissen, wer zu unserer Gruppe gehört. Jede Generation muß in ihrer Weise Worte finden, damit nicht unangemessene Gefühle von einer Generation auf die andere übertragen werden. Auch die weltanschauliche Orientierung ist zu bedenken, nicht immer sind christliche Gebete oder Bibeltexte angebracht.
Ein „natürliches" Ritual gibt es nicht, es gibt viel Ungelenkes und Unpassendes. Das können wir zu einem großen Teil vermeiden, wenn in der Vorbereitung Verabredungen getroffen werden.

Unsere „Sieben Fragen" verstehen sich als Anregung, sind erweiterbar und wären im besten Fall gar nicht nötig...

III Anregungen

A Gedenkstättenbesuche und die notwendige Nacharbeit

1. An zwei Beispielen aus der Gedenkstättenarbeit sollen Alternativen zur Gedenkfeier als angemessene Reaktion dokumentiert werden – vielleicht sind diese Formen unserer geschichtlichen Situation eher adäquat!?
   1. Geschichte lernen und wachsen – Besuch in einer KZ-Gedenkstätte, siehe S. 365ff.
   2. Die Auseinandersetzung annehmen – Schreiben als Erinnerungsarbeit der Nachgeborenen, siehe S. 378ff.

B Gedenkfeier und Gedenkgottesdienst

Drei Beispiele dokumentieren Gedenkveranstaltungen aus Anlaß des 27. Januar bzw. 9./10. November. Sie leben wesentlich von der „szenischen Lesung", also lassen die Gedanken und Schicksale von Betroffenen in deren Äußerungen zu Worte kommen und setzen so auf unmittelbare Wirkung.
3. Szenische Lesung anläßlich des 50. Jahrestags der Reichspogromnacht, siehe S. 387ff.
4. Von der Last, ein Deutscher zu sein – Szenische Lesung, siehe S. 400ff.
5. Gottesdienst am Tag des Gedenkens an die Opfer des Nationalsozialismus 27. Januar 1998 – Entwurf mit liturgischen Elementen, Texten und Musik, siehe S. 405ff.

C Hinweise auf Bücher, aus denen sich Ausschnitte für unterschiedliche Anlässe des Gedenkens eignen, die zugleich auch für eine längere Projektarbeit sich anbieten:

Elie Wiesel, Albert Friedländer,
Die sechs Tage der Schöpfung und der Zerstörung[2]
In diesem Buch gehen die beiden renommierten Autoren, der Nobelpreisträger Elie Wiesel und der Rabbiner Albert Friedländer, in Erinnerung an die Schoa durch die sechs Tage, erzählen Geschichten aus der Schoa, sechs Geschichten, die für das Ganze stehen, sechs Schicksale, die „im Angesicht der absoluten Nacht die Erinnerung wachhalten, während gleichzeitig sechs Gedenkkerzen entzündet werden können: als Zeichen für die sechs Millionen Ermordeten...sechs Geschichten, die insgesamt oder einzeln gelesen werden können; die allein oder zusammen mit anderen gelesen werden können; die erinnert werden müssen. – Eine kurze Meditation, ein Gebet geht jeder Sektion voraus..."[3] Angefügt ist diesem Buch eine „Einführung zur Verwendung in der Liturgie" mit „Vorschlägen für die Verwendung in einem christlichen Gottesdienst". *Allerdings sollte dieser Vorschlag nur in Verbin-*

---

[2] Elie Wiesel, Albert Friedländer, Die sechs Tage der Schöpfung und der Zerstörung, Freiburg 1992.
[3] Elie Wiesel, Albert Friedländer, a.a.O., S. 21 bzw. S. 24.

dung mit einer jüdischen Gemeinde oder in Anwesenheit eines jüdischen Mitwirkenden verwirklicht werden, die darin verwendeten liturgischen Stücke aus der jüdischen Tradition sollten nicht christlichen Zwecken untergeordnet werden, vgl. oben die Hinweise in „Angemessen gedenken".

Irene Eckler, Die Vormundschaftsakte 1935 - 1958[4]*,*

Eindrücklich und für szenische Lesung gut verwendbar ist die Dokumentation, die Irene Eckler, als Kind eines nichtjüdischen Vaters und einer jüdischen Mutter („Rassenschande" in der Sprache der Nazis) geboren, vorgelegt hat. Sie belegt darin authentisch ihre Leidens- und Überlebensgeschichte. Die vielen eindrücklichen Dokumente lassen sich auch vorlesen und/oder auf Folie zeigen. Es ist eine besondere Geschichte, das Leiden ging weit über das historische Ende der Verfolgung 1945 hinaus weiter. Willkür des NS-Regimes, die treue Unterstützung der nationalsozialistischen Maßnahmen durch den Beamtenapparat in Justiz und Verwaltung, die großartige Hilfe von Vormund und Pflegeeltern und das Weiterwirken des NS auch über 1945 hinaus, machen das Buch zu einem unverzichtbaren Dokument für das Gedenken. Zu dem Buch liegt auch eine ausgearbeitete szenische Lesung für Veranstaltungen vor.

Jaffa Eliach, Träume vom Überleben[5]

Die Autorin, selbst Überlebende, sammelte beispiellose Geschichten vom Überleben, sie stammen alle aus dem Chassidismus und sind jede für sich mit Name des Zeugen/der Zeugin und mit Datum versehen, Geschichten, die einem nicht mehr loslassen, es sind Geschichten von Wundern des Überlebens, Geschichten von tiefer Menschlichkeit mitten im Völkermord. Sie spiegeln die Katastrophe. Die Autorin schreibt dazu: „Die Geschichten ... vermitteln eine Ahnung von dem spirituellen Kampf des Menschen ums Überleben. Es darf jedoch nicht vergessen werden, daß dies eben nur die Erzählungen der Überlebenden sind. Möglicherweise hatten Tausende, Millionen unschuldiger Opfer, die nicht überlebten, dieselben Träume... Trotz Auschwitz ... kann sie (sc. die jeweilige Geschichte) einer chaotischen Welt Ordnung verleihen..."[6] Die Geschichten sind darum ermutigend, sie könnten einer jungen Generation helfen, beim Gedenken sensibler zu werden, sie bewahren vor dem Absturz in das endlose Grauen, ohne irgendwie zu verharmlosen. Eine Auswahl dieser Geschichten lohnt die Mühe der Projektarbeit!

Peter Weiss, Die Ermittlung[7]

Der Autor hat die Materialien zu diesem „Oratorium in 12 Gesängen", also einem Theaterstück, dem Frankfurter Auschwitz-Prozeß (1963 - 1965) entnommen. In 11 Szenen, die von außen (Rampe) bis in das Zentrum der Vernichtung (Feueröfen) reichen, kommen Richter, Ankläger, Verteidiger, Zeugen und Angeklagte zu Wort. Es kommen nur die Fakten zur Sprache, ermittelt wird über eine Gesellschaft, die diese Fakten zugelassen hat. Eine szenische Lesung eines oder zwei „Gesänge"

---

[4] Schwetzingen 1996, Horneburg-Verlag, Postfach 1446, 68704 Schwetzingen.
[5] Yaffa Eliach, Träume vom Überleben, Herder-TB 4478, Freiburg 1996 (Neuaufl.).
[6] Yaffa Eliach, Träume vom Überleben, Freiburg 1985, S. 18.
[7] Peter Weiss, Die Ermittlung, rororo-TB, Hamburg 1969, mit immer neuen Auflagen.

bietet sich an, die Sprache des Dramas ist so dicht, daß die Wirkung nicht ausbleibt. Eine solche Lesung ist auch beim oder nach einem Besuch in einer KZ-Gedenkstätte denkbar.

Simon Wiesenthal, Die Sonnenblume[8]
Der bekannte Autor und langjährige Leiter des Wiener Dokumentationszentrums des „Bundes jüdischer Verfolgter des Naziregimes" hat 1969 ein vielmals nachgedrucktes Buch mit dem Titel „Die Sonnenblume" vorgelegt. In ihm stellt er dar, wie ihm 1942 ein junger SS-Mann im Todeskampf seine Verbrechen gesteht, in der Hoffnung, vor seinem Tod von einem Juden pauschal Vergebung zu erlangen. Er bleibt ohne die ersehnte Antwort. Da ihn das Erlebte nicht losließ, ihn die Frage quälte: „Habe ich mich richtig oder falsch verhalten?" – hat er die Geschichte aufgeschrieben und sie an Persönlichkeiten in aller Welt geschickt. Die Antworten von Schriftstellern, Politikern, Überlebenden, Juden wie Nichtjuden, sind zusätzlich zur Geschichte in diesem Buch enthalten.

Da die Schuldfrage beim Erinnern/Gedenken immer dabei ist, könnten in einer Veranstaltung die Geschichte berichtet und aus den sehr unterschiedlichen Reaktionen zu Schuld und Vergebung gelesen werden. Von „Es gibt keine Antwort auf diese Frage" über „Niemand kann vergeben, was andere erlitten" oder über „Kein Recht und Gesetz ohne Gnade" bis „Verzeihen fördert indirekt solche verbrecherischen Praktiken" sind alle Varianten vertreten.

Die Verwendung dieses Buches für Gedenkveranstaltungen legt sich darum auch nahe, weil Juden immer wieder als unversöhnlich dargestellt werden, ihre Erinnerungskultur als ewiger Schuldvorwurf denunziert und von ihnen häufig „christliche Vergebung" gefordert wird. Hier wird differenziert und an der Person Simon Wiesenthals deutlich, wie schwer die Fragen nach Schuld und Vergebung letztlich zu beantworten sind.

„Brundibar" – Eine Kinderoper im Ghetto Theresienstadt
1938 komponierte Hans Krasas in Theresienstadt die Kinderoper „Brundibar" vom Sieg des Guten über das Böse. Sie wurde zur beliebtesten Kulturveranstaltung im Ghetto und feierte 55 Aufführungen. Die internierten Kinder führten die Oper auf und zogen daraus die Hoffnung auf bessere Zeiten, denn „Brundibar" erzählt von zwei Kindern, deren Mutter krank ist. Auf der Suche nach Milch für ihre Mutter begegnen sie verschiedenen Leuten, darunter dem Drehorgelspieler Brundibar, der für sein Spiel Geld erhält. Das wollen die Kinder nun auch tun, doch der Drehorgelspieler hindert sie mit allen Mitteln. Spatz, Katze und Hund helfen am Ende den Kindern Aninka und Pepicek. Mit einem Freundschaftslied wird am Ende der Sieg über den bösen Brundibar gefeiert.

1995 wurde die Kinderoper mit jugendlichen Darstellern aus Polen, Tschechien und der Bundesrepublik unter der Schirmherrschaft der drei Länder und mit einem großen Orchester von Jugendlichen aus Europa und Israel in der Berliner Staatsoper aufgeführt. Die erste Probenphase hatte in Theresienstadt stattgefunden, weitere Aufführungen waren in Prag und Berlin, denn die Oper wurde von den Kin-

---

[8] Simon Wiesenthal, Die Sonnenblume, Hamburg 1970, später als Taschenbuch bei Ullstein.

dern in drei Sprachen einstudiert und mit großem Elan und viel Jubel vorgeführt und aufgenommen.

Am 27. Januar 1997 wurde die Oper in vielen Städten Deutschlands als wichtigstes Jugend-Kultur-Projekt aufgeführt.

Das Fritz Bauer Institut dokumentiert diese Arbeit mit einem Video (38 Min.) und einem Begleitvideo (50 Min.) zu den pädagogischen Materialien, die in einer großen Arbeitsmappe gesammelt sind und in vorzüglicher Ausstattung, reichhaltiger Hintergrundinformation und weiterführender Erinnerungspraxis in ungewöhnlicher Weise Jugendliche zu motivieren vermag, und Unterrichtende ebenso.

Das Fritz Bauer Institut schreibt zum Projekt:

„Mit dem „Brundibar" - Projekt beschreitet die Jeunesses Musicales einen Weg, der sich bewußt von den traditionellen, häufig für heutige Jugendliche erstarrt und inhaltlos erscheinenden Formen des Gedenkens unterscheidet. ... Die Form der Operninszenierung als Projekt läßt zudem durch die Mischung aus Musik, Kunst, Theater, Handwerk und aktivem Unterricht (z.B. Recherchen der Geschichte der jüdischen Gemeinde und Deportationen am eigenen Heimatort) eine ganze Reihe von unterschiedlichen Zugangsmöglichkeiten zum Thema Holocaust zu. So wird Gedenken im Laufe des Projekts zu einem selbstverständlichen Teil des täglichen Lebens und damit aus der Ecke einer manchmal ungeliebten Pflicht herausgeholt." (newsletter, Nr.13, Oktober 1997, vgl. Teil IV)

Erwerb der Mappe gegen *Schutzgebühr von DM 30.-* samt allen Materialien bei:
Jeunesses Musicales Deutschland e.V., Marktplatz 12, 97990 Weikersheim, Tel. 079/34-280

D Weitere Ideen für Veranstaltungen

- Am Beispiel einer Person oder einer Familie den Weg der Ausgrenzung, der Deportation mit Hilfe von Bildern und anderen Dokumenten (z.B. Briefen, Zeugenaussagen usw.) darstellen. (Vgl. „Das Gedenkbuch-Projekt", s.o. Teil II)
- Dasselbe könnte z. B. am Beispiel einer ganzen Bevölkerungsgruppe dargestellt werden. Der Weg der Deportation aller badischen und pfälzischen Juden im Oktober 1940 ist aus einer für den Unterricht aufbereiteten Dokumentation durch Lesung einzelner Zeugnisse sehr eindrücklich zu präsentieren: Johannes Obst, Gurs, Mannheim 1985 (erhältlich bei: A. Lohrbächer, Breslauer Str. 7, 69469 Weinheim)
- Auch das Beispiel einer Rettung eines/einer Verfolgten könnte in einer Lesung von Originaldokumenten mit Zwischenkommentaren im Mittelpunkt einer Veranstaltung stehen, s.o. „Die Gerechten unter den Völkern", Teil II; Beispiel: M. Krakauer, Lichter im Dunkel, Flucht und Rettung eines jüdischen Ehepaares im Dritten Reich, neu herausgegeben von Otto Mörike, Stuttgart 1975
- Der Arzt und Pädagoge Janusz Korczak könnte auch einmal im Mittelpunkt einer Gedenkveranstaltung stehen. Seine Veröffentlichungen, sein Lebensbeispiel ist ermutigend, leicht einfühlbar, weil er es mit Kindern und Jugendlichen zu tun hatte. Eine gute Vorlage dazu bietet das Schülerbuch für den Religionsunterricht „Gerechtigkeit lernen", Klett, Stuttgart 1996, S. 62ff, „Leidenschaft für das Leben".

- 27. Januar – Tag des Gedenkens an die Opfer des Nationalsozialismus, Materialien für fächerverbindenden Unterricht, hrsg. vom Ministerium für Kultus, Jugend und Sport, Baden-Württemberg, Postfach 10 34 42, 70029 Stuttgart, 1997
Fünf thematische Einheiten, die ihrer Gestaltung nach methodische Freiheit lassen und entsprechend den schulischen und regionalen Kontexten modifiziert werden können: "Auschwitz erinnern; Die NS-Vernichtungsmaschinerie; Weimar und Buchenwald; Überleben – Weiterleben, Erinnern für die Gegenwart. Hinzu kommen künstlerische Denkanstöße und didaktische Anmerkungen.. 94 Seiten ohne „Belehrung", aber mit vielen Impulsen! (Falls vergriffen auch bei den Autoren ausleihbar)
- 27. Januar – Tag des Gedenkens an die Opfer des Nationalsozialismus, hsrg. von der Beratungsstelle für Gestaltung von Gottesdiensten und anderen Gemeindeveranstaltungen, Frankfurt a.M., Eschersheimer Landstraße 565, 60431 Frankfurt
Ein wunder Punkt auch dieser Veröffentlichung: Christlich-geistliche Erinnerungspraxis, die zwar auf Pomp, Pathos und Peinlichkeiten verzichtet, aber auch diese Vorschläge enthalten Texte und Musik aus jüdischer Tradition. Es bedarf noch einiger Zeit, um auch eine eigene gottesdienstliche Erinnerungskultur zu erarbeiten. Das wird wohl zum Schwersten gehören.

Geschichte lernen und wachsen
Besuch in einer KZ-Gedenkstätte

Barbara Fenner

1. Das Lernziel „Identität" beim Besuch von KZ-Gedenkstätten

Es scheint paradox zu sein, im Geschichtsunterricht bzw. in der Gedenkstättenpädagogik ausgerechnet angesichts des millionenfachen Mordes der Nationalsozialisten im bekanntlich besonders schwierigen Gedenken die deutsche Identität bearbeiten zu wollen.

Zum Aufbau einer stabilen personalen Identität ist allerdings die Integration und Bewußtwerdung möglichst vieler, auch der unerwünschten Persönlichkeitsanteile notwendig.

Die Tiefenpsychologie fördert als wesentlichen Reifeschritt die bewußte Aussöhnung mit eigenen Schattenseiten. Auch eine stabile nationale Identität wird erst durch eine Auseinandersetzung und Bearbeitung unserer Schattenanteile erreichbar.

Es ist unmöglich, ein wirklich gesundes Selbstwertgefühl und ebenso eine nationale Identität aufzubauen, solange die dunklen und mörderischen Seiten der deutschen Vergangenheit ausgeklammert, also unbewußt oder unbekannt bleiben. Selbst die stellvertretende symbolische Bearbeitung des Themas macht gegenwärtig Schwierigkeiten.

Angemessene neue Formen des Gedenkens zeigen sich darin, daß die Einsicht in nationale Schuld nicht ausschließlich auf Selbstbezichtigung oder Buße abzielt. Selbstbezichtigung kann selbstzerstörerisch wirken. Es geht um das Entwickeln von konkretem Verhalten, um neue menschlichere Umgangsformen, die bereits in sich tragen, daß wir heute Konflikte anders lösen als in der NS-Zeit, in einer Realität, in der es KZs gab und daß wir heute anders mit struktureller Gewalt und mit Obrigkeit umgehen.

Für Jugendliche sind die Zielperspektiven im Gedenken an die Ermordung der Juden und generell der nationalsozialistischen Opfer dann klarer, wenn z.B. Geschichts-Lehrer ihre Ziele zunächst selbst reflektieren und im Unterricht möglichst transparent machen.

Voraussetzung dafür, sinnvoll mit Jugendlichen über die NS-Zeit zu arbeiten, ist es m.E., daß sie erkennen können, daß *sie* im Mittelpunkt der Aufmerksamkeit stehen, und nicht der Stoff oder irgend ein Lernziel. Wenn wir gemeinsam nach offenen Formen des Gedenkens suchen, um eine uns gemäße Form – jenseits der ritualisierten offiziellen Gedenkfeiern – zu finden, kann die Zusammenarbeit Anlaß zu Verhaltensänderungen ermöglichen.

Umgekehrt erlebe ich, daß Jugendliche, die vermuten, sie sollten vorbestimmte Formen von Gedenken erlernen oder wegen meines Interesses auf Exkursion gesandt werden, abwehren. Wenn Jugendliche befürchten, daß von ihnen „Betroffenheit"¹ verlangt wird oder daß sie mit Schuldzuweisungen konfrontiert und in der Rolle der „Nachkommen der Täter"² abgewertet werden sollen, dann ist ihr Widerstand, wie ich glaube, mit Recht, vorprogrammiert.

In meinem Gymnasium bin ich als die Lehrerin bekannt, die sich mit den KZs Landsbergs beschäftigt. Trotzdem fahre ich nicht mit jeder Geschichtsklasse zur KZ-Gedenkstätte Dachau und gehe auch nicht immer zu KZs im Landkreis bzw. zur Justizvollzugsanstalt³.

Exkursionsmöglichkeiten und meine Kenntnisse biete ich an, aber nicht als festes Programm, sondern in einer offenen Form, die erkennen läßt, daß die Zielsetzung gemeinsam erarbeitet wird. Das gemeinsame Ziel könnte sein, eine Annäherung an eine Schuld von apokalyptischem Ausmaß zu suchen. Wir erarbeiten, strukturieren und planen zusammen unsere Form des Gedenkens, und das jedes Mal neu.

2. Der Genozid an den Juden – unterrichtliche Überlegungen

Mit dem Mord an den europäischen Juden werden alte Denkgewohnheiten und unser Menschenbild in Frage gestellt. Wir brauchen dafür alternative Formen der Vermittlung. Es ist zwischen außerordentlich vielschichtigen und unterschiedlichen Lernzielen zu unterscheiden.

Mein wichtigstes Anliegen ist zunächst einmal, intensive Gespräche in Gang zu bringen. Deswegen versuche ich, Widerstand zu umgehen, denn ich wünsche mir innerlich beteiligte, möglichst engagierte Jugendliche, oder wenigstens ihre Offenheit und Neugierde. Erreicht werden sollte eine bewußte Auseinandersetzung mit

---

[1] Die seit den 80er Jahren inzwischen verpönte, weil pädagogisch kontraproduktive Haltung einer Betroffenheitspädagogik in KZ-Gedenkstätten ist Jugendlichen teilweise als Abschreckungspädagogik bekannt. Vgl. dazu u.a. Renata Barlog-Scholz, Historisches Wissen über die nationalsozialistischen Konzentrationslager bei deutschen Jugendlichen. Empirische Grundlage einer Gedenkstättenpädagogik. Heidelberger Studien zur Erziehungswissenschaft. Hg. Volker Lenhard, Hermann Röhrs, Bd. 39. Peter Lang, Frankfurt a. Main 1994, S. 115ff

[2] Konrad Brendler, Die Rezeption der Geschichte des Nationalsozialismus, S.162ff, verlangt, „im Sozialisationsprozeß der Nachkommen der Täter irrationale Kompensationsversuche ihres Identitätsballastes" (zu) „verhindern..." Individuell erkennbare Schuld darf nie beschönigt, sondern muß benannt werden, sonst beleidigen wir die Überlebenden und die Toten des Genozids an den Juden.

Allerdings ist die in den Medien und in der Fachliteratur gängige Schuldzuweisung „im Lande der Täter" – bei allem Verständnis für die in Israel heute wichtigen Bemühungen um nationale Identität als Israeli – für deutsche Jugendliche unerträglich. Diese Formulierung mit unterschwelliger Schuldzuweisung sollte insgesamt, besonders in der Geschichtsdidaktik, gegenwärtig stärker reflektiert werden.

Die Polarisierung in „Täter" und „Opfer" enthält zudem, wie alle Pauschalisierungen, Unwahres. Und nicht nur „Täter", auch die „Opfer" empfinden die Zuordnung als problematisch, denn Opfer sind nicht beliebt. Die mir bekannten überlebenden KZ-„Opfer" in Israel oder der BRD wehren sich gegen diese Klassifizierung. Für viele Überlebende war die bittere Erfahrung der erneuten Abwertung als „Opfer" beim ersten Sprechen über ihre KZ-Erfahrungen ein Grund, jahrzehntelang zu schweigen.

[3] Gemeint ist das Landsberger Gefängnis, in dem A. Hitler während seiner Haftzeit „Mein Kampf" diktierte, sowie der dazu gehörige Friedhof, auf dem nebeneinander Kriegsverbrecher und einzelne ihrer Opfer begraben liegen.

dem Unbehagen, nicht „nur wegen eines evtl. vorhandenen familiaren Abwehrerbes, sondern auch wegen seines Kränkungsgehaltes für das Selbstideal."⁴ Verarbeitung kann moralische Entwicklung fördern, und sie ist ein Teil sowohl der jeweiligen Familiengeschichte als auch der Landesgeschichte.

Gedenken am authentischen Ort der Konzentrationslager ist ein schwieriger Unterrichtsstoff, der historische Wahrheit als inhaltliche Klärung und möglichst präzise Begrifflichkeit der verwendeten Sprache voraussetzt, wenn gleichzeitig seelische Kräfte bewegt werden sollen.

Der Genozids an den Juden ist heute den meisten Jugendlichen als Problemfeld irgendwie bekannt, und es ist davon auszugehen, daß viele eine ungenaue verzerrte Vorstellung besitzen, die inhaltlich zunächst einzugrenzen ist und im Unterricht, soweit erkennbar, hinterfragt und gegebenenfalls korrigiert werden muß.

Meiner Meinung nach ist es die Aufgabe von Pädagogen, neben der Vermittlung von exaktem Wissen, gerade weil in besonderem Maße mit Emotionen umzugehen ist, gleichzeitig eine innere Entwicklung zu initiieren (sie muß allerdings von den Jugendlichen nicht geleistet werden und sie ist nicht bewertbar), zudem sollten Wege aufgezeigt werden, die nicht ausschließlich in die Depression führen⁵, ohne dabei die Vernichtungsabsichten der Nationalsozialisten gegenüber den europäischen Juden und ihre Morde zu beschönigen. Schüler können es kaum ertragen, wenn ausschließlich hoffnungslose Gedanken bearbeitet werden. Deswegen sind z.B. Kenntnisse über Aktivitäten des deutschen Widerstands hilfreich. Noch wichtiger scheint mir das Suchen, Aufzeigen und Einüben von Persönlichkeitswerten, die Jugendliche heute stabil genug machen, um selbst in der Zukunft die Menschenwürde als achtenswertes Gut zu schützen, und zwar entsprechend den eigenen Möglichkeiten, um selbst in einem Unrechtsstaat ausreichende Kräfte dafür zu besitzen.

Oberste Bildungsziele, wie Verantwortungsgefühl und Verantwortungsfreudigkeit werden bevorzugt an Elternabenden und bei Abiturreden heraufbeschworen oder von Politikern proklamiert.⁶ Beim Überprüfen der Praxis erweisen sie sich jedoch als nicht einforderbare Programmpunkte.

Tatsächlich wären sie gegenwärtig zudem kaum realisierbar, denn weder an der Universität noch in der Seminarausbildung werden Gymnasiallehrer⁷ in angemes-

---

⁴ Konrad Brendler, a.a.O., S. 160.
⁵ Viktor E. Frankl, ... trotzdem ja zum Leben sagen. Ein Psychologe erlebt das Konzentrationslager. dtv München 1982. Viktor Frankl ist der prominenteste von den ca. 30 000 KZ-Häftlingen des KZ-Kommandos Landsberg-Kaufering. Seine Erfahrungen können zudem eine Gesprächsgrundlage für differenziertere Auseinandersetzungen bieten, wenn diese teilweise über-optimistische Sichtweise dem wesentlich kritischeren Bruno Bettelheim, Erziehung zum Überleben. Zur Psychologie der Extremsituation gegenübergestellt wird. (dtv, München 1982)
⁶ z.B. gelten die „Obersten Bildungsziele" der Bayerischen Verfassung, § 131, 1 mit 3, für alle bayerischen Lehrpläne als die übergeordneten Lernziele.
⁷ Aus dem gültigen Geschichtslehrplan folgt u.a., daß die Gymnasialbildung „zu einem angemessenen Umgang mit den Emotionen an"(leite). „Sie fördert in besonderem Maß Verantwortungsbereitschaft und Verantwortungsfähigkeit auf der Grundlage eines geschichtlich begründeten Verständnisses der abendländischen Kultur" (Amtsblatt des Bayerischen Staatsministeriums für Unterricht und Kultus, Wissenschaft und Kunst. Teil I. Sondernummer 3 vom 5.9.1990. Lehrplan für das bayerische Gymnasium. S. 132).

senem Umfang für eine Schulung der Emotionen von Jugendlichen ausgebildet, wie z.B. die Förderung von Verantwortungsgefühl vermittelt werden könnte. Auch die Seminarlehrer ihrerseits, die Junglehrer ausbilden, haben diese obersten Ziele unseres Bildungssystems nicht umzusetzen gelernt, sondern könnten bestenfalls ihre persönlichen privaten, individuell verschiedenen Beiträge aufgrund ihrer menschlichen Reife ableiten und einsetzen.

In der mir bekannten klassischen Lehrerausbildung ist die allgemein übliche Antwort auf Fragen zum schwierigen Umgang mit Emotionen der Hinweis auf Methodenvielfalt. Mit einem Methodenwechsel scheinen alle denkbaren Konflikte lösbar, und irritierende Emotionen müssen deswegen angeblich nicht bearbeitet werden. Psychologie und Pädagogik, Moralentwicklung und Reifeschritte werden theoretisch vermittelt, in der Hoffnung, daß sie sich von alleine irgendwie in den Jugendlichen bzw. Lehramtsanwärtern durch Einsicht vollziehen. Lehrer und Ausbilder erklären sich meiner Erfahrung nach für Hilfestellungen zur Entwicklung von Emotionen als nicht zuständig oder delegieren bestenfalls an den Religions- bzw. Ethiklehrer.

Was vermittelt werden sollte, wäre die angemessene Haltung Gefühlen gegenüber und ein gezieltes Arbeiten mit den Emotionen, die Entwicklung und Reifeschritte ermöglichen.

Professioneller dagegen scheinen einige Pädagogen in den USA „schulisches Lernen im Hinblick auf die personale Entwicklung der Schüler als emotionale Erziehung[8] zu erforschen und zu realisieren. Unterschiedliche Methoden, z.B. der Tiefenpsychologie, der Humanistischen Psychologie und der pädagogischen Vermittlung von neuesten Erkenntnissen der Hirnforschung werden eingesetzt. Eine besondere Bedeutung kommt dabei der individuellen Bestätigung der Jugendlichen, der Schulung konstruktiver, eigenverantwortlicher Tätigkeit, Konfliktlösungsmodellen, Teamfähigkeit durch Gruppenarbeitserfahrung und kreatives Umsetzen von starken Emotionen in ästhetische oder kinetische Bereiche zu[9].

Die hier nur verkürzt angedeuteten Richtlinien sind als ein besonderes pädagogisches Engagement sehr zu begrüßen. Insbesondere fordert CSU-Fraktionschef Alois Glück nachdrücklich eine kreative Anwendung und den Raum für „andere Lehr- und Lernmethoden" als die derzeit an den Schulen üblichen." (Süddeutsche Zeitung vom 23.1.1998, Nr. 18, Seite 44, über die Diskussion zum Reformkonzept der CSU-Landtagsfraktion).

[8] Das Buch von Daniel Goleman, Emotionale Intelligenz, dtv München 1997, bietet neben einem reichen Literaturkanon viele praktische Beispiele. Wenn man den Optimismus und bestehende Simplifizierungen in Rechnung stellt, lassen sich trotz bestehender Unschärfen gute Anregungen für den Unterricht ableiten.

[9] Ich arbeite in diesem Sinne methodisch mit der themenzentrierten Interaktion (TZI), die von Ruth Cohn während der Emigration in den USA entwickelt wurde und einerseits das Anliegen vertritt, eine pädagogische, werteorientierte Antwort auf die unmenschlichen Greueltaten der Nazis anzubieten und sich in ihrer Haltung durch eine besondere Beachtung und Bearbeitung von Emotionen auszeichnet. Die gesamte TZI-Ausbildung ist langjährig und kostenintensiv, sie schließt Supervision und Peergruppen mit ein. In der Gedenkstättenpädagogik wird die Methode im Haus der Wannseekonferenz, Berlin, eingesetzt.

3. Wichtige Lernziele im Geschichtsunterricht bei Exkursionen zu KZ-Gedenkstätten[10]

- Geschichts-Unterricht sollte gleichermaßen überwiegend kognitive Entwicklungen und persönliches Wachstum im Sinne einer Moralerziehung und sozialer Kompetenz fördern.
- Jugendliche sollen gemeinsam mit der Lehrkraft emotional am Unterricht beteiligt sein, um mit Engagement lebendig zu lernen und um innere Reifeschritte möglich zu machen.
- Sie sollen ihre Lernziele mitbestimmen, sich selbst leiten und lernen, teamfähig zu arbeiten.
- Sie sollen gestärkt werden in ihrem Willen, ein autonomer Mensch zu sein und die Kraft haben, auch gegen eine Mehrheit zu handeln, wenn die unmoralisch wirkt.
- Sie sollten lernen, in der Gegenwart Verantwortung bei ethischen Konfliktsituationen im Sinne von sozialer Kompetenz zu entwickeln.
- Das historische Sachthema sollte sich mit den Entwicklungsmöglichkeiten der verschiedenen einzelnen und denen einer geglückten Klassengemeinschaft gleichrangig die Waage halten.
- Jugendliche sollen eine hohe Sensibilität für den Wert des Lebens und die Würde des Menschen lernen.[11]
- Sie sollen das Gefühl für Leid und Schmerz ausbilden, auch wenn sie selbst nicht davon betroffen sind,[12] soweit ihnen das möglich ist.
- Jugendliche sollen die Hintergründe und die einzelnen Stationen der Politik der nationalsozialistischen Judenverfolgung und ihre systematische Ermordung in den unterschiedlichen Etappen kennen, beurteilen und daraus Schlußfolgerungen für die Gegenwart ziehen lernen.
- Sie sollen die KZs einordnen können in den Gesamtzusammenhang der sich in ihrer Funktion verändernden KZs (für die Politik der Vernichtung oder und/oder für Rüstungszwecke).
- Sie sollen die Sprache der Verschleierung und der Umwertung in der Propaganda und im NS-Staat erkennen und entlarven können.
- Sie sollten gegenüber den Opfern, den Tätern und den Zuschauern[13] des nationalsozialistischen Terrors unterscheidungsfähig werden und Urteilsvermögen ausbilden, um Unrecht in der Gegenwart wahrzunehmen.

---

[10] Wesentliche Lernziele:
 – das Einüben von gezielten Äußerungen und Begründungen der eigenen Emotionen und
 – das Einüben von Konfliktfähigkeit im Klassenverband, vgl. 6.1 und 6.2.
[11] „Das Humane ist wertvoll, Inhumanes wertbedrohend." Ruth Cohn in Alfred Farau und Ruth Cohn, Buch II: Gelebte Geschichte der Psychotherapie. Stuttgart 1984, S. 384.
[12] in Anlehnung an Alisa Badmor, Zum Umgang mit dem Holocaust. In: Klaus Himmelstein/ Wolfgang Keim (Hg.), Die Schärfung des Blicks. Pädagogik nach dem Holocaust. Campus 1996. S. 229.
[13] Vgl. Raul Hilberg, Täter, Opfer, Zuschauer. Die Vernichtung der Juden 1933 - 1945. Frankfurt/Main, 1992 (s.a. Fußnote 2).

- Sie sollen die Werte einer Demokratie und einer pluralistischen Gesellschaft wie der BRD im Vergleich zu Diktaturen kennen, schätzen und vertreten lernen.

Methodisch ist eine behutsame Annäherung an die Thematik, z.B. durch das Beschäftigen mit Einzelschicksalen und dem persönlichen Bezugsrahmen der Jugendlichen, ihrem eigenen biographischen Hintergrund möglich. Einzelschicksale in biographischer Form lassen sich im Unterricht ebenso wie an Gedenkstätten vielfältig bearbeiten.
Kopiervorlagen enthält z.B. der neue Begleitband zu „Schindlers Liste"[14] mit einer Vielzahl von Leitfragen. Die Texte wurden didaktisch aufbereitet.
Ein angemessenes methodisches Vorgehen im Unterricht scheint mir neben der Interaktion in der Großgruppe auch die Arbeit in Kleingruppen zu sein.
Das an Gymnasien heute nach meiner Erfahrung zu häufig praktizierte „Lehrer-Schüler-Gespräch" dagegen (insbesondere der reine Lehrervortrag in Gedenkstätten) verhindert u.U. eine individuelle emotionale Auseinandersetzung.
Wichtig sind im Unterricht ein klar strukturierendes Thema und gezielte Leitfragen. Es sollte also *gleichzeitig* in dynamischer Balance ein fakten- und wissenschaftsorientierter Unterrichtsstoff als Lernzielvorgabe zur Ergebnissicherung vermittelt werden, in Interaktion zwischen jedem einzelnen Mitglied des Klassenverbandes und bei lebendigem, selbstgesteuertem Lernen.

4. Vorzubereitendes Material

Einführende Vorbereitungen für eine Fahrt zur KZ-Gedenkstätte (nach Dachau) befassen sich mit Fragen nach Vorkenntnissen der heimatlichen NS-Geschichte (in meinem Falle Landsbergs). Das Stundenthema könnte z.B. heißen: „Was weiß ich schon über die Konzentrationslager der Nationalsozialisten, was will ich genauer erfahren?"
Ein erstes Lernziel wird zunächst einmal sein, angesprochene Unschärfen zu klären, z.B. die, daß Konzentrationslager nicht mit dem Genozid an den Juden gleichzusetzen sind, auch wenn im Unterschied zum KZ Dachau ins KZ-Kommando Kaufering-Landsberg fast ausschließlich jüdische KZ-Häftlinge verschleppt wurden[15].
Gleichzeitig sind die unterschiedlichen Interessen und Widerstände der Jugendlichen je nach Unterrichtssituation genau zu beachten und mit ihnen gemeinsam zu bearbeiten, während das Stundenthema die Strukturen vorgibt und den Unterrichtsprozeß weitertreibt. Entsprechend verschieden – je nach Klasse – laufen die folgenden Stunden ab.
Grundsätzlich wird das Einladen von Zeitzeugen für Schülerinnen und Schüler die besondere Erfahrung im Unterricht bedeuten, der sich kaum ein Jugendlicher entzieht. Da ist es dann nicht vorrangig wichtig, ob dabei die objektiven historischen

---

[14] Gottfried Kößler, Entscheidungen. Vorschläge und Materialien zur pädagogischen Arbeit mit dem Film „Schindlers Liste". Fritz-Bauer-Institut, Frankfurt/M. 1995.
[15] Vermittelbar ist der Unterrichtsstoff z.B. durch die Tabelle in Kap. 5.3, S. 55f in: Barbara Fenner, Es konnte überall geschehen. Landsbergs schwierige Zeitgeschichte. Landsberg 1995.

Tatsachen im Hinblick auf jede Einzelheit stimmen. Entscheidender ist die Begegnung mit einem Menschen und seinem Schicksal. Texte ersetzen diese Erfahrungen nur zu einem kleinen Teilbereich.

Zur Vorbereitung einer Fahrt in die Gedenkstätte Dachau weise ich die Jugendlichen darauf hin, daß auf dem Gelände viele Tote in den Krematorien verbrannt und anschließend deren Asche vor den Krematorien verstreut wurde. So ist die KZ-Gedenkstätte als Friedhof anzusprechen. Das Begehen verlangt eine angemessene Haltung, welche, ist für Jugendliche erschließbar und muß nicht erst angemahnt werden. Ich habe bei meinen Führungen noch nie erlebt, daß sich meine Klassen anders als besonders vorsichtig und korrekt verhalten hätten, allerdings sah ich mehrfach das Gegenteil, nämlich mir fremde Klassen, die Begleitung war nicht zu sehen, mit Walkman in den Ohren, mitsingend, Cola-Dosen herumkickend usw. Fast immer reicht eine Vorbesprechung dafür aus, daß langatmige Ermahnungen zur Disziplin entfallen können und trotzdem – oder gerade deswegen – korrektes Verhalten zur Selbstverständlichkeit wird. Einschränkung: mir sind allerdings bisher noch nie provozierende, sondern nur uninformierte Jugendliche begegnet, die beim Ansprechen durchaus einsichtig waren.

Provokationen werden vermutlich auch dadurch entschärft, daß ich keine Klasse geschlossen dazu zwinge, mitzufahren. Wir besprechen im Unterricht das Vorhaben, und ich verlange lediglich eine klare Absprache: Wer nicht mitkommen will, kann statt dessen den Unterricht der Parallelklasse besuchen, muß sich allerdings vorher abmelden.

Einen Gruppenzwang lehne ich ab, schon allein deswegen, weil es Jugendliche gibt, die sich vor einer Überflutung überwältigender Emotionen schützen müssen, wenn sie hoch sensibel sind.

Auch wer ideologische Bedenken hat, wird nicht gezwungen mitzufahren, um sich nicht in einer Abwehrhaltung verrennen zu müssen, allerdings sollte er Gesprächsangebote erhalten, nicht nur von den Klassenkameraden, auch von mir.

Der Besuch in der KZ-Gedenkstätte (Dachau) sollte möglichst einen ganzen Tag dauern. Wesentlich scheint es mir, ausreichend Gelegenheit für kreative Verarbeitungsphasen zu schaffen. Entwicklung und innere Wachstumsprozesse brauchen Zeit.

Sonst lasse ich bei halbtägigen Exkursionen im Rundgang lieber wesentliche Besichtigungsziele aus, konzentriere mich z.B. auf Teilbereiche der Ausstellung, das Krematorium, das Jourhaus, nur eventuell auf die nachgebauten Baracken und den Bunker, und rechne vor allem mit einer intensiven Phase von Auseinandersetzung im Anschluß an den Film.

Die einzelnen Arbeitsphasen können, müssen aber den Jugendlichen nicht direkt als solche benannt werden, ebenso erfahren nur die Klassen meine Themen, die diese Arbeitsform kennen.

5. Ein Konzept für den Gedenkstättenbesuch in Dachau

Phase 1 – *Thema: „Wir orientieren uns und arbeiten gemeinsam"*

Als hilfreich hat sich die Einteilung in Kleingruppen erwiesen, wobei jedes Team von ca. 4 bis 6 Jugendlichen mit gezielten Fragebögen bestimmte Details der Gedenkstätte festzuhalten hat. Es sind außerdem für jede Kleingruppe unterschiedliche Fragestellungen und Gesprächsangebote zur Teamarbeit auf Zetteln vorbereitet. Während sich die Kleingruppen auf dem Appellplatz umsehen und mit ihren Arbeitsaufträgen vertraut machen bzw. ihre Arbeit planen, frage ich in der Gedenkstätte nach Begegnungsmöglichkeiten an diesem Tage nach und besorge die offizielle Besucher-Bescheinigung.

Die Gruppen sollten je 2 der folgenden Fragen und alle die letzte selbständig beantworten:

1. Benenne die Kennzeichnungen der KZ-Häftlinge entsprechend der SS-Terminologie und erläutere sie, insbesondere irreführende Begriffe!
2. Skizziere die Personengruppen und entsprechende Bedingungen, unter denen Menschen von den Nationalsozialisten ins KZ Dachau eingeliefert wurden!
3. Unterscheide zwischen originalen und nachgebauten Teilen der KZ-Gedenkstätte. Ordne je 2 Objekte richtig zu und diskutiere die Problematik!
4. In welchen Sprachen werden hier die Gedenkstätten erklärt? Versuche eine Beurteilung der Erläuterungen! (Inwieweit sind „Judenverfolgung" und „KZ Dachau" identisch?)
5. Beschreibe den Zeitraum, in dem das KZ Dachau als solches existierte. Erläutere kurz die Nutzung vor- und nachher!
6. Charakterisiere die Personengruppen, die im KZ besonders gefährdet waren.
7. Ermittle die Art der medizinischen Versuche, die im KZ Dachau durchgeführt wurden, und beschreibe die Problematik!
8. Informiere Dich genau über die historische Realität der Dachauer Gaskammern. Erläutere den von Neonazis sogenannten „Dachau-Schwindel" der Gaskammern exakt!
9. Vergleiche die Anzahl der Menschen, die insgesamt nach Dachau ins KZ eingeliefert wurden mit der Todesrate! Welche Folgerungen lassen sich ableiten?
10. Vergleiche die Kauferinger Lager mit dem KZ Dachau. Beschreibe den Zusammenhang zueinander und verdeutliche den Unterschied!
11. Skizziere die Teile des ehemaligen KZs Dachau, die gegenwärtig nicht zur Gedenkstätte gehören.
12. Unterscheide zwischen direkten und indirekten Funktionen (Hauptaufgaben) des KZs Dachau.
13. *Für alle*: Beurteile folgende Begriffe aus dem Nazi-Jargon: „In den Draht gehen"; „Muselmann", „Krematorium", „Jourhaus", Appellplatz, „Empfangskomitee der SS"; ...[16]

---

[16] Dieser Fragebogen ist für eine vergleichsweise gut vorbereitete Klasse erstellt worden und müßte jeweils entsprechend den Vorkenntnissen modifiziert werden. Fehlende Informationen liefert die Ausstellung.

Phase 2 – *Thema: „Wieviel Informationen wollen wir von der Lehrerin wissen?"*
Während des Rundgangs muß die Großgruppe nicht ständig zusammen bleiben, lediglich die Führungsroute gehen wir gemeinsam. Falls wir das Glück haben, einen Überlebenden zu treffen, nehmen wir dankbar die Chance für eine derartige Begegnung wahr und verändern den zeitlichen Ablauf unseres Planes.

Phase 3 – *Thema: „Wir können nicht alles besichtigen, aber was wir uns ansehen, sehen wir uns genau an"*
In der Ausstellung verdeutliche ich schwerpunktmäßig ausgewählte Themenkreise nach Wahl und Interessenlage, z.B. die Ankunft im KZ; Terror durch Ordnung und Disziplin; das Appell-Stehen; Dachau, das Muster-KZ-Lager; den Lageralltag; die Klassifizierung der KZ-Häftlinge und die Bedeutung der Winkel; zeitlich unterschiedliche Entwicklungsphasen von 1933 bis 1938 bzw. bis Kriegsbeginn und danach; die Ausweitung des KZ-Systems und die Außenlager; die Sondersituation der sogenannten „Reichs-Kristallnacht"; die Lagerstrafen; die medizinischen Versuche; Einzelschicksale; gegenwärtig verweise ich auf die geplanten Umbauten und erläutere die Neukonzeption der Gedenkstätte.

Phase 4 – *Thema: „Wir entdecken selbständig einen wichtigen Teilbereich"*
Ich bin jederzeit erreichbar und bewege mich zwischen den Kleingruppen. Der Zeitpunkt der Diskussion in der Großgruppe nach dem Film bedeutet zeitlich das Limit als Endpunkt der Erarbeitung des Fragebogens. Nachdem meine Klasse an die Arbeitsweise in Kleingruppen und Diskussionen untereinander gewöhnt ist, tragen die einzelnen Gruppen ihre Arbeitsergebnisse und Thesen für eine Diskussion problemlos und selbständig vor. Sie sind im allgemeinen auf ihre Ergebnisse stolz und vermeiden, daß sie korrigiert werden könnten. Bei Unklarheiten oder nicht exakten Ergebnissen werden sie von Mitschülern unterbrochen. Eine lebhafte Diskussion entsteht von selbst. Während der Ergebnissicherung muß besonders flexibel reagiert werden. Gelegentlich sind die erarbeiteten Ergebnisse ohne Großgruppenbearbeitung in sich bereits Ergebnis genug, das hängt vom Ablauf der Arbeit und gelegentlich von der vorhandenen Zeit ab. Wir versuchen aber auf jeden Fall, offene Fragen sofort zu klären.

Phase 5 – *Filmbesuch im KZ Dachau*

Phase 6 – *Thema: „Ich stelle mir vor: So war das vor 55 Jahren hier im KZ. – Ein Ausschnitt."*
Für die nächste Phase suchen wir gemeinsam ein leitendes Thema, das den Prozeß der Arbeit steuert. Weiterführende Fragestellungen, die nicht beantwortet werden können, leiten die Möglichkeit einer selbständigen Verarbeitung im kreativen Bereich der Einzelarbeit ein. Zum Thema kann jeder nach Wahl einen kurzen Text (Prosa oder Lyrik), also „Kreatives Schreiben" oder „Kreatives Zeichnen" (Bleistiftskizze oder Malen mit Hilfe der von mir mitgebrachten Wachsmalkreiden) ausprobieren, soweit im KZ Dachau der entsprechende Raum vorhanden ist. Realisierbar scheint mir dieses Zeichnen oder Schreiben nur bei relativ wenigen Besuchern und dann auch nur, wenn die Häftlingsbaracken geöffnet sind, gegenwärtig

ist das durch den Umbau nur eingeschränkt möglich[17]. Der zeitliche Rahmen dieser Arbeitsphase mußte stark eingegrenzt und angekündigt sein. Jeder Jugendliche erklärt seine Arbeit zunächst und stellt sie kurz vor.
Als Beispiel ein Beitrag einer Schülerin, der zu Hause entstand:

SIE

Als wir losgingen, sahen wir die Mauern schon von weitem. Große, graue Mauern mit viel Stacheldraht. Das Wetter paßte zu unserer Laune, kalt und nieselnd. Manche versuchten, die Stimmung etwas aufzulockern, doch die Atmosphäre blieb gedrückt. Schließlich kamen wir auf einem großen Hof an.
„So, wie ihr heute hier steht, so mußten sie sich damals auch aufstellen, nur standen sie bei jedem Wetter in ihrer dünnen Sträflingskleidung da. Tortur." Wir gingen weiter und befanden uns plötzlich vor einem Tor. „Arbeit macht frei" konnte man da lesen. „Hier sind sie angekommen, ihre Namen wurden aufgeschrieben und man nahm ihnen ihre letzten Sachen ab. Sie wohnten in solchen Baracken dort drüben, immer mehr in den einzelnen Baracken, dorthin, wo viele ihre letzten Tage, ja sogar Monate und Jahre verbrachten."
Dann befanden wir uns in einer Art Park. Die Atmosphäre war sehr friedlich. Ein Haus stand mitten in dieser Idylle. „Seht ihr, hier hat man sie verbrannt. Manche lebten noch, dann erhängte man sie einfach vor den Öfen. Ja, und hier drinnen wollte man sie vergasen. Diese Kammer war aber nie in Betrieb." Auf uns wirkte es so real, als müßte gleich jemand die Türen schließen. Die meisten verließen den Raum so schnell wie möglich. Wir erfuhren, daß der Ort ständig in den süßlichen Geruch des Todes gehüllt war. Den meisten von uns war jetzt endgültig die Lust an kleinen Späßchen vergangen.
Auf der Heimfahrt im Bus diskutierten wir über das, was wir gesehen hatten. Ja, zu sehen bekommen hatten wir viel. Aber über die Häftlinge von damals haben wir wenig erfahren.

Und die anderen? Wer waren sie in Wirklichkeit?
Alle waren Menschen, genau wie wir. Und wer waren die Täter...?

Alexandra Engelhart, September 1997

Die wichtigste Phase ist das daran anschließende gemeinsame Gespräch über die vorgestellten Skizzen oder Texte. Auf der Heimfahrt bin ich wie bei der Herfahrt für einzelne bzw. die Gruppe ansprechbar und zeige mit kurzen Hinweisen, wie das von jedem Schüler als Hausaufgabe zu erstellende Protokoll angefertigt werden soll. Spontan entstehende Gespräche sind möglich, aber nicht verpflichtend.
Nach meiner Erfahrung ergeben sich die wesentlichen Impulse bei Widerstand oder aus Mißverständnissen. Sie bedeuten die besonders günstige Gelegenheit zu hilfreichen Auseinandersetzungen, die Chancen zu Entwicklungsprozessen bieten, wenn sie entsprechend verarbeitet werden und dadurch tief gehen. Für die Klasse bzw. für einzelne können mehr oder weniger starke Wirkungen entstehen. Deswegen muß ich fähig sein, darauf zu reagieren.

---

[17] Diesmal Ende November 1997 sitzen wir uns auf den beiden Holzgeländern am Büroeingang gegenüber.

6. Zwei Beispiele aus dem Ablauf der Exkursion

6.1 Zu Beginn der Phase 2 veränderten wir bei meiner letzten Führung den zeitlichen Ablauf. Direkt vor dem Teilbereich des Zaunes, der einen intakten elektrischen Draht und den Wassergraben nebst Grünstreifen zeigt, beginnt eine lebhafte Auseinandersetzung, wann ein Häftling „in den Draht ging". Bedeutete es bereits das Gehen auf dem Grünstreifen und das Erschossenwerden? War das dann Mord oder Selbstmord? Gründe und Motive von Selbstmord im KZ werden erfragt. Die Überlegung, wann ein Posten vom Wachturm aus schießt und die Frage, „ob ich das gekonnt hätte, Selbstmord?" sind Anlaß für eine intensive Auseinandersetzung unter den Jugendlichen. Ich greife erst ein, um zu strukturieren, nachdem das Gespräch stockt und setze Impulse zur Vertiefung: Wir überlegen, was in dem SS-Mann auf dem Turm vor sich geht, was er gerade gedacht hat. Schießt er aus Langeweile, aus Pflichtgefühl oder weil er unter Druck steht? Idealisten schießen für „eine gute Sache"; ist „das Böse als Fanatismus" dann besonders gefährlich, weil nicht selbst durchschaubar? Was ist moralisch schlimmer? Was tun die anderen Häftlinge? Was hätten wir getan? Am authentischen Ort ist dieser Zaun in seiner Realität unsere gegenwärtige Herausforderung. Wann ist dieses Verhalten richtig? Wem gegenüber haben wir Verantwortung für das Leben? Und was ist, wenn es unerträglich wird? Wie verhalten wir uns, wenn jetzt ein Überlebender unsere Gespräche mit verfolgt, verändern wir dadurch unser Verhalten und Sprechen?

6.2 Vor einiger Zeit war eine größere Auseinandersetzung vor einer der Häftlings-Baracken notwendig. Einer der Jugendlichen, der in der Klasse eine gewisse Außenseiterrolle einnahm, wollte als Nachzügler noch schnell an einer größeren Gruppe ausländischer Besucher vorbei zu seiner Kleingruppe. Dazu benützte er den Ausgang in umgekehrter Richtung und drückte den ergrauten griechischen Patriarchen, der mit seiner dunklen Hautfarbe, einem ausgeprägten südländisch geschnittenen Gesicht und dem ungewöhnlichen langen schwarzen Gewand mit der schwarzen, runden Kopfbedeckung besonders auffiel, etwas beiseite. Zwei Klassenkameraden zogen ihn zurück, und ich wurde auf einen heftigen Streit aufmerksam. Sie warfen ihm vor, „ausgerechnet im KZ einen Juden so zu behandeln, das sei einfach unerträglich... usw." Zunächst mußte der Unterschied zwischen einem griechisch-orthodoxen Patriarchen und einem orthodoxen Juden geklärt werden, den wußte damals keiner in der Klasse. Daß der griechische Priester ein großes, auffallendes Kreuz um den Hals getragen hatte, war in der entstehenden Aufregung niemandem aufgefallen.
Wir sprachen über nationale Unterschiede in religiösen Fragen. Was bedeutet Judentum heute? Welche verschiedenen christlichen Religionen gibt es? Wie sieht jeweils der Ritus aus? Welche Nationen hatten die Nazis verfolgt und wer waren sonst die verschiedenen Verfolgten der NS-Diktatur. Nach der Sachinformation sprachen wir zunächst über ausländische Besucher und unsere Unkenntnis über bestimmte religiöse Würdenträger fremder Religionen.
Aber die eigentlichen Themen tauchten erst verspätet auf: Verdeckt handelte es sich bei der entstandenen Aufregung um unterschiedliche Vorstellungen von den uns gemäßen Formen des Gedenkens, um rücksichtsloses Verhalten und um die moralische Verpflichtungen jedes einzelnen. Wie gehen wir mit Ausländern um?

Die Auseinandersetzung war nicht an einem Tag zu klären, es kamen rüdes Verhalten, eine länger bestehende Außenseiterproblematik, das Ausgrenzen von weiteren anderen Schülern und die Situation der Klassengemeinschaft zur Sprache.
Mein neues Lernziel war – zusätzlich zu den oben genannten – das Lernen und Einüben von Konfliktfähigkeit.
Zu Hause versuchten wir deswegen, zu einer Klärung zu gelangen.
Diskussionsgrundlage war die Auseinandersetzung um die „richtige Art des Gedenkens". Wir haben verschiedene Vorstellungen und unterschiedliche Absichten, wie wir der nationalsozialistischen Morde gedenken. Ausgrenzen von Klassenkameraden, die unseren Vorstellungen nicht entsprechen, kann dabei nicht toleriert werden. Wir versuchen, unsere Vorstellungen auszudiskutieren, aber der Streit zwischen zwei Jugendlichen blockiert das Arbeiten der Klasse. Ich schlage vor, eine Konfliktlösungsstrategie zu erproben.

Regeln für ein stark vereinfachtes Konfliktlösungsmodell[18]

Im Rahmen einer Freistunde[19] ist die vollständige Klasse anwesend, und wir sitzen als Diskussionsrunde so, daß wir jeden sehen können, im Kreis.
Während ich die Regeln erkläre, wird überlegt, ob jeder der Betroffenen die Bedingungen akzeptieren kann und mitmachen will, um eine Klärung zu erreichen. Zielsetzung ist es, daß die gesamte Klasse wieder arbeitsfähig wird. Dieses Ziel wird benannt.
Nur wenn alle einverstanden sind, kann diese Form der Interaktion versucht werden. Ich muß dabei die gefühlsmäßige Chance ermöglichen, daß ein Betroffener auch problemlos nein zu dieser Form der Auseinandersetzung sagen kann. Moralischer Druck darf nicht auf einen Jugendlichen entstehen, sich der Auseinandersetzung stellen zu müssen. Und es darf kein unrealistisches Ziel vorgegeben werden.
Die Kontrahenten sitzen sich in der Mitte des Stuhlkreises gegenüber und sollten sich möglichst in die Augen sehen. Jeder hat die Möglichkeit, nacheinander seine Sicht des Streitpunktes zu erklären. Der Partner sollte ohne Kommentare und weitgehend auch ohne aktive Körpersprache zunächst lediglich zuhören. Ich habe darüber zu wachen, daß vom Sprecher keine Bewertungen oder Urteile abgegeben werden. Er sollte seine Gefühle in dem Konfliktfall deutlich aussprechen. Wir sprechen in „Ich"-Form (statt in unpersönlicher „Man"-Form). Der zeitliche Rahmen ist festgelegt. Anschließend wird gewechselt. Bei schweren Konflikten läßt sich dieser Wechsel mehrfach wiederholen[20]. Wer einem Klassenkameraden zuhört und ihm dabei in die Augen sieht, der kann oft besser verstehen, wie es dem Gegenüber gerade geht. Voraussetzung ist allerdings, daß die Kontrahenten in der Lage sind, ihre Emotionen zu äußern. Das ist eines meiner langfristig einzuübenden Unterrichtsziele in jedem Unterrichtsfach, selbstredend auch in Geschichte.

---

[18] Diese Form der Auseinandersetzung bedeutet für mich die eine Ausnahme, mit der ich in Situationen, in denen wir sonst ratlos sind, eine Veränderung versuchte. In 20 Jahren Unterrichtserfahrung habe ich sie gerade drei Mal innerhalb verschiedener Klassengemeinschaften eingesetzt, und das sehr vorsichtig, zunächst unter Anleitung bei langjähriger Supervision durch einen Psychotherapeuten.
[19] oder besser freiwillig nach dem Unterricht
[20] Das Letztere habe ich allerdings in der Schule noch nie erlebt.

Die bis dahin passiven Klassenkameraden überlegen kurz, ob die gegebenen Informationen ausreichen, oder ob wir weitere Aussagen zur Klärung benötigen. Anschließend sollte jeder nacheinander in einem Dreierschritt sagen, was er zunächst gefühlt hat, wie er sich jetzt fühlt und was er sich im Moment vom anderen wünschte, damit wir in Zukunft in der Klasse gut weiterarbeiten können. Der Wunsch sollte realisierbar sein.

Ich bin mir bis heute nicht sicher, ob viele Veränderungsmöglichkeiten daraus entstanden sind und ob damit Wachstumsschritte initiiert wurden. Mein Lernziel war es u.a. auch, damit zu verdeutlichen, daß nicht Konflikte an sich schrecklich sind, wenn sie innerhalb der Klassengemeinschaft entstehen, daß negative Gefühle auch nicht generell unterdrückt werden müssen. Die Frage ist, wie gehen wir mit den Konflikten um. Wenigstens sind den Jugendlichen einige Reaktionen ihrer Mitschüler bewußt geworden, es gab vorsichtige Rückmeldungen, und Wünsche über Verhaltensänderungen wurden angesprochen. Ob sie erfüllbar sind, muß offen bleiben.

7. Fazit

Während der NS-Zeit befanden sich Jugendliche vorwiegend in der Rolle der Zurechtgewiesenen. Wir üben heute den Umgang miteinander eher in pluralistischen, statt hierarchischen Ordnungen. Entscheidend ist, daß wir eine umfassende, exakte Faktenvermittlung zur Geschichte der KZs im Unterricht vernetzen, und zwar mit gegenwärtig veränderten, uns gemäßen Verhaltensmöglichkeiten. Wir suchen alternative Lösungen, und unser Verhalten weist auf die Zukunft hin, die bereits das Neue in sich trägt und mit einer systemischen Vorstellung von Identitätsgewinnung zu tun hat.

Nach meiner Erfahrung sind die bei Exkursionen zu KZ-Gedenkstätten entstandenen Auseinandersetzungen mit besonders intensiver emotionaler Beteiligung geführt worden, tiefergehend als bei anderen schulischen Veranstaltungen. Zudem schaffen Begegnungen u.U. durch die Innenstruktur der Menschen in KZ-Gedenkstätten heute Konflikte. Deswegen verlangen sie eine vermehrte Aufmerksamkeit und sind wichtig. Sie können bei der Identitätsbildung helfen. Dadurch wirken sie zudem länger in Jugendlichen weiter.

Mein Wunsch auf Exkursionen zu KZ-Gedenkstätten und in der Auseinandersetzung mit der NS-Vergangenheit am authentischen Ort ist es, von der Gegenwart aus in die Zukunft hinein vielschichtig vernetzte positive Entwicklungen in uns zu ermöglichen.

Die Auseinandersetzung annehmen[1]
Schreiben als Erinnerungsarbeit der Nachgeborenen

Bärbel Gemmeke-Stenzel

„Nach Auschwitz ein Gedicht zu schreiben, ist barbarisch." Adornos kulurkritisches Diktum von 1949 problematisiert die Möglichkeit, die Schoa schreibend zu vergegenwärtigen und berührt damit auch unser Problem: Wie können Jugendliche 50 Jahre nach der Schoa mit dieser nicht erlebten Vergangenheit umgehen, wie sich ihr schreibend nähern? Wie entgehen sie den Bedenken, die eine Banalisierung der Barbarei, eine Stilisierung des Terrors befürchten?

Schreiben – Identitätsstiftung und individuelle Konfrontation

Für die Opfer in den nationalsozialistischen Konzentrationslagern bedeutete Schreiben akute Lebensgefahr. Daß es dennoch versucht wurde, zeigt seinen Stellenwert für die Betroffenen: als Mittel der individuellen Selbstbehauptung angesichts drohender Vernichtung und Selbstaufgabe, als Zeugnis für andere und als Trost für Mitgefangene. Das autobiographische Schreiben der Überlebenden der Konzentrationslager nach 1945 ist auf das Verarbeiten und Veröffentlichen von fast nicht in Sprache formulierbaren Erfahrungen gerichtet, gegen das Verstummen – und damit gegen die erklärte Absicht der Nazis.

In heutiger Zeit Schülerinnen und Schüler – weit entfernt von solchen existentiellen Schreibimpulsen – über „freies Schreiben" an das Thema „Schoa" heranzuführen, wirft daher Fragen auf: Heißt das nicht im oben problematisierten Sinne, die Schoa für den Schulalltag methodisch zu funktionalisieren, ihr im nachhinein „Verstehbarkeit" zu unterstellen?

Der Besuch von Stätten des Terrors wie Konzentrationslagern bedeutet für Schüler in der Regel eine Konfrontation mit konzentrierten historischen Fakten. Die Erfahrung der konkreten räumlichen Nähe, der Authentizität der Stätten des Leidens und der Vernichtung verdichtet die Emotionen, fordert die Vorstellungskraft auf besondere Weise heraus. Das Schweigen der Jugendlichen nach dem Besuch eines solchen Ortes ist ambivalent: Zulassen oder Verdrängen der hier hervorgerufenen Gefühle und Assoziationen?

Das freie Schreiben in dieser Situation bietet eine Möglichkeit zur nichtlinear-meditativen Verarbeitung dieser Reaktionen, zur Trauerarbeit im Sinne *Mitscherlichs*. Nicht der Versuch einer erneuten Abbildung des historischen Geschehens steht also im Zentrum dieses Schreibens. Es geht vielmehr um die Auseinanderset-

---
[1] Aus: Reliprax, Nr.15, September 1995, S. 14ff, dort unter dem Titel „Meditation als Trauerarbeit" (leicht gekürzt), ergänzt durch die Einleitung aus: Bärbel Gemmeke-Stenzel, Die Auseinandersetzung annehmen, in Praxis Geschichte, November 1995, S. 48ff, Westermann-Verlag, Braunschweig; 'Reliprax', hg. von Arendt Hindriksen, erscheint in: Melcherstr. 10, 28213 Bremen.

zung mit den eigenen, subjektiven Empfindungen am Ort dieses Geschehens, d.h. mittelbar auch um die Klärung des eigenen Standorts in der deutschen Geschichte und Gegenwart.

Übertragbarkeit

Diese Methode läßt sich anwenden auf den Besuch von Gedenkstätten, vielleicht auch unauffälliger Orte von Terror und Verfolgung, möglichst im regional bekannten Raum – besonders in Verbindung mit Zeitdokumenten, die individuelle Lebensgeschichten konkret sichtbar werden lassen (z.B. beim Besuch eines jüdischen Friedhofs) – aber auch bei der Betrachtung eines der vielen „Kriegerdenkmäler" mit entsprechendem Hintergrundmaterial (z.B. Briefen junger Soldaten, Familiengeschichten im Ort, Auszügen aus literarischen Verarbeitungen, wie z.B. Ernst Tollers „Eine Jugend in Deutschland" (1933), Kap. III/IV, Rowohlt TB 4178).

Erläuterung zur Methode am Beispiel: Besuch der KZ-Gedenkstätte Buchenwald

Zur Vorbereitung der Projektfahrt haben wir uns im Deutschunterricht auch mit der literarischen Verarbeitung des Themas „Buchenwald" bzw. „Konzentrationslager" beschäftigt, besonders mit autobiographischen Darstellungen.[2]
Während des freien Schreibens in Buchenwald konnten von bewußt differenzierten formalen Vorgaben bis hin zu „freien" Gestaltungsmöglichkeiten unterschiedlichste Aufgabenstellungen wahrgenommen, in einem „Literarischen Skizzenbuch" vor Ort festgehalten und nach der Rückkehr überarbeitet werden.
Für die Phasen des meditativen Schreibens empfiehlt sich Einzel-, gelegentlich auch Partnerarbeit. Grundsätzlich sollte in das für alle verbindliche „Skizzenbuch" nur halbseitig geschrieben werden, evtl. mit einem zusätzlich freigelassenen Folgeblatt: Hierdurch wird ein späteres Überarbeiten angeregt, z.T. noch vor Ort, z.T. auch nach der Fahrt. In diesen Phasen führen Gespräche unter SchülerInnen zu einem besonders einfühlsamen Umgang mit der subjektiven Textgestaltung der jeweils anderen.[3]

---

[2] Anonym, Auschwitz-Kinderlieder. Bremen (Donat Verlag), 1990
Bruno Apitz, Nackt unter Wölfen (1958). Halle (Mitteldeutscher Verlag), 58. Aufl.o.J.
Walter Ferber, 55 Monate Dachau. Bremen (Donat Verlag), 1993
Ruth Klüger, weiter leben. Göttingen (Wallstein Verlag), 1993[2]
Renata Laqueur, Schreiben im KZ. Tagebücher 1940-1945. Bremen (Donat Verlag),1992
Primo Levi, Ist das ein Mensch? (1958). München (dtv), 1991
Gunther R.Lys, Kilometerstein 12,6. (1948!). Frankfurt (Stroemfeld), 1986
Jorge Semprun, Die große Reise (1963). Frankfurt (Suhrkamp), 1994
Jorge Semprun, Was für ein schöner Sonntag! (1980). Frankfurt (Suhrkamp), 1981

[3] Eine methodische-didaktische Darstellung dieser Arbeitsweise finden Sie in „Praxis Geschichte" (Westermann), Heft 6/95, Nr. 1995, Bärbel Gemmeke-Stenzel: „Die Auseinandersetzung annehmen".

Fächerübergreifende Aspekte

Da – außer im Deutschunterricht – vorbereitende Übungen zu freien Schreibaufgaben in der Regel nicht zu erwarten sind, sollen hier nur diejenigen vorgestellt werden, die sich auch in Fächern wie Religion, Geschichte, Werte und Normen, Politik etc. leicht integrieren lassen. Für anspruchsvollere Aufgaben, vielleicht in der Sek.II, wird auf Joachim Fritzsche, Schreibwerkstatt, Stuttgart (Klett), 1989, verwiesen.

In all diesen Fächern empfiehlt es sich, den SchülerInnen eine praktische Hilfestellung anzubieten: Für die im folgenden angegebenen Aufgaben (Arbeitsbogen *A1* bis *A3*) werden Beispieltexte vorgestellt, die aus Arbeitsergebnissen von SchülerInnen eines 11. Jahrgangs stammen (*M1* bis *M3*). Diese sollten entweder auf der Rückseite des jeweiligen Arbeitsbogens oder aber in Kursstärke in einem Ordner zur Verfügung gestellt werden.

Das gleiche gilt auch für die formalen Vorgaben des Arbeitsbogens A3 – zur „Rückversicherung" und Ermutigung (*M3.1 – M3.3*).

Arbeitsanregungen

Erläuterungen zu den Arbeitsbögen *A1* bis *A3*

Arbeitsbogen A1*: „Im Dialog"*

Formen der (fiktiven) Anrede sind den SchülerInnen der Mittelstufe in der Regel vertraut. – Für unsere Gruppe bot sich eine entsprechende Arbeitsanregung an, weil sie in der Vorbereitungsphase auf jüdische Einzelschicksale der Region sowie Täterbiographien aus dem KZ Buchenwald gestoßen waren. – Zu dieser Form der „Adresse" konnten die TeilnehmerInnen sich auch durch einen Gegenstand, eine Perspektive vor Ort u.ä. leiten lassen.

Arbeitsbogen A2*: „Umgang mit Textvorlagen"*

Mit den Ergebnissen der Recherchen in der Region Syke und den Kopien von Archivalien, die im Arbeitsraum der Jugendbegegnungsstätte Buchenwald den SchülerInnen zugänglich waren, lag ausreichendes Material für (Text-)Montagen oder Collagen vor. – Das ehemalige Konzentrationslager „Ettersberg/Buchenwald" lud darüber hinaus zu einer speziellen Erweiterung ein: Die Nähe der Stadt der Klassik, Weimar, zur Stätte des Grauens, Buchenwald, sollte zum Thema werden: „Das hilflose deutsche Humanitätsideal" lautet der Titel einer unserer Ausstellungstafeln. – Eine Auswahl von Goethe-Gedichten (hier nur ein Auszug aus „Das Göttliche", *M2.1*) wurde in ihrem idealistischen Imperativen mit dem späteren Terror konfrontiert. Neben Reflexionen über die Barbarei in der Geschichte unserer Zivilisation wurde damit das Thema Wertbildung historisch hinterfragt (*M2.2, M2.3*).[4]

---

[4] Ein Hinweis auf die unter „Literatur" zitierten „Auschwitz-Kinderlieder" (Anonym): Diese sollten nur nach eingehender Prüfung, vor allem der eigenen Verarbeitungsmöglichkeiten, mit älteren SchülerInnen eingesetzt werden.

Arbeitsbogen A3: „Den Gedanken eine Form geben"

Die hier gewählten Formvorgaben sind insofern gut von SchülerInnen zu verwenden, als es bei ihnen nicht auf Reimschema, Versmaß u.a. ankommt.
Ausgangspunkt bildet immer das „Cluster" (*M3.1*), aus dem heraus ohne größere sprachliche Mühe Wort-Zeilengedichte wie „Elfchen" entstehen könnten (*M3.2*). – Demgegenüber ist das hier vorgestellte „Wortgitter" (*M3.3*) anspruchsvoller, bietet sich aber besonders für Partnerarbeit an. – Die Ergebnisse unserer SchülerInnen werden entsprechend unter *M3.2.1* und *M3.3.1* vorgestellt.

ARBEITSBOGEN *A1*

Im Dialog

Wähle aus Deiner Erinnerung oder aus den Materialien eine Person aus, deren „Leben" in Buchenwald Dich besonders beschäftigt. An diesen Mann oder diese Frau richtest Du Dich in einem Schreiben.

Vielleicht erhält dieser Mensch einen Namen – eventuell wählst Du aber auch eine namenlose Person, in der sich verschiedene Eigenschaften, Erlebnisse, Tätigkeiten unterschiedlicher Personen „verdichten".

Schreibe in der DU-Form. Dabei kann ein fiktiver Brief entstehen, vielleicht auch ein Gedicht. Möglicherweise fließt auch etwas aus Deiner heutigen Situation mit ein...

Ergebnisse der Schülerarbeiten

Material zum Arbeitsbogen 1

M1.1 Die neue Judengedenkstätte

1. Tag
Zwei Künstler wurden beauftragt, für die damals im Lager inhaftierten Juden eine Gedenkstätte zu entwerfen. Eine in den Boden eingelassene Betonmauer, aus der die Querschnitte von Ölbaumholzblättern herausschauen. An einer Seite zu ihrem Fuße hin abfallend, eine ganze Masse von gelblichen Steinen entlang der gesamten Mauer. Auf der anderen Seite steht der 76. Psalm, Vers 6 – etwas abgeändert. Das ist alles; etwas mager. Zwar nett und sauber, aber mager.

2. Tag
Heute wird das Denkmal erklärt. Die Steine stehen angeblich für die jüdischen Menschen, die in diesem Lager gefangengehalten wurden. Es gibt große und kleine Steine, eckige und runde, gescheckte und einfarbige. Sie stehen für die vielen verschiedenen Charaktere und Wesenserscheinungen. Ich nehme einen in die Hand. Er ist hart und schwer – leblos. Als ich ihn fallen lasse, splittert eine Ecke ab. Keine Reaktion. Mein Blick heftet sich auf das Holz. Es tut mir leid, daß es in dem

Beton festsitzt. Kreuz und Quer steckt es darin, einige Stücke berühren sich, andere sind allein. Nee, nee, die Steine symbolisieren für mich nicht die Juden, das Holz stellt die Juden dar, na klar! Die Steine sind viel zu viele, viel zu massig, viel zu ähnlich. Ja, trotz ihrer Verschiedenartigkeit sehen sie von weitem alle gleich aus, als hätten sie eine Uniform an. Das Holz aber ist gewachsen. Holz duftet, Holz lebt. Es ist Ölbaumholz. Öl duftet. Öl pflegt.
Ich schaue weiterhin auf das Holz, es schaut zurück. Schnell ins Hotel, ich habe Hunger.

3. Tag

Ich habe ziemlich schlecht geschlafen. Trotzdem gehe ich wieder hin. Schon aus einiger Entfernung leuchten die hellen Steine. Dann sehe ich auch die Mauer. Nach und nach hebt sich der Kontrast zwischen Beton und Holz heraus. Es ist ganz eingezwängt in den Beton, kann gar nicht mehr atmen oder ausschlagen. Doch schon tot? Was haben sie mit dem hilflosen Holz gemacht? Was haben sie bloß mit den hilflosen Juden gemacht? Ich sehe auf das Holz, es schaut zurück. Eine Träne fällt auf einen gelben Stein, eckig und gescheckt. Keine Reaktion!

4. Tag

Ich habe die Namen der beiden Künstler herausgefunden. Ich werde ihnen schreiben, daß mir der 76. Psalm gut gefällt und ich ihn sehr passend finde.
„Auf daß erkenne das zukünftige Geschlecht, die Kinder, die geboren werden, daß sie aufstehen und erzählen ihren Kindern."

Heike Müller, Schülerin, 17 Jahre

M1.2 An das KZ

Wer bist Du,
daß Du einfach so daliegst?
ruhig, majestätisch, abwartend

Was willst Du,
wenn Du Deine Kälte auf mich überträgst?
einnehmend, kriechend, lauernd

Wie schaffst Du es,
mich bis zur Unbeweglichkeit zu fesseln?
schleichend, höhnisch, selbstverständlich

Woran liegt es,
daß mein Blick Dich nicht mehr losläßt?
gebannt, versunken, verschleiert

Was nützt es Dir,
mich so zu erschüttern?
betäubend, zeichnend, unvergeßlich

Heike Müller, Schülerin, 17 Jahre

Die Auseinandersetzung annehmen

ARBEITSBOGEN A2

Umgang mit Textvorlagen

2.1 Laß Dich von den vorliegenden Materialien zu einer Textmontage anregen. Evtl. nimmst Du auch Schere und Kleber für eine Collage hinzu.

Du kannst dabei sowohl Gedichte von Goethe, als auch Material aus dem Archiv, als auch eigene Texte verwenden. – Eventuell entscheidest Du Dich auch für eine Verbindung von isolierten Textzeilen, Strophen, Zitaten aus historischem Material, eigenen Gedankensplittern...

2.2 Vielleicht versucht Du einmal, ein Gedicht auf ein Gedicht zu schreiben – eventuell hilft Dir dabei die Beschränkung auf eine Strophe, die Dir besonders viel sagt – oder eine Strophe, die Dich besonders zum Widerspruch reizt.

Material zum Arbeitsbogen A2

M2.1 – **Gedichtvorlage**	*M2.2 –* **Ergebnis der Schülerarbeiten**

Das Göttliche

Edel sei der Mensch,
Hilfreich und gut!
Denn das allein
Unterscheidet ihn
Von allen Wesen,
Die wir kennen.

(...)

Der edle Mensch
Sei hilfreich und gut!
Unermüdlich schaff er
Das Nützliche, Rechte,
Sei uns ein Vorbild
Jener geahneten Wesen!

J.W.v.Goethe (um 1783)

Das Göttliche

Gefühllos war die SS,
offen brutal,
denn ihr Verhalten
unterschied sie
von allen Wesen,
die wir kennen.

Ängstlich war die Gesellschaft.
Es entschied der „Führer"
über „Böse" und „Gut".
Er glänzte,
kommandierte alle,
die Alten und die Jungen,
Panzer und Truppen,
Gewehre und Granaten.
Seine Schergen ergriffen
vorübereilend
alle, die ihnen
nicht gefielen.

Christian Edlefsen, Schüler, 16 Jahre

ARBEITSBOGEN A3

Den Gedanken eine Form geben

3.1 Suche Dir einen Ort auf dem Gelände der Gedenkstätte, an dem Du Dich in Ruhe aufhalten kannst. Nimm in Dich auf, was Du jetzt dort siehst, gehe dann in Gedanken zurück in die Zeit des Konzentrationslagers. Laß alle Bilder zu, die in dir aufsteigen. – Versuche, diese in einem Cluster aufzuschreiben – wenn es dir möglich ist, auch Deine Gefühle.

3.2 Vielleicht entwickelst Du aus Deinen Notizen ein oder mehrere Elfchen...

3.3 ... vielleicht auch ein Wortgitter.

3.3.1 Wenn Du magst, verfasse jetzt zu den „Bildern" Deines Wortgitters auch die zwei „Übersetzungen". Du kannst dies aber auch später einer Mitschülerin oder einem Mitschüler überlassen.

Erläuterung zu Arbeitsbogen *A3*

„Den Gedanken eine Form geben"

Die hier gewählten Formvorgaben sind von SchülerInnen insofern gut zu verwenden, als es bei ihnen nicht auf Reimschema, Versmaß u.ä. ankommt.
Ausgangspunkt bildet immer das „Cluster" (*M3.1*), aus dem heraus ohne größere sprachliche Mühe Wort-Zeilengedichte wie „Elfchen" entstehen können (*M3.2* und *M3.2.1*) – Demgegenüber ist das hier vorgestellte „Wortgitter" (*M3.3*) anspruchsvoller, bietet sich aber besonders für Partnerarbeit an. – Die Ergebnisse unserer SchülerInnen werden entsprechend unter *M3.3.1* vorgestellt.

Materialien zu *A3*

| M3.1 |

Zur Erläuterung: „Cluster"
Ähnlich wie beim Brainstorming werden hier Assoziationen festgehalten, die jedoch von einem zentralen „Bild"-Begriff ausgehen und den Assoziationsablauf mit all seinen Verästelungen aufzeichnen.

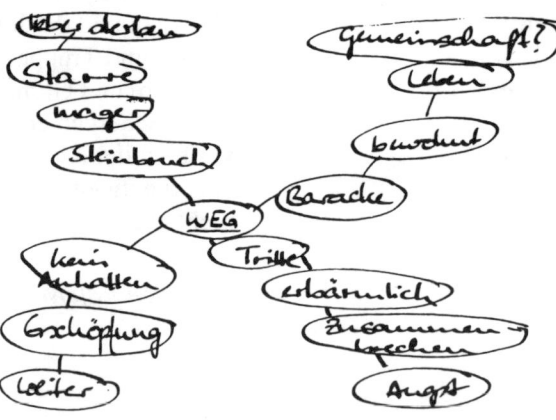

M3.2 „Elfchen"

Zur Erläuterung: Es wird kein Reim und auch kein Versmaß verlangt; allein die Anzahl der Wörter pro Zeile „bindet" den Gedankengang:

1.Zeile: 1 Wort	*Befehle*
2.Zeile: 2 Wörter	*Verursachen Qualen*
3.Zeile: 3 Wörter	*Doch kein Ausweg*
4.Zeile: 4 Wörter	*Du mußt sie ertragen*

5.Zeile: 1 Wort	*Sonst ...*
	Jessica Spielter

M3.2.1 Ergebnisse der Schülerarbeit

Nummern	Häftlinge
Nur Zahlen	Viele Tausende
Wen verbergen sie?	sie werden geschlagen
Wer ist dieser Mensch?	doch niemand schaut hin
Anonymität.	normal?
Jessica Spielter, Schülerin, 17 Jahre	*Lars Peters, Schüler, 16 Jahre*

M3.3 „Wortgitter"[5]

Zur Erläuterung: Es besteht aus Worten, die scheinbar unverbunden nebeneinander stehen, jedoch jeweils ein „Sprach-Bild" darstellen. Der Leser/die Leserin muß selbst den Zusammenhang herstellen, d.h. die isolierten Wörter verbinden. Das erfordert, daß man sich zunächst auf den gesamten Text einläßt, ehe man mit der eigenen „Übersetzung" beginnt. – Eine Besonderheit: Das Wortgitter soll sowohl von oben nach unten als auch von links nach rechts gelesen werden können! Es gibt also eine vertikale als auch horizontale Lesart, die zudem miteinander in Beziehung stehen.

zu M3.3.1 Wortgitter und seine Lesarten:

ANGST	TOD	ERLÖSUNG	FRIEDE	HOFFNUNG
LEBEN	GEFAHR	HILFE	RUHE	GLÜCK
KÄMPFEN	STARK	ERFOLG	SELBST	LEICHTSINN
FEHLER	WILLE	RICHTIG?	ZWEIFEL	ANGST/SORGE

---

[5] nach: Joachim Fritzsche, Schreibwerkstatt, Stuttgart (Klett), 1989

TOD (horizontal)

Die Angst vorm Tod – unbegründet?
Bedeutet er nicht vielmehr die Erlösung auf dem Weg zum Frieden?

Er besitzt die Hoffnung auf ein besseres Leben in einer anderen Welt,
will aber nicht allein sein und der Gefahr ausgesetzt – hilflos,
sondern möchte die ewige Ruhe finden und glücklich sein.
Auch wenn er für dieses „Glück" kämpfen muß, will er versuchen, stark
zu sein, den „Erfolg" in sich selbst erringen.
Aber vielleicht wird er dann wieder leichtsinnig und begeht Fehler?
Ist sein starker Wille hier an diesem Ort überhaupt richtig?
Ihn plagen Zweifel, und die Angst schleicht sich wieder ein.

LEBEN (vertikal)

Der junge Soldat hat Angst um sein Leben.
Er wird gezwungen, für sein „Vaterland" zu kämpfen.
Dabei darf er sich keine Fehler erlauben, sonst droht ihm der Tod.
Er ist der ständigen Gefahr ausgesetzt,
und er braucht in dieser Situation einen starken Willen.
Die Erlösung für ihn wäre eine Verletzung: das Lazarett!
Dort bekäme er Hilfe und wäre in Sicherheit.
Aber hatte er nicht an der Front auch den großen Erfolg gesucht?
Was jedoch, wenn erst wieder richtig Frieden wäre?
Könnte er die Ruhe überhaupt genießen?
Zweifel steigen in dem jungen Soldaten auf.
Hoffnung auf ein baldiges Kriegsende: Doch eher Glücksgefühle?
Die kleinste Leichtsinnigkeit könnte noch sein eigenes Ende bedeuten.
Das macht ihm Sorge.

Doch diese Sorge hält ihn am Leben.

Sonja Kappelmann, Schülerin, 17 Jahre

Szenische Lesung anläßlich des 50. Jahrestags der Reichspogromnacht am 9. November 1988 an der Pädagogischen Hochschule Heidelberg

Joachim Maier und Jörg Thierfelder

Der „Heidelberger Beobachter" berichtete am 29. Oktober 1938 unter der Überschrift: „Kinder Israels auf großer Fahrt" über die Deportation sogenannter „Ostjuden", die über die Grenze nach Polen abgeschoben wurden. Neben einem Bild, das „typische Vertreter Israels" im Eisenbahnwagen am Heidelberger Hauptbahnhof zeigte, hieß es:

> „Gegen 18 Uhr setzte sich der lange Sonderzug in Richtung Würzburg in Bewegung. Wir sind wieder einmal von einigen hundert Schmarotzern am deutschen Volk befreit worden."[1]

Ähnlich erging es weit über 10.000 polnischen Juden, die z.T. schon jahrzehntelang in Deutschland wohnten. Sie wurden zwangsweise nach Polen abgeschoben. Darunter auch die Familie Grynszpan aus Hannover. Der jüngste Sohn der Familie, Herschel Grynszpan, lebte damals schon einige Zeit in Frankreich. Am 3. November 1938 erhielt er einen Brief aus Polen. Seine Schwester schrieb:

> „Lieber Hermann!
> Du hast gewiß von unserem großen Unglück gehört. Ich schreibe Dir, was passiert ist. Donnerstag abend waren Gerüchte im Umlauf, daß alle polnischen Juden einer Stadt ausgewiesen worden waren. Dennoch sträubten wir uns, das zu glauben. Am Donnerstag abend um 9 Uhr ist ein Schupo [Schutzpolizist] zu uns gekommen und hat uns erklärt, daß wir uns unter Mitnahme der Pässe zum Polizeirevier begeben sollten. So wie wir waren, sind wir alle zusammen in Begleitung des Schupos zum Polizeirevier gegangen. Dort fand sich schon fast unser ganzes Stadtviertel zusammen. Ein Polizeiauto hat uns sofort zum Rathaus gebracht. Alle sind dort hingebracht worden. Man hatte uns noch nicht gesagt, um was es sich handelte. Aber wir haben gesehen, daß es mit uns aus war. Man hat jedem von uns einen Ausweisungsbefehl in die Hand gesteckt. Man sollte Deutschland vor dem 29. [Oktober] verlassen.
> Man hat uns nicht mehr erlaubt, wieder nach Hause zu gehen. Ich habe gebettelt, daß man mich nach Hause gehen ließe, um wenigstens einige Sachen zu holen. Ich bin dann in Begleitung eines Schupos fortgegangen und habe die notwendigsten Kleidungsstücke in einen Koffer gepackt. Das ist alles, was ich gerettet habe. Wir haben keinen Pfennig ... (Anm. des Übersetzers: Es folgt ein durchgestrichener Satz. Mit der Lupe glaube ich, was folgt, lesen zu können: Könntest Du nicht oder [unleserliches Wort] etwas für uns nach Lodz schicken.) Fortsetzung nächstes Mal. Herzliche Grüße und Küsse von uns allen
> Berta - Zbaszyn 2. Baracke Grynszpan"[2]

---

[1] „Volksgemeinschaft/Heidelberger Beobachter" Nr. 293 vom 29.10.1938, UB Heidelberg 86 RA 22.

[2] Aus: F.K. Kaul: Der Fall des Herschel Grynszpan, Berlin (-Ost) 1965, S. 9f.

Vier Tage später schoß Herschel Grynszpan in der deutschen Botschaft in Paris den Legationssekretär Ernst vom Rath nieder. Er wollte mit dieser Tat die brutale Ausweisung seiner Eltern und der vielen anderen polnischen Juden aus Deutschland rächen. Herschel Grynszpan gab über den Ablauf der Tat folgendes zu Protokoll:

> „Ich wurde...von einem Attaché empfangen, der mir einen Sessel links von ihm anbot. Er erkundigte sich nach den Gründen meines Besuches. Ich sagte ihm: 'Sie sind ein schmutziger Deutscher (sale boche), und nun übergebe ich Ihnen im Namen von 12.000 schikanierten Juden das Dokument.' Ich zog den Revolver, den ich in der Innentasche meines Rockes versteckt hatte, und schoß; im Augenblick, wo ich die Waffe zog, erhob sich der Attaché von seinem Sessel. Ich feuerte jedoch alle Kugeln ab. Ich zielte in die Mitte des Körpers. Mein Opfer versetzte mir einen Faustschlag und verließ hilferufend das Zimmer. Ich blieb im Büro, wo ich einige Augenblicke später verhaftet wurde ... die Postkarte, die sich in meiner Brieftasche befand, habe ich am Donnerstag (3. November) bekommen, und von diesem Augenblick an hatte ich beschlossen, aus Protest ein Mitglied der Botschaft zu töten. Aus den Zeitungen wußte ich von der Unterdrückung meiner Glaubensgenossen. Das ist der einzige Grund, der meinen Schritt veranlaßt hat..."[3]

Das Pariser Attentat lieferte der NS-Führung den idealen Vorwand für ein groß angelegtes Pogrom gegen die Juden. Seit Beginn des Jahres 1938 mehrten sich die Zeichen, daß die Nationalsozialisten zu einem neuen Schlag gegen die Juden ausholen wollten. War mit den Nürnberger Gesetzen von 1935 die staatsbürgerliche Gleichheit der Juden beseitigt worden, so sollten jetzt die Juden aus dem Wirtschaftsleben ausgeschaltet werden. Am 26. April 1938 erließ man die Verordnung über die Anmeldung des Vermögens der Juden. Am 30. September erloschen die Approbationen jüdischer Ärzte. Am 30. November mußten jüdische Rechtsanwälte ihre Praxis einstellen. Ende Oktober kündigte Hermann Göring an, die „Judenfrage jetzt mit allen Mitteln anzufassen, denn sie müßten aus der Wirtschaft 'raus'". Was da auf die Juden zukam, ließ der Leitartikel im „Völkischen Beobachter", dem Parteiorgan der Nationalsozialisten vom 8. November erkennen:

> „Es ist klar, daß das deutsche Volk aus dieser neuen Tat seine Folgerungen ziehen wird. Es ist ein unmöglicher Zustand, daß in unseren Grenzen Hunderttausende von Juden noch ganze Ladenstraßen beherrschen, Vergnügungsstätten bevölkern und als 'ausländische' Hausbesitzer das Geld deutscher Mieter einstecken, während ihre Rassegenossen draußen zum Krieg gegen Deutschland auffordern und deutsche Beamte niederschießen. Die Linie von David Frankfurter[4] zu Herschel Grynszpan ist klar gezeichnet. Wir können heute schon in der jüdischen Weltpresse erleben, daß man sich auch diesmal bemüht, den Täter reinzuwaschen und zu verherrlichen und den Niedergeschossenen zu verdächtigen.
> Wir werden uns die Namen jener merken, die sich zu dieser feigen Meucheltat bekennen, so wie wir auch die Namen jener nicht vergessen haben, die in der kritischen Septemberwoche [1938] das französische Volk zum Krieg gegen Deutschland aufhetzen wollten. Es sind dieselben Kräfte wie in Kairo und Davos, es sind J u d e n und

---

[3] Aus: F.K. Kaul: Der Fall des Herschel Grynszpan, Berlin (-Ost) 1965, S. 9.
[4] David Frankfurter: aus Jugoslawien stammender jüdischer Medizinstudent, der 1936 in Davos Wilhelm Gustloff erschossen hatte, den Leiter der Landesgruppe Schweiz in der Auslandsorganisation der NSDAP.

keine Franzosen. Die Schüsse in der Deutschen Botschaft in Paris werden nicht nur den Beginn einer neuen deutschen Haltung in der Judenfrage bedeuten, sondern hoffentlich auch ein Signal für diejenigen Ausländer sein, die bisher nicht erkannten, daß zwischen der Verständigung der Völker letzten Endes nur der internationale Jude steht."[5]

In einigen Gegenden Deutschlands, in Kurhessen und Anhalt kam es schon am Abend des 8. November zu Ausschreitungen gegen die Juden. Vielfach ging dies so vor sich: Versammlung am Abend mit Hetzrede des Ortsgruppenleiters der NSDAP. Im Anschluß daran wurde die Synagoge angezündet und demoliert, wurden jüdische Geschäfte geplündert und zerstört und einzelne Juden mißhandelt. Weisungen von oben lagen nirgends vor.[6]

8. November abends: Wie jedes Jahr hält Hitler im Bürgerbräukeller in München eine Rede anläßlich des Jahrestages des gescheiterten Putsches vom 9. November 1923. Mit keinem Wort geht er auf das Attentat ein.

9. November, Mittagszeit: In München findet der feierliche Gedenkmarsch zur Feldherrnhalle statt, der mit einer Zeremonie beendet wird.

17 Uhr 30: Ernst vom Rath stirbt in Paris. Er war kurz nach dem Attentat zum Botschaftsrat befördert worden.

20 Uhr: Die Parteiführer und Alten Kämpfer treffen sich zum Kameradschaftsabend im „Alten Rathaus" in München.

21 Uhr: Während des Essens wird Hitler der Tod vom Raths gemeldet. Daraufhin unterhält sich Hitler intensiv mit dem neben ihm sitzenden Reichspropagandaminister Goebbels und verläßt dann die Versammlung schnell, ohne, wie üblich, eine Rede zu halten. Hitler ist über alles Kommende informiert, will aber im Hintergrund bleiben.

22 Uhr: Goebbels ergreift das Wort zu einer wüsten antisemitischen Rede. Er teilt vom Raths Tod mit. Er weist auf die Ausschreitungen des Vortags hin und fügt hinzu:

> „Der Führer habe...entschieden, daß derartige Demonstrationen von der Partei weder vorzubereiten noch zu organisieren seien, soweit sie spontan entstünden, sei ihnen aber auch nicht entgegenzutreten."[7]

Die Parteiführer verstehen die Rede so, „daß die Partei nach außen nicht als Urheber von Demonstrationen in Erscheinung treten, sie in Wirklichkeit aber organisieren und durchführen sollte".

22 Uhr 30: Der Kameradschaftsabend löst sich auf. Die Gauleiter rufen ihre Gauleitungen an und fordern sie auf, mit entsprechenden Aktionen gegen Synagogen, jüdische Häuser und Geschäfte loszuschlagen.

23 Uhr: Die SA-Führer versuchen bis 24 Uhr ihre Gruppen zu erreichen.

---

[5] Aus: Evangelischer Arbeitskreis Kirche und Israel in Hessen und Nassau: Die Reichskristallnacht 9. November 1938 - 9. November 1978. Eine Arbeitshilfe für Unterricht und Gemeindearbeit, Frankfurt 1978, S. 41.

[6] Zum Ablauf der Ereignisse im folgenden vgl. Uwe Dietrich Adam: Wie spontan war der Pogrom? In: Walter H. Pehle: Der Judenpogrom 1938. Von der „Reichskristallnacht" zum Völkermord, Frankfurt 1988 (Fischer-Tb 1460), S. 74-93, hier S. 76-78.

[7] A.a.O., S. 77.

23 Uhr 45: Erste Meldung vom Brand eines jüdischen Hauses. Schloß Planegg, im Besitz des Barons Hirsch, ist von unbekannten Tätern angezündet worden.
23 Uhr 55: Der Leiter des Gestapoamtes, Heinrich Müller, schickt ein Fernschreiben an die Staatspolizeistellen. Dort heißt es:

„1. Es werden in kürzester Frist in ganz Deutschland Aktionen gegen Juden, insbesondere gegen deren Synagogen stattfinden. Sie sind nicht zu stören. ... 3. Es ist vorzubereiten die Festnahme von etwa 20 000 bis 30 000 Juden im Reiche. Es sind auszuwählen vor allem vermögende Juden. Nähere Angaben ergehen noch im Laufe dieser Nacht."[8]

10. November, 1 Uhr 20: SS-Gruppenführer Heydrich richtet ein Blitzfernschreiben an alle Staatspolizeistellen:

„Aufgrund des Attentats gegen den Leg.-Sekretär vom Rath in Paris sind im Laufe der heutigen Nacht – 9. auf 10.11.1938 – im ganzen Reich Demonstrationen gegen die Juden zu erwarten. Für die Behandlung dieser Vorgänge ergehen die folgenden Anordnungen:
a) Es dürfen nur solche Maßnahmen getroffen werden, die keine Gefährdung deutschen Lebens oder Eigentums mit sich bringen (z.B. Synagogenbrände nur, wenn keine Brandgefahr für die Umgebung vorhanden ist).
b) Geschäfte und Wohnungen von Juden dürfen nur zerstört, nicht geplündert werden. Die Polizei ist angewiesen, die Durchführung dieser Anordnung zu überwachen und Plünderer festzunehmen.
c) In Geschäftsstraßen ist besonders darauf zu achten, daß nichtjüdische Geschäfte unbedingt gegen Schäden gesichert werden.
d) Ausländische Staatsangehörige dürfen – auch wenn sie Juden sind – nicht belästigt werden.
1. Unter der Voraussetzung, daß die unter 1. angegebenen Richtlinien eingehalten werden, sind die stattfindenden Demonstrationen von der Polizei nicht zu verhindern, sondern nur die Einhaltung der Richtlinien zu überwachen.
2. Sofort nach Eingang dieses Fernschreibens ist in allen Synagogen und Geschäftsräumen der jüdischen Kultusgemeinden das vorhandene Archivmaterial polizeilich zu beschlagnahmen, damit es nicht im Zuge der Demonstrationen zerstört wird. Es kommt dabei auf das historisch wertvolle Material an, nicht auf neuere Steuerlisten usw. Das Archivmaterial ist an die zuständigen SD-Dienststellen abzugeben.
....
5. Sobald der Ablauf der Ereignisse dieser Nacht die Verwendung der eingesetzten Beamten hierfür zuläßt, sind in allen Bezirken so viele Juden – insbesondere wohlhabende – festzunehmen, als in den vorhandenen Trauträumen untergebracht werden können. Es sind zunächst nur gesunde männliche Juden nicht zu hohen Alters festzunehmen. Nach Durchführung der Festnahme ist unverzüglich mit den zuständigen Konzentrationslagern wegen schnellster Unterbringung der Juden in den Lagern Verbindung aufzunehmen. Es ist besonders darauf zu achten, daß die aufgrund dieser Weisung festgenommenen Juden nicht mißhandelt werden."[9]

---

[8] Aus: H. Eschwege (Hg.): Kennzeichen J., Bilder, Dokumente, Berichte zur Geschichte der Verbrechen des Hitlerfaschismus an den deutschen Juden 1933 - 1945, Berlin(-Ost) 1981, S. 115.
[9] Aus: H. Huber/A. Müller (Hg.): Das Dritte Reich. Seine Geschichte in Texten, Bildern und Dokumenten, München – Wien – Basel (Desch Verlag) 1984, S. 504f [Nürnberger Prozeß, Dokument 3051]. Hier zit. nach: entwurf. Religionspädagogische Mitteilungen 3/1988, S. 21.

PAUSE – Trauermusik

Noch in der Nacht zum 10. November brannten in Deutschland die Synagogen. Viele jüdische Geschäfte und Wohnhäuser wurden regelrecht ausgeplündert. Zwischen 2 und 3 Uhr wurde als erstes die Heidelberger Synagoge in der Mantelgasse in Brand gesteckt. Die beschlagnahmten Thorarollen und rituellen Gegenstände brachten die Brandstifter zunächst aufs Polizeirevier. Eine Woche später wurden sie vor zahlreichen Zuschauern auf dem Universitätsplatz „feierlich" verbrannt.

Gegen 4 Uhr 30 schändeten SA-Männer auch die in der Rathausstraße gelegene Rohrbacher Synagoge. Sie schichteten Bänke und Stühle, Bücher, Akten und Wandbehänge vor dem Altar auf und setzten sie in Brand.

Auch in Mannheim wurde die Synagoge in F 2, 13 geschändet und nahezu völlig zerstört. Eine Augenzeugin berichtet:

> „Ja, und das andere war 1938 am 10. November; wie ich erfahren habe oder gehört habe und erst geglaubt habe, es sei ein Gerücht, daß in Mannheim die Synagogen brennen, bin ich von der Wohnung zur Synagoge gelaufen im Laufschritt, und es schlug mir schon der Qualm entgegen. Wie ich dann an die Synagoge in F 2 kam, standen Massen von Leuten hämisch vor der Synagoge, und Hitlerjugend stand mit Sammelbüchsen und haben 10 Pfennig Eintritt verlangt, um für dieses wunderbare Ereignis, nämlich die brennende Synagoge zu sehen, zu kassieren. Und ich bin dann, vom Rauch kaum mehr etwas sehend, und vom Weinen die Freßgass' zurückgerannt. Irgendwo auf dem zweiten, dritten Quadrat nach der Breiten Straße hat sich ein Arm um mich gelegt und (jemand) hat zu mir gesagt: 'Kind, wein nicht, das ist der Anfang vom Ende.' Und so bin ich immer wieder dem Pfarrer Maas begegnet..."[10]

Hermann Maas war einer der wenigen, denen das Schicksal nicht nur der Heidelberger und Mannheimer Juden zu Herzen ging. Er hatte an seiner Haustür nach jüdischem Brauch eine Mesusa, eine Türpfostenkapsel angebracht. So wußte jeder Jude, der Hilfe suchte, „Hier bin ich sicher", wenigstens vorübergehend. Aber die Ausschreitungen gegen Synagogen und Geschäfte konnte Maas nicht verhindern.

Neben dem wirtschaftlichen Schaden, der den jüdischen Bürgern zugefügt wurde, mußten diese oftmals auch die schlimmsten persönlichen Demütigungen über sich ergehen lassen. Ein Augenzeuge schilderte in einem Nachkriegsprozeß einen typischen Einzelfall aus Heidelberg:

> „Kurz vor 8 Uhr vernahm ich in der Wohnung des Textilkaufmanns Siegfried Kahn (in der Bunsenstraße) ein großes Gepolter, als würden Türen oder Möbel zerschlagen, zwischendurch vernahm man Schreie des jüngsten Sohnes. ...Zu meinem Erstaunen sah ich durch die offenstehende Türe ca. sechs SA-Leute in der Wohnung von Kahn, beschäftigt, Akten und Waren aus den Regalen rauszuwerfen. Auch im Keller hörte ich Geräusche; als ich mich nach unten begab, sah ich in der Waschküche einen SA-Mann, welcher einen Schließkorb, mit Porzellan gefüllt, mit den Füßen zerstörte. ... Es dürfte wohl kurz nach 8 Uhr gewesen sein, da fuhr Kreisleiter Seiler im Auto vor und verab-

---

[10] Lore Mayer-Stern im Interview mit Albrecht Lohrbächer, August 1985. Zitiert nach: Redet mit Jerusalem freundlich. Zeugnisse von und über Hermann Maas (erarbeitet von Werner Keller, Albrecht Lohrbächer, Eckhart Marggraf, Jörg Thierfelder und Karsten Weber), Karlsruhe 1986, S. 68; Werner Keller u.a.: Leben für Versöhnung. Hermann Maas – Wegbereiter des christlich-jüdischen Dialogs, 2. verbesserte Aufl. Karlsruhe 1997, S. 87f.

reichte den SA-Leuten Beile. Aus den Fenstern wurden die Leitzordner, Bücher, Schreibmaschine und Waren geworfen. Einen gewissen Schneidermeister PG W. beobachtete ich, wie derselbe sich seine Taschen mit Faden, Seide etc. füllte. ... Die Schuljugend bekam, wohl für diese Aktion, auch schulfrei, dieselbe stieg durch die Fenster in die Wohnung, riß die Vorhänge runter, die Betten wurden rausgeworfen, am Gartenzaun zerrissen. Die Federn flogen umher, und unter Aufsicht mußte Herr Kahn die Straße kehren unter dem Hohn und Spott der SA-Leute. Der Schaden, welcher der Familie zugefügt wurde, dürfte sich nach meinem Ermessen in die Tausende belaufen."[11]

Oftmals trat noch die Verhöhnung hinzu. Der Synagogensturm sollte nicht nur die Bethäuser und die Schriftrollen verbrennen, er wollte dem Judentum auch seinen Glauben aus dem Herzen reißen. In Frankfurt wurden Hunderte von Juden in der Festhalle gefangengehalten und gedemütigt. Unter ihnen auch der Rabbiner Georg Salzberger. Er erinnerte sich, in ihr einst eine ergreifende Wiedergabe von Beethovens 9. Symphonie mit der Hymne „Alle Menschen werden Brüder" gehört zu haben. Jetzt geschah in dieser Festhalle auch folgendes:

„Da führen sie durch die Halle einen alten Mann mit grauem Bart, angetan mit einem Gebetsmantel und den Gebetsriemen. Sie haben vermutlich diese beiden Ritualgegenstände im Gepäck des Mannes gefunden; er hat sie mit sich genommen, weil er, wie für den konservativen Juden verbindlich, sein Morgengebet mit Gebetsmantel und Gebetsriemen zu verrichten gedachte. Andere hatten es vorgezogen, diese ihnen heiligen Gegenstände vor der zu erwartenden Entweihung zu bewahren, und hatten sie deshalb gar nicht mitgenommen. Jetzt haben sie sich von ihm demonstrieren lassen, wie und wozu diese Gegenstände gebraucht werden. Sie führen ihn durch die Halle, damit auch die Kameraden sich an diesem Schauspiel ergötzen können. Wir stehen gerade in der einen Ecke der Halle, wie er zu uns gebracht wird. Wie gröhlt die Bande bei seinem Anblick! „Bet' einmal!", schreit einer: Der alte Herr steht da, unbeweglich, wie aus Stein gemeißelt. Ein anderer erfaßt die Situation und rettet sie. Er nimmt ihm den Gebetsmantel von den Schultern, legt ihn um die eigenen und beginnt zu sprechen: „Schema Jisrael adonai elohenu adonai echad ... Höre Israel, der Herr, unser Gott, ist ein einziger Gott! ..." Und auch andere sprechen und beten es mit, das Bekenntnis ihres jüdischen Glaubens (5. Mose 6, 4). Mitten im Dunkel das Licht der Hoffnung ..."[12]

Warum stimmten in dieses Gebet nicht auch Tausende von „guten Christen" ein? Sie beteten doch sonst zu dem Einen, dem Gott Israels! Keiner konnte sagen, nichts gesehen und gehört zu haben. Aus Heidelberg, aus Mannheim, aus Frankfurt und vielen kleinen und großen Städten und Gemeinden ist bekannt, daß viele Schaulustige der Synagogenschändung beiwohnten, ja auch Beifall klatschten. Wer tatsächlich sich fernhielt, konnte (und mußte) am folgenden Tag die Berichte in den

---

[11] Zitiert nach: Arno Weckbecker: Die Judenverfolgung in Heidelberg 1933 - 1945, Heidelberg 1985, S. 193.

[12] Dokumente zur Geschichte der Frankfurter Juden 1933 - 1945, hg. v. der Kommission zur Erforschung der Geschichte der Frankfurter Juden, Frankfurt/M 1963, S. 42; hier zit. nach: Dieter Trautwein: Ein Gedenk- und Bitt-Gottesdienst zum 9. November 1938/1988. Vorschlag für einen ökumenischen Wortgottesdienst. In: Die Reichskristallnacht 9. November 1938. Eine Arbeitshilfe für Unterricht und Gemeindearbeit. Schriftenreihe des Evangelischen Arbeitskreises Kirche und Israel in Hessen und Nassau, Heft 1/1988, S. 79 - 85, hier S. 81

Zeitungen lesen. In großer Aufmachung berichtete der „Völkische Beobachter" über die Ausschreitungen:

> „Judenfeindliche Kundgebungen im ganzen Reich
> Eigener Bericht des Völkischen Beobachters
> Berlin, 10. November
> Nach Bekanntwerden des Ablebens des durch feige jüdische Mörderhand niedergestreckten deutschen Diplomaten vom Rath haben sich im ganzen Reich spontane judenfeindliche Kundgebungen entwickelt. Die tiefe Empörung des deutschen Volkes machte sich dabei auch vielfach in starken antijüdischen Aktionen Luft." [folgen Einzelberichte aus München, Berlin, Paris][13]

Eine seltene Ausnahme in der gleichgeschalteten Presse des NS-Staates war ein Stimmungsbild, das in der Mittagsausgabe der „Neuen Mannheimer Zeitung" vom 10. November erschien. Unter der Überschrift „Rauch" kommentierte der Verfasser zwischen den Zeilen – nachdenklich und eindringlich, hellsichtig und vorausschauend – die Ereignisse der vergangenen Nacht:

> „Rauch
> Es ist zeitig am Morgen, und über die Adolf-Hitler-Brücke flutet der eben von der Nachtruhe erwachte Verkehr. Der Zementbelag des Radfahrwegs ist schon merklich abgeschliffen. Still, fast befangen geht der Neckar seinen gewohnten Weg. Wohin das Auge auch blickt, überall hängen graue Schleier, ganz zart und fein, wie Spinnengewebe. Kein Zweifel mehr, es wird doch Winter werden! Das hat sich heute kundgetan.
> Dieses schmutzige Grau, das dem ausschreitenden Morgen nicht weichen will, hat Tränen in den Augen, und man fühlt, davon benetzt zu werden. Es ist wohl mit sich selbst nicht zufrieden. So müssen denn die schwarzen Rauchwolken, die aus den hohen Kaminen weit im Halbrund aufsteigen, in heilloser Vereinsamung durch den tristen Raum irren. Auch sie lehnen sich gegenseitig ab, und so erscheinen sie denn am Firmament als langgestreckte Fahnen, die über der Stadt stehen.
> Da ist nichts mehr von Jubel, von Farbe und Licht. Grau und Schwarz sind Diktator geworden. Werden sie stehen bleiben, werden sie weiter gehen? Wenn ihr Beharrungszustand über unsern Häusern sich löst, dann wird es viel Ruß regnen, der nur mit viel Seife wird wieder wegzuwaschen sein."[14]

Ansonsten schloß sich die Presse der vorgegebenen Propaganda an. Der „Heidelberger Beobachter" meldete am 11. November 1938:

> „Antijüdische Demonstrationen. Die Synagogen wurden demoliert.
> Die feige Mordtat ... hat auch in Heidelberg helle Empörung ausgelöst. In den Vormittagsstunden des gestrigen Tages kam es in allen Stadtteilen zu heftigen antijüdischen Demonstrationen, die sich auch den Nachmittag über fortsetzten. Bei Versammlungen vor jüdischen Geschäften gingen die Fenster in Trümmer. Auch die Wohnungen Heidelberger Juden wurden in Mitleidenschaft gezogen. Die Erregung wandte sich vor allem gegen die Synagoge in der Großen Mantelgasse und die Rohrbacher Synagoge, die demoliert wurden. Da für die persönliche Sicherheit der Juden nicht mehr gebürgt werden konnte, wurden die männlichen Juden im Verlaufe des Tages in Schutzhaft ge-

---

[13] Zitiert nach der Wiedergabe in: entwurf. Religionspädagogische Mitteilungen 3/1988, S. 23.
[14] *Ergänzung zum ursprünglichen Text;* zitiert nach: „Mannheimer Morgen" vom 9.11.1988.

nommen; sie wurden zum Teil in ein Konzentrationslager verbracht. Als das Verbot von Einzelaktionen bekannt wurde, wurden die Demonstrationen sofort eingestellt."[15]

Auch die „Neue Mannheimer Zeitung" stimmte am 11. November in diesen Chor mit ein. Nun bezeichnete sie die Zerstörung der Synagogen als „sinnfälligsten Anfang" der Aktionen gegen die Juden und nutzte die sogenannte Berichterstattung, um weiter Aggressionen zu wecken:

> „Die antijüdischen Kundgebungen – Die Aktionen gestern abend abgeschlossen
> Mannheim glich gestern einem aufgestörten Ameisenhaufen. Zu Hunderten drängten sich die Leute in den Hauptverkehrsstraßen und in den Seitenstraßen war zeitweise kein Durchkommen. Polizeibeamte und Angehörige der Gliederungen sorgten für reibungslose Abwicklung des Verkehrs.
> In der Masse zitterte die Erregung über die abscheuliche Mordtat des Juden Grünspan nach und die Äußerungen aus der Menge ließen an Eindeutigkeit nichts zu wünschen übrig. Die Aktionen gegen die in Mannheim ansässigen Juden, die, wie wir bereits berichtet haben, am frühen Morgen mit der Zerstörung der Hauptsynagoge und der Lemle - Moses - Claus - Synagoge ihren sinnfälligen Anfang genommen hatten, wurden im Laufe des Tages fortgesetzt. Dabei kam es in allen Stadtteilen zur Schließung der Geschäfte von Juden. Auch die Etagengeschäfte mußten daran glauben. Es konnte dabei nicht ausbleiben, daß Scheiben und Einrichtungen in Trümmer gingen. Vielfach kam, vor allem in Lebensmittelgeschäften und Metzgereien, ein ekelerregender Schmutz zum Vorschein. Einige besonders krasse Beispiele wurden öffentlich zur Schau gestellt. In einer Anzahl von Straßen wurden kleine Scheiterhaufen errichtet, auf denen in erster Linie jüdische Bücher und Schriftstücke verbrannt wurden. In zahlreichen Fällen wurden auch gehamsterte Vorräte beschlagnahmt und dem WHW [Winterhilfswerk] zugeführt.
> Trotz aller begreiflichen Erregung hielt die Bevölkerung Disziplin und fügte sich widerspruchslos den Anordnungen der im Laufe des Tages eingesetzten Ordner. Am Spätabend wurden die Läden, deren Scheiben zertrümmert waren und deren Rolläden nicht heruntergelassen werden konnten, mit Lattenverschlägen verschlossen. Zu ihrer eigenen Sicherheit mußten die Juden in Schutzhaft genommen werden."[16]

Es gab auch einzelne Beispiele mutiger Zivilcourage, vor der die Mordbrenner zurückwichen. Als der Landrat des ostpreußischen Kreises Schloßberg, Richard Bredow, per Fernschreiben von der Gauleitung über die geplanten Aktionen gegen die Synagogen erfuhr, zog er seine Wehrmachtsuniform an und verabschiedete sich von seiner Frau mit den Worten: „Ich fahre nach Schierwindt zur Synagoge und will als Christ und Deutscher eines der größten Verbrechen in meinem Amtsbereich verhindern." Als SA, SS und Parteileute auftauchten, um Feuer zu legen, stand Landrat Bredow bereits vor dem Gotteshaus. Er lud die Pistole durch; der Weg in die Synagoge ging nur über seine Leiche. Daraufhin verzogen sich die Brandstifter. Die Synagoge blieb als einzige im Regierungsbezirk unzerstört. Niemand hatte es gewagt, gegen den Landrat vorzugehen.[17]

---

[15] „Volksgemeinschaft/Heidelberger Beobachter" vom 11.11.1938, UB Heidelberg 86 RA 22.
[16] Zit. nach Wiedergabe in: entwurf. Religionspädagogische Mitteilungen 3/1988 , S. 37.
[17] *Ergänzung zum ursprünglichen Text.* Vgl. DIE ZEIT, Nr. 45, 4.11.1988; hier zit. nach: Eberhard Röhm / Jörg Thierfelder: Juden – Christen – Deutsche, Band 3/I: 1938 - 1941, Stuttgart 1995, S. 31.

Aber die Mehrheit blieb passiv, selbst wenn manche die Taten innerlich ablehnten. So konnte Reinhard Heydrich, der Chef der Sicherheitspolizei, in einem vorläufigen und unvollständigen Bericht die schrecklichen Ereignisse in Deutschland wie in einem Erfolgsbericht geschäftsmäßig und bürokratisch auflisten. Das hört sich so an:

> „Der Umfang der Zerstörung jüdischer Geschäfte und Wohnungen läßt sich bisher ziffernmäßig noch nicht belegen. Die in den Berichten aufgeführten Zahlen: 815 zerstörte Geschäfte, 29 in Brand gesteckte oder sonst zerstörte Warenhäuser, 171 in Brand gesteckte oder zerstörte Wohnhäuser, geben, soweit es sich nicht um Brandlegung handelt, nur einen Teil der wirklich vorliegenden Zerstörungen wieder. Wegen der Dringlichkeit der Berichterstattung mußten sich die bisher eingegangenen Meldungen lediglich auf allgemeinere Angaben, wie 'zahlreiche' oder 'die meisten Geschäfte zerstört' beschränken. Die angegebenen Ziffern dürften daher um ein Vielfaches übersteigen werden.
> An Synagogen wurden 191 in Brand gesteckt, weitere 76 vollständig demoliert. Ferner wurden 11 Gemeindehäuser, Friedhofskapellen und dergleichen in Brand gesetzt und weitere 3 völlig zerstört.
> Festgenommen wurden 20.000 Juden, ferner 7 Arier und 3 Ausländer. Letztere wurden zur eigenen Sicherheit in Haft genommen.
> An Todesfällen wurden 36, an Schwerverletzten ebenfalls 36 gemeldet. Die Getöteten bzw. Verletzten sind Juden. Ein Jude wird noch vermißt. Unter den getöteten Juden befindet sich ein, unter den Verletzten 2 polnische Staatsangehörige."[18]

Doch alle Maßnahmen gegen Synagogen, jüdische Geschäfte und Wohnhäuser, die Verhaftung der 20.000 – all dies sollte nur der Anfang einer nun folgenden systematischen Verdrängung des Judentums sein. Neben dem Schaden, der durch die Ausschreitungen zugefügt worden war, mußten die Juden auch noch die Kosten für die ganze Vergeltungsaktion tragen. Als „Sühneleistung" setzte Generalfeldmarschall Göring, der „Beauftragte für den Vierjahresplan" die Zahlung von einer Milliarde Reichsmark fest. Die Juden wurden zunehmend aus dem Wirtschaftsleben „ausgeschaltet". Der „Völkische Beobachter" forderte lapidar: „Deutschland muß judenfrei werden". Das „schmutzige Grau" und „die schwarzen Rauchwolken", die das Stimmungsbild der „Neuen Mannheimer Zeitung" am 10. November beschrieben hatte, verzogen sich nicht mehr – sie waren „Diktator geworden".

Wie konnte das geschehen? Die Täter hemmungslos – die Opfer schutzlos? Die Täter ohne Rest von Menschlichkeit, laut, schreiend, grölend – die Opfer ohne Achtung ihrer Menschenwürde, stumm, schweigend, weinend – vor allem aber: ALLEINGELASSEN?!

---

[18] Zit. nach: H. Metzger, Kristallnacht. Dokumente von gestern zum Gedenken heute, Stuttgart 1978, S. 28f.

Herr, wie war das nur möglich? Ein Bußgebet
Von Friedrich Carl Eichenberg[19]

Herr, wie war das nur möglich, daß Menschen, die jahrelang mit ihren Nachbarn friedlich zusammenlebten, sie grüßten, mit ihnen sprachen und sie besuchten, plötzlich alle Verbindungen zu ihnen abbrachen, weil es JUDEN waren? Mit einem Mal sahen sie weg, wenn sie ihnen begegneten, ließen ihre Kinder nicht mehr dort spielen und vermieden es, ihre Namen zu nennen.

Herr, wie war das nur möglich, daß Menschen, die das Recht kannten und dafür eintraten, nichts einzuwenden hatten, als das Recht zu leben für JUDEN immer mehr eingeschränkt und ihnen schließlich ganz entzogen wurde?

Herr, wie war das nur möglich, daß Menschen, die das Eigentum anderer noch nicht angetastet hatten und in normalen Umgangsformen lebten, in einer Nacht Brandstifter, Diebe, Plünderer und Lästerer wurden?

Herr, wie war das nur möglich, daß Menschen, die klug und nachdenklich waren, die Meinungen prüften und sich nicht hinter das Licht führen ließen, plötzlich alle Lügen und Verleumdungen über JUDEN ungeprüft und unwidersprochen hinnahmen und nachsprachen?

Herr, wie war das nur möglich, daß die Kirche JUDENCHRISTEN das empfangene Tauf-Sakrament absprach und sie aus der Kirche Jesu Christi ausstieß? Daß sie das Alte Testament in Frage stellte und verachtete?
Wie war es möglich, daß die Fürbitte für die JUDEN verstummte und unterblieb?

Herr, vergib all diese große Schuld und den Unglauben um des Opfers Jesu willen.

Herr, bewahre uns davor, daß wir auf's neue aus Feigheit, bewußter Interessenlosigkeit oder aus geheucheltem Unwissen schuldig werden.

Herr, verhüte Du, daß die Angst um unsere eigene Existenz oder das Abwälzen der eigenen Schuld auf die Vergangenheit und auf die anderen uns erneut schweigen lassen.

Herr, laß uns ein Leben führen aus Deiner vergebenden Liebe und laß uns allen Menschen durch unsere Hilfe Deine Liebe täglich neu bezeugen. Amen.

PAUSE – Musik

Mochten sich die Täter darüber beklagen, von manchen Teilen der Bevölkerung unzureichend unterstützt worden zu sein – den Opfern nutzte das passive Beiseitestehen nicht. Ihr Gefühl, in Deutschland allein gelassen zu sein, wurde zur Gewißheit. In Einzelfällen hat es einfühlsame Hilfe für den jüdischen Nachbarn gegeben – aufs Ganze gesehen erscheinen Kirchen und Gruppen wie gelähmt.

Der Sicherheitsdienst beim Reichsführer - SS für den Unterabschnitt Württemberg-Hohenzollern berichtet:

„Die Vergeltungsmaßnahmen gegen die Juden wurden von konfessioneller Seite weitgehend abgelehnt. Beweggrund dafür waren auf evangelischer Seite menschliche Sympathie für das Judentum und religiöse Verbundenheit mit dem Judentum, auf katholi-

---

[19] Aus: epd - dok. 45 - 46/78, 109.

scher Seite die Überlegung und Befürchtung, gegen den Katholizismus könnte einmal ebenso vorgegangen werden wie gegen das Judentum ...
Obwohl sich die offiziellen Stellen und Personen der Landeskirche jeder Stellungnahme zur Judenfrage und zur Judenaktion enthielten, wurden doch die Vergeltungsmaßnahmen von dem Großteil der Geistlichkeit wie auch der ev. Bevölkerung mit Begründungen wie 'Die Juden sind doch auch Menschen' und 'Man darf doch keine Gotteshäuser anzünden, das ist doch Gotteslästerung' usw. abgelehnt. Die kirchlich-theologische Sozietät, der extremste Flügel der BK, gab an seine Anhänger und die zuverlässigsten Glieder der Gemeinden eine Vervielfältigung einer scharf und grenzenlos prosemitischen Schrift 'Das Heil kommt von den Juden' heraus, die von dem berüchtigten Theologen Prof. Karl Barth, Basel, verfaßt worden war."[20]

Pfarrer Dietrich Bonhoeffer notierte damals in seiner Bibel am Rande von Psalm 74, Vers 8 („Sie verbrennen alle Häuser Gottes im Lande") das Datum: „9.11.38". Nur wenige folgten dem biblischen Auftrag „Tue deinen Mund auf für die Stummen" (Sprüche 31, Vers 8). Vielleicht beteten sie still – aber sie sagten nichts. Auch die Bischöfe beider Kirchen, die Leitungsorgane, schwiegen.

Einer derjenigen, die nicht fortgeschaut haben, war der Berliner Dompropst Bernhard Lichtenberg. Noch am Abend des 10. November 1938 sprach er in der Hedwigskathedrale sein berühmt gewordenes Nachtgebet. Eine katholische „Nichtarierin" berichtet:

„Ich war innerlich benommen, denn ich war eine der Ausgestoßenen, hatte meinen Beruf verloren, weil mein Großvater Jude war. Ich war 15 Jahre Krankenschwester gewesen und bin entlassen worden und fand keinen Beruf mehr. Nun hatte ich mir einen Laden mühsam aufgebaut und dann war der furchtbare Tag im November 1938. Trotz aller durchgemachten Schrecken ging ich am Abend des 10. November in die Hedwigskirche. Dompropst Lichtenberg war wie immer. Ruhig sprach er das Gebet: 'Ich bete für die Priester in den Konzentrationslagern, für die Juden, für die Nichtarier.' Und er sagte auch: 'Was gestern war, wissen wir, was morgen ist, wissen wir nicht, aber was heute geschehen ist, haben wir erlebt: Draußen brennt die Synagoge – das ist auch ein Gotteshaus!' Ich dachte, mir blieb der Atem stehen. Das war Mut. Das war ein Spiel mit dem Tod. Ich erstarrte förmlich. Ich sah die SA schon hereinstürmen. Die Kirche war gefüllt mit Menschen."[21]

Lichtenberg blieb unerschrocken. Von nun an schloß er sowohl die „nichtarischen" Christen als auch die Juden in das tägliche öffentliche Abendgebet ein. In einer Predigt sagte er:

„Und sie [die Juden] werden mit Abraham, Isaak und Jakob zu Tische sitzen – und wem das nicht paßt, mag draußen bleiben."[22]

Sein konsequentes Eintreten für die Verfolgten bezahlte Lichtenberg mit dem Leben. 1941 wurde er verhaftet und zwei Jahre später ins Konzentrationslager Dachau „entlassen". Auf dem Transport dorthin verstarb er.

---

[20] Hier zit. aus: entwurf. Religionspädagogische Mitteilungen 3/1988, S. 8/9 (vgl. a. Hartmut Metzger, Kristallnacht, 1978, S52f.)
[21] *Ursprünglicher Text* [Gebet Lichtenbergs] *erweitert* um das Zeugnis der Krankenschwester, zit. nach: Eberhard Röhm / Jörg Thierfelder: Juden – Christen – Deutsche, Band 3/I: 1938 - 1941, Stuttgart 1995, S. 60.
[22] Zit. nach: Freiburger Rundbrief 35/36 (1983/84), S. 40.

Warum beteten so nicht viele? Warum predigten so nicht viele? Warum wandte sich der katholische Religionsphilosoph, der von zwei Freunden um ein Wort in der Sonntagspredigt gebeten wurde, mit dem Argument ab: „Das ist nicht meine Sache"? Warum protestierte der Münsteraner Bischof Clemens August Graf von Galen nicht von der Kanzel? Waren es wirklich die Bitten der münsterschen Juden, die eine weitere Verschlechterung der Lage befürchteten? Und wenn? Zeugt dies dann nicht davon, daß das Notwendige schon früher versäumt wurde? Offenbart das Schweigen vielleicht neben verständlicher Angst auch den kleinen Glauben, Un-Glauben? Fragen, die sich auch heute nach fünfzig Jahren unvermindert stellen. Wir dürfen ihnen nicht ausweichen. Wie die Stimme eines Propheten klingt da das Wort des Pfarrers Julius von Jan aus Oberlenningen am Bußtag 16. November 1938 über Jeremia 22, Vers 29:

„O Land, Land, höre des Herrn Wort!

Wenn nun die einen schweigen *müssen* und die andern nicht reden *wollen*, dann haben wir heute wahrlich allen Grund, einen Bußtag zu halten, *einen Tag der Trauer* über unsre und des Volkes Sünden.

Ein Verbrechen ist geschehen in Paris. Der Mörder wird seine gerechte Strafe empfangen, weil er das göttliche Gesetz übertreten hat.

Wir trauern mit unserm Volk um das Opfer dieser verbrecherischen Tat. Aber wer hätte gedacht, daß dieses eine Verbrechen in Paris bei uns in Deutschland so viele Verbrechen zur Folge haben könnte? Hier haben wir die Quittung bekommen auf den großen Abfall von Gott und Christus, auf das organisierte Antichristentum. Die Leidenschaften sind entfesselt, die Gebote Gottes mißachtet, Gotteshäuser, die andern heilig waren, sind ungestraft niedergebrannt worden, das Eigentum der Fremden geraubt oder zerstört, Männer, die unserm deutschen Volk treu gedient haben und ihre Pflicht gewissenhaft erfüllt haben, wurden ins KZ geworfen, bloß weil sie einer andern Rasse angehörten! Mag das Unrecht auch von oben nicht zugegeben werden – das gesunde Volksempfinden fühlt es deutlich, auch wo man nicht darüber zu sprechen wagt.

Und wir als Christen sehen, wie dieses Unrecht unser Volk vor Gott belastet und seine Strafen über Deutschland herbeiziehen muß. Denn es steht geschrieben: Irret euch nicht! Gott läßt seiner nicht spotten. Was der Mensch sät, das wird er auch ernten! Ja, es ist eine entsetzliche Saat des Hasses, die jetzt wieder ausgesät worden ist. Welche entsetzliche Ernte wird daraus erwachsen, wenn Gott unserm Volk und uns nicht Gnade schenkt zu aufrichtiger Buße.

Wenn wir so reden von Gottes Gerichten, so wissen wir wohl, daß manche im stillen denken: Wie kann man heute von Gottes Gerichten und Strafen über Deutschland reden, wo es so sichtbar aufwärts geht und in diesem Jahr 10 Millionen Deutsche mit dem Reich vereinigt worden sind. Da sieht man doch Gottes Segen über unserm Volk! Ja, es waltet eine erstaunliche Geduld und Gnade Gottes über uns. Aber gerade deshalb gilt es: O Land, Land, Land, höre des Herrn Wort! Höre jetzt endlich! Weißt du nicht, daß dich Gottes Güte zur Buße leitet? In unsrem Kapitel wird der Prophet beauftragt, von Gott zu sagen: So wahr ich lebe, spricht der Herr, wenn Chonja, der König Judas, ein Siegelring wäre an meiner rechten Hand, so wollte ich ihn doch abreißen und in die Hände geben derer, die nach seinem Leben stehen! Es kann ein Mensch und ein Volk von Gott zu höchsten Ehren erhoben sein – wenn er sein Herz verschließt vor des Herrn Wort, so wird er plötzlich in die Tiefe gestürzt. Äußeres Glück, äußere Erfolge führen uns Menschen nur zu leicht in eine Hochmut hinein, der den ganzen göttlichen Segen verdirbt und deshalb in tiefem Fall endet. Darum ist uns der Bußtag ein Tag der Trauer über unsre und unsres Volkes Sünden, die wir vor Gott bekennen, und *ein Tag des Gebets*: Herr, schenk uns und unsrem Volk ein neues Hören auf dein Wort, ein neues Achten auf deine Gebote! Und fange bei uns an. Wir gehen so gern eigene Wege. Wir tun so vielerlei und nehmen uns so wenig Zeit zu der Stille, in der wir des Herrn Wort vernehmen dürften, sei's im Gottesdienst, sei's im Kämmerlein. Darum geht so mancher Tag dahin, ohne daß wir Gott unsern Herrn sein ließen, weil wir am Morgen nicht beim Befehlsempfang bei ihm waren. Ein Christ, der nicht jeden Morgen diese Stille zum Hören sucht, gefährdet sich selbst und schadet der Sache seines Herrn. Denn ohne des Herrn Wort sind wir allen dämonischen Gewalten preisgegeben und allen verführerischen Stimmen der Unterwelt..."[23]

Seine Kirchenleitung bescheinigte dem Pfarrer, die Gemeinde nicht zur Buße gerufen, sondern in heftige Polemik verfallen zu sein, die nicht auf die Kanzel gehöre. Warum rief sie nicht mit ihm dem ganzen Volk zu: „Höre jetzt endlich!"?

Ja, warum brachten die Kirchen es nicht einmal fertig, gemeinsam mit den verfolgten Juden zu klagen? Ihren Schmerz herauszuschreien, statt ihn zu unterdrücken? Wer auf Gott hofft und ihm vertrauet, der darf auch klagen, ein Wehe schreien. Juden haben das seit drei und vier und mehr Jahrtausenden getan – das können auch Christen, mit den gleichen Worten:

Zum Abschluß Psalm 74: Klagelied nach der Verwüstung des Tempels

---

[23] Hier zit. aus: entwurf. Religionspädagogische Mitteilungen 3/1988, S.12/13.

Von der Last, ein Deutscher zu sein
Szenische Lesung für 10 Stimmen

Helmut Ruppel

Erzählerin: In der alten und schönen Stadt Lucca in der italienischen Landschaft der Toskana steht ein Dom. Und in diesem Dom hängt ein berühmtes Bild mit dem Namen „Heiliges Antlitz". Seit Beginn des 14. Jahrhunderts zieht es viele Menschen an.

Auch der Fluß in der Nähe der Stadt Lucca mit dem Namen Serchio zieht mit seinen kühlen Fluten viele Menschen zu einem erfrischenden Schwimmen an.

Das Bild „Heiliges Antlitz" und der kühle Fluß Serchio, in dem man so lustvoll schwimmen kann, sind wie eine Labsal für den Leib und die Seele. Der größte Dichter Italiens, Dante, erwähnt auch die beiden, das Bild und den Fluß, in seiner weltberühmten Dichtung, der „Göttlichen Komödie". Dort bekommen die zur Hölle Verdammten, die das Inferno betreten müssen, eine grausame Weisung mit auf den Weg:

> *„Hier hilft dir nicht das Heilige Antlitz,*
> *hier mußt du anders schwimmen als im Serchio..."*

Erzähler: Als reichlich 600 Jahre später nach dieser Dichtung, gegen Ende des Jahres 1943, ein junger italienischer Mann aus Turin nach Auschwitz verdammt wird und am Ende seiner Reise durch das Tor mit der Aufschrift „ARBEIT MACHT FREI" gestoßen wird, erinnert er sich augenblicklich dieser Worte:

> *„Hier hilft dir nicht das Heilige Antlitz,*
> *hier mußt du anders schwimmen als im Serchio..."*

Und er weiß im Nu: „Dies also ist die Hölle". In dieser Hölle trägt der junge Mann die Nummer 174 517. Er wird sie sein Leben lang tragen, bis er dieses Leben nicht mehr tragen kann.

Erinnerung wird für die Nummer 174 517 zur Pflicht, zur Zeugnispflicht. Im Lager schärfte er seine Beobachtungen bei Tage und bei Nacht. Aber nachts suchten ihn auch Träume heim. Er träumte, er sei dem Lager entronnen und heimgekehrt und berichte nun detailliert von allem, was er durchmachen mußte. Und während er alles Furchtbare aus der Hölle, aus dem Inferno, bezeugt, beobachtet er plötzlich, daß keiner zuhört, daß über anderes, ganz Belangloses gesprochen wird, daß er, der Erzählende, nicht wahrgenommen wird, ja, noch schrecklicher, daß manche aufstehen und fortgehen ohne jede Reaktion.

Auch später, schon in der „Freiheit", verläßt ihn dieser Traum nicht. Er erfährt, daß auch andere Überlebende und Freigekommene aus der Hölle denselben Traum träumen...

Erzählerin: Primo Levi, der Häftling 174 517 hat nicht zugelassen, daß die Lager je von der Welt vergessen wurden. Angesichts des Äußersten hat er das Erlittene präzise notiert. Auch wenn die Menschheit sich weigert, die Lehre von Auschwitz zu hören, so war doch seine Lebensüberzeugung: „Jeder Deutsche, ja, jeder Mensch muß eine Antwort auf Auschwitz finden; nach Auschwitz darf man nicht mehr waffenlos dastehen."...

Berichterstatter: Übermorgen, am Dienstag, am 27. Januar, steht in meinem Kalender: „Gedenken für die Opfer des Nationalsozialismus". Etwas Vergleichbares kommt nicht noch einmal in meinem Kalender vor: Am 3. Oktober steht „Tag der deutschen Einheit" und am 8. Mai ist zu lesen: „Ende des 2. Weltkrieges". Das „Gedenken" am 27. Januar ist etwas Unvergleichbares, etwas Besonderes. Und zumindest als herausgehobener Tag auch etwas Neues.

Spät genug, werden manche sagen. Es gab ein eindeutiges Datum: Die Befreiung des Konzentrationslagers Auschwitz. Aber es gab offenbar lange Zeit auch Widerstände. Nun hat der Bundespräsident am Anfang des Jahres 1996 diesen Tag zum „Tag des Gedenkens an die Opfer des Nationalsozialismus" erklärt. Spät genug, werden manche sagen. Mußten erst 50 Jahre ins Land gehen, bis ein Bundespräsident diesen Tag einführte ? Vielleicht ist aber dieses späte Datum der sachgemäße Ausdruck dafür, daß es schwer ist, einen Gedenktag für die Schuld des eigenen Volkes einzuführen.

Nun gilt es, den Tag davor zu bewahren, daß er gar nicht wahrgenommen wird. Denn ein freier Tag ist er nicht, der Alltag kann ihn schnell zudecken. Mag sein, daß dies sogar vielen im Lande ganz recht ist.

Und noch vor einer anderen Gefahr hat der Bundespräsident gewarnt: Daß auf diesen Tag alles Gedenken im Zusammenhang mit dem Zweiten Weltkrieg geladen wird. Und so sagt er klar, wem das Gedenken am 27. Januar gilt:

Chronistin: All denen, die in den Lagern um ihrer Religion, um ihrer politischen Überzeugung, um ihres Andersseins willen gelitten haben und getötet wurden.

All denen, die von Nationalsozialisten verfolgt und in Gefängnissen erniedrigt und ermordet wurden.

Berichterstatter: Der deutschen Opfer des Krieges und der Vertreibungen soll dagegen am Volkstrauertag gedacht werden. Es heißt in der Proklamation am Ende:

Chronistin: Die Erinnerung darf nicht enden; sie muß auch künftige Generationen zur Wachsamkeit mahnen.

Berichterstatter: Es ist deshalb wichtig, nun eine Form des Erinnerns zu finden, die in die Zukunft wirkt. Sie soll Trauer über Leid und Verlust ausdrücken, dem Gedenken an die Opfer gewidmet sein und jeder Gefahr der Wiederholung entgegenwirken.

Historikerin: Vielleicht mußte es wirklich so lange dauern, weil die Frage an uns, wie man sich der Ereignisse erinnert, die man am liebsten vergessen möchte, nun wirklich unter die Haut geht. Wie baut man sich auf als Nation auf der Erinnerung der Ungerechtigkeit? Wer kann das und wo geschieht das sonst auf der Erde? Deshalb war die Arbeit an der Erinnerung in Deutschland, dem Land der Täter, auch immer so qualvoll und lähmend, so zerrissen und gewunden, im Osten wie im Westen. Da fordert eine Nation sich selbst zur Erinnerung an die Opfer der eigenen Verbrechen auf! Wie kann ein Staat seine Verbrechen gegen andere in die Landschaft seiner nationalen Erinnerung einfügen? Wie kann ein Staat die Litanei seiner eigenen Untaten rezitieren und gar feierlich an sie erinnern und zum Teil seiner eigenen Daseinsbegründung machen? Täter erinnern sich in Reue und Umkehr ihrer Opfer – das kommt nicht vor, das ist fast unvorstellbar. Und das Unvorstellbare zeigt(e) sich in der Diskussion um eine sinnbildliche Darstellung dieses Gedenkens in einem Mahnmal für die ermordeten Juden Europas in Berlin.

Journalist: „Vergessen ist die erste Bürgerpflicht", so hätte es über den ersten Jahren, ja Jahrzehnten nach 1945 in den beiden vorigen Deutschländern stehen können. Vergessen, getilgt, retuschiert wurde immer das, was das eigene Bild zu verdunkeln drohte. Doch längst haben wir einen Generationenwechsel erlebt: Die unmittelbar Beteiligten sind nur in geringster Zahl noch unter den Lebenden; die dritte, die vierte Generation ist längst herangewachsen. Und Generationenwechsel bringen häufig Gedächtniskrisen mit sich, Gedächtnislöschungen, Vergessensanstrengungen, Energie, Distanz zum Geschehen zu bekommen. So wird bei vielen Menschen das Thema „Nationalsozialismus" nicht mehr unmittelbar mit den Großeltern oder den Eltern oder innerhalb der weiteren Familie verbunden, wie das für die Eltern häufig noch galt. So ist es auch langsam in der Schule geworden – das Thema wird „mit der Zeit" eben Geschichte.
Und so hören wir neuerdings querbeet zwei Aussagen ziemlich häufig:
„*Auschwitz – ich kann es nicht mehr hören!*", aber auch den Satz: „*Auschwitz – wie kam es eigentlich dazu?*".
Die von Auschwitz nichts mehr hören wollen, sagen das auch manchmal anders: „*Ich bin stolz, ein Deutscher zu sein*". In der anschwellenden Jugendgewalt, in der anwachsenden ausländerfeindlichen Bewegung taucht dieser Satz immer wieder auf. Er scheint harmlos zu sein, er ruft zu nichts auf, er klingt fast wie „Ich bremse auch für Tiere" oder „Ich rauche gern". Da er aber der Leitsatz der Rechtsradikalen ist, hat er mehr im Gepäck.
„*Ich bin stolz, ein Deutscher zu sein*", diese Parole tritt an! Sie tritt an gegen den Satz: „Ich schäme mich, ein Deutscher zu sein!". Und unausgesprochen sagt er: „Ich bin stolz, kein Ausländer zu sein!"

Chronistin: Mich erinnert dieser Satz an die Familienanzeigen Anfang der vierziger Jahre: Todesanzeigen in den Jahren 1942/43/44 sprachen nicht von fassungsloser Trauer, das war unpatriotisch, weichherzig, nein, sie sprachen von „stolzer Trauer". Geburten wurden mit „stolzer Freude" angezeigt. Und das war Trotz! Trotz – angesichts des Elends, der tatsächlichen Not und der schrecklichen Verluste. Wo von Erschütterung und Schmerz zu reden gewesen wäre, wurde von stolzer

Trauer gedröhnt. Die Bomber dröhnten und die Sprache begann mit zu dröhnen. Geht das denn wieder los?

Lehrerin: Nein, nicht überall, es sind auch andere Stimmen in der dritten und vierten Generation zu hören. Als Religionslehrerin habe ich Schülerinnen und Schüler mit diesem Satz konfrontiert. Ich darf Sie / Euch bitten, Ihre / Eure Gedanken vorzutragen:

Thomas: Ich bin Thomas, 17 Jahre, ich kann grundsätzlich diesen Satz bejahen. Irgendwann muß man die Vergangenheit hinter sich lassen. Man muß sie aber im Unterbewußtsein behalten.

Stefan: Stefan, ebenfalls 17 Jahre; ja, also die Deutschen sind wieder ein vernünftiges Volk geworden. Der größte Teil duldet antisemitische Hetze nicht. Ausländerfeindlichkeit gibt es auch in anderen Ländern. Aber die großen Demonstrationen gegen diese Taten und gegen dieses Denken! Das darf nicht vergessen werden dabei!

Amande: Natürlich würde ich einen solchen Satz nie laut sagen – zu wem auch? Aber wenn ich im Ausland bin, denke ich manchmal an Deutschland mit einem bestimmten Gefühl wie „Ich bin froh, eine Deutsche zu sein" oder „Ich mag Deutschland". Ich würde aber nicht sagen: „Ich bin stolz, Deutsche zu sein".

Lehrerin: Diese letzte Bemerkung halte ich für sehr wichtig: Offenbar wird Amande in einem anderen Zusammenhang, in einem nichtdeutschen Zusammenhang genötigt, über ihr Deutschsein nachzudenken, vielleicht bei einer Reise, bei einem Schulaustausch oder in den Ferien außerhalb Deutschlands, wenn man mit Menschen des anderen Landes in ein weitergehendes Gespräch kommt. Ist das so? Daß die Wir-Gefühle, dieses ganze trotzige Pathos, das forsche Auftreten wegfallen? Ich habe übrigens das Gefühl, daß Fußball-Touristen da besonders unempfindlich sind.

Amande: Ja, es ist zwar manchmal schwierig, weil ich als Deutsche viele Worte doppelt abwägen muß, aber mir gibt das auch ein anderes Bewußtsein. Ich sehe Deutschland recht kritisch, aber trotzdem mag ich Deutschland. Ich habe manchmal den Eindruck, daß mir diese Haltung im Ausland geholfen hat. Ich war zum Beispiel auf Vorurteile, auf kritische Einstellungen uns gegenüber, zum Beispiel in Holland oder Norwegen, besser vorbereitet.

Journalist: Wir erleben einen aufregenden Generationenwechsel. Wenn er vollzogen ist, wird es keinen lebendigen Erinnerungskontakt zu den Ereignissen des nationalsozialistischen Massenmords an den Juden mehr geben. Deshalb will dieser Tag, dieser 27. Januar, uns zum Erinnern anhalten, Erinnerungen festhalten und uns eine Selbstverpflichtung des Erinnerns einschärfen.

Erzähler: Erinnern, gedenken – ein Wort, das in der Beziehung zwischen Gott und Mensch in der Bibel, in den Beziehungen zwischen Mensch und Mensch seit

biblischen Zeiten eine zentrale Bedeutung hat. Es meint: Etwas namhaft machen, ins Gedächtnis rufen, an etwas oder jemanden denken. Im Gegensatz dazu wird das Wort „vergessen" im Sinne von „wegwischen" und „tilgen" gebraucht.
Primo Levi sagte sich, während er Suppenkübel mit wässeriger Brühe, Kraut und Rüben durch das Lager schleppte, aus dem Gedächtnis Verse auf, um nicht zu vergessen, wer er war und wo er war – ein Mensch im Inferno, in der Hölle,. Dann hat er selber welche verfaßt, auf daß wir nicht vergessen ... Einige davon erinnern an die Menschen in den Lagern:

> Ihr, die gesichert lebt in behaglicher Wohnung: denkt, ob dies ein Mann sei,
> der schuftet im Schlamm, der kämpft um sein Brot.
> Denkt, ob dies eine Frau sei, die kein Haar mehr hat und keinen Namen,
> leer die Augen und kalt ihr Schoß.
> Denkt, daß solches gewesen.
> Es sollen sein diese Worte in eurem Herzen, ihr sollt über sie sinnen,
> wenn ihr geht auf euren Wegen, wenn ihr euch niederlegt
> und wenn ihr aufsteht, ihr sollt sie einschärfen euren Kindern.

Dieser Text ist am 25. Januar 1998 im Ostdeutschen Rundfunk Brandenburg (ORB) gesendet worden. Er wurde von Musik (Oboe) gerahmt und unterbrochen. Wo er im Text Lücken läßt, kann er situativ ergänzt werden, wie er generell an vielen Stellen erweiterbar ist. Dazu können Texte von Primo Levi gehören, aber auch andere Zeugnisse Überlebender. Auch die Einbringungsrede von Roman Herzog kann im Wortlaut eingefügt werden. Auch eigene Diskussionsergebnisse des umstrittenen Satzes „Ich bin stolz..." können eingearbeitet werden. Die Vorlage versteht sich nur als erweiterbare, flexible und ausbaufähige Sprachhilfe. Die vielen Beiträge in diesem Band geben weitere Konturen zu einer Sprechszene, einer szenischen Lesung, einer meditativen Eröffnung, einem Anspiel, einer Gesprächsrunde, einem „Runden Tisch" zum Thema „Erinnern, Lernen, Gedenken".

Gottesdienst am Tag des Gedenkens an die Opfer des Nationalsozialismus
27. Januar 1998 – Entwurf mit liturgischen Elementen, Texten und Musik

Ulrich Koper SJ, Christine Schlund, Ingrid Schmidt

I Inhalt

- Eröffnungslied: „Meine Seele, meine Seele wartet auf den Herren, wie die Wächter auf den Morgen. Allein, allein bei dir ist Vergebung"[1]
- Liturgische Eröffnung
- Meditative Stille
- Hinführung zum Gedenktag – Text 1
- Psalm mit Antiphon – Text 2
  „Gott, erbarme dich, nie darf mehr sein, was gewesen"[2]
- Erzählung von den Jugendlichen in Theresienstadt – Text 3
- Klageritus mit einem Liedruf – Text 4
  „O Herr, hör die Klage, o Herr, hör die Klage, wenn ich rufe, höre mich! O Herr, hör die Klage, o Herr, hör die Klage, komm und höre mich"[3]
- Fürbitten mit Kyrieruf
- „Kyrie, Kyrie eleison"[4]
- Vaterunser – Segen – Schlußlied
- „Laß uns in deinem Namen, Herr, die nötigen Schritte tun"[5]

II Ablauf

Hinführung zum Gedenktag – Text 1

Im Januar 1996 hat der Bundespräsident den 27. Januar zum „Tag des Gedenkens an die Opfer des Nationalsozialismus" erklärt. Warum dieser Tag? Am 27. Januar 1945 wurde das Konzentrationslager Auschwitz durch die Rote Armee befreit. Vielleicht fragen sich manche: Mußten erst 50 Jahre ins Land gehen, bis ein solcher Gedenktag eingeführt werden konnte? Vielleicht ist dieses späte Datum auch

---

[1] Melodie: Kanon aus Israel, Dt. Textfassung, Verse aus Psalm 130, in: Liederbuch zum Katholikentag 1982, Düsseldorf, hg.vom Generalvikariat Köln, 1982, 2. Aufl.
[2] Melodie und Text: Christine Schlund und Gunter Kennel.
[3] Melodie: O Lord, hear my prayer. Quelle: Gesänge aus Taize, Christophorus Verlag, Freiburg.
[4] Gesänge aus Taize, Christophorus Verlag, Freiburg.
[5] Text und Musik: Kurt Rommel, in: Erdentöne – Himmelsklang, in: Neue geistliche Lieder, Schwabenverlag 1995.

ein Ausdruck dafür, daß es schwer ist, einen Gedenktag für die Schuld des eigenen Volkes zu begehen.
Nun gilt es, den Tag davor zu bewahren, daß er gar nicht wahrgenommen wird. Denn ein freier Tag ist er nicht! Der Alltag kann ihn rasch zudecken. Aus diesem Grunde haben wir uns heute zu einem Gottesdienst hier versammelt.
Am Ende seiner Proklamation erklärte Bundespräsident Roman Herzog: „Die Erinnerung darf nicht enden; sie muß auch künftige Generationen zur Wachsamkeit mahnen." Und in seiner Rede im Bundestag sagte er: "Dieses Gedenken ist nicht als ein in die Zukunft wirkendes Schuldbekenntnis gemeint." Es gehe darum, "aus der Erinnerung immer wieder lebendige Zukunft werden zu lassen." Deshalb ist es wichtig für uns, eine Form des Erinnerns zu finden, die in die Zukunft wirkt. Und so wollen wir mit diesem Gottesdienst einen Denkanstoß geben: Wie kann es *uns* gelingen, Erinnerung lebendig zu halten?

Psalm – Text 2

Antiphon

Leserin 1

Gott, erbarme dich, nie mehr darf sein, was gewesen.
Vermessenheit, Wahnsinn, Wegschauen, Nichts-Wissen-Wollen.
Nie mehr darf sein, was gewesen.

Antiphon

Leser 2

Gott, erbarme dich, nie mehr darf sein, was gewesen.
Kinder, Frauen, Männer – sie wohnten in unseren Straßen, sie lebten in unserer Stadt. Ausgelöscht für immer.
Nie mehr darf sein, was gewesen.

Antiphon

Leserin 1

Gott, erbarme dich, nie mehr darf sein, was gewesen.
Schülerinnen und Schüler – beleidigt, denunziert, ausgeschlossen, weggebracht, ermordet.
Nie mehr darf sein, was gewesen.

Antiphon

Leser 2

Gott, erbarme dich, nie darf mehr sein, was gewesen.
Im Erinnern liegt die Kraft für ein bess'res Morgen –
daß nie mehr sei, was gewesen.

Antiphon

Erzählung von den Jugendlichen in Theresienstadt – Text 3

Erzähler 1

In Tschechien, 60 Kilometer westlich von Prag, liegt eine sonderbare Stadt. Sie heißt Terezin, zu deutsch Theresienstadt. Eine Stadt, die auf Befehl errichtet worden ist. Zwischen Mauern eingezwängt, entstand sie auf Geheiß Kaiser Josephs II. von Österreich, der sie nach seiner Mutter Maria Theresia benannte. Theresienstadt sollte eine wichtige Festung werden, aber es wurde nur ein verschlafenes Nest, von Kasernen beherrscht.

Noch heute macht Theresienstadt einen verschlafenen Eindruck. Aber man spürt, daß über dieser Stadt ein Schatten liegt... Denn während des Zweiten Weltkrieges war Theresienstadt ein furchtbarer Ort.

Irgendwo in der Ferne, in Berlin, traten Leute in Uniform zusammen zu Beratungen. Sie beschlossen, alle Juden Europas auszurotten. Und da sie gewohnt waren, alles gründlich und berechnend auszuführen, machten sie sich daran, Pläne auszuarbeiten, in denen Länder, Plätze, Termine und auch Haltestellen auf dem Weg zum Tode eingezeichnet wurden. Auch Theresienstadt war eine solche Haltestelle. Juden aus Böhmen und Mähren und später aus ganz Europa wurden in diese Stadt tranportiert. Von dort wurden sie dann weiter nach Osten in die Gaskammern verschleppt. In dieser Stadt war alles Betrug, war alles Täuschung; alle Bewohner waren im Voraus zum Tode verurteilt, aber sie wußten nichts davon. Theresiensstadt war eine Falle, aus der es kein Entrinnen gab.

Auch die vielen Kinder und Jugendlichen, die nach Theresienstadt kamen, wußten nichts. Sie kamen aus Orten, wo ihnen bereits Ungerechtigkeit begegnet war – man hatte sie aus den Schulen hinausgeworfen, man hatte ihnen auf Herz, Jacke und Bluse Sterne angenäht, ihnen nur erlaubt, auf Friedhöfen zu spielen. Aber das schien alles gar nicht so arg, wenn man es durch die Augen der Kinder betrachtete. Sie begannen rasch, diese eigenartige Welt zu begreifen, in der sie nun leben mußten. Sie sahen die Wirklichkeit, sahen sie aber mit ihren Augen, sie sahen eine Welt der Farben und des Schattens, des Hungers und der Hoffnung.

Erzähler 2

Ja. Theresienstadt war auch eine Welt der Hoffnung. Die Kinder und Jugendlichen an diesem Ort verkörperten auch Hoffnung und Lebensfreude. Sie waren selbst an diesem Ort nicht zum Schweigen zu bringen. *Und davon möchten wir euch erzählen!*

Es gab in Theresienstadt besondere Heime für Kinder und Jugendliche. In einem dieser Heime gab es eine Gruppe von Jungen, die bald zu einer verschworenen Gemeinschaft zusammenwuchsen. Ein junger Lehrer aus Prag mit Namen Walter Eisinger begleitete diese Jungen. Die Jungen liebten und verehrten seinen überzeugenden Mut und seinen Optimismus, daß es für alle ein Leben nach dem Krieg geben würde. Sie nannten ihn „Knirps" und hatten Respekt vor ihm, weil er genau so gut über die Lehre von Mahatma Gandhi sprechen wie auch Fußball spielen konnte. Eisinger schuf für die Jungen in einem kleinen, mit dreistöckigen Pritschen überfüllten Raum eine neue fesselnde Welt. In ungeahnter Weise entfalteten sich in ihr die Begabungen der Jungen: Hier entstand auch eine Zeitschrift mit den Namen

„*Vedem*", die zwei Jahre lang jeden Freitag erschien, illegal wohlgemerkt, erschien. In dieser Zeitung und mit dieser Zeitung schrieben sich die Jungen ihre Angst und ihren Frust von der Seele, sie machten sich gegenseitig Mut mit ihren Artikeln und Gedichten.
Eines dieser Gedichte hieß so:

Leser 1

Unser Leben war schön, schön wie bei vielen anderen.
Wir waren frei, hatten auch manche Schätze,
wollten Hand in Hand durchs Leben wandern,
doch was uns erwartete, war böse Hetze.

Wir fühlten uns stark, kannten Abgründe kaum,
auch keine Not und keinen Schmerz.
Und jetzt? War all dies bloß ein Traum?
Sind im Sumpf wir verirrt, in einem Sein ohne Herz?

Doch warum Trost in Gewesenem suuchen,
warum den Blick zurück stets wenden?
Warum in Ascheresten wühlen und fluchen,
warum nur in der Erinnerung enden?

Stolz müssen wir sein, auch wenn uns Wunden brennen,
müssen lachen und unseren Schmerz verhöhnen.
Splitter der Vergangenheit kein Erleichtern kennen.
Und Niedergeschlagenheit kann nur verderblich tönen.

Schluck deine Bitterkeit und zeige Mut,
auch wenn es dir nicht immer ganz gelingt.
Laß dich nicht brechen, Tapferkeit ist gut,
die dich aus jedem Traum zurück ins Leben bringt.

Erzähler 1

Der treibende Geist hinter der Zeitschrift war ihr Chefredakteur. Er hieß Petr Ginz. Petr war 14, als er von seiner Familie in Prag weggeholt und 1942 nach Theresienstadt verschleppt wurde. Er war ein ziemlich kluger Kopf, verschlang Bücher – nie war sein Wissensdurst gelöscht. Seine Zunge war spitz, sein Spott berüchtigt – und doch hatten ihn alle lieb. Jetzt wurde die Zeitschrift seine große Leidenschaft. Lauschen wir einer Kostprobe seiner Schreibkunst: Ein Artikel aus dem Jahre 1944:

Leser 2

Aus dem Leben eines leblosen Gegenstandes
Wie den meisten von uns bekannt ist, kann sich ein lebloser Gegenstand nie und unter keinerlei Umständen des Lebens erfreuen. Nur ein Ding, das in ständigem Kontakt mit Menschen lebt, sich verändert und beinahe schon ein Bestandteil ihres

eigenen Lebens ist, nur ein solches Ding kann als lebend bezeichnet werden. Und so eine Sache ist eine Beschimpfung.

„Du idiotischer Ochse, du Kanaille..." Ich erinnere mich deutlich, wie bei der Ankunft eines Transportes diese erste Serie der Schimpfwörter auf mich gewirkt hat. Es war mir, als ob mich für eine kleine Weile Prag angehaucht hätte mit seinen beleuchteten Straßen und der schillernden Moldau. Und damals habe ich begriffen, daß das mit der Beschimpfung eine Bewandtnis hat.

Es gibt verfeinerte Beschimpfungen und ordinäre, zivilisierte und, ich würde fast sagen, prähistorische. Den zivilisierten muß man nicht weit nachgehen, wir hören sie ja auf Schritt und Tritt: Idiot, Kretin, Primitivling! Wie man sieht, die Beschimpfung schöpft aus modernen wissenschaftlichen Erkenntnissen.

Nehmen wir die Beschimpfungen in Theresienstadt. Nichts ist da ausgedacht, ich habe sie mit eigenen Ohren gehört: Du Scheißprimitivling, verwelkter Kretin, materialistisches, egoistisches Schwein! Hier sehen wir: Theresienstadt ist ein Ort, wo die oberflächliche Zivilisation immer mehr vom Selbsterhaltungstrieb verdrängt wird, von Egoismus, Faustrecht und zahlreichen anderen Motiven, die die Welt ringsum. zumindest teilweise schon zu beseitigen verstand.

Die Welt aufgrund ihrer Beschimpfungen kennenzulernen – das wäre mein Ideal: Einen Kuli in Schanghai, in Singapur schimpfen zu hören, einen Fischer in Neufundland, Bauern auf Ceylon, Geishas in Japan, Perlmuttjäger in der Bucht Bengalens. Und so würde ich eines Tages, nachdem ich die Welt und ihre Bewohner durch Beschimpfungen kennengelernt habe, mit dem Dampfer heimkehren, und das Geräusch der Schiffsschraube würde mich in den Schlaf wiegen.

Erzähler 2

Petr war ein Motivationskünstler. Er jagte Beiträgen nach, wie er nur konnte. Schimpfte, redete Faulen ins Gewissen, schrieb manchmal eine ganze Ausgabe der Zeitung allein unter verschiedenen Namen, nur um die Lage zu retten. Er war von seiner Arbeit ganz besessen.

Petr hatte noch andere, verlockendere Möglichkeiten, um säumige Mitarbeiter zum Schreiben zu bewegen. Er war einer der wenigen, der von seinen Prager Eltern Pakete bekam. Und so beschaffte er auch Beiträge im Austausch gegen die feinen Dinge in seinen Paketen.

Die Zeitschrift war für Petr einfach eine Sache der Ehre. Er widmete ihr seine ganze Zeit, Woche für Woche, Tag für Tag. Es war eine ungeheure Schinderei, besonders wenn er mit Hilfe von Freiwilligen alle Beiträge mit der Hand abschreiben mußte.

Erzähler 1

Petrs Schwester hieß Eva, sie war zwei Jahre jünger. Eva kam im Mai 1944, anderthalb Jahre nach Petr, ins Ghetto Theresienstadt. So tief ihr Schmerz über die Trennung von den Eltern in Prag war, so groß war ihre Freude nun über das Zusammensein mit ihrem Bruder. In ihr Tagebuch schrieb Eva, wie stolz sie auf ihren großen Bruder war. Bei ihrer Ankunft in Theresienstadt hatte ihr ein Mädchen gesagt, Petr Ginz sei der intelligenteste Junge im Heim.

Evas Freude aber war von kurzer Dauer. Im Herbst 1944, als der Krieg für Hitlerdeutschland schon verloren war, fuhren besonders viele Transporte von Theresienstadt nach Auschwitz. Eva schrieb in ihr Tagebuch:

Leserin 3

27. September 1944

Also Petr und Pavel, unser Vetter, sind im Transport. Vorgestern haben sie die Berufung bekommen. Es hieß, sie würden am nächsten Tag fahren, aber inzwischen sind sie noch hier, weil der Zug nicht gekommen ist... Wir hoffen, der Transport bleibt hier, man sagt, in ganz Böhmen wird gestreikt und deshalb kommt der Zug gar nicht.

Als ich erfuhr, daß Petr dabei ist, wurde mir ganz schlecht.

Vor Petr bemühe ich mich, ganz ruhig zu sein, will ihm nicht noch den Kopf schwer machen. Angeblich sollen sie irgendwohin nach Dresden fahren, ich habe schreckliche Angst, daß dort bombardiert wird und den Jungen etwas passiert. Mutter und Vater, mir ist nach euch sehr bange, vor allem jetzt, wenn meine einzige Stütze wegfährt. Wer weiß, ob wir einander alle noch einmal wiedersehen werden? Ach, wenn der Krieg doch schon aus wäre! Was werden unsere Eltern zu Hause sagen, wenn sie erfahren, daß Petr fort ist?

29. September 1944

Der Zug ist schon hier und die beiden Jungen sind bereits eingestiegen. Petr hat die Nummer 2392 und Pavel 2626. Sie sind in einem Waggon beieinander. Petr ist phantastisch ruhig.

Ich habe ständig gehofft, der Zug würde nicht kommen, obwohl ich das Gegenteil wußte. Aber was kann man machen?

Es war ein schrecklicher Anblick, bis an mein Lebensende werde ich ihn nicht vergessen. Rings um die Kaserne drängte sich ein Haufen von Kindern, Frauen und Greisen, um noch einmal den Sohn, Mann, Vater oder Bruder zu sehen. Die Ghettowachmänner standen beim Gebäude und verjagten die Menschen, die allzu nahe kamen. Die Männer in den Fenstern winkten und verabschiedeten sich mit Blicken von ihren Verwandten. Von allen Seiten hörte man Weinen. Wir liefen schnell und brachten noch jedem Jungen zwei Schnitten, damit sie keinen Hunger hatten. Ich drängte mich durch die Menge, kroch unter dem Seil durch, das die Menschen von der Kaserne trennte und reichte Petr das Brot durchs Fenster. Ich hatte noch Zeit, ihm durch das Gitter die Hand zu reichen, da verjagte mich schon der Ghettowachmann. Nur gut, daß es so ausgefallen ist. Jetzt sind die Jungen fort und uns sind von ihnen nur die leeren Pritschen geblieben.

16. Oktober 1944

Heute gab es wieder nach längerer Zeit Alarm. Ich sah fremde Flugzeuge. Zuerst war es ein ganzer Haufen, dann sahen wir vier, die von deutschen Düsenjägern verfolgt wurden. Ich habe schreckliche Angst, daß dort bombardiert wird, wo unsere Jungen sind. Wer weiß, ob wir uns alle noch wiedersehen werden? Der liebe Junge! So etwas könnte der liebe Gott vielleicht gar nicht zulassen!

Erzähler 2

Eva sah ihren Bruder Petr nicht wieder. Er wurde nach seiner Ankunft in Auschwitz in die Reihe derjenigen eingewiesen, die sofort in die Gaskammer geschickt wurden

Eva Ginz und ihre Eltern haben Theresienstadt überlebt. Petrs Mutter, die heute in Israel lebt, erinnert sich dreißig Jahre danach:

Leserin 4

Im Oktober 1942 wurde Petr in einen Transport nach Theresienstadt eingereiht. Beim Abschied zu Hause hielt er sich tapfer, um es mir noch nicht schwerer zu machen. Er tröstete mich sogar und sagte: „Weine nicht, Mutti, habe keine Angst um mich, ich komme zu dir zurück." Er blieb zwei Jahre in Theresienstadt, und so traf ihn dort noch Eva an, die man uns im Mai 1944 wegholte, als sie 14 Jahre alt wurde.

Solange meine Kinder in Theresienstadt waren, tröstete ich mich, daß sie zu uns zurückkommen würden. Als ich von Bekannten in Prag auf der Straße erfuhr, daß Petr aus Theresienstadt fortgebracht worden war, fiel ich in Ohnmacht. Ich fühlte, daß etwas Schreckliches geschehen war.

Das wurde uns erst 10 Jahre später bestätigt – bis zu jenem Augenblick glaubte ich noch an ein Wunder. Jehuda Bacon, der mit demselben Transport wie Petr nach Auschwitz gebracht wurde, sagte uns, daß die Häftlinge auf dem Bahnhof in Auschwitz gleich nach ihrer Ankunft auf zwei Seiten eingeteilt wurden. Nach rechts und nach links.

Die nach links gingen ins Gas.

Er sah Petr auf diesem Weg.

Du, von dem man sagt, daß du barmherzig bist, wie konntest du das zulassen?

Wir bemühen uns, nicht zu denken, uns nicht zu erinnern, um überhaupt leben zu können.

Klageritus Text 4

Wie konnte Gott, der Barmherzige, das zulassen?

Wir wollen vor Gott klagen, klagen über den unbegreiflichen Mord an so vielen Menschen, auch so vielen jungen Menschen überall dort, wo die willigen Mörder aus unserem Volk sich austoben konnten. Stellvertretend für die vielen Namenlosen wollen wir an die Jungen um Petr Ginz erinnern. Ihr Leben war so früh angebrochen!

Unser Klage ruft: „O Herr, höre unsere Klage!"

Wir rufen die Namen auf:
Erich Zinn – Otto Schindler – Hanus Beck – Kurt Sega – Jiri Bauer

(Während der Namensnennung kommen jeweils 2 Schüler zum Altar und entzünden an einer Kerze fünf Lichter, die auf den Altar gestellt werden.)

Wir rufen die Namen auf:
Herbert Fischl – Adolf Immergut – Robert Gelb – Petr Ginz – Kurt Gläsner

Klageruf

Wir rufen die Namen auf:
Pavel Goldstein – Rudolf Gottlieb – Karel Stern – Jan Volk – Walter Roth

Klageruf

Wir rufen die Namen auf:
Rudolf Haas – Luci Willheim – Benno Kaufmann – Petr Lax – Hanus Kahn

Klageruf

Wir rufen die Namen auf:
Herbert Maier – Otto Sedlacek – Emanuel Morgenstern – Rene Pick – Ralph Popper

Klageruf

Frei gewählte Einleitung zu den Fürbitten

Erste Stimme:

Gott, die unzähligen Opfer des Nationalsozialismus lassen uns zweifeln, verzweifeln und fragen: Wo warst du, Gott? Warum hast du nicht eingegriffen? Und wir lernen nur unter Schmerzen, das menschengemachte Unheil, Unrecht und Unglück nicht dir anzulasten. Wie schwer ist das zu erkennen: Wir sind es gewesen mit unserer menschlichen Gefühllosigkeit.
Schenke uns deinen Geist, das zu empfinden – wir hoffen auf dich! In deinem Namen wollen wir es wagen, mitzubauen an deinem kommenden Reich, damit sich das vergangene Reich des Bösen nicht wiederholt.

Kyrieruf

Zweite Stimme:

Laß uns nie vergessen, was gewesen ist und erhalte uns das Wissen von dem Schrecklichen, das war, damit wir uns nicht mißbrauchen lassen, nur weil wir so unwissend sind.

Kyrieruf

Dritte Stimme:

Gott, befreie uns zu einem neuen Anfang geschwisterlichen Lebens mit allen Menschen. Lehre uns, diejenigen, die anders sind als wir, in ihrem Leben wahrzunehmen, es schätzen zu lernen, daß deine Schöpfung so reich ist an vielen Traditionen, Menschen und Lebensmöglichkeiten! Mache uns wachsam gegenüber menschenfeindlichen, fremdenfeindlichen und dir feindlichen Äußerungen, wo immer wir sie hören und sehen!

Kyrieruf

Vierte Stimme:

Stärke uns darin, das jüdische Volk, das Volk deiner ersten Liebe und Verheißung, als unsere ältere Schwester im Glauben an dich zu achten und zu lieben wie uns selbst.

Kyrieruf und Überleitung zum gemeinsamen Vaterunser und zum anschließenden aaronitischen Segen.

Dieser Gottesdienst wurde am 27. Januar 1998 als Schulgottesdienst unter intensiver Beteiligung der 10. und 12. Klassen gefeiert. Mehr als 600 Schülerinnen und Schüler aus den Klassen 5 - 13 nahmen am Gottesdienst teil. Studienfahrten nach Theresienstadt werden vorbereitet.

Das exemplarische Porträt von Petr Ginz verwob herkömmliche gottesdienstliche Elemente mit denen einer Gedenkstunde.

Teil IV

Kleine Mediothek zum Thema: "Erinnern – Lernen – Gedenken"

Albrecht Lohrbächer, Helmut Ruppel, Ingrid Schmidt

Aus der Fülle der Veröffentlichungen sind wenige, aber exemplarische Arbeiten ausgewählt. Die leitenden Aspekte sind: Adressenhinweise, Theologie/Philosophie/Geschichte, Hinweise und Materialien aus Pädagogik und Religionspädagogik, Literatur und Kunst.

Eine sehr verläßliche "Auswahlbibliographie" bietet der Band von *Nicolas Berg, Jess Jochimsen und Bernd Stiegler (Hrsg.), SHOAH, Formen der Erinnerung – Geschichte, Philosophie, Literatur, Kunst*, München 1996.

Einen auskunftsreichen "Serviceteil" mit Literatur für Unterrichtende, für die Schulbibliothek und den Unterricht, mit Adressen Jüdischer Museen, Sammlungen, Mahn- und Gedenkstätten in Deutschland und Frankreich, den Niederlanden, Österreich, Polen, Tschechien, Israel und den USA sowie wichtiger Archive, enthält der Band von *Ido Abraham und Matthias Heyl, Thema Holocaust – Ein Buch für die Schule*, Reinbek 1996, Rowohlt-Sachbuch 9733.

Angesichts der Fülle von verfügbaren Informationen und Adressen ist es empfehlenswert, den neuesten Stand über das Internet abzurufen:

Internet: Adressen und Informationen

ShoaNet (deutsch): http://machno.hbi-Stuttgart.de/shoanet/shoan.htm
(Ein deutschsprachiges Online-Nachschlagewerk zum Thema Holocaust – mit einer hervorragend übersichtlichen Darstellung und einer Fülle von Informationen; vor allem ist auch die Vielfalt der Adressen, z.T. gegliedert nach Bundesländern, Gedenkstätten z. B., hilfreich).

haGalil onLine (deutsch): http://www.hagalil.com
(Ein jüdischer Server in deutscher Sprache, der eine reichhaltige Information über Judentum, Israel und immer auch Nachrichten zu Rechtsradikalismus/Antisemitismus anbietet)

Informationen/Adressen zu Gedenkstätten (deutsch):
http://www.uni-oldenburg.de/diz/lk_start.htm

Die zentrale Schoa-Gedenkstätte in Israel 'Yad Vashem' bietet viele Materialien an (englisch): http://www.yad-vashem.org.il

Nizkor-Projekt (Nizkor project) (englisch): http://www.nizkor.org/
(ein Projekt, das weltweit gegen die Leugnung der Judenvernichtung engagiert ist)

Cybrary of the Holocaust (englisch): http://remember.org

Anti-Defamation-League (englisch): http://www.adl.org
(weltweit gegen Antisemitismus, Rassismus und Diskriminierung arbeitende Organisation)

Netpol-global (auch deutschsprachig):
http://www.brandenburg.de:8080/netpol/antisemi.htm

Yad Vashem (englisch): http://www.yad-vashem.org.il

(Stand Juli 1998)

Regelmäßige Informationen, Sachtexte, Termine, weitere Anstöße zur inhaltlichen Arbeit geben folgende Periodika:

Kirche und Israel, Neukirchener Theologische Zeitschrift, bis jetzt 12 Jahrgänge, 2 Hefte pro Jahr, Neukirchener Verlag, Neukirchen
(Die Zeitschrift widmet sich dem Gespräch zwischen Kirche und Israel, dokumentiert kirchliche Verlautbarungen zum Thema und enthält eine regelmäßige Bücherschau.)

- Rundbrief der Arbeitsgruppe „Wege zum Verständnis des Judentums", hg. vom Denkendorfer Kreis, Klosterhof 5, 73 770 Denkendorf
- Rundbrief des Studienkreises Kirche und Israel, Ev. Landeskirche in Baden,
- Herner Allee 6, 64 689 Grasellenbach
- Materialdienst, hg. vom Evang. Arbeitskreis Kirche und Israel in Hessen und Nassau, Theodor-Storm-Str. 10, 64646 Heppenheim
- Newsletter des Fritz Bauer Instituts, Rheinstraße 29, 60 325 Frankfurt
- „lamed", Zeitschrift für Kirche und Judentum, hg. von der Stiftung für Kirche und Judentum, Limmattalstr. 73, CH-8049 Zürich
- Dialog, christlich-jüdische Informationen, Hg.: Koordinierungsausschuß für christlich-jüdische Zusammenarbeit, Gentzgasse 14/5/1, A – 1180 Wien

(Die Informationen, Rundbriefe erscheinen mehrmals jährlich, gegen einen geringen Beitrag bzw. gegen eine Spende erhältlich; dahinter stehen durchweg vertrauenswürdige Gruppen)

Theologie/Philosophie/Geschichte

Ute Heimrod, Günter Schlusche, Horst Seferenz (Hg.), Der Denkmalstreit – das Denkmal? Das Holocaust-Denkmal in Berlin und seine öffentliche Diskussion in Deutschland, Berlin 1999 (Philo-Verlag)
(Eine unentbehrliche Dokumentation. Der engagierte amerikanische Professor für Judaistik, James E. Young: „Die Auseinandersetzung um das Denkmal ist sein bester Teil.")

Erich Geldbach (Hrsg.), Vom Vorurteil zur Vernichtung, „Erinnern" für morgen, Münster 1995
(Beiträge der Internationalen Konferenz „Remembering for the Future", die 1994 in Berlin stattgefunden hat. Im Rahmen der einzelnen thematischen Aspekte – Holocaust und Heilberufe; Widerstand und Versöhnungsarbeit; Philosophie; Antisemitismus und Fremdenfeindlichkeit; Pädagogik und Politikwissenschaft – sind wichtige Referate zur theologischen Erinnerungskultur abgedruckt, u.a. zum Problem einer nicht-judenfeindlichen Christologie.)

Manuel Goldmann, „Die große ökumenische Frage...", Zur Strukturverschiedenheit christlicher und jüdischer Tradition und ihre Relevanz für die Begegnung der Kirche mit Israel, Neukirchen 1997
(Die eine große ökumenische Frage gilt unseren Beziehungen zum Judentum. Sie hat vor allem anderen eine Bedeutung für die Christologie. Hier sind die Strukturverschiedenheiten angesiedelt. Das Buch versteht sich als Wahrnehmungsübung für eine zu vertiefende christlich-jüdische Kommunikation.)

Karl Jaspers, Die Schuldfrage, Von der politischen Haftung Deutschlands, München 1996, (zuerst 1946 in Heidelberg und Zürich erschienen)
(1945 konzipiert, wirkte das Buch als Hintergrundlektüre während der Goldhagen-Debatte erneut orientierend und anregend. Als Taschenbuch leicht zugänglich, sollte Pflichtlektüre für alle am Thema Arbeitenden werden!)

Hanno Loewy, Bernhard Moltmann (Hg.), Erlebnis – Gedächtnis – Sinn, Authentische und konstruierte Erinnerung, Frankfurt/New York 1996
(Nationale, soziale und kulturelle Formen öffentlicher Erinnerung werden erarbeitet, darunter wichtige Aufsätze von Aleida Assmann, Dan Diner, James E. Young und Jürgen Ebach. Das ganze Dilemma der ästhetischen Auseinandersetzung – "Denkmal"!– wird entfaltet.)

Johann Baptist Metz, Zum Begriff der neuen politischen Theologie, 1967-1997, Mainz 1997
(Diese jüngste Aufsatzsammlung enthält verstreute Aufsätze zum Thema „Erinnern und Vergessen: Die Shoah im Zeitalter der kulturellen Amnesie". Metz' Plädoyer für eine neue „Autorität der Leidenden" findet in verschiedenen Arbeiten beredten Ausdruck.)

Johann Baptist Metz (Hrsg.), "Landschaft aus Schreien", Zur Dramatik der Theodizeefrage, Mainz 1995
(Unter den verschiedenen Arbeiten zur Theodizeefrage ist vor allem das Gespräch mit Hans Jonas, das Hans Hermann Henrix führt, von großem Interesse.)

Bernd Jaspert (Hrsg.), Christliche und jüdische Identität nach Auschwitz, Hofgeismarer Protokolle 312, Ev. Akademie Hofgeismar 1996
(Besonders fällt der Aufsatz von Eberhard Busch auf: Die Folgen des Holocaust für das Bekenntnis des christlichen Glaubens. Die Gedanken und Erfahrungen eines Überlebenden, Yaacov Ben-Chanan, beschließen die Broschüre, sind aber Ausgangspunkt für neue Gespräche...)

SHOAH, Formen der Erinnerung, Geschichte – Philosophie – Literatur – Kunst, hg. von Nicolas Berg, Jess Jochimsen und Bernd Stiegler, München 1996
(Ein außerordentlicher Band! Er basiert auf Vorträgen einer Tagung des Frankreich-Zentrums der Universität Freiburg. Die angegebenen Disziplinen stellen tiefgehende Analysen vor, vor allem Kunst und Literatur erweisen sich als ungleich „darstellender" als vieles in der Geschichtsforschung. Der Bericht über den Yom HaSchoah in Israel von J. E. Young ist beeindruckend. Auch die Arbeiten über Paul Celan und Ruth Klüger sind bewegend. Dan Diners Beobachtung zur Prozeßförmigkeit der Geschichtsschreibung seit dem „Nürnberger Prozeß" ist frappierend.)

Ekkehard W. Stegemann, Marcel Marcus (Hrsg.), „Das Leben leise wieder lernen", Jüdisches und christliches Selbstverständnis nach der Schoah, Festschrift für Albert H. Friedlander, Stuttgart, Berlin, Köln 1997
(Viele wichtige Stimmen aus beiden Traditionen treffen in diesem gedankenreichen Band zusammen. Von jüdischer Seite: Edna Brocke, Ernst L. Ehrlich, Emil L. Fackenheim, Nathan P. Levinson, Pnina Navé-Levinson, Jonathan Magonet, Elie Wiesel, um nur einige zu nennen.
Von christlicher Seite ist besonders die Frage: "Ist Christologie ein Thema zwischen Christen und Juden?" von Rolf Rendtorff aufgenommen. „Israel als innerkirchliches Problem" wird von Wolfgang Stegemann bedacht. Dorothee Sölle beklagt in ihrem Beitrag „Gott war sehr klein in jener Zeit". Viele Anstöße zur christlichen Selbstklärung gehen von den Beiträgen aus.)

Tzvetan Todorov, Angesichts des Äußersten, München 1993
(Das Äußerste, das sind die Lager. Selbst dort ist die Moral nicht erloschen. Todorov folgt den biographischen Zeugnissen der Überlebenden. Eine anrührende Skizze des Überlebenden Primo Levi und der verschiedenen Zeugnisse aus dem „Königreich der Nacht". Der Autor möchte die Lager erkennen lernen, um die Gegenwart deutlicher zu sehen...)

Wolfgang Wippermann, Wessen Schuld? Vom Historikerstreit zur Goldhagen-Kontroverse, Berlin 1997
(Vier Diskurse: „Totalitarismustheorie", „Tragische Mittellage Deutschlands", „Kriegsschuldfrage" und der „Modernisierungseffekt" des NS. Alle vier haben das

Relativierungsbemühen gemein, mit dessen Hilfe nun Deutschland zur selbstbewußten Nation werden soll. Eine kritische Einführung in den Kampf um die kulturelle Hegemonie im Lande.)

Wolfgang Wippermann, „Wie die Zigeuner", Antisemitismus und Antiziganismus im Vergleich, Berlin 1997
(Entstehung, Funktion und Auswirkung der Ideologien des Antisemitismus und des Antiziganismus werden im Vergleich skizziert und analysiert mit dem Ziel, zu ihrer Überwindung beizutragen.)

Pädagogik und Religionspädagogik

Viele bibliographische Hinweise sowie Angaben zu Medien finden sich natürlich in den einzelnen Kapiteln von Teil II und im Kapitel „Angemessen gedenken", Teil III, S. 357ff.

Ido Abraham, Matthias Heyl, Thema Holocaust – Ein Buch für die Schule, Reinbek 1996, Rowohlt Taschenbuch/Sachbuch 9733
(Ein einführender Teil „Erziehung nach Auschwitz" und ein sehr umfangreicher Materialteil sind die Schwerpunkte des Bandes. Ido Abraham hat in Amsterdam einen Lehrstuhl „Holocaust Education" inne. Wegweisender Serviceteil!)

Auschwitz: Geschichte, Rezeption und Wirkung, Jahrbuch des Fritz Bauer Instituts 1996 zur Geschichte und Wirkung des Holocaust, Frankfurt/New York 1997, 2. Aufl.
(Fast ein Kompendium der gegenwärtigen Problemaspekte zur Geschichte der Wirkung der Schoa. Verdienstvoll die sorgfältige Bearbeitung von Medien zum Thema. Das Kapitel „Auschwitz als Ziel von Bildungsreisen?" ist eine Pflichtlektüre.)

Bund der Deutschen Katholischen Jugend, Projektmappe Erinnern und Begegnen,
Erzbischöfliches Jugendamt, Postfach 449, 79004 Freiburg
(Die beiden Stichworte 'Erinnern' und 'Begegnen' kennzeichnen die Absichten der umfassenden Materialsammlung treffend: Die Loseblattsammlung in einem Ordner – bereits mit mehreren Nachlieferungen – bietet eine Fülle von Anregungen für die schulische wie außerschulische Bildungsarbeit; Themen u.a.: Aktionen, Judentum, Ideen zum Gedenken, Dialog, Israel, Begriffsklärungen, Kontakte, Geschichte der Juden usw. Eine äußerst preisgünstige und nützliche Arbeitshilfe!)

Denkmal für die ermordeten Juden Europas, Dokumentation der Colloquien in Berlin, Hg. von der Senatsverwaltung für Wissenschaft, Forschung und Kultur, Brunnenstraße 188 - 190, 10117 Berlin 1997
(Drei große Colloquien widmeten sich den umstrittenen Fragen nach dem Warum eines Mahnmals, seinem Standort und seiner Typologie. Auf 178 Seiten sind viele

Stimmen Pro et Contra dokumentiert samt Presse-Echo. Für einen Unterricht zum Thema „Gedenken" eine vorzügliche Quelle, vor allem in ihrer Dissonanz.)

Erinnerung. Zur Gegenwart des Holocaust in Deutschland-West und Deutschland-Ost, hg. von Bernhard Moltmann u.a., Frankfurt 1993
(Vor allem die Analysen der sog. „antifaschistischen Erziehung" verdienen große Aufmerksamkeit wie auch die Interpretation des Themas in west- und ostdeutscher Nachkriegsliteratur.)

Erziehung aus Erinnerung, Pädagogische Perspektiven nach Auschwitz, Hohenheimer Protokolle, Bd. 48, Akademie der Diözese Rottenburg-Stuttgart 1995
(Vorträge eines Symposions zur Christlichen Pädagogik angesichts der NS- und der Ermordung der Juden. Schüler von J.B.Metz nehmen die Frage „Gott in Auschwitz? – Gott nach Auschwitz?" auf. Der Beitrag von Franz Pöggeler ist verlustlos überspringbar. Hanno Loewys Weg durch die „Topologie der Erinnerung" ist sehr erhellend!)

Jahrbuch für Antisemitismusforschung, Band 4, hg. von Wolfgang Benz, Frankfurt 1995
(Ein großer Teil des Jahrbuchs widmet sich dem Aspekt „Antisemitismus und Rechtsextremismus", vor allem im West-Ost-Vergleich. Das kann Klischees korrigieren! Auf das Jahrbuch sollte, wer am Thema bleiben möchte, regelmäßig achten.)

Victor Klemperer, Das Tagebuch 1933-1945, Eine Auswahl für junge Leser, Anregungen für den Unterricht, Berlin 1997
(Eine glänzende Idee, diese Auswahl für „junge Leser". Die Anregungen für den Unterricht richten sich an Schüler und Schülerinnen ab der 9. Klasse, Gymnasium, allgemeinbildende Schulen. Die Fächer Geschichte, Politische Bildung, Religion und Ethik sind angesprochen. 10 Themenkreise hat der Bearbeiter Harald Roth zusammengestellt. Die Tagebücher - Auswahl umfaßt rund 200 Seiten und ist erkennbar gegliedert. Eine „erste" Quelle für Erinnerungsarbeit!)

Michael Kohlstruck, Zwischen Erinnerung und Geschichte, Der Nationalsozialismus und die jungen Deutschen, Berlin 1997
(Wie sprechen die Enkel der willigen Mitläufer über Diktatur und Terror des NS, wie sehen sie sich selbst im Gegenüber zu früheren Generationen? Das Buch basiert auf offenen Interviews in Ost- und Westdeutschland. Es muß als Grundlage zur eigenen Unterrichtsvorbereitung betrachtet werden.)

Heiner Lichtenstein, Otto R. Romberg, Täter – Opfer – Folgen, Der Holocaust in Geschichte und Gegenwart, Bundeszentrale für pol. Bildung, Bonn 1997
(Über die „Bundeszentrale..." leicht zugänglich, sammelt der Band viele knappe, aber informierende Beiträge, die im Gedenkjahr 1995 veröffentlicht wurden. Er sollte in jeder Schulbibliothek zu finden sein.)

Hanno Loewy (Hg.), Holocaust. Die Grenzen des Verstehens, Eine Debatte über die Besetzung der Geschichte, Reinbek 1992, Taschenbuch 9367
(Die Zwiespältigkeit und Unsicherheit im Umgang mit der Erinnerung ist hier auf einer sehr breiten Basis nachdenklich entfaltet. Viele Anstöße gehen seit Jahren von diesem Band aus. Die Anstöße von Johann Baptist Metz, Edna Brocke, James E. Young, Micha Brumlik u.v.a nahmen hier einen breiten Ausgang. Zur eigenen Klärung sollte dieser Band zum festen Vorbereitungsbestand gehören.)

Jürgen Moysich, Matthias Heyl, Der Holocaust – ein Thema für Kindergarten und Grundschule, Verlag Dr. Krämer, Hamburg 1998
(Während in Israel das Thema in den genannten Erziehungsbereichen auf „dem Plan" steht, gibt es in Deutschland erst jetzt Überlegungen in diese Richtung. Das Buch dokumentiert eine internationale Tagung vom Juni 1997, an ihr waren auch israelische Pädagogen beteiligt. In dem Band finden sich neben grundsätzlichen Überlegungen zur Vermittlung an Kindergartenkinder und Grundschüler auch mehrere Berichte aus der Praxis.)

Helmut Ruppel, Ingrid Schmidt, Wolfgang Wippermann, „....stoßet nicht um weltlich Regiment"? Erzähl- und Arbeitsbuch vom Widerstehen im Nationalsozialismus, Neukirchen 1986
(Einführung, Quellen und unterrichtliche Hinweise samt Materialien und Erzähltexten porträtieren unterschiedliche Widerstandsgruppen. Ein Versuch zu zeigen und einzuüben, daß „Widerstand" geschah, öffentlich und im Verborgenen; daß Selbstachtung nicht gänzlich dahingegangen war.)

Regina Scheer, Ahawah, Das vergessene Haus, Spurensuche in der Berliner Auguststraße, Berlin 1993, Aufbau Taschenbuch 1008
(In der Übertragbarkeit dieser Spurensuche nach den Menschen eines Hauses liegt der unschätzbare Wert dieses aufregenden Buches. Man möchte sagen: So kann Spurensuche aussehen! Für eine mögliche Projektarbeit ein übertragungsfähiges Muster. Aber auch als Buch eine historisch-politisch tief bewegende Studie. Ein Vorbild für Erinnerungsarbeit!)

Helmut Schreier, Matthias Heyl, Das Echo des Holocaust, Pädagogische Aspekte des Erinnerns, Hamburg 1992
(„Konturen einer Pädagogik nach Auschwitz" nehmen sich die „Unmöglichkeit" und die „Notwendigkeit" einer „Erziehung nach Auschwitz" vor. Am Hamburger Fachbereich für Erziehungswissenschaft ist die Sammlung entstanden, sie ist um pragmatische Konkretionen bemüht.)

Thema: Shoah, Sechs Bildfolien mit Bilderschließung, methodischen Hinweisen und Anregungen zum Gespräch
Hg.: Deutscher Katecheten-Verein, Preysingsstr. 83c, 81667 München (Tel.:089/ 48092 242; Fax: 089/48092 237
(Über fünf Bilder aus der Kunst sowie einem Foto wird ein motivierender Zugang zur Thematik versucht: Synagoge und Ecclesia; F. Nußbaum, Selbstbildnis und

Judenpaß sowie die Verdammten; Nandor Glid, Die trockenen Knochen; Moshe Hoffman, Sechs Millionen und Einer; Foto: Yad Vashem.)

Was Christen vom Judentum lernen können, Modelle und Materialien für den Unterricht, hg. von Albrecht Lohrbächer in Zusammenarbeit mit Ingrid Schmidt und Helmut Ruppel, Freiburg 1997⁵.
(Grundinformationen für Unterricht, erweitert um ein Kapitel zum Verlernen: „Vorurteile, Lügen, Mißverständnisse". Eine Reihe „Proben für einen anderen Unterricht" setzen die Gedankengänge in Unterrichtsentfaltungen um. Das „Lernen jüdischer Kinder in Geschichte und Gegenwart" weitet den Blick in eine uns weitgehend fremde Tradition.).

Jonathan Webber, Die Zukunft von Auschwitz, Materialien Nr.6, hg. vom Fritz Bauer Institut, Frankfurt 1997, 3. Aufl.
(Der Autor ist Mitbegründer des Internationalen Rats für das Museum Auschwitz - Birkenau und Vorsitzender des Komitees für Pädagogik, Professor für Jüdische Sozialwissenschaften in Oxford. In seinem Vortrag bewegt er die Frage, was Auschwitz in Zukunft sein kann: Museum, Friedhof, touristischer Zielort oder noch anderes: Symbol, Herausforderung? Vor Reisen zu lesen!)

Michael Wermke (Hg.), Die Gegenwart des Holocaust, „Erinnerung" als religionspädagogische Herausforderung, Münster 1997
(Eine Zusammenstellung der wichtigsten Aufsätze der vergangenen Jahre zum Thema „Erinnerung", darunter Arbeiten von Aleida Assmann, Gerd Theißen, Christoph Münz und Gideon Greif, pädagogischer Referent, Yad VaSchem, Jerusalem.)

Software für Unterricht und Selbststudium

CD-Rom: Gegen das Vergessen, Navigo-Verlag, Frankfurter Ring 213, 80807 München
(Eine multimediale Dokumentation zur Schoa, der Autor: David Cesarani, Direktor der Wiener Library in London, einer speziellen Bibliothek für jüdische Geschichte. Merkmale: Authentizität der Fakten, Fotos, Texte, Filmausschnitte, Glossar, Zeittafeln, Karten, ein schnelles Auffinden des Gesuchten ist gewährleistet; gut geeignet für das Selbststudium der Schüler wie auch bei Quellensuche für unterrichtliche Zwecke, z.B. zur Referat-Vorbereitung.)

Literatur und Kunst

Bilder des Holocaust, Literatur – Film – Bildende Kunst, hg. von Manuel Köppen und Klaus R. Tscherpe, Köln, Weimar, Wien 1997
(Die Arbeiten zur Literatur widmen sich George Tabori, Joshua Sobol, Ruth Klüger, Ilse Aichinger, Georges-Arthur Goldschmidt, Bruno Apitz, David Grossmann,

Art Spiegelmann und der Kinder- und Jugendbuchliteratur zum Thema; die Aufsätze zur darstellenden Kunst beziehen sich auf das Problem des Mahnmals und des Films, z.B."Schindlers Liste". Ein wichtiges Buch zur unerläßlichen Diskussion der kulturellen Vergegenwärtigung der Schoa.)

Lydia Koelle, Paul Celans pneumatisches Judentum, Gott – Rede und menschliche Existenz nach der Shoah, Mainz 1997
(Es geht um das Leben und Schreiben nach „dem, was geschah". Eine aufmerksame Annäherung an das Unaussprechliche, Unsagbare und Undarstellbare, wie es im Werk Paul Celans gegenwärtig ist. Viele theologische Themen werden auch theologisch aufgenommen bis hin zu einem Plädoyer für eine „versehrte Theologie" nach der Schoa. Für eine literarisch-theologische Celan-Lektüre ein großer Gewinn.)

Zvi Kolitz, Jossel Rakovers Wendung zu Gott, Berlin 1996
(Diese Ausgabe des sonst ziemlich hemmungslos zitierten Textes enthält ein Faksimile des hebräischen Originals, eine Transkription des jiddischen Originals, eine Übersetzung aus dem Jiddischen, eine kleine „Werkgeschichte" von Paul Badde und Anmerkungen zur Textarbeit von Arno Lustiger. Wer mit Jossel Rakovers berühmtem Text arbeiten will, benötigt diese Ausgabe.)

Kunst und Literatur nach Auschwitz, hg. von Manuel Köppen in Zusammenarbeit mit Gerhard Bauer und Rüdiger Steinlein, Berlin 1993
(Die Arbeiten zur Literatur beziehen sich auf Nelly Sachs, Paul Celan, Jorge Semprun, Maxim Biller, David Grossmann, Robert Schindel und das Dictum Adornos zur Unmöglichkeit lyrischen Ausdrucks nach Auschwitz. Andere Arbeiten widmen sich der bildenden Kunst und Filmen. Wichtige Protokolle von Podiumsdiskussionen, u.a. mit Jurek Becker, Wieland Förster und Marcel Ophüls. Der Band dokumentiert ein gleichnamiges Colloquium im Jahre 1992 in der FU Berlin aus Anlaß des 50. Jahrestages der sog. „Wannsee-Konferenz".)

Der Wettbewerb für das „Denkmal für die ermordeten Juden Europas", eine Streitschrift, hg. von der Neuen Gesellschaft für Bildende Kunst, Berlin 1995
(Der Stand der Debatte im Jahre 1995, aber anstoßgebend und Nachdenken erzeugend weiterhin, weil manche Argumente nicht von der Zeit überholt wurden. Sehr überzeugende und manche überzogene Positionen. Herauszuheben die Beiträge von Edna Brocke, Micha Brumlik, Dieter Hoffmann-Axthelm, Gerhard Schoenberner und James E.Young. Eine Streit-Schrift, also hierzulande etwas Seltenes!)

Harald Weinrich, Lethe, Kunst und Kritik des Vergessens, München 1997
(Wieviel Vergessen braucht oder verträgt eine Kultur, und wann überschreitet die Vergeßlichkeit die Grenzen der Moral? Mit seinen Beleuchtungen antiker, klassischer und moderner Texte ein vorzügliches, ja brillantes Buch. Das Kapitel „Auschwitz und kein Vergessen" porträtiert Elie Wiesel, Primo Levi, Saul Bellow, Jorge Semprun und Thomas Bernhard. Ein Buch über das Vergessen, das man nicht vergessen kann.)

Drei Bücher von drei Überlebenden – ohne Kommentar

Ruth Klüger, weiter leben, Eine Jugend, Göttingen 1992 (Taschenbuch)

Primo Levi, Die Untergegangenen und die Geretteten, München 1990

Elie Wiesel, Den Frieden feiern, mit einer Vorrede von Vaclav Havel, Freiburg 1991

Kinder- und Jugendbuchliteratur

Als Orientierung in diesem unübersichtlichen Literaturfeld empfehlen wir:

Rüdiger Steinlein, *Sternkinder* und *Tote Engel,* Bilder des Holocaust in der Kinder- und Jugendliteratur zwischen pädagogisch-moralischer Wiedergutmachung und dokumentarisch-katastrophischer Wirkungsästhetik, in: Bilder des Holocaust, hg. von Manuel Köppen und Klaus R. Tscherpe, Köln, Weimar, Wien 1997

Eselsohr, Fachzeitschrift für Kinder- und Jugendmedien, Heft 5/98 bietet eine Fülle von Informationen über neuere Veröffentlichungen „von und über Juden": Israel, der Holocaust und Alltägliches, Verlag Eselsohr, Am Finther Wald, 55126 Mainz

Zeitschrift Julit 3/98, „Israelische Kinder- und Jugendliteratur", Metzstr. 14, 81667 München

Leseempfehlungen gibt es von der Stiftung Lesen:
Klaus Ring, Verfolgung und Vernichtung unter nationalsozialistischer Herrschaft

erhältlich bei: Stiftung Lesen, Fischtorplatz 23, 55116 Mainz
Bundeszentrale für politische Bildung, Berliner Freiheit 7, 53111 Bonn

Menschen – Orte – Institutionen

Die Erinnerungsarbeit bedarf der Anknüpfungspunkte, muß die Menschen kennen, an die sie sich wenden kann, benötigt die Mithilfe der lokalen Institutionen.
Wir nennen stellvertretend für die Arbeit vieler einige wenige Adressen – eine relativ breite Übersicht über Internet bietet ShoaNet, s.o.

YAD VASHEM – Internationales Zentrum für die Lehre der Schoa/Pädagogische Abteilung
Informationen bei: Gideon Greif, Yad Vashem, P.O.Box 3477, Jerusalem 91034, Israel.
Tel. 00972/2/6751 611, Fax 00972/2/6433 511

Die bedeutendste jüdische Erinnerungsstätte hat eine deutschsprachige Abteilung, in der und durch die Seminare für Multiplikatoren im pädagogischen Bereich angeboten und durchgeführt werden. Die Angebote sind denkbar vielfältig, sie finden in der Regel auf dem Gelände der Gedenkstätte statt.
Yad Vashem führt auch regelmäßig Kooperationsseminare mit der Akademie Frankenwarte in Würzburg durch: Postfach 5580, 97005 Würzburg, Tel. 0931/804640; Fax 0931/8046444

Pamatnik Terezin – Gedenkstätte Theresienstadt
Narodni kulturni pamatka, Principova alej 304, 41 155 Terezin – Tschechische Republik
Ansprechpartnerin. Frau Vogelbein, Tel. 00420 - 416782 - 577; Fax 00420 - 416782 - 245
Die Gedenkstätte ist in der alten Schule untergebracht, in der während des Ghettos das Kinderheim für Jungen war – „L 417". Dort ist auch das Ghetto-Museum mit Bibliothek und Seminarräumen. Weitere Gedenkorte sind die „Kleine Festung" und das Krematorium. Eine der ehemaligen Kasernen ist zu einer internationalen Begegnungsstätte umgebaut. Darüberhinaus ist der Stadtkern eine einzige Gedenkstätte...

Internationale Jugendbegegnungsstätte Auschwitz - Oswiecim
ul. Legionow 11, 32 600 Oswiecim, Ansprechpartnerin: Frau Orth
Tel. 0048 - 33 43 21 07; Fax 0048 - 33 43 23 77
Das Programm der Jugendbegegnungsstätte hat folgende Schwerpunkte: Vorbereitung und Begleitung von Studienfahrten, Jugendaustausch, Thematische Seminare, workshops mit Theatergruppen, Photoseminare, Fortbildungsseminare für Unterrichtende/ Multiplikatoren und Einzelveranstaltungen.

Aktion Sühnezeichen Friedensdienste (ASF)
Auguststraße 80, 10 117 Berlin, Ansprechpartnerin: Frau Mittermaier
Tel. 030 - 28395 - 219; Fax 030 - 28 395 - 135
„Dem Haß eine Kraft entgegensetzen" – so steht es im Gründungsaufruf 1958. Weiterhin werden kurz- und langfristige Freiwilligendienste in Gedenkstätten der Schoa durchgeführt. Beratung und Begleitung in allen Fragen von Gedenkstättenfahrten.

Gedenk- und Bildungsstätte Haus der Wannseekonferenz
Am Großen Wannsee 56 - 58, 14 109 Berlin, Ansprechpartnerinnen: Frau Ewald, Frau Meier
Tel. 030 - 80-50001-0; Fax 030 - 80-50001 - 27
Am 20. Januar 1942 wurde an diesem Ort das, was heute die „Endlösung der Judenfrage" genannt wird, von leitenden Funktionären der deutschen Regierung beschlossen. So liegt der Schwerpunkt der Arbeit an diesem „Lernort" in der Auseinandersetzung mit den Tätern, ihrer Welt und ihrem Denken. Hier sind Seminare möglich, Stadtführungen können vorbereitet werden, es existiert eine Bibliothek,

eine Mediothek und die Möglichkeiten, vielfältige Arbeitsformen aufzunehmen. Frühzeitige Anmeldung!

Stiftung „Topographie des Terrors", Internationales Dokumentations- und Begegnungszentrum, Stresemannstraße 110, 10 963 Berlin,
Ansprechpartnerin: Frau Jonelat
Tel. 030 - 25 486-70; Fax 030 - 2627156
Auf dem „Prinz-Albrecht-Gelände" am nationalsozialistischen Verwaltungsgelände unweit des Potsdamer Platzes und der Wilhelmstraße waren zentrale Einrichtungen der SS untergebracht, so die SS-Zentrale, das Reichssicherheitshauptamt (Eichmann u.a.), die Gestapozentrale und der Sitz des Sicherheitsdienstes SD. Zur Zeit wird auf dem Gelände ein Dokumentationszentrum gebaut. Eine Ausstellung ist zu sehen, Führungen sind verabredbar.

Fritz Bauer Institut
Rheinstraße 29, 60325 Frankfurt a.M., Tel.: 069/97 58 11 -0; Fax: 069/97 58 11 -90
Publikationsorgan: „Newsletter"
Das Institut ist ein interdisziplinäres Studien- und Dokumentationszentrum zur Geschichte und Wirkung der Schoa in Deutschland.
Das Institut arbeitet kontinuierlich mit Forschungs- und Bildungseinrichtungen, Gedenkstätten und Museen im In- und Ausland zusammen. Es berät und begleitet pädagogische Projekte, berät auch bei der Vorbereitung von Gedenkveranstaltungen und kooperiert mit Kommunen, Verbänden und Unternehmen bei Aufgaben eigener Erinnerungsarbeit.
Methodisch reflektierte Zugänge zu aktuellen Fragen der interkulturellen Erziehung im Blick auf die Schoa, Entwicklung von sozialer Handlungskompetenz in ethischen Konfliktsituationen sind Schwerpunkte der Pädagogischen Abteilung des Instituts.

Studienkreis Deutscher Widerstand
Rossertstraße 9, 60 323 Frankfurt a.M., Tel. 069 - 721 575
Er ist ansprechbar zu allen unterrichtsbezogenen Medien und Materialien zum Thema Widerstand und Verfolgung.

Alte Synagoge Essen
Steeler Str. 29, 45127 Essen, Tel: 0201/88 452 18; Fax 0201/88 45225
Gedenkstätte, Veranstaltungsort, Dokumentationszentrum mit einer Dauer- und wechselnden Ausstellungen, Führungen und Informationen möglich.

Dokumentations- und Kulturzentrum Deutsche Sinti und Roma
Zwingerstr. 18, 69117 Heidelberg, Tel. 06221/981 102; Fax 06221/981 140
Forschungsstätte, Angebot: Ausstellung und Führung zum nationalsozialistischen Völkermord an Sinti und Roma

Internationale Jugendbegegnung in Dachau
Förderverein für Internationale Jugendbegegnung in Dachau e.V., Zur Alten Schießstatt 1, 85221 Dachau, Tel.: 08131/83303; Fax: 08131/83309
Adresse der KZ-Gedenkstätte: Alte Römerstr. 75, 85221 Dachau, Tel.: 08131/1741
Es werden speziell für Jugendgruppen/Klassen Seminare, Gespräche mit Zeitzeugen, Führungen durch die Gedenkstätte, methodisch-didaktische Beratung angeboten.

Weitere Adressen

Hinweis: In einer Vielzahl von Gedenkstätten überall in Deutschland werden pädagogische Angebote gemacht, Führungen, Seminare, Vermittlung von Gesprächspartnern/Zeitzeugen/Referenten – diese Adressen sind u.a. auffindbar über die obigen Internet-Angaben.

Bundeszentrale für politische Bildung Bonn
Berliner Freiheit 7, 53 111 Bonn, Tel. 0228 - 515 - 0
Beratung zu Publikationen/Materialien: Tel. 0228 - 515-115; Fax 0228 - 515 113

Bundeszentrale für politische Bildung Berlin
Stresemannstraße 90, 10 963 Berlin
Tel. 030 - 254 504 - 0; Fax 030 - 254 504 - 22

Von Interesse sind auch alle Landeszentralen für politische Bildung (in jedem Bundesland)

Niederlande

Anne - Frank - Stichting
Postbus 730, 1000 Amsterdam, Tel. 0031 - 20/5567100

Herinnerungscentrum Kamp, Westerbork,
Oosthalen 8, 9414 Hooghalen, Tel. 0031 - 59 3592600

Polen

Panstwowe Muzeum na Majdanku (Maidanek)
Droga, 20 325 Lublin, Tel. 0048 - 81742640

Oddzial Muzeum Stutthof
ul.Kosciuszki 63, 82 110 Sopot, Tel. 0048 - 55/478353

Panstwowe Muzeum Grossrosen
Skr.Pocztowa Nr., 58 112 Walbrzych, Tel. 0048 - 74/77821

Öffentliches Mahnmal und Museum, Österreich
Marbach 38, 43 10 Mauthausen, Tel. 0043 - 27382 269

Schweiz

Stiftung für Kirche und Judentum – Zürcher Lehrhaus
Limmattalstr. 73, 8049 Zürich, Tel.: 0041/1/341 1820; Fax: 0041/1/341 1829
Eine jüdisch-christliche Initiative, die im Lehrhaus eine Fülle von Kursen zum Judentum, zum jüdisch-christlichen Gespräch und zur Geschichte und Gegenwart des Judentums in Europa anbietet